Illustration de couverture :

Des FFI du bataillon du Blayais
entourent un groupe de prisonniers allemands à Bordeaux
(Centre National Jean Moulin).

HISTOIRE GÉNÉRALE DE LA
RÉSISTANCE FRANÇAISE

DU MÊME AUTEUR

L'Italie en guerre 1915-1918, éditions Ulysse, 1986.
Les Guerres de Mussolini, éditions Jacques Grancher, 1988.
La Résistance dans le Sud-Ouest (préface de Jacques Chaban-Delmas), éditions Sud-Ouest, 1989.
L'Épopée du corps franc Pommiès, éditions Jacques Grancher, 1990.
L'Affaire Grandclément, éditions Sud-Ouest, 1991.
Le Livre d'or de la Résistance dans le Sud-Ouest, éditions Sud-Ouest, 1991.
Bordeaux pendant l'Occupation, éditions Sud-Ouest, 1992.
Les FFI au combat, éditions Jacques Grancher, 1994.
Souvenirs de la guerre 1939-1945, éditions Sud-Ouest, 1995.
Mussolini, éditions Chronique, 1997.
Rommel, éditions Chronique, 1998.
La Poche du Médoc 1944-1945, éditions CMD, 1998.
Jacques Chaban-Delmas, éditions CMD, 1998.
Bordeaux brûle-t-il ? La libération de la Gironde 1940-1945, éditions Les Dossiers d'Aquitaine, 1998.
Bordeaux, la base sous-marine 1940-1944, éditions CMD, 1999.
Histoire de la France militaire et résistante, éditions du Rocher, 2000.
Aquitaine, histoire de la Résistance, éditions CMD, 2000.
Limousin, histoire de la Résistance, éditions CMD, 2001.
La Poche de Royan 1939-1945, éditions Les Chemins de la Mémoire, 2002.
Les Combats victorieux de la Résistance dans la libération 1944-1945, éditions Le Cherche-Midi, 2002.
La Bataille des cadets de Saumur, juin 1940, éditions Les Chemins de la Mémoire, 2002.
La Libération du Sud-Ouest 1944-1945, éditions Les Chemins de la Mémoire, 2003.
Les plages du débarquement, éditions Les Chemins de la Mémoire, 2003.
La France combattante de la victoire 1944-1945, éditions Les Chemins de la Mémoire, 2003.
La Poche de La Rochelle 1944-1945, éditions Les Chemins de la Mémoire, 2003.
Rommel, la fin d'un mythe, éditions Le Cherche-Midi, 2003.
Comme des lions, le sacrifice héroïque de l'armée française en mai-juin 1940,
éditions Calmann-Lévy, 2005.
Les Grandes Affaires de la Résistance, éditions Lucien Souny, 2005.
C'est nous les Africains, l'épopée de l'armée française d'Afrique 1940-1945,
éditions Calmann-Lévy, 2006.
Histoires héroïques et extraordinaires de la Seconde Guerre mondiale, éditions Lucien Souny, 2006.
Jean Moulin, éditions Infolio, 2007.
La Libération de la France, éditions Lucien Souny, 2007.
Mers el-Kébir, juillet 1940, éditions Calmann-Lévy, 2007.
Les Poches de l'Atlantique 1944-1945, éditions Lucien Souny, 2008.
La Guerre italo-grecque 1940-1941, éditions Calmann-Lévy, 2008.
Les Victoires militaires françaises de la Seconde Guerre mondiale, éditions Lucien Souny, 2009.
Les Grandes Figures de la Résistance, éditions Lucien Souny, 2009.
La Bataille de Bir Hakeim, une résistance héroïque, éditions Calmann-Lévy, 2009.
La Bataille de France jour après jour, mai-juin 1940, éditions Le Cherche-Midi, 2010.
La Bataille de Stonne, Ardennes 1940, éditions Perrin, 2010.
L'Apport capital de la France dans la victoire des Alliés, 1914-1918 et 1939-1945,
éditions Le Cherche-Midi, 2011.
La Bataille de Dunkerque, 26 mai – 4 juin 1940, éditions Tallandier, 2011.
39-45 Les soldats oubliés, ceux dont l'histoire ne parle jamais, éditions Jourdan, 2012.
Kœnig, l'homme de Bir Hakeim, éditions du Toucan, 2012.
L'Armée française pour les nuls, éditions First, 2012.
La Libération de la France jour après jour 1944-1945, éditions Le Cherche-Midi, 2012.

Dominique Lormier

HISTOIRE GÉNÉRALE DE LA RÉSISTANCE FRANÇAISE

Lucien Souny

Editions Lucien Souny, 2012
Les Allois • 87400 La Geneytouse

INTRODUCTION

Le 10 mai 1940, l'armée allemande passe à l'offensive sur le front occidental. Après plusieurs semaines de combat, la France est contrainte de signer un armistice le 22 juin 1940. Les pertes sont lourdes dans les deux camps : 92 000 soldats français tués et 250 000 autres blessés, contre 49 000 soldats allemands tués et 163 000 blessés, sans oublier 1 900 chars et 900 avions français hors de combat, ainsi que 1 800 chars et 1 600 avions allemands détruits ou endommagés.

La moitié de la France se trouve sous la botte allemande jusqu'en octobre 1942, la totalité du territoire étant occupée par la suite, du fait du débarquement des Alliés en Afrique du Nord française, en novembre de la même année. Durant toute cette période, la Résistance intérieure s'organise, par la multiplication des réseaux, des mouvements, spécialisés dans le renseignement, les évasions, la presse clandestine, l'administration, les sabotages, les embuscades… Hors de la métropole, la France libre du général de Gaulle poursuit la lutte armée dans les airs, sur mer et en Afrique.

L'unification de la Résistance opérée par Jean Moulin et Pierre Brossolette renforce la lutte clandestine et permet ensuite la création des Forces françaises de l'intérieur, regroupant les trois grandes composantes de la lutte en métropole avec l'Armée secrète (AS), les Francs-tireurs et partisans (FTP) et l'Organisation de résistance de l'armée (ORA). Malgré la sévère répression de l'occupant, la Résistance française est en mesure de jouer un rôle essentiel lors des combats de la libération, aux côtés de l'armée d'Afrique, des forces combattantes de la France libre et bien entendu des Alliés.

Cet ouvrage présente tous les aspects de la Résistance française, avec les premiers actes isolés, les réseaux, les mouvements, les maquis, les Forces françaises libres (terre, air, marine), les forces combattantes de la libération (armée d'Afrique, division Leclerc, Forces françaises de l'intérieur).

On découvre ainsi l'ampleur et le rayonnement de la Résistance française durant la Seconde Guerre mondiale.

I

LA RÉSISTANCE INTÉRIEURE : LA LUTTE CLANDESTINE 1940-1944

Premiers actes isolés

À l'égard de l'occupant allemand, la population française est dans sa large majorité attentiste. Assommée par la défaite de 1940, elle pense surtout à survivre. Nombreux sont ceux qui croient que l'Angleterre s'effondrera à son tour et qu'il convient, selon les directives du maréchal Pétain, « de vivre d'abord et d'attendre ensuite l'occasion de s'en sortir[1] ». Roger Landes, agent des services spéciaux britanniques en mission en Gironde, déclare que « Bordeaux, comme beaucoup d'autres villes de France à ce moment, était plutôt vichyste. La guerre semblait terminée pour les Français[2] ». Marc Leproux, résistant charentais, raconte que les jours qui suivirent la défaite de 1940 ne furent guère réconfortants : « Nous eûmes le triste spectacle de la foule se portant aux concerts ou aux parades données par les occupants. Il est vrai que bon nombre de personnes se rendaient là comme on va au cirque pour voir travailler des animaux savants. Les sourires moqueurs qui appréciaient la marche au pas de l'oie témoignaient que le mal était moins profond qu'on aurait pu le croire. Du reste des réactions parfois assez vives se produisirent au lendemain même de l'invasion[3]. »

Un rapport, établi dès le mois d'août 1940 par la Wehrmacht, constate que « l'opinion française, trop marquée par le choc de la défaite puis par les premières difficultés de la vie quotidienne, ne fait que cacher son hostilité à l'occupant[4] ».

L'officier de la Gestapo Herbert Hagen est tout aussi prudent : « De mon séjour en France, j'ai rapporté l'impression que la population n'était pas hostile à la politique de collaboration sagement appliquée… L'administration en général et la police travaillaient normalement. L'activité communiste était limitée. Il paraissait clair que, si l'Allemagne donnait à la France la possibilité d'occuper une place importante dans la constellation européenne, tant dans le domaine politique que dans le domaine économique, les plus grands espoirs étaient permis. Toutefois, il fallait agir avec prudence, car tout acte politique ou de propagande mal dirigé qui toucherait au tempérament national français provoquerait une résistance passive qui pourrait devenir le signe précurseur de la résistance active[5]. »

Tout change avec l'évolution de la guerre. Un rapport de police de Vichy, daté de novembre 1942, constate que « la population semble de plus en plus acquise à la cause de la Résistance et à la victoire des Alliés. Les actes hostiles à l'occupant ne cessent de se multiplier[6] ». Un rapport de la Wehrmacht estime même « qu'en cas de dégradation de la situation, on peut s'attendre à un soulèvement populaire qui montrera non pas un peuple français fatigué mais des gens d'un tempérament enflammé[7] ».

Si la majorité de la population est maréchaliste ou attentiste en 1940, elle évolue à partir de 1942, et supporte de plus en plus mal la présence des Allemands et le régime de Vichy. Les premiers actes isolés de la Résistance se manifestent dès le début de l'Occupation. Un petit nombre de patriotes, meurtris par la défaite, refusent de se courber devant l'occupant et d'adhérer à la politique de collaboration du gouvernement de Vichy. Le 22 août 1940, Raoul Armat est arrêté pour avoir saboté un camion allemand. Un rapport de police du 28 août 1940 indique que la population (y compris les agents de police) n'est pas assez respectueuse vis-à-vis des troupes d'occupation. La Résistance est présente le 29 août, dans les salles de cinéma, lorsque le public applaudit les passages des actualités dans lesquels sont montrées les troupes alliées. Dans le même sens, le 8 septembre 1940, les officiers allemands se plaignent qu'à certains passages de *Carmen* de Bizet, lorsqu'il est question des Britanniques, des spectateurs se mettent à applaudir inconsidérément.

Le 17 juin 1940, Jean Moulin, préfet d'Eure-et-Loir, est arrêté à Chartres par les Allemands. Résistant à la torture, il préfère se trancher la gorge plutôt que de signer un protocole rendant coupable l'armée française d'exactions perpétrées en réalité par les nazis. Par chance, il réintègre ses fonctions. Le 2 novembre 1940, relevé de son poste par Vichy, il gagne la zone libre. Il rejoint Londres en octobre 1941, puis il est chargé par le général de Gaulle d'unifier la Résistance intérieure.

Très rares cependant sont ceux qui ont entendu le célèbre appel du 18 juin 1940, lancé par le chef de la France libre. Guy Labédan, résistant et historien, écrit que « l'appel historique semble, en effet, n'avoir été entendu par des rares personnes dans le Gers : deux ou trois sur un demi-millier de résistants interrogés dans tous les milieux[8] ».

Jacques Chaban-Delmas, futur délégué militaire national de la Résistance, se trouve à Nice début août 1940. Sa fille Clotilde, alors âgée de cinq mois, est réveillée chaque soir, vers 21 heures, par un bruit insolite provenant de la maison voisine. Cela ressemble à une boîte à musique enrouée ou à une moulinette géante. Excédé, Jacques Chaban-Delmas va frapper à la porte de l'occupant des lieux pour lui demander de cesser ce vacarme. Mais l'altercation sera en fait une aubaine. Le voisin le regarde d'un air ébahi et vaguement réprobateur :

— Voyons, dit-il, c'est le brouillage de Londres.

— Londres ?

— Eh bien oui, l'émission « Les Français parlent aux Français », de Gaulle quoi[9] !

Jacques Chaban-Delmas entend ainsi parler pour la première fois d'un général au nom étrange qui invite les Français à se rassembler derrière lui pour continuer la lutte. Comme c'est précisément son projet, l'avenir lui apparaît avec une grande clarté. Après avoir rencontré le colonel Groussard, son chef de Saint-Cyr lors de ses classes pour devenir officier de réserve, le jeune Jacques s'engage dès 1940 dans la Résistance au sein du réseau Heurtaux.

« Le colonel Heurtaux, écrira plus tard Groussard, avec des moyens que je lui donnai au départ, puis qu'ensuite j'eus la possibilité de lui faire parvenir, organisa dès l'automne 1940 les premiers groupes de résistance qui constituèrent plus tard l'Organisation civile et militaire (OCM). Tant qu'il resta libre et, par conséquent, tant qu'il déploya son activité, je lui adressai les plus sûres, les plus volontaires des personnes qui me demandaient de travailler contre l'occupant et qui, soit préféraient gagner la zone occupée, soit étaient indifférentes quant à l'endroit où il serait possible de lutter. C'est à lui, par exemple, que j'envoyai un des mes anciens EOR de Saint-Cyr: Chaban-Delmas[10]. »

De retour à Paris, Jacques Chaban-Delmas se rend à l'adresse que lui a donnée Groussard, 2, boulevard Delessert, pour y rencontrer le colonel Heurtaux, un des as de l'aviation de la Grande Guerre, homme de taille moyenne, de belle carrure et d'un très grand calme. Plus question de partir pour Londres: il doit accomplir diverses missions qui consistent à recueillir des informations concernant la pression que l'occupant exerce sur l'économie française.

« Le réseau Heurtaux, raconte Chaban-Delmas, allait être à l'origine d'un mouvement qui a eu son importance: l'Organisation civile et militaire (OCM). Cela a pourtant mal commencé. J'avais été recruté en décembre 1940. À peine deux mois plus tard, en février 1941, les Allemands ont arrêté six cents des nôtres dans la région parisienne. Heurtaux, militaire de carrière et à ce titre peu au fait des précautions à prendre en matière de lutte clandestine, avait organisé son réseau selon les structures classiques: premier, deuxième, troisième bureau. Et dans un souci de méthode qui honorait ces braves, il avait fait tenir à jour des listes complètes avec noms, adresses et téléphones. Une perquisition les avait fait tomber aux mains des Allemands. J'ai échappé à la capture grâce à l'étourderie d'une secrétaire. Plusieurs Delmas, nom très répandu, figuraient dans ces états. En recopiant, et au passage d'une page à l'autre, elle avait oublié un Delmas, et ce Delmas c'était moi. Voilà comment, à peine entré dans la Résistance, j'ai failli en sortir à jamais[11]. »

L'OCM est repris en main par Jacques Arthuys et Alfred Touny, deux brillants combattants de 14-18, militants de la droite nationaliste.

« Faire quelque chose »: telle est l'obsession de ceux qui refusent la défaite et l'occupation allemande. Dès juillet 1940, le socialiste Jean Texcier diffuse des tracts clandestins, par lesquels il invite à s'insurger contre la Wehrmacht. Le général Cochet, à Saint-Étienne, tout en proclamant sa fidélité au maréchal Pétain, encourage l'armée d'armistice à préparer la revanche. Au sein de cette même armée, le colonel Colson organise de nombreux dépôts d'armes clandestins en zone libre. À Marseille, le capitaine Henry Frenay, homme de droite, recrute quelques officiers dans la perspective de la création d'une Armée secrète. À Vichy même, le commandant Loustaunau-Lacau, ancien cagoulard, utilise ses fonctions officielles de secrétaire général de la Légion des combattants afin d'organiser l'un des premiers réseaux d'évasion et de renseignement, « La Croisade », qui devient « Alliance » fin 1940. À la suite de l'arrestation de Loustaunau-Lacau en 1941, Marie-Madeleine Fourcade, issue d'une vieille famille de la bourgeoisie marseillaise, prend la direction du réseau Alliance, qu'elle va diriger avec une grande efficacité durant toute la guerre. À Paris, les premiers périodiques clandestins paraissent dès l'automne 1940: *Pantagruel* de Raymond Deiss, *L'Arc* de Probus Correard, *Valmy* de Raymond Burgard.

Le premier sabotage contre l'occupant a lieu en Charente, le 21 juin 1940, à la veille de l'armistice. Ce jour-là, André Delage (15 ans), son frère Robert Delage (16 ans), Jean et Louis Leproux (16 et 17 ans), Jean Dumonté (17 ans) sabotent plusieurs avions, pris par l'ennemi, se trouvant sur le terrain d'aviation de Bel-Air à Ruelle, près d'Angoulême. Les archives allemandes nous apprennent l'exploit du jeune Joël Libouban qui, en plein mois d'août 1940, traverse l'esplanade des Quinconces, à Bordeaux, où se dresse l'immense panneau de la Propaganda-Staffel: dix panneaux sont lacérés, une dizaine d'autres maculés de graffitis et piétinés. En Gironde, à la fin du mois d'août 1940, Léo Paillière et Jean Duboué forment une organisation qui recueille des renseignements d'ordre militaire. Des armes sont également récupérées et entreposées à Langoiran.

La Résistance n'est pas un cadre tout fait, dans lequel les hommes sont venus s'insérer. Elle est la somme d'expériences individuelles qui ont été plus ou moins concertées, ont pris peu à peu une forme plus collective, mais où ce qui compte avant tout c'est la réaction de l'individu, son comportement en face des événements.

« À la fin de 1940, écrit Jean-François Muracciole, ces tentatives, faibles et individuelles, commencent à susciter des convergences. H R. Kedward a montré que ces convergences se réalisent le plus souvent sur la base de réseaux politiques ou professionnels préexistants. À Brive, Edmond Michelet, figure de la démocratie chrétienne, diffuse à l'été 1940 des tracts qui refusent la résignation et il entraîne ses « Équipes sociales » du simple secours aux réfugiés vers l'aide aux opposants anti-nazis. Lyon s'affirme très tôt comme la capitale de la résistance chrétienne. Stanislas Fumet, directeur de *Temps présent*, y fait reparaître sa revue sous le titre de *Temps nouveau*. Elle devient le point de ralliement de démocrates-chrétiens patriotes, comme P. Chaillet ou F. de Menthon. Celui-ci, ancien président de l'Association catholique de la jeunesse française et professeur de droit, réalise la jonction entre ce groupe chrétien et certains de ses collègues. À l'automne 1940, il contacte dans les universités de droit P H. Teitgen, R. Courtin ou R. Capitant et lance *Liberté*, périodique qui, tout en soutenant Pétain, refuse la collaboration et réfute le nazisme[12]. »

La popularité du maréchal Pétain est incontestable en 1940. Personne ne met en doute la sincérité du patriotisme du vainqueur de Verdun. L'illusion du « double jeu » de Pétain s'est longtemps nourrie du désir d'union des Français, et bien des résistants, comme Henry Frenay, ont été retenus dans leurs attaques contre Vichy. Guy Labédan souligne qu'à la fin du mois de septembre 1940 des tracts patriotiques sont adressés à des personnalités du département du Gers, mais le grand public n'est pas touché. Un système plus performant consiste à envoyer des tracts sous enveloppes, que le destinataire doit ensuite recopier afin de constituer une véritable chaîne. L'essai est appliqué à Mauvezin en octobre 1940 et a pour expéditeur Marceau Roumagnon et Roger Castadère. Guy Labédan a eu la chance de retrouver le contenu d'un tel tract, appelant à la résistance tout en étant favorable au maréchal Pétain: « Respectons le Maréchal. Mais gouvernement, presse, radio sont aux ordres des Allemands. La véritable voix de la France, de la tradition française, de la Patrie française, vient de Londres, où elle s'exprime librement, où quelques milliers de Français courageux se sacrifient pour que la « France continue ». Avec ces héros, avec nos amis anglais, jurons de souffrir plus encore pour résister aux hordes de Hitler. Déjà cette résistance s'affirme, l'aide américaine s'amplifie. Comme en 1918, l'intervention se produira et avec elle la victoire. Jurons, nous aussi, de tout sacrifier pour sauver l'Honneur de la France, pour la libération du territoire, pour retrouver la liberté perdue, pour la paix, la tranquillité du monde, l'avenir de nos enfants. Le général de Gaulle est notre héros national. Écoutons ponctuellement la véritable voix de la France à la radio anglaise. Vive la France. Conservez cette page et celles qui suivront. Plus tard, elles seront vos lettres de noblesse et la preuve que, malgré la défaite, vous êtes resté un bon Français. Quoi qu'il arrive, continuez la chaîne. Celui qui essaiera de la rompre est un traître. Plus de politique, seul compte le salut de la France[13]. »

L'attitude dominante chez de nombreux résistants de zone sud, en 1940-1941, conjugue hostilité patriotique aux Allemands et bienveillance pour le maréchal Pétain. Les appels à la résistance du général Cochet se partagent entre une germanophobie virulente et une absolue confiance dans le « Vainqueur de Verdun ». Le mouvement de Frenay et de François de Menthon, constitué d'hommes venus des multiples familles de la droite, ne se détache que tardivement de la sympathie pour le Maréchal. Frenay, résistant de la première heure, se présente comme un élément de « cette droite traditionnelle, pauvre, patriote et paternaliste », agissant autant par nationalisme que par antinazisme. Son attitude politique, en 1940-1941, se définit par un rejet des tares de la IIIe République, responsable selon lui du désastre de 1940, et par la nécessité d'un redressement moral. Cela le conduit, en août 1941, à qualifier « d'acceptable » la politique intérieure de Vichy.

La distinction entre Pétain et son entourage constitua longtemps un moyen commode de soutenir le Maréchal et d'approuver certains aspects de la Révolution nationale, tout en fustigeant la dérive collaboratrice. Certains résistants manifestent pourtant une hostilité plus vive à Vichy.

La Résistance est multiple et variée. Des hommes aussi éloignés que peuvent l'être un industriel (Brudigoux), un ancien député socialiste (Audeguil), un professeur de faculté (Auriac), un membre du comité central du Parti communiste (Tillon), un négociant en vins de l'Action française (Paillère), un pilote du port de Bordeaux (Fleuret), un aristocrate monarchiste (Louis de La Bardonnie), un militant syndicaliste de gauche (Bonnac)… vont lutter dès 1940 contre l'occupant. Cette grande diversité se retrouve également dans la collaboration. À la fin de 1940, des groupes sont constitués, d'autres se forment. Il est impossible de parler d'une résistance, il faut plutôt parler des résistances. Quoi de commun entre ces officiers, ces démocrates-chrétiens lyonnais, ces anciens de l'Action française, ces intellectuels parisiens et ces socialistes du Nord ?

À l'automne 1940, le jeune ethnologue Boris Vildé fonde à Paris le réseau du musée de l'Homme avec ses collègues Lewintzky et Odolon.

Disposant d'antennes en province, ils organisent des évasions vers la zone libre. Fin 1940, ils sont rejoints par des enseignants de Béthune et par l'avocat Weil-Curiel qui, de son côté, a fondé un groupe clandestin des « Avocats socialistes » avec Nordmann et Jubineau. Efficacement épaulé par le professeur Rivet, le réseau se transforme en un « Comité national de salut public » et diffuse un périodique, *Résistance*, auquel participent des patriotes comme Aveline, Paulhan, Cassou. Première grande tragédie de la Résistance : le groupe est décimé en février 1941, à la suite d'une dénonciation, et détruit définitivement en novembre 1942 par l'exécution de ses membres au mont Valérien.

Les milieux socialistes du Nord sont particulièrement actifs. Le maire de Roubaix, Jean Lebas, amalgame, dès l'automne 1940, un groupe important qui organise des évasions vers la Belgique et diffuse un journal *L'Homme libre*, qui devient *La Quatrième République* en mai 1941. À Lille, en avril 1941, J. Noutour, fonctionnaire socialiste, fonde avec l'aide du démocrate-chrétien Dumez un autre périodique clandestin, *La Voix du Nord*. Considérablement soutenu dans la région, ce journal va bientôt tirer à plusieurs milliers d'exemplaires.

En septembre 1940, l'ingénieur Ripoche, après avoir diffusé des tracts anti-allemands, regroupe des officiers d'aviation et fonde le mouvement « Ceux de la Libération ».

La manifestation parisienne du 11 novembre 1940 symbolise un timide réveil. Depuis la rentrée universitaire, une tension règne dans les lycées et les facultés. À l'approche de l'anniversaire de l'armistice de 1918, des étudiants comme Bellanger ou Lescure diffusent des tracts anti-allemands et pro-gaullistes. L'arrestation de l'universitaire sympathisant communiste Langevin, le 30 octobre 1940, « met le feu aux poudres ». Le 11 novembre, une importante manifestation, rassemblant environ cinq mille étudiants et lycéens, se déroule à l'Arc de Triomphe. Des échauffourées éclatent avec les troupes allemandes et les arrestations sont nombreuses. Des actes d'hostilité au IIIe Reich se multiplient un peu partout en France : grèves, lacérations d'affiches, graffitis, tracts patriotiques, sabotages divers, presse clandestine, évasions, renseignement…

À Nantes, le réseau Bocq-Adam est officiellement créé le 15 septembre 1940. Ses membres se distinguent par quelques actions armées contre l'occupant, collectent de précieux renseignements pour les Alliés et organisent des évasions. Le groupe Marcel Hévin, fondé en août 1940, transmet à Londres des renseignements sur les installations allemandes de la région nantaise. D'autres réseaux suivent, tombent les uns après les autres, et leurs membres sont exécutés. La résistance nantaise ne baisse pas pour autant les bras.

Mouvements et réseaux s'organisent

Trois principaux mouvements de résistance naissent en zone sud en 1941 et 1942 : Combat, Libération et Franc-Tireur.

Henry Frenay, qui a fondé le Mouvement de libération nationale (MLN) en 1940, entretient des contacts étroits avec des officiers du deuxième bureau de l'armée d'armistice, dont certains des membres travaillent avec les services spéciaux britanniques. Dans l'immédiat, Frenay porte la lutte sur la propagande et le renseignement. Le journal *Les Petites Ailes*, devenu *Vérités* en août 1941, informe l'opinion de zone sud de la réalité de la situation militaire et du pillage de la France par le IIIe Reich. Fort à l'origine dans le Sud-Est, le MLN s'étend dans toute la zone sud et dispose même d'une antenne en zone nord avec les résistants Froment et Guédon.

Le groupe formé par François de Menthon attache la même importance à la propagande. Son journal, *Liberté*, publié à Marseille avec les démocrates-chrétiens Courtin, Teitgen et Coste-Floret, dénonce le défaitisme et le nazisme. À Montpellier, l'adhésion de Renouvin, activiste de droite, et de ses groupes francs, qui, à partir de l'été 1941, mènent des sabotages et des attentats en zone sud, vient renforcer le groupe Liberté. Renouvin et son adjoint Faloc recrutent parmi les étudiants, les ouvriers et des républicains espagnols exilés, rassemblés par le socialiste Tixador. Étrange union d'hommes de droite et de gauche, luttant cependant pour une cause identique.

En novembre 1941, le groupe de Frenay fusionne avec celui de François de Menthon, donnant ainsi naissance au mouvement Combat, qui devient la plus puissante et la plus structurée des organisations de résistance au début de l'année 1942. L'ensemble se trouve diriger par un comité directeur composé de Frenay, Bourdet, Chevance, De

Menthon, Teitgen, Coste-Floret. Plus tard, Roure et Bidault le rejoindront. La structure de Combat repose autour de deux axes : l'Action (renseignement, groupes francs) et le ROP (Recrutement-Organisation-Propagande) chargé de la diffusion du journal *Combat*, tiré à plus de 80 000 à la fin de 1942. De nouveaux services viennent renforcer le mouvement : financier et social (Albrecht), noyautage des administrations publiques (Boudet à Lyon), faux papiers (Bollier), relations extérieures (G. de Bénouville), action ouvrière (Degliame-Fouché), sabotage-fer (Lacroix). À la fin de l'année 1942, Combat regroupe plusieurs milliers d'hommes répartis surtout en zone sud : les principaux chefs sont Pecq à Lyon, Moichelet à Limoges, Chevance à Marseille, Courtin à Montpellier et Dhont à Toulouse.

Emmanuel d'Astier de La Vigerie, ancien officier de marine, refuse l'armistice. Dès l'été 1940, il tente de former un premier groupe de résistance à Port-Vendres. Son projet se réalise peu à peu. En novembre 1940, à Clermont-Ferrand, il entre en contact avec Jean Cavaillès, les époux Aubrac (Lucie et Raymond), Georges Zérapha, et fonde une organisation (La dernière colonne) qui placarde des tracts appelant à la résistance. D'Astier cherche à créer un mouvement qui sera le point de rencontre des syndicalistes, des socialistes et des communistes. Il rencontre ainsi les syndicalistes Jouhaux et Buisson pour la CGT, Morandet pour la CFTC. Il se lie avec les socialistes Mayer, Gouin et Ribière. Le mouvement Libération voit le jour en juillet 1941 à Clermont-Ferrand. Le comité directeur comprend, en octobre 1942, E. d'Astier, R. Aubrac, Brunschwig, P. Viénot, R. Lacoste et M. Poimbœuf. Les principaux chefs régionaux sont Canguilhem à Clermont-Ferrand et Forgues à Toulouse.

Libération se différencie de Combat par sa structure plus légère. On retrouve la même division entre l'action paramilitaire (Aubrac) et l'action politique (Brunschwig), dont la mission essentielle est la diffusion de *Libération*, le périodique clandestin du mouvement, tiré à trente-cinq mille exemplaires en 1942. Cependant, les groupes « militaires » de Libération ne peuvent rivaliser avec l'Armée secrète de Combat. En fait, Libération est un mouvement avant tout politique, refusant radicalement Vichy, plus encore que ne le fait Combat, et s'affirmant chaque jour plus révolutionnaire et plus marqué à gauche. Alors que Frenay rêve de former des militants spécialisés et hiérarchisés, d'Astier pense que le rôle des résistants est de susciter et d'encadrer un soulèvement populaire.

À la fin de 1940, des patriotes venus d'horizons très différents, Georges Valois, ancien de l'Action français, Élie Péju, ex-communiste, Antoine Avinin de Jeune République, fondent le mouvement France-Liberté à Lyon, qui va devenir Franc-Tireur en décembre 1941. Jean-Pierre Lévy s'associe au groupe qui élargit son activité à toute la zone sud. Le périodique clandestin devient l'emblème du mouvement, qui recrute des journalistes lyonnais comme Altmann, Farge, Nocher... Ne voulant pas se limiter à la propagande, le mouvement forme des groupes francs qui passent à l'action par des sabotages et des attentats en 1942. Le comité directeur repose en 1941 sur J.-P. Lévy, Avinin, Péju, Clavier et Pinton, auxquels s'ajoutent Altmann et Claudius-Petit à partir de 1942. D'autres groupes s'organisent en zone sud. Fugère et Stibbe, anciens membres du Parti socialiste ouvrier et paysan (PSOP, section dissidence pacifiste et antifasciste de la SFIO, créé en 1938 par Pivert et Vaillant), relancent les réseaux du PSOP et fondent le périodique clandestin *L'Insurgé*, qui monte à trente mille exemplaires jusqu'en 1942.

Toulouse devient également une plaque tournante de la Résistance. Les nombreux immigrés italiens, ayant fui le régime mussolinien, sont parmi les premiers résistants du département de la Haute-Garonne. Silvio Trentin, ancien professeur de droit et député socialiste italien, arrive en France en 1926. Il est à l'origine du mouvement Libérer et Fédérer, qui réunit en juillet 1942, des socialistes (Moch et Auriol), des intellectuels (Cassou) ou des communistes (Friedmann). Le journal du mouvement cherche à dépasser les divisions de la France d'avant-guerre, associe antifascisme et projet fédéraliste. Trentin regroupe aussi bien des démocrates-chrétiens que des socialistes et des communistes. Son implantation géographique, toulousaine et marseillaise, en fait une organisation active de la Résistance du Sud de la France. En liaison avec les services spéciaux britanniques, dont le major Anthony Brooks, le mouvement mène avec succès des actions de propagande et de sabotage. Des personnalités comme Zackas, Duban, Descours, Laurent et Vanhove font partie du comité directeur. À l'automne 1940, des militants communistes distribuent à Toulouse des tracts condamnant « les forbans de

Vichy ». Des réseaux de renseignement et d'évasion ont des antennes à Toulouse. Les mêmes personnes sont présentes dans des organisations différentes, comme Maurice Jacquier (Ambroise), membre dès 1942 des « Petites ailes blanches », du réseau Béryl et de Libération-Sud, puis du Comité d'action socialiste. Il devient par la suite responsable du réseau Gallia.

Le groupe Bertaux, formé au printemps 1941, est le premier mouvement de résistance toulousaine à établir une liaison directe avec Londres. Parfaitement organisé, il mène plusieurs activités à la fois : renseignement, évasions, réceptions des parachutages, sabotages. Son fondateur, Pierre Bertaux, a été professeur à la faculté de lettres de Toulouse. Certains de ses membres, tel Jean Cassou, sont arrivés à Toulouse après la dislocation du réseau du musée de l'Homme à Paris.

« Dès mon arrivée, écrit Jean Cassou, j'éprouvai le soulagement qu'au sortir du cauchemar parisien pouvait vous offrir la zone « nono » (non occupée). Soulagement mêlé de stupeur et de malaise, car rien n'était plus étrange que ce petit royaume pétainiste avec ses saluts aux couleurs et ses allumages de flamme. Le refus résolu ne s'y faisait guère sentir que dans le surcroît de la population que la débâcle y avait amené et qui se composait en grande partie de Juifs. Néanmoins dans la population autochtone elle-même, un commencement d'action se manifestait. On conspirait dans les bureaux de l'administration municipale, dans les milieux universitaires, dans quelques cafés, comme le Cristal où se réunissait le groupe du colonel Cahuzac, lequel Cahuzac devait mourir en héros et être une des premières grandes figures de la Résistance toulousaine[14]. »

Louis Vaquer, officier de réserve et directeur des éditions Chantal, organise avec des pilotes d'aviation une filière de passage vers l'Espagne. Il rejoint en 1941 le réseau Bertaux. Paul Marcouire, ancien militaire, entre dans la Résistance dès juillet 1941. Devenu un des dirigeants locaux de Combat, il contribue à étendre le mouvement dans la région de Toulouse.

François Verdier, membre du mouvement Vérité en 1941, est l'un des unificateurs de la Résistance toulousaine. « Il était, raconte Jean Cassou, un industriel actif, puissant, considéré, heureux, un ardent républicain, secrétaire fédéral de la Ligue des droits de l'homme. Sa foi, son expérience des choses et des hommes, ses qualités d'organisateur en avaient fait le chef, l'âme de la Résistance toulousaine. Avec lui et ses autres collaborateurs, dont Chaubet, il avait accompli l'œuvre indispensable de l'union des divers mouvements[15]. »

Parmi les héroïnes toulousaines de la Résistance, Maire-Louise Dissart (Françoise) se distingue particulièrement. Elle s'occupe d'un réseau d'évasion dépendant du War Office britannique qui fera passer en Espagne plusieurs centaines de personnes (patriotes, aviateurs alliés...). Le mouvement Combat peut également compter à Toulouse sur le docteur Dide, directeur de l'hôpital psychiatrique Marchand, et sur l'abbé Julien Naudin, curé des Sept-Deniers. Tous deux seront déportés en camp de concentration.

Par son ouverture sur l'Atlantique et l'importance de son port, Bordeaux devient l'une des plus importantes bases stratégiques du IIIe Reich. La ville et sa région se trouvent en zone occupée dès 1940. Une gigantesque base sous-marine de 43 000 m^2 y est construite pour abriter des sous-marins qui sillonnent l'Atlantique et l'océan Indien. Les navires, qui assurent les liaisons de l'Allemagne avec le Japon, y ont installé leur port d'attache. Dès le 22 juillet 1940, Bordeaux a le triste privilège de loger la première des seize antennes de la Gestapo en France. Il n'est donc pas étonnant que la Résistance s'y soit implantée en force. Le jour même de l'appel du 18 juin 1940, Charles Tillon, délégué clandestin du Parti communiste, rompt avec l'attitude attentiste de son parti en distribuant des tracts patriotiques sur le port de Bordeaux. Dès le mois de septembre, Charles Tillon, Marie Beyer et René Michel forment les premiers groupes chargés de l'action armée contre l'occupant. Un premier sabotage est effectué contre une ligne téléphonique allemande le 7 décembre 1940. Parallèlement, un groupe de jeunes communistes, animé par Claude Meyroune et Raoul Claveria, ronéotype et diffuse le journal *Le Volontaire* ainsi que des tracts clandestins.

Toujours à Bordeaux, l'instituteur Jean Ferrier établit une filière pour gagner l'Angleterre, *via* l'Espagne. Cinq jeunes l'utilisent dès l'été 1940. Le 24 août 1940, un Juif polonais, Israël Karp, ancien engagé volontaire de 14-18, manifeste son hostilité aux soldats allemands qui hissent le drapeau nazi devant la gare Saint-Jean. Cet acte courageux lui vaudra le poteau d'exécution. Il en sera de même pour Pierre-Lucien Mourgues, un Bordelais de 74 ans, qui sera fusillé en décembre 1940. En septembre 1940, le général d'Harcourt et le capitaine Jacquemet fondent le réseau de renseignement Jacky, comprenant notamment les officiers Besson, Douence et Salefran. En décembre, le capitaine Sabadie, l'aumônier Lasserre et le lieutenant de vaisseau Scherrer, émissaire du commandant Loustaunau-Lacau, forment une équipe de renseignement. Le groupe Georges-Aubert voit le jour en octobre 1940. Ses principaux membres, l'aspirant Aubert, Georges Bonnet, le père Louis de Jabrun, Paul Mamert et Mohamed Mould Abdallah, mettent en place un réseau d'évasion, spécialisé dans le passage clandestin de la ligne de démarcation. Le groupe Dominique, formé par Lucienne Souillie en septembre 1940, sabote avec succès plusieurs camions allemands. Pierre Girard, serrurier d'art, et ses compagnons se lancent dans la collecte de renseignements militaires, tels l'emplacement et l'organisation des troupes allemandes au port de Bordeaux et à l'aérodrome de Mérignac. Le commandant Étienne Grandier-Vazeille, dégagé des cadres depuis 1932, organise un noyau actif de résistance. Jules Domercq, sous-chef de gare à Bordeaux Saint-Jean, renseigne la Résistance sur les déplacements des trains. Arrêté par les autorités d'occupation, ce résistant de la première heure sera torturé au fort du Hâ où il mourra après avoir eu les yeux arrachés.

Le 8 octobre 1940, des élus socialistes et des fonctionnaires, dont le député de la Gironde Fernand Audeguil, Georges Bonnac et André Mureine, fondent le Comité d'action socialiste de la Résistance. « Les réunions, raconte le résistant René Dumas, se tenaient clandestinement dans une salle de l'Athénée municipal, chez maître Costedoat, et aussi dans un bureau de la rue du Chai-des-Farines où nous accueillaient Domec et le regretté Domingine… Chacun avait ses tâches et Georges Bonnac allait régulièrement à Paris[16]. »

Dès la fin du mois de juin 1940, Louis de La Bardonnie, monarchiste et propriétaire viticulteur à Saint-Antoine-du-Breuilh, groupe autour de lui des hommes décidés à résister activement: Paul Ambuster, Pierre Beausoleil, l'abbé de Dartein, Jean Eschbach, le docteur Pailloux, Paul Dungler, Jean Fleuret et Ange Gaudin. Cet embryon du réseau Confrérie Notre-Dame (CND) établit des points de passage de la ligne de démarcation en Gironde et ailleurs, sabote des véhicules allemands et collecte des renseignements de tous ordres sur les troupes d'occupation. C'est en Gironde que le réseau CND, fondé par le colonel Rémy, prend une extraordinaire expansion. Le commandant Gaudin et le colonel Fleuret se chargent de renseigner les Alliés sur les navires italiens et allemands ancrés dans le port de Bordeaux, et surtout de signaler leur mouvement.

« Il semble certain, écrit le colonel Rémy, que les renseignements fournis par l'antenne bordelaise du réseau CND aient été à l'origine de la destruction de onze sous-marins allemands et italiens et plus de vingt cargos dont certains transportaient du matériel de guerre de première importance. Ce résultat équivaut à une grande victoire navale[17]. » En juin 1942, la trahison de l'un des membres du réseau entraîne l'arrestation d'Ange Gaudin, puis celle de Jean Fleuret.

Le colonel Rémy (Gilbert Renault), âgé de 36 ans, rejoint la Grande-Bretagne dès la fin juin 1940. Il rencontre à Londres le général de Gaulle et le colonel Passy, chef des services spéciaux de la France libre. Le 11 novembre 1940, il revient en France pour créer le réseau de renseignement CND qui obtient des résultats surprenants grâce à la qualité de son recrutement. Durant le conflit, pas un navire allemand ou italien n'aborde ni ne quitte les ports de l'Atlantique sans que Londres en soit prévenu. Dans le cadre de la Confrérie Notre-Dame, les docteurs Chauvenet et Colas forment, en mai 1941, un groupe de renseignement avec le professeur Jean Auriac, André Bergez, le professeur Vilar, Vilain, Blanc, Barthe, Guilbaud, Raufaste, Sibelberg, Marcelle et Pierre Girard. Le 18 juillet 1941, à la suite de la trahison de Geneviève Sauvaneix, le professeur Auriac se donne la mort en avalant deux doses de cyanure. « Cela dut être dur, raconte le docteur Chauvenet, mais le sacrifice n'a pas été inutile. Le sinistre commissaire Poinsot l'a reconnu dans un rapport où il déclare que le suicide du professeur Auriac empêchera de faire définitivement la lumière sur cette affaire. Personnellement, je lui dois de vivre, d'autres résistants aussi. Je ne connais pas de sacrifice plus pur que le sien[18]. »

Le réseau CND est l'un des rares réseaux fondés en 1940 qui a continué à transmettre des informations jusqu'à la Libération. Il va durement payer sa contribution à l'effort de guerre allié. Sur mille cent cinquante-cinq membres, cinq cent trente-sept seront arrêtés, deux cent cinquante-sept d'entre eux seront fusillés ou mourront en déportation.

Le réseau de renseignement Jade-Amicol de l'Intelligence Service (IS), né en 1941 de la fusion de deux sous-réseaux dirigés respectivement par Claude Arnould (colonel Ollivier) et Philippe Keun, peut compter sur une équipe dynamique, dirigée par Pierre Moniot et le révérend père (RP) Antoine Dieuzayde en Gironde. Le travail de renseignement réalisé par le groupe Moniot est extraordinaire, preuve que le réseau a bien fonctionné, contrairement à ce que certains irresponsables ont affirmé. Un rapport adressé aux Alliés présente la totalité du système défensif des Allemands à Bordeaux et ses environs : postes de DCA, batteries d'artillerie, projecteurs, ballons, postes de commandement, tranchées, obstacles variés, blockhaus, camps, dépôts d'essence ou de munitions, cantonnements d'unités spéciales…

Une des principales recrues d'Arnould à Bordeaux est le RP jésuite Bernard de Gorostarzu, directeur du célèbre collège de Tivoli, dont les élèves appartiennent souvent aux « bonnes familles » de la ville. Cet homme de Dieu se charge du recrutement du réseau Jade-Amicol parmi les jeunes gens des classes de terminale. C'est lui qui fait entrer dans la Résistance le jeune Hélie Denoix de Saint-Marc en 1941. Le maréchal Montgomery signera un certificat de reconnaissance, nominatif, au jésuite de Tivoli « comme volontaire au service des Nations unies pour la grande cause de la Liberté[19] ». Rattaché à l'état-major interallié, depuis le 1er octobre 1940, le RP de Gorostarzu s'est acquitté avec loyauté et dévouement de toutes les missions qui lui ont été confiées. On ne pourra s'empêcher de remarquer que certains piliers de la Résistance bordelaise sont des religieux, comme le RP Dieuzayde, l'abbé de Dartein, le RP de Gorostarzu, l'abbé Lasserre, le père Louis de Jabrun et bien d'autres…

Le 21 octobre 1941, à Bordeaux, le communiste Pierre Rebière abat au revolver le commandant Reimers, officier d'état-major de la Wehrmacht, et blesse le conseiller administratif de guerre Kohlmann. L'occupant, fou de rage, menace de fusiller des centaines d'otages si le coupable n'est pas découvert. Un inspecteur de police, Philippe Châtelier, membre de la Résistance, lance les Allemands sur une fausse piste. « C'est dans cette atmosphère, écrit-il, que j'ai pris part à l'enquête. J'avais l'intention bien arrêtée de ne livrer personne à l'ennemi, quoi qu'il arrive. Peu de temps avant l'Occupation, j'avais connu un Espagnol républicain, Antonio Coll, originaire de Barcelone, qui était venu à Bordeaux comme réfugié. Cet Espagnol était parti avant l'Occupation, il avait quitté la France pour se rendre en République argentine. Il m'avait envoyé un mot depuis l'Argentine où il était donc bien arrivé. Son signalement correspondait d'assez loin à celui de l'auteur de l'attentat, mais ça ne pouvait être lui puisqu'il était en Argentine. J'étais le seul à le savoir. Craignant une nouvelle fusillade d'otages et des sanctions graves, j'eus l'idée d'aller à la préfecture (service des étrangers) pour me procurer la photographie d'identité de mon Espagnol. Cette photo fut montrée au conseiller Kohlmann qui affirma qu'elle était bien celle de l'auteur de l'attentat. Immédiatement, des recherches furent prescrites et un mandat d'arrêt délivré. Bien entendu l'Espagnol ne fut jamais découvert mais les menaces allemandes ne furent pas mises à exécution[20]. »

Une affiche et un avis stigmatisent l'attentat. Cent otages sont désignés pour être fusillés dans la lande de Souges. Mais, grâce à l'intervention de l'inspecteur Châtelier, la liste est ramenée à cinquante. Depuis le mois de juillet, quarante-trois communistes sympathisants, sept jeunes gaullistes appartenant au réseau « Alliance de la Jeunesse » ont été arrêtés. Suspectés d'avoir agi sous la direction d'André Bergez et du docteur Auriac, les jeunes gaullistes avaient recueilli de précieux renseignements sur l'aérodrome et les dépôts d'armes de Mérignac. On a rien reproché aux autres otages, sinon leur appartenance au Parti communiste et leur responsabilité dans l'organisation clandestine.

Parmi les cinquante fusillés du 24 octobre 1941 figure le docteur Raymond Nancel-Penard, héros de la Résistance bordelaise. Médecin-résident du sanatorium Xavier-Arnozan de Pessac, membre du Parti communiste, il participe à la guerre d'Espagne. Mobilisé au 218e RI en septembre 1939, il fait une brillante campagne. Peu après sa démobilisation, Nancel-Penard est arrêté le 22 novembre 1940, avec cent vingt membres syndicalistes et communistes. Ils sont enfermés au 24, quai de Bacalan, où ils subissent le premier bombardement anglais sur le port de Bordeaux. En mars 1941, le docteur Nancel-Penard est relâché à la suite d'une pétition signée par ses collègues médecins. Il reprend son service au sanatorium et entre dans la Résistance. À la suite d'une dénonciation, il est de nouveau arrêté en avril 1941 et interné au fort du Hâ à Bordeaux. Il subit de multiples pressions jusqu'à sa mort. On lui demande notamment de désavouer son parti et de se déclarer prêt à collaborer avec l'occupant. Dans ce cas, il aurait la vie sauve. Il refuse catégoriquement. La veille de son exécution, le préfet de la Gironde

François Pierre-Alype lui rend visite et renouvelle son offre. Le docteur Nancel-Penard lui répond :

— Monsieur le préfet, il vous faut cinquante otages. Si je signe, demain matin, vous n'en aurez que quarante-neuf.

— Qu'importe, répond Pierre-Alype, on prendra celui qui vient après vous sur la liste !

— Eh ! bien, monsieur le préfet, si je n'avais pas d'autre raison de refuser votre marché, en voici une[21].

L'abbé Mabille, aumônier de l'hôpital Saint-André, désigné pour accompagner les otages à Souges, témoigne : « Le docteur Nancel-Penard a été admirable. Il a réconforté totalement les jeunes gens désorientés devant le poteau d'exécution, leur a fait chanter *La Marseillaise*, et, refusant d'avoir les yeux bandés, a déclaré : — Je veux voir l'ennemi en face[22]. »

L'horreur s'abat également sur Nantes en octobre 1941. À la suite de l'assassinat du colonel Karl Hotz, Feldkommantant de la place, quarante-huit otages sont passés par les armes.

À Londres, la France libre du général de Gaulle entend aider les résistants de la métropole. Dans la nuit du 11 au 12 mai 1941, les sous-lieutenants Forman, Vanier et Cabar sont parachutés près de Bordeaux pour saboter la centrale électrique de Pessac. Le capitaine Georges Bergé, héros des FFL, est l'organisateur de cette mission. La centrale alimente en énergie les usines de la région et surtout la base sous-marine de Bordeaux. La première tentative de sabotage n'aboutit pas. Les trois officiers français découvrent que la centrale est protégée par un haut mur d'enceinte que couronne un câble à haute tension, et devinent derrière le mur une certaine animation. Les trois hommes montent à Paris où Forman prend contact avec le résistant Joël Le Tac. L'équipe ainsi renforcée repart pour la Gironde. Là, elle peut être mieux renseignée sur les rondes de nuit, préparer sa retraite, récupérer son matériel et ses explosifs, les mettre en état. Dans la nuit du 7 au 8 juin 1941, le commando passe à l'action : Forman escalade le mur d'enceinte, se glisse de l'autre côté en évitant le câble à haute tension, saute à l'intérieur et ouvre le portail d'entrée, afin que les trois autres saboteurs le rejoignent. Ils s'introduisent dans la centrale et procèdent à la mise en place d'explosifs sur les huit principaux transformateurs. L'explosion retentit ; elle est suivie d'un incendie, alors que l'équipe s'éloigne dans la nuit. La base sous-marine, qui abrite quarante-trois submersibles de la 12e flottille allemande de U-Boote et dont le bassin à flot n° 1 accueille trente-deux sous-marins italiens, se voit ainsi privée d'électricité durant plusieurs semaines.

Le Special Operations Executive (SOE) du colonel britannique Buckmaster s'intéresse également à la Gironde. Créé par Churchill le 19 juillet 1940, le SOE se trouve, en partie, en concurrence avec l'Intelligence Service (IS). Sa mission est de soutenir la Résistance intérieure par tous les moyens, en envoyant notamment des agents et du matériel. Dès août 1942, Claude de Baissac, agent du SOE, est parachuté près de Châteauroux. Il rejoint rapidement Bordeaux afin d'y établir des contacts avec la Résistance locale. Il demande au colonel Buckmaster de lui envoyer le radio Roger Landes (Aristide). Parachuté en Sologne, celui-ci gagne Bordeaux et rencontre Claude de Baissac dans un café du quai des Chartrons, où il installe son émetteur radio, avant de se réfugier, pour plus de sûreté, à Cenon, puis à Caudéran, au domicile d'une veuve, Marcelle Carralp-Jardel, avenue de la République. Il y séjourne plusieurs mois, reconnaît les zones de parachutage, organise des équipes de réception, recrute des agents (Bouillard, Dussarat, Duboué, Daniel et Léo Paillère, Tronche, Corbin...). Claude de Baissac, Roger Landes et leurs agents passent à l'action à la fin de l'année 1942. La centrale électrique de Bayonne, les câbles d'alimentation électrique de Mérignac, ceux des batteries antiaériennes des Deux-Poteaux et l'émetteur radio des Quatre-Pavillons sont sabotés ou détruits. Soixante terrains de parachutage ou d'atterrissage sont homologués par Londres.

À la fin de l'année 1942, la Gironde est l'un des départements où la Résistance s'est le mieux implantée. L'Organisation civile et militaire (OCM), solidement épaulée par le SOE, semble tout diriger. L'OCM est un mouvement né de la fusion d'un groupe d'origine militaire, recrutant dans les amicales régimentaires, avec un groupe émanant de la Confédération des travailleurs intellectuels. Dirigée par Maxime Blocq-Mascart, l'OCM rassemble toute une élite de hauts fonctionnaires, de cadres supérieurs, d'industriels, de militaires, d'étudiants... La région du Sud-Ouest est celle que l'OCM peut citer en exemple. Grâce au soutien massif du SOE, de nombreux parachutages ont fourni des milliers d'armes à cette importante force clandestine. Le mérite d'une telle organisation revient en grande partie à André Grandclément, grand patron de l'OCM dans la région. Cet homme de 33 ans en 1942, grand et séduisant, fils d'amiral, s'occupe d'un portefeuille d'assurance à Bordeaux, ce qui lui permet de connaître beaucoup de monde. Politiquement, Grandclément se situe à droite et n'aime guère les communistes ; mais la politique servile de Vichy à l'égard des Allemands l'écœure rapidement. Il entre dès 1941 dans la Résistance. Très vite, l'organisation de Grandclément prend un essor considérable, disposant bientôt d'un état-major avec le colonel Rollot, le commandant Grandier-Vazeilles et le capitaine de corvette Goyau.

En tant que neveu du général Jouffrault et ami du capitaine Rauzée (chef de l'amicale de Saumur), André Grandclément, qui a combattu vaillamment comme lieutenant en 1940, bénéficie d'un préjugé favorable aux yeux des chefs de l'OCM. Il gravit facilement les échelons et se trouve en 1942 chef de l'OCM de la région B, qui couvre la Charente-Maritime, la Charente, la Gironde, les Landes et les Basses-Pyrénées. Activement secondé par le colonel Rollot, Grandclément organise de son mieux la Résistance : il recrute dans les milieux étudiants, reçoit de fortes mensualités du SOE, dispose d'un état-major, de plusieurs groupes de combat, d'une équipe de parachutage, d'écoles d'entraînement au maniement des armes, de maquis en Corrèze et dans les Landes, d'une filière d'évasion, d'une liaison radio avec Londres. Enfin, l'armement est important : plus de deux mille mitraillettes Sten, des explosifs, des fusils, des pistolets... Du fait de l'activité conjuguée de Léo Paillère, de Claude de Baissac, de Roger Landes, de Jean Duboué, de Grandclément, de Rollot, de Grandier-Vazeille... la région B pourra compter sur des milliers d'hommes le jour du débarquement.

Pour contrebalancer la mainmise britannique sur la Résistance française, le général de Gaulle, le colonel Passy (Dewavrin) et le capitaine de corvette d'Étienne d'Orves mettent en place le Bureau central de renseignements et d'action (BCRA), qui doit s'occuper de l'envoi d'hommes, d'argent et de matériel en métropole. La rivalité SOE-BCRA sera parfois sensible. Britanniques et Français libres vont se livrer une « lutte » sournoise et permanente pour le contrôle de la Résistance française. Les missions du BCRA sont inaugurées dès le 20 juillet 1940 par le parachutage du lieutenant Mansion. Honoré d'Étienne d'Orves débarque en France la veille de Noël 1940 pour y structurer un réseau. Trahi par son radio, il est arrêté par la Gestapo le 21 janvier 1941. Condamné à mort, il est fusillé au mont Valérien le 29 août. Les réseaux Alliance de Loustaunau-Lacau, Carte de Bénouville ou Famille-Intérallié de Vomécourt dépendent du SOE. Les réseaux CND de Rémy, Cohors de Cavaillès, Phalanx de Pineau, se rattachent au BCRA. Les principaux mouvements et les partis ont également leurs propres réseaux, comme Brutus pour les socialistes, Turma pour le CDLR… On compte pas moins de deux cent soixante-six réseaux en France pour toute la durée de la guerre, ce qui représente cent cinquante mille membres permanents, et un grand nombre de membres occasionnels.

Le BCRA, tout comme le SOE, parachutent des agents sur le sol français avec leur matériel radio. « Le métier était très dangereux, écrit Henri Michel. En moyenne, un opérateur durait six mois, surtout à partir du moment décisif où la multiplication des messages et des émissions augmentaient les chances des Allemands de détecter le poste[23]. »

Les opérateurs, héros souvent méconnus, ont payé un lourd tribut à la Résistance. Sur quatre-vingt-dix-sept envoyés en France, trente-six furent capturés, six tués, douze blessés en atterrissant. Grâce à eux, les résistants de Londres et de France purent correspondre. L'échange d'agents entre la Résistance intérieure et Londres parachève les liaisons créées par la radio. La tâche essentielle des agents est d'y retrouver, d'y grouper et d'y encadrer des résistants pour constituer des réseaux d'action, d'évasion ou de renseignement. Une vaste propagande, aux voix multiples, contrebalance l'action de l'ennemi. La BBC, avec son porte-parole français Maurice Schumann, diffuse des émissions patriotiques. Mais la radio est également amenée à jouer un rôle important dans la conduite des opérations militaires. Elle devient un excellent outil pour communiquer les consignes d'action, soit aux résistants de l'intérieur, soit aux agents qui ont été dépêchés pour les épauler.

La mission Savannah (mars 1941) inaugure les actions du SOE en France. Les parachutages, puis les débarquements-embarquements par avions Lysander se multiplient. Près de quatre cents agents britanniques (dont cent dix arrêtés) vont être envoyés en France. Le SOE réalise de nombreux parachutages d'armes. En liaison avec le SOE, le BCRA organise des missions chargées de recenser les terrains opérationnels pour les parachutages ou les opérations Lysander, comme la mission Brick du lieutenant Mitchelle en juin 1941. La création de la Section des atterrissages et parachutages (SAP) en zone sud (1942) fournit au BCRA un remarquable outil de transmission. Des réseaux uniquement spécialisés dans la transmission se développent en 1942: réseaux Bouleau à Lyon, Cactus à Clermont-Ferrand, Érable à Toulouse…

La Résistance s'étend un peu partout dans le Sud de la France. À Saint-Étienne, Jean Nocher fonde « Espoir », d'inspiration républicaine. À Marseille, les socialistes locaux autour de Gaston Defferre et de Félix Gouin créent des groupes de combat, qui s'associent au réseau Brutus, fondé en janvier 1941 par l'officier Pierre Fourcaud. Le réseau Brutus, à l'origine très marqué à droite, est progressivement investi par des socialistes, comme Thomas, Gouin et Bayer. Solidement implanté à Lyon, Marseille et Toulouse, le réseau Brutus associe renseignement, sabotages et propagande.

Le RP Chaillet lance le périodique clandestin *Témoignage chrétien* qui dénonce l'antisémitisme de Vichy et tire à cinquante mille exemplaires en 1942. La revue *Esprit* d'Emmanuel Mounier est d'abord séduite par Pétain. Elle s'éloigne de lui et est interdite par Darlan en août 1941. Dans la même mouvance chrétienne, G. Dru, catholique et socialiste, influencé par la pensée de Péguy, fonde à Lyon, avec un petit groupe (Domenach, Gortais, Mandouze), les *Cahiers de notre jeunesse*. Ce groupe va être à l'origine de l'organisation des Jeunesses chrétiennes combattantes. À Lyon toujours prend naissance France d'abord, mouvement qui se développe dans la vallée du Rhône, associant la propagande et l'action paramilitaire.

La dissolution des partis traditionnels et des syndicats, l'information fortement orientée, l'ouverture de camps d'internement pour les Juifs, les communistes et les étrangers, comme à Récébédou et à Noé près de Toulouse, font peu à peu ouvrir les yeux sur la réalité du régime de Vichy. La lettre pastorale que Mgr Saliège, archevêque de Toulouse, rédige le 28 août 1942 est l'exemple de ce revirement: « Dans notre diocèse des scènes d'épouvantes ont lieu dans les camps de Noé et de Récébédou. Les Juifs sont des hommes, les Juives sont des femmes. Les étrangers sont des hommes, les étrangères sont des femmes. Tout n'est pas permis contre eux, contre ces hommes et contre ces femmes, contre ces pères et mères de famille. Ils font partie du genre humain.

Ils sont nos frères comme tant d'autres. Un Chrétien ne peut l'oublier. France, patrie bien aimée, France qui porte dans la conscience de tous les enfants la tradition du respect de la personne humaine, France chevaleresque et généreuse, je ne doute pas, tu n'es pas responsable de ces horreurs[24]... » Cette lettre pastorale très courageuse pour l'époque est abondamment diffusée dans la presse clandestine et a un large écho. Bien entendu, le gouvernement de Vichy tente, sans succès, d'interdire la lecture en chaire de ce texte.

Dès l'automne 1940, la zone nord voit la multiplication des mouvements de résistance. Les Bataillons de la mort, l'Armée des Volontaires et le Mouvement national révolutionnaire sont trois groupes courageux rapidement anéantis. Les premiers périodiques parisiens (*Pantagruel*, *L'Arc*, *Valmy*) connaissent parfois une existence éphémère. Sur les ruines de *Valmy*, Renet-Destrée fonde le mouvement Résistance qui édite un périodique portant le même nom. À Paris, les lycéens et les étudiants donnent naissance à divers petits groupes. Les étudiants Lusseyran et Oudin fondent les Volontaires de la Liberté, et recrutent dans les grandes écoles. Des intellectuels et des universitaires créent Socialisme et Liberté. Le plus solide de ces mouvements, Défense de la France, a été fondé par les étudiants Viannay, Salmon et Jurgensen, soutenus par l'industriel Lebon. Ce mouvement édite un périodique dans les caves de la Sorbonne, organise des évasions vers la zone sud et entreprend la fabrication de faux papiers. Marquée à droite à l'origine, cette organisation clandestine connaît une audience croissante auprès des jeunes Parisiens.

L'Est de la France a également ses groupes clandestins. À Nancy, Nicolas Hobam, l'instituteur Leroy et le colonel Granval fondent le mouvement Lorraine qui attire les fonctionnaires et les gendarmes. En Alsace, Bareiss a créé en janvier 1941 un groupe militaire qui est rapidement anéanti.

À l'Ouest, Chatenet et Poupot mettent en place, à Angers, le mouvement Honneur et Patrie qui se place rapidement sous l'autorité du BCRA. Au Havre, les résistants Morpain, Garreau, Hamon, organisent à la fin de 1940 un réseau de renseignement et de récupération d'armes. Ce groupe va être décimé en avril 1941. Les rares survivants s'orientent vers la propagande et la production de faux papiers. Toujours au Havre, en janvier 1941 les adolescents Matrud et Pellerin distribuent des tracts patriotiques et font éditer un véritable périodique, Le *Patriote*. Partout en France, des groupes naissent.

En Charente, les communistes se signalent par des actions diverses contre l'occupant : grèves dans les usines, diffusion de tracts dénonçant la trahison du gouvernement de Vichy... Ces actes, visant aussi bien les Allemands que Vichy, entraînent les premières arrestations : Moreau en juin 1940, Perrot, Raycondeau, Chazot et Gaudy en octobre de la même année. Des éléments, qui formeront le célèbre maquis gaulliste Bir Hakeim, constituent de 1940 à 1942 des équipes de deux ou trois personnes, dispersées en Charente : Vandepute et Montauban à Laurençon ; Chabanne, Pascaud et Cherves à Chasseneuil ; Beillard et Boireau à Chazelles ; Tauza et Baijard à Montembœuf ; Maze, Censier et Pacton à Saint-Claud ; Bonneau, Keller à Angoulême et Roumazières ; le groupe Valentin à Cognac... En dehors de quelques sabotages des installations allemandes, l'activité porte surtout sur les passages clandestins de la ligne de démarcation et la propagande. En Charente-Maritime, le groupe Guilleaud des Robins, formé à Saint-Hilaire-du-Bois, camoufle des armes dans la nature. Dès août 1940, la ferme du résistant Guilleaud des Robins sert de refuge aux Juifs et aux saboteurs du commandant Thibaudeau. Le communiste Yves Tasset met en place un groupe de sabotage, qui détruit trois camions allemands à La Pallice le 28 septembre 1940.

Dans le département des Landes, dès septembre 1940, un groupe de trois résistants est créé à Dax : Camille Bouvet, Pierre Sentucq et Léonce Dussarat se spécialisent dans le renseignement en fournissant notamment aux Alliés les plans des terrains d'aviation du Sud-Ouest, l'emplacement des blockhaus sur la côte atlantique et la localisation des troupes d'occupation. D'autres hommes s'intéressent au renseignement et à l'évasion : Loubit à Parentis, Broqua à Aire, Lamarque à Geaune, Doussy à Samadet, Lemée à Mont-de-Marsan...

Du fait de la proximité de la frontière espagnole, les Basses-Pyrénées multiplient les réseaux d'évasion. Le Pays basque, occupé par les Allemands dès 1940, voit naître les réseaux Nana, Comète, Margot, Macaye... Les passeurs basques se taillent rapidement une solide réputation. Parmi eux, Florentino Goïcoechea fait figure de héros. Né le 14 mars 1898 à Hernani, résistant de la première heure, il a aidé des centaines de patriotes et d'alliés à franchir clandestinement la frontière franco-espagnole. Du côté d'Urrugne, Florentino Goïcoechea se présente, à l'époque, comme le principal maillon de la chaîne. À Ciboure, une personne aussi dévouée que Kattalin Aguirre, se charge d'accueillir les aviateurs alliés, les résistants français, les réfractaires et, d'une façon générale, tous ceux qui veulent poursuivre la lutte hors de la métropole. Il faut ensuite gagner la montagne à la sortie de Ciboure. Expédition risquée: les patrouilles allemandes veillent sans répit. À la nuit tombée, les clandestins suivent Goïcoechea par des sentiers sinueux et abrupts. Vers une heure du matin, le passage à gué de la Bidassoa exige un nouvel effort. Du côté espagnol, les gardes franquistes ne sont pas tendres avec les résistants. Il faut encore grimper le versant d'une montagne avant d'arriver au village d'Oyarzun. À cet endroit, tout le monde se restaure. La mission de Goïcoechea est alors terminée, d'autres prennent le relais. Durant l'Occupation, Florentino Goïcoechea a facilité le passage de deux cent vingt-sept aviateurs alliés et de plusieurs centaines de résistants français et belges.

Autre grand résistant du Pays basque, le RP Joseph Fily se distingue dès 1940. Il travaille avec le réseau Vengeance, puis organise une filière de passage à travers les Basses-Pyrénées (réseau Macaye). Les clandestins franchissent la Bidassoa entre Béhobie et Hendaye, malgré la surveillance étroite des Allemands. La plupart des passages vont de Macaye à Saint-Étienne-de-Baïgory ou Bidarray. Au début, beaucoup passent par le col de Saint-Ignace et la Rhune. La vallée des Aldudes est également parcourue. Parallèlement, le père Fily organise l'hébergement des évadés. L'abbé Laborde, curé de Macaye, abrite tous les arrivants, notamment les Bretons dont les départs sont organisés par le chanoine de la cathédrale de Quimper. Les passeurs sont tous du coin. Les lieux de passage se multiplient volontairement, mais les plus faciles restent ceux de Biriatou, les cols Ibardein, la Rhune, Ibanesta. Les passeurs du réseau Comète aident dans bien des cas. Un fait étonnant: le village de Macaye ne sera jamais occupé par les Allemands. Perché sur une petite colline, très à l'abri, le village est à peine repérable. Les habitants accueillent facilement les réfractaires au STO, les aviateurs alliés... Le ravitaillement est abondant et permet aux évadés de prendre des forces... à la grande joie du presbytère, complet en permanence... Le général Giraud, évadé d'Allemagne, est passé par ce réseau. Lorsque les évadés de France sont internés au camp de Miranda en Espagne, le père Fily s'occupe alors de leur nouvelle évasion. Il parvient à en faire sortir un grand nombre grâce à l'aumônier du camp, un religieux de la même congrégation que lui. En Béarn, la comtesse Paul de Liedkerke, réfugiée à Pau durant l'Occupation, s'occupe elle-même de la ligne Bourgogne et du réseau Démocratie.

Les Pyrénées centrales, région de grands massifs dépassant par endroits 3 000 mètres d'altitude, forme une barrière infranchissable de trois cents kilomètres, du col de Puymorens au col du Pourtalet. « Le premier gardien, écrit Émilienne Eychenne, c'est la montagne elle-même. L'obstacle est dissuasif, parce que ce sont les grandes Pyrénées. Les pentes ne sont pas plus raides qu'ailleurs, mais la traversée dure plus longtemps, l'altitude est plus élevée, l'enneigement plus long, le froid plus intense. Les périls de la neige, des avalanches, de la glace s'ajoutent à ceux des barres rocheuses et des torrents furieux[25]. »

Les autres sentinelles de cette frontière, ce sont les hommes. Avant l'invasion de la zone libre en novembre 1942, le régime de Vichy fait bonne garde, alignant quatre-vingts douaniers, cinquante gendarmes et autant de gardes mobiles dans les cantons frontaliers. Faute de personnel, les patrouilles sont plus mensuelles qu'hebdomadaires. À la suite de l'occupation de la zone libre, les Allemands assurent eux-mêmes la surveillance avec des unités de Gerbirgsjäger et de douaniers de la Grenzschutz, qui traquent les passeurs et les clandestins. Les départements des Hautes-Pyrénées, de la Haute-Garonne et de l'Ariège sont quadrillés par un bataillon de Gerbirgsjäger fort de cinq cents hommes et plus de quatre cents douaniers de la Grenzschutz.

« Toulouse, écrit E. Eychenne, fut une véritable plaque tournante des réseaux d'évasion. Un dispatching au second degré s'est effectué à Tarbes, Auch, Montauban, Limoux et Foix[26]. » Ces réseaux ont porté des noms divers : Sabot, Zéro, Famille, Martin, Pat-Oléary, Bret, Morton, Enfant d'Édouard, Alliance, Françoise, Bourgogne, Mithridate, Maurice, Andalousie, Mécano, Wisigoth-Lorraine, Martial, Charette, Gallia, Brandy, Kléber, Eugène, Alphonse… Ils semblent avoir groupé plus d'un millier de personnes, dont deux cent cinquante passeurs chevronnés ou accompagnateurs de montagne. Jean-Louis Bazerque (Charbonnier) a été l'un des meilleurs passeurs des Pyrénées centrales. Plusieurs centaines de personnes ont franchi la frontière grâce lui. Il sera tué avec deux de ses compagnons par une patrouille allemande à Larroque.

Les réseaux dépendant des Britanniques ont souvent payé de fortes sommes aux passeurs. Les prix vont de mille cinq cents francs à vingt mille francs, ce qui peut sembler astronomique pour l'époque. C'est oublier que les passeurs ou auxiliaires ont subi de lourdes pertes : cent quarante et un sont allés en prison, soixante-quatre sont morts en déportation, treize ont trouvé la mort sur le terrain. Les évadés français, belges, britanniques, juifs, américains, polonais… ont été nombreux. Il y a eu plus de trois mille tentatives groupées dans les Pyrénées centrales, cinq cent quatre-vingt-deux échecs et deux mille cinq cents succès.

Ces réseaux d'évasion — spécialisés dans l'évacuation d'aviateurs alliés, de résistants « grillés » ou de personnalités qu'il faut conduire à Londres — utilisent les deux principales filières : la Suisse et l'Espagne. Le réseau Comète, créé en 1940 par Andrée de Jongh, est l'un des tout premiers à organiser des évasions du Nord de la France vers l'Espagne. Les réseaux d'évasion rattachés au BCRA prennent souvent des noms d'alcools français, comme Pernod, Cointreau, Bénédictine, Bordeaux, Bourgogne… Les Britanniques disposent des réseaux Françoise, Félix, Cirnwallis, Chartes, Jean-Jacques, Nevers… Des réseaux d'évasion par voie maritime voient également le jour : Shelburn pour le secteur de la Manche et Pat pour la côte languedocienne.

Le travail des réseaux de renseignement fut de la plus haute importance. L'ingénieur Stosskoph, du réseau Alliance, fournit des informations complètes sur la base sous-marine de Lorient et un autre ingénieur, Keller, parvient à se brancher en dérivation sur la ligne PTT reliant Berlin au QG des troupes allemandes en France. La transmission des informations à Londres, qui constitue un réel problème, se fait par opérateur radio ou par le service du courrier aérien. Les réseaux de renseignement, fort utiles, vont être sévèrement réprimés par les Allemands : huit mille deux cent trente agents sont tués, huit mille deux cent trente autres sont déportés. Malgré ces lourdes pertes, en menant toutes ces actions, la Résistance française a permis aux Alliés d'avoir une parfaite connaissance des défenses, du matériel et des unités du IIIe Reich en métropole.

Cinq principaux mouvements finissent par s'imposer en zone nord : Ceux de la Résistance (CDLR), Ceux de la Libération (CDLL), l'Organisation civile et militaire (OCM), Libération-Nord et le Front national. Le CDLR, fondé par Robert Guédon et Pierre de Froment, va être décimé par de nombreuses arrestations, dont celles de Guédon et d'Ingrand, et il ne reste bientôt plus que Lecompte-Boinet de l'équipe d'origine. Ce dernier, épaulé par Arrighi et de Voguë, réorganise le mouvement, qui étend ses ramifications en province, Notamment en Normandie, Champagne et Lorraine. Des groupes francs et des réseaux de renseignement se forment sous son égide. Le CDLL doit son existence à l'ingénieur Ripoche qui organise un groupe spécialisé dans le renseignement. Ce mouvement recrute parmi les anciens militants de droite du Parti social français (PSF) du colonel de La Roque et des officiers apolitiques. Une tragique hécatombe emporte les principaux chefs durant l'hiver 1942 : Ripoche, Coquoin-Lenormand, Védy-Médric et le colonel Ginas. Parmi les premiers dirigeants, seul Mutter survivra à la guerre. Pour ne pas disparaître, le CDLL doit se rapprocher du BCRA et s'associer aux corps francs Vengeance.

L'OCM, dont nous avons déjà longuement parlé, se caractérise par son influence auprès d'industriels, de hauts fonctionnaires, de militaires et de membres des professions libérales : P. Lafaucheux (directeur de la Cie de construction des fours), J H. Simon (avocat au Conseil d'État), J. Ribeyrol (avocat) ou encore A. Lepercq (président du Comité d'organisation des houillères). Après l'arrestation d'Arthuys, en décembre 1941, l'OCM est dirigée par le colonel Touny, avec Blocq-Mascart pour adjoint civil. L'action militaire (renseignements, évasions, groupes francs) est privilégiée : on estime à plusieurs milliers le nombre de volontaires en 1942. Forte de ses liens avec la France libre, établis par Rémy et Pierre Brossolette, l'OCM tente de rallier d'autres mouvements sous sa bannière.

Tout comme CDLR et CDLL se proclament apolitiques, l'OCM peut faire figure de mouvement conservateur. Libération-Nord, quant à lui, se signale par l'emprise de militants syndicalistes et socialistes. À l'origine du mouvement, on trouve le journal que fait paraître C. Pineau, fonctionnaire au ministère du Ravitaillement. Dans un premier temps, Libération-Nord est dominé par des syndicalistes de la CGT (C. Pineau, A. Gazier, R. Lacoste, C. Laurent) et de la CFTC

(G. Tessier). Après le départ pour Londres de Pineau, en avril 1942, les socialistes prennent le contrôle de Libération-Nord, avec J. Texcier, L. Vallon et H. Ribière… Libération développa une double activité. La propagande était assurée par la diffusion de *Libération*, tiré à cinquante mille exemplaires en 1942. Les éléments militaires étaient plus faibles, au point que Rémy accusait Libération-Nord d'être un mouvement « bavard ». Des progrès furent cependant obtenus par la suite, en particulier grâce au colonel Zarapoff promu à la tête des forces militaires.

Le Front national, fondé par le Parti communiste français en mai 1941, doit théoriquement réunir les patriotes de toutes origines. Les communistes sont censés y côtoyer des dirigeants de mouvements (Y. Farge), des radicaux (J. Godart), des démocrates-chrétiens (G. Bidault), des conservateurs (L. Marin, J. Debû-Bridel) et même des anciens du PSF (J. Bounin), sans oublier des ecclésiastiques (Mgr Chevrot). En réalité, derrière cette façade pluraliste, les communistes occupent tous les postes importants. Deux comités directeurs (aux ordres de P. Gunsberger-Villon au nord et G. Marrane au sud) se chargent de la coordination. Ce mouvement multiplie les comités sectoriels avec le Front des écrivains, des médecins, des avocats, des commerçants… Les Forces unies de la jeunesse patriotique et l'Union des femmes françaises sont avant tout des organisations satellites placées sous l'influence du PCF. Le Front national a cependant l'immense mérite de susciter les ardeurs résistantes contre l'occupant et le régime de Vichy. Il permet également au PCF de réintégrer le jeu politique, afin de préparer son bond en avant lors de la Libération. Pour le comprendre, il faut remonter au pacte germano-soviétique signé le 23 août 1939. Depuis 1938, après deux années de croissance, le PCF est en déclin. Ce recul se transforme en débâcle après la signature du pacte. Les militants communistes sont divisés et ébranlés. Un tiers des parlementaires ose renier le Parti.

Lorsque l'armée soviétique participe à l'invasion de la Pologne, le gouvernement Daladier, par le décret-loi du 26 septembre 1939, interdit le PCF. Des centaines de cadres et d'élus du Parti sont internés. La CGT décide de se joindre à la campagne anticommuniste, lorsque les réformistes votent l'exclusion des communistes qui refusent de désavouer le pacte germano-soviétique. Le PCF connaît les heures les plus noires de son existence de septembre 1939 à juin 1940. Mais, si la grande masse des militants a déserté le Parti, le noyau dur de l'appareil a tenu le choc. Ces militants chevronnés acceptent de comprendre et de défendre la diplomatie soviétique. Thorez, qui déserte l'armée française en novembre 1939, se trouve à Moscou. Duclos et Frachon parviennent, dès l'été 1940, à reformer à Paris une direction nationale. Le retour des mobilisés va permettre de reconstituer en partie les effectifs.

Jusqu'à l'invasion de la Russie par la Wehrmacht en juin 1941, la direction nationale du PCF reste fidèle à une défense absolue de la « patrie des travailleurs », à savoir l'URSS : « La guerre engagée est une guerre impérialiste dans laquelle les travailleurs français n'ont pas leur place ; les politiciens français et anglais, par leur refus d'une véritable alliance avec l'URSS, portent une responsabilité écrasante dans le déclenchement de la guerre et dans la déroute ; la seule lutte légitime est la lutte révolutionnaire et non la pseudo-résistance des gaullistes, jouets du capitalisme britannique[27]. »

Avec une telle langue de bois, les relations avec l'occupant sont ambiguës. Si le régime de Vichy est condamné aussitôt par « l'Appel au peuple de France » du 10 juillet 1940, le régime nazi n'est pas réfuté. À la même date, le journal *L'Humanité* clandestine appelle à une fraternisation avec les soldats du national-socialisme. Les dirigeants nationaux vont jusqu'à engager des démarches auprès de la Propaganda Staffel pour obtenir une parution légale du quotidien communiste. En zone « libre », le régime de Vichy accentue la législation de Daladier par une répression féroce. En zone occupée, les Allemands sont d'abord réservés, voire conciliants, en faisant libérer, en juillet 1940, des centaines de militants communistes. Dans la zone rattachée au commandement allemand de Bruxelles (Nord et Pas-de-Calais), la Wehrmacht, soucieuse de préserver la production charbonnière, n'hésite pas, à la fin de 1940, lors des premières grèves des mineurs, à se poser en arbitre entre ouvriers et patrons. Cette attitude conciliante de l'occupant est loin d'être générale, comme le prouve la grande vague d'arrestations de militants ou sympathisants communistes de l'automne 1940, en particulier à Bordeaux. La direction du PCF croit cependant pouvoir rééditer le coup bolchevik de 1917 avec la bienveillante neutralité de l'occupant et l'appui à distance de

Moscou. Peine perdue : les Allemands, misant sur Vichy, n'ont pas l'intention de promouvoir un régime communiste en France.

Cette ligne officielle de la direction du PCF, bienveillante à l'égard de l'Allemagne et hostile à Vichy, est loin de faire l'unanimité au sein des communistes. Le cas de Georges Guingouin en est un exemple frappant. Ce résistant en Haute-Vienne, né en 1913, appelle dès 1940 à la lutte antinazie. Son père, sous-officier de carrière, tué au combat de Bapaume en août 1914, lui a certainement laissé le goût du commandement et le sens du sacrifice. Sa mère, institutrice révolutionnaire, a fait son éducation et l'a incité à s'inscrire, à 18 ans, alors qu'il terminait ses études d'instituteur à Limoges, dans les Jeunesses communistes. Ardent patriote et communiste à la fois, Guingouin va montrer des aptitudes innées pour la guerre de partisan.

Communiste depuis 1931, Guingouin le restera jusqu'en 1952, où le parti l'exclura. « Mais communiste à sa façon, écrit Robert Aron, qui n'est pas faite pour plaire toujours aux autorités du PCF. Jusqu'en 1940, il reste à son rang modeste de simple militant local, qui, même en 1936, au moment du Front populaire, ne prend guère d'initiative. Mais, après la signature du pacte germano-soviétique, et surtout après l'invasion de la France par la Wehrmacht, il ne peut se plier à l'attitude pacifiste que préconise alors le parti. Il refuse et prend le maquis dès l'hiver 1940. Jamais il ne pardonnera entièrement aux dirigeants communistes leur position d'alors ; après la Libération, publiant une brochure sur le maquis du Limousin, il y donnera le fac-similé d'un numéro de *L'Humanité* clandestine, comme pour rappeler qu'avant l'entrée en guerre de l'Allemagne contre la Russie, le parti était pro-allemand et pour montrer que lui-même avait eu raison de ne pas se plier aux consignes des staliniens[28]. »

La position de Georges Guingouin est identique à celle de Charles Tillon : la libération et l'indépendance de la France importent plus que les considérations politiques. À la fin du mois d'août 1939, avant même la déclaration de guerre, Guingouin a déjà rejoint son centre mobilisateur. Le 18 juin 1940, le général de Gaulle appelle à la résistance. Le même jour, à Moulins-sur-Allier, le soldat Guingouin, gravement blessé, quitte volontairement l'hôpital Sainte-Madeleine pour éviter d'être fait prisonnier par les Allemands. De retour dans sa région, après une longue convalescence, Guingouin fonde un premier noyau de résistance dès la fin de l'année 1940. Recherché par la police, il prend le maquis en Corrèze en février 1941. Au printemps de la même année, les premiers groupes de francs-tireurs sont créés en Haute-Vienne par Guingouin lui-même. Leur activité porte sur la diffusion de tracts, la recherche d'armes et de munitions, les sabotages. Une campagne est engagée par celui que l'on surnomme déjà le « Du Guesclin limousin » pour empêcher la livraison du blé de la région à l'Allemagne. Ainsi, le 13 décembre 1942, la botteleuse du ravitaillement à Eymoutiers est détruite. Le lendemain, celle de Meymac connaît un sort identique. Les sabotages vont aller en se multipliant. Les Allemands appellent désormais le Limousin « la petite Russie ».

Dès 1940, sans attendre l'invasion de l'URSS en juin 1941, des personnalités importantes du PCF rassemblent des groupes de résistants: Tillon à Bordeaux, Ouzoulias à Paris, Marcel-Paul en Bretagne… Chez Robert Noireau, devenu colonel Georges dans la région du Lot, on retrouve les mêmes raisons qui ont poussé Guingouin à choisir la lutte armée contre l'occupant: attirance marquée pour l'univers militaire, patriotisme viscéral. « J'étais anti-boche de façon physique, écrit-il dans ses mémoires et il ajoute: bien que militant communiste convaincu, le pacte germano-soviétique ne m'a posé aucun problème de conscience[29]. » Avec l'aide déterminante de Jacques Chapou, Noireau va former plusieurs groupes clandestins, comme ceux de Bessière, qui regrouperont plusieurs centaines d'hommes lors des combats de la Libération.

Dans les usines de Bègles, fief du PCF en Gironde, le mécontentement s'exprime et la révolte éclate. Au travers des revendications relatives à la médiocrité des repas, c'est en vérité l'occupant qui est visé. L'agitation des mineurs du Nord est encore plus importante. À l'instigation des militants communistes, dont M. Brulé, cent mille mineurs défient l'occupant et le patronat lors d'une grève du 28 mai au 9 juin 1941. Suivant la nouvelle doctrine du Komintern, qui considère désormais (fin avril 1941) que la guerre peut revêtir un caractère national légitime, le PCF charge G. Marrane, au milieu de mai 1941, de constituer un « Font national de lutte pour l'indépendance de la France », fédérant toutes les oppositions à Vichy. C'est cependant l'invasion de l'URSS qui offre au PCF l'occasion de la clarification décisive. Du jour au lendemain, le Parti abandonne ses références à la guerre impérialiste et appelle à la constitution d'un large front antifasciste. Bien que conçu dans une optique différente, le Front national représente la structure idéale.

Les communistes français vont être les premiers résistants, à partir de l'été 1941, à mener une lutte armée contre l'occupant. Les résultats n'en sont pas moins, en apparence, contestables : à la suite de l'attentat contre l'intendant Reimers, cinquante otages sont fusillés près de Bordeaux. L'année suivante (septembre 1942), soixante-dix militants communistes et syndicalistes sont passés par les armes en réponse à un attentat commis à Paris. Cette sanglante répression a cependant le mérite de dresser davantage la population contre l'occupant. C'est l'un des buts recherchés par le PCF.

À la fin de l'année 1941, une profonde divergence oppose les résistants sur la tactique à employer contre l'occupant. Les communistes sont favorables à « l'action immédiate », c'est-à-dire les attentats contre les Allemands pris au hasard et la guérilla. Les autres, non-communistes, y sont tout à fait opposés. Les attentats aveugles ne servenet qu'à attirer des sanctions dont souffre la population. « Et si les maquis ou les groupes armés, raconte Daniel Cordier, s'étaient lancés dans la guérilla dès 1942, ils auraient fixé en France des troupes allemandes que les Alliés auraient trouvées sur leur chemin lors du débarquement. Les communistes cherchaient évidemment à fixer ces troupes pour soulager un peu l'Armée rouge, mais les Alliés et le général de Gaulle voyaient les choses autrement. À leurs yeux, il fallait préparer la Résistance pour l'insurrection au moment du débarquement et, en attendant, procéder à des sabotages, militaires et industriels[30]. »

En février 1942, la direction clandestine du PCF donne naissance aux FTP (Francs-tireurs partisans), chargés d'engager la lutte armée contre l'occupant. Charles Tillon, qui en prend la direction, se fait épauler par Marcel Prenant pour assurer la formation militaire des cadres. Tillon est également secondé par trois commissaires nationaux : Eugène Henaff, Albert Ouzoulias et Georges Beyer. Les combattants de la MOI (Main-d'œuvre immigrée) forment les premières unités FTP avec les communistes français. Un premier bataillon FTP-MOI est créé à Paris en mars 1942, sous les ordres de Lisner, ancien des Brigades internationales. Les FTP-MOI vont prendre à leur compte la plupart des attentats organisés dans la région parisienne durant l'été 1942.

Toulouse va être également le théâtre de leurs actions ; c'est là qu'est formée la 35e brigade MOI de Marcel Langer. On y compte des Slaves, des Juifs, des Roumains, des Italiens, des Espagnols, des Arméniens et même des Allemands antinazis. La MOI est responsable d'attentats et d'exécutions spectaculaires dans plusieurs départements du Sud-Ouest. L'historien de la MOI Claude Lévy, écrit que « plus de 80 % des effectifs réels sont tombés, soit au combat, soit prisonniers aux mains des Français de Vichy ou des Allemands, soit blessés[31] ». Le groupe Manouchian sera décimé, ainsi que bien d'autres. Si le SOE britannique semble se réjouir de ces attentats en série, le BCRA est plus réservé. Le colonel Passy n'est pas dupe ; le récit qu'il a laissé de sa rencontre avec Ginsburger (Villon), principal dirigeant du Front national, le montre très clairement :

« Villon nous exposa pendant vingt bonnes minutes les prouesses des Francs-tireurs et partisans, comment ils avaient assassiné un Landsturm sexagénaire à Armentières, fait sauter un kiosque à journaux à Epernay, récupéré deux douzaines de grenades et six polochons à Mézières ou à Sedan, etc., etc. Nous fûmes un peu éberlués d'entendre ce long monologue, récité comme des litanies, car il n'offrait guère plus d'intérêt que la chronique des chiens écrasés dans un journal d'avant-guerre. Mais, lorsqu'il eut terminé, Villon nous énonça, en guise de conclusion, que devant ces hauts faits d'armes, la France combattante n'avait qu'à s'incliner, et qu'il était bien évident que le Front national devait être appelé à fédérer derrière lui toute la Résistance française[32]. »

Les dangers de l'action clandestine

La vie d'un résistant sous l'Occupation n'est pas chose facile. La répression allemande est féroce. L'armée dispose d'un service de renseignement avec l'Abwehr, d'une sécurité militaire et d'une gendarmerie de campagne. Les services du parti nazi, dirigés par Kaltenbrunner, peuvent compter sur un service de sécurité (SD), une police de sûreté (Sipo) et la police secrète d'état (Gestapo), dont les principaux chefs, comme Barbie à Lyon et Oberg à Paris, ne reculent devant rien. À l'été 1942, la direction de tous les services de sécurité est confiée aux SS, sous l'autorité du général Oberg. Les Italiens disposent de leur côté de l'OVRA. La traque, la torture et la mort frappent les résistants. Vichy renforce son propre système répressif avec une police des questions juives, des brigades spéciales, des sections spéciales… Les GMR (groupes mobiles de réserve) vont être utilisés dans la répression des maquis. Puis viendra la sinistre Milice à partir de 1943. Forces allemandes et vichystes collaborent activement dès l'armistice. En juillet 1942, les accords Oberg-Bousquet renforcent cette collaboration. Celui qui entre dans la Résistance doit rester sur ses gardes à chaque instant, comme le raconte Jacques Chaban-Delmas :

« Je menais depuis le début une vie en partie double, ou plutôt j'habitais simultanément deux univers incommunicables : celui d'en haut et celui d'en bas. Pour mon entourage, mes collègues, mes amis, j'étais ce jeune fonctionnaire accaparé par les devoirs de sa charge et voué par elle à de fréquents déplacements. Quant à ma famille, elle se doutait, ma mère surtout, pas dupe des alibis que je confectionnais à son intention pour expliquer les valises de linge que je lui demandais de déposer ici et là. Mais personne ne savait rien, pour la bonne raison que je n'avais rien dit à personne. Comment garder un tel secret vis-à-vis de ceux qui vous sont le plus proches — une mère, une femme ? Tout simplement en se rappelant qu'on les aime. Dans le cours impitoyable de la lutte clandestine, la moindre confidence expose ceux qui la reçoivent. Ma cuirasse de silence protégeait aussi les miens. Dès 1941, d'ailleurs, j'avais mis à l'abri ma femme Odile, ma fille Clotilde, mon fils Christian, né le lundi de Pâques de cette même année. Mes parents les hébergèrent dans leur propriété de la Ligerie, en Dordogne.

« À l'étage souterrain, dans l'ombre, je conduisais mes activités d'espion, puis de responsable militaire, en brouillant les pistes. J'ai eu dans Paris une bonne trentaine de caches, des appartements et des chambres dont j'avais seul la clé, choisis parce que disposant d'issues commodes : entrées et escaliers de service, cours, courettes, lucarne en prise directe sur les toits. Afin de parfaire mon déguisement, je n'avais rien retranché de mes activités sportives. Je continuais de jouer au rugby, au tennis. On me voyait sur les stades et sur les courts… J'étais servi par ma vitesse de déplacement, sur les terrains de sport aussi bien que pour ceux du combat clandestin. En face de joueurs très forts, de stature internationale, j'étais capable de faire la différence en deux foulées, et personne ne me voyait ! Même chose pour échapper à mes suiveurs ou à mes poursuivants. J'ai connu dans le métro des séances extraordinaires : des cavalcades sur les quais et jusqu'au fin fond des stations, y compris le long des voies. Une fois, en particulier, alors que les agents de la Gestapo me serraient de près ; ils avaient retrouvé ma trace après avoir mis la main, précisément, sur un document où figurait un rendez-vous dont ils avaient pressenti qu'il n'était pas très catholique. S'agissant du métro, j'avais pris pour règle de monter dans les rames par surprise et d'en descendre de même, pour couper une filature éventuelle. Cela se jouait au dixième de seconde. Il fallait arriver à jaillir entre les portes coulissantes, au moment où elles se refermaient, au point d'être touché par les panneaux. Touché, mais pas plaqué ! Comme au rugby. Le sport aussi est un combat, et d'abord contre soi-même. Il était légitime que mon combat de l'ombre profitât de ce que le sport m'avait enseigné[33]. »

Le résistant Yves La Prairie, membre de l'OCM en Aquitaine, n'a pas oublié cette période dangereuse et exaltante à la fois. En pleine période de l'Occupation, il se voit remettre à Bordeaux un important dossier comprenant les plans de la base sous-marine allemande de La Pallice, la carte détaillée des emplacements de défense de l'ennemi sur la côte sud-ouest, ainsi que le relevé de l'implantation des unités allemandes dans la région. Il doit les remettre au plus vite à un certain Alain Boyau, place Pereire à Paris, qui les fera parvenir à Londres. Conscient du danger que cette « bombe », toute en listes, croquis et cartes, fait courir à sa famille, il dort peu. Le voyage, une petite valise à la main, dans un compartiment où montent, à Poitiers, deux soldats allemands, lui semble long. Tout se passe bien. D'Austerlitz, il prend le métro pour Pereire. Sur la place circulaire, il découvre l'immeuble cherché. Par précaution, avant d'entrer, il déambule pour vérifier qu'il n'y a rien d'insolite. Sur la place, des femmes avec des voitures d'enfant ; très peu de circulation ; un bonhomme en imperméable beige, faisant les cent pas, regarde sa montre et semble attendre quelqu'un. La Prairie se décide, sonne à l'étage indiqué. Un homme jeune, visage assez rond, vient lui ouvrir. Après le mot de passe échangé de part et d'autre, il lui remet les documents. Après de brèves paroles, La Prairie quitte l'immeuble, heureux et soulagé. Il remarque les mêmes voitures d'enfant sur la place et le même individu en imperméable beige un peu plus loin. C'est tout joyeux, avec sa valise désormais vide, qu'il attend son métro, sur le quai de la station Pereire, direction République, pour regagner sa chambre rue de Vaugirard. Brusquement, à ses côtés, l'inconnu à l'imperméable, qu'il regarde, le regarde, s'éloigne, fait les cent pas. Le visage en lame de couteau, brun, teint mat, il garde les mains dans les poches. Immédiatement en alerte, La Prairie se demande : « Gestapo ? Police ? »

« Mon esprit galopait, raconte-t-il : certes ma valise ne contient plus rien de compromettant, et sur moi je n'avais rien que des papiers d'identité en règle. Mais avait-il repéré mon manège, mon entrée chez Boyau ? Comptait-il me suivre jusqu'à mon domicile pour savoir où j'habitais et, dorénavant, me surveiller ? Boyau était-il en danger, avec tous les documents « explosifs » ? Voici le métro. L'imperméable beige monte dans le même wagon que moi, et se tient debout à quelques mètres. J'ai dix-neuf stations à parcourir, avec un changement à Réaumur-Sébastopol. Je verrai bien s'il descend avec moi. Non, me dis-je, il faut que je le sème avant l'arrivée dans mon quartier. Une fois dehors, il me suivra et me fera arrêter. Les stations défilent. Entre les stations, dans de longs tunnels, au lieu de lire les réclames « Dubo… Dubon… Dubonnet… » mon esprit scande « Il faut… il faut… le semer ». Mais comment ? À la station Bourse, je descends sur le quai, l'homme me suit. Je remonte aussitôt dans un autre wagon avant que les portes se referment, il se faufile juste derrière moi. Désormais les choses sont claires. Garder la tête froide : il n'y a pas d'Allemands (du moins en uniforme) dans ce wagon ; ce gringalet ne peut pas m'arrêter maintenant, sinon je suis de taille à le démolir. Tirerait-il ? C'est peu probable. Un risque à courir. Voici le changement à Réaumur-Sébastopol. Je descends et cours à pleine vitesse dans les couloirs et escaliers, avec l'espoir que le portillon automatique sera ouvert pour moi puis fermé pour lui. Mon coup a raté… Mon poursuivant arrive essoufflé, et se poste, attendant la prochaine rame, à quelques mètres de moi. L'apostropher ? À quoi bon ? Une rame arrive. Je monte. Et les stations défilent… À Odéon, il est toujours là. Il ne me reste que les stations Saint-Germain-des-Prés et Saint-Sulpice ; ensuite, c'est Saint-Placide, là où je dois normalement descendre pour rentrer chez moi. Si je prolonge jusqu'au terminus, Porte d'Orléans, il me suivra et me « cramponnera », jusqu'à ce que la rencontre d'une patrouille, ou le passage devant un poste de police allemande, mette fin à cette poursuite. Plusieurs passagers sont montés à l'Odéon. Près de moi, une femme entre deux âges, corpulente, vêtue de vert. Je me place entre elle et la porte du wagon. Mon freluquet à l'imperméable beige est légèrement en retrait, derrière cette dame. Notre wagon se remplit encore un peu. Et voici que, dans un éclair, m'apparaît une solution à la risque-tout ; j'y réfléchis un instant, tandis que, passée la station Saint-Sulpice, notre rame ralentit et s'arrête à Saint-Placide. Les portes s'ouvrent, je ne bronche pas. Mais juste au moment où elles vont se refermer, je donne un formidable coup de reins dans la grosse dame en vert et jaillis, de justesse, hors du wagon. Je cours sur le quai comme un fou et j'entrevois, l'espace d'un éclair, dans le wagon qui déjà me dépasse à grande vitesse, ma « victime » les quatre fers en l'air, écroulé sans doute sur l'ignoble petit imperméable vert, puisque lui je ne l'aperçois même pas. Sorti à l'air libre, tandis que le métro emporte vers Montparnasse-Bienvenue le « tas emmêlé » vert et beige, j'entre immédiatement dans un café qui touche la station de métro, au coin de la rue de Rennes et dans la rue Notre-Dame-des-Champs et j'appelle Alain Boyau. L'entretien est bref. Le temps de lui dire : — J'ai été repéré devant chez vous. J'ai semé le type. Filez vite vous cacher quelque part avec tout le matériel. De mon côté, je me planque. Salut.

« Bien entendu, je ne suis pas retourné chez moi avant plusieurs jours, par crainte de croiser le bonhomme à l'imperméable beige dans ce quartier… Dans cette affaire, l'exploit, ce sont évidemment les résistants de La Pallice, de Bordeaux, du Pays basque, qui l'avaient réalisé patiemment en réussissant à collecter les renseignements, à établir les plans et relevés de toutes les défenses allemandes du Sud-Ouest. Mon rôle à moi ne fut que celui d'un petit commissionnaire[34]. »

La Résistance française intérieure a payé un lourd tribut à la cause alliée. On évalue à trois cent mille le nombre de Français ayant subi l'emprisonnement de 1940 à 1944. On estime à trente mille le nombre de fusillés par les Allemands et à quatre-vingt huit mille le nombre de déportés politiques et résistants (dont la moitié périt). Ces chiffres ne comptabilisent pas les vingt-cinq mille FFI tués lors des combats de la Libération en 1944. Le colonel Rémy pense que le total des Français ayant appartenu ou rendu service à la Résistance dépasse le demi-million. Ce sacrifice n'a pas été vain, si l'on en croit le général américain

Eisenhower qui écrit que « la Résistance française a fourni aux Alliés une aide essentielle ». Winston Churchill estime de son côté que « les renseignements vitaux fournis par la Résistance française ont écourté la guerre en Europe[35] ». Le sinistre général Karl Oberg, chef suprême des SS et de la police en France, a reconnu que « la lutte contre la résistance française a été un échec. Un réseau détruit voyait l'éclosion d'un autre peu après. Nos services, malgré de nombreux succès remportés, n'ont pu juguler la montée en puissance de la résistance française[36] ». Le chef de la Milice, Joseph Darnand, écrit dans un rapport que « la situation est pire qu'avant les opérations contre les terroristes. Les forces du maintien de l'ordre de Vichy ayant disparu dans plusieurs départements, la résistance s'est réorganisée et devient plus menaçante que jamais[37] ».

Avec des personnalités comme Jean Moulin, Pierre Brossolette, Honoré d'Étienne d'Orves, le général Eugène Delestraint, Fred Scamaroni, Claude Bonnier et beaucoup d'autres, la Résistance française a eu ses héros et ses martyrs. Parmi ses nombreux morts figure Georges Bernard, membre du réseau CND, fusillé par les Allemands le 10 décembre 1941 au mont Valérien. Ce jeune homme de 20 ans a accepté de mourir pour la France dans des conditions qui forcent l'admiration. En 1947, une lettre bouleversante sera adressée à sa mère par Werner Molter, le sous-officier allemand qui avait accompagné son fils au poteau d'exécution :

« Madame,

« J'ai la tâche honorable de vous remettre les notes de votre fils, que celui-ci m'a confiées quelques minutes avant le départ pour le mont Valérien, car il craignait que ses effets ne disparaissent du tribunal, où ils devraient être remis, et pensait qu'ils n'arriveraient ainsi jamais chez vous. En ce temps-là, j'étais au bureau de la troisième division à Fresnes, et les autres jeunes gens se souviendront probablement du grand sous-officier aux lunettes.

« J'étais souvent dans la cellule de votre fils à qui j'ai donné de temps en temps des livres pour sa distraction et avec qui j'aimais tant m'entretenir. Chaque fois que j'y allais, j'étais étonné à la fois de son intelligence et de son courage. Il m'a toujours parlé de vous, de sa petite sœur et de son beau pays qu'il ne devait plus revoir. Que je vous parle des dernières heures de votre fils et de ses camarades, je peux dire que je n'ai jamais revu un tel héroïsme. Ils m'ont invité à les accompagner jusqu'au mont Valérien. Pendant le trajet en autobus de Fresnes à travers Paris jusqu'au mont Valérien, ils montrèrent un état d'esprit qui est impossible à décrire. Ils ont alternativement fumé, plaisanté, chanté des chansons populaires et plusieurs fois *La Marseillaise* ; pas une plainte, pas une larme. Au mont Valérien, avant d'être fusillés, le prêtre les a réunis encore pour un quart d'heure. Et voici les dernières minutes : tous refusèrent de se faire bander les yeux. Tous moururent debout, sans trembler, en s'écriant « Vive la France ! », trois d'entre eux donnèrent même l'ordre « Feu ! » Je ne puis vous dépeindre tout cela par des mots nus, mais croyez moi, Madame, nous tous qui assistions à ce dernier moment fûmes émus jusqu'aux larmes de voir une telle mort et un tel héroïsme. Et j'espère que cela vous donnera à vous et aux parents de tous les autres héros un peu de consolation et de force de savoir que votre fils et ses camarades si fiers et courageux sont morts comme les dignes héros de la Résistance pour la libération de leur pays.

« Veuillez croire, Madame, à mon profond respect et à ma sincère sympathie[38]. »

Autre résistant mort en héros, Édouard Tarif a joué un rôle capital en fournissant aux alliés des renseignements très précieux sur l'ensemble du trafic ferroviaire allemand dans le Sud-Ouest. Cet ancien combattant de la Première Guerre mondiale assure, le 10 mai 1940, son service comme chef intérimaire à la gare maritime du Havre, où il est chargé d'organiser la composition des trains militaires. Devant l'avance allemande, en juin 1940, Édouard Tarif et ses collègues (Dussauge et Hélène) restent volontairement sur place au Havre, où ils se chargent de détruire les installations ferroviaires, pour éviter qu'elles tombent intactes aux mains des Allemands. En contact avec Londres dès l'automne 1940, Édouard Tarif indique à la RAF l'arrivée d'un train allemand de munitions dans la région de Grainville-Saint-Honoré qui est bombardé la nuit même. Nommé sous-chef de gare à Bordeaux, en février 1941, Édouard Tarif poursuit activement son action patriotique. Malgré les menaces réitérées de l'ennemi, Tarif fait parvenir à Londres la copie de chaque tracé des convois allemands dans le Sud-Ouest, ainsi que le relevé du nombre de locomotives et de leurs dépôts, avec le diamètre des plaques tournantes et la façon de les neutraliser, sans oublier le service de la voie, concernant les ouvrages d'art, ponts, tunnels, viaducs et aiguillages. Ces très précieux renseignements sur l'ensemble du trafic ferroviaire allemand en France permettent la destruction de huit cent quarante-sept locomotives et quatre mille six cents wagons en une seule année !

« Lorsque l'ordre en était donné depuis Londres, raconte son fils Jean Tarif, le plus grand travail des agents comme mon père, était, en raison des coupures de voies, de faire converger tous les trains de troupe et de matériel allemand sur un même centre afin d'y provoquer un bouchon et de donner ainsi une cible idéale à la RAF. Édouard Tarif est bénévolement assisté par un cadre de la SNCF, André Billote. Il établit également une liaison secrète avec Louis Armand, devenu directeur de la SNCF[39]. »

La Gestapo, qui enquête depuis un certain temps sur lui, l'arrête, le torture et le fait déporter en camp de concentration, où il subit un véritable martyre. Après une tentative d'évasion, sévèrement réprimée par les SS, Édouard Tarif décède des suites de ses blessures le 6 mars 1945, sans avoir jamais révélé l'identité des agents des réseaux avec lesquels il travaillait depuis 1940. « J'ai su par la suite, relate son fils Jean, comment mon père est mort. Lors de sa tentative d'évasion, une sentinelle allemande lui a lancé un wagonnet qui l'a gravement blessé à une jambe. Sa blessure s'étant infectée, le docteur Duffieu, un résistant déporté, l'a opéré pour lui couper la jambe. Les Allemands l'ayant laissé sans aucun soin, il mourut à petit feu de la gangrène à Wolfbourg-Fallersleben[40]. »

Un rapport de l'intendant régional du maintien de l'ordre, adressé à la Gestapo de Bordeaux, rend compte des activités d'Édouard Tarif : « Il fournit de façon régulière les listes de trains allemands avec les itinéraires, les horaires, les compositions (types de rames) plusieurs jours avant le passage de ces trains. Il indique aussi les rames vides ou chargées de munitions et d'essence, en attente sur des voies de garages. L'arrestation du responsable du secteur suspend l'activité de Tarif pendant quelques semaines. Malgré la surveillance accrue des Allemands, il recommence en communiquant les graphiques des trains de troupe et de permissionnaires, ainsi que de nombreux détails sur les marchandises expédiées en Allemagne[41]… »

La Résistance de l'armée d'armistice

Après les accords d'armistice de juin 1940 qui coupent la France en deux, l'article 4 des conventions prévoit le maintien d'une armée française en zone libre. Elle sera connue sous le nom d'armée d'armistice. Ses effectifs sont fixés en métropole à cent mille hommes (trois mille sept cent soixante-huit officiers, quinze mille soixante-douze sous-officiers et soixante quinze mille trois cent soixante hommes de troupe), tous volontaires, auxquels s'ajoutent les soixante mille hommes de la Gendarmerie et les dix mille hommes des sept groupements de défense aérienne du territoire. Les forces terrestres sont organisées en huit divisions d'infanterie aux moyens réduits. L'armement lourd est interdit par le vainqueur : aucun char, pas d'artillerie lourde ni d'armes antichars. Seuls sont autorisés huit automitrailleuses Panhard (sans canon de 25 mm) par division, quelques mortiers et canons de 75 mm, l'armement individuel, fusils Mas 36 ou mousquetons et pistolets-mitrailleurs de divers types. Sauf exception, chaque division se compose de trois régiments d'infanterie, d'un régiment d'artillerie et d'un régiment de cavalerie. La cavalerie dispose en outre de quatre autres régiments de réserve générale.

Dans chaque régiment de l'armée d'armistice, deux officiers exercent des fonctions clandestines. L'un a la charge de garder le contact avec les hommes rendus à la vie civile pour entretenir l'esprit de revanche et « remettre ça » à l'issue d'une mobilisation secrète. Le second est le gestionnaire des armes et du matériel interdits par l'occupant, mais récupérés et camouflés à l'insu de la commission d'armistice. Un plan de mobilisation établi en secret doit permettre, grâce au camouflage du matériel, de tripler le nombre de divisions en cas de reprise des hostilités. Le général Colson, René Carmille, les colonels Périsse, Zeller et Pfister, le général de La Porte du Theil avec ses Chantiers de jeunesse, le capitaine Jacques Faure avec « Jeunesse et Montagne » et bien d'autres… participent activement à un plan de mobilisation secrète de l'armée en zone libre, en cas de reprise des hostilités contre l'Axe sur le sol français.

Sur proposition du colonel d'Anselme, le 15 novembre 1940, le capitaine André Pommiès prend en charge la mobilisation secrète de l'armée dans les Landes, les Basses-Pyrénées, les Hautes-Pyrénées et l'arrondissement de Mirande dans le Gers. Avec l'aide précieuse du lieutenant Plaud, Pommiès parvient à constituer en une seule année plus de cinquante dépôts contenant mille deux cents fusils-mitrailleurs, deux cents mitrailleuses, dix mortiers de 81 mm, quatre canons de 75 mm, trois mille cinq cents fusils, quatre cents tonnes de cartouches, huit mille obus de 81 mm, cinq mille obus de 25 mm…

En 1941, le commandant Mollard, responsable du CDM (camouflage de matériel), prend la décision de monter en zone libre des ateliers clandestins, qui doivent construire quarante-cinq tourelles de chars. Les fabrications de tourelles sont entreprises sous le faux nom des « Établissements Dubourg et Cie », dont le siège social se trouve à Sarlat. Les ateliers de montage sont installés à Saint-Cyprien. À Auch, dans le Gers, le commandant Maurice Corominas travaille pour les services spéciaux de l'armée d'armistice. Il est appuyé dans son entreprise par des éléments du 2e régiment de dragons, unité stationnée à Auch en septembre 1940. À sa tête se trouve l'ancien chef du contre-espionnage de l'armée, le colonel Schlesser, germanophobe et ardent patriote. Une de ses premières visites à Auch est naturellement pour le commandant Corominas. Au sein du 2e dragons, Schlesser charge le capitaine d'Ornans de camoufler le matériel et l'armement ayant échappé aux Allemands. Les armes et les munitions dissimulées dans la nature proviennent soit des départements des Hautes-Pyrénées et du Lot-et-Garonne, soit des propres dépôts du 2e dragons, dont des canons antichars de 25 mm, interdits par les commissions de contrôle. Seuls les officiers et sous-officiers sont admis pour ce genre de missions délicates. Le colonel Schlesser en personne fait les premières sorties. On y retrouve toujours le capitaine de Neucheze, ainsi que le lieutenant Maître.

Ces opérations ont toujours lieu de nuit. Les hommes sont en bleu de travail, sans insigne et sans grade. Le matériel, transporté dans des camions à immatriculation civile, est de préférence déchargé dans les combles, les caves ou les granges des châteaux environnants. « Bien entendu, écrit Guy Labédan, le propriétaire est d'accord. Au moins en principe, car le capitaine de Neucheze sait aussi forcer la main[42]. »

En 1941, une équipe permanente du CDM est mise en place à Auch. Elle comprend le capitaine Picaud, le lieutenant Robin et les sous-officiers Combres, Mariage, Pilard et Salvat. Le colonel Schlesser prête ses dragons dans bien des cas. Le CDM gersois prend pour PC une maison de campagne proche de Pavie. Son rôle est de camoufler aussi bien des armes que les uniformes, le matériel optique, les casques, les roulantes… Là encore, les châteaux isolés dans la nature servent de refuge – Brézillac à Belmont, Aulagnères à Valence-sur-Baïse… –, ainsi que les communautés religieuses d'Auch. L'orphelinat de Monferran-Savès abrite des caisses de munitions et tout un hôpital de campagne. Le bois de Monpardiac, suffisamment grand, sert de cache d'armes. Hormis les propriétaires qui accueillent les dépôts du CDM, certains fonctionnaires (Voizard et Cousteau), le mécanicien Rivière, l'entrepreneur Branet, les frères Gazeran (garagistes) participent aux opérations. Malheureusement, une partie du matériel tombera aux mains des Allemands lors de l'invasion de la zone libre. Cependant, des stocks sauvés de justesse feront la joie de certaines unités combattantes de la Résistance du département.

Un peu partout en zone libre, des armes et du matériel sont cachés. D'importants dépôts existent autour de Lyon, dans le Rhône, sous la surveillance du lieutenant-colonel Planet, du commandant de Reynies et des capitaines Agostini et Desgeorges. Dans l'Isère, le capitaine Richard et les lieutenants Lancelon, Daurelle, Bertaux, parviennent à constituer plus de cent cinquante dépôts clandestins, dans lesquels sont entassés plus de trois cents tonnes d'armement et des munitions.

« Certains de ces dépôts, écrit le colonel A. de Dainville, sont murés dans les souterrains des forts, d'autres sont dans des carrières ; ailleurs un dépôt du « Bon Lait » a prêté ses murs. Il y a encore quatre tonnes d'optique et de transmissions, sept camions-autos (les Allemands n'en trouveront qu'un), huit mille litres d'huile auto, cent soixante-dix véhicules, vingt-deux canons de 75 et même des automitrailleuses. Dans les Hautes-Alpes, le directeur de la sous-agence est le capitaine Dignac. Ici le problème est encore différent : il y a eu beaucoup de troupes, certes, mais l'équipe de camouflage n'a pu se mettre au travail qu'à la fin de juillet 1940, après une première arrestation, et alors que les Italiens avaient déjà enlevé le matériel d'artillerie. Par contre, le matériel d'infanterie a pu être stocké dans de bonnes conditions ; il a généralement trouvé place dans le sous-sol des églises du Champsaur grâce au dévouement de l'abbé Pontrain… Certains des matériels sont entretenus par les personnels du CDM, d'autres destinés aux recomplètements de dotations ou parfois au déboublement sont à la charge de ce corps. Le général Olleris se rappelait qu'étant colonel au 8e dragons à Issoire et ayant droit à huit auto-mitrailleuses, il en avait vingt-quatre en compte, camouflées dans le Puy-de-Dôme et dans la Haute-Loire[43]. »

La totalité du matériel camouflé en zone libre, au 1er avril 1941, représente soixante-cinq mille armes individuelles, dix mille armes collectives d'infanterie, quatre cents bouches à feu dont cinquante-cinq canons de 75, mille tonnes de munitions d'infanterie, dix mille coups de 75, cent cinquante mille grenades, un important matériel de transmission.

Le colonel Mollard passe en 1942 un contrat avec la société Lorraine-Lunéville, usine de Bagnères-de-Bigorre, pour un marché intéressant le ministère de l'Agriculture et portant sur la fourniture de deux cent cinquante engins chenillés désignés sous le nom de tracteurs forestiers. Ce sont en réalité des chenillettes Lorraine destinées à l'armée et camouflées par les Eaux et Forêts. De nombreux autres projets clandestins sont en cours à l'époque : un projet de char de 35 tonnes, le montage de canons de 90 mm et de chars Somua…

Aux cent mille hommes de l'armée d'armistice en métropole, il convient d'ajouter les cent douze mille sept cent quatre-vingt-six hommes (dont quatre mille cent quatorze officiers) se trouvant en Afrique du Nord (AFN), les cent cinquante-six mille neuf cent quatre-vingt-seize hommes des autres possessions françaises, soit quelque trois cent soixante-dix-neuf mille soldats de toutes armes, ainsi que soixante mille marins et quarante mille aviateurs. Le 10 septembre 1940, le général Weygand arrive à Alger pour restaurer le potentiel de l'armée d'Afrique par des apports clandestins, malgré le regard inquisiteur des commissions allemandes et italiennes d'armistice. Des ateliers sont créés pour la fabrication d'armes antichars ; une main-d'œuvre travaille à la construction de pistes d'atterrissage. La fraude semble être partout : dix mille soldats venus de métropole sont camouflés en ouvriers, mille cinq cents militaires sont embauché par la poste à titre civil. Sous prétexte de maintenir l'ordre dans les tribus du Sud marocain, le général Weygand obtient des Allemands la présence de seize mille soldats français. Il en met rapidement le double.

Au début de 1941, Weygand aligne deux cent mille hommes en AFN. Les Allemands, qui savent que le général Weygand « prépare la revanche », obtiennent son rappel la même année et, un an après son retour, l'arrêtent et l'internent en Allemagne. Mais son impulsion a été décisive. Lorsqu'en novembre 1942 l'Afrique du Nord fait son retour dans la guerre, les forces militaires françaises représentent deux cent vingt-cinq mille hommes, dont six mille sept cents officiers, qui vont jouer un rôle important lors de la campagne de Tunisie en 1943. Le camouflage de l'armement en AFN est également une réussite exceptionnelle : cinquante-cinq mille fusils, quatre mille armes automatiques, deux cent dix mortiers de 81, quatre-vingts canons de 75, quarante-trois canons antichars de 47, quarante-cinq canons antichars de 25 ou 37, quarante-cinq mille grenades, huit mille mines antichars, trois cent mille obus, vingt-six millions de cartouches et plus de six mille camions.

Les détracteurs du général Weygand avancent que sa mission de défense de l'AFN contre « quiconque » visait aussi bien les Anglo-Gaullistes que les Germano-Italiens. « Ce quiconque, témoigne le général Henri Navarre, a souvent été interprété avec malveillance contre Weygand. Ce quiconque était le terme choisi, faute de pouvoir ouvertement être plus clair, pour désigner les puissances de l'Axe que Weygand ne nommait jamais autrement que par « l'ennemi ». De la défense contre les Anglo-Gaullistes, je puis dire que, pendant tout le temps que j'ai passé avec Weygand, je n'en ai à peu près jamais entendu parler, sinon quand il s'agissait d'en prendre prétexte pour obtenir des Allemands ou des Italiens des concessions, le plus souvent destinées à être retournées contre eux. Par contre, la défense de l'Afrique française contre l'Allemagne et l'Italie était l'œuvre que Weygand considérait comme l'essentiel de sa mission et à laquelle lui et nous tous qui l'entourions nous sommes donnés tout entiers[44]. »

Comme le souligne Jean-François Muracciole, le rôle joué par l'armée d'armistice reste parfois ambigu. Si de nombreux officiers ont entrepris de cacher des armes, de tripler les effectifs et le 2e bureau, sous la direction du colonel Rivet, d'informer certains résistants comme Frenay, les Bureaux de menées antinationales (BMA) ont poussé assez loin l'ambiguïté. Ils mènent la chasse aux agents allemands de l'Abwehr, en zone sud, au point d'en faire exécuter quarante-deux, mais traquent dans le même temps certains résistants liés aux Britanniques ou à la France libre.

Le colonel Paillole du BMA (contre-espionnage), dont le patriotisme ne peut être mis en doute, reconnaît « qu'il y a eu des bavures. Pourquoi ? Parce que certains services, je veux parler de l'Intelligence Service, assez réservés sur ce qui pouvait se passer en zone libre, sur l'attitude du gouvernement de Vichy, menaient aussi des recherches. À l'origine, quand vous receviez une information sur un individu qui cherchait un dépôt d'armes de l'armée d'armistice, par exemple, vous ne saviez pas pour qui il travaillait. Une fois coincé, il disait : « Je travaille pour l'Intelligence Service » ; on se débrouillait pour minimiser la chose, mais c'était trop tard. La réalité aussi, c'est que les agents du BMA ont eu un travail très difficile, très ambigu et ils l'ont accompli, pour la très grande majorité d'entre eux, avec une conscience, un dévouement admirable. Sur les douze chefs de BMA que nous avions sur le territoire, plus de la moitié ont été arrêtés et sont morts en déportation… Le colonel Rémy, très honnêtement, reconnaît que les premiers renseignements qu'il a transmis à Londres, c'est nous qui les lui avons donnés. Nous avons également toujours été en liaison radio avec l'Intelligence Service[45] ». Ce témoignage nous démontre une fois de plus qu'il faut se méfier de toute forme de réductionnisme historique. Cette période est loin d'être simple et le manichéisme ne peut y avoir sa place.

Dans le contexte de novembre 1942, faute d'une intervention alliée directe sur les côtes françaises à brève échéance, l'armée d'armistice est dissoute. Mais l'organisation clandestine déjà esquissée s'étoffe considérablement. Dès le mois de décembre 1942, l'Organisation de résistance de l'armée (ORA) est mise sur pied. Son ossature est le deuxième bureau, camouflé de diverses façons, le contre-espionnage devenant par exemple Travaux ruraux. Son premier chef, le général Frère, arrêté et déporté, est remplacé par le général Verneau, arrêté lui aussi. Le général Revers va lui succéder. L'ORA va contribuer à faire passer en Afrique du Nord, par l'Espagne, les cadres et les spécialistes que réclame la nouvelle armée française, engagée dans la lutte contre l'Axe. Mais elle forme aussi des cellules régionales, des maquis et des corps francs, dont le célèbre corps franc Pommiès, l'une des plus efficaces unités de la Résistance armée.

Cette politique du chat et de la souris arrive à ses fins avec l'invasion de la zone libre et le sabordage d'une partie de la flotte française à Toulon en novembre 1942. Pour éviter que les navires ne tombent aux mains des Allemands, l'amiral Jean de Laborde ordonne le sabordage le 27 novembre à 5h30 : soixante-quinze bâtiments, dont trois cuirassés (Strasbourg, Dunkerque et Provence), sept croiseurs, seize contre-torpilleurs, quinze torpilleurs et seize sous-marins sont détruits.

L'unification de la Résistance et l'arrestation de Jean Moulin

Au début de 1942, opposée à des forces répressives toujours plus efficaces, la Résistance se trouve dans l'obligation d'unir ses efforts. Les problèmes financiers et les problèmes d'armement exigent une solution rapide. La principale impulsion donnée à cette unité vient surtout de Londres. Le général de Gaulle appelle de toutes ses forces à cette union de la Résistance et de la France libre. Il y trouve la matérialisation de sa conception du combat patriotique et le renforcement de sa position vis-à-vis des Alliés. Un double mouvement pousse donc résistants et Français libres à s'entendre : les uns ont besoin d'armes et d'argent, les autres recherchent une légitimité plus sûre.

Si les premiers contacts entre la Résistance intérieure et la France libre remontent à 1940, les rapports restent fragiles à la fin de l'année 1941. C'est à Jean Moulin, arrivé à Londres en septembre 1941, que revient la lourde charge de l'unification. Parachuté en France en janvier 1942, il limite pour le moment sa mission à la zone sud.

Au milieu de l'année 1942, Jean Moulin parvient à regrouper les effectifs paramilitaires des trois mouvements de la zone libre (Combat, Libération et Franc-Tireur) en une seule organisation, l'Armée secrète (AS). « Dans la situation actuelle de la guerre, écrit Jean Moulin, une action d'envergure de l'Armée secrète ne peut être envisagée que si elle est liée à une action directe des forces alliées débarquant sur le territoire français, en vue d'y rechercher la décision. L'Armée secrète évitera d'engager, dans des opérations de caractère désespéré, des effectifs et des cadres d'élite qui risqueraient d'être anéantis prématurément. Par contre, les cellules professionnelles et les groupes francs doivent être à même d'agir à tout moment. Si le débarquement allié en France se produit, l'Armée secrète devra utiliser les possibilités d'action qui lui seront offertes. L'action de sabotage déjà commencée sera poursuivie. À cet égard, un programme sera envoyé. En attendant son arrivée, les centrales électriques seront attaquées en première urgence. La mission de l'Armée secrète est de paralyser la manœuvre allemande par une action générale déclenchée au moment opportun après le débarquement allié[46]. » Le général Delestraint, âgé de 65 ans et qui n'est membre d'aucun mouvement, en devient le chef.

Au sein des services civils, le Bureau d'information et de propagande (BIP), dirigé par Georges Bidault, voit le jour et accomplit un double rôle. Agence de presse, il centralise les renseignements et les diffuse auprès des mouvements et en direction de Londres. Service de propagande, il répartit le matériel de propagande fourni par Londres et prépare les articles à publier dans la presse clandestine. Le Comité général des études (CGE), créé en zone libre en juin 1942, s'installe à Paris en avril 1943. Composé d'experts, il a un double but : mener une vaste enquête sur les responsables économiques, politiques, administratifs du pays et préparer des projets sur le futur régime politique économique et social de la France après la Libération. Les principaux membres du CGE sont Robert Lacoste, P H. Teitgen et R. Courtin, François de Menthon, Paul Bastid et Alexandre Parodi. Le Noyautage des Administrations publiques, service fondé par le mouvement Combat du capitaine Henry Frenay et approuvé par Jean Moulin, se propose d'obtenir la complicité de certains fonctionnaires travaillant dans l'administration de Vichy. Pour coordonner tous ces services, Jean Moulin se dote d'un secrétariat général qu'il confie à Daniel Cordier, ancien sympathisant de l'Action française de Charles Maurras, parachuté de Londres en août 1942. D'abord installé à Lyon, le secrétaire général se déplace à Paris en mars 1943. Tony de Graaf assure le secrétariat à Lyon à compter de cette date.

Les conversations préparatoires à la coordination des mouvements ont lieu à Londres au début d'octobre 1942, sans Jean Moulin qui n'a pu venir. Frenay et d'Astier de La Vigerie acceptent le rapprochement, mais se plaignent de Moulin, qu'ils accusent d'autoritarisme. Le général de Gaulle tranche cependant en faveur de son délégué, Jean Moulin. Avec la création du Comité de coordination, Jean Moulin peut croire que sa mission unificatrice est terminée. En fait, il n'en n'est rien : le débarquement des Alliés en Afrique du Nord en novembre 1942 et l'occupation de la zone libre par les Allemands, ainsi que la renaissance des partis politiques et des syndicats, amènent Jean Moulin à suggérer de modifier le Comité de coordination. En février 1943, Jean Moulin retourne à Londres pour rendre compte de sa mission et recevoir de nouvelles instructions. Le général de Gaulle lui remet la croix de la Libération et le nomme délégué général du Comité national français (avec rang de ministre). Commissaire national en mission, Jean Moulin quitte Londres le 21 mars, muni d'instructions qui le chargent de créer le Conseil national de la Résistance (CNR), et devient le seul représentant permanent du général de Gaulle et du Comité national pour l'ensemble du territoire métropolitain. À la différence des organismes précédents, le CNR regroupe les mouvements de résistance de l'ancienne zone libre (unifiés par Jean Moulin) et ceux de la zone occupée (unifiés par Pierre Brossolette qui a fondé le Comité de coordination de la zone nord, dont la première réunion s'est tenue le 3 avril 1943, en présence de Jean Moulin). Le CNR comprend, outre les représentants des principaux mouvements de résistance, des membres des forces politiques et syndicales qui se sont ralliées aux grands principes de la Résistance. Le CNR forme donc l'embryon d'une représentation nationale réduite, appelée à être étoffée après la libération du territoire. Pour mettre sur pied le CNR, Jean Moulin doit longuement négocier avec les principaux mouvements de résistance. En effet, ceux-ci acceptent mal à leurs côtés la présence des représentants des anciens partis politiques et supportent difficilement de se soumettre à l'autorité du général de Gaulle. Finalement, la première réunion du CNR peut se tenir à Paris le 27 mai 1943. Seize représentants sont présents : huit pour les mouvements, six pour les partis politiques et deux pour les syndicats. Les communistes ont deux représentants. On note dans cette liste l'absence des trois chefs historiques de la Résistance de la zone libre, qui, aidés par Moulin, ont construit l'Armée secrète et les Mouvements unis de la Résistance (organisation administrative de l'AS). Les circonstances ont voulu que d'Astier de La Vigerie et Jean-Pierre Lévy se trouvent à Londres. Quant à Frenay, il a refusé de siéger. La séance du 27 mai 1943 peut être considérée comme le couronnement de la mission unificatrice de Jean Moulin. En 18 mois, il a doté la Résistance d'une triple unité :

unité militaire avec l'Armée secrète (AS), unité administrative avec les Mouvements unis de la Résistance (MUR) et unité politique avec le Conseil national de la Résistance (CNR). L'AS compte 208 240 hommes en mai 1943.

La création du CNR ne met pas fin aux querelles intestines de la Résistance. Les chefs des mouvements continuent à s'opposer. Plusieurs remettent en cause l'autorité du Comité national français de Londres, rattaché au général de Gaulle. Certains essaient de profiter de la création du Comité français de libération nationale à Alger le 3 juin 1943, fidèle au général Giraud, pour s'émanciper de la tutelle du général de Gaulle et obtenir la révocation de Jean Moulin, alors président du CNR.

On connaît assez bien les divergences profondes qui opposent Moulin et le capitaine Frenay (chef de Combat). Ce que l'on a par exemple appelé « l'affaire suisse », sur le financement de la Résistance par les services américains, a également mêlé les membres de la délégation des Mouvements unis de la Résistance à Genève (avec Bénouville notamment) à ces déchirements internes. Moulin taxe ces négociations des responsables de Combat avec les représentants de services secrets américains (OSS) de « coup de poignard dans le dos de de Gaulle[47] ». Tout cela sur fond de querelles entre gaullistes et giraudistes. Mais les relations avec les autres chefs des mouvements de zone sud sont aussi tendues. Daniel Cordier relève que « d'Astier de La Vigerie (Libération) a recherché tout ce qui pouvait lui nuire[48] ». À Londres, André Philip, un des proches du général de Gaulle, qui reçoit les rapports de Moulin, est ébranlé sur les capacités de Moulin à remplir la mission qui lui a été confiée. Daniel Cordier précise que Jacques Bingen, un des responsables des services secrets de la France libre (BCRA), dans cette première crise de mai 1943, a pris position en faveur de Moulin. Des désaccords profonds, créant plusieurs incidents, se sont produits par ailleurs au sujet des initiatives prises par Pierre Brossolette, en ce qui concerne l'organisation de la Résistance en zone nord. En revanche, Moulin s'est appuyé jusqu'à son arrestation sur le chef de l'Armée secrète, le général Delestraint, alors que celui-ci se trouve également au centre de débats passionnés.

Dans un rapport du 4 juin 1943, Jean Moulin fait état des divisions entres les différentes composantes de la Résistance :

« À notre retour d'ici, Delestraint et moi, nous avons trouvé en zone sud les dirigeants des mouvements, plus exactement Frenay (Combat) et d'Astier de La Vigerie (Libération) – le représentant de Lévy (Franc-Tireur) étant demeuré plus calme – dans un état de surexcitation considérable.

« Le Comité Directeur (CD) adressait des circulaires incendiaires aux Régions et publiait des tracts invitant à la révolte ouverte, les armes à la main. Ces instructions prévoyaient, entre autres, la constitution de « bastions armés » dans les usines.

« Cet état d'esprit, qui est loin d'être en état d'harmonie avec celui que nous avons trouvé à Londres, nous amena, Delestraint et moi, à faire avec tous les dirigeants nécessaires une mise au point avec le CD au lendemain même des importantes conversations de Delestraint avec l'état-major anglais sur l'utilisation de l'AS.

« Delestraint se heurta à une position bien arrêtée de la part de Frenay qui entendait agir coûte que coûte, tout de suite, distribuant toutes les armes aux gens dans le maquis pour qu'ils fassent acte de guerre dès à présent. La séance se termina d'ailleurs par une altercation entre Delestraint et Frenay, ce dernier s'étant laissé aller, une fois de plus, à des violences de langage inadmissibles à l'encontre du chef de l'AS.

« En outre, d'Astier de La Vigerie qui, jusqu'à ces derniers mois, était en désaccord fréquent avec Frenay et apportait un contrepoids à l'emprise de Frenay et de Combat a, depuis la fusion, fait absolument cause commune avec Frenay. D'Astier de La Vigerie ayant personnellement pris en main l'action politique des Mouvements unis, il était nécessaire de conserver une activité à Frenay, et cette activité ne pouvait être que militaire. Donc, volonté très nette de d'Astier d'appuyer toutes les revendications de Frenay en ce domaine.

« Les syndicats ont appuyé ma position dans la querelle des Services centraux. Par contre, ils ont été effrayés par les circulaires de Frenay préconisant une insurrection immédiate et prévoyant la création de « bastions armés ».

« Nous estimons que la plupart des circulaires portées par Frenay sur le plan des régions – et de là à celui des départements et des communes – pour les faire juges de nos divergences de vues, sont aussitôt connues des Anglais, des Américains, de la police, voire de la Gestapo.

Je regrette les imprudences commises par les Mouvements. Le cloisonnement doit être de rigueur ; les membres subalternes ne doivent pas connaître l'adresse et le nom d'un autre. Il n'existe aucune préparation morale prévoyant l'arrestation et l'interrogatoire[49]… »

L'absence de cloisonnement suffisant entre les mouvements, malgré les recommandations de Moulin, va être à l'origine de bien des drames. Début 1943, la Gestapo est parvenue à infiltrer divers réseaux du mouvement Combat de Frenay, ainsi que d'autres mouvements rattachés à l'AS. Le général Delestraint est arrêté le 9 juin 1943 au métro Muette à Paris. Il sera fusillé en 1945 à Dachau. Klaus Barbie, un des chefs de la Gestapo de Lyon, a déjà procédé à l'interrogatoire de René Hardy (résistant du mouvement Combat) et l'a relâché le 10 juin… Le 21 juin 1943, Jean Moulin réunit à Caluire, près de Lyon, les principaux responsables militaires de la Résistance, afin de pourvoir au remplacement provisoire du général Delestraint, chef de l'AS, qui vient d'être arrêté à Paris.

Les chefs de la Résistance doivent se rencontrer, avec Jean Moulin, chez le Dr Frédéric Dugoujon, place Castellane (aujourd'hui place Gouailhardou), à Caluire, le 21 juin 1943. On trouve d'abord : Raymond Aubrac. Membre de Libération, il apparaît comme un possible délégué général de l'AS en zone nord. Henri Aubry, membre de Combat, est le chef d'état-major de l'AS. Sur les conseils de Guillain de Bénouville (Combat), il fait venir René Hardy à la réunion de Caluire, alors que ce dernier vient d'être arrêté, puis libéré par la Gestapo… Le Dr Frédéric Dugoujon, ancien camarade de lycée du résistant André Lassagne, a donné son accord pour que sa maison de Caluire, qui abrite son cabinet médical, serve à des réunions clandestines. Elle ne fut, en fait, utilisée qu'une seule fois, le 21 juin 1943. René Hardy, membre de Combat, est le chef de NAP-Fer, l'organisation de sabotage du rail. Bien que non invité par Jean Moulin, il s'incruste à la réunion, sous les conseils imprudents d'Aubry et Bénouville…

Le colonel Albert Lacaze, membre du mouvement France d'abord, n'occupe encore aucune place dans l'organigramme « officiel » de l'AS. Il a été invité à Caluire par Bruno Larat. Ce dernier, parachuté par les services secrets de la France libre en mars 1943, est responsable du Centre d'opérations de parachutage et d'atterrissage, fondé dès avril à la place du Service des opérations aériennes et maritimes. André Lassagne, membre de Libération, est l'adjoint de Gastaldo, le chef du 2e bureau de l'AS arrêté à Paris. Moulin l'a chargé de mettre sur pied la réunion de Caluire. Émile Schwartzfeld, colonel de réserve, chef de France d'Abord, a été pressenti par Moulin pour diriger, par intérim, l'AS de zone sud en attendant la nomination du remplaçant de Delestraint. Il n'a pas eu le temps de prendre ses fonctions.

Le 21 juin 1943, vers 14h15, le colonel Lacaze, qui connaît l'adresse de la réunion par Bruno Larat, arrive le premier à la maison du Dr Dugoujon. La réunion est prévue pour 14h30. Il est conduit au 1er étage. À 14h25, André Lassagne conduit Henri Aubry et René Hardy à la maison. Ils se sont retrouvés à 13h40 au funiculaire de la Croix-Paquet à Lyon, puis ont pris le tram n° 33. Ils sont descendus à l'arrêt des Frères, puis ont marché jusqu'à la maison. La bonne du Dr Dugoujon les fait monter au 1er étage. Hardy est filé par Edmée Delétraz (espionne à la solde de la Gestapo) depuis Lyon. En vue de la maison, elle fait demi-tour, reprend le tram et le funiculaire. À la Croix-Paquet, elle prévient les Allemands. À 14h30, Bruno Larat arrive tout seul. Il est l'un des organisateurs de la réunion et connaît donc l'adresse du Dr Dugoujon. Il rejoint les premiers arrivés au 1er étage. À 15 heures, on assiste à l'arrivée de Jean Moulin, de Raymond Aubrac et du colonel Schwartzfeld. Seul Jean Moulin connaît l'adresse. Ils ont une demi-heure de retard, car Schwartzfeld n'était pas au rendez-vous au terminus funiculaire de la Croix-Paquet. La bonne du Dr Dujougon, croyant avoir affaire à des patients, les introduit au rez-de-chaussée dans la salle d'attente où attendent déjà les malades. À 15h10, une dizaine d'Allemands de la Gestapo, conduits par Klaus Barbie lui-même, arrivent à bord de plusieurs voitures. Toutes les personnes présentes dans la maison sont arrêtées et interrogées pendant une heure environ. Barbie, violent à l'extrême, veut savoir qui est « Max », surnom de Jean Moulin dans la Résistance. Vers 16h30, les hommes menottés, sauf Hardy dont les mains sont retenues par un simple « cabriolet » – une sorte de ficelle –, sont transférés dans les voitures allemandes. À cet instant, Hardy réussit à s'enfuir, malgré les tirs des Allemands, qui visent assez mal… Vers 18 heures, Hardy, légèrement blessé, est arrêté par la police française chez sa logeuse Mme Damas, quai de Serin, actuel quai Joseph-Gillet à Lyon. Après des soins d'urgence à l'hôpital Édouard-Herriot, il est transféré le 22 juin à l'hôpital de l'Antiquaille, puis est récupéré le 28 juin par les Allemands, qui le transfèrent à l'hôpital militaire de la Croix-Rousse. Il s'évade le 3 août. Le Dr Dugoujon, Albert Lacaze, André Lassagne, Henri Aubry et Émile Schwartzfeld sont transférés à Paris le 26 juin. Bruno Larat est transféré à Paris le 18 juillet. Déporté, il meurt le 5 avril 1944 au camp de Dora. Raymond Aubrac reste à Lyon. Il est emprisonné à Montluc dans la cellule n° 77 jusqu'au 21 octobre, date à laquelle il réussit à s'évader lors d'un transfert en camion, grâce à l'aide de sa femme et d'un groupe de résistants.

Après son arrestation, Jean Moulin est interné au fort Montluc à Lyon. De là, tous les jours, le prisonnier est transféré à l'École de Santé, lieu de torture de la Gestapo, pour y être interrogé par Klaus Barbie. Décidé à ne pas parler, Jean Moulin s'enferme dans son silence. « Il n'a rien avoué », dira plus tard son bourreau[50]. On ne saura plus jamais rien de précis sur lui. Le seul témoignage est celui de Christian Pineau, incarcéré au fort Montluc au même moment. À son retour de déportation, il racontera que, sur ordre de la Gestapo, il avait été amené à raser un moribond, dont « seuls les yeux vivaient encore » et dans lequel il reconnaît Jean Moulin[51]. De Lyon, Jean Moulin aurait été transporté en voiture jusqu'à Paris et de là conduit à la villa « Boemelburg » à Neuilly, comme semble le confirmer le témoignage de Meiners Heinrich, fonctionnaire allemand à la Sûreté de Paris en 1943 :

« Dès les premiers jours où j'ai été interprète dans cette Section, j'ai reçu l'ordre d'aller au 40 du boulevard Victor-Hugo, à Neuilly dans la villa « Boemelburg ». Dans cette villa habitait le chef de la section IV, le SS Sturbannführer Boemelburg. Le véritable propriétaire devait être un industriel israélite. Les caves et le premier étage étaient installés pour servir de cellules. On y mettait les prisonniers importants. J'ai reçu l'ordre d'y prendre un prisonnier et de l'amener pour un interrogatoire, 84, avenue Foch. Pendant que j'attendais que le prisonnier se prépare, j'ai regardé dans une cellule au premier étage où une femme de ménage faisait le nettoyage. Un gardien de la SS surveillait. La pièce était meublée d'un lit, d'une table, une armoire et une chaise. J'ai vu un prisonnier dans cette cellule qui me fit une impression très bizarre. Le prisonnier était allongé, puis il s'est assis et je l'ai vu marcher une fois dans la chambre en s'appuyant aux meubles et aux murs. Il était oppressé et se tenait le ventre ou les reins. Il m'a fait l'impression d'un homme très malade et qui n'avait plus pour longtemps à vivre. Il avait des yeux fixes et par instants hagards. Son âge était très difficile à déterminer parce qu'il avait « fondu » et son costume était devenu trop large. Il était visiblement amaigri et avait des cheveux grisonnants. J'ai demandé au gardien qui était ce prisonnier. Il m'a dit que c'était une haute personnalité française, un ancien préfet, Jean Moulin, de Montpellier, je crois[52]. »

De Paris, Jean Moulin aurait été envoyé à Berlin par le chemin de fer et serait mort en gare de Metz « d'une défaillance cardiaque », selon le rapport de l'infirmier allemand qui l'accompagnait. Ses cendres ont été déposées au cimetière du Père-Lachaise en juillet 1943. Jean Moulin disparu, sans avoir parlé, l'édifice qu'il avait construit ne s'effondra pas. Il avait assuré les plus hautes responsabilités : président du Comité de coordination des MUR, délégué général du Comité national, ministre en mission, président du CNR. Bafoué, torturé, lui qui savait tous les secrets de la Résistance garda le silence.

Rares sont les villes, en France, où le nom de Jean Moulin ne figure pas sur une plaque de rue, un monument ou un établissement scolaire. C'est la nation entière qui perpétue le souvenir de celui que Malraux devait appeler « le chef du peuple de la nuit ». Parmi tous les hommages, nous soulignerons la citation rédigée par le général de Gaulle, à Londres en octobre 1942, quand il décore Jean Moulin de l'ordre de la Libération :

« Chef de mission d'un courage et d'un esprit de sacrifice exemplaires, a, en personne, établi la liaison entre les Forces françaises combattantes et les Mouvements de Résistance en France, en déployant, pour y arriver, une ardeur exceptionnelle[53]. »

Le 18 décembre 1964, dans le cadre des cérémonies commémoratives du vingtième anniversaire de la Libération, sur décision du général de Gaulle, président de la République, et du gouvernement, les cendres de Jean Moulin furent transférées dans la crypte de la Déportation où des résistants venus de tous les coins de France montèrent la garde autour du cercueil de leur chef avant de le conduire au Panthéon, à Paris.

« L'idéal n'est pas une chose qui se consomme mais une valeur qui s'entretient et qui passe comme un flambeau », écrivait Jean Moulin[54].

Dans les mois qui suivent les arrestations de Caluire, René Hardy se trouve au centre des enquêtes et des accusations. Les services secrets de la France libre (BCRA) ont de fortes présomptions à son sujet, puisque, dès le 2 juillet 1943, le commandant Manuel, adjoint du colonel Passy à la tête du BCRA, diffuse le message suivant :

« Faire connaître extrême urgence si Hardy, je dis Hardy, est actuellement en liberté, soit évadé soit relâché. Si Hardy libre, prenez toutes les mesures de précaution, car avons fortes présomptions contre lui. Prévenir ami[55]. »

D'après le Dr Frédéric Dugoujon, survivant de l'affaire de Caluire, les preuves contre Hardy sont monumentales :

« C'est René Hardy qui a vendu Jean Moulin. Mais il ne le connaissait pas sous son vrai nom. Pour lui il s'agissait de « Max », son surnom dans la Résistance. C'est le mercredi 23 juin 1943 qu'a été révélée son identité véritable. Les preuves contre Hardy sont monumentales, aussi énormes que la tour Eiffel. Le juge d'instruction du deuxième procès Hardy m'avait dit à l'époque : « Vous savez, docteur, des preuves contre Hardy, j'en ai plus haut que votre maison qui a trois étages » ; or il a été acquitté à la minorité de faveur. Au premier procès, il a été acquitté parce qu'il avait soutenu qu'il n'avait jamais été arrêté par Barbie le 8 juin. Or on sait qu'après son arrestation, Barbie était venu chercher Hardy en voiture et l'avait ensuite contraint d'aller le voir au siège de la Gestapo, tous les deux jours… J'ai toujours dit que le tenais pour le seul responsable de l'arrestation de Jean Moulin[56]. »

Jean-Louis Théobald, a été arrêté le même jour que le général Delestraint. Il a travaillé aux côtés de Daniel Cordier, au secrétariat de Jean Moulin. Sur l'affaire Hardy, il donne son opinion :

« La plupart des gens qui ont été arrêtés ont donné d'autres gens. Ce n'est pas de la délation ; sous la torture, bien des gens sont obligés de parler. Il y aurait eu 43 000 arrestations de Français en 1943 ; nombre d'entre eux ont parlé. Ce ne sont pas les Allemands qui avaient les fichiers. Trois hommes étaient au courant de la réunion de Caluire : Hardy, Aubry et Aubrac. Or je n'ai jamais compris pourquoi tous ceux qui ont été arrêtés avec Moulin ont été transférés à Paris, sauf Aubrac.

Je n'ai pas compris non plus pourquoi Aubrac n'a pas été jugé ensuite à Paris comme nous tous. On a tous été interrogés, condamnés et déportés, sauf le Dr Dugoujon qui a été relâché. Par ailleurs, Aubry et Hardy étaient tous deux membres du mouvement Combat, aux côtés de Frenay et de Bénouville. Tous deux sont morts depuis. Aubry a été arrêté à Caluire ; je crois qu'Aubry était encore plus coupable que Hardy. J'ai rencontré Aubry sur les Champs-Élysées quelque temps avant sa mort, et je lui ai dit : « On a passé de drôles de moments à cause de toi : la taule, la déportation, etc » Il m'a répondu : « C'est vrai, j'ai été maladroit. » Personne n'a jamais eu la preuve formelle ni contre l'un ni contre l'autre ; ce qui est sûr, c'est que dans l'entourage de Frenay, on n'aimait pas Moulin[57]. »

Le docteur François-Yves Guillin, qui a été secrétaire du général Delestraint, témoigne au sujet de l'affaire Jean Moulin :

« Le coup de foudre entre le général de Gaulle et Jean Moulin a eu lieu en 1941. C'est là que le courant est passé entre les deux hommes. Ils se sont retrouvés à Londres entre le 15 février et le 20 mars 1943. Moulin a supplié plus tard de Gaulle de lui apporter de l'aide pour sauvegarder l'Armée secrète. Henri Frenay, chef du mouvement Combat, lui était farouchement hostile. Or Frenay n'a jamais pardonné à de Gaulle de lui avoir préféré Delestraint comme chef de l'Armée secrète. Moulin était soumis à des pressions énormes ; Frenay en effet écrivait de son côté à de Gaulle : « Débarrassez-vous de Jean Moulin ! » Qui a vendu Moulin ? René Hardy ? Ce qui est sûr c'est qu'il était plus que suspect. Mais Hardy était un instrument. Delestraint a été arrêté avant Moulin. Hardy n'est pas coupable pour Delestraint, ce n'est pas possible. Je suis formel. Pour Caluire, c'est autre chose, même s'il y a encore des zones d'ombre. Il est vrai que Moulin gênait comme Delestraint. Les Allemands auraient profité des dissensions au sein de la Résistance. Je l'ai ressenti malgré mon jeune âge à l'époque. J'avais 21 ans, j'étais un témoin, cependant il y a des choses que je ne comprenais pas. Mais il était évident que Moulin et Delestraint marchaient, unis dans leur combat. L'accusation que Moulin aurait été communiste est une absurdité. Il a eu cependant des contacts avec les communistes au moment de la guerre d'Espagne et avec certains chefs de la Résistance pour former l'Armée secrète. De Gaulle qui savait fort bien qui était Moulin lui a donné toute sa confiance alors qu'il aurait pu choisir un autre homme politique. Il n'a pas accepté Pierre Cot, par exemple. De Gaulle jaugeait les hommes. Jean Moulin était pour lui un homme d'État en herbe[58]. »

Jean-Louis Crémieux-Brilhac, résistant au sein de la France libre, historien, ancien conseiller d'État, donne également son opinion sur l'affaire Jean Moulin :

« Il est certain que Moulin sentait le cercle se refermer. Il l'écrit dans son rapport du 4 juin à de Gaulle ; il lui dit qu'il est menacé, que la police et la Gestapo n'ignorent rien de son identité ni de ses activités. Il dit que les méthodes de certains éléments de la Résistance ont contribué à rendre plus dangereuse la situation. Entre le mouvement Combat et Moulin, il y avait un antagonisme, c'est certain. Frenay était un résistant hautement estimable, il a été l'inventeur de l'idée de l'Armée secrète et se voyait jouer un grand rôle dans la Résistance et après la guerre. Or il supportait mal l'autoritarisme certain de Moulin. Pour l'affaire de Caluire, il n'est pas impossible qu'il y ait plusieurs pistes. En tout cas, je considère que les présomptions contre Hardy sont extrêmement fortes. Certes, il avait été un grand résistant, mais il avait déjà été arrêté. Traqué, il faisait, semble-t-il, aussi l'objet d'un chantage à propos de sa maîtresse.

« Les Allemands avaient infiltré la Résistance. En mars 1943, la Gestapo est parvenue à saisir une valise qui contenait entre autres un rapport de Frenay donnant un organigramme de la Résistance. Je peux attester que dans les jours qui ont suivi Caluire, dont la nouvelle est parvenue à Londres le 23 juin, nous espérions que Moulin n'avait pas été identifié ; le premier télégramme laissait penser en effet que les Allemands savaient qu'ils avaient fait une grosse prise, mais pensaient qu'il s'agissait de Frenay, alors que celui-ci était à Londres. Nous avons considéré à Londres que Hardy était l'un des suspects les plus probables. Aubry a commis une grave imprudence. Certains ont su que Hardy avait été arrêté et l'ont amené à Caluire où il n'avait rien à faire. Aubry a simplement renforcé les avocats du mouvement Combat, afin de défendre sa succession à Delestraint. En accordant une telle confiance à Hardy, il ne s'est pas rendu compte du risque… Mais il est difficile d'incriminer untel ou untel[59]. »

Divers auteurs ont publié des livres accusant Jean Moulin d'être soit un agent des communistes, soit un agent des services secrets anglo-américains. Toutes ces accusations saugrenues ne reposent sur aucune preuve sérieuse. Jean Moulin, délégué fidèle du général de Gaulle, a servi jusqu'au bout les intérêts de la France gaullienne et de la Résistance. Il est par contre certain que le mouvement giraudiste Combat, en acceptant l'argent des services spéciaux américains, devenait un instrument de division au sein de la Résistance. La lutte entre giraudistes (favorables à la tutelle américaine) et gaullistes (défenseurs acharnés de l'indépendance nationale), pour la prise du pouvoir, se trouve au cœur de l'affaire Jean Moulin. Les Américains avaient tout intérêt à semer la division au sein de la Résistance, afin d'administrer la France en tant que pays vaincu au moment de la Libération et après la guerre. Fait troublant : Klaus Barbie, le bourreau de Jean Moulin, sera après la guerre activement recherché par les services secrets français. Ce chef de la Gestapo va bénéficier d'étranges protections venant des services secrets américains… C'est grâce à ces mêmes services qu'il va pouvoir se réfugier en Amérique latine, échappant durant plusieurs dizaines d'années à la justice française. Nous savons également que Barbie a travaillé, durant la guerre froide, pour les services secrets américains. L'arrestation de Jean Moulin, chargé d'unifier la Résistance derrière le général de Gaulle, arrangeait aussi bien les Allemands que certains impérialistes américains… Le président américain Roosevelt n'aimait guère le général de Gaulle, préférait le général Giraud, plus militaire que politique, donc plus facilement manipulable…

L'ouverture de certaines archives militaires américaines ont révélé que l'amiral Darlan travaillait depuis 1938 pour les services secrets des États-Unis. Après sa mort, le général Giraud lui a succédé pour un temps, à la tête de l'Afrique du Nord française, sous les bons hospices du président Roosevelt… Le général de Gaulle, grâce en partie à l'action de Jean Moulin, est finalement parvenu, en écartant Giraud, à déjouer le « rêve » américain de faire de la France une puissance administrée par les États-Unis.

Georges Guingouin : premier maquisard de France

À la fin du mois d'août 1939, avant même la déclaration de guerre, Guingouin a déjà rejoint son centre mobilisateur. Auparavant, il a pris soin de camoufler dans la grange d'un ami une ronéo, une machine à écrire et un stock important de papiers. Il a également détruit les archives et les listes d'adhérents de la cellule communiste du coin. Sage précaution : lorsque la police française viendra perquisitionner chez lui pendant qu'il est au front, elle repartira bredouille.

En février 1940, lors d'une permission, Guingouin est chargé par un responsable du Parti de transporter en Limousin du matériel clandestin. Le 10 mai 1940, ce n'est plus la « drôle de guerre », mais la « guerre éclair » qui tourne rapidement à la défaite des troupes françaises et alliées. Appartenant au groupe de transport militaire 120-24, le soldat Guingouin constate l'incurie d'un état-major français « toujours en retard d'une guerre[60] ».

Le 18 juin 1940, le général de Gaulle appelle à la résistance. Le même jour, à Moulins-sur-Allier, le soldat Guingouin, gravement blessé, quitte volontairement l'hôpital Sainte-Madeleine pour éviter d'être fait prisonnier par les Allemands. Sur son uniforme, souillé de taches de sang, est épinglé un rectangle de papier jaune : c'est une fiche médicale donnant droit à la civière. Sa tête évoque celle d'une momie égyptienne entourée de bandelettes : arcade sourcilière droite fendue, coupure à la langue… Heureusement, le reste du corps est intact.

À Saint-Gilles-les-Fôrets, le retour de l'ancien instituteur ne passe pas inaperçu. Le docteur Jules Fraissex, vétéran local du Parti communiste, arrive rapidement à son chevet. Les plaies à la tête ne sont pas inquiétantes ; une piqûre antitétanique évite tout risque de complications. Après une longue convalescence, Guingouin a repris en septembre 1940 ses fonctions d'instituteur. Mais il se tient sur ses gardes ; à tout moment, la police de Vichy peut venir l'arrêter.

Un service de faux papiers permet aux communistes du département de vivre dans l'illégalité, de se déplacer en échappant aux recherches des gendarmes ou de la police judiciaire. Mais le 10 février 1941, à Châteauroux, sur la dénonciation d'une femme, est arrêté le responsable communiste de trois départements (Haute-Vienne, Creuse, Indre), Marchadier – nom de guerre « Max » –, qui passera plus tard devant le conseil de guerre de Clermont-Ferrand et sera le premier condamné à mort de la zone dite « libre ».

Cette arrestation met les inspecteurs sur la piste de l'officine des faux papiers, la mairie de Saint-Gilles-les-Forêts, dont le secrétaire,

Georges Guingouin, a, depuis août 1940, commencé la lutte contre l'envahisseur et la collaboration. La police se précipite, mais les précautions sont prises : venue pour l'arrêter, elle ne trouvera, le 11 février 1941, ni l'homme ni la machine imprimante. Le juge d'instruction n'a plus qu'à lancer un mandat d'arrêt.

Afin d'échapper à la répression de Vichy, une première planque souterraine est construite par Georges Guingouin, Georges Ceuille et son père à La Sapinière, lieu-dit « Les Grands Bois », commune de Soudaine-la-Vinadière en Corrèze. Guingouin mène une vie austère, au cœur de l'hiver et de la forêt : il est le premier maquisard de France.

Au printemps 1941, les premiers groupes des francs-tireurs sont créés en Haute-Vienne par Guingouin lui-même. Leur mission porte sur la diffusion de tracts et la recherche des armes, des munitions et des explosifs. Parmi eux se distinguent les résistants Planteligne et Boissard. Les armes sont alors des fusils de chasse ou des souvenirs de la guerre 14-18. Le matériel de destruction est fabriqué par des forgerons qui utilisent les boîtes d'essieux de charrettes, les boulons de poteaux jumelés des tramways électriques.

Une campagne est engagée par Guingouin pour empêcher la livraison du blé limousin à l'Allemagne. Ainsi, le 13 décembre 1942, la botteleuse du ravitaillement à Eymoutiers est détruite. Le lendemain, celle de Meymac connaît un sort identique. La petite réserve d'explosifs s'épuise rapidement. Devant la nécessité d'en constituer un stock plus important, Guingouin prépare des expéditions contre deux mines de la région (Lapleau et Saint-Léonard) possédant un dépôt de dynamite. Le 20 janvier 1943, un groupe FTP de la Haute-Corrèze récupère 250 kg d'explosifs aux houillères de Lapleau à Maussac. Le 25, après une minutieuse préparation, un groupe de 7 hommes, commandé par Guingouin, enlève à la mine de Wolfram de Puy-les-Vignes, à Saint-Léonard (Haute-Vienne), 1 772 kg de dynamite. L'opération se passe de nuit à l'aide d'une camionnette réquisitionnée. De même, dans la région de Cussac (Haute-Vienne), un détachement FTP récupère 45 kg de cheddite chez un carrier, le 17 mai 1943. Plus tard, à Bersac, dans la journée, le 30 septembre 1943, alors que les voies sautent aux environs, 3 FTP ramènent 30 kg d'explosif.

Grâce à la dynamite de Saint-Léonard, Guingouin et ses hommes peuvent se mettre au travail : les voies de communication sont particulièrement visées pour combattre l'ennemi. Le 13 mars 1943, un convoi de STO doit partir d'Eymoutiers. Mais dans la nuit précédant le départ, une terrible explosion endommage sérieusement le viaduc de Bussy-Varache : un groupe composé de Guingouin, Mulatier, Viamont, Dumont, Pastier, Barlet et Nard vient de passer à l'action. Non seulement les jeunes requis pour le STO ne rejoindront pas l'Allemagne, mais la ligne Limoges-Ussel est désormais inutilisable.

Au Palais, près de Limoges, l'usine Wattelez de régénération de caoutchouc travaille pour les Allemands et produit 20 tonnes par jour. Afin d'éviter un bombardement aérien des Alliés, risquant de toucher la population civile des environs, la Résistance décide de passer à l'action. Le 8 mai 1943, Guingouin et Duval partent à vélo de la forêt de Châteauneuf, emportant chacun une bombe. Dans la nuit du 9 au 10, guidés par trois ouvriers (Duris et les deux frères Courgnoux) qui connaissent les lieux, ils font sauter les deux chaudières de l'usine et provoquent ainsi un arrêt de la production durant cinq mois. Des victimes ? Aucune !

Le 16 juin 1943, un rapport de la Gendarmerie nationale de la Haute-Vienne signale que, « dans la nuit du 14 au 15 juin, un attentat à l'explosif a été commis à la sous-station électrique de Ville-sous-Grange, commune de Bersac [...]. Le montant des dégâts n'a pas été évalué jusqu'alors, toutefois, ils sont assez importants du fait que 12000 litres d'huile ont été brûlés ou répandus au sol [...]. De toute façon, conclut le rapport, cette affaire comme les autres auront leur dénouement lors de l'arrestation de Guingouin et de ses complices[61] ».

Au printemps 1943, les réfractaires au STO sont de plus en plus nombreux à gagner les maquis se trouvant à Eymoutiers, Saint-Léonard, Châteauneuf-la-Forêt... Ce renforcement d'effectif va donner la preuve de la puissance du maquis : « Il ne s'agit plus en effet, écrit Guingouin, d'audacieux coups de mains exécutés par quelques isolés, mais de véritables « raids » militaires, avec un itinéraire soigneusement établi et une action bien déterminée[62]. »

Le 14 juillet 1943, jour de la fête nationale du peuple français, doit être l'occasion d'affirmer la force de la Résistance. Dans tout le département de la Haute-Vienne, le chef Guingouin a mobilisé ses hommes. Malgré la police de Vichy et l'occupant allemand, de nombreuses manifestations patriotiques se déroulent devant les monuments aux morts. Des tracts, distribués par le Comité limousin du Front national de lutte pour l'indépendance de la France, appellent à la résistance et à la libération du pays :

« 14 juillet 1789 – 14 juillet 1943 : les Boches et leurs valets vichyssois sont en train de nous affamer. Les prisons sont remplies de patriotes. Des otages sont fusillés par dizaines. Tous les Français valides sont menacés de déportation dans les bagnes nazis. Assez ! Assez ! Déjà les jeunes de la classe 42 ripostent en se « camouflant » plutôt que de partir en esclavage. Sur les marchés les ménagères ne cachent plus leur colère. C'est bien. Il faut faire mieux. Il faut s'unir sans distinction, entre Français, pour l'action libératrice. Il faut s'organiser dans les Comités du Front national (organisation résistante proche du Parti communiste français). Il faut combattre pour le pain, pour les salaires, contre la déportation, pour chasser l'envahisseur. Il faut renforcer les groupes de francs-tireurs et partisans. Le 14 juillet, jour de fête nationale, patriotes limousins, n'allez pas au travail ! Pavoisez aux couleurs nationales. Arborez drapeaux, banderoles et cocardes tricolores ! Le soir à 18 h 30, à Limoges, rassemblez-vous place de l'hôtel-de-ville au chant de *La Marseillaise*. À la même heure, devant les mairies, dans toutes les localités de la Haute-Vienne, manifestez également votre volonté inébranlable de libérer la Patrie. Vive le 14 juillet 1943, journée d'union et d'action ! Vive le Comité français de la libération nationale ! Vive la France[63] ! »

Dans le secteur d'Eymoutiers, plus spectaculaire que la distribution de tracts, c'est une véritable opération militaire qui va être menée. Le groupe FTP de Châteauneuf se rend à Peyrat-le-Château, le 10 juillet, pour saboter une locomotive. Le 12, à Bussy-Varache, il fait sauter le canal qui alimente la centrale hydro-électrique d'Eymoutiers. À La Veytisous, il sectionne le câble souterrain téléphonique, qui met la base sous-marine de Bordeaux en contact permanent avec l'état-major de la Kriegsmarine à Berlin. Le 14, la coupure de la ligne des tramways départementaux (seule voie existant depuis la destruction du viaduc de Bussy) isole les cantons d'Eymoutiers et de Châteauneuf du reste du département. Cette fois, c'est l'armée allemande elle-même qui est touchée par la destruction de ses organes de transmission et de transport.

À la fin du mois d'août 1943, le groupe FTP stationné aux environs de Cussac passe également à l'action. La région visée, Saint-Sulpice-Laurière, se trouvant à 60 km du maquis, les étapes se font de nuit. Le 30 août, une motrice est lancée dans la cuvette du pont tournant. Au milieu du mois de septembre, la ligne haute tension, qui fournit le courant à la traction électrique, est coupée et la voie ferrée Montluçon-Saint-Sulpice saute. C'est ainsi que, jusqu'à la Libération, le trafic entre Limoges et Saint-Sulpice (ligne Paris-Toulouse et Bordeaux-Lyon) sera souvent interrompu, obligeant les trains à marcher à vue et occasionnant des retards dans l'acheminement des convois au service de l'occupant.

« À partir du mois d'août 1943, écrit Georges Guingouin, à chaque lunaison, il y aura des réceptions d'armes par l'équipe de Magnac-Bourg. En janvier 1944, quatre avions en largueront plusieurs tonnes[64]. »

Lorsqu'au printemps 1944, le responsable du SOE des parachutages du département, Maurice Southgate, viendra inspecter les maquis du chef Guingouin, il ne pourra s'empêcher de dire : « C'est formidable ! Je regrette de ne pas avoir une caméra, car à Londres, on ne peut s'imaginer qu'en plein centre de la France, il peut y avoir des groupes aussi bien organisés[65]. »

Le 8 août 1943, Guingouin donne l'ordre suivant à ses troupes : « Pas un grain de blé pour le Boche. » Une vaste campagne est alors menée pour empêcher la livraison de blé à Hitler. Les groupes FTP s'opposent avec succès au battage. Les entrepreneurs qui n'ont pas obéi aux avertissements de la Résistance voient leur matériel détruit, les pièces maîtresses dérobées.

Depuis le mois de mars 1943, l'occupant allemand demande au gouvernement de Vichy d'intensifier la lutte contre les « terroristes » de la Haute-Vienne. Au début d'octobre 1943, des forces supplétives de police sont mises à la disposition du préfet régional de Limoges, pour effectuer des opérations répressives : 15 escadrons de la Garde et 12 groupements mobiles de réserves (GMR) viennent renforcer les brigades de gendarmerie devenues impuissantes, soit plus de 3000 hommes aux ordres du général de la Garde Bois. Devant cet énorme déploiement de forces, les 256 FTP de la Haute-Vienne s'organisent en petits détachements de 10 à 20 hommes pratiquement insaisissables. Chaque groupe est en contact avec une ferme qui assure le ravitaillement et la liaison. Des granges abandonnées, des maisons isolées et même des souterrains servent de refuge. Cette nouvelle disposition permet aux FTP d'échapper à toutes les recherches de la police et de se préparer à passer l'hiver. Car la boue, la neige et l'absence de feuilles aux arbres auraient transformé en traquenards les maquis établis en forêt. Les expéditions punitives des GMR, qui ne rencontrent que le vide, tournent rapidement au ridicule.

Malgré la police, malgré le froid, Guingouin et ses hommes poursuivent le combat. Ne sortant que la nuit, dormant le jour, chaque groupe s'active autour de son cantonnement. Les voies de communication, en particulier la ligne Toulouse-Paris si importante pour l'état-major allemand, sont régulièrement coupées ; les pylônes électriques et les usines travaillant pour l'occupant sautent, sans effusion de sang parmi la population civile.

Ainsi, la perte de milliers d'heures de travail, de longs arrêts dans le trafic ferroviaire viennent considérablement entraver le rendement de la machine de guerre allemande. D'octobre 1943 à février 1944, Guingouin et ses maquisards accomplissent les actions suivantes[66] :

- 28 octobre 1943, à Saint-Sulpice-Laurière : coupure de la ligne de 60 000 volts alimentant la traction sur la ligne Paris-Toulouse. Trafic interrompu durant plusieurs heures ;
- 10 novembre 1943, à Limoges : deux pylônes soutenant la ligne électrique de l'usine Gnôme-et-Rhône sont dynamités. Arrêt de l'usine le 11 novembre ;
- 11 novembre 1943, à Limoges : coupure de la ligne électrique alimentant la traction ;
- 9 janvier 1944, entre Saint-Sulpice-Laurière et La Jonchère : déraillement d'un train de matériel et de soldats allemands sur la ligne Limoges-Châteauroux. Vingt wagons sont détruits. Trafic interrompu pendant 30 heures ;
- 1er février 1944, à La Jonchère : destruction d'une locomotive et de 5 wagons par sabotage de la voie ;
- 27 février 1944, à Saint-Yrieix : destruction d'une scierie travaillant pour l'occupant.

Le 30 décembre 1943, un groupe GMR doit assurer la protection de la distribution des cartes d'alimentation à Sussac. Guingouin y voit une excellente occasion pour récupérer des armes, des casques et du matériel. Un détachement FTP capture les GMR par surprise. Enveloppés dans des couvertures, car ils ont dû céder leurs uniformes, les représentants de Vichy n'ont plus si fière allure…

Lutter farouchement contre l'occupant, stopper l'industrie travaillant pour lui, saboter les voies de communication, empêcher les déportations de jeunes, ne sont pas les seuls objectifs du chef FTP Guingouin. Celui-ci décide également de combattre le marché noir et les « affameurs » du peuple. On le surnomme alors le « préfet du maquis ».

« Un régime de taxe est institué pour chaque produit, écrit Georges Guingouin. Il permet au paysan de gagner honorablement sa vie et au consommateur de ne pas se priver de ce dont il a besoin pour vivre [...]: le trop-perçu est soigneusement calculé et constituera une amende versée au profit de la Résistance[67]. »

Le ravitaillement destiné aux Allemands est enlevé, puis distribué clandestinement à la population et aux maquis. Les maires installés par Vichy sont tenus de démissionner, les moyens de propagande détruits. Les listes de recensement pour le STO disparaissent au fur et à mesure qu'elles sont établies. Dans de nombreuses communes, les minotiers sont tenus de fournir de la farine blanche aux boulangers et le pain blanc fait sa réapparition.

Devant cette vaste opération de séduction, la réaction de la population en faveur des maquis ne se fait pas attendre : tandis que la police se heurte au silence des paysans qui ne facilitent pas son travail, les détachements FTP ont leur ravitaillement assuré et obtiennent des renseignements précis sur l'occupant et les collaborateurs.

Les autorités de Vichy sont obligées de constater les succès remportés par Guingouin et ses hommes, comme le prouvent trois extraits des comptes rendus du service des renseignements généraux de la Haute-Vienne :

« 7 janvier 1944, la population conserve toujours le même était d'esprit. Dans l'ensemble elle est favorable « au maquis ». Les paysans ne parlent pas ou ne veulent pas parler, soit par sympathie pour les réfractaires, soit par crainte de représailles. Aussi leur réticence rend-elle les recherches beaucoup plus difficiles.

« 21 janvier 1944, si une partie de la population se plaint amèrement des attentats commis par les bandes armées, beaucoup ne veulent toujours voir en elles que des réfractaires et, à ce titre, les considèrent avec sympathie. De ce fait, les renseignements, que l'on peut obtenir sur les individus qui se livrent à des actes de brigandage, sont sciemment déformés et il est exceptionnel que l'on puisse obtenir même des victimes des signalements précis. La peur des représailles chez quelques-uns, la sympathie chez les autres font que les fonctionnaires de police éprouvent des difficultés sérieuses pour obtenir des renseignements précis.

« 29 janvier 1944, en raison du déroulement des opérations militaires et en prévision d'un éventuel débarquement des Alliés en France, la population, et plus particulièrement les milieux paysans, se montre de plus en plus réticente pour fournir des renseignements aux fonctionnaires de police. Sans doute faut-il voir dans cet état d'esprit une certaine sympathie pour les groupes de résistance et la crainte de représailles dans le cas où les Anglo-Américains prendraient pied dans notre pays[68]. »

Au début de l'année 1944, l'union étroite entre la population et la Résistance existe donc réellement en Haute-Vienne. La popularité dont jouit Guingouin ne choque pas seulement Vichy et l'occupant. Gabriel Roucaute, responsable du Parti communiste en zone sud, menace de le faire exécuter : « Ou bien il rentre dans le rang et exécute nos ordres. Ou bien il doit disparaître de la circulation[69]. »

Esprit foncièrement indépendant et responsable, Guingouin refuse de se plier à certains ordres de son parti. Les exécutions de soldats allemands pris au hasard sont ouvertement critiquées par Guingouin, car elles n'ont pas d'autre effet que d'attirer des sanctions et des représailles dont souffre la population. L'autorité que Guingouin exerce sur les maquis et la population est indiscutable. « On parle de lui à la veillée, écrit Robert Aron ; c'est un enfant du pays promu, par sa seule valeur, au rang de héros national. Les communistes jugent plus prudent de ne pas rompre : mais Guingouin leur ménage encore de redoutables déceptions[70]. »

Au début de l'année 1944, chaque détachement FTP envoie au château de la Ribeyrie (commune de Saint-Gilles-les-Forêts), alors lieu de stationnement du poste de commandement, ses meilleurs éléments, en particulier tous ceux qui ont accompli leur service militaire. Grâce au patriotisme des habitants des environs, la compagnie ainsi formée peut manœuvrer en plein jour. Les exercices de combat (attaque, défense, utilisation du terrain, camouflage) alternent avec, d'une part, le maniement et le nettoyage des armes et, d'autre part, des tirs réels dont les échos se répercutent dans la montagne.

C'est cette compagnie de choc qui effectue les opérations les plus importantes. Par cet entraînement intensif mêlé à l'épreuve directe du feu, la formation militaire, morale et physique des futurs cadres de l'armée de libération de la Haute-Vienne est activement poussée. Le chef Guingouin, nommé lieutenant-colonel, a également parfaitement organisé son état-major. On y trouve un commissaire aux opérations, un commissaire aux effectifs et un commissaire technique. Les services techniques sont les suivants :

- Service P (propagande) ;
- Trésorerie ;
- Service relations ;
- Service A (cartes d'identité) ;
- Service B (renseignement) ;
- Service C (matériel) ;
- Service I (intendance) ;
- Service G (parachutage) ;
- Service S (sanitaire).

Enfin, les commandants FTP Phillibert, Terrioux, Bernard et Lavrat épaulent efficacement le lieutenant-colonel Guingouin. Le service B (renseignement) ayant prévenu les maquis FTP du passage éventuel, dans le département, de la commission d'armistice allemande, une embuscade est tendue par la compagnie de choc sur la route d'Eymoutiers à Treignac, le 28 mars 1944. Vers 15 heures, la commission d'armistice tombe aux mains des maquisards. Afin de venger des FTP sauvagement abattus à Farsac (un mois auparavant), les deux officiers allemands ainsi que leurs chauffeurs sont passés par les armes. La riposte de l'occupant ne se fait pas attendre : la division SS « Brehmer » occupe pendant 8 jours les cantons d'Eymoutiers, de Châteauneuf et de Saint-Léonard. Devant la disproportion des forces, Guingouin applique la seule tactique possible : la dispersion. Une fois de plus, l'occupant, puissamment armé, ne rencontre que le vide devant lui. Dans un rapport du 7 avril 1944, le général SS Brehmer est obligé de reconnaître l'échec de l'opération anti-guérilla : « Il y avait beaucoup de terroristes, mais ils étaient insaisissables[71]. »

Les colonnes SS se sont à peine retirées qu'une nouvelle organisation des groupes FTP est décidée. La compagnie de choc est divisée en plusieurs éléments qui viennent encadrer les détachements dispersés. Ces nouvelles formations, extrêmement mobiles, vont former les « volantes ». Chaque volante, d'un effectif de 60 à 80 hommes, reste autonome, tant du point de vue du ravitaillement que de celui de l'armement. En liaison constante avec l'état-major, les volantes vont jouer un rôle important. La sécurité du territoire et l'action incessante contre l'ennemi en sont les principaux éléments. Transportés par camions et voitures de liaison, les hommes se trouvent en un temps record à l'endroit choisi pour l'embuscade : ils se chargent alors de faire sauter un pont, de contrôler le transport de ravitaillement...

Les parachutages d'armes lourdes (mitrailleuses, bazookas, mortiers) permettent de former des groupes militaires solides et efficaces. Ainsi se constituent de véritables unités tactiques qui vont harceler constamment l'ennemi. Avant même le débarquement allié en Normandie, les volantes exécutent une dizaine de sabotages ferroviaires en l'espace d'un mois. Le 6 juin 1944, le lieutenant-colonel Guingouin a sous ses ordres une troupe FTP représentant 17 bataillons répartis en compagnies et sections. C'est une véritable petite armée qui va être en mesure de libérer la Haute-Vienne et ses environs.

Henri Romans-Petit et les maquis de l'Ain

Henri Romans-Petit est né le 13 février 1897 à Firminy dans la Loire. Aîné de quatre enfants d'une modeste famille, dont le père travaille comme employé aux chemins de fer, Henri poursuit ses études lorsque la Première Guerre mondiale éclate. Il attend avec impatience d'avoir l'âge requis pour s'engager le 15 juillet 1915 : il signe son enrôlement au 13e bataillon de chasseurs alpins de Chambéry. Après six mois d'instruction, il reçoit son baptême du feu sur le front de l'Ouest. Sa brillante conduite, lors d'une reconnaissance de patrouilles en juillet 1916, lui vaut une citation à l'ordre du bataillon, puis sa nomination au grade de caporal, qui sera suivie, peu après, de celle de sergent. Après un stage de neuf mois à l'école de Saint-Cyr, Romans-Petit se trouve muté, sur sa demande, dans l'aviation à l'escadrille 127 de bombardement de jour. Son immense courage est récompensé par l'accession au rang d'aspirant, puis à celui de sous-lieutenant. À la fin du conflit, en novembre 1918, il est démobilisé et retourne à ses chères études. Licencié en droit, il devient l'agent principal pour six départements d'un groupe de presse. La tension internationale de 1938 entraîne une mobilisation des cadres, si bien que Romans-Petit rejoint son escadrille d'affectation. Ce n'est qu'une fausse alerte, mais l'année suivante le capitaine aviateur Romans-Petit est à son poste. En décembre 1939, il commande les bases aériennes de Nice et de Cannes. Ses avions participent à la victoire de l'armée des Alpes qui repousse l'offensive de l'armée italienne. C'est là qu'en juin 1940 le surprend l'armistice.

Pour ce patriote enflammé, la guerre ne peut se conclure par la défaite. Il tente de rejoindre l'Angleterre à bord d'un avion, mais il se heurte à une escouade de gendarmes qui fait bonne garde. Démobilisé, il rejoint Saint-Étienne. C'est là qu'il fonde les premières bases d'un groupe clandestin, avec le soutien efficace de Jean Nocher, membre du réseau Ali, rattaché aux services secrets de la France libre. Aux missions de renseignements s'ajoutent les réceptions de parachutages, effectuées sur les terres du domaine des Barillons et de la ferme de Lagnis. Dans le contexte de cette vaste organisation, le sous-réseau Espoir, créé par Romans-Petit et Nocher, accomplit efficacement ses missions dans le domaine du renseignement. L'arrestation de Nocher en 1942 oblige Romans-Petit à changer de secteur. Sillonnant le département de l'Ain, il tente de trouver des fermes pour y accueillir les réfractaires au STO. Marcel Démia, résidant à Ambérieu, l'aide dans cette tâche difficile. L'Ain comprend deux régions différentes : à l'ouest s'étend La Bresse, avec ses collines argileuses ; à l'est, on découvre un terrain montagneux, couvert de forêts, et le Grand Colombier (1 534 mètres) point culminant du Bugey. Plus au nord, la chaîne des crêtes se dresse avec ses massifs élevés du Crêt de la Neige (1 718 m) et du Reculet (1 717 m). Le département est donc favorable à l'implantation de nombreux maquis.

L'état-major de l'Armée secrète de la région ne tarde pas à nommer Romans-Petit chef militaire départemental de l'Ain, en raison de son engagement patriotique depuis l'armistice et de son expérience d'officier. Ses premières démarches reposent sur une reconnaissance détaillée de la topographie des différents secteurs. Il rentre en rapport avec Marius Chavant, maire de Montgrillon, qui va l'aider dans sa tâche. Romans-Petit parvient rapidement à accomplir la mission qui lui a été confiée : rassembler des combattants solides, afin de leur fournir un encadrement et une formation les rendant aptes à pratiquer la guérilla. Il parvient à former des groupes mobiles, autonomes les uns des autres, pouvant facilement se dégager lors des assauts donnés par les troupes allemandes ou miliciennes. Il applique ainsi la tactique de la guérilla mobile, identique à celle qui va être menée par Georges Guingouin en Limousin et Robert Leblanc en Normandie. Romans-Petit peut créer une école de cadres qui s'installe aux Georges, près de Montgrillon. Elle est dirigée par Vaudan, puis par Marcault, qui va former des éléments aptes à assurer le commandement des camps et des groupes.

Le dévouement d'hommes comme Deschamps, Tarpin, Démia, Jeanjacquot, Chavant, Vaudan, Juhem, Millet, Ecquoy, Chambon, Rosette, Perrotot (Montréal), Girouse (Chabot), permet de structurer les camps, d'assurer leur sécurité et leur ravitaillement. À la fin du mois d'août 1943, les maquisards de l'Ain représentent une menace sérieuse pour les troupes d'occupation. Les maquis de l'Ain montent des opérations audacieuses qui permettent de récupérer armes, uniformes et matériel, provenant des dépôts de l'armée d'armistice. Pour accomplir ces actions, Romans-Petit bénéficie d'un vaste mouvement de renseignement reposant sur les agents des PTT, des gendarmes acquis à la cause de la Résistance, les cheminots, les employés municipaux.

Le 11 novembre 1943, Romans-Petit défile à la tête d'un bataillon de maquisards dans Oyonnax, en pleine occupation allemande. En formation impeccable, chaque section flanquée des cadres en tenue s'ébranle, et, pour les habitants, c'est un spectacle extraordinaire de voir un bataillon de maquisards en uniforme et en armes se diriger au pas cadencé vers le monument aux morts de la guerre 14-18. Sur place, Romans-Petit dépose une gerbe en forme de croix de Lorraine, puis, après avoir fait observer une minute de silence, il entonne *La Marseillaise*, reprise avec ferveur par des milliers de personnes rassemblées aux alentours. L'hymne est à peine terminé que cette foule d'hommes, de femmes et d'enfants se précipite sur les gars du maquis que chacun peut étreindre. Mais la prudence est de règle. Les consignes de départ tombent. Les maquisards rejoignent les camions qui s'éloignent au chant de *La Marseillaise*. Les groupes de sécurité décrochent à leur tour. Il ne reste plus dans la ville qu'une population en effervescence. L'effet de cette manifestation est énorme. Londres en parle avec enthousiasme, tandis que Berlin ne peut cacher son inquiétude.

Les unités allemandes lancent diverses opérations contre les maquis, mais Romans-Petit applique avec efficacité la guérilla. Les détachements ennemis sont mitraillés lors d'embuscades. L'envoyé militaire britannique Pat ne peut cacher son admiration devant la remarquable organisation des maquis de l'Ain. Peu après, des armes, dont des fusils-mitrailleurs et bazookas, sont parachutées en quantité dans la région. Romans-Petit prend en charge le commandement des maquis en Haute-Savoie, afin de les former aux tactiques de la guérilla mobile. En février 1944, il est de retour dans l'Ain et s'emploie à coordonner l'activité des formations combattantes. Embuscades et sabotages se multiplient. En avril 1944, la Wehrmacht contre-attaque lors d'opérations de ratissage qui échouent, tandis que les patrouilles tombent dans diverses embuscades. Le lieutenant Paul de Vanssay couvre son groupe de maquisards en faisant le sacrifice de sa vie. La tactique de Romans-Petit porte ses fruits, tandis que l'occupant s'épuise à poursuivre des maquis fantômes qui disparaissent pour ressurgir ensuite sur le flanc ou sur les arrières des colonnes montant en renfort. Les voies de communication sont systématiquement coupées.

Ulcéré par cette impitoyable guérilla qui décime ses bataillons, l'occupant peut assouvir sa haine sur la population civile. Le jour de Pâques 1944 est marqué par une féroce répression : 240 personnes sont arrêtées à Saint-Claude, 60 à Oyonnax. Des villages sont incendiés, comme Chouzeat, Vulvoz, Racouze, Chalours, La Rivoire et Sièges.

L'affaire Grandclément

En 1943, l'Aquitaine est l'une des régions de France où la Résistance s'est le mieux développée : elle regroupe de nombreux réseaux et divers groupes clandestins. Les Allemands ont implanté l'une des premières antennes de la Gestapo au Bouscat, près de Bordeaux, une base sous-marine à Bordeaux-Bacalan, de nombreuses garnisons de la Wehrmacht, des terrains d'aviation de la Luftwaffe. Cette immense région, avec ses plages de l'Atlantique, attire également l'attention des Britanniques. Le 6 juillet 1941, le sous-lieutenant français Henri Labit, agent du SOE, est parachuté en France. Originaire de Bordeaux, il doit prendre contact avec la Résistance française, afin d'étudier des possibilités de sabotage en Normandie. Cette mission, menée conjointement avec le BCRA (services spéciaux de la France libre du général de Gaulle) et le SOE, n'aboutit pas. Labit, qui échappe de peu à une arrestation dans la région de Caen, doit se réfugier dans le Sud-Ouest. Il rejoint Toulouse, où il rencontre Pierre Bertaux, responsable d'un réseau. Il passe de nouveau entre les mailles du filet tendu par la police et se retrouve à Bordeaux en décembre 1941. Il parvient à rejoindre Londres durant la même période. Début mai 1942, il doit repartir en France, afin de monter un réseau dans la région bordelaise et de repérer les plages susceptibles d'être utilisées en cas d'opérations maritimes.

« Sa mission, écrit René Terrisse, est malheureusement de très courte durée puisqu'il se fait arrêter le 3 mai 1942, le lendemain même de son arrivée, au cours d'un contrôle d'identité en gare de Langon. Après avoir échangé plusieurs coups de feu avec les gendarmes allemands, il choisit finalement de se donner la mort en avalant sa pilule de cyanure plutôt que de tomber vivant entre les mains de l'ennemi. Il avait à peine vingt ans[72]. »

Le SOE s'intéresse particulièrement au département de la Gironde. Dès août 1942, Claude de Baissac, agent britannique, est parachuté près de Châteauroux. Il rejoint rapidement Bordeaux, afin d'y établir des contacts avec la Résistance locale. Il demande au colonel Buckmaster de lui envoyer le radio Roger Landes (Aristide). Parachuté en Sologne, celui-ci gagne Bordeaux et rencontre Claude de Baissac au café Bertrand, quai des Chartrons, où il installe son émetteur radio, avant de se réfugier, pour plus de sûreté, à Cenon, puis à Caudéran, au domicile d'une veuve, Marcelle Carralp-Jardel, avenue de la République. Il y séjourne plusieurs mois, reconnaît les zones de parachutages d'armes, organise des équipes de réception, recrute des agents (André Bouillard, Léonce Dussarat, Jean Duboué, Daniel et Léo

Pallière, Roger Tronche, Charles Corbin…). Claude de Baissac, Roger Landes et leurs agents passent à l'action à la fin de l'année 1942. La centrale électrique de la route de Bayonne, les câbles d'alimentation électrique de Mérignac, ceux des batteries antiaériennes des Deux-Poteaux et l'émetteur radio des Quatre-Pavillons sont sabotés ou détruits. Soixante terrains de parachutage ou d'atterrissage sont homologués par Londres.

Au début de l'année 1943, la Gironde est l'un des départements français cités en exemple par les Alliés pour l'efficacité de ses groupes de Résistance. L'Organisation civile et militaire, solidement épaulée par le SOE, semble tout diriger. L'OCM est un mouvement né de la fusion, en décembre 1940, d'un groupe d'origine militaire, recrutant dans les amicales régimentaires, avec un groupe émanant de la Confédération des travailleurs intellectuels. L'OCM rassemble toute une élite de hauts fonctionnaires, de cadres supérieurs, d'industriels, de militaires, d'étudiants… Grâce au soutien massif du SOE, de nombreux parachutages ont fourni des milliers d'armes à cette importante force clandestine.

Le mérite d'une telle organisation revient en partie à André Grandclément, grand patron de l'OCM en région B, secteur qui couvre la Charente-Maritime, la Charente, la Gironde, les Landes et les Basses-Pyrénées. Grandclément est en 1943 un homme de 34 ans, grand, séduisant et intelligent. Fils de bonne famille, son père, Raoul Grandclément, est un amiral de la flotte à la retraite, médaillé de la guerre 14-18, grand-croix de la Légion d'honneur, cité trois fois à l'ordre de l'armée. L'amiral est marié à une demoiselle de Barolet, fille d'un colonel d'infanterie. Les Grandclément, originaires du Jura, ont émigré au XVIIIe siècle en Bretagne. André Grandclément renonce à l'École navale pour épouser plus rapidement, le 7 novembre 1929, Geneviève Toussaint, la fille d'un colonel d'infanterie. La cérémonie religieuse se déroule à l'église de Notre-Dame de Bizerte, en Tunisie, en présence d'importantes personnalités militaires, comme les futurs amiraux Darlan et Thierry d'Argenlieu (le premier rejoindra Vichy et le second la France libre) : foisonnement de galons dorés sur des uniformes variés et chamarés.

André, Marie, Hubert, François Grandclément est né le 28 juillet 1909 à Rochefort. Sa jeunesse est mouvementée. Sa mère, née de

Barolet, décède assez vite. L'enfant suit son père, affecté à divers postes militaires. André est d'abord élève du célèbre collège Franklin chez les jésuites. Puis il rejoint l'établissement de Beyrouth où enseignent encore les jésuites. Son père vient de prendre la direction de la division navale de Syrie. « Deux ans plus tard, écrit le journaliste et écrivain Daniel Grandclément, le même amiral commande la marine en Algérie avant d'être nommé préfet maritime de Bizerte [...]. André suit son père dans son parcours africain et entre au lycée de Tunis[73]. » Il passe son bac à Paris, dort à Massillion, un collège privé du 4e arrondissement, et étudie au lycée Saint-Louis. Depuis son enfance, son père a orienté André vers la Marine. Mais sa future épouse, Geneviève Toussaint, une ravissante bourgeoise, va bientôt le détourner de cette voie royale. À 18 ans, en pleine préparation Navale, André se fâche avec son père. Il renonce à la Marine, mais reste cependant dans l'armée. Il est d'abord simple soldat dans un régiment de tirailleurs sénégalais. Le deuxième classe Grandclément suit les cours d'élève officier et passe ses permissions en Tunisie, dans la famille du colonel Toussaint, commandant du centre d'incorporation d'infanterie de la région. Puis vient le mariage.

La vie du jeune couple débute mal. Un enfant naît dans les années 1930, mais décède peu après. Une fille, Ghislaine, voit le jour à Sfax, où le père se trouve en garnison. L'accouchement se passe mal. Ghislaine souffre de paralysie infantile. Une deuxième fille, Francine, voit le jour en 1934. André et Geneviève auront encore deux autres enfants, des jumeaux qui décéderont peu après la naissance. Le lieutenant Grandclément réussit son école d'élèves officiers, mais ne se fait pas à l'armée coloniale. Malgré son indéniable patriotisme, il avoue être tout le contraire d'un guerrier. Physiquement d'abord : des varices à la jambe gauche le fatiguent considérablement lors des marches et lui causent des étourdissements. Il s'insurge de voir de quelle manière les gradés occidentaux traitent les tirailleurs sénégalais : « Moralement, écrit Grandclément en septembre 1930, ma foi dans l'armée était essentiellement mystique. Conception très haute de mon rôle d'officier dans l'avenir. J'ai bien déchanté. Le dernier arrivage de recrues d'A-OF (Afrique-Occidentale française) m'a achevé. Pauvres gens ! Engagés volontaires à coups de trique. Ceux-là je les regretterai, mes braves chiens fidèles qui me regardent, tout étonnés de voir qu'on ne les bat plus. Ils m'aiment bien mais parfois j'ai honte de ce que je leur fais faire et de leur obéissance[74]. »

Geneviève et André quittent Sfax en 1931 pour s'installer à Toulon. Ils demeurent dans un appartement coûteux, dépourvu de chauffage. Le couple vit le plus souvent sans enfant. Ghislaine, pour cause d'examens médicaux, demeure le plus souvent à Paris. En 1932, André entre à l'école militaire de Saint-Maixent, afin d'y suivre des cours durant deux ans. En 1934, il est victime d'une grave chute de cheval, causant par la suite une tuberculose osseuse. Il quitte Saint-Maixent pour l'hôpital de Clamart. Il y fait de fréquents séjours jusqu'à sa réforme définitive, pour raison de santé. Pensionné à cent pour cent, André ne peut cependant se résoudre à ne rien faire. Un ami de longue date, Fernand Cartron, proche de l'Action française, l'accueille au sein de sa petite entreprise spécialisée dans l'alcool, à Nuits-Saint-Georges, en Bourgogne.

En 1935, André devient assureur à Bordeaux. Ses liens avec sa femme, Geneviève, ne cessent de se détériorer. Quelques mois avant le début de la Seconde Guerre mondiale, il y rencontre celle qui deviendra sa maîtresse, puis sa seconde épouse, Lucette Rigou, une femme fine et distinguée, à la beauté piquante. Officiellement, il fait toujours partie de l'armée, puisqu'il reste en congé de maladie. En 1937, la commission de réforme décide de renouveler sa pension à cent pour cent, soit une rente de six mille francs mensuels. La guerre déclarée en septembre 1939, André ne tient plus en place. Bien que réformé, il désire se battre. Son père est mis à contribution, sonne aux portes, contacte ses vieux amis, « fait résonner ses médailles ». Grâce au rapport d'un inspecteur général, qui pourtant lui conseille fermement de ne pas s'engager, le lieutenant Grandclément est déclaré apte pour le service armé. En février 1940, il rejoint le 5e régiment de tirailleurs sénégalais. Lors des combats de mai-juin 1940, il se bat avec bravoure sur le front des Ardennes. Son action lui vaut une citation à l'ordre de la division :

« Réformé à 100 % a repris volontairement du service à l'occasion de la guerre, s'est révélé excellent chef de section, faisant preuve de volonté, de sang-froid et d'initiative dans tous les combats auxquels a pris part l'unité, s'est particulièrement distingué le 23 mai 1940 alors que sa section était complètement débordée par un ennemi très supérieur en nombre, a réussi à maintenir tout le monde à son poste et à redresser une situation un moment compromise[75]. »

La maladie se manifeste à nouveau. Il doit être hospitalisé le 12 juin 1940 à Toulouse. Démobilisé, il revient à Bordeaux, reprend son travail dans les assurances et parcourt le Sud-Ouest, ce qui lui permet de rencontrer beaucoup de monde. Alors que son frère Philippe Grandclément exerce les fonctions d'adjoint au chef de camp des travailleurs espagnols à Montpeyrou, André Grandclément entre dès 1941 dans la Résistance au sein du mouvement « France Vivra ».

Grandclément a pour principaux lieutenants André Maleyran, Roland Chazeau, Jean Renaud Dandicolle, Jacques Castor, André Latour, Pierre Duzon, Christian Fossard, René Mollié, Lucien Banizette, Michel Lejoly, Daniel Vinsonneau, Marcel Tête, Yves La Prairie…

Le commissaire Pierre-Napoléon Poinsot de la SAP (Section des affaires politiques, sorte de Gestapo française) et le lieutenant SS Friedrich-Wilhelm Dohse, officier de la Gestapo allemande, enquêtent minutieusement.

Né le 27 janvier 1907 en Meurthe-et-Moselle, Poinsot est un Lorrain au faciès rond et aux cheveux noirs gominés. Il a servi à Casablanca, puis aux Andelys, dans l'Eure, avant d'être promu à Bordeaux. Apprécié par ses supérieurs pour ses résultats dans la lutte contre les stupéfiants et la contrebande, Poinsot va devenir par son anticommunisme viscéral un auxiliaire zélé de la Gestapo. Les bureaux de la SAP, cours du Chapeau-Rouge, se transforment en véritables salles de torture. La SAP comptera jusqu'à 200 agents.

Au mois de janvier 1942, un lieutenant SS, âgé de 29 ans, arrive à Bordeaux. C'est un gaillard de 1,90 m, mince et musclé. Les cheveux noirs, le visage ouvert, les traits réguliers, le sourire facile, il se distingue de ses collègues nazis. « Il faisait très type des services spéciaux », dira sa secrétaire, Marcelle Sommer[76]. La fixité de son regard et un profil un peu trop acéré lui donnent cependant un air inquiétant. Friedrich-Wilhelm Dohse va devenir un adversaire redoutable de la Résistance française, celui qui remportera des succès significatifs durant l'Occupation. Né le 22 juillet 1913, à Elmshorn, petite ville provinciale en Allemagne du Nord, son père est professeur de français. En suivant les cours du lycée, Friedrich-Wilhelm acquiert la formation professionnelle de commerçant importateur et exportateur. Ses divers contrats de travail ne débouchent pas sur un travail stable. Dohse devient un nazi convaincu, arborant le petit écusson réservé aux cent mille premiers militants du parti. Membre des SA dès 1934, puis rejoint ensuite les SS. En 1935, il entre dans la police judiciaire à Kiel, il se dirige rapidement vers la police politique. Il reste dans la police jusqu'à sa mobilisation dans la Luftwaffe en avril 1940. Il suit les cours de l'école de guerre près de Berlin et en sort en avril 1941 avec le grade de sous-lieutenant. Après un court séjour en Pologne, il intègre, le 15 mai 1941, la Gestapo à Paris. Il a épousé Érika Jannejon en 1937. La jeune femme lui a donné trois enfants. Il utilise l'été 1941 à Paris pour améliorer son français : il participe aux cours de la « Berlitz-Scholl », tout en découvrant la beauté de la capitale. Le 26 janvier 1942, il est déplacé de Paris à Bordeaux, avec l'ordre d'organiser une des sections de renseignement de la Gestapo. Le commissaire de police français, Jacques Reillac, qui a enquêté à son sujet en 1947, se souvient : « Dohse nous est présenté comme un homme assez exceptionnel. Fort intelligent, très psychologue, connaissant parfaitement le caractère et le tempérament français. De plus allemand fervent, nazi sincère et farouche, son intelligence, son patriotisme, qui n'est pas du chauvinisme, car il admet la discussion et accepte tous les arguments, et son ambition démesurée, font de lui un homme qui sait ce qu'il fait, ce qu'il veut et où il va. Mais c'est un bon vivant qui aime la vie chère[77]. » Ami intime de Karl Boemelburg, le chef de la Gestapo en France, Dohse est surtout un redoutable manipulateur, ne reculant devant rien pour arriver à ses fins.

Le démantèlement des réseaux Alouette et Prosper, durant l'été 1943, permet à la Gestapo de remonter jusqu'au chef de l'OCM en région B. Les règles strictes de cloisonnement n'ayant pas toujours été respectées, notamment au sein du réseau SOE Prosper, Dohse prend ainsi connaissance du nom de Grandclément, assureur, domicilié 34, cours de Verdun à Bordeaux. Dohse sait aussi que la plupart des membres de cette organisation se camouflent sous le masque d'une compagnie d'assurances, dont le directeur est Grandclément lui-même, et que, pour compléter cette couverture, une police d'assurance est établie au nom de chaque membre. La Gestapo mène une perquisition minutieuse au cabinet d'assurances de Grandclément. Cette découverte entraîne de nombreuses arrestations. Le 30 juillet 1943, Lucette Grandclément, seconde épouse du chef de l'OCM, tombe ainsi entre les griffes de la Gestapo à Bordeaux.

André Grandclément, se sachant recherché par l'occupant, remplace pour un mois son ami Paul Pierson dans son cabinet d'assurances de Paris. Cependant, il ne perd pas contact avec la région B : Thinières, puis Camplan continuent de recevoir des instructions. Il est également en relation constante avec les agents anglais du SOE, dont plusieurs réseaux sont en train de sombrer… Dès qu'il apprend l'arrestation de sa femme, Grandclément commence à s'agiter afin d'obtenir sa libération et va jusqu'à menacer de se constituer prisonnier. Alfred Touny, chef national de l'OCM, l'en dissuade rapidement.

De son côté, la Gestapo de Bordeaux ne reste pas inactive, en signalant à Karl Boemelburg que le chef de l'OCM en région B se cache à Paris. « Enfin, écrit Dohse, nous répartîmes un grand nombre de photos de l'homme établies d'après celles que nous avions prises dans son appartement[78]. »

Le 18 septembre 1943, un agent double informe Dohse qu'un rendez-vous est prévu pour le 19 à Paris, avenue de Wagram, avec Grandclément. Ne pouvant obtenir un avion pour monter à Paris, Dohse donne l'ordre d'arrêter « le gibier » au lieu indiqué. Le lendemain, Grandclément, accompagné du résistant Marc Vuillemin, doit rencontrer le résistant Marc O'Neill, au n° 15 de l'avenue de Wagram. Terriblement méfiant depuis les arrestations en série ayant frappé le SOE et l'OCM, Grandclément décide d'arriver en retard et s'attable à la terrasse d'un café des environs. À 11 h 15, Jacques Dessoubries, un indicateur de la Gestapo, ayant infiltré la Résistance, téléphone à Dohse : « Je suis dans un café où se trouve Grandclément. » Des ordres sont immédiatement donnés pour l'arrêter. À 11 h 30, Grandclément et Vuillemin sont ceinturés par plusieurs nazis en civil et enfermés à Fresnes.

Le 21 septembre 1943, Grandclément est transféré au siège de la Gestapo bordelaise au Bouscat, un château du XIXe siècle. Le lieutenant SS Kunesch et un interprète le prennent en charge. Ce premier interrogatoire n'ayant rien donné, Dohse s'en charge lui-même. C'est sur la détention de sa femme et de ses compagnons que Dohse se met en devoir de jouer le grand jeu, sans user de la moindre brutalité. Avant de l'interroger, il lui dit que son épouse est en excellente santé. Il lui laisse entrevoir la possibilité de la retrouver. À la nuit tombée, Dohse prend congé et donne l'ordre d'aménager une chambre pour son prisonnier, de bien le nourrir et de lui accorder d'autres petites commodités.

Le lendemain matin, d'après la version donnée par Dohse, l'interrogatoire aurait pris l'allure d'une discussion portant sur la situation politique générale, la situation militaire, les divergences de vue dans la Résistance française, le gouvernement de Vichy... Dohse aurait accordé à Grandclément l'entière liberté de s'exprimer et même de critiquer l'Allemagne. Au cours de cette longue conversation, l'Allemand tente de trouver une solution au problème qui le hante : les dépôts d'armes de l'OCM et la manière de s'en emparer. En fin d'après-midi, Dohse a pu fixer trois points lui permettant d'aller droit au but : l'intérêt que Grandclément éprouve pour le sort des 250 hommes arrêtés, membres de son organisation, dont il se sent responsable ; son attitude nettement hostile au communisme ; le souci que lui procure l'emprisonnement de sa femme, la crainte de la voir gravement compromise, son éventuelle déportation ou sa possible condamnation à mort.

Le 22 septembre, après avoir obtenu l'approbation de ses supérieurs, Dohse fait venir dans son bureau les deux époux et assiste à de touchantes retrouvailles. Le 23, Grandclément est laissé en liberté surveillée. Il aurait entrepris de réaliser d'incroyables accords avec le policier SS Dohse : livraison d'une partie des armes parachutées en échange de la libération d'un certain nombre de résistants de son organisation, ainsi que la suspension des autres arrestations prévues. Lors de sa rencontre avec Dohse, au Bouscat, Grandclément est fort surpris de constater que le policier allemand sait tout : le nom des agents britanniques, des membres de l'OCM, leurs lieux de rendez-vous, l'emplacement de presque tous les dépôts d'armes. Grandclément se croit assez habile pour manipuler Dohse, mais, face à la toute-puissance de la Gestapo, que peut-il faire ? Toujours est-il que la Résistance en région B se trouve en partie démantelée. Grandclément a-t-il agi seul ? A-t-il reçu l'accord du SOE avant de livrer les armes à la Gestapo ? Bien entendu, l'officier du SOE Roger Landes prétend que non. Assez curieusement, l'adjoint de Landes, Charles Corbin, d'abord interrogé par la Gestapo, est à son tour libéré. Dans un rapport confidentiel, rédigé par Gabriel Delaunay, ancien préfet des Basses-Pyrénées et ancien président du Comité départemental de libération de la Gironde

(CDL), nous apprenons que « Dohse rencontra plus tard Corbin avec lequel il déjeuna. Dohse précise qu'au cours d'un déjeuner avec Corbin, il a présenté en détail l'accord qu'il avait passé avec Grandclément, tant en ce qui concernait la remise des armes que la non-arrestation de 150 personnes appartenant à la Résistance identifiées par ses services. Dohse affirme d'ailleurs qu'à cette époque les renseignements parvenus de Paris sur l'organisation du SOE en France indiquaient que la fille de Corbin était fiancée avec Roger Landes. L'identité de Claude de Baissac, officier du SOE, est également clairement identifiée[79]. » Grillé, Claude de Baissac a déjà quitté la France, mais Roger Landes ne tarde pas à le suivre. Ce dernier reviendra quelques mois plus tard reprendre la direction des opérations et s'occuper de Grandclément…

À partir du 27 septembre 1943, les livraisons des armes se succèdent durant quelques semaines. Dohse et ses indicateurs parviennent à s'en emparer ; 45 containers d'armes sont saisis près de Pissos, dans la forêt de Sabres ; 260 containers à La Brède, dans une ferme abandonnée ; 356 au Temple ; 80 à Lacanau ; 115 à Saint-Médard ; 44 à Saint-Jean-d'Illac ; 35 à Blaye. Soit 935 containers, atteignant le poids total de 45 tonnes, dont plus de 2 000 mitraillettes Sten. Par contre, les dépôts d'armes de Morcenx et Rion-des-Landes restent entre les mains de la Résistance. Selon Dohse, 30 tonnes environ ont été sciemment détournées par Grandclément et ses hommes. En contrepartie de la remise des armes, Dohse aurait fait libérer une centaine de résistants de l'OCM, dont bien entendu la femme de Grandclément, le chiffre allant de 82 à 180 selon les témoignages et les documents. Léonce Dussarat, un des chefs de la résistance landaise, aurait refusé de rencontrer Grandclément, accompagné de Dhose, et préféré prendre la fuite.

Dohse et Grandclément auraient alors des préoccupations convergentes face au « danger » communiste. Si les Allemands doivent quitter la France, des maquis blancs se tiendront prêts à la lutte pour éviter le « grand soir » des révolutionnaires rouges. À Lencouacq, dans les Landes, Grandclément caresse l'incroyable projet de faire inspecter un maquis par Dohse !

« Je voulais faire visiter ce camp par deux officiers allemands, pour leur donner une fière impression de ce que nous avons su faire. Je demandais à mes hommes de faire flotter nos couleurs, symbole non de leur reddition mais de leur volonté de maintenir la France », racontera Grandclément un peu plus tard pour se justifier[80].

Le chef du maquis, Guy Sarramagnon, informe ses supérieurs des propositions de Grandclément. Le colonel de Marguerittes, un des chefs de l'OCM, affirme que toute tractation avec l'ennemi est considérée d'après le règlement militaire comme un acte de haute trahison et, de ce fait, elle est punie de mort. La sanction dictée par le fougueux colonel de Marguerittes est rapidement appliquée. Le fils du colonel Rollot, qui a accepté la visite de Grandclément, est jugé coupable de haute trahison et fusillé le 1er novembre à 11 heures. Le même jour, à 16 h 15, les voitures transportant la commission « d'armistice franco-allemande » arrivent près du maquis de Lencouacq. Dohse, Grandclément et son adjoint Malheyrand continuent à pied. Chazeau, autre adjoint de Grandclément, marche en tête du détachement. Une rafale de mitraillette le tue sur le coup. Les autres prennent la fuite, échappant de justesse à l'embuscade tendue par les maquisards. Ces derniers trouvent dans les vêtements de Chazeau un laissez-passer et un permis de port d'armes délivré par la Gestapo de Bordeaux.

Une heure après cet incident, le maquis de Lencouacq se retire et prend la direction du sud-est dans la forêt de Geaune. « Le lendemain de cette affaire, déclarera Dohse en 1987, accompagné d'une douzaine d'hommes de notre service, je suis allé à Lencouacq pour chercher les cadavres de Chazeau et Rollot. Je savais que les maquisards avaient pris la fuite après notre retraite[81]. »

Le 2 novembre 1943, Grandclément, furieux, se précipite chez le professeur Joubert, membre de l'OCM, et parle de vengeance; il accuse les résistants Ferrier et Patanchon d'être à l'origine de cette tuerie. Le 3 novembre, Ferrier est arrêté, puis relâché après une perquisition sans résultat à son domicile. La Résistance se divise au bénéfice de la Gestapo…

La Résistance du Sud-Ouest semble cependant se ressaisir après l'affaire de Lencouacq. Une conférence d'état-major réunit le colonel Camplan, le colonel de Marguerittes, Yvon Toussaint et le professeur Joubert. Marguerittes relate les événements survenus à Lencouacq et annonce la mort de son agent de liaison, Auguste, assassiné près de Morcenx. Il accuse Grandclément et Malheyrand d'en être responsables et demande la convocation du comité national de l'OCM, présidé par Touny. Aucune réponse cohérente ne sera donnée au colonel de Marguerittes qui, se sachant traqué par Dohse, va devoir quitter la région.

Le chef de l'OCM, Alfred Touny, ne reste cependant pas inactif. Il confie à Camplan la mission de coordonner l'action de la Résistance en région B. Le docteur Alain Boyau doit de son côté assurer la liaison entre Paris et le Sud-Ouest. Enfin, Michel Pasteau verse 3 000 francs à Camplan. Cette réorganisation de façade ne va pas empêcher Dohse de porter de nouveaux coups à la Résistance. Alain Boyau, membre de l'OCM, résume la situation de la façon suivante : « À Paris, les échelons de commandements de l'OCM sont plus ou moins noyautés et en tout cas connus des Allemands, qui semblent ne rien ignorer des ordres qui y sont pris. On peut se rendre compte à la suite des événements qui viennent de se passer que l'OCM n'est pas non seulement infiltrée, mais que même à l'intérieur de ses éléments sains, il existe une dissension certaine[82]. »

Cette « dissension certaine », Dohse ne vas pas cesser de l'entretenir afin d'arriver à ses fins : neutraliser la Résistance. Au mois de novembre 1943, il rencontre clandestinement, à l'insu de son chef à Paris, le RP Piquet, une nuit dans un immeuble parisien. Dohse n'ignorait pas à l'époque le rôle important que jouait cet homme d'Église dans la Résistance. En 1950, le RP Piquet reconnaîtra, dans une déposition, avoir rencontré Dohse : « Il est exact qu'à la demande de Grandclément, j'ai consenti… à avoir un entretien avec le lieutenant Dohse dont on m'assurait qu'il avait des sentiments bienveillants à l'égard de la Résistance. L'entrevue a eu lieu dans un appartement vide, rue de Bourgogne, en présence de mon ami Marcel Beaufils, professeur d'allemand au lycée Pasteur, qui me servait d'interprète et de témoin. J'avais caché mon nom et m'appelais pour la circonstance l'abbé Lefèvre. Le lieutenant Dohse est arrivé accompagné de Grandclément et de sa femme. Dohse m'a dit à plusieurs reprises qu'il voulait être humain et qu'il l'avait prouvé en libérant, à la demande de Grandclément, de nombreux résistants. Il disait également vouloir lutter, non pas contre les Français, mais contre les communistes. D'après ce que Grandclément m'avait écrit, le lieutenant se serait montré à son égard, et à l'égard de ses compagnons de résistance, particulièrement compréhensif et même chevaleresque, ayant même proposé, paraît-il, de laisser subsister plusieurs des maquis de Grandclément, et je n'ai pas eu l'occasion de constater le comportement du lieutenant Dohse, en dehors du court entretien ci-dessus indiqué[83]. »

Cette incroyable rencontre entre un révérend père résistant et un officier SS n'aura pas de suite. Quelques mois plus tard, le RP Piquet sera arrêté à Paris et déporté en Allemagne. Mais il en faut davantage pour décourager Friedrich-Wilhelm Dohse : « Ensuite je vis, raconte-t-il dans ses mémoires, Alain Boyau, officier de liaison du Comité National de la Libération (CNL) à Paris, André Noël, lieutenant de Grandclément et chef d'un grand maquis dans la Corrèze, Charles Corbin, officier de liaison de l'organisation anglaise du SOE, ainsi que le commissaire Pelletier, officier de liaison du CNR de Paris. Je leur expliquais mes idées et essayais de les gagner à notre cause. André Noël me déclara qu'il préférait lutter jusqu'à la mort contre les Allemands. Notons qu'ils venaient me voir armés, et s'en allaient sans être poursuivis. À la demande de Grandclément, je leur fournis des « lettres de sauvegarde », des « laissez-passer » et des « autorisations de ports d'armes », comme en avaient reçu Lacaze, Malheyrand, Chazeau, Cazenave et beaucoup d'autres[84]. »

De son côté, Grandclément multiplie les contacts. Il rencontre des membres de l'OCM parisien. Il proclame son double jeu, assure mener les Allemands par le bout du nez et, pour preuve de son efficacité, agite une liste de 180 résistants libérés. Il a livré 45 tonnes d'armes aux Allemands, mais affirme que plus de 30 tonnes sont encore cachées. La Résistance est préservée, et le restera puisque la Gestapo a mis fin aux arrestations. Les chefs de l'OCM restent sans réaction, comme hébétés devant cette situation pour le moins unique dans toute l'histoire de la Résistance.

L'homme à poigne dont a besoin le Sud-Ouest arrive d'Angleterre le 15 novembre 1943. On le surnomme « Hypoténuse ».

Depuis la fin de l'année 1941, le Bureau central de renseignements et d'action (BCRA, services spéciaux de la France libre) a procédé par étapes successives à l'implantation de missions et de réseaux divers. Afin de coordonner et d'unifier les mouvements de la Résistance intérieure, chaque région reçoit, à partir de 1943, un délégué militaire régional (DMR). En mission, le DMR a une autorité qui doit théoriquement s'imposer à tous les mouvements de Résistance.

Le général de Gaulle estime que seul un DMR d'exception peut redresser la situation catastrophique en région B. Cet homme exceptionnel se nomme Claude Bonnier (Hypoténuse en mission). Né à Paris le 4 novembre 1897, il quitte le 6 avril 1915 la classe de mathématiques spéciales du lycée Condorcet pour s'engager dans l'armée à 17 ans seulement. À l'armistice du 11 novembre 1918, il est lieutenant, chevalier de la Légion d'honneur et titulaire de la croix de guerre avec quatre citations. Il n'a que 21 ans. Claude Bonnier reprend ses études. Après dix mois de travail acharné, il est brillamment reçu à Polytechnique et à l'École des mines. Il choisit cette dernière et en sort ingénieur civil à 25 ans. Le 6 novembre 1942, il s'engage dans les Forces françaises libres (FFL). Résistant de la première heure, il a publié divers articles dans la presse clandestine. En Écosse, il suit l'entraînement des commandos de parachutistes à 45 ans. Au début de l'année 1943, Claude Bonnier est volontaire pour partir comme délégué militaire en région B. Pour le BCRA, cette région est devenue, depuis l'affaire Grandclément, « la région pourrie ». Le commandant Bonnier, qui devient colonel, quitte Londres le soir du 14 novembre 1943. Mais il n'est pas seul dans l'avion chargé de le conduire en France occupée. Un mois avant son départ, le BCRA lui a présenté celui qui doit l'accompagner pour le seconder en qualité de chef de l'organisation de sabotage. Il s'agit de Jacques Nancy. Né à Carthage, en Tunisie, cet homme est un ancien ingénieur diplômé de l'École supérieur de mécanique et d'électricité de Paris. Mobilisé en 1939, il est décoré de la croix de guerre le 19 juin 1940. Prisonnier en Allemagne, il s'évade, rejoint Londres et s'engage dans le service action du BCRA. Peu après la Libération, Jacques Nancy se souviendra de sa première rencontre avec Claude Bonnier:

« C'est à l'automne 1943 que je fus présenté au colonel Bonnier à Londres. D'allure très jeune, les épaules carrées, les cheveux en brosse, les yeux très doux, brillant d'intelligence derrière ses lunettes, une figure calme et énergique d'où se dégage une impression extraordinaire à la fois de force et de douceur. Tout en lui respire le chef fort moralement et physiquement[85]. »

Dans la nuit du 14 au 15 novembre 1943, dans une prairie qui borde la Charente, une équipe de réception attend l'arrivée de Claude

Bonnier et de Jacques Nancy. L'organisation des opérations aériennes en région B est l'œuvre d'un brillant étudiant en médecine, Jean Lapeyre-Mensignac. Cet homme d'action s'est occupé, dès l'automne 1940, des passages clandestins de la ligne de démarcation. Engagé volontaire au BCRA en 1941, il est chargé de recruter les cadres responsables de ces opérations: René Chabasse, Pierre Barrère, Guy Margariti, Philippe Boireau et Charles Franc.

En janvier 1944, Claude Bonnier, Jacques Nancy et leur équipe ont déjà créé, armé et instruit 70 groupes de résistants dans le Sud-Ouest. Malheureusement, Bonnier ne parvient pas à s'entendre avec le nouveau chef de l'OCM en région B, le colonel Eugène Camplan, héroïque pilote de chasse de la Grande Guerre, plusieurs fois décoré. Ce dernier a sans aucun doute désapprouvé l'attitude de Grandclément, sans pour autant rompre avec lui. Dans le climat empoisonné de la Résistance bordelaise, tout le monde est soupçonné de travailler pour la Gestapo.

Le 18 janvier 1944, par le train de 17 heures, Camplan part pour Paris afin d'assister à une réunion de l'OCM qui doit définir sa position à l'égard de Bonnier et de Grandclément. Mais Camplan descend en gare d'Angoulême. Il n'arrivera jamais à Paris. Le 14 mars 1946, son corps sera retrouvé par hasard par des promeneurs non loin de Ruffec, en Charente. L'autopsie montrera qu'il a été tué par une balle de gros calibre. Camplan a-t-il été victime d'un ordre ferme et répressif de Bonnier ? On a longtemps cru à cette thèse. Or Camplan a quitté la gare de Bordeaux en compagnie de deux résistants douteux, Butté et Augier. D'après une enquête de Jean Lapeyre-Mensignac, officier du BCRA, Butté et Augier auraient été des agents doubles travaillant pour la Gestapo. Selon une autre hypothèse, Camplan aurait été abattu sur ordre d'un des chefs de la Résistance nationale, Jean de Voguë.

Comble de malheur, Claude Bonnier va lui aussi connaître une fin tragique. À la suite de la trahison des frères Lespine, anciens résistants de l'OCM, le policier SS Dohse apprend que Bonnier a des contacts directs avec Louis Durant, le radio de Camplan. Le matin du 9 février 1944, c'est l'incident tragique. Claude Bonnier se rend, sans protection, au domicile de Durant, 14, rue Galard à Bordeaux. La police allemande est là, en force. Bonnier est arrêté. Amené au siège de la Gestapo au Bouscat, il se donne la mort en croquant sa pilule de cyanure. Pour être sûr de ne pas compromettre ses camarades, Bonnier a préféré la mort au déshonneur.

Claude Bonnier a malheureusement été arrêté une valise à la main. Dohse affirme qu'elle contenait des documents importants : « En dehors d'une somme de 4,5 millions de francs, nous avons découvert un rapport du colonel Passy à Londres : ces sept pages, tapées à la machine, étaient vraiment uniques en leur genre. Ce rapport représentait pour nous une belle aubaine puisqu'il comprenait tous les éléments que nous désirions connaître : la situation clairement établie de l'ancienne OCM dans le Sud-Ouest, les noms des chefs et les effectifs de l'organisation dans neuf départements, la qualité des armes parachutées disponibles[86]… »

Comme souvent, Dohse exagère. La Gestapo bordelaise était déjà bien renseignée sur l'OCM depuis le démantèlement de plusieurs réseaux du SOE lors de l'été 1943. Un rapport de Bonnier contient cependant des renseignements précis sur les activités d'Édouard Tarif, résistant de la première heure, sous-chef de gare à Bordeaux depuis février 1941. Arrêté en mars 1944, Tarif est torturé, puis déporté en Allemagne. Il décédera des suites de ses blessures en mars 1945.

À l'époque où Bonnier et Camplan se disputent le commandement de la Résistance en région B, le lieutenant Dohse met en place le plan le plus audacieux de toute sa carrière. Il persuade Grandclément d'envoyer deux délégués auprès du général de Gaulle à Alger, pour lui proposer, ni plus ni moins, un armistice entre l'occupant allemand et la Résistance non communiste dans le Sud-Ouest de la France. Le Reichführer SS Heinrich Himmler donne son accord personnel et annonce qu'il en informera Hitler.

Dans un rapport de police judiciaire, établi après la guerre, le 26 février 1946, on apprend que le pacte proposé par Dohse aurait été le suivant :

1° Constitution de dépôts d'armes communs.

2° Engagement pris par les membres de l'OCM en région B de ne pas tirer sur les Allemands si ceux-ci étaient obligés de quitter la France.

3° Engagement pris par les Allemands de ne pas arrêter les membres de l'OCM en région B, dont la liste serait fournie, tant que dureraient les négociations.

4° Engagement de ne pas commettre des actes de sabotage pendant le séjour de l'armée occupante en France.

5° Engagement des membres de l'OCM en région B d'aider les Allemands dans la lutte contre les communistes[87].

« À cette époque, raconte Dohse, je me suis rendu compte que Grandclément, essentiellement par l'intermédiaire de Malheyrand et de Boyau à Paris, gardait, malgré son isolement à Bordeaux et dans les Landes, des contacts importants dans la Résistance. D'autre part, devant l'action croissante de ces mouvements d'une manière générale, je sentais qu'il était nécessaire de prendre personnellement une nouvelle initiative. Il me fallait entrer en relation avec une haute personnalité de la région pour, d'abord au plan régional et ensuite même au niveau national, régulariser la lutte entre l'occupant et la Résistance. Je m'en suis ouvert à Grandclément et lui ai proposé de me mettre en relation avec le professeur Joubert que je connaissais déjà de nom et de personnalité et dont je n'ignorais pas le rôle important dans l'OCM.

« J'entrevis une espèce de trêve possible entre nous autres Allemands et l'OCM et un moyen de contrecarrer les efforts de l'opposition pour renforcer la position de Grandclément. C'est ainsi que je conçus le plan d'entrer en relation avec le professeur Joubert, soit pour le gagner à la cause de Grandclément ou à une autre encore meilleure, soit, le cas échéant, pour le compromettre, lui et l'opposition, de façon que tous deux perdent leur crédit auprès des leurs. Cette action pouvait ou réussir ou obligatoirement freiner sérieusement la réorganisation de l'OCM sous la conduite du colonel Camplan, et, par là, renforcer la position de Grandclément. Le risque était donc pour nous relativement minime[88]. »

À la fin du mois de novembre 1943, Grandclément rencontre le professeur Joubert et lui tient ces propos :

« Les Allemands se savent perdus et mesurent toute la gravité du danger russe ; ils seraient désireux de rencontrer l'appui de la France dans ses éléments actifs, et pour cela ne pas brusquer la Résistance. Ils voudraient qu'elle prenne conscience de son inefficacité et qu'elle accepte une entente. Pour moi, ajoute Grandclément, je suis hors jeu et j'ai donné ma parole de ne plus me battre. J'ai d'ailleurs sauvé de nombreux résistants en livrant les armes. Il faut penser aux jeunes, aux maquis. Dohse les respectera s'ils prennent l'engagement de ne plus combattre. Ils seront nourris, équipés et formeront une force anticommuniste le jour du départ des Allemands[89]. »

Lors de ce premier entretien, Joubert aurait répondu :

« Impossible. Votre action n'a qu'un nom : trahison. Tout militaire touché par vous est suspect et écarté. Moi-même suis de ceux-là[90]. »

Grandclément qui ne désespère pas revient, peu de temps après, chez Joubert et lui présente de nouvelles propositions : les arrestations et les exécutions d'otages seront suspendues, les résistants incarcérés seront considérés comme des prisonniers de guerre, et non comme des francs-tireurs, et leurs biens ne seront pas confisqués. Cette fois, Joubert semble convaincu de la bonne foi de Grandclément. Enthousiasmé par des telles propositions, il se voit déjà le négociateur d'une paix entre la France et l'Allemagne !

Une rencontre entre Dohse et Joubert a lieu le 22 novembre 1943, au siège de la Gestapo au Bouscat. « Lors de notre entretien, raconte Dohse, j'étudiais avec le professeur Joubert un projet de trêve, et, finalement avec la participation de mes chefs, je proposais que les résistants arrêtés soient traités comme des prisonniers de guerre. Ces conditions par les deux parties formaient une base pour des négociations dans le sens du projet connu : maquis anticommunistes, etc[91]. »

Joubert déclare que la Résistance n'a qu'un chef, le général de Gaulle, et que c'est à lui qu'il faut s'adresser. Dohse qui n'espérait pas une autre réponse demande à Joubert de faire connaître ses propositions aux chefs de l'OCM. Le lendemain même, Joubert, accompagné du colonel Thinières, se rend à Paris afin de recevoir l'approbation du colonel Touny, chef national de l'OCM. Celui-ci pense que les propositions de Dohse ne sont pas sérieuses et ne mènent à rien. Mais, estimant que l'hiver sera dur, il convient qu'il faut gagner du temps. Aussi ordonne-t-il de poursuivre les conversations avec Dohse à condition que les arrestations et les exécutions d'otages et de résistants cessent.

De retour à Bordeaux, Joubert communique les conditions à Dohse, qui les accepte aussitôt. Quelques résistants sont libérés, dont l'épouse du colonel Thinières. « Une véritable détente, écrit Pierre Bécamps, s'établit dans la région[92]. »

Cependant, les tractations ne rencontrent pas l'approbation du commandant Paillière et du colonel de Marguerittes. Ils le font savoir au colonel Touny qui déclare finalement que seul le général de Gaulle a la compétence de trancher une telle affaire. Pour ce faire, il demande à Joubert et à Thinières de se rendre à Alger où se trouve le chef de la France libre.

Dohse nous raconte la suite : « J'ai vu Joubert à Paris. Il m'a tenu au courant des pourparlers. Il s'est décidé à partir pour l'Afrique du Nord. Je lui ai proposé de lui faciliter le passage en Espagne ; il a accepté ! Je lui précisai que ni à Paris et ni mes chefs à Bordeaux ne furent au courant que le colonel Thinières accompagnerait le professeur Joubert. Inutile d'ajouter que je m'étais engagé volontairement sur mon honneur de garantir la liberté au colonel Thinières. Ma parole transmise, il accepta ma proposition. Nous avions fixé rendez-vous à la gare d'Hendaye, où j'eus l'occasion de m'entretenir longtemps avec le colonel Thinières. Puis je cachai le colonel et le professeur Joubert dans le coffre de ma voiture et franchis la frontière. Vers une heure de l'après-midi (le 20 décembre 1943), je passais le pont international d'Irun et quittais mes deux émissaires près du consulat d'Angleterre de San Sebastián. Nous étions convenu d'un message à lancer dès leur arrivée à Alger : « Louis et Charles sont bien arrivés. » Nos services d'écoute ont capte ce message, si mes souvenirs sont bons, dans la nuit du Nouvel An 1944. Dans le courant du mois de février, j'ai appris que le général de Gaulle s'était refusé à donner suite à mes propositions. Je l'ai su par deux canaux différents : l'un par la Résistance, Grandclément et Malheyrand – dont la source était Alain Boyau, officier du CNL à Paris –, et l'autre par nos services de contre-espionnage, émanant d'un réseau à Alger[93]. »

Le professeur Joubert, cherchant à se justifier après la guerre, déclarera avoir été présenté, en compagnie de Thinières, au général de Gaulle par André Philip, le 8 janvier 1944. Le général aurait alors donné l'ordre de rompre les entretiens avec les Allemands. Mais, d'après le colonel Rollot se trouvant à la même époque à Alger, Joubert et Thinières n'ont pas été reçus par le général de Gaulle. Le 12 janvier, celui-ci les a fait envoyer à Lagouhat, en résidence surveillée.

Thinières sera libéré en juin 1944 et nommé après la guerre « commissaire du gouvernement auprès du tribunal militaire de cassation des troupes d'occupation en Allemagne et en Autriche ». Cet homme, couvert par la gauche du fait de son appartenance au Parti socialiste et la franc-maçonnerie, se permettra de juger les

Alsaciens-Lorrains engagés dans l'armée allemande, alors que lui-même avait traversé la frontière espagnole en compagnie de l'officier SS Dohse !

L'historien Guérin a retrouvé des traces d'activités que Thinières a dirigées beaucoup plus tôt quisqu'elles datent de novembre 1940: « Le futur colonel était alors commissaire du gouvernement auprès d'un tribunal militaire de Vichy et se distinguait par la dureté de ses réquisitoires contre les communistes et par son regret publiquement exprimé de ne point disposer à leur encontre d'un appareil répressif plus sévère[94]. »

Le professeur Joubert ne sera libéré qu'en juillet 1945, après qu'une longue enquête l'aura lavé de tout soupçon. Berlin ne fut pas plus séduit par les tractations. Informé par Himmler, Hitler ordonna la rupture des négociations. La mission Thinières-Joubert, malgré le refus du général de Gaulle, aura parfaitement servi les intérêts de la Gestapo. Elle n'a fait qu'accentuer davantage les dissensions au sein de la Résistance. Après les morts de Bonnier et de Camplan, la « mascarade d'Alger » et les coups portés par la Gestapo, la situation de la Résistance dans le Sud-Ouest paraissait désespérée au début de l'année 1944. Dans un rapport du 4 mars 1944, le résistant Alain Boyau présentait l'état de l'OCM en région B :

« 1° Grandclément semble posséder 3000 hommes dans la région du Sud-Ouest qui ont une entière confiance en lui et à qui il reste 25 tonnes de matériel environ. L'attitude de Grandclément reste à expliquer, et que doit-on faire de ses protestations de foi ?

« 2° Ce qui reste de l'organisation de Paillière après son départ en Espagne: environ 1500 hommes pour toute la région, presque tous dans la région bordelaise, mais avec des ramifications possibles dans toute la région du Sud-Ouest. Ils ont été mis en sommeil depuis quelque temps, mais il est possible de s'en servir car ils possèdent un bon commandement, un bon moral, des terrains et des équipes de parachutages, mais à l'heure actuelle, ils ne doivent pas posséder plus de 10 mitraillettes.

« 3° Quelques groupes épars assez peu armés, tenant plus ou moins le maquis, en particulier dans la Charente et dans les Landes, comprenant environ 530 hommes et qui sont en liaison avec les maquis de Corrèze.

« 4° On me signale d'autre part que dans la partie sud des Landes et des Basses-Pyrénées, on peut compter sur les restes de l'OCM, environ 700 hommes qui semblent en bonnes conditions et un peu armés.

« 5° Il existe d'autre part, surtout dans le nord de la région, des organisations dépendantes de Libération, mais qui semblent disposer de beaucoup plus de comités de libération locaux, que d'hommes et de matériel[95]. »

Cette présentation des forces de l'OCM en mars 1944 ne doit pas faire oublier que d'autres organisations résistantes n'ont pas cessé de se renforcer. L'immense travail accompli par Claude Bonnier, Lucien Nouaux, André Jolit, André Bouillard, André Pommiès, Léonce Dussarat, Jacques Nancy, Roger Landes et bien d'autres n'a pas été vain. La Résistance du Sud-Ouest va être en mesure de porter des coups sévères à l'occupant durant l'été 1944.

Le comportement de Grandclément trouble et divise la Résistance au point que le soupçon de la trahison empoisonne l'atmosphère et déclenche une guerre de chefs qui cause la mort de nombreux hommes. Dohse est ainsi parvenu à diviser la Résistance pour mieux la neutraliser.

Après la guerre, André Grandclément devient, pour l'historiographie officielle, l'unique responsable des vagues d'arrestations qui ont décimé l'OCM et le SOE en région B. Pourtant, dès 1948, l'excellent rapport de l'inspecteur Borderie du SRPJ de Bordeaux sur les actes de trahison reprochés à Grandclément est formel: « Aucune des dénonciations dont Grandclément fut accusé n'a laissé de trace[96]. » Mais son « double jeu » à l'ombre de la Gestapo a certainement affaibli la Résistance.

Les historiens René Terrisse et Guy Penaud ont démontré que l'on a imputé à tort à Grandclément de nombreuses affaires. Il ne serait que le bouc émissaire d'une situation plus compliquée.

« Il a fait libérer certaines personnes, convient le britannique Roger Landes. Celles qui ont voulu continuer à travailler avec lui. Les autres ont été déportées. Quand il a été libéré avec sa femme par les Allemands, qu'est-ce qui les empêchait de passer en Espagne et d'aller se disculper en Angleterre[97] ? »

D'autres résistants, comme les officiers du BCRA Jean Lapeyre-Mensignac et Pierre Barrère partagent le même point de vue que Roger

Landes. Pour eux, même si Grandclément n'a fait arrêter personne, son comportement a divisé la Résistance au plus grand bénéfice de la Gestapo[98].

Grandclément donne lui-même une autre version : « L'histoire de notre lutte ne compte pas, puisque l'incompréhension et la légèreté de ceux qui devaient être nos amis nous ont fait perdre la seconde manche[99]. » Cette phrase étrange de Grandclément, entendue par l'un de ses proches, révèle une terrible désillusion. Les « amis » en question, ce sont les Anglais. « Lui qui s'est dépensé sans compter, écrivent Dominique de Laage et Dominique Richard, pour que la Résistance du Sud-Ouest soit prête à soutenir un débarquement allié en France à l'automne 1943, est tombé de haut. L'invasion a eu lieu mais… en Italie ! Et dans les griffes de la Gestapo, Grandclément s'est rendu compte de la surprenante connaissance de son organisation par les Allemands[100]. »

D'après le correspondant de guerre britannique Charles Wighton, les services secrets anglais, avec l'accord de Churchill, auraient utilisé en 1943 l'organisation de Grandclément pour intoxiquer les Allemands et leur faire croire à l'imminence d'un débarquement sur la côte aquitaine, de façon à fixer plusieurs divisions de la Wehrmacht loin de la péninsule italienne. Cette délicate mystification est aujourd'hui un fait établi… et possède même un nom : Starkey. Au cours de cette opération, on n'hésitera pas à sacrifier une partie de la Résistance française pour tromper Hitler.

Pendant toute la guerre, les dirigeants britanniques ne ménageront guère les résistants français. Ils hésiteront rarement à les sacrifier à des buts jugés par eux supérieurs. Et tel sera également le sort des groupes et réseaux de Résistance immolés aux obscurs et irresponsables idéaux de la stratégie. La destruction d'une partie de l'OCM et du SOE, en 1943, en fournit une illustration. Les agents français, comme Grandclément, seront intentionnellement trompés sur la véritable nature de l'opération. Croyant à l'imminence d'un débarquement réel, les résistants se lancent à fond dans l'action qu'on leur prescrit, assumant des risques qu'ils n'auraient jamais pris s'ils avaient su qu'il s'agissait d'une ruse. La police allemande, qui dispose de renseignements précis, grâce à des imprudences et à l'infiltration des groupes et des réseaux, riposte par un vaste coup de filet. En quelques jours, la plupart des réseaux du SOE, étroitement liés à l'OCM, sont détruits.

Au sein du réseau Prosper (major Francis Suttil) mis en place pour contrôler et ravitailler en armes une soixantaine de groupes dans la région parisienne, plus de 1 500 personnes sont arrêtées. Il en va de même pour le réseau Savant (Claude de Baissac) qui s'étend sur tout le Sud-Ouest. Plus de 300 résistants sont capturés.

Le démantèlement d'une importante partie de la Résistance sera le résultat de cette simulation visant à tromper les Allemands. Or le maréchal von Rundstedt, commandant en chef à l'Ouest, ne se laisse pas berner par un tel piège. Hitler est tellement convaincu qu'il s'agit d'une feinte qu'il retire au même moment les deux tiers des armées de l'Ouest pour renforcer le front de l'Est, l'Italie et les Balkans.

L'existence au sein du SOE d'un agent qui transmettait depuis plusieurs mois aux Allemands les courriers de l'organisation anglaise en France, accrédite davantage cette thèse. Grandclément a-t-il été manipulé par les Britanniques pour tromper les Allemands ? Tout semble le confirmer. Le long plaidoyer que Grandclément a rédigé peu de temps avant sa fin tragique se trouve dans les archives du SOE. Que contient-il ? Certains documents ont mystérieusement disparu, mais d'après deux agents français des services spéciaux de la France libre, qui ont tenu à garder l'anonymat, on pourrait lire les faits suivants : Grandclément n'aurait collaboré qu'apparemment avec Dohse. Il n'aurait livré qu'une partie des armes et non la totalité, afin d'obtenir la libération d'une partie de ses hommes « trahis » par les Anglais. On aurait mis sur son compte des actions qui étaient en réalité le fait de personnalités importantes du SOE. Le même SOE aurait de lourdes responsabilités dans l'arrestation de Grandclément à Paris, ainsi que dans le démantèlement de l'OCM en Gironde. La constitution de maquis « anticommunistes » et la mission Thinières-Joubert ne seraient que des mesures provisoires, afin de suspendre les arrestations massives de résistants de l'OCM.

Un fait est certain : les accusations portées contre Grandclément sont fondées principalement sur les témoignages de Roger Landes, de certains résistants et de Dohse. Le fait que le principal intéressé ne soit plus là pour se défendre laisse bien entendu flotter l'ombre d'un doute sur les versions données par les adversaires les plus acharnés. Il demeure vrai que l'OCM, comme la Résistance en général, était un mouvement créé dans le but de combattre l'occupant. Celui qui pactise avec l'ennemi se rend théoriquement coupable de trahison tant moralement que juridiquement. Le cas de Grandclément est bien entendu plus compliqué que cette affirmation qui arrange les manichéens de l'Histoire. Il est prouvé que « l'accord » Dohse-Grandclément a été un marché de dupes, où les deux protagonistes ont cherché à se tromper l'un et l'autre. René Terrisse estime que l'accord n'a jamais existé : c'est par des représailles sur la population civile que Dohse aurait obtenu de Grandclément la livraison de certains dépôts d'armes.

« Après son arrestation, écrit Guy Penaud, Grandclément s'est aperçu que les Allemands étaient au courant de tout. Il s'est rendu compte qu'il avait été manipulé comme l'ont été plusieurs équipes du SOE. Ils croyaient être les véritables hommes de l'ombre. Mais en fait, on s'est servi d'eux pour accréditer l'idée d'un débarquement dans le Sud-Ouest[101]. »

Le 10 juillet 1944, André Grandclément, l'homme que toute la Résistance recherche, se trouve avec son épouse à Pyla-sur-Mer. Condamné par les messages de mise à mort de la BBC, envoyés depuis Bordeaux par l'agent du SOE Roger Landes (de retour en France depuis mars 1944), Grandclément rédige un long plaidoyer dans lequel il tente d'expliquer son comportement. Après avoir déjoué la vigilance de la Gestapo le 20 juillet, il tente d'obtenir un avion Lysander pour rejoindre Londres, afin de pouvoir se justifier devant le général de Gaulle. Lors de son errance à travers la lande girondine, le couple Grandclément est rejoint par un authentique résistant de Biganos, Marc Duluguet. Très enthousiaste à l'idée de rejoindre Londres, Duluguet accepte de devenir le garde du corps de Grandclément. Finalement, après maintes péripéties, Grandclément, son épouse Lucette et Duluguet tombent dans un piège tendu par Roger Landes et son équipe. Interrogés par Roger Landes, dans la propriété de Franck Cazenave, près de Belin, les trois prisonniers auraient été emmenés sur le territoire de la commune de Muret et abattus sur place, le 27 juillet 1944. André Bouillard se serait chargé de Grandclément, Roger Landes de l'épouse, Christian Campet du jeune Duluguet, totalement innocent dans cette affaire. Duluguet, membre du réseau Jade-Amicol, avait participé à plusieurs opérations de sabotage dans le département. Roger Landes s'empare ensuite de la serviette contenant les documents de Grandclément.

Selon certains témoins, l'idée initiale de Roger Landes consistait à mener Grandclément à Londres par avion. Il se ravisa lorsqu'il constata que Grandclément connaissait la cause du démantèlement de l'OCM et du SOE dans le Sud-Ouest en 1943, à savoir l'opération Starkey visant à sacrifier une partie de la Résistance française pour que Hitler croie à l'imminence d'un débarquement en France, de façon à fixer plusieurs divisions allemandes loin de la péninsule italienne. Roger Landes, amoureux de la fille de Charles Corbin (son adjoint), a voulu couvrir celui-ci de ses liens avec la Gestapo. Il est clairement prouvé que Corbin a rencontré Dohse, en compagnie de Grandclément. L'a-t-il fait pour renseigner Roger Landes sur les intentions de la Gestapo ? En abattant Grandclément et son épouse, Roger Landes se serait prémuni contre toute révélation compromettante. Nullement rassuré, Alban Bordes, résistant actif de la région, qui a participé à la capture de Grandclément, prend la précaution d'exiger du délégué militaire du SOE (Roger Landes) un ordre d'exécution écrit. Les proches de Grandclément, témoins gênants, sont abattus les uns après les autres par les hommes de Roger Landes. Il en sera ainsi pour André Noël, dont le cadavre sera retrouvé à Parempuyre, le 13 août 1944. Les documents de la famille Duluguet, prouvant l'innocence de leur fils, vont être subtilisés par Roger Landes, sous la menace, après la guerre. À ce sujet, le témoignage de Renée Nadeau est accablant :

« J'ai travaillé chez Mme Duluguet, aux Argentières, après la guerre. Un jour, elle m'a dit qu'il fallait voir ce qu'il y avait dans le grenier. Nous avons traîné une échelle et je suis montée. Rien, sauf une valise en bois dans un coin. Je l'ai descendue et nous avons constaté qu'elle était fermée à clef. À l'aide d'un démonte-pneu, Mme Duluguet a réussi à l'ouvrir. Cette valise contenait du linge, un drap cousu en sac de couchage, une serviette de toilette, un gant, une serviette de table, un torchon, un linge de corps, un carnet de notes, des papiers et trois cartes d'identité à différents noms. Mme Duluguet en larmes m'a dit : « J'ai la preuve de l'innocence de mon fils et de son départ prévu pour l'Angleterre ! » Environ un an après, au bar Bleu, à Facture, un après-midi, j'étais seule dans la salle du bar, faisant du ménage (Mme Duluguet était dans la petite pièce sur l'arrière, à classer son courrier), quand un homme est entré. Il a demandé Mme Duluguet. Je l'ai prié d'attendre, et il m'a répondu : « Je sais qu'elle est là et qu'elle va me recevoir. Dites-lui que je suis Aristide (Roger Landes). » Il s'est avancé, elle ne voulait pas le recevoir, mais trop tard, il était rentré dans la petite pièce. Il est resté assez longtemps. Ils parlaient à voix basse. Lorsque cet homme est parti, Mme Duluguet est venue me rejoindre. Elle était bouleversée, en pleurs. Elle m'a dit qu'elle ne pouvait plus rien faire pour son fils ; que cet homme l'avait menacée, elle, ses neveux, ses nièces, toute sa famille, et qu'elle ne pouvait pas mettre leurs vies en danger[102]. »

Certains résistants, ayant gardé le silence durant plus de soixante ans après les événements, ont décidé de parler. C'est le cas de Louis Chalifour, dont l'une des nombreuses citations à l'ordre de l'armée précise qu'il a été « un patriote ardent, animé d'une foi ardente en la victoire. En octobre 1941, favorisant les passages clandestins de la ligne de démarcation, il est entré en lutte contre la Feldgendarmerie. Réfractaire au STO, il a participé à de nombreux transports d'armes et de matériel, à des sabotages de toute nature. Malgré les recherches de la Gestapo, il a continué à servir avec un mépris du danger au-dessus de tout éloge, se distinguant au cours des combats de la libération du Bordelais[103] ». Ce grand résistant rejoint le corps franc Marc, puis le maquis de Grignols ; il participe comme officier à la campagne du Médoc en 1944-1945, et il est blessé. Proche de Lucien Nouaux (chef du corps franc Marc), Chalifour apprend de sa bouche que « Roger Landes aurait des contacts avec le policier SS Dohse. Les deux hommes se seraient rencontrés à l'hôtel du Splendid, à Bordeaux[104] ».

Dohse a-t-il été un agent double travaillant aussi bien pour la Gestapo que pour les services spéciaux britanniques ? Rien ne permet de l'affirmer avec exactitude. Il est cependant troublant de constater que cet officier SS, arrêté par les Britanniques au Danemark, en mai 1945, sera renvoyé en France pour y être jugé, ce qui lui sauvera la vie. Réclamé par la Pologne, Dohse cherchera un moyen d'éviter l'extradition. Les tribunaux militaires polonais ont, à cette époque, une très mauvaise réputation parmi les officiers SS. Il écrit une longue lettre au tribunal militaire de Bordeaux pour y être jugé. Les autorités françaises obtiendront très facilement, auprès des Britanniques, son extradition. Lors de son procès, de nombreux faits seront curieusement occultés, comme sa responsabilité évidente dans la dernière fusillade d'otages à Souges, en août 1944. Le tribunal condamnera Dohse à une peine de sept ans d'emprisonnement seulement. Mais, tenant compte de sa captivité de guerre, de l'internement et de la détention préventive à partir du 8 mai 1945, il sera libre le jour du jugement, en avril 1953.

Quant à Roger Landes, même s'il était en France pour servir les intérêts britanniques, les nombreux parachutages, dont il est responsable, ont permis d'armer de très nombreux maquis. Sans cet homme de grande valeur, la Résistance girondine et landaise aurait manqué d'armes pour lutter efficacement contre l'occupant.

Une question demeure cependant: Grandclément est-il bien mort en juillet 1944 ? D'après certains témoins, son exécution n'aurait été qu'un simulacre. Roger Landes lui aurait laissé une chance de s'échapper, lorsque Grandclément lui révéla qu'il détenait des documents compromettant à son sujet, cachés en plusieurs endroits.

Le 27 décembre 1944, l'inspecteur de police Louis Durand se rend à Saugnac-et-Muret, afin d'identifier les corps du couple Grandclément et de Duluguet. Le policier français est accompagné de Mme Hermann, capitaine de la DGSS (Direction générale des services spéciaux), de l'inspecteur chauffeur Guiberteau et de l'inspecteur photographe Vielcazal. Le petit groupe marche dans les fougères, s'arrête à quatre ou cinq kilomètres de la route, près d'une ancienne bergerie. Malgré le travail de deux bûcherons, également présents, il n'est pas possible de dégager le corps de Grandclément, l'eau remplissant le trou au fur et à mesure. Seule la tête peut être dégagée et photographiée. Un peu plus loin, la seconde tombe, celle de Lucette Grandclément, est découverte, mais là encore l'eau inonde le trou creusé. Il en va de même de la tombe de Duluguet. Les photos prises par l'inspecteur Vielcazal ne permettent aucunement d'identifier les corps, vu l'état de décomposition très avancé dans lequel ils se trouvaient. Très curieusement, Mme Hermann les identifie formellement, même Marc Duluguet porte un vêtement… de femme !

Le 5 septembre 1946, l'inspecteur photographe Jean Belloc, chef du service régional de l'Identité judiciaire, se rend à Saugnac-et-Muret, afin d'identifier les corps avant de les faire enterrer plus dignement. Le maire du village lui montre le chemin. Belloc identifie le corps de Grandclément, en se fiant au très mauvais cliché pris par Vielcazal près de deux ans auparavant… Les trois cadavres sont retirés de la forêt et enterrés dans le cimetière de Saugnac-et-Muret, dans la plus grande discrétion. En 1947, les corps du couple Grandclément vont être finalement placés en terre à Pompignac, au nord de Bordeaux, dans le caveau de la famille Chastel, la famille de la mère de Lucette Grandclément. Les cercueils ne sont pas ouverts et disparaissent dans le caveau massif, sur le sommet duquel est apposée une plaque « Aux martyrs de la Résistance. Lucette et André Grandclément, lâchement assassinés le 28 juillet 1944 ». Ainsi, aucune authentification sérieuse des corps n'a été faite par la police.

Une très étrange lettre du meilleur ami d'André Grandclément, Fernand Cartron (exécuteur testamentaire), datée du 17 février 1945, adressée à une proche de la famille, révèle les faits suivants :

« J'ai pu, hier, avoir des premières nouvelles du père (André Grandclément). Elles sont infiniment meilleures qu'on ne pouvait les espérer. Peut-être sa santé se rétablira-t-elle tout à fait, de même que celle de sa femme qui suit le même traitement que lui. Les voiles sombres paraîtraient se déchirer. Je ne puis vous dire à quel point j'en suis heureux. Je vous communique cela confidentiellement [...].

« Il faut pour qu'ils guérissent conserver à leur égard la discrétion la plus absolue et s'abstenir de quoi que ce soit qui les touche. On risquerait fort de ne pas échapper à la contagion. D'où ma prudence qui a pu vous surprendre.

« Je ne connais, ou ne crois connaître, du reste, leur clinique que depuis hier[105] [...]. »

Si la possible survie d'André Grandclément est difficile à admettre, cette lettre troublante et d'autres faits viennent pourtant étayer cette incroyable hypothèse. Fernand Cartron, exécuteur testamentaire d'André Grandclément, refuse dans les années 1965-1970 de rencontrer l'une des filles de Grandclément, Francine, dont il est pourtant le parrain. Cette attitude semble révéler la volonté de conserver un secret bien gardé, mais lequel ? Il n'y a pourtant entre le parrain et sa filleule ni brouille et mésentente d'aucune sorte. Francine repart, dépitée et surprise, sans pouvoir obtenir la moindre explication. Autre fait troublant : lors des funérailles de Philippe Grandclément en 1970, à Saint-Laurent-de-la-Prée, le cortège funèbre jure d'avoir vu se recueillir André Grandclément sur la tombe de son frère... Plus étrange encore, André Delage, président et fondateur du Centre national et de l'Institut Jean-Moulin à Bordeaux, ancien résistant à la section spéciale de sabotage de

Jacques Nancy, déclara avoir reçu la visite, dans les années 1980, d'un homme âgé et distingué, ressemblant fortement à André Grandclément, qui lui demanda diverses informations confidentielles sur la Résistance en Aquitaine, sur l'OCM…

« À l'évidence, écrit Daniel Grandclément, les différentes identifications des corps sont trop malhabiles et incomplètes pour ne rien cacher[106]. »

Une partie du mystère de cette incroyable affaire demeure. Seule une expertise ADN permettrait de savoir qui se trouve dans le cercueil d'André Grandclément à Pompignac.

Les évadés de France

Des hommes et des femmes de tous âges, des prisonniers français ou alliés évadés d'Allemagne ou de France, des pilotes et soldats alliés, des résistants ou maquisards traqués, des militaires cherchant à reprendre le combat, des Juifs pourchassés, des réfractaires au STO, de simples civils ont franchi la chaîne les Pyrénées, classée zone interdite par l'occupant.

De 1940 à 1944, 33 000 Français, dont 460 femmes, s'évadent de France par l'Espagne : 260 en 1940, 1 760 en 1941, 7 580 en 1942, 18 540 en 1943 et 4 860 en 1944. Sur ces 33 000 Français évadés, 3 100, non mobilisables ou réformés, participent à la guerre dans des tâches civiles ; 1 500 autres rejoignent définitivement le Moyen-Orient ou les États-Unis. La grande majorité des évadés de France est dirigée vers la Grande-Bretagne ou le Maroc : 23 000 Français et 1 600 étrangers vivant en France s'engagent dans les armées françaises de libération, (on en compte par exemple 3 400 en Grande-Bretagne et 19 600 en Afrique du Nord). Au total, 29 200 sur 33 000 parviennent à quitter la France et l'Espagne.

Les pertes sont éloquentes : 1 860 évadés de France sont remis entre les mains des autorités de Vichy par les Espagnols avant le 13 novembre 1942 ; 2 120 pris par les Allemands ou remis à eux par les Espagnols sont déportés en Allemagne ; 450 sont abattus par l'occupant pendant le passage des Pyrénées, disparaissent dans des accidents de montagne ou meurent dans les prisons espagnoles.

À ces chiffres, il convient d'adjoindre environ 20 000 étrangers passés par les Pyrénées durant la même période, ce qui porte le chiffre total des évadés de France à environ 53 000 personnes.

Les agents de passage payent un lourd tribut : plus d'un millier d'individus arrêtés, dont 161 passeurs proprement dit.

Au niveau national, on compte environ 150 réseaux et 108 sous-réseaux, dont une soixantaine spécialisée dans l'évasion et les passages clandestins par les Pyrénées.

Le réseau Édouard, créé en juillet 1940 par les Britanniques, est dirigé par Gaston Hèches, restaurateur à Tarbes, qui aide les républicains espagnols et les Juifs. Socialiste et patriote, d'une grande intégrité morale, il fait preuve d'un immense courage, bien que souffrant de rhumatismes. Son identité est souvent falsifiée. Un de ses premiers noms de code est Thomas. Il est également connu sous le nom de Tristan. Plus tard, il fonde une filière pour le franchissement des Pyrénées, souvent utile aux exilés de France, ou qui sert également à récupérer de l'argent en Espagne, afin de financer les réseaux du Sud de la France. Le réseau Édouard s'implante également chez M. Desbiaux, 21, rue de Langelle à Lourdes, en contact avec Laurent Cazenave du mouvement Combat.

Le réseau Andalousie, rattaché au BCRA (services spéciaux de la France libre), fondé en 1941, compte dans le département 36 membres permanents, 40 occasionnels. Parmi ces 76 membres, on compte 2 déportés (Rémi Lhose et Maurice Diépenthol), 2 morts au combat (Jacques Brousen et Pierre Fauchon) et 1 internée (Alice Carreze). Un des fondateurs du réseau, Gérard de Clarens, né en 1922, grandit dans une famille marquée par la guerre 14-18 : deux de ses oncles ont été tués au combat. En 1939, il est étudiant à Paris. Il se rend régulièrement en vacances dans les Pyrénées pour y pratiquer le ski. Bien qu'âgé seulement de 18 ans, il s'engage dans la Résistance en 1941, effectue des repérages pour apprendre à mieux connaître le terrain des Hautes-Pyrénées, lieu de passage privilégié vers l'Espagne. Il met en place une filière de passage vers l'Espagne et d'évasions. La particularité de ces passages, c'est qu'ils se font à pied ou à vélo à travers la montagne. Gérard de Clarens est arrêté trois fois : une fois à Gèdre, deux autres fois en Espagne. Au total, il effectue 37 passages entre 1941 et 1944. Celui que l'on appelait « Claverie » ou

« Gonzalès » a joué un grand rôle dans la Résistance locale et nationale. Après la guerre, il s'engage dans l'armée. Il fait partie d'associations internationales de résistants, intervient au musée de la Déportation et de la Résistance de Tarbes. Décédé en juillet 2010, il était officier de la Légion d'honneur, médaillé de la Résistance, Croix de guerre 39-45 avec trois citations.

Le colonel Teyssier d'Orfeuil et le colonel Bernard, présents à Lourdes, participent activement à l'action clandestine des passages. Il en va de même de François Vignalle, champion de ski et guide émérite de Barèges. Une aide précieuse est également fournie par le docteur de l'hôpital de Lourdes, Marcel Billières, qui cache de nombreux clandestins, ainsi que du matériel indispensable à la Résistance.

Parmi les autres figures marquantes de l'action clandestine, on ne peut oublier Henri Janvier, Jean Cénac, Louis Bacqué, Jean Gaits, le capitaine J. Dane, le capitaine Roman Célestin…

La lutte clandestine du corps franc Pommiès

« Nous nous battrons en France et nous ramènerons les Allemands chez eux[107] » C'est ainsi que s'exprime le capitaine André Pommiès, au lendemain de l'armistice du 22 juin 1940. Considérant la bataille de mai-juin 1940 comme une simple péripétie, Pommiès va devenir l'un des plus célèbres résistants de France.

Cet homme au patriotisme inébranlable est né le 9 juin 1904 à Bordeaux. Il entre à l'École spéciale militaire de Saint-Cyr le 8 octobre 1924. Deux ans après, il est nommé sous-lieutenant au 144e RI. À partir du 7 octobre 1930, il sert quatre ans au 14e RI. Élève de l'École supérieure de guerre le 1er novembre 1934, il en sort breveté et passe capitaine le 24 mars 1936.

Ses supérieurs ont déjà remarqué les traits dominants de son caractère : « Homme de droiture, franc et loyal, remarquable organisateur, profond patriote, généreux et courageux. À toutes les qualités réunies pour accomplir une belle carrière militaire[108]. »

Le 10 septembre 1936, le capitaine Pommiès est désigné pour suivre les cours de l'école de guerre tchécoslovaque. « À la vérité, écrit-il, je vis parmi les professeurs de tactique générale ; puis, lors de l'affaire des Sudètes, je suis le sort de la mission militaire du général Faucher où je m'occupe de renseignements[109]. »

Rentré en France en 1938, il organise et dirige à Lyon le bureau de centralisation des renseignements de la 14e région, selon les directives du lieutenant-colonel Schlesser, chef de la section de contre-espionnage de l'état-major de l'armée. Le 5 janvier 1940, il rejoint celle-ci. À la fin du mois de juin, Pommiès se trouve avec le 5e bureau de l'état-major au château de Brax, près de Toulouse.

Capitaine au 18e RI de Pau en septembre 1940, Pommiès entre en relation avec ses homologues des corps de troupes pour organiser des unités de combat. Sur proposition du colonel d'Anselme, le capitaine Pommiès se voit confier, le 15 novembre 1940, la mobilisation secrète de l'armée dans les Landes, les Basses et Hautes-Pyrénées, ainsi que l'arrondissement de Mirande dans le Gers.

Avec l'aide précieuse du lieutenant Plaud, Pommiès parvient à constituer en une seule année plus de 50 dépôts contenant 1 200 fusils-mitrailleurs, 200 mitrailleuses, 10 mortiers de 81 mm, 4 canons de 75 mm, 3 500 fusils, 400 tonnes de cartouches, 8 000 obus de 81 mm, 5 000 obus de 25 mm…

Le 1er novembre 1942, Pommiès remplace le chef d'escadron Chanson à Toulouse, dans les fonctions d'officier chargé de la mobilisation secrète de la 17e division d'infanterie.

Dans le contexte de novembre 1942, faute d'une intervention alliée directe sur les côtes françaises à brève échéance, l'armée d'armistice est dissoute, à la suite de l'entrée de troupes allemandes en zone non occupée. Mais l'organisation clandestine déjà esquissée s'étoffe considérablement. Dès le mois de décembre 1942, l'Organisation de résistance de l'armée (ORA) est mise sur pied. Son ossature est le deuxième bureau, camouflé de diverses façons, le contre-espionnage devenant par exemple Travaux ruraux. Son chef, le général Frère, arrêté en juin 1943, est remplacé par le général Verneau, arrêté à son tour en septembre 1943. Le général Revers va lui succéder.

Au début du mois de janvier 1943, l'ORA compte déjà 8 000 hommes. En décembre 1943, les effectifs de la zone sud sont de 30 000 hommes, ceux de la zone nord de 15 000. L'ORA va contribuer à faire passer en Afrique du Nord, par l'Espagne, les cadres et les spécialistes que réclame la nouvelle armée française. Mais elle forme aussi des cellules régionales, et organise ses maquis et ses corps francs, comme celui de Pommiès, le plus important de tout le Sud-Ouest.

À compter du 17 novembre 1942, avec ses adjoints, les capitaines du Temple de Rougemont, Scheider et Ginestet, Pommiès établit son poste de commandement à Toulouse. Si le contact est permanent avec les chefs de l'ORA, les tentatives de rapprochement avec les groupes politisés tournent court, car Pommiès ne vise qu'à la libération du pays par un combat sans arrière-pensée politique.

Au début de 1943, Pommiès dispose d'un embryon de PC et de trois sous-groupements dans les dix départements de l'ancienne région militaire. Bientôt, les trois sous-groupements deviennent quatre groupes comportant chacun une section de destruction. Les effectifs se multiplient par le ralliement des réfractaires du STO.

À la fin de 1943, l'articulation du corps franc Pommiès (CFP) est la suivante :

- Groupement Sud-Est, capitaine Bénony (Basses et Hautes-Pyrénées, partie des Landes) ;

- Groupement Nord-Est, capitaine Cramausel (Lot et trois quarts nord du Tarn-et-Garonne) ;

- Groupement Est, chef d'escadron de Clerck (nord de la Haute-Garonne, sud du Tarn-et-Garonne, partie de l'Aude).

Le 5 avril 1944, les effectifs totaux du CFP s'élèvent à 8 000 hommes, dont 5 300 en unités organisées. Le 18, Pommiès rattache le groupement du Gers à celui du chef d'escadron de Clerck. Deux nouveaux groupements sont également créés :

- Groupement Centre, lieutenant Céroni (Hautes-Pyrénées à l'est de Tarbes et partie du Gers située au sud d'Auch) ;

- Groupement Ouest, capitaine de Milleret (Landes et partie ouest du Gers).

Le commandant André Pommiès fixe trois missions principales à ses unités : le renseignement, le sabotage et le harcèlement. Monsieur Jean d'Aligny, l'un des adjoints de Pommiès, est arrêté en mars 1943 par la Gestapo. Le capitaine de Rougemont le remplace, tandis que le capitaine Ginestet se charge de l'organisation administrative du CFP.

Conformément aux instructions du colonel Mollard, le service du camouflage des matériels de la 17e division de Toulouse est prêt à fournir au CFP armement et véhicules à la demande. « Il m'a même déjà remis, écrit Pommiès, des dépôts menacés d'être découverts par la Gestapo ; tel celui qui a été enterré dans la propriété de Jean d'Aligny et dans les bois environnants, représentant 35 tonnes de munitions. Les transports, auxquels je participe, sont effectués par des camions et des chauffeurs du service du camouflage des matériels, la main-d'œuvre étant en général fournie par l'AS (Armée secrète) sous les ordres de Monsieur Charrier[110] »

Pour la seule région des Basses et Hautes-Pyrénées, plus de 1 500 véhicules sont sortis des parcs de l'armée et camouflés. Une partie de ceux-ci seront remis au CFP pour les besoins de ses déplacements, en particulier au cours des mois de juin et août 1944.

Les deux premiers parachutages d'armes et de munitions se déroulent dans la nuit du 1er au 2 mai 1943, à l'est de la ville d'Auch. Puis, grâce aux liaisons directes radio que Pommiès établit avec la section action de Londres, cinq autres parachutages sont réalisés à 12 kilomètres de Tarbes, entre août 1943 et mai 1944.

Unité indépendante, le corps franc Pommiès attire un nombre considérable de volontaires. Elle va compter dans ses rangs des hommes aussi différents que le professeur Léon Schwartzenberg, l'écrivain Jean-Louis Curtis, l'ambassadeur Francis Lacoste, le général Fleury, chef d'état-major de l'armée de l'air jusqu'en 1981, Mgr Saint-Gaudens, évêque d'Agen, sans oublier cet autre grand nom qui s'illustrera en Indochine après avoir servi au CFP, à savoir Vandenberghe.

Au début du mois de février 1943, à Toulouse, le capitaine Dunoyer de Segonzac entre en relation avec le commandant Pommiès. Au cour de l'entretien, les deux hommes se mettent d'accord sur la mise en place d'un service de renseignement et de contre-espionnage. Pommiès sait que ses efforts d'organisation seront vains sans protection efficace contre l'espionnage.

Des mesures sont rapidement prises pour éviter toute infiltration de la Gestapo : discrétion absolue, cloisonnement vertical et horizontal, boîtes à lettres pour le courrier... Mais l'attaque est souvent la meilleure des défenses. Il importe pour Pommiès, ancien des services spéciaux, d'aller chercher le renseignement chez l'adversaire et de l'exploiter de telle sorte que les intéressés soient prévenus à temps des dangers qui les menacent.

Les Allemands disposent avec la Gestapo d'une arme diabolique contre la Résistance. Pommiès organise un vaste réseau de renseignement. Celui-ci devient rapidement efficace et s'introduit chez l'ennemi lui-même.

Se fiant aux références données par le capitaine Dunoyer de Segonzac, Pommiès met en place des correspondants à chaque échelon de commandement du CFP et, avec leur aide, il truffe d'agents les services ennemis.

On voit alors, par exemple, l'agent E... chargé de noyauter les services toulousains des Allemands Lehman et Schweitzer. Mais la Gestapo dispose d'organismes satellites français, dont les plus dangereux sont le Parti populaire français (PPF), la Milice et la police. L'agent F... infiltre le PPF; parmi les secrétaires du 2e bureau régional de la Milice est introduit l'agent féminin M...; dans les polices départementales et locales, chaque échelon de commandement du CFP a ses informateurs enfin, dans la fameuse brigade spéciale de l'intendant de police régionale Marty, la seconde Gestapo, Pommiès met lui-même en place un agent remarquable: Ch...

Pommiès trouve une aide considérable en la personne du commandant Morhange, lui aussi des services spéciaux. Cet homme de grande classe installe son PC clandestin au château de Brax, adossé à la forêt de Bauconne, à 35 kilomètres de Toulouse. Ayant réussi à capter la confiance des chefs de la Gestapo et à obtenir d'eux un carte d'officier, Morhange devient l'un des plus précieux agents du CFP. Il fait également appel, en certaines circonstances, à d'autres équipes de renseignement du CFP: celle de Sarrazin à Tarbes et de Cramaussel à Cahors.

Le service de contre-espionnage et de renseignement du CFP parvient à établir en deux ans 3000 fiches (avec photos, empreintes et dossiers) de collaborateurs et de suspects, ainsi que 200 fiches (avec photos et adresses en Allemagne) de membres de la Gestapo ayant opéré dans le Sud-Ouest.

Le bilan des équipes de répression du CFP est tout aussi impressionnant: 68 officiers ou agents de la Gestapo sont supprimés avant le 6 juin 1944.

André Villeneuve, membre du CFP, tient à préciser: « Abattre 68 agents ou officiers de la Gestapo prouve la vigilance et l'efficacité du service de renseignement du CFP. Mais tirer, de sang-froid, dans le dos d'un soldat de la Wehrmacht qui se promène dans la rue, cela, jamais aucun de nous ne l'a fait[111]. »

À la fin du mois de mars 1943, le commandant Pommiès prescrit aux chefs des groupements de prévoir une section de destruction. Le maniement des explosifs nécessite néanmoins un personnel qualifié. À la demande de Pommiès, le BCRA (Bureau central de renseignements et d'action) de Londres lui envoie des instructeurs.

Le 15 novembre 1943, Bernard Amiot est parachuté au lieu-dit Lamothe, à 8 kilomètres au sud-ouest de Lectoure dans le Gers. Pommiès lui confie aussitôt le rôle d'instructeur auprès des groupements. En collaboration avec ceux-ci, Amiot recrute une section spéciale de destruction. Le 4 mars 1944, un deuxième instructeur d'explosifs, Philippe Lauzier, est parachuté dans les Hautes-Pyrénées pour le compte du CFP. Cet homme intrépide, sergent au 1er bataillon de choc d'Afrique, va travailler en collaboration avec Amiot.

Très rapidement, la section spéciale de destruction Amiot exécute des actions spectaculaires : de décembre 1943 à janvier 1944, 38 locomotives utilisées par les Allemands sont détruites. Puis, de mars à mai 1944, une dizaine d'établissements travaillant pour les Allemands sont sabotés.

Au sein du corps franc Pommiès, le Groupement Sud Ouest, fondé en janvier 1943, va également déployer une intense activité durant la période clandestine. Sa zone d'action couvre les Basses et Hautes-Pyrénées, ainsi qu'une partie des Landes. Le 1er avril 1943, le capitaine Balade est remplacé à la tête du groupement par le capitaine Bénony. En raison des nombreuses unités militaires qui avaient été en garnison dans les villes de Tarbes et de Pau, le Groupement Sud Ouest dispose d'un excellent encadrement. Il peut aligner un état-major, une section de renseignement et de destruction (lieutenant Pottier), trois bataillons d'assaut pour les Hautes-Pyrénées, un bataillon pour les Basses-Pyrénées et un pour les Landes. L'ensemble représente en avril 1944 un effectif de 715 hommes, dotés d'un important armement avec 11 fusils-mitrailleurs, 200 mitraillettes, 31 fusils de guerre et 86 revolvers.

Le 18 avril 1944, Pommiès réorganise les zones de responsabilité des groupements. C'est ainsi que le Groupement Sud Ouest se trouve amputé d'une partie des Hautes-Pyrénées et du département des Landes.

Le 23 mars 1944, le lieutenant de cavalerie Céroni, chargé de former le Groupement Centre du CFP, est arrêté à Tarbes par la Gestapo. Conduit à la Feldgendarmerie de l'hôtel Moderne, Céroni est immédiatement interrogé. On l'accuse d'appartenir à un mouvement de résistance et de constituer des bandes armées. Malgré les menaces de mort, il nie tout. La Gestapo le fait enfermer dans une cellule de l'ancienne prison du 24e régiment d'artillerie.

Madame Montblanc, voisine de palier de Céroni, prévient le beau-frère du prisonnier, le lieutenant de cavalerie Navarro, également membre du CFP à Tarbes.

Navarro rôde autour de la Feldgendarmerie et parvient à savoir où est enfermé Céroni. Après avoir reçu les informations nécessaires, notamment grâce à une équipe de surveillance commandée par Dejoie, Navarro décide de faire évader son beau-frère. L'opération semble particulièrement dangereuse, la prison étant gardée par des soldats SS.

Navarro et ses hommes se chaussent d'espadrilles et utilisent un armement commando : pistolet automatique, mitraillette, poignard, cordelette de strangulation.

Le 24 mars 1944, à deux heures du matin, l'équipe de protection est en place. L'équipe d'escalade, munie de pinces, de scies, de marteaux et de cordes, place une échelle de bois le plus doucement possible contre le mur de six mètres de haut. L'intrépide Navarro monte le premier. Tout va bien, lorsque soudain des phares trouent l'obscurité. On lève rapidement l'échelle et Navarro reste sur le sommet du mur. Il en profite pour regarder à l'intérieur de la prison : personne dans le chemin de ronde où d'habitude un soldat SS fait la navette. Les phares sont ceux d'Allemands qui rentrent à bicyclette et que l'équipe de protection laisse passer tranquillement.

L'échelle est remise en place. Les résistants, parmi lesquels Dejoie, montent à leur tour. Il s'agit maintenant de faire passer l'échelle à l'intérieur (elle mesure 8 mètres) sans heurter la paroi ! La corde qui la soutient casse… mais le bruit ne donne pas l'alerte… et la manœuvre réussit.

Navarro se dirige droit vers la cellule de son beau-frère et l'appelle. Un bruit de paille froissée et le détenu se montre par le guichet.

Pour ouvrir, il s'agit de tirer le gros verrou qui, malheureusement, grince de manière infernale. « Je savais que vous viendriez », dit Céroni qui tend ses poings entravés par des menottes que Navarro scie.

Depuis plusieurs heures, Céroni n'a pas subi d'interrogatoire. Jeune et agile, il franchit facilement le mur. Il reste à délivrer monsieur Monties, membre de l'AS, également emprisonné. Même bruit de paille, même verrou grinçant, au risque de donner l'alerte. Le malheureux, dont les ongles ont été arrachés, n'a plus toute sa lucidité. Surpris, il se met à tourner sur lui-même, comme un fou. Navarro doit le pousser par les épaules, le hisser jusqu'au sommet du mur d'où, malgré ses 110 kg, il a envie de sauter. On l'en dissuade rapidement et il se laisse descendre avec les cordes.

Dernière inspection de Navarro aux cellules : plus personne à libérer. À son tour, il franchit le mur avec ses hommes, puis chacun disparaît dans la nuit.

L'exploit est réalisé : les deux résistants sont libres ! Au matin, tandis que Navarro et ses hommes dorment bien sagement, les Allemands constatent l'incroyable évasion. Le poste de guet a bien entendu quelque chose ; la sentinelle est sortie, puis rentrée sans avoir rien vu de suspect. Pour le prix d'une telle négligence, un sous-officier et quatre soldats des bataillons SS sont sévèrement sanctionnés.

À Tarbes, l'agent de la Gestapo le plus actif est sans conteste le sous-chef Vidoni. Le capitaine Bénony du CFP a rapidement conscience du danger qu'il représente. Pommiès lui donne l'autorisation de procéder, par des moyens locaux, à son enlèvement ou à son exécution, sa préférence allant à la première solution qui offrirait la possibilité d'un marchandage.

L'adjudant de cavalerie Sarrazin, apprécié pour son audace et son intelligence, est chargé de la mission. Il expose un plan fort simple à son équipe : « Nous savons que Vidoni est un habitué de l'Obstacle, bar situé en plein centre de Tarbes, en face de l'hôtel Moderne, siège de la Kommandantur. Un soir, on l'attendra devant l'établissement. S'il sort avant 21 heures, alors que la circulation automobile est encore autorisée, on s'emparera de lui et, à bord d'une camionnette, on le conduira dans le bois de Laslades, 10 kilomètres à l'est de Tarbes. Dans le cas contraire, on l'abattra avec un pistolet silencieux, afin de ne pas attirer l'attention de la sentinelle allemande placée devant la proche Kommandantur[112]. »

Sarrazin choisit son équipe avec le plus grand soin : madame Sarrazin, son épouse, surveillera Vidoni au bar et signalera son départ. Six membres du CFP et deux de l'AS l'enlèveront.

Le 31 mars 1944, à 19 h 30, le dispositif est en place. Madame Sarrazin pénètre dans le bar et se mêle à une conversation que le propriétaire entretient avec Vidoni. L'adjudant Sarrazin et ses compagnons se placent devant la sortie principale de l'Obstacle, rue Despourins ; la camionnette est garée le long du trottoir opposé.

Le temps passe. Un peu avant 21 heures, Sarrazin renonce à l'enlèvement et se résout à l'exécution. Il renvoie alors les deux membres de l'AS (Tixador et Nunez) avec la camionnette.

À 22 heures, la sortie principale du bar est fermée. Robert Eischen prend la relève de Mme Sarrazin qui rentre chez elle, non sans avoir signalé que Vidoni est armé. Les six autres résistants attendent à l'extérieur, devant la porte de service.

À 22 h 30, Eischen sort ; comme convenu, il précède Vidoni. Dès que celui-ci paraît, le résistant Dorckel tire sur lui, à bout portant, avec son pistolet silencieux. Vidoni fait semblant d'être touché, puis dégaine son arme et fait feu sur les assaillants qui, heureusement, ne sont pas atteints. Bien que surpris, Sarrazin riposte immédiatement avec son revolver et Viltard avec sa mitraillette Sten.

Au bruit de la fusillade, la sentinelle allemande de la Kommandantur intervient avec son fusil, mais les sept hommes disparaissent dans la foule qui sort d'un cinéma voisin. Le lendemain, l'un des membres du groupe, le policier résistant Martin, se rend à la morgue, où il constate avec stupeur que, sur 19 balles tirées, une seule a été mortelle : Vidoni portait sous son costume une épaisse cotte de mailles !

Depuis le début de l'année 1943, l'usine Hispano-Suiza de Soues (Hautes-Pyrénées) travaille au profit de la Luftwaffe. Sa production mensuelle représente 200 moteurs d'avion. Lorsque, en mars 1944, le haut commandement allié fait connaître son intention de bombarder l'usine, avec le risque de toucher la population civile, Pommiès intervient immédiatement pour demander le report de cette opération. « Pas besoin de forteresses volantes pour arrêter le travail dans cet établissement[113] », dit-il.

Le 15 avril 1944, le commando Pottier (Groupement Sud Ouest du CFP), guidé par le directeur de l'usine lui-même, réalise avec une incroyable audace, à la barbe de l'occupant, le sabotage intelligent des installations : elles sont suffisamment détériorées pour interdire toute activité pendant de longs mois, mais ne sont pas détruites irrémédiablement. Des victimes ? Aucune !

Le commandant Pottier est radieux, car sa mission est un succès. Il en aura la confirmation lorsqu'un technicien allemand, spécialement venu de Paris, affirmera que la production de l'usine Hispano-Suiza ne pourra pas reprendre.

Le jeudi 6 avril 1944, quatre membres du CFP (Amiot, Duthuit, Lauzier et Piat) sabotent la compagnie française de raffinage de Boussens : la production d'une huile de graissage nécessaire aux convois ferroviaires allemands est stoppée. L'installation de l'aviation alliée a été ainsi évitée. Elle n'aurait pas pu, par son bombardement aveugle, éviter les citernes de chlore de la SEUB, dont la libération aurait provoqué l'asphyxie de la population environnante. Ce nouveau succès du CFP provoque les félicitations du général Cochet, commandant des FFI de la zone sud.

Le 25 mai 1944, le colonel de Milleret exécute avec son équipe le sabotage de l'arsenal de Tarbes. La fabrication des canons de 150 mm est stoppée jusqu'à la Libération. Le lendemain même, l'équipe Chemier fait sauter la voie ferrée Tarbes-Auch près de Bazet, quinze minutes avant le passage d'un train de matériel allemand. Les dégâts sont considérables et neuf soldats allemands sont tués ou blessés.

De décembre 1943 à mai 1944, l'ensemble du corps franc Pommiès (CFP) compte à son actif 40 locomotives détruites, 500 coupures de rails, 12 usines sabotées, 30 ponts détruits, 7 lignes à haute tension interrompues en permanence.

Le 6 juin 1944, le commandement français de Londres donne l'ordre de passer à l'insurrection générale. Les phrases convenues sont entendues à la radio. Le corps franc Pommiès mobilise tous ses effectifs, plus de 9000 hommes, pour mener la lutte ouverte.

Dix grandes figures de la Résistance intérieure

Berty Albrecht

Berty Albrecht, née Wild, voit le jour le 15 février 1893 à Marseille, dans une famille bourgeoise protestante d'origine suisse. Après des études classiques à Marseille, puis à Lausanne, elle passe un diplôme d'infirmière en 1912. Jeune diplômée, elle se rend à Londres à la veille de la Première Guerre mondiale, comme surveillante dans une pension de jeunes filles. Elle rentre ensuite à Marseille où elle exerce dans les hôpitaux militaires, durant toute la durée du conflit.

Après l'armistice de 1918, elle épouse un banquier hollandais, Frédéric Albrecht, et habite la Hollande, puis Londres à partir de 1924. Elle commence à s'intéresser à la condition féminine. Revenue à Paris en 1931, elle devient membre de la Ligue des droits de l'homme et fonde, en 1933, une revue féminine. Elle s'occupe des réfugiés allemands qui fuient le nazisme (juifs et opposants politiques), puis des Espagnols républicains exilés en France. En octobre 1936, elle devient surintendante d'usine. En 1938, on l'affecte aux usines Barbier-Bernard et Turenne, fabrique d'instruments d'optique pour la Marine.

Après l'armistice de juin 1940, Berty Albrecht entre aux usines Fulmen à Vierzon et profite de cette situation, dès l'été 1940, pour faire passer la ligne de démarcation à des prisonniers évadés. Début 1941, elle dactylographie les premiers bulletins de résistance du Mouvement de libération nationale (MLN) créé par Henri Frenay, qu'elle connaît depuis 1934. Elle recrute pour le mouvement les premiers adhérents et collecte des fonds. En mai 1941, elle emménage à Lyon, en tant que chargée de mission par le ministère de la Production industrielle et du Travail pour l'ensemble des problèmes du chômage féminin dans la région. Berty fait ouvrir des ateliers de couture pour les chômeuses. Elle découvre à Villeurbanne, où se trouvent les locaux du commissariat au chômage, le premier imprimeur qui édite le journal de résistance *Les Petites Ailes* à 2000 ou 3000 exemplaires, puis le journal *Vérités*, à partir de septembre 1941.

En 1942, le mouvement Combat se développe sous l'impulsion d'Henri Frenay, François de Menthon et de Berty Albrecht. Poursuivant sa lutte contre le nazisme, elle établit de précieuses liaisons entre les deux zones au profit du mouvement Combat. Les bureaux de Villeurbanne deviennent ceux du mouvement Combat. Berty s'efforce de mettre en place un service social pour venir en aide aux camarades emprisonnés et à leurs familles. La police française arrête Berty Albrecht à la mi-janvier 1942, puis la relâche au bout de trois jours. Elle est contrainte de démissionner du commissariat au chômage. Arrêtée à son domicile fin avril 1942, elle est internée administrativement à Vals-les-Bains en mai 1942. Elle exige d'être jugée. Devant le refus des autorités, elle débute une grève de la faim pendant 13 jours avec plusieurs de ses codétenus, dont Emmanuel Mounier. Elle obtient d'être transférée à la prison Saint-Joseph à Lyon, puis est finalement jugée et condamnée à six mois de prison ferme.

L'invasion de la zone sud, le 11 novembre 1942, complique l'avenir des prisonniers politiques et résistants. Berty Albrecht décide de simuler la folie. Envoyée à l'asile psychiatrique de Bron le 28 novembre, elle est libérée par un commando de Combat, dirigé par André Bollier, le 23 décembre 1942. Sa fille Mireille et son médecin traitant auront également contribués à sa liberation. Refusant de passer en Grande-Bretagne, elle reprend aussitôt ses activités clandestines et, au début de février 1943, rejoint Henri Frenay à Cluny.

Arrêtée par la Gestapo à Mâcon le 28 mai 1943, lors d'un faux rendez-vous, Berty Albrecht est torturée et transférée à la prison du fort Montluc à Lyon. Le 31 mai à 0 h 15, elle est placée dans une cellule du quartier des droits communs à Fresnes. Échappant à la surveillance réservée aux politiques, elle se suicide par pendaison dans la nuit. Le 31 mai 1943, les Allemands font connaître à la préfecture de Mâcon la mort de Berty Albrecht. En mai 1945, son corps est retrouvé dans le jardin potager de la prison de Fresnes. Berty Albrecht est inhumée dans la crypte du mont Valérien.

Pierre Brossolette

Pierre Brossolette est né le 25 juin 1903 à Paris. Fils d'un inspecteur de l'enseignement primaire de tradition radicale, il fait ses études à Janson-de-Sailly et Louis-le-Grand. Il entre à l'École normale supérieure en 1922. En 1925, agrégé d'histoire, il effectue son service militaire au 5e régiment d'infanterie à Paris comme sous-lieutenant.

Il débute une carrière de journaliste au sein de divers journaux (*L'Europe nouvelle, Le Quotidien, Le Progrès civique, Notre Temps,*

Excelsior, Terre libre, Le Populaire). Militant socialiste, sous-chef de cabinet de François Piétri, ministre des Colonies, il est chargé des questions de communication et de la presse pendant plusieurs mois en 1930. Rapidement démissionnaire, il se présente en 1936 aux élections dans l'Aube où il est battu. Léon Blum, en octobre 1936, lui confie la rubrique de politique étrangère à la radio nationale. Antimunichois, violemment attaqué par une partie de la presse, il est révoqué par Daladier en janvier 1939.

Mobilisé le 23 août 1939, lieutenant au 5ᵉ RI, il forme la compagnie d'accompagnement attachée au 21ᵉ bataillon d'infanterie et placée en garde du QG à la Ferté-sous-Jouarre. Il est promu capitaine en mars 1940 et décoré de la croix de guerre pour son attitude lors de la retraite de son unité. Il est démobilisé fin août ; l'administration de Vichy refuse sa réintégration dans le corps enseignant en raison de son passé antifasciste. Il achète alors à Paris, au 89, rue de la Pompe, une librairie qui va servir de couverture à ses activités de résistance. Début 1941, par l'intermédiaire d'Agnès Humbert, il entre au réseau du musée de l'Homme et collabore au journal *Résistance*, dont il devient le rédacteur en chef.

Après le démantèlement du réseau du musée de l'Homme, Pierre Brossolette est ensuite intégré, en novembre 1941, au réseau du colonel Rémy, la Confrérie Notre-Dame, pour lequel il devient le chef de la section presse et propagande. Il signe son engagement aux Forces françaises libres le 1er décembre 1941. Il rédige une série de rapports destinés à informer les services français de la radio de Londres. Il prend également des contacts avec les mouvements de Libération-Nord et l'Organisation civile et militaire (OCM).

Le 27 avril 1942, il effectue son premier départ pour Londres, par avion Lysander, du terrain de Saint-Saëns, près de Rouen. En Angleterre, il rédige plusieurs rapports pour le Bureau central de renseignements et d'action (BCRA) et rencontre à plusieurs reprises le général de Gaulle. Promu chef de bataillon, il est parachuté au-dessus de Chalon-sur-Saône, le 4 juin. Arrivé à Paris le 7, Brossolette établit des contacts politiques importants. Il permet l'évasion d'André Philip et persuade Charles Vallin de rejoindre l'Angleterre. Les deux hommes, *via* Gibraltar, gagnent la Grande-Bretagne le 14 septembre 1942. Le 22, il évoque sur les ondes de la BBC le rôle important de la

Résistance française. Affecté au BCRA, il devient l'adjoint du colonel Passy et, le 1er octobre, prend la tête de la section opératoire, service chargé de faire le lien entre la Résistance extérieure et la Résistance intérieure. À ce titre, il accueille et discute à Londres avec les principaux chefs de la Résistance. Le 17 octobre 1942, le général de Gaulle lui décerne la croix de la Libération avant de le nommer membre du conseil de l'ordre de la Libération.

Pierre Brossolette atterrit en France dans la nuit du 26 au 27 janvier 1943, afin d'accomplir une importante mission, en coopération avec le colonel Passy et Yeo Thomas (SOE), parachutés un mois plus tard. Cette mission a pour but, en zone nord, de procéder à l'inventaire de toutes les forces de la Résistance, de séparer le renseignement de l'action militaire, de rechercher les cadres d'une administration provisoire pour la Libération. Brossolette établit des contacts avec divers responsables de la Résistance (Jean Gosset, Jean Cavaillès, le colonel Touny, Pierre Villon…).

Pierre Brossolette et le colonel Passy sont de retour à Londres le 16 avril 1943 et présentent leur rapport de la mission. À Londres, Brossolette remplace à 38 reprises Maurice Schumann au micro de la BBC, entre le 29 mai et le 27 juillet 1943, pour y lire des chroniques de combat et d'espoir rendant hommage aux résistants.

Le 13 août 1943, Brossolette part pour Alger. Il y rencontre le général de Gaulle avant de revenir en Grande-Bretagne, le 3 septembre, avec l'autorisation de repartir en France. Il accomplit son dernier départ pour la France le 19 septembre, déposé par une opération Lysander, près d'Angoulême. Il sert de conseiller à Émile Bollaert, nouveau délégué national de la Résistance. En novembre, il reçoit l'ordre de revenir à Londres. L'opération Lysander ayant échoué, une opération d'évacuation par mer est mise en place, à partir de la Bretagne. Le 2 février 1944, Pierre Brossolette et Émile Bollaert embarquent sur un navire de pêche, qui s'échoue à l'entrée de la baie d'Audierne, en raison du mauvais temps. Réfugiés à Plogoff, chez un résistant local, ils sont arrêtés tous les deux à Audierne, lors d'un contrôle de routine. Pierre Brossolette est transféré à la prison de Rennes le 5 février, puis écroué. Sous la torture, il ne parle pas. Il est alors conduit à Paris, le 19 mars, au siège de la Gestapo, 84, avenue Foch. De nouveau torturé, il ne parle pas. Il profite, le 22 mars 1944, d'un moment d'inattention d'un de ses gardiens pour se jeter par la fenêtre du cinquième étage. Très grièvement blessé, il meurt le soir, vers 22 heures, à l'hôpital de La Pitié. Le 24 mars, son corps est incinéré au Père-Lachaise.

Marie-Madeleine Fourcade

Née le 8 novembre 1909 à Marseille au sein d'une famille aisée – son père est un des dirigeants des Messageries maritimes –, Marie-Madeleine Fourcade est élevée dans des institutions religieuses. Elle connaît les colonies, en particulier l'Asie, mais également le Maroc. Elle épouse un officier dont elle a cinq enfants, puis devient en 1937 secrétaire générale du groupe de publications anticommunistes du commandant Loustaunau-Lacau, avec lequel elle partage le goût du renseignement et de l'action secrète, ainsi que les idées nationalistes.

En avril 1941, ils mettent sur pied ensemble un réseau de renseignements militaires, en liaison avec les services secrets britanniques et le 2e bureau de la France libre. Ce réseau prend nom d'Alliance et regroupe près de 4000 agents, dont 429 seront tués par les Allemands. Le réseau Alliance compte de nombreuses filières des deux côtés de la ligne de démarcation et des ramifications destinées à brouiller les pistes. Les agents d'Alliance recueillent et transmettent aux Alliés des renseignements capitaux sur les bases sous-marines, le mur de l'Atlantique, les mouvements des troupes allemandes. Ils participent également à l'acheminement vers l'Afrique du Nord du général Giraud, évadé d'Allemagne en avril 1942.

Après l'arrestation et la déportation de Loustaunau-Lacau en 1941, Marie-Madeleine Fourcade dirige le réseau, avec le soutien du commandant Faye. Elle parvient à déjouer presque tous les pièges, échappant à de nombreuses arrestations. Elle est finalement interceptée à Marseille à la fin de l'année 1942, mais parvient à s'échapper avec la complicité de policiers français, favorables à la Résistance.

Sa carrière politique est brillante après la Libération : elle est constamment réélue députée des Côtes-du-Nord à partir de 1945. Vice-présidente de l'Association nationale des médaillés de la Résistance depuis 1947, membre de la Licra (Ligue internationale contre le racisme et l'antisémitisme), Marie-Madeleine Fourcade est représentante à l'Assemblée des Communautés européennes (1981-1982) et préside en 1982 la défense des intérêts de la France en Europe. Ses derniers combats furent pour le règlement de la crise libanaise et le procès de Barbie à Lyon.

Marie-Madeleine Fourcade décède le 20 juillet 1989, à l'hôpital militaire du Val-de-Grâce. Le gouvernement et les survivants du réseau Alliance lui rendent un hommage exceptionnel le 26 juillet, à l'occasion de ses obsèques en l'église Saint-Louis des Invalides et de son inhumation au cimetière du Père-Lachaise à Paris.

Henri Frenay

Henry Frenay est né le 19 novembre 1905 à Lyon. Son père est officier de carrière. Bachelier, il entre en 1924 à l'École militaire de Saint-Cyr. De 1926 à 1929, il sert comme officier à l'armée du Rhin, d'abord au 10e bataillon de mitrailleurs, puis au 156e RI. De 1929 à 1932, il est affecté successivement en Syrie au 16e régiment de tirailleurs tunisiens, puis à Kamechlié au 8e bataillon assyro-chaldéen. En 1933, il retourne en métropole, à Hyères, au 3e régiment d'infanterie alpine, avant d'effectuer, en 1935, un stage d'observateur aérien à Lyon-Bron. En 1936-1937, le capitaine Frenay est en stage à l'École supérieure de guerre. En 1938, il suit les cours du Centre des hautes études germaniques de Strasbourg et obtient un diplôme.

En 1939, il est affecté à Ingwiller, à l'état-major de la 17e région militaire. Durant la campagne de France, officier d'état-major au col du Donon, il est fait prisonnier en juin 1940 et parvient à s'évader, puis à rejoindre sa mère en zone sud, à Sainte-Maxime. Il est cité à l'ordre de l'armée.

En juillet 1940, Henri Frenay est affecté en garnison à Marseille et, dès le 15 août, refusant la défaite, il écrit un manifeste, premier appel à la lutte armée. Il organise dès lors les premiers recrutements parmi ceux qui comme lui refusent l'armistice. En décembre 1940, il est affecté au 2e bureau de l'état-major de l'armée à Vichy. En janvier 1941, il démissionne de l'armée et entre rapidement dans la clandestinité. Il publie le 16 juillet suivant un numéro clandestin des *Petites Ailes*. Au même moment, il rencontre pour la première fois Jean Moulin qui se prépare à partir pour Londres. Il fonde ensuite le Mouvement de libération nationale (MLN) et édite le journal *Vérités* à partir de septembre 1941, avec l'aide de Berty Albrecht, qu'il connaît depuis 1934. En novembre 1941, à Grenoble, il rencontre François de Menthon qui dirige le mouvement Liberté et qui édite un journal du même nom. De la fusion du MLN et de Liberté naît le mouvement Combat. En décembre paraît le premier numéro du journal *Combat*.

Combat, toujours avec l'aide de Berty Albrecht, devient le premier mouvement de Résistance de la zone sud en termes d'effectifs. Grâce aux fonds fournis par Jean Moulin, Combat peut financer ses cadres et se développer. Persuadé de l'importance de former la Résistance à la lutte armée, Frenay met en place les premières cellules de l'Armée secrète et les premiers groupes francs durant l'année 1942. Dès juin 1942, il est recherché par la police de Vichy. À l'été 1942, *Combat* tire à cent mille exemplaires.

En septembre 1942, Henri Frenay part pour Londres en compagnie d'Emmanuel d'Astier de La Vigerie et y rencontre le général de Gaulle. Il est de retour en France en novembre 1942 par une opération aérienne. Début 1943, sous l'impulsion de Jean Moulin sont créés les Mouvements unis de la Résistance (MUR), qui voient l'unification des principaux mouvements de la zone sud: Combat, Libération et Franc-Tireur. Henri Frenay est alors membre du comité directeur des MUR.

En janvier 1943, il confie la direction du mouvement à son adjoint Claude Bourdet et retourne à Londres. En juillet, il part pour Alger où, le mois suivant, le général de Gaulle lui remet la croix de la Libération. Nommé en novembre 1943 à la tête du commissariat aux prisonniers, déportés et réfugiés du Comité français de libération nationale à Alger, il continue à écrire dans *Combat*, fait plusieurs discours à la radio, puis est appelé à siéger à l'Assemblée consultative provisoire d'Alger. En août 1944, Henri Frenay devient ministre des prisonniers, déportés et réfugiés du Gouvernement provisoire de la République française. Il arrive en France le 1er septembre 1944. Le lendemain, il se trouve à Paris et participe au premier Conseil des ministres. Il se dévoue à la tâche immense visant à assurer le retour en France des prisonniers de guerre et des déportés. Malgré les nombreuses difficultés, les premiers retours (20 000) ont lieu en mars 1945. Puis viendront ceux d'avril (313 000), de mai (900 000) et de juin (276 000). En juillet, le ministère considère le rapatriement comme terminé.

En janvier 1945, Henri Frenay est l'initiateur de ce qui deviendra le mémorial de la France combattante au mont Valérien. En septembre 1946, il est président de l'Union européenne des fédéralistes. Directeur de plusieurs sociétés et administrateur de maisons d'édition, il publie en 1973 *La Nuit finira,* puis, en 1975, *Volontaires de la nuit.* Henri Frenay est décédé le 6 août 1988 à Porto-Vecchio en Corse, où il est inhumé.

Georges Guingouin

Georges Guingouin est né le 2 février 1913 à Magnac-Laval en Haute-Vienne. Son père, sous-officier de carrière, est mort pour la France le 28 août 1914 à Bapaume. Sa mère est institutrice. Après des études à l'école primaire supérieure de Bellac, il intègre l'école normale d'instituteurs de Limoges. Appelé sous les drapeaux en 1934 comme secrétaire d'état-major à la 6e compagnie du Train à l'École militaire de Paris, il est ensuite nommé au poste d'instituteur à Saint-Gilles-les-Forêts en Haute-Vienne. Il est en outre secrétaire du rayon communiste d'Eymoutiers, qui comprend les cantons de l'est du département.

Mobilisé le 23 août 1939 au groupe de transport 120/124, blessé le 17 juin 1940, il est évacué à l'hôpital Sainte-Madeleine de Moulins. Le 18 juin, la ville est attaquée par les Allemands. Se refusant à être fait prisonnier, Georges Guingouin rejoint sous la mitraille le poste de secours de l'unité qui défend la ville et se fait évacuer sur Montluçon. C'est le jour même où le général de Gaulle, de Londres, lance son célèbre appel à la Résistance.

Revenu dans ses foyers et remis de ses blessures, Georges Guingouin organise la Résistance dès juillet 1940 sous forme de groupes clandestins, édite et diffuse des tracts contre le gouvernement de Vichy et les Allemands, confectionne de fausses cartes d'identité. Il est en désaccord avec la ligne politique attentiste ou collaboratrice préconisée par le responsable communiste Jacques Duclos. Il refuse de reproduire et diffuser *La Vie du Parti* n° 9 de septembre 1940, qui déclare : « Nous devons être sans haine vis-à-vis des soldats allemands. Nous sommes contre de Gaulle et le clan capitaliste dont les intérêts sont liés à Vichy. »

En février 1941, il échappe de peu aux inspecteurs de police venus l'arrêter. En avril, il prend le maquis, se réfugiant dans une sapinière de la commune de Soudaine-Lavinadière en Corrèze. Gabriel Roucaute, l'un des dirigeants du Parti communiste clandestin de la zone sud, le considère comme un fou qui vit dans les bois. À la tête d'une imprimerie clandestine, Georges Guingouin vit dans les plus dures conditions, occupant des cahutes, des maisons inhabitées ou même des souterrains. Il organise des distributions massives de tracts lors des grands rassemblements que sont les foires. Cette activité est signalée à Vichy par la police et le maréchal Pétain y fera référence en direct à la radio, le 12 août 1941, disant qu'il « sent un vent mauvais se lever dans toute la France ».

Le 1er octobre 1941, à Saint-Gilles-les-Forêts, il enlève un stock de cartes d'alimentation à la mairie. Le 21 janvier 1942, il est condamné aux travaux forcés à perpétuité par contumace par le tribunal militaire de la 12e région. Il fonde les premiers groupes armés qu'il baptise francs-tireurs. En mai 1942, le chef communiste Gabriel Roucaute le somme d'arrêter son action, considérant qu'elle doit être menée essentiellement dans les centres urbains. Devant son refus, on envisage de le supprimer physiquement. Incroyable situation qui l'amène à envisager de partir à Londres. Cependant, Georges Guingouin ne peut se résoudre à abandonner les hommes qu'il a organisés en groupes de combat. À la fois chef et soldat, il va diriger de nombreuses actions de sabotage. L'économie de guerre allemande est frappée par la destruction de deux chaudières à l'usine de régénération de caoutchouc Wattelez, à Limoges, le 8 mai 1943. Puis une atteinte sévère est portée aux communications de l'armée allemande, le 12 juillet 1943 : le câble téléphonique souterrain, reliant la base sous-marine de Bordeaux à l'état-major de la Kriesgmarine à Berlin, est saboté.

Plus retentissant encore est l'enlèvement de la commission d'armistice franco-allemande de Limoges, le 28 mars 1944. Le maréchal von Rundstedt informe Hitler qui prend la décision, le 6 avril 1944, de retirer du front de l'Est la division blindée SS « Das Reich » et de l'envoyer dans le Tarn-et-Garonne, afin d'attaquer les forces limousines de la Résistance, lors du débarquement allié de Normandie en juin 1944. Erreur stratégique qui sera fatale à Hitler : il omet ainsi de renforcer son front de Normandie où se trouvent seulement trois divisions blindées. Voulant terroriser la population, cette division se rend coupable de crimes ignobles – pendaisons de Tulle ; tragédie d'Oradour-sur-

Glane où les hommes sont fusillés, les femmes et les enfants brûlés vifs dans l'église –, mais elle perd son « héros », l'officier SS Kämpfe, capturé par un détachement de la 1re brigade FTP du colonel Guingouin. Après de vaines recherches, la division se dirige vers la Normandie avec 48 heures de retard. Le général américain Eisenhower reconnaîtra que ce retard a sauvé la tête de pont allié en Normandie et l'historien allemand Hans Luther écrira que « cette division d'élite n'a pas pu être placée en temps utile sur le front de Normandie ».

La région est de la Haute-Vienne est devenue une haute terre de résistance, considérée par les Allemands comme une « petite Russie », car, à leur lutte patriotique, les maquisards ont joint la défense des intérêts immédiats des paysans. Face aux réquisitions, la plupart de ceux-ci ont gardé leur fourrage et leur blé : dès décembre 1942, les botteleuses du ravitaillement général ont été détruites ; en 1943, les batteuses ont subi le même sort. Enfin, Georges Guingouin s'est opposé ouvertement à l'autorité de Vichy en signant de son nom les affiches du préfet du maquis, imposant un barème plus rémunérateur pour les produits agricoles et obligeant les meuniers à revenir à un taux de blutage normal. Le pain blanc est revenu sur les tables. Sera ainsi créée une condition essentielle pour que la lutte armée prenne force et vigueur.

Objet d'une attaque allemande du 17 au 24 juillet 1944, au mont Gargan, la 1re brigade du colonel Guingouin perd 97 hommes, tués ou blessés, mais inflige à l'ennemi des pertes triples, soit 342 soldats tués ou blessés.

Le 3 août 1944, le colonel Guingouin devient le chef départemental de la 4e brigade FFI. Il prépare les opérations qui doivent amener la libération de Limoges. Ayant appris que le chef de la Gestapo se promet de fusiller les patriotes emprisonnés avant de partir, alors que 2 863 résistants ont déjà donné leur vie dans le département, Guingouin procède à une manœuvre d'encerclement. Il parvient à obtenir la capitulation du général allemand Gleiniger, mais ce dernier doit faire face au sursaut du 19e régiment de police SS. Profitant du fait que les maquisards ont abandonné leurs postes de combat pour entrer pacifiquement dans la ville, cette unité SS s'échappe vers la Creuse, après avoir assassiné le général Gleiniger. Au soir du 21 août, l'autre partie de la garnison allemande, comprenant 12 officiers et 350 soldats, se rend. Au lendemain de la libération de Limoges, 20000 combattants en Haute-Vienne se trouvent sous les ordres du colonel Guingouin, mais, le 20 novembre 1944, ce dernier est victime d'un accident d'automobile. Gravement blessé, il est hospitalisé, puis sera réformé le 4 avril 1945.

Élu maire de Limoges de 1945 à 1947, Guingouin reprend ensuite son métier d'instituteur dans l'Aube. L'homme que le général de Gaulle a présenté, dans la citation de compagnon de la Libération qu'il lui a accordée, comme « une des plus belles figures de la Résistance » va être victime d'une machination montée par deux policiers collabos qui, sous l'Occupation, l'avaient poursuivi en vain. Sur le plan juridique, on trouve un magistrat, sanctionné pour son attitude envers la Résistance, et un autre ayant condamné Guingouin par deux fois, le 27 juillet et le 5 octobre 1943, à 20 ans de travaux forcés ! Toutes ces personnes, bénéficiant de diverses protections, ont été étrangement blanchies à la Libération !

Incarcéré la veille de Noël 1953, Guingouin est victime, en prison, de graves sévices, mais, au lieu d'être envoyé à l'hôpital de Brive, il est transféré dans une autre prison, à Toulouse, où il ne peut recevoir les soins nécessaires à son état. La plus grande partie de la presse, heureuse de pouvoir se mettre un grand résistant sous la dent, s'en donne à cœur joie et le député socialiste Jean Le Bail, ancien munichois, dans son journal *Le Populaire du Centre*, pousse l'ignominie jusqu'à publier des articles intitulés « Limousin, terre d'épouvante », qui couvrent Guingouin de boue. Sous la pression du comité départemental de la Résistance de Toulouse, le magistrat instructeur demande à trois experts d'examiner Guingouin. Ceux-ci, ayant constaté les traces des sévices subis, écriront dans leur rapport que « l'état de Georges Guingouin inspire de réelles inquiétudes pour sa vie ».

Ainsi, sous la Quatrième République, il s'en est fallu de peu qu'un compagnon de la Libération connaisse le même sort que Jean Moulin qui mourut à la suite des coups de la Gestapo. Guingouin doit attendre plus de cinq ans pour que le magistrat, chargé de l'instruction, déclare le 13 novembre 1953, à Lyon, « ne pas comprendre, en son âme et conscience, qu'on ait envisagé des poursuites contre Georges Guingouin ». Fin d'un long calvaire : Guingouin bénéficiera enfin d'un non-lieu. Les accusations mensongères des policiers collabos ne reposaient sur rien, sauf sur un esprit de vengeance particulièrement répugnant.

Le lieutenant-colonel honoraire Georges Guingouin prend sa retraite en 1968. Il est décédé le 27 octobre 2005 à Troyes dans l'Aube. Il est inhumé à Saint-Gilles-les-Forêts en Haute-Vienne.

Missak Manouchian

Missak Manouchian est né le 1er septembre 1906 dans une famille de paysans arméniens du village d'Adiyaman en Turquie. Enfant, il perd son père, tué par des soldats turcs lors du génocide arménien de 1915. Victime de famine qui suit, sa mère meurt quelque temps après. Il est alors recueilli, avec son frère Karabet, dans un orphelinat du protectorat français de Syrie. En 1925, les deux frères débarquent à Marseille où Missak exerce le métier de menuisier qu'il a appris à l'orphelinat. Puis les deux frères vont à Paris où Karabet tombe malade. Missak se fait alors embaucher aux usines Citroën comme tourneur, afin de subvenir à leurs besoins. Karabet décède en 1927 et Missak sera licencié lors de la grande crise économique des années 1930. Il gagne alors sa vie en posant pour des sculpteurs. Il écrit des poèmes et, avec son ami arménien Semma, il fonde deux revues littéraires, *Tchank* (l'Effort) et *Machagouyt* (Culture), où sont publiés des articles sur la littérature française et la littérature arménienne. À la même époque, Missak et Semma s'inscrivent à la Sorbonne comme auditeurs libres et y suivent des cours de littérature, de philosophie, d'économie politique et d'histoire.

En 1934, Missak adhère au Parti communiste français. En 1935, il est élu secrétaire du Comité de secours pour l'Arménie. Il devient alors un militant permanent. C'est là qu'il rencontre Mélinée qui deviendra sa compagne. À la même époque, il est également responsable du journal *Zangou* (nom d'un fleuve arménien).

Au début de la guerre, il est affecté dans une usine de la région de Rouen, en tant que tourneur. Rentré à Paris, après la défaite de juin 1940, il reprend ses activités militantes dans la clandestinité. Il est arrêté lors d'une rafle anticommuniste en juin 1941. Interné au camp de Compiègne, il est libéré au bout de quelques semaines, aucune charge n'étant retenue contre lui. Il devient alors responsable de la section arménienne clandestine de la MOI (Main-d'œuvre immigrée).

En février 1943, Manouchian est versé dans les francs-tireurs partisans (FTP) de la MOI, dirigés, en avril 1942, par le juif Boris Holban. Le premier détachement où Manouchian est affecté comprend uniquement des Juifs roumains et hongrois, ainsi que des Arméniens. Le 17 mars 1943, il participe à sa première action armée à Levallois-Perret.

En juillet 1943, il devient commissaire technique des FTP-MOI parisiens. En août, il est nommé commissaire militaire des FTP-MOI parisiens, à la place de Boris Holban qui a été demis de ses fonctions pour des raisons disciplinaires. Joseph Epstein est devenu le responsable de l'ensemble des FTP de la région parisienne. Les groupes Manouchian accomplissent une trentaine d'opérations armées en plein Paris d'août à novembre 1943. Ils procèdent par exemple à l'exécution du général allemand Julius Ritter, adjoint pour la France occupée de Fritz Sauckel, responsable de la mobilisation de la main-d'œuvre STO dans l'Europe occupée par les nazis.

La brigade spéciale des renseignements généraux de la police française mène une vaste filature qui aboutit au démantèlement complet des FTP-MOI parisiens à la mi-novembre 1943, avec 68 arrestations, dont celle de Missak Manouchian et celle de Joseph Epstein. Mélinée Manouchian parvient à échapper de justesse à la police. Missak Manouchian et 22 de ses camarades sont livrés aux Allemands, qui exploitent l'affaire à des fins de propagande. La célèbre Affiche rouge, dont 15 000 exemplaires sont placardés dans Paris, présente Manouchian en ces termes : « Manouchian, Arménien, chef de bande, 56 attentats, 150 morts, 600 blessés. » Mais l'affaire de l'Affiche rouge produit l'effet contraire à celui escompté par les nazis : pour toute la Résistance, elle devient le symbole du martyre. Les soutiens de sympathisants se multiplient. Les 22 résistants, dont Missak Manouchian, sont fusillés au mont Valérien le 21 février 1944.

En 1955, à l'occasion de l'inauguration de la rue du Groupe-Manouchian, située dans le 20e arrondissement de Paris, Aragon écrivit un poème, *Strophes pour se souvenir*, librement inspiré de la dernière lettre que Missak Manouchian adressa à son épouse Mélinée et qui sera mis en musique par Léo Ferré sous le titre *L'Affiche rouge* en 1959.

Jean Moulin

Jean Moulin est né le 20 juin 1899 à Béziers où son père est professeur d'histoire et conseiller général radical-socialiste de l'Hérault. Bachelier en 1917, il s'inscrit à la faculté de droit de Montpellier et entre parallèlement comme attaché au cabinet du préfet de l'Hérault. Il est mobilisé en avril 1918 et envoyé dans les Vosges où le surprend l'armistice de novembre 1918. Licencié en droit, il entre très tôt dans la carrière préfectorale. D'abord secrétaire général de préfecture à Montpellier, il est en 1925 le plus jeune sous-préfet de France, à Albertville en Savoie. Il est ensuite sous-préfet de Châteaulin (1930-1933), de Thonon (1933), puis secrétaire général de la Somme (1934-1936).

Il a également appartenu à plusieurs cabinets ministériels et notamment à celui de Pierre Cot, ministre de l'Air dans le gouvernement du Front populaire, avant de s'engager dans l'aide clandestine à l'Espagne républicaine. En mars 1937, il est, là encore, le plus jeune préfet de France. Il est nommé à Rodez en 1938, puis à Chartres l'année suivante.

Lorsque la guerre éclate, il veut rejoindre les troupes, mais il est maintenu en affectation spéciale à Chartres où il fait face à l'exode de la population. Le 17 juin 1940, il reçoit alors les premières unités allemandes ; celles-ci veulent lui faire signer une déclaration accusant des unités de tirailleurs sénégalais d'avoir commis des atrocités envers des civils de Saint-Georges-Sur-Eure, en réalité victimes des bombardements allemands. Maltraité et enfermé parce qu'il refuse de signer, il se tranche la gorge dans sa cellule. Soigné *in extremis* par les Allemands, il reste en poste avant d'être, comme préfet de gauche, révoqué par Vichy début novembre 1940. Il part pour la zone sud, s'installe dans la maison familiale de Saint-Andiol (Bouches-du-Rhône) et prend contact avec les principaux mouvements de résistance de zone sud.

En septembre 1941, il quitte la France par ses propres moyens pour rejoindre l'Angleterre depuis le Portugal après avoir traversé l'Espagne. À Londres, il est reçu par le général de Gaulle, auquel il fait le compte rendu de l'état de résistance de la France et de ses besoins. Rapidement convaincu de l'intelligence et des capacités de son interlocuteur, le général de Gaulle renvoie Moulin en métropole avec pour mission de rallier et d'unir les mouvements de résistance. Il doit également créer une armée secrète en séparant le militaire du politique. Avec des moyens financiers et des moyens de transmission, Jean Moulin est parachuté sur les Alpilles le 2 janvier 1942 à 3h30. Il installe son QG à Lyon.

Délégué général du général de Gaulle, Jean Moulin commence à mener à bien sa tâche complexe et délicate en zone sud. Il rencontre Henri Frenay, Emmanuel d'Astier de La Vigerie et Jean-Pierre Lévy, respectivement responsable des trois mouvements principaux de la zone sud (Combat, Libération et Franc-Tireur), leur apporte une aide financière, parvient, non sans mal, à aplanir leurs différends. Son action aboutit, en octobre 1942, à la création de l'Armée secrète (AS) – fusion des groupes paramilitaires de ces trois grands mouvements, dont le commandement est confié au général Delestraint – puis, au début de l'année 1943, à la création des Mouvements unis de la Résistance (MUR), rassemblant Combat, Libération et Franc-Tireur.

Grand amateur d'art et dessinateur lui-même, Jean Moulin ouvre entre-temps une galerie d'art à Nice, la galerie Romanin (son propre pseudonyme d'artiste), qui lui sert de couverture. En février 1943, il se rend à nouveau à Londres, où il rend compte de sa mission et est décoré par le général de Gaulle de la croix de la Libération. De retour en France le 20 mars par une opération aérienne Lysander, il est le seul représentant du général de Gaulle pour la Résistance. Ses efforts dans toutes les directions, malgré certaines réticences, aboutissent bientôt à la constitution du Conseil national de la Résistance (CNR), dont la première réunion se tient sous sa présidence au 48 de la rue du Four à Paris, le 27 mai 1943. Il s'agit d'un conseil réunissant les responsables des mouvements de résistance des deux zones, mais aussi des responsables politiques et syndicaux. Important politiquement, car il symbolise aux yeux du monde – et surtout des Alliés – l'unité française, le CNR adopte lors de sa première réunion une motion reconnaissant le général de Gaulle comme le seul chef politique de la France combattante.

Dans le but d'organiser rapidement la relève à la tête de l'Armée secrète qui vient d'être décapitée par l'arrestation du général Delestraint à Paris, Moulin convoque les responsables le 21 juin 1943 à Caluire, dans la banlieue de Lyon, chez le docteur Dugoujon. Mais, à la suite de dénonciations, la Gestapo menée par Klaus Barbie intervient : tous sont arrêtés et emmenés à la prison du fort Montluc. Sauvagement torturé par les hommes de Barbie qui l'identifie après deux ou trois jours, Jean Moulin est transféré début juillet avenue Foch à Paris, puis dans une villa de Neuilly, où la Gestapo a coutume de torturer les personnalités importantes ; tous ses tortionnaires s'acharnent sur lui, mais en vain : il ne parlera jamais. Devant cet échec, Berlin exige son transfert. C'est dans le train qui l'emmène en Allemagne, quelque part entre Metz et Francfort, qu'il meurt le 8 juillet 1943.

Ses cendres, jusqu'alors déposées au Père-Lachaise, ont été transférées au Panthéon le 19 décembre 1964.

Gilbert Renault

Gilbert Renault (colonel Rémy dans la Résistance), aîné d'une famille de neuf enfants, est né le 6 août 1904 à Vannes dans le Morbihan. Son père, professeur de philosophie et d'anglais au collège de Vannes, puis inspecteur général d'une compagnie d'assurances, meurt en 1925. Après des études au collège Saint-François-Xavier de Vannes, il obtient son baccalauréat et suit les cours de la faculté de droit à Rennes. Gilbert Renault est d'abord attaché à la Banque de France en 1924 avant de se lancer, à la fin des années trente, dans la production cinématographique. Père de quatre enfants, il cherche vainement à s'engager lors de la déclaration de guerre en septembre 1939.

En juin 1940, il refuse l'armistice et, après avoir tenté de gagner l'Afrique du Nord, s'embarque pour l'Angleterre, à bord d'un chalutier amarré dans le port de Lorient, le 18 juin 1940. Il atteint le Verdon où il s'embarque à nouveau sur un cargo norvégien, le *Lista*, et parvient en Grande-Bretagne le 22 juin 1940. Dès son arrivée, il s'engage dans les Forces françaises libres. Affecté aux services de renseignements, nommé chef de mission de seconde classe, il repart pour la France, *via* l'Espagne, dès le début du mois d'août, chargé par le général de Gaulle d'une mission de renseignements consistant à surveiller les mouvements de l'ennemi tout le long de la côte atlantique, de Brest à la frontière espagnole.

Pour accomplir sa mission, Gilbert Renault fonde, en novembre 1940, la Confrérie Notre-Dame (CND) qui s'étendra progressivement à l'ensemble de la zone occupée et même à la Belgique.

La CND travaille en liaison avec l'Organisation civile et militaire (OCM) du colonel Touny qui crée, à l'instigation de Rémy (Gilbert Renault), le réseau Centurie. La CND réunira 1 375 personnes et Centurie 1 682.

Grâce aux renseignements fournis par les agents des réseaux du colonel Rémy (Gilbert Renault) de nombreuses actions peuvent avoir lieu : l'interception du cuirassé Bismarck en mai 1941, l'immobilisation des cuirassés Scharnhost et Gneisenau dans la rade de Brest, informations recueillies par le lieutenant de vaisseau Philippon et transmises par Bernard Anquetil, ou encore le raid des commandos britanniques sur Bruneval en février 1942, rendu possible par les renseignements du capitaine Roger Dumont. Les informations transmises par Rémy et ses agents permettent également la destruction de très nombreux sous-marins allemands et italiens dans l'Atlantique.

Fin février 1942, par une opération aérienne, Rémy, accompagné de Pierre Julitte, gagne l'Angleterre d'où il revient fin mars par une autre opération aérienne. Mais, pourchassé par la Gestapo, il doit quitter la France. Avec plusieurs membres de sa famille et le jeune Alain de Beaufort, il embarque pour l'Angleterre à Pont-Aven, sur un navire de pêche, le 17 juin 1942. Il transporte alors personnellement jusqu'en Grande-Bretagne le plan des défenses allemandes du Westwall (mur de l'Atlantique), qui va de Cherbourg à Honfleur. Cette carte allemande, récupérée par les agents du réseau Centurie, servira de base aux préparatifs du débarquement du 6 juin 1944. Tout cela est dû à un système très complet de liaisons radio, aériennes et maritimes, mis en place par la CND. D'autres réseaux ou mouvements, comme Cohors-Asturies, fondé par Jean Cavaillès, ou l'OCM du colonel Touny, en profiteront.

La Gestapo, n'ayant pu parvenir à arrêter Rémy, se venge en arrêtant sa mère, ses cinq sœurs, dont deux seront déportées, et son frère Philippe qui ne reviendra pas de déportation. De retour en France, le colonel Rémy organise également les premiers contacts entre la France combattante et les Francs-tireurs et partisans (FTP), proches du Parti communiste français, dont il accompagne à Londres le représentant, Fernand Grenier, en janvier 1943.

Au mois de novembre 1943, durement frappée à plusieurs reprises, la CND est à peu près entièrement dévastée par la trahison d'un de ses agents. Avec les éléments de Centurie, l'adjoint du colonel Rémy, le colonel Verrière (Lecomte), constitue un nouveau réseau : Castille.

Lors de la libération de Paris, à la tête d'une soixantaine d'officiers des services spéciaux et de combattants du 2e régiment de chasseurs parachutistes (RCP), le colonel Rémy est chargé de réquisitionner l'hôtel Majestic pour y installer les services spéciaux et de mettre la main sur les archives allemandes.

Après la guerre, Gilbert Renault (colonel Rémy) entre pendant quelque temps au cabinet personnel du général de Gaulle et organise les grands rassemblements du RPF, avant de devenir un écrivain populaire prolifique. Il est décédé le 29 juillet 1984 à Guingamp. Ses obsèques se sont déroulées à Lanmodez dans les Côtes-d'Armor. Il a été inhumé au cimetière de Kermouster sur la commune de Lézardrieux (Côtes-d'Armor).

Henri Romans-Petit

Fils d'un agent des chemins de fer, Henri Romans-Petit est né le 13 février 1897 à Firminy dans la Loire. Il fait ses études au lycée de Saint-Étienne et s'engage en 1915 pour la durée de la guerre au 13e bataillon de chasseurs. Promu caporal, puis sergent, il est cité à l'ordre de l'armée et décoré de la Légion d'honneur. Admis à Saint-Cyr en 1918, il en sort aspirant. Muté dans l'aviation, il rejoint alors l'escadrille BR127, affectée au bombardement de jour. Il est nommé sous-lieutenant avant d'être démobilisé.

Reprenant ses études à Lyon, il obtient sa licence en droit et s'occupe alors des relations publiques et de la publicité pour des maisons d'édition. Il fonde en 1928 à Saint-Étienne l'agence de publicité Stefa.

Capitaine de réserve dans l'aviation, il est rappelé en août 1939 et commande les bases aériennes de Cannes et de Nice. Refusant l'armistice de juin 1940, il tente en vain de rallier le général de Gaulle à Londres. Il séjourne ensuite à Saint-Étienne et y crée l'un des premiers réseaux de résistance avec Jean Nocher. Pendant deux ans avec ses amis du réseau Ali-Tir, il participe à des opérations de renseignement et de réception de parachutages. En 1942, Henri Romans-Petit arrive dans l'Ain, où il établit immédiatement des contacts avec la Résistance. Au bout de quelques mois, en décembre 1942, il commence à organiser l'hébergement de réfractaires au STO. Il crée en juin 1943, près de Mongriffon, une école de cadres pour former les maquisards, dont le nombre augmente sans cesse dans la région. En juillet 1943, les camps, qui ne doivent pas, pour des raisons de sécurité et de mobilité, compter plus de 60 hommes, sont réellement structurés. Au même moment, les contacts se multiplient entre le maquis de l'Ain et l'Armée secrète (AS). En septembre, sous la direction de Romans-Petit, les maquisards réalisent deux coups d'éclat : ils prennent un dépôt d'intendance des Chantiers de jeunesse à Artemare et l'intendance de l'armée d'armistice à Bourg-en-Bresse.

En octobre 1943, Romans-Petit devient chef militaire, responsable de l'Armée secrète pour le département de l'Ain. Le 11 novembre 1943, il organise le célèbre défilé d'une partie de ses troupes (250 hommes) à Oyonnax. Devant une foule médusée, puis ravie, il dépose une gerbe en forme de croix de Lorraine au pied du monument aux morts avant de quitter la ville en bon ordre. Le défilé d'Oyonnax, filmé par le fils de Henri Jaboulay, abondamment raconté par la presse clandestine et la radio de Londres, a un impact très important sur la population française et sur les Alliés pour lesquels la Résistance armée française a désormais une existence concrète.

À la fin de l'année, alors que les effectifs paramilitaires de l'Ain (AS et maquis) atteignent 2000 hommes, il prend en main les forces clandestines et l'AS de Haute-Savoie en remplacement du commandant Vallette d'Osia ; il y applique les mêmes principes que dans l'Ain : école de formation des cadres, action brève et repli rapide. Il est en liaison avec Londres par le biais de la mission Musc, composée de Jean Rosenthal (Cantinier), chargé de l'inspection des maquis, et de Richard Heslop (Xavier) du SOE britannique. Pour répondre au besoin de parachutages d'armes, il choisit le plateau des Glières près d'Annecy où, en janvier 1944, sont rassemblés tous les maquisards du département. Il regagne l'Ain après avoir confié le commandement des Glières à Tom Morel.

Lorsque, le 5 février 1944, 5000 soldats allemands, appuyés par l'aviation, attaquent en masse les camps du maquis de l'Ain, y massacrent les maquisards, Romans-Petit se rend immédiatement sur place ; à ski, il part à la recherche des rescapés, passant au travers du dispositif allemand. Il réorganise ensuite le maquis et rencontre les responsables des forces résistantes du Haut-Jura. Le 6 avril 1944, plusieurs milliers de soldats allemands sont rassemblés dans la région d'Ambérieu et donnent l'assaut le lendemain. Le colonel Romans-Petit décide alors de disperser les maquis ; ceux-ci organisent néanmoins des opérations de sabotage de nuit. Les Allemands se vengent sur les villages d'Oyonnax et de Saint-Claude, entre autres.

Le 6 juin 1944, prévenus du débarquement, les maquisards détruisent le dépôt d'Ambérieu, plaque tournante du réseau ferroviaire du Sud-Est. Cinquante-deux locomotives et dix machines-outils sont rendues inutilisables. Le même mois, Henri Romans-Petit est fait compagnon de la Libération par décret du général de Gaulle. Le 11 juillet 1944, les Allemands tentent une contre-offensive d'envergure avec 27000 hommes. Les 5000 maquisards du colonel Romans-Petit parviennent à résister malgré de violents combats. En septembre, l'Ain est libéré.

Après la guerre, Henri Romans-Petit reprend son métier de publicitaire. Il est également administrateur de sociétés, notamment dans l'électronique. Président d'honneur des anciens maquis de l'Ain et de Haute-Savoie et président de l'Association nationale des résistants de l'air, il est également membre du comité directeur de la Licra. Il est l'auteur de plusieurs ouvrages sur la guerre. Il est décédé le 1er novembre 1980 à Ceignes dans l'Ain. Ses obsèques se sont déroulées devant le mémorial du Val d'Enfer à Cerdon (Ain). Il a été inhumé au cimetière d'Oyonnax.

Alfred Touny

Alfred Touny est né le 24 octobre 1886 à Paris. Son père est directeur de la police municipale de la capitale. Après de brillantes études au lycée Henri-IV à Paris, il entre à Saint-Cyr en 1904 et en sort, en 1906, major de la promotion « Centenaire d'Austerlitz ». Nommé sous-lieutenant, il est affecté successivement aux 11e, 9e et 1er régiments de cuirassiers. En 1910, il est promu lieutenant et parallèlement poursuit des études qui le mènent à l'obtention d'une licence en droit. En 1913, il part en congé sans solde pour trois ans, mais il est, bien sûr, rappelé en août 1914. Il est affecté à l'état-major du corps de cavalerie. Le 9 septembre 1914, il est blessé par balle à Nanteuil-le-Haudoin. En 1917, il est nommé capitaine. Au terme de la Grande Guerre, il est décoré de la Légion d'honneur et reçoit six citations.

En 1920, il démissionne de l'armée et s'inscrit au barreau de Paris. En 1923, il quitte le barreau pour l'industrie. Lieutenant-colonel de réserve en 1938, il est rappelé en août 1939 pour servir à nouveau à l'état-major du corps de cavalerie de Saint-Quentin, puis, en janvier 1940, au 2e bureau de l'état-major de la 4e armée sur le front de Lorraine. En juillet, après l'armistice, il est démobilisé à Tulle et regagne Paris. Son fils aîné, Roger Touny, rejoint l'Angleterre et les FFL dès l'été 1940. Refusant également la défaite, Alfred Touny entreprend dès novembre 1940 d'établir des contacts et de chercher des renseignements. Il rencontre bientôt Jacques Arthuys et participe avec lui à la création de l'Organisation civile et militaire (OCM), dont il dirige d'abord le réseau de renseignements. Il recrute lui-même un grand nombre d'agents avec lesquels il constitue un réseau couvrant tout le Nord et l'Ouest de la zone occupée. Il organise le service des liaisons entre ces différents agents, dont il centralise les rapports pour en faire la synthèse.

En décembre 1941, le fondateur de l'OCM, Jacques Arthuys, est arrêté et le lieutenant-colonel Touny prend sa place à la tête du mouvement. Sous son impulsion, les forces paramilitaires de l'organisation grossissent sensiblement et sont organisées localement et par département. En 1942, il rencontre Gilbert Renault (colonel Rémy), fondateur du réseau Confrérie Notre-Dame (CND), grâce auquel les informations de l'OCM peuvent être transmises aux services secrets de la France libre. Engagé dans les Forces françaises libres (FFL) le 20 avril 1942, Alfred Touny, avec le soutien de la CND, voit son réseau, devenu le réseau Centurie, s'agrandir considérablement. Il règle avec Londres les opérations de parachutage qui permettent d'armer les membres de l'organisation. Il siège également au Conseil central de la Résistance, puis au Conseil national de la Résistance comme président de la commission militaire : il contribue à réaliser en zone nord les projets d'unification du général Delestraint, premier chef de l'Armée secrète (AS). Il maintient les contacts entre les dirigeants régionaux de l'AS et les délégués militaires régionaux envoyés de Londres.

Malgré les conseils de ses compagnons qui l'adjurent, devant les arrestations de plus en plus fréquentes dont sont victimes à l'automne 1943 les membres de l'OCM, de quitter le territoire français pour Londres ou Alger, Alfred Touny refuse de lâcher son poste. Le

25 février 1944, il est arrêté à son domicile parisien, rue du Général-Langlois dans le 16e arrondissement, et emmené au siège de la Gestapo, avenue Foch. Peu après, il est transféré à la prison Saint-Nicaise à Arras où il est fusillé par les Allemands, fin avril 1944. Son corps est retrouvé et identifié en janvier 1945, avant d'être ramené à Paris le 11 novembre 1945. Il est désigné pour représenter, parmi les 15 héros ramenés solennellement à Paris sous le dôme des Invalides, tous les hommes de la Résistance intérieure morts du fait de l'ennemi. Son corps est ensuite conduit avec celui de ses 14 compagnons à l'Arc de Triomphe, puis il est inhumé le lendemain au mont Valérien.

Notes

1. Archives militaires françaises, Vincennes.
2. à 6. Archives du Centre national Jean-Moulin, Bordeaux.
7. Archives militaires allemandes, Fribourg-en-Brisgau.
8. Archives du Centre national Jean-Moulin, Bordeaux.
9. Entretiens de Dominique Lormier avec Jacques Chaban-Delmas, Ascain, juillet 1998.
10. Archives militaires françaises, Vincennes.
11. Entretiens de Dominique Lormier avec Jacques Chaban-Delmas, Ascain, juillet 1998.
12. Jean-François Muracciole, *Histoire de la Résistance en France*, éditions PUF, 1993.
13. à 22. Archives du Centre national Jean-Moulin, Bordeaux.
23. Henri Michel, *Histoire de la Résistance en France*, éditions PUF, 1950.
24. à 32. Archives du Centre national Jean-Moulin, Bordeaux.
33. Entretiens de Dominique Lormier avec Jacques Chaban-Delmas, Ascain, juillet 1998.
34. Entretiens de Dominique Lormier avec Yves La Prairie, Cestas, mai 1994.
35. à 59. Archives du Centre national Jean-Moulin, Bordeaux.
60. Georges Guingouin, *Quatre ans de lutte sur le sol limousin*, éditions Lucien Souny, 1991.

61. Archives du musée de la Résistance de la Haute-Vienne, Limoges.
62. Georges Guingouin, *op. cit.*
63. Archives du musée de la Résistance de la Haute-Vienne, Limoges.
64. Georges Guingouin, *op. cit.*
65.et 66. Archives du musée de la Résistance de la Haute-Vienne, Limoges.
67. Georges Guingouin, *op. cit.*
68. Archives du musée de la Résistance de la Haute-Vienne, Limoges.
69. et 70. Archives du Centre national Jean-Moulin, Bordeaux.
71. Archives du musée de la Résistance de la Haute-Vienne, Limoges.
72. René Terrisse, *Grandclément, traître ou bouc émissaire ? Ombres et lumières sur un dossier brûlant de la Résistance à Bordeaux*, éditions Aubéron, 1996.
73. Daniel Grandclément, *L'Énigme Grandclément, le chef de réseau qui voulait un pacte entre la Résistance et les SS*, éditions Balland, 2003.
74. Archives du Centre national Jean-Moulin, Bordeaux.
75. Archives militaires françaises, Vincennes.
76. à 104. Archives du Centre national Jean-Moulin, Bordeaux.
105. Daniel Grandclément, *op. cit.*
106. Daniel Grandclément, *op. cit.*
107. Archives du Centre national Jean-Moulin, Bordeaux.
108. à 111. Archives militaires françaises, Vincennes.
112. Archives du Centre national Jean-Moulin, Bordeaux.
113. Archives militaires françaises, Vincennes.

II

LA RÉSISTANCE EXTÉRIEURE : LES FORCES FRANÇAISES LIBRES 1940-1942

« En retardant de quinze jours l'offensive de Rommel, les Français libres de Bir Hakeim auront contribué à sauvegarder le sort de l'Égypte et du canal de Suez. »
Winston Churchill[1]

Naissance de la France libre

La France libre voit le jour en juin 1940, lorsque le général de Gaulle, sous-secrétaire d'État à la Défense nationale dans le gouvernement français démissionnaire, réussit à gagner la Grande-Bretagne. Le soir du 18 juin, il lance son célèbre appel aux Français dans les studios de la BBC. Il refuse de reconnaître la défaite : « La France a perdu une bataille ! Mais la France n'a pas perdu la guerre[2]. » La France n'est pas seule, dit-il, elle a un Empire colonial, une marine intacte, elle est l'alliée de la Grande-Bretagne, elle peut utiliser les ressources industrielles des États-Unis. Il appelle les Français à se mettre en contact avec lui. « Quoi qu'il arrive, conclut-il, la flamme de la Résistance ne doit pas s'éteindre et ne s'éteindra pas[3] ! »

Peu de Français ont entendu son appel ; moins encore savent qui est ce jeune général, malgré ses succès remportés au sein de la 4e division cuirassée en mai-juin 1940. En l'accueillant sur le sol anglais, Winston Churchill espère que cette arrivée sera le prélude à la venue à Londres de personnalités politiques françaises plus importantes. Personne ne vient. Churchill est déçu. Mais, depuis son appel à la Résistance, Charles de Gaulle se considérera comme l'incarnation de la souveraineté française.

« Toute ma vie, je me suis fait une certaine idée de la France, écrira-t-il plus tard... S'il advient que la médiocrité marque, pourtant, ses faits et gestes, j'en éprouve la sensation d'une absurde anomalie, imputable aux fautes des Français, non au génie de la patrie. Mais aussi, le côté positif de mon esprit me convainc que la France n'est réellement elle-même qu'au premier rang... Bref, à mon sens, la France ne peut être la France sans la grandeur[4]. »

En Angleterre, il tente de persuader quelques personnalités françaises de se joindre à lui. Il n'attend rien des hommes politiques, mais il met son espérance dans les autorités d'outre-mer, ainsi que dans les chefs militaires. Pour toute réponse, il reçoit un ordre, adressé à « l'ex-colonel de Gaulle », le sommant de se présenter devant un tribunal militaire en France. Ainsi, de Londres, il assiste à la fin de la IIIe République. Comme il écrira bien des années après : « Je m'apparaissais à moi-même, seul et démuni de tout, comme un homme au bord d'un océan qu'il prétendait traverser à la nage[5]. »

Sa première tâche consiste à établir un mouvement de la « France libre » à Londres et à constituer une force militaire. Le 23 juin 1940, le gouvernement britannique reconnaît le Comité national français et donne son accord pour traiter avec lui de toute question relative à la poursuite de la guerre. Le 7 août, Churchill promet « la restauration intégrale de l'indépendance et de la grandeur de la France[6] ». En échange, les forces de la France libre devront continuer la guerre contre l'Axe.

À la fin du mois de juin 1940, les effectifs militaires français qui se trouvent sur le sol britannique s'élèvent à trente et un mille hommes, dont dix mille cinq cents fantassins, rescapés de Narvik, Dunkerque, Cherbourg et Brest, ainsi que vingt mille cinq cents marins, fusiliers marins et aviateurs. Mais la majorité ne pense qu'à rentrer en France. Ceux qui décident de demeurer en Grande-Bretagne le font pour des raisons diverses et changent facilement d'avis. Le 29 juin, le général de Gaulle rallie la plus grande partie de deux bataillons de la 13e demi-brigade de la Légion étrangère (neuf cents hommes), avec le lieutenant-colonel Magrin-Vernerey (Monclar) et le capitaine Kœnig, deux cents chasseurs alpins du 6e BCA, les 2/3 de la 342e compagnie autonome de chars (douze H39), quelques éléments d'artillerie (six canons de 75), du génie, des transmissions, plusieurs officiers d'état-major[7].

Ses efforts sont parfois contrecarrés par les Britanniques. Le Foreign Office et le War Office estiment qu'ils n'ont pas besoin d'hommes puisqu'ils n'ont pas d'armes à leur donner. Des officiers britanniques viennent dans les camps et engagent officiers et soldats français à ne pas rester en Grande-Bretagne. « Ils embarquent pour l'Afrique, presque de force, écrit Henri Michel, mille cinq cents Sénégalais que leurs chefs avaient décidés à continuer le combat[8]. »

L'odieuse agression de la Royal Navy contre la marine française à Mers-el-Kébir en juillet, la prise par la violence des bateaux français en Angleterre, suivie de l'internement des officiers et des équipages, précipitent le mouvement de reflux. La grande majorité rentre en France et, parmi eux, des hommes qui deviendront par la suite de grands résistants, comme les généraux Béthouart et Lelong. Ainsi, la France libre commence son existence sur un triple échec : elle n'a pas empêché le gouvernement français de signer l'armistice le 22 juin ; elle n'a pas réussi à entraîner les chefs de l'Empire dans la dissidence ; elle n'a constitué en Grande-Bretagne qu'une force armée dérisoire, sept mille hommes sur les trente et un mille présents au début. Mais, peu à peu, la situation s'améliore. Quelques personnalités, comme Gaston Palewski et René Cassin, réussissent à gagner Londres et acceptent de servir la France libre. Les territoires français d'outre-mer comme le Tchad, le Cameroun, le Congo, l'Oubangui-Chari, ainsi que les comptoirs français de l'Inde, la Nouvelle-Calédonie, les Nouvelles-Hébrides, Tahiti, la Polynésie, commencent à se rallier au général de Gaulle en 1940. Les troupes du colonel Leclerc et du capitaine Kœnig, appuyées par les chars H39 de la 1re compagnie autonome, rallient le Gabon par la force en novembre 1940. L'opération n'a fait qu'une douzaine de tués. Le 1er bataillon d'infanterie de marine prend part aux combats à la frontière égypto-libyenne dès septembre 1940. Du Tchad, le colonel Leclerc commence à attaquer les positions italiennes du sud de la Libye en décembre 1940.

Mais que de déceptions aussi ! L'expédition à Dakar, en septembre 1940, est un échec : les troupes de Vichy, ulcérées par l'agression de Mers-el-Kébir, refusent de rallier la France libre, alliée à la Grande-Bretagne. En juillet 1941, le général Dentz, commandant des forces françaises en Syrie, résiste avec opiniâtreté aux troupes du Commonwealth et à celles de la France libre. Les autorités britanniques en arrivent à se demander si l'on peut vraiment compter sur les unités gaullistes et l'harmonie ne règne pas toujours entre Français libres et Britanniques. De même, une sorte de réticence envers le général de Gaulle existe chez certains Français résidant à Londres : ils n'approuvent pas toujours sa conduite, jugée trop personnelle, des affaires de la France.

Au milieu de toutes ces vicissitudes, le général de Gaulle ne doit jamais cesser de montrer qu'il n'est pas le chef d'un gouvernement fantoche, contrôlé par les Britanniques. Il doit affirmer constamment son indépendance, parfois même dans des détails insignifiants : sa mission principale est de restaurer la souveraineté et la grandeur de la France, en la faisant participer activement à la lutte contre l'Axe.

« Mais, plus important encore, écrit Douglas Johnson, il réalise que son mouvement est avant tout politique. Il doit porter un défi au régime de Vichy… En fait, ce n'est que par ce moyen qu'il réussit à entrer en contact avec les mouvements de résistance qui commencent à se développer en 1941. Et c'est à cette époque que de Gaulle, par son comportement et son activité, d'exilé qu'il était, devient le chef de la nation française[9]. »

En décembre 1940, les Forces françaises libres (FFL) représentent près de vingt-sept mille hommes, vingt-quatre bâtiments de la marine et une cinquantaine d'avions de combat. L'armée de terre repose sur six mille hommes répartis en Grande-Bretagne ; dix-sept mille cinq cents soldats en Afrique équatoriale, articulés en cinq bataillons de marche ; le 1er bataillon d'infanterie de marine (cent quatre-vingt-quinze hommes) engagé en Libye ; la 13e demi-brigade de la Légion étrangère (mille hommes) et un escadron de spahis marocains (cent hommes) au Soudan ; l'équivalent d'un bataillon dans le Pacifique. La marine comprend mille hommes, deux contre-torpilleurs (*Léopard*, *Triomphant*), un torpilleur (*Melpomène*), un aviso colonal (*Savorgnan-de-Brazza*), quatre avisos dragueurs (*Commandant-Duboc*,

Commandant-Dominé, *La Moqueuse* et *Chevreuil*), cinq sous-marins (*Surcouf*, *Narval*, *Minerve*, *Junon* et *Rubis*) et onze chasseurs de sous-marins. L'aviation aligne mille hommes ; une escadrille de chasse (Dewoitine D520), une escadrille de bombardement et deux escadrilles de reconnaissance en Grande-Bretagne ; un groupe de reconnaissance et de bombardement (avions Blenheim et Lysander), une escadrille de bombardement (appareils Glenn-Martin) au Tchad ; une escadrille de bombardement à Aden ; une escadrille de chasse (Morane-Saulnier 406 et Potez 63/11) à Haïfa ; une escadrille de chasse (Morane-Saulnier 406 et Hurricane) en Égypte et en Libye[10].

La défaite de juin 1940, le général de Gaulle en prend l'exacte mesure de façon prophétique en déclarant : « Les mêmes moyens (chars, avions) qui nous ont vaincus peuvent nous donner un jour la victoire. » La catastrophe n'est nouvelle que par son ampleur, mais ses causes sont multiples : militaires, politiques, démographiques ou diplomatiques. Mais le général de Gaulle se garde bien d'y voir la preuve d'une déchéance française et la punition divine des péchés commis : « Une défaite militaire n'est jamais la défaite d'un peuple quand ce peuple, fût-ce sous la forme d'une poignée d'hommes, se refuse à l'accepter[11]. » La France libre est « cette poignée d'hommes ».

De Brazzaville, le 27 octobre 1940, le général de Gaulle lance un manifeste : « Il n'existe plus de gouvernement et que l'organisme sis à Vichy qui prétend porter ce nom est inconstitutionnel et soumis à l'envahisseur[11]. » De Gaulle fonde alors un conseil de l'Empire chargé de diriger l'activité économique, d'exercer la conduite de la guerre, de traiter avec les puissances étrangères des questions relatives aux intérêts français.

De Gaulle n'exerce le pouvoir que pour une durée limitée et il « prend l'engagement solennel de rendre compte de ses actes aux représentants du peuple français dès qu'il aura été possible d'en désigner librement[12] ».

En janvier 1941, le général de Gaulle, commandant en chef des Forces françaises libres, se dote d'un véritable état-major : le chef est le général Petit, et le chef du 2e bureau est le commandant Passy. Il commande sur divers théâtres d'opérations par l'intermédiaire des FFL : le haut-commissaire de la France libre au Moyen-Orient (général Catroux), le vice-amiral commandant la marine et l'aviation (vice-amiral Muselier), le haut-commissaire de l'Afrique française libre (général de Larminat), le commandant des forces terrestres en Grande-Bretagne et l'officier supérieur commandant les troupes du Pacifique. La France doit retrouver sa place de grande puissance par les armes.

Les Forces françaises libres en Afrique orientale

À l'automne 1940, le général de Gaulle décide que les Forces françaises libres stationnées en Afrique prendront une part active aux combats menés contre les Italiens, tant en Libye qu'en Afrique orientale. Pour conduire la guerre en Afrique orientale, Mussolini a choisi un homme énergique en la personne du duc d'Aoste. Cousin du roi Victor-Emmanuel III, le duc Amédée d'Aoste est gouverneur d'un vaste territoire africain, avec l'Éthiopie, l'Érythrée et la Somalie. Pour le défendre, il dispose d'une armée de cent quatre-vingt-onze mille hommes : quatre-vingt-onze mille soldats italiens et cent mille indigènes. Force qui semble impressionnante sur le papier. Or, la réalité est tout autre. Les troupes indigènes sont souvent armées de fusils modèle 1866 à un coup et l'artillerie repose pour l'essentiel sur des vieux canons de la guerre 14-18. Il n'y a pas un seul char lourd, seulement les très vulnérables chenillettes L3 et tanks moyens M11/39 ; pas de pièces antichars ; peu de mines. L'aviation reste squelettique : sur trois cent cinquante avions, cent trente-trois, dont les surannés Fiat CR 32 et Caproni CA 133, sont en état de voler.

Au cours des premiers mois de 1940, qui précédent l'entrée en guerre de l'Italie, les effectifs britanniques, en Afrique orientale, s'élèvent à seulement vingt-deux mille soldats. De juin à août 1940, les troupes italiennes envahissent toute la Somalie britannique, menacent le Kenya en occupant la ville de Kassala, située à vingt kilomètres à l'intérieur des terres, et font la conquête de plusieurs postes frontaliers au Soudan. Le duc d'Aoste a sous ses ordres des militaires remarquables comme les généraux Carnimeo, Frusci, Nasi, De Simone, Lorenzini… tous de vieux coloniaux, habitués à se battre sur un théâtre de guerre difficile. Les soldats italiens ne peuvent espérer aucun ravitaillement ni renfort de Rome. Les Britanniques, dont les colonies encerclent presque toute l'Éthiopie, sont en mesure de se renforcer rapidement, avec un armement lourd et puissant. Dès l'automne 1940, ils peuvent aligner cent dix mille hommes bien équipés avec un régiment de chars lourds Matilda, dont le blindage n'a rien à craindre des armes italiennes. Pendant plus de 17 mois, les troupes italiennes parviennent à leur opposer une résistance héroïque.

« Wolkefit, Keren, Gondar, l'Amba-Alagi… sont des lieux où les Italiens, écrit le général anglais Platt, firent preuve d'un magnifique esprit combatif et d'une grande habileté tactique[13]. »

Les Britanniques n'attendent pas l'arrivée de toutes leurs unités pour commencer la conquête de l'Éthiopie. Après avoir renforcé le blocus maritime, ils lancent une triple offensive. La première, aux ordres du général Platt, commandant les forces britanniques du Soudan, vise à conquérir, de janvier à mai 1941, l'Érythrée et l'extrémité septentrionale de l'Éthiopie jusqu'à Amba-Alagi, qui représente l'ultime refuge du duc d'Aoste avec sept mille hommes, à plus de 3 000 mètres d'altitude. La garnison italienne résiste, du 5 avril au 19 mai 1941, jusqu'à l'épuisement total des munitions et des vivres, uniquement soutenue par le chasseur Fiat CR 42 du capitaine Visentini, qui abattra seize appareils ennemis ! Les Britanniques venus du nord et du sud de l'Éthiopie y font leur jonction. Les combats de la brigade FFL Monclar entrent dans le cadre de cette offensive et plus particulièrement dans celui de la bataille décisive de Keren. La seconde offensive part du Kenya en février 1941. Elle est placée sous le commandement du général Cunningham et vise d'abord à conquérir la Somalie italienne, puis à rejoindre un corps débarqué, en mars, à Berbera, pour libérer la Somalie britannique. Elle se dirige sur Addis-Abeba où elle tend la main à une deuxième colonne venue directement du Kenya. La troisième offensive, représentée par les partisans du Négus, vient du Soudan et rejoint la colonne Cunningham aux environs de la capitale de l'Éthiopie.

Les combats les plus durs vont se dérouler en Érythrée, là où sont engagées les FFL. Les Italiens ont replié leurs troupes sur la ville de Keren, nœud de communication et véritable verrou sur la route d'Asmara, la capitale, et de Massaoua, leur principal port de guerre sur la mer Rouge. À ce titre, ils ont solidement fortifié les abords de l'agglomération.

« Celle-ci, écrit le commandant Jean-Noël Vincent, se situe sur un plateau élevé, entouré d'une couronne de montagnes dont les cols et les sommets constituent les points névralgiques de la défense... Ce terrain montagneux, dont les principaux sommets dépassent 2000 mètres, est très découpé par des nœuds profonds où se trouvent de rares sources. Sous un climat aride, le problème du ravitaillement de l'eau devient donc primordial. D'autre part, de mauvaises pistes interdisent l'emploi des véhicules et réduisent celui des animaux de bât. Ces conditions naturelles accentuent considérablement les épreuves des combattants. Ces lieux voient l'affrontement de deux forces terrestres antagonistes à peu près équivalentes s'évaluant, chacune, à trois divisions. La suprématie aérienne et maritime appartient par contre aux Britanniques[14]. »

Du 2 au 13 février 1941, la 4e division indienne, venant d'Agordat, attaque en force le camp retranché de Keren, défendu par la division italienne « Savoia ». Toutes les attaques britanniques sont repoussées. La 5e division indienne, envoyée en renfort, est également tenue en échec. Les six bataillons italiens de *bersaglieri* (tirailleurs), d'*alpini* (chasseurs alpins), de Chemises noires et les dix bataillons d'askari érythréens combattent avec une bravoure extraordinaire. Le bataillon d'*alpini* Uork Amba prend la position de la Roche-Percée et repousse trois bataillons britanniques ! Durant cette première phase de la bataille de Keren, les Britanniques comptent quatre mille soldats hors de combat et les Italiens trois mille.

L'engagement des unités de la France libre va jouer un rôle important dans la victoire des Alliés en Afrique orientale. Les troupes FFL rejoignent le théâtre des opérations par des voies différentes, au fur et à mesure de leur constitution. La première unité française engagée en Érythrée, en décembre 1940, est le 1er escadron de spahis marocains (ESM) du capitaine Jourdier, venu de Syrie. Il sera suivi du 3e bataillon de marche, venu du Tchad par voie terrestre, précurseur de la brigade Monclar, et engagé le 15 février 1941 à Mersa Taclai. La troisième force est formée du gros de la brigade Monclar, qui a quitté l'Afrique équatoriale et qui rejoint, par voie maritime, le front érythréen le 12 mars. Un renfort de cette brigade, la 3e compagnie du 1er bataillon d'infanterie de marine, venue du Levant, arrive le 26 mars à l'Engiahat. La dernière unité est le 4e bataillon de marche, envoyé de

Syrie, le 31 juillet 1941, afin de participer à la fin des combats à Gondar. La totalité des FFL en Afrique orientale représente trois mille combattants.

À la frontière du Soudan et de l'Érythrée, le 1er escadron de spahis marocains est employé dans des missions de reconnaissance et de harcèlement. Il pousse des patrouilles profondes en territoire érythréen, à cinquante kilomètres des avant-postes britanniques. Cette unité d'élite, rattachée à la 5e division indienne, affronte des forces italiennes souvent supérieures en nombre, généralement composées d'indigènes encadrés par des Italiens connaissant bien le pays, dans une brousse de hautes herbes et d'épineux, sous un climat torride. Certains combats vont être l'occasion de lancer les dernières charges de cavalerie française, sabre au clair. L'escadron, aux ordres du capitaine Jourdier, comprend six officiers, dix-huit sous-officiers et quatre-vingt-neuf hommes de troupe.

Le matin du 2 février 1941, l'escadron part pour reconnaître le plateau d'Umbrega. Sur le chemin, au nord-est de Gedaref, un peloton d'une vingtaine de spahis découvre un important bivouac italien. Malgré la disproportion des forces, le peloton charge. Revenu de sa surprise, l'ennemi repousse les assaillants. L'un des spahis reste à la lisière du campement. Il abat au fusil deux askari, en tue un troisième au corps à corps avec sa baïonnette et rejoint à pied son peloton. Un second peloton, plus à l'ouest, oblige les Italiens à se dévoiler. Devant une menace d'encerclement de la part d'un ennemi qu'ils ont du mal à évaluer, à travers une végétation dense, les Italiens lèvent le camp. Le capitaine Jourdier décide de les poursuivre. Dans l'après-midi, le contact est pris. Un peloton fixe l'adversaire au sud, pendant que l'escadron charge à cheval les Italiens par un large mouvement de débordement. La manœuvre réussit. Après un violent corps à corps où l'emploi des sabres se mélange à celui des grenades, l'ennemi se dérobe à la faveur des hautes herbes, en laissant neuf morts et quatre prisonniers. Les Français ne déplorent qu'un spahi tué à bout portant. Le capitaine Jourdier tire les enseignements de la journée, à savoir que dans un terrain couvert qui rend le tir difficile et facilite le corps à corps, la cavalerie conserve toujours l'avantage de la mobilité.

Quelques jours plus tard, l'audace des Français se retourne contre eux. Le 18 janvier, les spahis effectuent une reconnaissance vers

Omager. Ils tombent sur quelques askari à cheval. Poursuivis, ces derniers conduisent les Français jusqu'à une position tenue par un bataillon et deux escadrons. Encerclés, les spahis parviennent à se dégager en chargeant à plusieurs reprises. Le 31 mars 1941, le général de Gaulle passe en revue le 1er escadron de spahis à Ponte-Mussolini et lui décerne trois croix de la Libération. Cette campagne met fin aux dernières charges à cheval de l'armée française.

Le 3e bataillon de marche (BM), aux ordres du commandant Garbay, constitué le 1er décembre 1940 dans la région de Fort-Lamy au Tchad, se met en route vers le Soudan anglo-égyptien le jour de Noël. Transporté par des moyens de fortune, il parcourt deux mille kilomètres sous une chaleur torride, traversant une région désertique et sauvage qu'aucun convoi n'a jamais osé parcourir auparavant. Aucune piste n'existe dans ces contrées sablonneuses et arides qu'évitent les caravanes, où les camions s'enfoncent jusqu'aux essieux. Lorsque, quarante jours après, Khartoum est atteint, le bataillon reçoit l'ordre de rejoindre immédiatement la zone des combats, tant le commandement britannique a besoin de renforts. Sans attendre le reste de la brigade Monclar, dont l'arrivée est imminente, le 3e BM gagne Suakim, petit port abandonné sur la mer Rouge. Là, jadis, les pèlerins venus à pied de tous les coins d'Afrique s'embarquaient pour La Mecque. Un paquebot hindou, le *Ratmagiri*, prend à son bord les seize officiers, les cinquante-cinq sous-officiers et les six cent quatre-vingt-seize hommes de troupe du 3e BM, et les débarquent le 15 février 1941 à Mersa Taclai.

Les Britanniques tentent alors, au nord de Keren, une manœuvre d'encerclement confiée au général Briggs, commandant de la 7e brigade indienne, que le 3e BM des FFL vient de renforcer. Ce dernier s'engage dans un défilé étroit qu'il faut emprunter pour se rendre à Keren.

« Devant lui, écrit le général Saint-Hillier, le 112e bataillon colonial italien, solide unité, commandée par le commandant Bersini, barre la vallée du Choren avec le soutien d'un groupe de cavalerie indigène[15]. »

Face à la progression de la 7e brigade indienne et du 3e BM, les Italiens mènent un combat retardateur, afin de conserver leurs forces pour défendre l'accès septentrional de Keren à des endroits favorables comme Cub-Cub et le col de Mescelit.

Le général italien Carnimeo, commandant de la 1re division d'infanterie coloniale « Savoia », fait retraiter vers Chelamet les troupes du secteur nord, dans la nuit du 1er au 2 février 1941. Par la suite, le commandement italien ne laisse à Cub-Cub et Cam Ceua que le 112e bataillon de la 44e brigade coloniale. La ligne principale de défense passe plus au nord, par le col de Mescelit et la ligne de la crête de l'Engiahat, tenue par les 2e et 4e brigades coloniales. Le génie italien s'est employé à défendre les accès de Keren au moyen de mines et de pièges antivéhicules, en particulier dans les agglomérations. Ces derniers consistent en tranchées profondes recouvertes de branchages et de sable. À une vingtaine de mètres de l'obstacle, des abris, protégés par des barbelés, permettent aux Italiens de lancer des bouteilles d'essence enflammées sur les véhicules qui se sont laissé prendre au piège. Ce succédané de défense antichar illustre bien l'astuce, mais aussi la pénurie d'armes modernes qui règnent chez les Italiens[16].

Le 18 février 1941, le lieutenant Taylor et un peloton de blindés britanniques, mis à la disposition du 3e BM pour frayer un passage, tombent dans une embuscade. L'officier anglais est tué. Le 19, le 3e BM attaque de front et, après une lutte acharnée, réussit à s'emparer du sommet qui domine à 1 700 mètres le fort de Cub-Cub. En exécution des ordres du général Briggs, le commandant Garbay envoie un groupement de deux compagnies, commandé par son adjoint, le capitaine Bavière, contourner les défenses ennemies qui s'opposent à sa progression. À l'aube du 20, ayant escaladé des pentes abruptes de plus de 1 500 mètres hauteur, couvertes de ronces et d'épineux, le détachement Bavière surprend les Italiens en les prenant à revers. Mais ceux-ci se ressaisissent, les artilleurs retournent leurs canons, la mêlée est intense, la situation devient rapidement confuse. À la nuit tombée, les Italiens et les Français sont étroitement entremêlés ; le capitaine Bavière, la poitrine traversée, se trouve dans les lignes ennemies. À la fatigue du jour s'ajoute le manque de vivres et d'eau : heureusement, le lieutenant de vaisseau Iehlé, qui sert à la compagnie d'appui, accompagné de quelques volontaires, découvre une source et réussit à ravitailler, sous les balles, les sections non encerclées. La nuit est tombée, aussi glaciale que le jour fut torride. Le matin du 21, le combat reprend, mené par les compagnies des capitaines Allegrini et d'André.

« Au troisième jour, raconte le général Saint-Hillier, le 112e bataillon colonial italien se bat toujours avec la même fureur, résistant depuis trente-six heures. Le général Briggs confie alors au commandant Garbay sa dernière réserve : un peloton de blindés Bren-Carrier et l'appui d'une batterie de canons de 25 livres (86 mm). Garbay donne l'assaut avec la section de commandement du lieutenant Perron : transmetteurs, secrétaires, observateurs et cuisiniers ; non loin, la compagnie Garbit charge, les tirailleurs ont le coupe-coupe à la main[17]. »

En fin de journée, la victoire est chèrement acquise. Le 3e BM compte vingt-deux tués, deux disparus et quarante-quatre blessés. Les Italiens abandonnent sur le terrain quatre-vingt-dix-huit morts, un butin considérable dont quatre canons de 65 mm, trois drapeaux, six mortiers et quatre cent trente prisonniers[18]. La route de Cub-Cub est ouverte grâce à l'action audacieuse et déterminante des FFL qui s'empressent de la déminer. Le bataillon français est chaleureusement félicité par le général anglais Platt : « L'opération a très bien réussi, bien que le pays fût facilement défendable[19]. » Le succès est dû essentiellement à l'énergie et à l'initiative de certains cadres et soldats européens, portés par leurs convictions de Français libres. Les troupes indigènes, inexpérimentées et peu motivées, sont souvent décevantes lorsqu'elles ne sont pas suffisamment encadrées et instruites. La victoire de Cub-Cub n'en est que plus méritoire pour ses artisans, d'autant que les conditions du relief accentuaient considérablement les difficultés auxquelles ont eu à faire face les combattants.

Comme le souligne le capitaine français Allegrini dans son rapport : « L'engagement en montagne d'une troupe lourdement chargée, sans moyens de transport, dans un terrain inconnu, et sans renseignements précis sur l'ennemi, aurait pu se transformer en échec grave s'il n'y avait eu le dynamisme de certains Français de souche, et le manque d'esprit manœuvrier des défenseurs[20]. »

À l'issue de ce combat, le 3e bataillon de marche (BM) se réorganise à Cub-Cub durant les journées des 24 au 28 février, puis se rend à Chelamet pour y attendre l'arrivée de la brigade Monclar. Cette unité fait enfin son apparition sur le front érythréen au début du mois de mars 1941. Outre le 3e BM déjà engagé, elle comprend la 13e demi-brigade de la Légion étrangère (DBLE) du colonel Cazaud (trois compagnies), la 1re compagnie de chars du lieutenant Volvey, ainsi que différents services complémentaires (artillerie, transport, génie, transmissions, ambulances…). L'ensemble représente quatre-vingt-dix-neuf officiers, deux cent vingt-trois sous-officiers et mille neuf cent soixante-quatre hommes de troupe.

Aux côtés de la 7e brigade indienne du général Briggs, la brigade Monclar a la délicate mission d'attaquer, au nord de Keren, l'imposant massif de l'Engiahat, dont certains sommets culminent à plus de 2000 mètres d'altitude. Le secteur est défendu par les 31e et 151e bataillons coloniaux italiens. La première ligne de défense italienne s'appuie sur le Grand Willy (2030 m), sommet rattaché au massif de l'Engiahat par le Grand Peter (2100 m) et dont le col (2008 m) est l'un des rares passages vers la route d'Asmara-Keren. C'est un cheminement très escarpé : il faut emprunter un fond d'oued coupé d'éboulis et de rochers.

Pour sa marche d'approche, la brigade FFL Monclar a dû abandonner ses camions, devenus inutilisables sur ce terrain. Le 13 mars, après six heures de pénibles ascensions et une violente fusillade, les légionnaires de la 13e DBLE s'emparent du Grand Willy. Le 15, la brigade Monclar attaque l'Engiahat. Elle se heurte à une forte résistance. Cloués au fond d'un ravin par des tirs de mortiers, les Français libres doivent faire face à deux contre-attaques menées par un adversaire résolu, qui a une certaine prédilection pour l'emploi des grenades. Les Italiens constituent de véritables batteries de grenadiers avec un pourvoyeur portant une hotte remplie et un lanceur qui agit au commandement. Cette organisation, adaptée au terrain et aux circonstances, s'avère très efficace et économise les munitions d'artillerie. Les contre-attaques italiennes sont cependant repoussées, ce qui permet aux légionnaires de la 13e DBLE de continuer leur progression, mais de manière très lente et au prix de lourdes pertes : dix-neuf tués et soixante-neuf blessés. Le colonel Cazaud, le capitaine Saint-Hillier (futur général), le capitaine Morel et le lieutenant Lamoureux sont parmi les blessés.

Devant les difficultés pour ravitailler, appuyer et renforcer les unités engagées, le colonel Monclar ordonne le repli. Le problème de l'eau prend une grande acuité après un combat mené dans de telles conditions. Durant toute la journée, les tirailleurs du 3e BM effectuent à dos d'hommes, et malgré de pénibles dénivelés, le ravitaillement en eau de la Légion. Le lieutenant Messmer, après avoir regroupé la section Vergniaud, part à la recherche d'un puits. Le père Malec, aumônier de la 13e DBLE, creuse l'oued qui borde l'Engiahat pour distribuer de l'eau aux blessés. Vers 20 heures, le capitaine de Lamaze rend compte au PC que la 3e compagnie est regroupée en sécurité. Il demande seulement un renfort de brancardiers pour évacuer ses blessés. L'adjudant-chef Branier, avec une quinzaine de volontaires, se porte à la 2e compagnie pour l'aider dans cette tâche et lui transmettre l'ordre de repli.

À la fin de la nuit du 15 au 16 mars 1941, le capitaine Morel rejoint le PC après être resté près de 24 heures, blessé, à la tête de la 2e compagnie. Une partie du matériel a dû être abandonnée, faute de porteurs. Il sera récupéré durant la nuit. Une forte patrouille est envoyée par le colonel Monclar, durant la nuit du 16 au 17, pour tâter les positions adverses. En traversant le plateau, aux vues de l'ennemi, elle subit un feu de barrage intense.

Le 17 mars, le 4e bataillon britannique, bien appuyé par son artillerie, essaie à son tour de s'emparer de l'Engiahat. Il échoue de la même façon que les Français. Toute la journée, les Italiens harcèlent les positions françaises au moyen de leurs mortiers et s'avèrent particulièrement habiles.

« L'ensemble de la manœuvre alliée se solde par un échec, reconnaît le colonel Monclar. Notre attaque a échoué avec des pertes qui vont nécessiter quelques jours de récupération pour rendre les unités à nouveau opérationnelles. Elle a été déclenchée trop prématurément, sans coordination avec l'attaque des Britanniques, qui ne devaient intervenir que quarante-huit heures après, donc sans appuis et soutiens suffisants. Cette tâche aurait pu se justifier dans l'espoir de bénéficier de la surprise, mais il ne pouvait en être question après les accrochages qui ont accompagné l'arrivée de mes hommes. Elle n'a permis de révéler que trop tardivement la configuration générale du massif auquel les Alliés s'attaquent : une place fortifiée. D'autre part, l'adversaire a été notoirement sous-estimé en nombre et en qualité. Le système défensif de Keren est beaucoup plus étoffé au nord que le commandement britannique ne l'a imaginé d'après les renseignements insuffisants. L'Engiahat est depuis longtemps une position organisée, qui a pour mission d'interdire l'accès de l'oued Anseba, couloir naturel de Keren[21]. »

L'unique aspect positif des attaques infructueuses des Franco-Britanniques réside dans la fixation de deux excellents bataillons italiens. Du 20 au 25 mars, l'activité de la brigade FFL Monclar se limite à quelques patrouilles qui font une centaine de prisonniers et qui permettent de recueillir des renseignements importants : il faut notamment signaler une reconnaissance audacieuse sur les arrières de l'ennemi par une dizaine d'hommes, commandés par le lieutenant (futur général) Simon.

À l'ouest et au sud de Keren, les 4e et 5e divisions indiennes, appuyées par la RAF, attaquent massivement les positions italiennes le 25 mars 1941. Deux jours plus tard, la brigade Monclar, soutenue également par l'aviation anglaise, se lance de nouveau à l'assaut de l'Engiahat. L'opération, minutieusement montée, dans un style très britannique par sa progressivité, sa judicieuse utilisation du terrain et des appuis, tombe dans le vide. Les Italiens ont évacué discrètement leurs positions, dans la nuit du 26 au 27 mars, pour se retirer en direction d'Asmara. La chute prochaine de Keren rend leur action retardatrice inutile. Seuls quelques éléments ont été laissés sur place pour couvrir la retraite.

Il est 11 heures, lorsque les Français débouchent sur l'Engiahat. Keren vient de tomber, les Français aperçoivent au loin les colonnes italiennes qui se replient en désordre sur la route d'Asmara. La poursuite s'organise aussitôt. Dans la plaine, de nombreuses troupes italiennes sont encerclées et faites prisonnières avant d'avoir eu le temps de se regrouper et d'organiser une résistance sérieuse. Le 28 mars, les tirailleurs du 3e BM et les légionnaires de la 13e DBLE capturent mille vingt-sept soldats ennemis. La Légion atteint la route d'Asmara à six kilomètres à l'est de Keren. Elle y rencontre les éléments avancés de la 5e division indienne. Ces derniers viennent de traverser Keren et sont très surpris de trouver les Français sur leur chemin. Ils apprécient la performance accomplie par les « *Free French* ». Le 30 mars, les Français sont félicités et passés en revue, à Chelamet, par le général de Gaulle, le lieutenant-colonel Brosset et le général britannique Spears.

Keren et Asmara tombés, il ne reste plus aux Italiens qu'un seul môle de résistance en Érythrée : Massaoua, port principal de la région et base militaire moderne sur la mer Rouge.

Dans la précipitation de leur repli, les Italiens ont laissé intactes les lignes téléphoniques entre Asmara et Massaoua. Le général Platt, commandant les forces britanniques du Soudan, en profite pour établir un dialogue avec l'amiral Bonetti, commandant en chef de la marine italienne en mer Rouge et responsable de la défense du port de Massaoua. Il lui demande de se rendre et décide d'établir une trêve, afin de faciliter les négociations. L'une des clauses essentielles prévoit la livraison des installations portuaires. Les parlementaires sont bien reçus, mais Mussolini, mis au courant, ordonne à l'amiral de résister jusqu'à la dernière extrémité, en sabotant les installations les plus importantes. Le 6 avril 1941, la trêve est rompue.

Les dernières unités italiennes rescapées de Keren, d'Asmara et de Ghinda se sont réfugiées à l'abri de la ceinture fortifiée de Massaoua. La garnison est composée de deux bataillons de Chemises noires, de trois brigades coloniales décimées, de plusieurs groupes d'artillerie de montagne et de défense côtière, de quelques chars légers et des détachements de carabiniers, de douaniers et de marins. L'ensemble de cette troupe disparate a été très éprouvé par les précédents combats.

Le port est bâti entre deux presqu'îles protégées par deux îles reliées entre elles et au continent. Les installations portuaires se prolongent au sud à Arcico, où l'on trouve d'importants dépôts de carburant qui doublent ceux de la ville. Des salines coupent l'agglomération en deux dans sa partie médiane. Un aérodrome a été construit en arrière des salines, mais il est rendu inutilisable par les bombardements de la RAF. L'arrière-pays présente une plaine côtière étroite au sud, s'élargissant au nord, formée par un confluent d'oueds orientés ouest-est. La principale vallée est traversée par la route et le chemin de fer qui mènent à Asmara et Keren.

La plaine de Massaoua est légèrement fermée au nord par un plateau de faible altitude, entaillé de nombreux oueds : le Ras Dogon. Elle est surplombée au sud et à l'ouest par la colline de Ghanfur, dernier obstacle avant la mer, qui culmine d'une centaine de mètres, et commande la dépression de Moncullo, située plus à l'ouest. Les Italiens ont construit sur cette colline une ligne de forts. Les forts Vittorio-Emanuele et Umberto Ier sont principalement armés de douze canons de 77 mm et de mitrailleuses lourdes. Cette artillerie peut être soutenue par le tir des batteries côtières de 120 mm, retournées vers l'intérieur des terres. Mais leur effet est plus psychologique que réel, car elles ne sont pourvues que d'obus perforants, destinés à percer le blindage des navires. La dépression située à l'ouest de la colline de Ghanfur est organisée défensivement autour du fort et des villages de Moncullo et Zaga. Cette ligne de résistance est couverte par une série d'avant-postes, composée de tranchées, de barbelés et de mines.

Partie de Chelamet le 2 avril 1941, la brigade Monclar doit participer à la conquête de Massaoua. Durant sa marche d'approche vers l'objectif, elle capture six cents soldats ennemis, fortement démoralisés. La trêve est mise à profit par les Français pour regrouper leur brigade. Seul le 3e bataillon de marche (BM) manque à l'appel, faute de moyens de transport. La consommation d'essence des véhicules, accélérée par les parcours sur de mauvaises pistes, a dépassé toutes les prévisions et le dépôt d'essence britannique a été éloigné sans préavis. La 3e compagnie du bataillon d'infanterie de marine (capitaine Savey) est venue renforcer la brigade FFL.

Le plan d'attaque est mis au point par les Alliés lors d'une conférence tenue à Dogali. Les Français doivent attaquer la face ouest de Massaoua en coordination avec les assauts britanniques venus du nord-ouest et du nord. Lorsque la 10e brigade indienne aura atteint la hauteur de la cote 95, le général Heath, chef de l'opération, donnera le signal pour que la brigade Monclar s'empare de Moncullo et de la ligne des forts.

Le colonel Monclar décide d'agir en deux temps. Il veut d'abord s'assurer d'une base d'assaut favorable en s'emparant de la ligne des avant-postes italiens (objectif A), puis relancer l'attaque pour conquérir la ligne des forts (objectif B). Les Français libres sont donc chargés d'effectuer la mission la plus difficile pour la conquête de Massaoua.

Précédés d'une préparation d'artillerie de vingt à trente minutes, les assauts seront appuyés par des tirs d'accompagnement et de contre-batterie. À cet effet, la mince artillerie de la brigade FFL (deux canons de 75 mm) est renforcée par huit obusiers britanniques de 86 mm et trois batteries de 150 mm. Une compagnie de chars se chargera d'appuyer les FFL en cas de besoin. Pour cette opération, le colonel Monclar engage la 13e demi-brigade de la Légion étrangère (DBLE) et la compagnie Savey du bataillon d'infanterie de marine. À la suite d'un retard d'une demi-heure dans la transmission des ordres, le premier échelon français ne s'élance à l'attaque qu'à 6 heures le 8 avril 1941, sans que les tirs de préparation britannique aient eu lieu.

Des actions de débordement, opérées sur un ennemi peu accrocheur, suffisent à conquérir la ligne d'avant-postes (objectif A). Ce déroulement, relativement aisé, rend inutile l'engagement de la compagnie de chars. Les unités de tête s'alignent sur la seconde base d'assaut vers 7 heures. Dès le départ de la seconde attaque, à 7 h 45, la 1re compagnie de la Légion (capitaine de Bollardière) se heurte à un centre de résistance ennemi étalé en profondeur, au sud de la route, sur la cote 67. Vers 8 h 30, quatre-vingt-quatre soldats italiens, dont deux officiers, sont capturés. La compagnie de Bollardière poursuit sa progression vers le pont en ciment de Moncullo. Simultanément, au sud, la 2e compagnie de la Légion (capitaine Saint-Hillier) est immobilisée par trois points d'appui solidement tenus : au nord, le village et le fort de Moncullo ; au sud, les ouvrages défensifs de Zaga. Plusieurs tentatives de débordement échouent. Les Italiens se défendent avec l'énergie du désespoir. Le lieutenant Clarence et plusieurs légionnaires sont blessés. À 10 heures, le capitaine Saint-Hillier demande au capitaine Savey (3e compagnie du bataillon d'infanterie de marine) d'attaquer de flanc un fortin qui bloque son unité. Le capitaine Savey nous raconte la suite :

« Je répondis au capitaine Saint-Hillier que j'avais une mission principale impérative de flanc-garder l'attaque dans une direction très dangereuse, mais néanmoins, il me semblait normal de l'aider avec une section, s'il me la renvoyait aussitôt l'opération achevée. À 10 h 15, je lançai la section Bouvier vers le nord-ouest à l'attaque de l'ouvrage. Je me décidai à l'accompagner pour m'assurer que la section ne se laisserait pas entraîner dans une autre direction, une fois le fortin pris et aussi pour encourager les hommes qui allaient, pour la première fois, se trouver aux prises, de très près, avec le feu de l'infanterie ennemie. Les secrétaires de la section de commandement demandèrent à m'accompagner. Tout le monde partit d'un bel élan. Appuyé par le feu d'un de ses groupes, le lieutenant Bouvier marcha alertement jusqu'à portée d'assaut de l'objectif. Le feu de l'artillerie que je pris pour celui des mortiers ne cessant pas, je fis des signaux avec mon casque, puis un obus venant de tomber, je lançai la section en avant. Entraînés par le lieutenant Bouvier, les hommes bondirent d'un seul élan jusqu'au parapet. Un nouvel obus tomba au milieu sans éclater, par miracle. Je franchis le parapet ; l'enceinte semblait déserte, mais avisant l'entrée d'un abri souterrain, je m'y portai en criant « *Fuori* » (Sortez !) ; cinquante-deux marins italiens en sortirent. Je montai sur le parapet et agitai mon écharpe pour faire cesser le feu de l'artillerie et montrer que l'objectif était atteint[22]. »

Cependant, la conquête de Moncullo et de Zaga, prévue en 45 minutes, demande en fait deux heures de combat. Les Chemises noires refusent de se rendre et se battent jusqu'à la mort. Devant le retard pris sur l'horaire, le général Heath fait prolonger les tirs de destruction sur les dernières résistances et la ligne des forts. Les artilleurs français et britanniques rivalisent de précision. Le fort Umberto Ier est touché par de nombreux obus.

À 11 h 30, profitant du désarroi de l'ennemi, provoqué par la perte des premières lignes de défense et l'efficacité de l'artillerie, la brigade Monclar lance le dernier assaut. Au nord, la 1re compagnie de la Légion dépasse le village de Moncullo et débouche sur la route de Massaoua. Au centre, les sections du bataillon d'infanterie de marine abordent le mont Umberto. Les Français viennent facilement à bout des défenses des forts Vittorio-Emanuele et Umberto. Le capitaine Savey raconte dans son rapport la chute du fort Umberto :

« À ce moment le combat reprit à ma gauche et surtout à ma droite où la section Jacquin avait progressé à l'initiative de son chef. Je fis coucher les prisonniers italiens, surveillés par deux hommes. J'envoyais quelqu'un à l'arrière avec des prisonniers pour dire à tous de venir dans ma direction, ordre qui ne fut malheureusement pas transmis ; et battant le fer pendant qu'il était chaud, je partis en avant avec le soldat Rafaël comme interprète et le soldat Le Goff, portant un fusil-mitrailleur. Je gravis la pente et arrivai au PC du commandant de l'ensemble des ouvrages du mont Umberto ; un chef de bataillon se rendit sans difficulté, à la première rafale de fusil-mitrailleur, avec quelques dizaines d'hommes. Je confiai tout ce monde au soldat Rafaël, avec ordre de lui faire rejoindre les autres prisonniers. Puis je continuai d'avancer avec le soldat Le Goff. À ma gauche, je voyais les légionnaires monter vers le fort Vittorio-Emanuele. J'étais tranquille de ce côté. À ma droite, le bruit était intense et je voyais les hommes de la section Jacquin faire des bonds rapides, qui me montraient qu'ils étaient sous le feu. De fait cette section marchait à l'attaque d'un ouvrage défendu par deux armes automatiques et une vingtaine de fusils. J'eus plaisir à voir la résolution de tous. L'ouvrage céda avant que je pusse intervenir avec le fusil-mitrailleur, en prenant de flanc la résistance. Un seul homme avait été blessé, le soldat Kidouche qui reçut une balle de mitrailleuse au bras. Je criai à la section Jacquin de monter et elle fit se rendre un autre groupe d'Italiens qui tenaient le point culminant de la crête. J'interrogeai l'officier commandant les autres résistances. Il me dit avoir téléphoné aux points d'appui dépendant de lui de capituler; il ne pouvait répondre de ceux qui étaient plus au sud. À ce moment, voyant la mer à moins de deux kilomètres devant moi, tranquille sur la gauche où la Légion avançait, je pensais qu'il fallait exploiter la démoralisation de l'ennemi, prendre à revers les organisations du fort Umberto, foncer en direction des tanks à pétrole et de la route quittant Massaoua vers le sud. Je prescrivis au lieutenant Jacquin de diriger un groupe vers le fort Umberto au sud et de me suivre vers l'est avec les hommes restants[23]. »

Arrivé dans la plaine, le capitaine Savey s'empare des réservoirs de carburant et s'assure le contrôle de la sortie méridionale de Massaoua. Il fait parquer dans un hangar les Italiens qui se rendent en grand nombre. Quelques voitures de soldats britanniques, venant du nord, arrivent par la route, ce qui fait croire au capitaine Savey que le port est occupé. Il monte dans une camionnette, en compagnie du soldat Le Goff, armé d'un fusil-mitrailleur, et part en ville pour rendre compte de sa position au colonel Monclar. En fait, ils sont les premiers Français à pénétrer dans Massaoua. En sortant de Massaoua, le capitaine Savey rencontre des chars, la voiture d'un général anglais et des motocyclistes de la Légion qui arrivent sur la route d'Asmara.

Le 8 avril 1941, à partir de 12h30, toute résistance cesse. La brigade FFL se trouve aux portes de Massaoua avec deux mille six cent quarante-trois prisonniers. Le colonel Monclar est partagé entre l'ordre de tenir ses soldats hors des murs de Massaoua et le désir de faire briller son unité et la France libre en y entrant le premier, afin d'y recevoir la reddition du commandant en chef italien. Il résout ce dilemme en entrant dans la ville avec une très faible escorte : deux camions chargés de légionnaires, accompagnés de motocyclistes.

L'escorte arrive à l'hôtel de la compagnie immobilière Albergen d'Afrique orientale, où quatre-vingt-dix officiers italiens attendent pour se rendre. Interrogés, ceux-ci déclarent que les généraux sont déjà partis. Mais un sous-officier arrive à l'improviste et demande l'autorisation de rejoindre son général, dont il garde les bagages. C'est ainsi que le colonel Monclar découvre la présence du général Bergonzi, qui commande les troupes italiennes d'Érythrée, et de trente officiers d'état-major qui sont immédiatement confiés à la surveillance du lieutenant Merlin. Avec aplomb, le colonel Monclar ordonne qu'on le conduise à l'amiral Bonetti, commandant en chef de la marine italienne en Afrique orientale. Un officier italien s'exécute. Le colonel Monclar, une fois arrivé à l'amirauté, arrête l'amiral Bonetti, ainsi que les généraux Tessitore et Carnimeo. La scène donne lieu à un échange de réparties homériques. Le colonel Monclar salue l'amiral et déclare :

— Toute résistance était impossible, je vous félicite de l'avoir tentée.

L'amiral Bonetti lui répond, en prenant une pause mussolinienne :

— Je ne me rends jamais sans résister[24] !

Les officiers italiens donnent leur parole de ne pas chercher à s'enfuir et d'arrêter les destructions. Ils ajoutent d'ailleurs que tout est déjà détruit, ce qui n'est pas tout à fait exact. Dans le port, une vingtaine de bateaux marchands ont été coulés récemment. Des mines à retardement explosent, mais de nombreux dépôts de carburant sont intacts. Avant sa reddition, l'amiral Bonetti a jeté son sabre par la fenêtre pour ne pas avoir à le remettre. Mais son geste a été vu par un légionnaire qui attend patiemment la marée basse pour récupérer le trophée et le remettre fièrement au colonel Monclar. Ce dernier l'offrira, avec courtoisie, au général anglais Platt.

Le général britannique Heath arrive à 16 heures. Fair-play, il félicite les Français pour la capture massive d'officiers italiens de qualité et s'étonne, non sans humour, que le colonel Monclar se soit aventuré dans la ville sans ses troupes alors que le commandement anglais avait prescrit aux Français de rester hors des murs.

Au total, deux brigades alliées, dont une française, appuyées par six batteries d'artillerie, ont attaqué un terrain accidenté, parsemé de mines, défendu par de nombreux ouvrages fortifiés. Cependant, en une matinée, l'objectif a été atteint : onze mille cinq cents officiers et soldats italiens, dont trois mille à l'actif de la brigade Monclar, se sont rendus. La garnison italienne compte également trois mille tués, principalement victimes de la RAF et de l'artillerie. Parmi les prisonniers italiens, il y a cinq mille blessés. Ce succès est dû à l'élan des Français libres et à l'efficacité de l'artillerie britannique. L'adversaire, acculé à la mer après plusieurs défaites, s'est en partie démobilisé. Les Italiens ont prétendu avoir été gênés dans leur tir par la présence, parmi les combattants ennemis, de nombreux prisonniers que les Alliés ne pouvaient évacuer vers l'arrière, faute d'effectifs.

Ainsi se termine la campagne d'Érythrée qui a coûté aux FFL, de janvier à avril 1941, deux cent cinquante soldats (tués ou blessés). Les trois mille hommes engagés dans les FFL engagés ont capturé un important matériel et quatorze mille soldats italiens. Pour la première fois depuis sa création, la France libre a pu envoyer contre l'Axe une formation de taille appréciable, qui a joué un rôle important dans la défaite italienne en Afrique orientale. Le 7 avril 1941, le général britannique Platt passait en revue la brigade Monclar et la félicitait pour les efforts accomplis et les résultats obtenus.

Les premiers combats des Forces aériennes françaises libres (FAFL)

Les premiers aviateurs français à rejoindre la Grande-Bretagne, afin d'y continuer la lutte, y arrivent avant le général de Gaulle. Ils y trouvent des évacués de Dunkerque, de Narvik, des militaires isolés, autant d'éléments qui vont contribuer à constituer le noyau des FFL.

Le 14 juin 1940, les Allemands entrent dans Paris. Le lendemain, le sergent Jean Demozay, celui qui va devenir le célèbre colonel « Morlaix » dans les FAFL, réussit une évasion sensationnelle. Il a été réformé pour faiblesse constitutionnelle, comme Guynemer au début de la guerre 14-18. Grâce à de fausses attestations, il s'engage en 1939 et sert d'interprète dans la RAF stationnée en France. Il prend, clandestinement, quelques leçons de pilotage. Aidé de mécaniciens britanniques, il remet en état un vieux bombardier britannique abandonné sur un terrain de Nantes et s'installe aux commandes. Avec seize Anglais et deux Français à bord, il décolle, navigue et se pose sans casse près de Londres. Comme il n'est pas à une fausse déclaration près, il se dit pilote de chasse, alors qu'il n'a jamais passé de brevet. Le 9 septembre 1940, il signe son engagement dans les FAFL et, promu aspirant, sera affecté à un groupe de chasse anglais. Il finira la guerre avec vingt-trois victoires en combat aérien !

Le 17 juin, un bombardier de la RAF décolle de Bordeaux-Mérignac pour Londres avec, à son bord, dix Français, dont le capitaine Ottensooser (futur capitaine « Charles »). De Mérignac, le même jour, un autre avion britannique s'envole pour Londres avec un passager de marque, à propos duquel Churchill a dit la veille : « Voilà le connétable de France », le général de Gaulle, accompagné de son aide de camp, le lieutenant de Courcel, futur ambassadeur à Londres, et du général britannique Spears. Dans les bagages se trouvent les cent mille francs de fonds secrets du gouvernement précédent, remis par Paul Reynaud, qui vont constituer le premier budget de la France libre.

Le 18 juin, trois avions Simoun emportent de Royan cinq lieutenants de l'école de pilotage : Ezanno, Gaillet, Moizan, Preziosi et Soufflet. Le lendemain, cent huit militaires de l'école de pilotage de Morlaix, avec le lieutenant Pinot, partent de Douarnenez sur un langoustier, *Le Trébouliste*. Le même jour, des avions décollent de Cazaux et de Toulouse, quittant clandestinement la France pour rejoindre l'Angleterre. Le 20 juin, dans un Farman 220, ils sont 18 sous-officiers qui accompagnent le capitaine Goumin. Aucun des aviateurs présents n'avait auparavant piloté un tel appareil. Heureusement, tout se passe pour le mieux entre Saint-Jean-d'Angély et Saint-Evel en Angleterre. Le 21, dix-sept pilotes de l'école de chasse d'Avord s'embarquent à Bayonne sur un cargo en partance pour le Maroc. Le 22, c'est le départ massif de Toulouse-Francazals sur Potez 63/11, Goéland et Dewoitine D520. Sont du nombre les lieutenants Choron, Littolff et Schloesing.

Le 23 juin, à la demande du général anglais Wavell, trois Morane-Saulnier 406 (lieutenant Péronne, adjudant-chef Ballatore, adjudant-chef Coudray) décollent de Rayak, en Syrie, à 8 h 30 pour Ismaïlia en Égypte. Afin d'assurer le soutien logistique de ces chasseurs, deux

Fokker trimoteurs partent un peu plus tard, transportant une équipe de cinq mécaniciens (sergent Chaïla, Couturier, Geiger, Calobre, adjudant-chef Epery). À l'atterrissage à Ismaïlia, Péronne, surpris par la piste en dur, casse son appareil. Le Morane-Saulnier 406, conçu pour être utilisé sur des terrains en herbe, ne possède pas une roulette de queue, mais une béquille. Le 27, le capitaine Paul Jacquier décolle de Syrie, pendant l'heure de la sieste, pour Ismaïlia, avec un Potez 63/11. Le lendemain, Péronne reçoit l'ordre de rentrer en Syrie. D'accord avec Jacquier, il n'en fait rien. Ils resteront en Égypte. Ce qui leur donnera l'occasion, avec les capitaines Richoux-Lachaud et Dodelier, évadés de Tébessa sur deux Glenn-Martin le 1er juillet, de constituer le premier noyau des FAFL au Moyen-Orient. Il y a déjà là une dizaine d'avions de types différents. Le 4, ils sont renforcés par un Potez 63/11 du groupe de reconnaissance II/39, piloté par l'adjudant Lebois et ayant à son bord le sergent-chef Djabian (mitrailleur) et le sergent Vergerio (mécanicien). Se sont joints à eux, le lendemain, le lieutenant Pierre de Mesmont et ses neuf compagnons (Bauden, Chemin, Coste, Cassou, Delpino, Delattre, Lobato de Faria, Le Moal et Pinson), évadés à bord d'un camion bourré de matériel, toujours en provenance de Syrie.

Le 24 juin est une journée importante : à Port-Vendres, le commandant Pijeaud, trente aviateurs de l'École de l'air et une dizaine d'officiers et de sous-officiers prennent place sur un cargo grec qui va les conduire à Gibraltar. De son côté, le commandant Lionel de Marmier quitte Saint-Jean-de-Luz sur un bateau anglais chargé de Polonais. Le capitaine Bécout-Foch, Moynet, Maridor, de Saxcé font le même voyage et arrivent à Plymouth le 27. Enfin, c'est ce jour-là que, sur Potez 540, Pétain s'évade de Cazaux… Il s'agit du sergent mitrailleur Pétain, qui gagne l'Angleterre avec le sergent pilote Claude Deport.

Le 27 juin, déjouant la surveillance des côtes, un capitaine de réserve qui fera parler de lui, Jean Astier de Villatte, réussit à prendre place sur le dernier bateau anglais qui s'éloigne de l'estuaire de la Gironde, en compagnie des rescapés d'une division polonaise. Le bombardement commence aux différents points d'embarquement et continue, relayé par les attaques incessantes des sous-marins allemands, jusqu'à l'arrivée à Liverpool, trois jours plus tard. Le 6 juillet, Astier de Villatte signe son engagement à Londres.

Vers la même époque, à Gibraltar, les évadés de France et d'Afrique du Nord tentent de rejoindre l'Angleterre. Dès le 28 juin, un marin, mis à la retraite depuis le 21 novembre 1939, s'est présenté aux autorités britanniques. Il s'agit de l'amiral Muselier, qui est arrivé de Marseille à bord du charbonnier anglais *Cydonia*, auquel il a fait traverser les barrages et les champs de mines qu'il avait lui-même mis en place ! Il rallie à la cause de la France libre le chalutier *Président-Houduce* et le cargo *Rhin*, prépare leur voyage sur l'Angleterre et embarque, le 29, à bord d'un hydravion qui le conduit auprès du général de Gaulle.

Le 30 juin, un Goéland et un Simoun, venant d'Oran, sont arrivés à Gibraltar. René Mouchotte est aux commandes du premier appareil, qui transporte deux autres sergents comme lui, Lafont et Guérin, un mitrailleur et deux officiers de l'armée de terre (Held et Soret). À six, le décollage est pénible, d'autant que le commandant de la base a fait débrancher la commande du pas des hélices sur tous les avions... Cent trente kilomètres à l'heure de moyenne au lieu des deux cent vingt prévus ! Dans le second avion (le Simoun) ont pris place Fayolle et Stourme. Gibraltar est à quatre cent soixante-quinze kilomètres d'Oran. Pour naviguer, Mouchotte et Guérin utilisent une carte qui a été arrachée dans un atlas scolaire. Tout se passe bien pour eux et pour le Simoun, mais, le même jour, un autre groupe d'évadés, venant du Maroc, a moins de chance : trois avions Glenn-Martin, en provenance du terrain de Ber-Rechid, se présentent en fin de journée au-dessus de Gibraltar. Le premier, piloté par le capitaine Meyrand, seul à bord, atterrit sans difficulté. Le second, avec le capitaine Lager et les lieutenants Aubertin et de Saint-Péreuse, est tiré par la DCA espagnole, mais réussit à se poser sans encombre. Le troisième, au dernier virage, moteur réduit, volets sortis, est abattu par les mitrailleuses espagnoles et tombe dans les eaux anglaises. Ses quatre occupants sont tués. Ce sont les premiers morts de la France libre : capitaine de Vendeuvre, lieutenant du Plessis, lieutenant Berger et sous-lieutenant Weill. « On leur fera à Gibraltar, écrit Edmond Petit, des funérailles émouvantes dans le silence et la dignité[25]. »

L'attaque britannique contre la flotte française à Mers-el-Kébir, le 3 juillet 1940, annule de nombreux ralliements à la France libre. C'est ainsi que le général Stehlin, alors capitaine au groupe de chasse 3/6, écrit dans ses mémoires : « Le drame de Mers-el-Kébir, dont nous avons appris que le dénouement, sans connaître les causes, a changé ce qui aurait pu et dû être le cours des événements : un départ massif des avions français de Tunisie, d'Algérie et du Maroc vers les deux terrains britanniques à notre portée : Gibraltar et Malte[26]. »

Pourtant, ce même jour, d'autres évadés se présentent à Gibraltar. C'est un Goéland venant de Meknès, avec les sergents Perrin et Blaize ; c'est un cargo chargé de Polonais, au milieu desquels se sont glissés seize jeunes Français venant de Casablanca. Parmi eux se trouvent Dubourgel, Labouchère, Monier, Montbron. Ils arrivent à Glasgow le 25 juillet.

En septembre, c'est le capitaine Bonnafé qui, venant du Levant, s'engage dans la RAF en Palestine ; c'est le sergent Max Guedj, qui s'embarque à Tanger et qui sera admis dans la RAF comme aspirant en raison de son brevet de pilote civil, puis c'est le lieutenant Motte qui rejoint l'Angleterre. En novembre, on assiste à quelques départs sensationnels. Un polytechnicien, secrétaire de l'aéro-club de Cochinchine, le capitaine Jean Arnoux, un artilleur qui vient de passer son brevet de pilote civil, le lieutenant Louis Ducorps, et un marin, le lieutenant de vaisseau Jubelin, s'évadent de Saigon sur un avion de tourisme, le Pélican, dont l'autonomie est de cinq cent vingt kilomètres, et se posent à six cents kilomètres, après avoir traversé le golfe de Siam… poussés par la mousson ! Dans les bagages, on trouve deux revolvers, trois chambres à air gonflées en cas d'amerrissage, un Plutarque et un Pascal. Les trois héros arriveront à Glasgow le 3 février 1941.

L'évasion de Maurice Halna du Fretay sort également de l'ordinaire. Le 15 novembre 1940, il part du parc de la propriété familiale de Jugon, en Bretagne, à bord d'un petit avion personnel, le Zlin, dont il a stocké les pièces détachées dans la cave du château, et qu'il a patiemment reconstruit !

Le sergent-chef Lucien Montet, futur commandant « Martell », ancien de la patrouille d'Etampes, s'évade d'Alger sur une barque de pêche, le 20 novembre 1940. L'Espagne, Port-Vendres, la prison maritime de Toulon, deuxième évasion par les Pyrénées, Barcelone et enfin, le 12 avril 1942, Londres, d'où il repart pour un parachutage en France avant une nouvelle évasion par l'Espagne, telles sont les étapes qui le conduiront au groupe de chasse FAFL Alsace, dont il prendra le commandement.

Autre évasion mouvementée : celle du lieutenant Bridoux, parti de la zone occupée, le 20 novembre 1940. Il finira par se présenter à Zouar, avec le commandant Lanusse et les aspirants Jourdain et Louchet, six mois plus tard, après une incroyable randonnée de marches et de contremarches en plein Sahara. En tout, douze mille kilomètres, dont huit mille de désert, cinq cents à pied et quatre cents à dos de chameau. « Il est vrai, raconte Edmond Petit, qu'une surprise attendait les évadés à leur arrivée : le général Charles de Gaulle avait fait un détour de mille deux cents kilomètres à partir de Fort-Lamy pour les féliciter[27] ! »

En décembre 1940, le capitaine Tulasne, pilote de chasse du groupe 1/7 de Rayak, passe en Égypte. À l'autre bout du monde, Madagascar sert de tremplin à la formidable évasion du lieutenant Chevalier qui, sur Potez 29, se lance sur huit cents kilomètres de mer et qui ne doit sa réussite qu'au fait d'avoir stocké dans sa chambre, pendant deux mois, quatre cent cinquante litres d'essence, soit vingt-cinq bidons, qu'il transvasera en vol dans le réservoir ! Il termine son voyage dans l'eau, à huit cents mètres de la côte, entouré de poissons, blessé, mais heureux. Après dix-sept heures de marche, escorté d'indigènes nus armés de sagaies, il peut enfin s'expliquer avec le consul britannique de Mozambique et finalement rejoindre les FAFL d'Égypte en mars 1941.

À la même époque, le commandant Corniglion-Molinier se pose en terre anglaise, suivi du capitaine Bernard Dupérier et du lieutenant de réserve Level (Livry). Le 29 novembre 1941, deux jeunes sergents, Jean Hébert et Denis Boudard, se présentent au terrain de Christchurch, entre Dorchester et Southampton, à bord d'un petit biplace Bucher, qu'ils ont volé aux Allemands sur le terrain de Caen.

Les avions des ralliés à la France libre, Simoun, Goéland, Dewoitine D520, Potez 63/11… sont rassemblés à Saint-Athan, au pays de Galles, en compagnie d'un exemplaire unique, le Farman 220, quadrimoteur du capitaine Goumin. Quant aux aviateurs ayant rejoint la Grande-Bretagne, ils sont près de cinq cents au début de l'année 1941. On en compte également une centaine en Afrique-Équatoriale française (A-EF), autant en Égypte. En juillet 1941, ils seront un millier, dont un tiers en Angleterre. En 1942-1943, mille huit cents suivront et porteront les effectifs FAFL à près de trois mille hommes. Parmi ces héros de la France libre figure le sous-lieutenant d'aviation Prosper Dorizon, oncle de l'auteur, qui terminera sa carrière militaire avec le grade de commandant, la poitrine couverte de décorations britanniques, américaines et françaises.

À leur arrivée sur le sol anglais, les Français ont tout d'abord de mauvaises surprises. Ils sont fouillés et longuement interrogés. À cette époque, l'Angleterre a la hantise des espions. À « *Patriotic School* », que le Français Livry-Level présente comme « une sorte de prison », c'est le tri. D'un côté, ceux qui veulent vraiment se battre et dont les intentions sont pures ; de l'autre, les indésirables, qu'on oblige à rentrer en France occupée.

« Il est alors décidé, écrit Edmond Petit, que chaque pilote, après avoir été instruit et entraîné, sera versé dans un *squadron* de la RAF, jusqu'au jour où les Français seront assez nombreux pour constituer des unités autonomes. Et de vieux pilotes de chasse confirmés, comme Dubourgel, virtuose du Bloch 151, doit reprendre l'instruction à zéro sur Tiger-Moth[28]. »

L'instruction des pilotes se fait uniquement en anglais[29]. Les Français, ne parlant pas cette langue, ont quatre heures de cours par jour. Malgré cela, Mouchotte constate avec humour que son ami Guérin enrichit son vocabulaire « d'en moyenne un mot et demi par semaine[30] ! »

Heureusement, les bonnes surprises ne manquent pas. Les nouveaux arrivés notent le confort de la base de Saint-Athan, qui est remarquable avec son gymnase grandiose, sa piscine, ses tennis, son ring de boxe, son cinéma de deux cents places et la propreté méticuleuse de ses bâtiments, de ses voies, de son personnel. Les familles anglaises considèrent, souvent, les Français libres comme leurs enfants. Les aviateurs chevronnés de la RAF les accueillent avec modestie ; les chauffeurs de taxi ont toujours un mot gentil ; les bars leur font crédit ; les jeunes filles sourient et sont volontaires pour leur apprendre l'anglais…

« Il y a le thé aussi, raconte René Mouchotte. Et quand vous demandez un café, vous ne savez pas ce que vous apporte exactement la serveuse : ce doit être une variante du thé ! En Angleterre, on mange très souvent, très peu chaque fois, et j'affirme qu'à la fin de la journée le compte n'y est pas, puisque la faim vous tenaille. Il y a tout de même un restaurant français à Londres qui vous promet un repas gratuit pour chaque victoire aérienne[31]. »

Le 31 juillet 1940, les Français libres peuvent lire dans les journaux que « tous les militaires déclarés rebelles qui ont rejoint une armée étrangère pour continuer à combattre seront condamnés à mort par l'État français (régime de Vichy), s'ils ne sont pas rentrés en France le 15 août[32] ». Les FFL de Londres vont réagir avec un humour très britannique. À la date fixée, le 15 août, ils organisent un bal pour lequel ils lancent des centaines d'invitations. La soirée remporte un succès considérable, c'est le « bal des condamnés à mort ».

L'entraînement des FAFL commence sur Tiger-Moth, puis sur T6 Havard. Un mois à peine après leur arrivée, les pilotes français volent à Old Suram. Le camouflage de la base est si bien fait qu'on peut passer au-dessus et se croire en train de suivre une rivière ! Le pilote Perrin se perd un jour, sur Tiger-Moth, et est obligé de se poser pour demander sa route… ce qui ne manque pas de provoquer certains problèmes de traduction. Les élèves pilotes poursuivent leur instruction sur Hawker-Hector avant de partir en Operationnel Training Unit (OTU), dernière étape avant l'affectation en *squadron*, sur Hurricane ou Spitfire.

Dès septembre 1940, des Français participent à la bataille d'Angleterre. C'est le cas des pilotes Henri Bouquillard, Pierre Blaize, Yves Brière, Maurice Choron, Jean Demozay, François-Émile Fayolle (petit-fils du maréchal Fayolle), Charles Guérin, François de Labouchère, Henry Lafont, Xavier de Montbron, René Mouchotte et Georges Perrin. Ces aviateurs sont répartis dans les *squadrons* 64, 247, 249 et 615. Parmi cette poignée de héros, l'adjudant Xavier de Montbron, affecté au *squadron* 64, remporte, le 1er décembre 1940, la seconde victoire FAFL en Europe, en abattant un Messerchmitt 109 (Me 109). Au sein du même *squadron*, le lieutenant Maurice Choron obtient le premier doublé contre deux Me 109, le 21 décembre 1940. Il est également le premier FAFL à avoir descendu un avion allemand pendant la bataille d'Angleterre : un Heinkel H111 est abattu le 1er novembre 1940. Des douze pilotes ayant participé à la bataille d'Angleterre en 1940, il n'en restera que quatre en vie à la fin des hostilités : Jean Demozay, as aux vingt-trois victoires ; Xavier de Montbron ; Georges Perrin et Henry Lafon. Arrivés en unités opérationnelles, après avoir dû repasser tous leurs brevets de pilote de chasse, les aviateurs français ne vont réellement s'illustrer, en Europe, qu'à partir de la fin de l'année 1942. C'est le cas d'un certain Pierre Clostermann, l'as tricolore de ce conflit avec ses trente-deux victoires homologuées.

En Égypte, grâce au capitaine Paul Jacquier, qui a pris contact avec la plus haute autorité de la RAF au Moyen-Orient, l'Air Chief Marschal sir Arthur Longmore, les trois premières escadrilles FAFL sont constituées le 8 juillet 1940 : les *Free French Flights* n° 1, 2 et 3.

La première, escadrille de bombardement et de reconnaissance, affectée à Aden, aligne deux Glenn-Martin 167 F (les 82 et 102) et comprend les membres suivants : capitaine Ritoux-Lachaud, capitaine Dodelier, lieutenant de Maismont, adjudant-chef Trécan, adjudant-chef Roland, sergent-chef Cunibil, sergents Lobato de Faria, Portalis, Bauden, Delpino, Delattre et Cassan. Dès le 13 juillet 1940, l'unité est engagée en Érythrée contre les troupes italiennes. Cette unité va être renforcée, le 9 septembre, par un Potez 29 ayant à son bord le capitaine Magendie, l'adjudant-chef Giocanti et les sergents Duprat, Guyot et Michel.

La deuxième escadrille, uniquement de chasse, composée de deux Morane-Salunier 406 et de deux Potez 63/11, combat en Libye dès le 20 juillet 1940. Elle peut compter sur les aviateurs suivants : capitaine Jacquier, lieutenant Péronne, adjudants-chefs Ballatore et Coudray, adjudant Djabian, sergents Geiger, Couturier, Bignalet, Calorbe, Delpech, Vergerio, Epery, Guilhem, Chaïla, Chemin, Le Moal et Montillaud.

La troisième escadrille, de surveillance et de transport, dispose de deux Simoun et d'un Bloch 81. Comprenant notamment l'adjudant-chef Cornez et le sergent-chef Nicolesco, elle va servir essentiellement aux liaisons Égypte-Palestine.

Le 14 juillet 1940, le Glenn-Martin n° 102 effectue la première mission de guerre lors d'un vol de reconnaissance sur Massaoua et Assab en Érythrée. Le 16 août, au cours d'une mission de protection de la Somalie britannique, l'adjudant-chef Trécan, pilotant le

Glenn-Martin n° 102, abat un bombardier italien Cant Z-1007 en le tirant avec ses mitrailleuses axiales. Cette victoire française est la première remportée, après l'armistice, par un pilote ayant rejoint la France libre. Durant tout le mois d'août, la première escadrille de bombardement FAFL (*Free French Flight* n° 1) est très active. Elle effectue de nombreuses missions de reconnaissance au-dessus de l'Éthiopie et de l'Érythrée, ainsi que des attaques contre les troupes italiennes.

Le 8 septembre 1940, le Glenn-Martin n° 82 (capitaine Ritoux-Lachaud, adjudant-chef Roland, lieutenant de Maismont, sergent Lobato de Faria) est abattu par un chasseur Fiat CR 42 près de Modgio à soixante-dix kilomètres d'Addis-Abeba. Le lieutenant de Maismont, seul survivant, est fait prisonnier par les Italiens. Le deuxième Glenn-Martin (n° 102) va également connaître un sort dramatique. Un de ses navigants, le sergent-chef Robert Cunibil, raconte :

« Le lundi 16 décembre 1940, à sa 44ᵉ mission, le Glenn-Martin 102, équipage Dodelier commandant de bord, Trécan pilote, Michel mitrailleur-radio et moi-même, décollait à 7 h 30, avec une demi-heure de retard pour prendre des photographies, afin de vérifier l'efficacité d'un bombardement effectué par des Blenheim sur Dire-Dawa, un point réputé dangereux qui disposait d'un aérodrome bien équipé.

« Dodelier avait décidé d'employer une nouvelle méthode pour prendre les Italiens par surprise en arrivant à haute altitude, environ 7 500 mètres, et en se laissant descendre très lentement, moteurs réduits, presque à la limite du décrochage afin d'être sur l'objectif sans avoir été entendu par l'ennemi. Alors que nous approchions de notre but, nous aperçûmes un chasseur au-dessous de nous, sans pouvoir dire s'il s'agissait d'un Fiat CR32 ou CR42. Aussitôt je signale à Michel qui, par interphone, alerte Trécan. Tout en assurant la surveillance, je constatais que notre descente se prolongeait, je trouvais cela bizarre. Je le signalais à nouveau, mais après quelques secondes, à une altitude de 3 500 m environ, je réalisais que ce n'était pas un chasseur que nous avions à nos trousses, mais deux CR32 qui se trouvaient au-dessus de nous et en léger piqué.

« Une troisième fois l'alerte était donnée. Trécan avait accéléré les deux moteurs et amorcé sa descente ; malheureusement il était trop tard, nos adversaires étaient de chaque côté de l'empennage du Glenn

102 ; avec sa mitrailleuse de tourelle, Michel se défendait comme il le pouvait ; quant à moi, avec la mitrailleuse inférieure, je n'étais pas d'un grand secours, les deux chasseurs n'étant pas dans ma ligne de tir. L'un d'eux abandonna très vite, mais l'autre continua son attaque, mit notre moteur droit en feu et perfora un réservoir d'essence. Placé à l'arrière, je jugeai bien la situation et conseillai à Trécan de couper le moteur droit. Il y eut ensuite une seconde rafale et ce fut fini. L'avion continua à plein régime vers le sol.

« Trécan avait été touché, probablement mort, Michel me fit signe de sauter. Alors que je descendais, suspendu à mon parachute, je vis l'avion s'écraser au sol et brûler. Michel était parti sans parachute. Comme je l'ai dit plus haut, nous avions décollé avec une demi-heure de retard à la suite d'une sombre histoire de parachute. Pour ne pas aggraver les choses, il décida de partir sans en être muni. Pendant toute ma descente un chasseur tourna autour de moi sans, d'ailleurs, aucune hostilité et je me posai dans la plaine de Mello à trois km de la voie ferrée de Djibouti-Addis-Abeba. Là je fus capturé par des mitrailleurs italiens qui me confièrent au chef de gare de Mello.

« Dans l'après-midi, une voiture dans laquelle avait pris place un colonel de l'armée de l'air italienne, et un capitaine des carabiniers vinrent me chercher à la station pour me conduire à la base de Dire-Dawa où je fus traité très correctement, et pus discuter au mess des sous-officiers avec le pilote qui nous avait abattus : le sergent-major Athos Tieghi[33]. »

Le sergent-chef Cunibil est ensuite envoyé, sous bonne escorte, à la prison d'Addis-Abeba. Il y retrouve le lieutenant de Maismont. Ils seront délivrés par les Alliés le 26 avril 1941.

Au milieu du mois d'août 1940, l'escadrille de chasse du capitaine Jacquier, rattachée au *squadron* 274, participe aux premières opérations en Libye. Sa dernière mission sur Morane-Saulnier 406 intervient le 28 décembre 1940, lors d'une escorte de Blenheim bombardant les positions italiennes de Sidi-Barrani. Le soir même, les pilotes sont dirigés sur Haïfa, en Palestine, où, rejoints par d'autres aviateurs évadés, ils commencent leur entraînement sur Hurricane. Ils retrouvent les sous-lieutenants Denis, Littolff, Ferrant et les sergents-chefs Guédon, Castelain et de Scitivaux. Ils sont tous affectés à la 1re escadrille de chasse, opérant aux côtés du *squadron* 73 de la RAF en Libye. L'unité FAFL est chargée de la protection de la forteresse de Tobrouk.

La première mission se déroule le 9 avril 1941. Le lendemain, le sergent-chef Xavier de Scitivaux est abattu par la DCA et doit se poser en catastrophe. Il en est quitte pour faire à pied les quarante kilomètres qui le séparent de sa base ! Le 14, le sous-lieutenant James Denis remporte les premières victoires de la 1re escadrille de chasse FAFL. Ayant décollé avec le *squadron* 73 à 7 h 30, pour intercepter une large formation de Stukas escortée par des Messerschmitt 110, des Fiat CR42 et G50, il abat dans la foulée un CR42 et un Stuka. Le 21, Castelain est touché en combat aérien, mais parvient à atterrir sur son terrain. Ce jour-là, Denis est plus heureux : il abat un Stuka et un second, le pilote britannique Goodman.

Le 22 avril 1941, le *squadron* 73 décolle six fois sur alerte. Lors de la première sortie, Denis descend un Fiat G50 et un Stuka. Littolff abat un Messerschmitt 109. En fin de journée, Denis se heurte à un autre Messerschmitt 109 en maraude au-dessus de Gaza et le descend en quelques secondes. C'est sa septième victoire ! Le 23, de violents combats se déroulent autour de Tobrouk. À 10 heures, sept Hurricane décollent sur alerte pour intercepter vingt Stuka, dix Messerschmitt 110 et trente Messerschmitt (Me) 109. Littolff plonge dans la mêlée et en ressort avec un Me 109 et un Stuka de plus à son palmarès. Au cours de la soirée, vingt Stukas et vingt Me 109 attaquent de nouveau Tobrouk. Ils sont accueillis par un « comité de réception » dont Denis fait partie. Le pilote français est crédité, à l'issue du combat, d'un Me 109 sûr et d'un second probable. Or, ce second n'est autre que celui d'un des as de la Luftwaffe : Hans-Joachim Marseille !

À ce sujet, l'historien allemand Rolf Steiner confirme la victoire du pilote français James Denis : « Le 23 avril, Hans-Joachim Marseille, l'as au cent cinquante et une victoires dans le désert, se heurta à un Hurricane piloté par un Français libre, le sous-lieutenant James Denis, qui se battait aux côtés des Britanniques, dans le « *Free French Flight* » rattaché au n° 73 RAF *squadron*. Marseille dut poser son avion sur le ventre dans ses lignes. Il compta trente obus entre le moteur et l'habitacle. Quatre obus passèrent à moins de cinq centimètres de son visage et sans un réflexe qui le fit se pencher au dernier moment, la carrière du jeune pilote allemand aurait bien pu s'arrêter là[34]... »

Après Moelders, abattu pendant la campagne de France (juin 1940) par le sous-lieutenant Pommier-Layrargues, un autre as allemand a été victime d'un pilote français.

Ne possédant plus que quatre avions en état de vol, le *squadron* 73 fait mouvement le 25 sur Sidi-Haneish. Mais, Rommel attaquant de nouveau Tobrouk, le *squadron* revient sur la brèche. Et, le 30 avril 1941, il accomplit de nombreuses missions d'attaque au sol dans le secteur Sollum-Gazala-Gambut. Littolff détruit à lui seul une colonne motorisée, tandis qu'un autre Français, Jean Pompeï, descend un avion allemand Hs 126 d'observation. Le 21 mai, alors qu'ils effectuent des attaques le long de la route Capuzzo-Tobrouk, Denis et Pompeï sont surpris par six Me 109. Pompeï est abattu, mais Denis s'échappe et parvient même à descendre un Me 109. Ce fut sa dernière victoire : le score final est de dix avions ennemis abattus. Quant à Jean Pompeï, il est rapatrié quelques semaines plus tard dans les lignes anglaises grâce à des bédouins qui l'ont secouru dans le désert. Le 26, le capitaine Jacquier effectue une mission sur la Crète avec un Hurricane. Il doit détruire un Junker 52 (Ju 52) au moment de son atterrissage afin de rendre inutilisable le terrain de Malleme. Il abat deux Ju 52, mais est descendu par la DCA au moment où il attaquait un autre Ju 52 sur le point d'atterrir. Il se pose sur une plage des environs, puis est fait prisonnier.

Le 31 mai 1941, une patrouille FAFL (Littolff, Coudray et Guillou) attaque quinze Ju 88 à 100 milles en mer. Littolff abat un Ju 88 et, en compagnie de Coudray, attaque six Cant Z1007. L'un d'eux est touché, mais réussit à continuer sa route, un moteur en feu. Guillou disparaît en mer au cours de cette mission. Il avait obtenu sept victoires pendant la campagne de France (mai-juin 1940). Le 19 juin, les pilotes Péronne, Grasset, Coudray et Lebois sont abattus par la DCA au cours de missions d'attaque au sol sur la route Acroma-Capuzzo. Péronne est fait prisonnier. Coudray, grièvement blessé, meurt dans un camp de prisonniers en Allemagne. Grasset et Lebois réussissent à rejoindre leur escadrille.

Le 18 août 1941, la 1re escadrille de chasse FAFL est affectée en Syrie, afin de former le groupe de chasse Alsace. Au cours de cent soixante-cinq missions, cette escadrille aura livré vingt-six combats et obtenu vingt-cinq victoires, dont dix attribuées au sous-lieutenant

Denis, quatre au sous-lieutenant Littolff, trois au sous-lieutenant Ferrant, deux au capitaine Jacquier, une au lieutenant Pompeï, une au sergent-chef Guedon, une au sergent-chef Castelain et une à l'adjudant-chef Ballatore.

Le colonel Leclerc lance du Tchad, le 30 janvier 1941, une expédition dans le but de s'emparer de l'oasis de Koufra, au sud de la Libye. Le groupe réservé de bombardement 1 (GRB 1), nouvellement constitué et placé sous les ordres du commandant Astier de Villatte, se pose à Ounianga-Kébir avec ses neuf Blenheim, deux Lysander et deux Potez 29. Le GRB 1 doit assurer la protection et le ravitaillement des troupes françaises au prix d'énormes difficultés : sable, chaleur, étirement des lignes, absence de points de repère pour la navigation, terrains mal aménagés, ravitaillement épisodique et réparations rendues arides par un manque chronique de pièces de rechange.

« Le GRB 1, écrivent Erhengardt et Shores, remit à la mode le système D et les avions furent réparés grâce à ce que les Anglais appellent « *cannibalisation* », c'est-à-dire le prélèvement d'organes sains sur des avions irrécupérables[35]. »

Le 2 février 1941, sept Blenheim du GRB 1 effectuent la première sortie offensive sur l'oasis de Koufra. Leclerc arrive au puits de Sarra qu'il découvre saboté par les Italiens, avertis des intentions françaises. Étant dans l'impossibilité de communiquer sa position, sans eau, Leclerc se trouve brutalement dans une situation tragique. Tous les avions disponibles sont envoyés pour retrouver la trace de la colonne. Elle est repérée le 4 par un Lysander. Le lendemain, un Bristol-Bombay, mis à la disposition des Français par la RAF, et deux Lysander ravitaillent Sarra par la voie des airs. Et Leclerc peut reprendre sa marche en avant. Trois Blenheim sur quatre envoyés au-dessus de Koufra ne rentrent pas ! Deux équipages seront retrouvés et récupérés par la suite. En vingt missions, le GRB 1 va perdre huit hommes : cinq sont tués ou ont disparu, trois autres sont faits prisonniers. Dix tonnes de bombes ont été lancées pour la destruction de deux Blenheim, quatre autres appareils sont endommagés.

La guerre n'est toutefois pas terminée pour le GRB 1. Avec l'accord du général de Gaulle, six Blenheim sont pressentis pour soutenir les Britanniques au Soudan. Seuls trois peuvent effectuer le voyage et se retrouvent à Khartoum, sur le terrain de Gordon's Tree, le 17 mars 1941. Le 24, un appareil bombarde Debre-Markos, à une centaine de kilomètres au nord-ouest d'Addis-Abeba. Deux jours plus tard, les trois Blenheim sont rejoints par deux autres appareils. Les conditions sont aussi épouvantables qu'au-dessus de Koufra pour les aviateurs français, d'autant que les Blenheim souffrent d'usure générale. Lourdement chargés (500 kg de bombes, quarante mille tracts, cinquante litres d'eau et des vivres pour l'équipage durant cinq jours), volant à quatre mille mètres pour économiser le carburant, les avions doivent parcourir des distances très longues (sept cents kilomètres entre Khartoum et Debre-Markos, par exemple) sans le moindre point de repère, sous une chaleur de plomb et au milieu des tempêtes de sable qui diminuent de moitié la durée de vie des moteurs ! À la fin du mois, les trois appareils ont accompli sept sorties. Six nouveaux Blenheim sont versés par les Anglais au GRB 1, mais leur état général n'est guère plus brillant que celui des anciens appareils du groupe. Le 13 mai 1941, un appareil parvient à abattre un Fiat CR 42 au-dessus d'Azezo. Le 20 juin, un Benheim détruit à la bombe un Savoia-Marchetti 82 parqué sur le terrain d'Azezo. Le 13 août, l'ordre de repli sur la Syrie est donné au GRB 1. Il est plus que temps, car avions comme équipages se trouvent au bord de l'épuisement. Malgré l'utilisation d'un matériel périmé et surtout très usagé, assez mal adapté à ce théâtre d'opérations, malgré des conditions de vie très rudes, le GRB 1 a accompli un travail remarquable. Depuis son engagement au-dessus de Koufra, le groupe totalise cent trente-quatre sorties de toute nature. Sur les quatorze Blenheim dont a été doté le groupe au départ, deux restent à l'appel, lorsque, le 16 août 1941, le GRB 1, qui va devenir le fameux groupe Lorraine, se pose à Damas.

Jusqu'au début de l'année 1941, les FAFL sont placées sous les ordres d'un marin, l'amiral Muselier. Le colonel d'aviation Martial Valin le remplace au printemps. Après avoir commandé un groupe de reconnaissance en 1939-1940, il part pour le Brésil comme membre d'une mission militaire. Mais les événements se précipitent, l'armistice est signé le 22 juin 1940. Les membres de la mission sont tenus de terminer leur contrat, à la fin duquel ils reprennent leur liberté. Malgré les offres généreuses du gouvernement brésilien, qui veut le garder en tant que conseiller technique, malgré les sollicitations pressantes de Vichy, le colonel Valin, engagé secrètement aux FAFL depuis le 9 décembre 1940, quitte le Brésil pour rejoindre le général de Gaulle. Après un long et périlleux voyage, où il voit cinq bateaux couler, il arrive en Angleterre en mars 1941. Une lettre signée du général de Gaulle l'attend à Londres :

« Mon intention est de faire de vous, dans quelque temps, le commandant de mes forces aériennes. Mais il faut vous faire connaître et vous mettre au courant. Vous serez donc provisoirement chef d'état-major de l'air, l'amiral Muselier continuant provisoirement d'exercer le commandement air. Je réglerai à mon retour d'Afrique votre affectation définitive. Dans vos fonctions momentanées de chef d'état-major, gardez Pijeaud avec vous car il prendra, plus tard, la suite lorsque vous deviendrez patron[36]. »

Le 31 mars 1941, le colonel Valin est nommé à ce poste et, le 10 juillet, il prend le commandement des FAFL, gardant le lieutenant-colonel Pijeaud comme chef d'état-major. Une excellente équipe qui va être à l'origine de la création des groupes FAFL suivants :

- Chasse : groupes Alsace, Ile-de-France, Normandie ;
- Bombardement-reconnaissance-surveillance : groupes Lorraine, Bretagne, Artois, Picardie.

Officiellement créé en Syrie, le 15 septembre 1941, le groupe de chasse Alsace rassemble des rescapés de la première escadrille FAFL et du *squadron* 73, ceux venus d'Angleterre, d'Afrique équatoriale ou de France. La direction est confiée aux commandants Pouliquen et Tulasne. Le lieutenant Denis commande la première escadrille et le lieutenant Littolff la seconde. L'entraînement est mené sur une douzaine de Morane 406, usés par deux années de campagne dans le désert.

« L'indisponibilité fréquente des appareils, écrit Jean Gisclon, limitait l'entraînement des pilotes. La RAF, qui concentrait toutes ses forces pour repousser l'offensive d'automne déclenchée par Rommel contre El Gobi, n'avait pas la possibilité de fournir des avions d'armes à Alsace. Les chasseurs (Hurricane I et II, et Curtiss P40) étaient acheminés, comme le reste du matériel par le cap de Bonne-Espérance. Ils arrivaient en caisse jusqu'à Port-Soudan. Les pilotes du groupe furent affectés à leur convoyage jusqu'au front. Au cours de l'automne et jusqu'à la fin de l'année 1941, les Français purent ainsi se familiariser, loin des combats, avec des appareils assez différents de ceux qu'ils avaient pilotés depuis le mois d'août[37]. »

Dans les premiers jours de l'année 1942, le groupe Alsace quitte la Syrie pour Ismaïlia. Il remplace ses Morane 406, à bout de souffle, par des Hurricane I démodés, mais tous soigneusement révisés dans les ateliers de la RAF. Au mois de mars 1942 arrivent en renfort d'autres pilotes. Denis, nommé capitaine, est rappelé en Syrie pour assurer la formation des jeunes aviateurs. Il est remplacé à la tête de la 1re escadrille par le capitaine Ezanno. En avril, le groupe Alsace est envoyé à Fuka, entre El-Daba et Marsa Matrouh, en Libye.

« Ce fut la joie, raconte le pilote Henri Lafont, suivie très rapidement par la déception en apprenant que nous ne recevrions pas de Hurricane II, comme on nous l'avait laissé entendre, mais conserverions nos Mark I, périmés. Avec ces appareils, nous n'avions ni la vitesse, ni le plafond nécessaire pour nous battre à égalité de chances contre le Messerschmitt 109. Éventuellement, nous aurions pu nous expliquer contre des Stukas ou des Fiat, mais n'en rencontrions jamais. Aussi, ne recevions-nous que des missions adaptées à nos moyens, surtout de harassantes protections de convois maritimes, des patrouilles de nuit par pleine lune et quelques décollages sur alerte. Dans ce dernier type de missions, si nous avions la chance de réussir notre interception, l'ennemi se trouvait à une altitude que nous ne pouvions atteindre et nous narguait ou, s'il était à notre niveau, nous échappait en mettant toute la puissance de ses moteurs…

« Le 27 juin 1942 fut une journée noire pour le groupe. Si cela avait été nécessaire, l'infériorité de nos avions fut démontrée. Cinq Hurricane abattus, Collin et Louchet tués, Thiriez et moi-même blessés. Mailfert éperonna un Me 109 qui s'écrasa au sol, près des restes de l'avion de Louchet. Une belle démonstration de la solidité du Hurricane, Mailfert aurait pu rejoindre son terrain si son avion n'avait été touché par l'obus d'un canon de DCA tiré par une batterie alliée. Il dut effectuer un atterrissage forcé et se posa non loin des canons et à proximité de l'avion de Louchet. Aidé par les soldats de la batterie, il enterra son camarade enveloppé dans son parachute[38]. »

Malgré ses appareils dépassés, le groupe de chasse Alsace accomplit, jusqu'en septembre 1942, cinq cents missions. Le groupe sera envoyé en Angleterre à la fin de l'année.

Le groupement de bombardement Lorraine, officiellement créé le 11 septembre 1941, est placé sous les ordres du commandant de Saint-Péreuse, auquel succédera le lieutenant-colonel Corniglion-Molinier. Le 5 novembre, le groupe Lorraine, équipé de seize Blenheim, quitte Damas pour Abu-Quir, puis, le 14, arrive à Fuka.

« C'est depuis ce terrain, raconte l'aviateur Yves Ezanno, que nous fîmes nos premières missions sur les colonnes blindées de Rommel dans les régions de Bir-el-Gobi et Sidi-Rezegh. Puis nous allons à Gambut, au sud de Tobrouk, et attaquons Bengazhi, Adjedabia et aussi des concentrations ennemies. Nous y perdons trois équipages.

« Le 20 décembre 1941, le lieutenant-colonel Pijeaud, qui venait de remplacer Corniglion-Molinier à la tête du groupe, voulut prendre le commandement de la formation. La mission s'annonçait très difficile et c'était sa première sortie sur l'ennemi. Goussault et moi-même lui recommandèrent de prendre l'un de nous deux comme leader, en raison de notre expérience de la guerre du désert. Rien à faire… Commandant du groupe, il voulut être en tête et il se fit descendre au cours d'un combat contre les Messerschmitt 109 de Moelders qui firent bien du dégât dans notre formation, et au cours duquel j'eus des mots avec Messerschmitt 109 qui m'attaqua de face. Avec mes deux mitrailleuses fixes, je réussis à le toucher et mon mitrailleur Bauden l'acheva à son passage sous l'avion. Et nous avons appris, avec beaucoup de surprise, le lendemain, que le pilote du Messerschmitt 109 n'était autre que Marseille, l'as allemand qui totalisait à ce moment cent cinq victoires. Sauvé par son parachute, Marseille fut fortement brûlé et il ne reprit ses missions que six semaines plus tard. Pour la seconde fois, il avait été victime d'un aviateur français. Il devait se faire descendre, définitivement cette fois, en mars 1943. Au cours de cette mission du 20 décembre 1941, le lieutenant-colonel Pijeaud fut abattu et très grièvement blessé. Il ne devait pas survivre à ses blessures.

« Enfin, le commandement de la RAF confia au groupe Lorraine la tâche ingrate de harcèlement des poches de résistance germano-italienne de Bardia et d'Halfaya Pass. Ces missions se ressemblaient. On allait délivrer des bombes et les gars d'en face nous recevaient à coups de canons et de mitrailleuses. Bombes, flak, bombes, flak, et ceci pendant quarante-trois missions. Je me souviens que, le 24 décembre

1941, attaquant Halfaya quelques heures avant le réveillon, le sergent Guyard, qui était à côté de moi en place droite, reçut une balle dans le bras. Celle qui m'était destinée n'avait que traversé mon blouson fourré.

« Les opérations en Libye furent terminées pour nous le 16 janvier 1942, les Blenheim furent convoyés à LG-X, situé en bordure du canal de Suez. Le groupe Lorraine fut alors désigné pour effectuer les missions de « Coastal Command » à partir de Saint-Jean-d'Acre, au nord d'Haïfa, dans l'État actuel d'Israël[39]. »

Lors de sa campagne en Libye, le groupe Lorraine aura effectué trois cent quatre-vingts missions. Comme le groupe Alsace, il est envoyé en Angleterre afin d'être équipé d'un matériel plus moderne. Les aviateurs du Lorraine, sur Douglas-Boston, vont faire souvent parler d'eux au cours des bombardements effectués sur les Pays-Bas, la Belgique et la France.

Le groupe Bretagne (Lysander et Glenn-Martin), formé au Tchad, participe aux opérations menées par le colonel Leclerc contre les positions italiennes du Fezzan, au printemps 1942. Les appareils effectuent de nombreux bombardements et des reconnaissances, à plus de deux mille kilomètres de leur base, dans le désert le plus aride du monde. Les groupes de surveillance Artois et Picardie remportent divers succès contre les sous-marins sur les côtes d'Afrique-Équatoriale française et en Méditerranée orientale. Mission ingrate, qui consiste à faire des heures et des heures de vol, au large des côtes, en s'efforçant de déceler tout point suspect surgissant des vagues.

En 1942, les négociations entre le Comité national de la France libre et l'ambassadeur soviétique à Londres, A E. Bogomolov, négociations commencées à la fin de l'année 1941 et portant sur l'envoi d'une division FFL sur le front russe, se poursuivent par la voie diplomatique. En décembre 1941, l'ambassadeur Bogomolov fait savoir au Comité que le gouvernement soviétique est prêt à recevoir dans les rangs de son armée la division française qui se trouve en Syrie. Le général de Gaulle approuve cet accord, mais le gouvernement britannique, désirant voir la division combattre à ses côtés en Afrique, s'y oppose vivement. Dans ces conditions, en avril 1942, le Comité national de la France libre propose l'envoi de trente pilotes et de trente mécaniciens sur le front soviétique. Le général de brigade Petit se trouve déjà à Moscou. Le Comité national de la France libre à Londres l'a en effet nommé chef de la mission militaire française en Russie, afin qu'il prépare l'envoi des unités en provenance de Syrie. Le général Petit entre en contact avec les représentants du commandement suprême soviétique et propose la conclusion d'un accord portant sur la formation d'une escadrille de chasse française en URSS.

Les bruits des négociations qui se déroulent à Moscou et à Londres sont parvenus jusqu'à Rayak. Des aviateurs comptent partir comme volontaires en Union soviétique. Leurs espoirs ne sont pas vains. En mai 1942, le général Valin, chef des FAFL, leur annonce qu'une escadrille de chasse sera bientôt formée à Rayak et envoyée en Russie. Le nombre des volontaires désireux de faire partie du premier groupe est plus important que le contingent prévu. Certains aviateurs étudient déjà la langue russe. L'ordre, si longtemps attendu, de formation du groupe pour le front de l'Est parvient à Rayak à la fin du mois d'août 1942. Il est apporté par le capitaine Mirlesse qui se rend d'Angleterre en Russie. D'autres aviateurs et mécaniciens venant d'Angleterre, de Syrie, d'Afrique du Nord et de Madagascar arrivent sans cesse à Rayak pour se mettre à la disposition du commandant de la base aérienne. L'ordre spécifie que le premier détachement de volontaires doit être composé des meilleurs aviateurs, choisis de préférence parmi ceux qui ont déjà combattu. Le commandant Jean Tulasne est chargé de la sélection du personnel navigant et l'état-major de la base de la sélection du personnel technique. La direction générale de ce groupe incombe au commandant Joseph-Marie Pouliquen. Cet officier français de 45 ans, pilote expérimenté, a participé à la Première Guerre mondiale. Bon organisateur, il se met rapidement au courant de sa mission.

Aussitôt que l'escadrille de chasse est formée, les officiers se réunissent à l'état-major pour donner un nom à la nouvelle formation. Ils décident de l'appeler Normandie. « Que ce nom, dit alors le commandant Tulasne, nous rappelle toujours les larmes de nos mères, les tourments et les souffrances de nos épouses et de nos enfants. Qu'il remplisse nos cœurs de haine pour l'ennemi et devienne un véritable appel à une vengeance impitoyable[40]. »

Un télégramme, envoyé à l'état-major des FAFL, demande d'autoriser cette appellation. Le général Valin donne son accord. C'est ainsi que prend naissance le groupe chasse français Normandie (groupe n° III) qui doit combattre dans le ciel de la Russie soviétique. Le 10 novembre 1942, un télégramme du général Petit ordonnant au groupe Normandie de se mettre en route parvient de Moscou. Grâce aux préparatifs de départ, qui sont déjà très avancés, les premiers volontaires français quittent la base aérienne française du Liban le 12 novembre 1942.

Pendant que le personnel de Normandie se dirige vers la Russie, la mission militaire française, se trouvant quai Kropotkine à Moscou, se préoccupe de son avenir. Le général Petit, qui la dirige, est un compagnon du général de Gaulle. L'accord, stipulant la participation des unités des forces aériennes françaises aux opérations en Union soviétique, est signé le 25 novembre 1942 à l'état-major des forces aériennes de l'Armée rouge.

Après plusieurs heures d'un vol particulièrement pénible, les appareils qui transportent les aviateurs et le personnel mécanicien français atterrissent sur un aérodrome, près de la ville d'Ivanovo, le 28 novembre 1942. Le premier groupe de pilotes volontaires, venus en URSS pour prendre part aux combats contre les Allemands, comprend Marcel Albert, Didier Béguin, Yves Bizien, Noël Castelain, Raymond Derville, Albert Durand, Roland de La Poype, Georges Liebinsky, Marcel Lefevre, Albert Littolff, Yves Mahé, Jean de Pange, Joseph-Marie Pouliquen, André Poznanski, Albert Préziosi, Joseph Risso, Michel Schick, Alexandre Stakovitch et Jean Tulasne[41].

À Ivanovo, les aviateurs et mécaniciens français sont logés dans la cité militaire. Dans cette ville russe enneigée, les Français s'empressent de ranger leurs légers uniformes d'été dans leurs valises et de revêtir des blousons et de chaudes bottes fourrées. Grâce à ces vêtements, l'hiver russe leur semble moins terrible.

« Petit à petit, écrit le colonel russe Loukachine, les Français s'habituèrent au climat. Au début, ils ne croyaient pas que l'on pût se « réchauffer » le nez et les oreilles avec de la neige. Mais quand ils eurent essayé ce procédé, ils l'utilisèrent ensuite avec succès chaque fois que des taches blanches provoquées par le froid apparaissaient sur leur visage. On donna aux aviateurs français le droit de choisir le type d'avion sur lequel ils souhaitaient combattre. Ils retinrent le chasseur

Yak 1, pour ses hautes performances, la qualité de son équipement, la simplicité de son pilotage et sa très grande maniabilité[42]. »

Les vols d'entraînement commencent au milieu du mois de décembre 1942. Sur l'aérodrome, les Français regardent avec intérêt comment on dame la piste d'envol recouverte de neige, admirent l'ingéniosité des mécaniciens russes préparant, par les plus grands froids, les avions partant en mission. Les Français se familiarisent rapidement avec le chasseur soviétique. Ils s'habituent à voler au-dessus du sol couvert de neige, expérience de pilote qu'ils ignorent totalement parce qu'ils ne l'ont famais vécue. Le groupe Normandie va passer à l'action au début de l'année 1943. Le groupe Normandie va se couvrir de gloire, en abattant un nombre impressionnant d'avions allemands.

En Grande-Bretagne, le groupe de chasse Ile-de-France est formé en octobre 1941. Il réunit des chefs d'escadrilles français. Des mécaniciens ont été prêtés par la marine française libre. Monté sur des Spitfire, le groupe entre en action en avril 1942 et prend part à l'opération sur Dieppe, sous les ordres du commandant Dupérier, le 19 août 1942. Durant cette opération, trois Français sont abattus : François Fayolle est touché par la DCA, alors qu'il vient de larguer ses bombes ; Halna du Fretay est porté disparu ; Van Vymerch, qui a pu sauter en parachute, est fait prisonnier.

Au cours d'une mission de protection sur Rouen, le 5 septembre 1942, quatre pilotes sont tués : parmi eux se trouve Dubourgel, le dernier survivant de cinq frères et sœurs tués en 1940 pendant la campagne de France ! Sur cinquante-quatre pilotes, trente-huit sont abattus entre mai et décembre 1942 ! Parmi cette poignée de héros, Joseph Guillou de Mezillis a perdu la main gauche lors de l'expédition de Leclerc sur Mourzouk sur un Blenheim. Malgré ce handicap, il reprend son pilotage avec une main artificielle. Il est tué en service aérien à Turnhouse. Yves Debec disparaît en combat aérien dans la région de Saint-Omer le 30 juillet 1942. Raymond Taconet est tué le 5 septembre 1942.

Autre figure légendaire du groupe de chasse Ile-de-France, Olivier Massart est né à Bordeaux le 30 octobre 1919. Passionné par l'aviation, il effectue en 1938 ses premiers vols à Mérignac et obtient les brevets de pilote 1er degré et 2e degré. En août 1939, il s'engage dans l'armée de l'air et poursuit son entraînement aérien sur l'aérodrome d'Agen-La Garenne. Breveté pilote de chasse le 23 janvier 1940 avec le grade de sergent, il s'évade de France à la fin juin pour rejoindre l'Angleterre et poursuivre le combat. C'est à bord d'un navire, chargé de Polonais, qu'il quitte Bayonne et rejoint Gibraltar. De là, il est dirigé vers l'Angleterre le 22 juillet 1940. Après être passé par la base de Turnhill, Olivier Massart est nommé sous-lieutenant en mars 1941. Il intègre le groupe Ile-de-france en novembre 1941. À chaque mission, Olivier Massart fait preuve d'un courage exemplaire. Il totalise en peu de temps 8 victoires en combats aériens.

Bilan de l'action des Forces aériennes françaises libres

Les Forces aériennes françaises libres (FAFL), présentes dès la fin juin 1940 en Grande-Bretagne et en Afrique, puis au Levant en 1941, se constituent peu à peu en groupes organisés, avec du matériel britannique (chasseurs, bombardiers, éclaireurs, ravitailleurs). Le groupe de chasse Alsace naît le 15 septembre 1941 au Levant et le groupe de bombardement Lorraine le 24 du même mois, également au Levant. Le groupe de chasse Ile-de-France est créé le 20 octobre en Grande-Bretagne, le groupe de bombardement Bretagne le 1er janvier 1942 au Tchad, le groupe de chasse Normandie – futur Normandie-Niémen – le 1er septembre au Levant. Enfin, les groupes de surveillance Artois et Picardie apparaissent en juin 1943 au Levant et en Afrique. Parallèlement en Grande-Bretagne sont créés deux régiments de parachutistes issus de l'infanterie de l'air dont l'origine remonte à la seconde moitié des années 1930. Au milieu de 1942, gagnant en importance, les FAFL comptent près de 1 500 officiers, sous-officiers et hommes du rang. Le 27 juin 1943, à quelques jours de leur fusion avec l'aviation française d'Afrique du Nord, les FAFL rassemblent 3 200 personnes.

De juillet 1940 à juillet 1943, les FAFL déplorent 500 tués au combat et 152 prisonniers, soit environ 40 % des effectifs du personnel navigant. Durant la même période, les FAFL revendiquent 315 avions ennemis abattus officiellement, 35 probablement, 67 endommagés, 6 bâtiments coulés, 12 incendiés et 86 avariés, sans compter des centaines de véhicules et du matériel de toute sorte détruits sur l'ensemble du front.

De 1941 à 1945, le groupe de chasse Alsace accomplit 4500 sorties (dont 655 pour effectuer des bombardements en piqué) remporte 51 victoires confirmées, 16 probables, coule 27 navires, détruit plus de 500 véhicules au sol, déplore la perte de 21 pilotes dans ses rangs. Durant la même période, le groupe de chasse Ile-de-France accomplit 7100 sorties, abat 75 avions ennemis et perd de son côté 38 pilotes. De 1942 à 1945, le groupe de chasse Normandie-Niémen, engagé sur le front russe, remporte 273 victoires confirmées, 37 probables, endommage également 47 avions ennemis, le tout en 869 combats aériens, pour la perte dans ses rangs de 42 pilotes tués sur 96 présents. De 1941 à 1945, le groupe de bombardement Lorraine perd plus de 100 de ses membres. Il effectue plus de 3000 sorties au cours desquelles il déverse 2500 tonnes de bombes[43].

Les Forces navales françaises libres

Contrairement aux forces terrestres et aériennes qui ont subi de lourdes pertes en mai-juin 1940, la marine française sort presque intacte de ce dramatique épisode, non sans avoir participé activement à l'effort de guerre, notamment lors de la campagne de Norvège et durant l'évacuation de Dunkerque. Invaincue malgré l'armistice, la flotte conserve un moral élevé. Elle se place au quatrième rang mondial, derrière les États-Unis, le Japon et la Grande-Bretagne. La tragédie de Mers-el-Kébir, le 3 juillet 1940, brise l'espoir d'un ralliement massif des navires français aux côtés des Britanniques.

Les Forces navales françaises libres (FNFL) voient le jour à la fin juin 1940, lorsque l'amiral Muselier, refusant la capitulation de son pays, s'embarque à Marseille sur un navire de commerce à destination de Gibraltar. Reçu par l'amiral North, Muselier réquisitionne les navires français au mouillage: le gros chalutier *Président-Houduce*, le cargo armé *Rhin*, les cargos *Anadyr* et *Capo-Olmo*. Cet embryon de flotte, ainsi qu'un groupe aéronautique de plusieurs appareils, sera à l'origine des FNFL[44].

L'amiral Muselier s'embarque ensuite le 29 juin à bord d'un hydravion qui le dépose à Londres le 30. Il y rencontre le général de Gaulle, qui lui confie le soin d'organiser et de diriger militairement la Marine et l'aviation de la France libre. Émile-Henry Muselier est né le 17 avril 1882 à Marseille. Il entre à l'École navale en 1899 et en sort enseigne de vaisseau en 1902. Promu lieutenant de vaisseau en 1912, il fait une brillante campagne avec les fusiliers marins sur le front de l'Yser en 1915, puis il sert dans l'artillerie de marine en Champagne et en Belgique. Attaché au ministre Paul Painlevé, puis au cabinet de Clemenceau, il commande la Scarpe de 1918 à 1921 et participe, en tant que capitaine de corvette à la défense de Marioupol sur le front de Crimée en 1919, contre les bolchévistes. Nommé capitaine de frégate, il dirige la délégation navale de contrôle en Allemagne avant de commander successivement l'*Ouragan*, l'*Ernest-Renan*, le *Voltaire*, puis le cuirassé *Bretagne*. Élevé au rang de contre-amiral en 1933, il commande la marine en Tunisie, puis la 2e division de croiseurs en 1937. Il est nommé peu après commandant de la marine à Marseille. Promu vice-amiral en octobre 1939, il est presque aussitôt mis à la retraite par l'amiral Darlan, à la suite d'un différend qui oppose les deux hommes.

Après avoir constitué un petit état-major avec le commandant Thierry d'Argenlieu, l'amiral Muselier, installé au Grosvenor Hotel de Londres, rédige l'ordre du jour n° 1, aussitôt promulgué le 1er juillet 1940 :

« Officiers généraux, officiers mariniers, quartiers maîtres, marins et soldats des armées françaises de l'Air et de la Mer. Jamais heure n'a sonné plus solennelle et plus opportune de vous rappeler que vous devez obéir à vos commandants pour tout ce qu'ils vous commanderont pour le bien du service et le succès des armes de la France. Vous êtes donc déliés de toute obligation d'obéissance à l'égard de ceux qui acceptent de rendre sans combat aux ordres de l'ennemi les unités de notre flotte, fait unique dans notre glorieuse histoire. Je donne l'ordre aux bâtiments de guerre et de commerce français et aux forces aériennes françaises de rallier sans délai les bases françaises libres ou alliées les plus proches, en vue d'opérations immédiates contre l'ennemi.

« Que chacun comprenne que nos ennemis trouveront toujours dans les termes des armistices, signés sous la force, un prétexte pour amputer la France, après l'avoir occupée tout entière, pour se faire livrer la flotte, l'aviation, l'Empire et les utiliser contre nous-même et contre nos alliés. Seule notre action délivrera la France suivant l'honneur du drapeau. Notre tâche sera facilitée par l'Empire français, même amputé provisoirement de la France occupée. L'Empire comprendra et fera son devoir en mettant à notre disposition ses soixante-dix millions d'habitants et ses ressources infinies. Je prends l'entière responsabilité personnelle des ordres que je viens de donner[45]. »

Le 1er juillet 1940, date de naissance officielle des FNFL, l'amiral Muselier dispose de trois navires de combat, à savoir le sous-marin *Narval* qui a rallié Malte; le sous-marin *Rubis* qui, dès le 30 juin, a manifesté à Dundee, en Écosse, sa volonté de poursuivre la guerre contre l'Axe; le patrouilleur *Président-Houduce*, rallié à Gibraltar. Il faut beaucoup de courage et d'obstination à l'amiral Muselier pour former, peu à peu, une force navale respectable. Il se heurte non seulement à l'hésitation de ses compatriotes, mais également à la maladresse des Britanniques. Les navires français stationnés dans les ports de Plymouth et de Portsmouth, en juin 1940, ont été saisis par les autorités britanniques et les équipages ont été internés.

« Je travaillais à Londres, écrit l'amiral Muselier, à la première organisation des FNFL avec le commandant d'Argenlieu, chef d'état-major, et l'enseigne de vaisseau Voisin, lorsque se produisirent les effets néfastes de l'attaque de Mers-el-Kébir, qui devait être très habilement exploitée par Darlan. C'est alors que j'éprouvai une des crises de conscience les plus graves de ma vie. Je considérais que le gouvernement britannique avait commis une erreur énorme, mais je ne voulus songer qu'aux véritables intérêts et à l'avenir de la France et je décidai d'aller voir de Gaulle pour lui expliquer mon point de vue[46]. »

Le 5 juillet 1940, l'amirauté britannique accepte de conclure un accord naval avec les FNFL. Les bâtiments français saisis dans les ports britanniques présentent une force non négligeable, qui est partiellement rétrocédée et progressivement réarmée. À la mi-juillet, la flotte française se trouvant en Grande-Bretagne est la suivante:

- à Portsmouth: le cuirassé *Courbet*; le contre-torpilleur *Léopard*; les torpilleurs *Branlebas*, *La Cordelière*, *La Flore*, *L'Incomprise*, *La Melpomène*; les avisos *Savorgnan-de-Brazza*, *Amiens*, *Arras*, *La Capricieuse*, *Diligente*, *Epinal*; le mouilleur de mines *Pollux*;

- à Plymouth : le cuirassé *Paris*, le contre-torpilleur *Le Triomphant* ; les torpilleurs *Bouclier*, *Mistal*, *Ouragan* ; les avisos *Belfort*, *Chevreuil*, *Coucy* et *Commandant-Duboc* ; les sous-marins *Surcouf*, *Junon* et *Minerve* ;

- à Falmouth : le bâtiment-but *Impassible* ; les avisos *Commandant-Dominé*, *La Moqueuse*, *Suippe* ; les sous-marins *Orion* et *Ondine* ;

- à Dundee : le sous-marin *Rubis*[47].

À cette liste de bâtiments de combat, il faut ajouter des unités de faible tonnage et des navires de commerce, ce qui porte la totalité des forces navales françaises se trouvant en Grande-Bretagne à deux cents navires.

Afin de distinguer les navires ralliés à la France libre des autres unités, l'amiral Muselier choisit de leur donner l'emblème de la croix de Lorraine, en souvenir de son père qui était Lorrain. Cet insigne deviendra celui de toute la France libre. Les officiers de marine des FNFL portent sur leur uniforme un écusson en métal où figure une croix de Lorraine rouge entourée d'un liseré blanc sur fond bleu. Le personnel a le même insigne, mais sur un carré en tissu. L'état-major FNFL s'installe à Westminster-House, un vaste immeuble londonien. Les débuts sont difficiles et les ralliements peu nombreux. Cependant, les FNFL disposent, en novembre 1940, d'un millier d'hommes et d'une dizaine de bâtiments réarmés d'une certaine importance. L'École navale voit le jour à Portsmouth, sur le cuirassé *Courbet*, puis sur le bâtiment *Président-Théodore-Tissier*, tandis que des volontaires français sont admis à l'École navale anglaise de Dartmouth.

« Des écoles de spécialistes, écrit Michel Bertrand, furent créées un peu partout tandis que les Britanniques se chargeaient de la formation d'une partie du personnel non officier. L'enthousiasme et la bonne volonté suppléaient bien souvent au manque de personnel, de matériel et de formation technique[48]. »

Comme le raconte l'ancien sous-chef d'état-major des FNFL, le commandant Louis de Villefosse : « L'amiral Muselier faisait flèche de tout bois, affectait « *the right man is in the right place* », envoyait les jeunes sur les bateaux, ne gardait avec lui, en fait d'officiers de marine, que le strict indispensable, garnissait le reste des bureaux avec des professeurs, des journalistes ou des intellectuels baptisés officiers des équipages, officiers interprètes et du chiffre, commissaires auxiliaires… Il n'avait pas de médecin de marine confirmé, il prenait un médecin capitaine, le docteur Ray, et lui confiait la direction du service de santé ; il n'y avait pas assez d'ingénieurs du génie maritime, il prenait Lago, de la marine républicaine espagnole, qui avait dirigé l'arsenal de Carthagène, et lui confiait la direction des constructions navales, tâche dont Lago s'acquitta à la perfection. Mais tout ce personnel hétérogène avait endossé l'uniforme de la marine, y compris les parements de leurs corps respectifs, et par un phénomène de mimétisme remarquable, en avait assimilé les usages, les règlements et jusqu'au langage[49]. »

Les Anglais, sceptiques et réticents au début, se rendent assez vite compte du sérieux et de l'efficacité des FNFL. Aussi offrent-ils leur concours.

Le 1er septembre 1940, l'état-major FNFL comprend notamment le capitaine de vaisseau Moret (chef d'état-major), le capitaine de frégate Héron de Villefosse (premier sous-chef d'état-major), le capitaine de frégate Richard (second sous-chef d'état-major), le commissaire de deuxième classe Rigaux-Brix au premier bureau (organisation et personnel), l'ingénieur en chef de Villeveuve au quatrième bureau (matériel), l'ingénieur principal Lago à la direction des constructions navales, l'ingénieur de deuxième classe Lozachmeur à la direction de l'artillerie navale, le commissaire principal de Pirey à l'intendance, le médecin de première classe Ray au service de santé, l'officier Sinding à la justice maritime, l'officier Schilling au deuxième bureau, le capitaine de corvette Burin des Roziers au troisième bureau (opérations, transmissions, liaisons)…

À la même date, les forces navales combattantes alignent le cuirassé *Courbet*, les contre-torpilleurs *Le Triomphant* et *Léopard*, le torpilleur *La Melpomène*, les sous-marins *Junon*, *Minerve* et *Rubis*, le croiseur sous-marin *Surcouf*, un groupe de huit chasseurs de sous-marins, un groupe de quatre vedettes anti-sous-marins (*Saint-Léon*, *Saint-Guénolé*, *Saint-Yves* et *Saint-Ronan*), un groupe de trois vedettes rapides, un groupe de six corvettes (*Mimosa*, *Alysse*, *Aconit*, *Renoncule*, *Loébia*, *Roselys*), la corvette *Commandat-Détroyat*, l'aviso colonial *Savorgnan-de-Brazza*, les avisos dragueurs *Commandant-Duboc*, *Commandant-Dominé*, *La Moqueuse*, la canonnière coloniale *Chevreuil*, le croiseur auxiliaire *Cap-des-Palmes*, un groupe de gros remorqueurs… L'ensemble représente quatre-vingt-deux bâtiments[50].

La quasi-totalité de cette flotte est engagée contre l'Axe dans l'Atlantique, en mer du Nord, en Méditerranée, dans le Pacifique…

Le bâtiment le plus puissant de la flotte FNFL est le cuirassé *Courbet*, construit à Brest en septembre 1910 et mis en service en septembre 1913. Avec ses 22 000 tonnes et son puissant armement (douze canons de 305 mm et vingt-deux canons de 138 mm), le *Courbet* est l'un des meilleurs bâtiments de la Première Guerre mondiale. Il est modernisé à plusieurs reprises de 1929 à 1931, en particulier dans le domaine de la DCA, avec l'installation de cinq canons de 75 mm et de nombreuses pièces de 37 mm. Au début des hostilités, en septembre 1939, il sert d'école de canonnage à Brest. Le 25 mai 1940, le *Courbet* rejoint Cherbourg, pour être utilisé comme batterie flottante, afin de s'opposer à l'avance allemande menaçant la presqu'île du Cotentin. Au mois de juin, sur l'ordre de l'amiral Nord, il rallie le port britannique de Portsmouth. Saisi par les Anglais le 3 juillet 1940, il est rétrocédé rapidement aux FNFL et participe activement, grâce à sa puissante artillerie antiaérienne, à la bataille d'Angleterre qui fait rage d'août 1940 à janvier 1941. Le navire n'est atteint par aucune bombe et abat cinq avions allemands.

Le capitaine de corvette Sekutowicz, se trouvant à bord du *Courbert*, se souvient : « L'artillerie était commandée par le lieutenant de vaisseau Demeocq, polytechnicien, gendre de l'amiral Muselier, et par un camarade de mon collège de Versailles, l'enseigne de vaisseau Daille, issu de l'École navale, aujourd'hui amiral. Passant sur le raffinement du poste de conduite de tir de l'artillerie principale, je devais me contenter, en principe, de l'artillerie contre-avions : 75 modernes à grande vitesse initiale à culasse semi-automatique rapide, utilisés avec un appareil de conduite de tir simple, souple et rapide, dont les éléments étaient télé-affichés aux pièces par des répétiteurs électriques Granat. Il y avait plus de télémètres de toutes dimensions qu'il n'en fallait pour définir la distance et l'altitude du but avec des servants parfaitement sélectionnés et entraînés, une excellente liaison avec les radars de l'Amirauté britannique qui allaient repérer les avions nazis dès leur envol aux environs de Caen. C'était un paradis d'artilleur.

« Après deux semaines d'attente, l'attaque vint en août 1940. La Luftwaffe quittait ses bases de Normandie par grandes vagues, à mille cinq cents mètres d'altitude, de jour et de nuit, gratifiait Portsmouth de bombes préliminaires, prenait son virage sur Londres, qui recevait l'essentiel de la charge, et nous dédiait, au retour, des résidus. Tout l'immense dispositif de défense à terre, tous les bâtiments sur rade, faisaient feu ensemble : de nombreux avions étaient abattus. Comme personne ne disposait, dans ces circonstances, ni du temps ni des moyens de certifier qui avait mis au but, comme l'énorme caisse de résonance du *Courbet* se hérissait du feu de ses 75, de ses canons de 37 et de ses autres mitrailleuses lourdes, faisant plus de bruit que tous les autres, les Anglais nous attribuaient tous les succès. Nous finîmes par recevoir les félicitations des lords de la Mer. Les pilotes de chasse de la Royal Air Force qui accomplirent la mission essentielle et sauvèrent leur pays de justesse, perdant neuf cent quinze avions en détruisant mille sept cent trente-trois appareils, me dirent qu'ils n'avaient pas envie d'approcher le *Courbet* en action[51]. »

De février 1941 à l'été 1942, le *Courbet* sert de dépôt pour les équipages. Son désarmement intervient en avril 1941. Ses canons démontés servent à la défense côtière de l'Afrique française libre. Le *Courbet* est dès lors confié à un équipage de gardiennage formé de marins pêcheurs et sert uniquement de dépôt de matériel. Il finit sa brillante carrière en juin 1944, devant Ouistreham, où il est volontairement coulé pour servir de brise-lames lors des opérations du débarquement allié en Normandie. Ce fut sa dernière mission.

Dans la série des contre-torpilleurs FNFL, *Le Triomphant* fait figure de pionnier. Entré en service en 1935, il est considéré comme le navire de guerre le plus rapide du monde avec ses 45 nœuds aux essais. D'un poids de 3 400 tonnes en pleine charge, il dispose d'un équipage de treize officiers et de cent quatre-vingt-dix-sept marins. L'armement repose au début sur cinq canons de 138 mm, quatre canons de 37 mm, neuf tubes lance-torpilles de 550 mm et deux grenadeurs. Durant l'hiver 1939-1940, *Le Triomphant* participe à la recherche des navires allemands dans l'Atlantique, puis à la campagne de Norvège (avril-mai 1940) au cours de laquelle il est endommagé par l'aviation allemande. Il est en réparation à l'arsenal de Lorient, lorsque l'avance allemande l'oblige à rejoindre la Grande-Bretagne au mois de juin.

Comme les autres bâtiments français se trouvant à Plymouth, *Le Triomphant* est saisi par les Britanniques le 3 juillet 1940 et réarmé le 28 août sous pavillon FNFL. Son premier commandant de la France libre est le capitaine de frégate Wietzel. Le capitaine de frégate Auboyneau qui sera l'un des trois amiraux de la France libre lui succède. Né le 9 novembre 1899 à Constantinople, Philippe-Marie-Joseph Auboyneau entre l'École navale très tôt. Dès 1919, il est enseigne de vaisseau et commande la flottille du Danube et de la mer Noire. En 1926, il prend le commandement de l'aviso *Alidade* jusqu'en 1927, puis de la canonnière *Doudart-de-Lagrée* et de la flottille du Yangzi jiang de 1930 à 1932. C'est comme lieutenant de vaisseau qu'il commande, de 1937 à 1939, le torpilleur *Orage*, avant d'être promu capitaine de corvette et d'assurer les fonctions d'officier de liaison avec la flotte britannique en 1940. Rejoignant la France libre en septembre 1940, il succède à l'amiral Muselier comme commandant en chef des FNFL en 1942.

De septembre à octobre 1940, le contre-torpilleur *Le Triomphant* voit son armement antiaérien renforcé et modernisé avec un canon de 102 mm, deux canons automatiques de 37 mm, quatre semi-automatiques du même calibre et dix mitrailleuses lourdes de 13,2 mm. Il quitte Plymouth le 12 décembre 1940 et se trouve affecté au 11e groupe d'escorte de la Clyde. Désigné pour l'escorte des convois dans l'Atlantique, il est accidentellement abordé par un cargo en rade de Greenock et doit passer en cale sèche en février 1941. Il demeure immobilisé dans les chantiers de Glasgow jusqu'en avril 1941. *Le Triomphant* appareille de Plymouth le 30 juillet 1941 pour accomplir différentes missions dans le Pacifique. En février 1942, il participe à l'évacuation des Européens des îles Nauru et Océan (archipel Gilbert) devant la menace japonaise. Sous les ordres du capitaine de vaisseau Ortoli, il remplit plusieurs missions d'escorte de convois alliés entre Melbourne et Sydney. Il se distingue particulièrement lors du sauvetage des survivants du navire anglais *Iron Knight*, torpillé dans les parages du Cap Howe. Puis il reprend ses missions d'escorte. Il rejoint ensuite la Méditerranée afin de poursuivre ses missions de guerre.

Un ancien des FNFL, ayant servi à son bord, raconte : « Si *Le Triomphant* a pu exécuter un petit nombre de missions utiles et parfois dangereuses, il n'a jamais eu l'occasion de faire usage de ses armes, sauf pendant les attaques aériennes survenues durant un séjour au port de Grande-Bretagne. Suivant les propres termes d'un de ses commandants : *Le Triomphant* qui est un bâtiment de raid est employé comme un bâtiment de servitude. Son envoi dans le Pacifique, pour des missions essentiellement politiques, était contre-indiqué, et la prolongation de cette mission, bien au-delà des prévisions initiales du commandement FNFL, eut des conséquences matérielles regrettables qui vont être aggravées encore à la suite d'un typhon dans lequel le bâtiment faillit se perdre lors de son voyage retour en Méditerranée[52]. »

Autre contre-torpilleur de la France libre, le *Léopard*, lancé en 1934, déplace 3 000 tonnes et comprend comme armement cinq canons de 130 mm, deux canons de 75 mm, six tubes lance-torpilles de 550 mm et quatre mortiers. Au début de la guerre, sa vitesse tombe de 34 à 30 nœuds et son armement subit une première modification : une des pièces de 130 et les deux canons de 75 sont remplacés par huit mitrailleuses DCA de 13,2 mm. L'équipage passe, durant la guerre, de 240 à 324 hommes. Après avoir activement participé à la campagne de France de 1939-1940, le *Léopard* se trouve en Grande-Bretagne en juillet 1940. Il est intégré aux FNFL, le mois suivant, sous les ordres du capitaine de corvette Richard (Evenou). Le renforcement de son armement est mené à bien jusqu'en novembre 1940 : un canon de 102 mm, deux pièces automatiques de 37 mm et cinq DCA de 20 mm. Le navire quitte Portsmouth et gagne la base de Greenock, à l'embouchure de la Clyde, où il est sérieusement endommagé par une terrible tempête soufflant sur la rade, dans la nuit du 6 au 7 décembre 1940. Réparé à Glasgow, le *Léopard* peut reprendre la mer en janvier 1941 pour sa première escorte de convoi. Le 24 février, durant sa troisième mission, il recueille dans l'Atlantique nord les survivants du cargo *Waynegate*, torpillé par un sous-marin. Peu après, il prend en chasse un U-Boot. À 11 heures, le *Léopard* exécute une série de grenadages. À 12 h 51, le submersible ennemi semble atteint ; des débris de bois et une large tache d'huile remontent à la surface. Le commandant d'un destroyer britannique, le capitaine Bain, fait le rapport suivant, au sujet de l'attaque menée par le *Léopard* :

« Il est considéré que le commandant français a admirablement manœuvré son bâtiment pendant la chasse, et d'après les informations détaillées qu'il a données, de même que les témoignages recueillis sur le moment, il apparaît possible que le sous-marin ait été détruit[53]. »

De mars à avril 1941, le *Léopard* accomplit plusieurs convois dans l'Atlantique. Il entre ensuite en carénage pendant un an. Son rayon d'action passe de 3000 milles à 4200 milles marins. La DCA est renforcée avec cinq canons doubles de 37 mm, sept canons de 20 mm, deux mitrailleuses de 13,7 mm et quatre de 8 mm. Le navire reçoit également quatre mortiers pour la lutte anti-sous-marine. Au cours de l'escorte du convoi OS 33 dans l'Atlantique, le 12 juillet 1942, le *Léopard* grenade et détruit le sous-marin allemand *U-136*. En novembre 1942, il participe activement au ralliement de l'île de la Réunion à la France libre.

Deux torpilleurs sont rétrocédés par les Britanniques aux FNFL, après la saisie du 3 juillet 1940 : le *Bouclier* et *La Melpomène*. Un troisième torpilleur, de construction anglaise, *La Combattante*, est cédé fin 1942. Le *Bouclier*, appartenant à la même série que *La Melpomène*, participe à l'évacuation de Dunkerque en mai-juin 1940. Dans le cadre FNFL, le navire est placé sous le commandement du capitaine de corvette Birot en janvier 1941. Le mauvais état des machines et des chaufferies le condamne à servir de navire-école à Plymouth, sous la direction de l'enseigne de vaisseau Baudouy à partir de mai 1941. *La Melpomène* appartient à la série des torpilleurs de 900 tonnes (pleine charge) lancés entre 1935 et 1937. Sa vitesse en service est de 32 nœuds et son armement se compose de deux canons de 100 mm, de deux tubes lance-torpilles de 550 mm, de deux mitrailleuses de 13, 2 mm et d'un grenadeur. Elle se distingue lors des opérations de Dunkerque et du Cotentin. Après l'armistice, elle rejoint l'Angleterre, puis devient bâtiment FNFL, sous les ordres du capitaine de vaisseau Favreau, le 12 septembre 1940. Du 25 septembre au 20 octobre 1940, le bâtiment est utilisé en emploi tactique à Portsmouth. Le mois suivant, il assure la protection des convois se dirigeant sur Yarmouth. Il reçoit la visite du roi d'Angleterre le 5 décembre 1940. Après deux mois de réparation à l'arsenal Devonport, *La Melpomène* est rattachée, en mars 1941, à l'AS Striking Force qui assure la défense rapprochée contre les sous-marins de l'Axe. En mars et avril 1941, le bâtiment accomplit dans le Western Approaches diverses missions d'escortes au cours desquelles il est victime d'un abordage avec un destroyer britannique. Les réparations l'immobilisent jusqu'en mai 1941 à Grimsby. On en profite pour renforcer la DCA en y installant un canon automatique de 37 mm. Les escortes de convois de Harwich à Geat Yarmouth reprennent aussitôt et se poursuivent jusqu'en septembre 1942. Durant cette période, le lieutenant de vaisseau Favreau, malade, cède son commandement au lieutenant de vaisseau Despreaux.

Dans la catégorie des avisos FNFL, *La Moqueuse* termine sa mise au point lors de l'arrivée des Allemands à Lorient. Afin d'échapper à la capture, elle quitte le port le 18 juin 1940 à destination de Groix, puis gagne Falmouth en Grande-Bretagne. D'un poids de 740 tonnes, elle se déplace à 20 nœuds et est armée d'un canon de 100 mm et de huit mitrailleuses de 13,2 mm. L'aviso est placé sous les ordres du capitaine de vaisseau Demeocq le 15 octobre 1940. En février 1941, *La Moqueuse* est basée dans le Holy-Loch, puis, en juillet 1941, elle escorte de nombreux sous-marins alliés dans l'Atlantique. Le 15 août, le lieutenant de vaisseau Mesny succède à l'officier Demeocq. L'état-major des FNFL décide d'envoyer *La Moqueuse* en Méditerranée orientale où, avec d'autres navires, elle forme la 1re division d'avisos. D'avril à juin 1942, *La Moqueuse* protège les convois partant de Beyrouth pour Haïfa, Tripoli et Port-Saïd. Jusqu'à la fin de la guerre, elle s'illustre en Méditerranée. Le lieutenant Bissey en prend le commandement d'octobre 1941 à mai 1942. Il sera remplacé par le lieutenant Touchalaume, puis par le capitaine de corvette Moreau.

L'aviso dragueur *Commandant-Duboc*, un des premiers bâtiments réarmés par les FNFL, a été mis en service en août 1939. D'un poids de 630 tonnes, il se déplace à 20 nœuds et dispose comme armement d'un canon de 100 mm et de huit mitrailleuses de 13,2 mm. Sous les ordres du lieutenant de vaisseau Bourgine, le *Commandant-Duboc* appareille d'Angleterre, le 31 août 1940, pour Dakar afin de rejoindre la Force M. Il poursuit ses missions début décembre 1940, en transportant du matériel et du personnel entre Douala et Libre-Ville (Gabon). En février 1941, le *Commandant-Duboc* est envoyé dans l'océan Indien où il restera jusqu'au mois d'août de la même année. Il est basé en mer Rouge à Port-Soudan avec la force G britannique. Escorte, transport et dragage font partie de ses missions durant toute cette période. Le 15 septembre 1941, le bâtiment rallie le convoi SL87 au large de Freetown dans l'Atlantique. Il patrouille ensuite dans le détroit de Gibraltar du 17 au 21 octobre, puis il participe à l'escorte du convoi HG75 qui se dirige vers l'Angleterre, en compagnie de deux torpilleurs et de quatre corvettes. Six sous-marins allemands attaquent le convoi du 22 au 29 octobre, causant la perte de cinq navires. Le *Commandant-Duboc* parvient à sauver le cargo *Ariguani*, gravement endommagé, et le ramène à Gibraltar. Le 4 novembre 1941, l'aviso dragueur quitte Gibraltar en compagnie du destroyer britannique *Ducan* pour renforcer l'escorte du convoi SL91. En avril 1942, le lieutenant de vaisseau Pépin-Lehalleur en prend le commandement. Envoyé en mission en A-EF et dans l'océan Indien, le *Commandant-Duboc* est affecté à l'escorte des convois autour de l'Afrique.

L'aviso dragueur *Commandant-Dominé* appartient à la même série que le *Commandant-Duboc*. Rétrocédé aux FNFL le 26 juillet 1940, ce navire est confié au lieutenant de vaisseau Jacquelin de La Porte de Vaux. Après l'expédition malheureuse sur Dakar, le navire reste à Douala, avant de rejoindre Lagos au Nigeria, où il entre en cale sèche du 23 janvier au 18 mars 1941. Lors de son voyage retour vers l'Angleterre, le *Commandant-Dominé* participe à l'escorte du convoi SL69. Il accomplit ensuite de nombreuses missions d'escorte dans l'Atlantique et dans l'océan Indien. Le 4 novembre 1941, le capitaine de corvette Burin des Roziers en prend le commandement. Le bâtiment reste en patrouille sur la côte somalienne durant le mois de février 1942, il coule probablement un sous-marin allemand.

L'aviso colonial *Savorgnan-de-Brazza* est un bâtiment de 2000 tonnes, mis en service en 1933. Armé de trois canons de 138 mm et de quatre pièces de 37 mm, il se déplace à 17 nœuds. Saisi à Portsmouth par les Britanniques, il est rétrocédé aux FNFL en juillet 1940. Son commandement est confié au lieutenant de vaisseau Roux. Il rejoint la force M. en septembre 1940, participe à l'attaque de Libreville en novembre 1940 et à l'engagement au Gabon. En mars-avril 1941, le *Savorgnan-de-Brazza* escorte de Durban à Port-Soudan le transport de troupes Fort-Binger qui emmène sur le front d'Érythrée des éléments de la brigade FFL Monclar. Il accomplit de nombreuses patrouilles en mer Rouge entre Kuba et Massaoua. Il contribue au ravitaillement des troupes alliées qui combattent en Somalie italienne. Le capitaine de corvette Jubelin prend le commandement du *Savorgnan-de-Brazza* le 14 août 1942. Ancré à cette époque sur les côtes britanniques, le navire appareille de Greenock par la suite pour mener des missions d'escorte. Attaqué par la Luftwaffe, il abat un Focke-Wulf Kurier quadrimoteur à la latitude de Bordeaux. L'aviso poursuit ses missions d'escorte dans l'océan Indien et dans le Pacifique.

Dernier aviso FNFL, le *Chevreuil* est entré en service en septembre 1939. D'un poids de 750 tonnes, il évolue à 20 nœuds et dispose comme armement d'un canon de 100 mm et de huit mitrailleuses de 13,2 mm. il est saisi à Portsmouth, où les Britanniques lui font subir une refonte en vue de sa modernisation. Cédé aux FNFL le 3 septembre 1940, le *Chevreuil* est placé sous les ordres du lieutenant de vaisseau Fourlinnie. Il escorte plusieurs convois dans l'Atlantique et rejoint le Pacifique en août 1941. Il participe en mai 1942 au ralliement des îles Wallis et Futuna, jusque-là fidèles à Vichy. Le lieutenant de vaisseau Villebois en assure le commandement par la suite.

L'activité des corvettes FNFL porte sur l'escorte des convois dans l'Atlantique et l'océan Indien. Certaines participent au ralliement de Saint-Pierre-et-Miquelon à la France libre durant l'hiver 1941-1942. Ces corvettes ont généralement les caractéristiques suivantes : poids de 1 500 tonnes, vitesse de 15 nœuds, équipage de quatre-vingts hommes et armement comprenant un canon de 102 mm, un canon automatique de 40 mm, deux canons de 20 mm, deux mitrailleuses Hotchkiss de 8 mm et des grenadeurs. La corvette *Mimosa*, commandée par le capitaine de corvette Birot, prend à son bord l'amiral Muselier lors de l'opération sur Saint-Pierre-et-Miquelon. Le 9 juin 1942, la corvette est torpillée par le sous-marin allemand *U-124* dans l'Atlantique. Soixante-cinq marins, dont le capitaine de frégate Birot, l'enseigne de vaisseau Allonier et l'aspirant de Poulpiquet, sont portés disparus.

La corvette l'*Alysse*, sous les ordres du lieutenant de vaisseau Pépin-Lehalleur, prend part également aux escortes des convois dans l'Atlantique. Le 8 février 1942, la torpille d'un sous-marin frappe la corvette au large de l'Irlande. Trente-cinq marins périssent dans l'explosion ayant suivi le torpillage. La corvette l'*Aconit*, commandée par le lieutenant de vaisseau Levasseur, est mise en service le 27 juillet 1941. Elle escorte des convois entre la Grande-Bretagne et l'Irlande en septembre et octobre. Ce sont ensuite les mêmes missions entre Terre-Neuve et l'Islande de novembre à décembre. Elle participe brillamment à l'opération de Saint-Pierre-et-Miquelon, avant de reprendre ses difficiles escortes entre Terre-Neuve et l'Islande. « À partir de février 1942, écrit Michel Bertrand, la route s'allonge de bout en bout depuis le Canada jusqu'au Royaume-Uni (jusqu'en juillet 1942[54]). »

Lors de l'escorte du convoi ON77, l'*Aconit* porte secours aux naufragés du pétrolier de 8 000 tonnes *Imperial Transport*, victimes d'un torpillage. En dix mois, la corvette FNFL a escorté six cent vingt-cinq bâtiments (dont seulement huit ont été coulés), parcouru 39 272 milles nautiques et attaqué six sous-marins.

La corvette *Roselys*, aux ordres du lieutenant de vaisseau André Bergeret, est rattachée au 3e groupe des Forces d'escorte de la Clyde. D'octobre 1941 à février 1942, elle accomplit de nombreuses missions entre la Grande-Bretagne et l'Islande. Le 26 janvier, la *Roselys* éperonne volontairement un sous-marin allemand se trouvant en surface. Gravement endommagé, le submersible disparaît dans les profondeurs de la mer. Du 16 au 30 mai 1942, la *Roselys* participe à l'escorte du convoi PQ16 (trente-quatre navires) qui se rend à Mourmansk à travers l'océan Arctique. Du 26 au 29 mai, les avions allemands, décollant des aérodromes de Finlande et de Norvège, attaquent le convoi par vagues successives. Plusieurs cargos sont coulés. La *Roselys* se porte au secours d'un cargo soviétique. Ancrée dans la baie de Kola, jusqu'à la fin juin, la corvette FNFL protège en juillet le convoi QP13 qui regagne l'Angleterre. Elle poursuit des missions identiques dans l'Atlantique nord, puis en Méditerranée.

La corvette *Renoncule*, commandée par le lieutenant de vaisseau Dussumier de Fonbrune, escorte les convois alliés entre la Grande-Bretagne et l'Islande dès septembre 1941. La corvette *Lobélia*, confiée le 16 juillet 1941 au lieutenant de vaisseau Pierre de Morsier, participe dans l'Atlantique nord à l'escorte d'un des plus importants convois de cette guerre, fort de soixante-quatre navires, du 1er au 11 février 1942. Une meute de sous-marins harcèle le convoi du 4 au 9 février. Le 7, la *Lobélia* prend une part active au combat en coulant, à l'aide des grenades, le submersible *U-609*. Cet exploit lui vaut un télégramme de félicitations adressé le 16 mars par l'amirauté britannique. La *Lobélia* n'en est pas à sa première victoire, puisqu'elle a endommagé un premier sous-marin le 4 février.

Les corvettes FNFL *Commandant-Détroyat*, *Commandant-Drogou* et *Commandant-d'Estienne-d'Orves* participent également à l'escorte des convois alliés dans l'Atlantique. « Leurs tâches, écrit Michel Bertrand, furent diverses, souvent monotones, toujours difficiles, parfois semées d'actions d'éclat. Elles n'en remplirent pas moins toutes une mission indispensable dont la continuité permit aux Alliés de remporter la bataille de l'Atlantique, bataille dont dépendait le sort de la guerre : l'escorte des convois[55]. »

Six sous-marins français ont été saisis par les Britanniques le 3 juillet 1940 : la *Créole* à Swansea ; le *Surcouf*, la *Minerve* et la *Junon* à Plymouth ; l'*Orion* et l'*Ondine* à Portsmouth. Le sous-marin mouilleur des mines *Rubis*, se trouvant à Dundee en Écosse, n'a pas été inquiété en raison des services exceptionnels qu'il a déjà rendus à la Grande-Bretagne. Le *Narval*, parti de Sousse, rallie Malte le 27 juin 1940, à l'initiative de son commandant, et se range sous le drapeau de la France libre.

La *Junon* et la *Minerve* appartiennent à une série de six sous-marins construits à Cherbourg dans les années trente. La *Junon* entre en service en 1935 et la *Minerve* l'année suivante. Leurs caractéristiques sont les suivantes : poids de 825 tonnes, puissance de 1 800 CV, vitesse de 15 nœuds, rayon d'action couvrant 4 000 milles, effectif de quatre officiers et trente-huit marins ; l'armement se compose d'un canon de 75 mm, d'une mitrailleuse de 13,2 mm, de torpilles de 550 et 400 mm. Après d'indispensables travaux de coque, la *Minerve* gagne sa zone opérationnelle devant les fjords norvégiens en janvier 1941. Son état-major comprend le lieutenant de vaisseau Sonneville, les enseignes de vaisseau Laurent et Pétrochilo, l'officier des équipages Vibert. Durant l'une de ses premières attaques, le 19 avril 1941, aux abords de Stavanger, la *Minerve* torpille un pétrolier allemand de 8 000 tonnes. Du 31 janvier 1941 au 26 août 1942, la *Minerve* effectue treize patrouilles, dont la dernière consiste à débarquer des agents secrets norvégiens dans la baie de Telo, près de Berefjord.

La *Junon* a été en partie sacrifiée afin de fournir à la *Minerve* des pièces faisant défaut dans les arsenaux britanniques. Grâce aux efforts méritoires de son commandant, le capitaine de corvette Querville, la

Junon reprend le combat à la fin octobre 1941. Ses deux premières missions ont lieu dans le golfe de Gascogne, elles ont pour objectif d'empêcher la sortie en haute mer des croiseurs allemands *Scharnhorst* et *Gneisenau*, basés à Brest. En septembre 1942, la *Junon* joue un rôle capital dans le déroulement de la guerre, en faisant débarquer dans le Bjaerangsfjord un commando britannique, chargé de détruire au plastic l'usine d'eau lourde de Glomfjord en Norvège.

L'historien Jacques Mordal révèle que « ce fut une rude partie de navigation. Le courant était si fort dans les fjords, qu'en plongée, moteurs électriques en pleine puissance, la *Junon* demeurait sur place. Il fallut faire route à 60 mètres pour trouver un contre-courant favorable ; après avoir passé l'après-midi du 13 septembre sur le fond, la *Junon* émergea, la nuit faite, à 400 mètres de la rive et le débarquement s'effectua sans incidents. Le retour, par contre, faillit se terminer dans les récifs du Skjaergaard (jardin d'écueils), mais après quelques émotions la Junon retrouva la mer libre et revint en Angleterre pour apprendre que le commando avait réussi son coup la nuit même du débarquement[56] ».

Le mois suivant, la *Junon* se distingue de nouveau en torpillant deux ravitailleurs allemands au large des côtes de Norvège.

Le *Rubis*, sous-marin mouilleur de mines, est construit à l'arsenal de Toulon à la fin des années vingt. Il entre en service en 1932. D'un poids de 925 tonnes, il se déplace à 12 nœuds et dispose d'un rayon d'action de 7 700 milles. L'effectif comprend trois officiers et trente-sept marins. L'armement est le suivant : 1 canon de 75 mm, torpilles de 400 à 550 mm, 32 mines. Ce submersible a la particularité, unique au monde, de pouvoir larguer ses mines par des puits verticaux, sans utiliser de rails de guidage, ce qui facilite ses missions. Le *Rubis* est aux ordres de l'amirauté britannique depuis le 1er mai 1940. Il s'est particulièrement distingué dans les opérations de mouillage de mines le long des côtes norvégiennes. Sous le commandement du lieutenant de vaisseau Cabanier, le *Rubis* poursuit, sans interruption et sans saisie, sa lutte aux côtés des Britanniques. Le 26 juin 1940, il largue un chapelet de 32 mines dans les chenaux qui conduisent à Trondheim, entraînant la perte d'un chasseur de sous-marins allemand. Les Anglais, très satisfaits du résultat de ces missions, décorent le commandant du submersible de la Distinguished Service Order. Ils honorent également deux officiers de l'état-major et des marins de l'équipage.

« Les Britanniques, écrit Michel Bertrand, étaient d'autant plus heureux de disposer du *Rubis* qu'ils n'avaient plus aucun mouilleur de mines disponible dans le Nord depuis le malencontreux échouage du *Seal* sur les côtes norvégiennes[57]. »

Le *Rubis* effectue de nombreuses missions en mer du Nord. Du 14 au 25 août 1941, il mine les passages d'Egersund. Lors de cette délicate opération, il torpille le *Hogland*, bâtiment finlandais de 4300 tonnes, chargé de munitions. Bien qu'endommagé par la terrible explosion qui a suivi à moins de 250 mètres, le *Rubis* parvient par ses propres moyens à rejoindre sa base. Une fois réparé, il opère dans le golfe de Gascogne en janvier 1942. En minant la route maritime de Saint-Jean-de-Luz à Bayonne, le submersible perturbe sérieusement le cabotage du minerai de fer entre Bayonne et Bilbao. En avril, le *Rubis* est engagé sur la côte norvégienne, puis en mai de nouveau dans le golfe de Gascogne, où il mine la côte entre le cap Ferret et Hourtin. Le 18 août, le patrouilleur allemand VP 406 de 500 tonnes saute sur une des mines déposées par le *Rubis*. D'autres navires allemands coulent également pour les mêmes raisons. Le sous-marin continue ses missions jusqu'à la fin de la guerre sous le commandement de l'amirauté britannique. Accomplissant vingt-huit missions de guerre, dont vingt-deux consacrées à des mouillages de mines, le *Rubis* a détruit dix-huit bâtiments ennemis : un exploit unique dans toute l'histoire de la marine française durant ce conflit.

Le *Narval* entre en service en 1926. D'un poids de 970 tonnes, il se déplace à 16 nœuds et peut couvrir 10000 milles. Son armement repose sur un canon de 100 mm, une mitrailleuse de 8 mm et dix tubes lance-torpilles de 550 mm. À la déclaration de la guerre, le sous-marin est affecté à la 11e division de submersibles, stationnée à Beyrouth. Le *Narval* se trouve à Sousse, en Tunisie, au moment de l'armistice. Apprenant la cessation des combats, le lieutenant de vaisseau Drogou donne l'ordre d'appareillage. Cet homme de devoir expédie un télégramme laconique et clair : « Trahison sur toute la ligne, je fais route sur un port anglais[58]. » Le *Narval* rejoint Malte le 26 juin 1940. La moitié de l'équipage accepte de poursuivre le combat. Une trentaine de marins, qui ont quitté Alexandrie pour rejoindre Londres, compensent les défections. Basé à La Valette, le *Narval* accomplit sa première mission, au sein des FNFL, du 25 septembre au 5 octobre. Une seconde patrouille mène le submersible, du 25 octobre au 3 novembre, dans le secteur de Lampedusa-Kerkennah au large de la Tunisie. Immobilisé pour des réparations durant tout le mois de novembre, le *Narval* reprend la mer le 2 octobre 1940. Lors de cette mission, il disparaît en mer avec tout son équipage. En novembre 1957, dans le secteur des îles Kerkennah, des plongeurs sous-marins découvrent l'épave du *Narval*, dont la proue a été éventrée par l'explosion d'une mine.

Le *Surcouf*, mis en service en 1934, est le plus grand sous-marin du monde. Son poids en plongée atteint 4 277 tonnes ! Il mesure 120 m de longueur et 9 m de largeur ! Ce monstre des mers file entre 10 et 18 nœuds et dispose d'une autonomie de 90 jours. Son armement est redoutable avec deux canons de 203 mm, deux canons de 37 mm, quatre mitrailleuses de 8 mm et 12 tubes lance-torpilles de 550 mm. Saisi par les Britanniques, non sans effusion de sang (un mort de chaque côté), le *Surcouf* est rétrocédé aux FNFL le 1er septembre 1940. Le capitaine de corvette Ortoli est désigné pour en prendre le commandement. L'équipage comprend également le lieutenant de vaisseau Blaison, deux aspirants de réserve et quarante officiers mariniers et marins. L'effectif normal étant de 125 hommes, le *Surcouf* n'est pas en état de combattre. Il doit attendre que son équipage soit complété avant de pouvoir reprendre la mer. Le 1er avril 1941, le *Surcouf* accomplit sa première mission dans l'Atlantique en tant que bâtiment FNFL. Ayant quitté Halifax, il participe, avec le cuirassé *Ramilliès*, à la protection du convoi HX 118 qui parvient à Plymouth le 17 avril.

Le *Surcouf* repart pour l'Atlantique et fait escale aux Bermudes. Il en revient en juin 1941 pour sa quatrième mission, puis est dirigé sur le New Hampshire (USA) pour un carénage qui se termine fin septembre 1941. Durant cette période, l'officier Ortoli quitte le bord. Il est remplacé par son second, le capitaine de corvette Blaison. Le submersible participe à l'opération de Saint-Pierre-et-Miquelon en novembre et décembre 1941. De là, il retourne à Halifax. En janvier 1942, il fait route en direction du Pacifique où la guerre fait rage. Dans la nuit du 19, le *Surcouf* est abordé accidentellement par le cargo américain *Thomson-Lykes* dans la mer des Antilles. La totalité de l'équipage FNFL périt lors de ce dramatique accident.

Selon Jacques Mordal, « les Anglais considéraient le *Surcouf* avec circonspection et ne savaient comment l'utiliser. Ils l'employèrent d'une façon parfaitement velléitaire, l'affectant un jour aux escortes océaniques, le rappelant huit jours plus tard pour le ravitaillement de Malte, puis se ravisant pour lui confier de longues et stériles patrouilles au cours desquelles ils semblent n'avoir rien de plus pressé que de l'écarter de tous les points où il pourrait se passer quelque chose d'intéressant[59]. »

Patrouilleurs, chasseurs, croiseurs auxiliaires, vedettes rapides FNFL jouent également un rôle non négligeable dans la lutte contre l'Axe. Parmi tant d'autres, l'enseigne de vaisseau de Bigault de Cazanove fait preuve du plus bel esprit combatif. Le bilan accompli par l'ensemble des FNFL, de 1940 à 1942, est remarquable, surtout lorsque l'on sait qu'il représente l'effort d'une poignée de navires et l'effort de cinq à six mille marins : une quarantaine de navires ennemis coulés ou gravement endommagés, dont dix-sept sous-marins ; une vingtaine d'avions ennemis abattus. En ce qui concerne les pertes FNFL, on compte huit navires coulés, trente-neuf officiers et cinq cent dix-neuf marins tués ou portés disparus[60].

La colonne Leclerc

Le ralliement du Tchad à la France libre, en août 1940, offre au général de Gaulle la possibilité d'attaquer la Libye italienne par le sud. La présence récente (1931) des Italiens à la frontière du Tchad entraîne une grave menace sur toute l'Afrique-Équatoriale française (A-EF). Mussolini n'a jamais caché son intention de fournir à sa colonie libyenne un débouché sur l'Afrique noire. L'accord franco-italien signé à Rome par le gouvernement de Pierre Laval, le 7 janvier 1935, prévoit la cession à l'Italie d'une bande territoriale de cent kilomètres de profondeur, la célèbre bande d'Aouzou, au détriment du Tchad. Cette mesure n'a jamais été concrétisée, mais la menace demeure.

Le dispositif militaire italien au sud de la Libye confirme les visées expansionnistes du Duce. Les Italiens ont fait un important effort de colonisation avec la mise en place de puissantes garnisons, jusque dans les palmeraies les plus méridionales. Ces garnisons sont reliées par un excellent réseau de postes et d'aérodromes. Sur le plan opérationnel, les Italiens sont les premiers à aligner des compagnies sahariennes motorisées, les *sahariana*. Ces unités, équipées et armées spécialement pour la guerre de mouvement dans le désert, présentent une grave menace pour le Tchad. Une *sahariana* comprend soixante-seize à cent quarante-sept hommes, montés sur quinze à vingt véhicules Spa à grandes roues. L'armement repose principalement sur quatre canons de 20 mm, quatre mitrailleuses lourdes de 12,7 mm et onze mitrailleuses légères. L'unique défaut réside dans l'absence de mortiers et de canons de campagne. Cette unité mobile dispose cependant de larges réserves : cinq jours d'eau, un mois de vivres et six cents kilomètres d'autonomie. Ces compagnies combattent en liaison avec une aviation adaptée aux missions de reconnaissance, de bombardement, de ravitaillement et d'évacuation sanitaire. Six *sahariana* sont disponibles en 1940[61].

Face à cette excellente troupe équipée pour la guerre du désert, la colonie du Tchad ne présente que l'enthousiasme de son ralliement au général de Gaulle. Le commandant Jean-Noël Vincent révèle que « l'absence d'investissements sérieux de la France dans cette colonie la laisse démunie d'un bon réseau routier et sous-équipée militairement. À côté de trois groupes méharistes, il n'existe qu'une seule compagnie portée, de formation récente, stationnée au centre du pays et dotée de véhicules Laffly, inaptes au parcours en zone désertique. L'armement lourd ne comprend que quelques mortiers de 81 mm et canons de 75 mm de montagne. En dehors de la chasse aux pillards et aux dissidents, les cadres européens, peu nombreux, sont plus souvent absorbés par des tâches administratives et judiciaires que préoccupés par des travaux guerriers. Comme le montrent certains aspects du rapport du colonel Leclerc au général commandant en chef de l'Afrique française libre (AFL), la vie coloniale, monotone et éprouvante pour les organismes européens, incite souvent à la routine[62] ».

L'arrivée, le 2 décembre 1940, d'un chef énergique, au rayonnement presque charismatique, le colonel Philippe Marie de Hauteclocque, dit Leclerc, va transformer les modestes forces FFL du Tchad en une véritable troupe d'élite. Né en 1902, sorti de l'École militaire de Saint-Cyr en 1922, Leclerc fait ses premières armes au Maroc pendant la campagne du Rif. Instructeur à Saint-Cyr, il est reçu premier à l'École de guerre. Membre d'un état-major en 1940, il est fait prisonnier. Il s'évade et participe aux combats sur l'Aisne, en juin, avant d'être à nouveau fait prisonnier. Il s'évade et rejoint le général de Gaulle à Londres le 25 juillet 1940. Ce jeune officier supérieur de 38 ans n'a qu'un seul but : libérer le territoire national en combattant l'ennemi partout où il se trouve et par tous les moyens. L'autorité et l'expérience d'officiers coloniaux comme le lieutenant-colonel d'Ornano et le capitaine Dio aident l'officier de cavalerie Leclerc à se faire accepter par la colonie militaire du Tchad.

« Le caractère entier du colonel Leclerc, écrit le commandant Jean-Noël Vincent, son puritanisme et son intransigeance dans le service constituent un style de commandement nouveau pour les coloniaux. Son allure, son courage physique, son autorité naturelle exprimée par un regard perçant virant du bleu au gris sous l'effet de la colère, le fait qu'il donne l'exemple et qu'il soit capable de concentrer constamment ses efforts et ses pensées sur le but à atteindre, contribuent à forcer les ralliements. D'un tempérament nerveux, il se montre impatient et brutal devant l'obstacle. L'une de ses rares distractions est la chasse. S'exprimant en termes directs, il dégage vite l'essentiel des problèmes, prend rapidement ses décisions et veille soigneusement à leur exécution, imprimant un rythme de travail épuisant à son entourage. Il a en retour des élans de confiance et d'affection contenus mais profonds pour les subordonnés qu'il apprécie. Sa personnalité attachante, mélange de foi intense sans ostentation et pragmatisme, d'exigence et de sollicitude, son tempérament « de fonceur », lui gagnent, en définitive, dévouements et sympathies : à l'extrême, elle lui vaudra presque une sorte de culte[63]. »

La guerre dans le Sahara libyen prend la forme d'une guerre motorisée où l'âpreté et l'étendue du terrain valorisent la détermination des combattants. Le désert présente des obstacles difficiles à franchir : les plus célèbres sont les vastes étendues de sable formant, sous l'action du vent, des dunes comparables à des vagues aux crêtes acérées, difficilement franchissables, ou des massifs puissants à travers lesquels se profilent des couloirs et des cols. Le passage des dunes exige beaucoup d'expérience et de sang-froid de la part des conducteurs de véhicule. Elles doivent être franchies par le versant le moins accentué, à pleine vitesse. Il faut ensuite obliquer vivement pour prendre la crête sous peine de basculer du côté du versant à pic. Trop de timidité conduit à l'ensablement et oblige à recommencer depuis le bas ; trop de témérité conduit à l'accident qui peut être mortel. Une autre difficulté est occasionnée par la terre pourrie, zone de terrain qui ressemble à une sorte de cendre d'un gris verdâtre. On ne peut la traverser qu'en empruntant des chemins artificiels formés de plaques de tôle perforée ou découpée dans des bidons de fer. Le *sérir* est un troisième type de terrain délicat. Plus facile à parcourir, il peut présenter, cependant, des dangers pour la mécanique des véhicules. Il s'agit de plateaux désertiques parsemés de pierres ou de galets, parfois hérissés de rochers. Enfin, il existe des hamadas, plateaux rocheux plus élevés que le *sérir*, difficiles d'accès, mais qui présentent une plate-forme dénudée, et que l'on peut rapidement parcourir.

Dans cette vaste région, où la température peut monter dans la journée jusqu'à 60 °C, l'eau devient le problème capital. On en trouve dans les puits profonds, au débit limité, ou dans les *gueltas*, cuvettes ayant des capacités de renouvellement réduites. L'eau n'est vraiment abondante que dans les oasis, véritables îlots de verdure dans l'océan de sable. La nuit, la température peut descendre en dessous de zéro, au point de geler l'eau des gourdes. Le vent y est fréquent et très violent. Il se charge de sable et de poussière, c'est la raison pour laquelle il est très agressif pour les hommes et le matériel. Les hautes températures provoquent une vibration de l'air qui fatigue la vue et provoque des mirages. Cela explique la difficulté à découvrir l'adversaire et les méprises possibles.

Les Français libres, Sahariens chevronnés, Européens expérimentés ou indigènes de la brousse, ne sont pas rebutés par les difficultés que présente la guerre du désert. Dès janvier 1941, les FFL du Tchad lancent des attaques dans le sud de la Libye. Ordonnée le 17 décembre 1940 par le colonel Leclerc, l'opération de Tedjéré, véritable raid méhariste, débute le 5 janvier 1941. L'unité FFL, qui doit attaquer, est aux ordres du capitaine Sarazac, du lieutenant de Bazelaire et de l'adjudant-chef Marson. Le détachement comprend vingt-cinq tirailleurs, dix-neuf guides et un conducteur de chameaux, soit un total de quarante-huit hommes et soixante-trois chameaux. Leur mission consiste à reconnaître le terrain et à harceler l'ennemi en s'emparant de Tedjéré, le poste italien du Fezzan situé le plus au sud.

L'itinéraire prévu passe par Kourizo, Nezoroa, Mouri-Ide, Lebo, Domaze et Tedjéré. La première partie du parcours, jusqu'à Lebo, est la plus difficile avec son terrain sinueux et caillouteux. La seconde est plus aisée, mais l'ensemble manque de pâturage pour les chameaux. Le 9 janvier, vers 22 heures, l'unité FFL arrive à Domaze. Dans la nuit du 10 au 11, le chef des guides rend compte que le conducteur de chameaux a déserté et conseille, en conséquence, de faire demi-tour puisque l'opération doit être connue des Italiens. Il en faut davantage pour décourager le capitaine Sarazac, qui, le 11 à 8 heures, donne le signal du départ afin de parcourir, avant la tombée de la nuit, les soixante kilomètres qui séparent Domaze de Tedjéré.

Le 12 janvier 1941, le détachement s'arrête à seulement mille deux cents mètres de Tedjéré. L'adjudant-chef Marson, qui observe aux jumelles le poste depuis une éminence, est surpris par ces dimensions, bien plus importantes que prévu. Trois bastions se distinguent sur la face sud du fortin. La palmeraie se détache à l'est et une dénivellation apparaît à proximité de la face orientale de l'objectif. En raison de la clarté lunaire, le capitaine Sarazac décide d'emprunter le chemin oriental pour l'approche. L'attaque doit s'effectuer avec trois groupes. Le premier, aux ordres du lieutenant de Bazelaire, ouvrira la marche et se mettra en place à gauche. Le second, conduit par le capitaine Sarazac, se placera au centre du dispositif. Le troisième avec l'adjudant-chef Marson en arrière-garde se situera à droite de l'axe d'attaque. Les groupes profiteront du mouvement de terrain pour se mettre en place face au poste.

« À 11 h 45, raconte le capitaine Sarazac, les groupes d'attaque quittent le point de stationnement. Arrivé à proximité du poste, je me rends compte que la palmeraie aboutit au nord-est du poste et que de rares palmiers la prolongent vers l'est, en direction du fortin. À cent cinquante mètres, nous entendons les Italiens donner des ordres, puis un groupe électrogène se mettre en marche. Le lieutenant de Bazelaire accompagné de guides effectue alors un bond jusqu'à la dernière crête, suivi par mon groupe. C'est le moment choisi par l'ennemi pour ouvrir le feu. Les rafales de mitrailleuses traversent sans dommage les rangs des derniers tirailleurs mais empêchent la mise en place de l'adjudant-chef Marson à l'extrémité de la ligne d'attaque. Ce dernier est, de plus, pris à partie par une autre mitrailleuse depuis le bastion nord-ouest du fortin. Nos groupes approchent à cinquante mètres et ripostent aux feux des Italiens. Les guides tirent en majorité en l'air au contraire des tirailleurs qui agissent efficacement. Des grenades VB (grenades à fusil antipersonnel) sont lancées à l'intérieur du poste. Un haut réseau de fil de fer barbelé à trois rangs protège le mur d'enceinte. Les Italiens tirent de longues rafales de trente à quarante cartouches, avec une hausse trop courte, comportement qui indique l'état de nervosité et d'appréhension de la garnison italienne incapable, de nuit, d'estimer la valeur réelle de l'assaillant. Je juge impossible de cisailler les barbelés et de placer des échelles sous une pareille débauche de mitraille. Cette dernière s'avère peu efficace à cinquante mètres mais il pourrait en être autrement, à bout portant, sur mes hommes ralentis par la coupure de barbelés et l'ascension d'échelles[64]. »

Comme la résistance italienne est toujours aussi opiniâtre, après deux heures de combat, le capitaine Sarazac ordonne le décrochage à 3h30. Le 15 janvier 1941, le détachement FFL atteint le point d'eau de Toummo après 18 heures 30 minutes de parcours et malgré une tempête de sable soufflant à contre-sens de la marche. Tous sont exténués. L'eau est épuisée depuis la veille et les chameaux n'ont plus mangé depuis cinq jours. L'unité du capitaine Sarazac, armée légèrement pour obtenir la surprise, n'a pu s'emparer du poste de Tedjéré, en raison de la trahison de certains guides, de l'importance sous-estimée du fortin et du manque d'artillerie.

Le colonel Leclerc est le premier à en tirer des enseignements intéressants : « L'intérêt de cette reconnaissance réside en ce qu'elle a été faite par un détachement entièrement méhariste. Elle souligne la difficulté actuelle d'un emploi offensif de ces unités. Les groupes nomades réclament une sérieuse mise en condition préalable. L'alimentation des chameaux au cours même de ces opérations présente de grandes difficultés. Enfin les animaux doivent être envoyés au repos pour plusieurs mois après un effort sérieux. La disproportion entre rayon d'action et la vitesse des éléments méharistes et des éléments motorisés est très forte et constituerait pour les premiers un handicap sérieux en cas de rencontre des seconds. En résumé, bons instruments de défense et de surveillance des massifs montagneux des régions nord du Tchad, les groupes nomades ont, par contre, une capacité offensive très réduite. Ils pourraient cependant rendre encore des services en tant qu'appoint, renforts ou relève des détachements motorisés[65]. »

Parallèlement à l'opération de Tedjéré, les Britanniques et les Français libres décident d'attaquer par surprise l'important poste italien de Mourzouk. Les moyens mis en œuvre sont les suivants :

- la patrouille G, composée de volontaires de la Garde écossaise placés sous les ordres du capitaine Creighton-Stuart ;
- la patrouille T, constituée de volontaires néo-zélandais dirigés par le major Clayton ;
- un groupe FFL, formé par la 6e compagnie du régiment de tirailleurs sénégalais du Tchad et commandé par le lieutenant-colonel d'Ornano, le capitaine Massu, le lieutenant Eggenspiller et les sergents Bourrat et Bloquet.

L'ensemble représente une centaine d'hommes, disposant d'une trentaine de véhicules, de onze mitrailleuses, de quatre fusils antichars Boys, d'un canon Bofors de 40 mm et de deux mortiers de 76 mm.

Les deux patrouilles britanniques, venant du Caire, doivent effectuer leur jonction avec les Français libres au nord du massif du Tibesti. L'objectif de l'attaque porte sur la ville de Mourzouk, capitale traditionnelle du Fezzan. Située au sud-ouest de la Libye, à mille six cents kilomètres du Caire et cinq cent soixante kilomètres de Wour, Mourzouk est en fait une grosse bourgade de deux mille habitants. Une importante garnison italienne de deux cents hommes cantonne dans un fort, ancienne fortification turque modifiée par les Italiens. Cet imposant bâtiment carré, dont l'enceinte mesure cent mètres de côté et dix mètres de haut, est flanqué aux angles de tours à deux ou trois étages. Un porche profond, surmonté d'un minaret coiffé du drapeau italien, en marque l'entrée. Le système défensif est complété par un aérodrome où stationnent en permanence deux ou trois avions Caproni CA-133, bombardiers complètement désuets, datant de la conquête de l'Éthiopie, mais toujours en service en 1940.

En partant du Caire dans l'après-midi du 26 décembre 1940, les Britanniques embarquent le cheik Abd El Jellil Sif en Nasr, l'un des chefs historiques de la résistance arabe à la colonisation italienne au Fezzan. Son frère Ahmed est réfugié auprès des Français du Tchad où il constitue un goum recruté parmi les fidèles. Le cheik doit servir de guide, mais surtout de propagandiste pour favoriser un nouveau soulèvement indigène contre l'occupant italien. Après avoir traversé les deux mers de sable égyptiennes, le Sérir et le Kalansko, puis la piste de Koufra sans avoir été repérés, les Britanniques pénètrent dans le désert au nord-ouest de Tazerbo. Le dixième jour, ils atteignent un point situé à cent soixante kilomètres au sud-est de Ouaou-el-Kébir, où le major Clayton bifurque vers le sud avec quatre véhicules pour prendre le groupe de Français libres au nord du poste d'Aouzou.

Le 8 janvier 1941, la colonne alliée s'ébranle en direction de Mourzouk et arrive le 11 sur la route de Sabha à une dizaine de kilomètres au nord de l'objectif. Vers 11 h 30, la colonne alliée se scinde en trois patrouilles. La première, composée par le gros des Néo-Zélandais, dirigée par les lieutenants Ballantyne et Shaw, doit détruire le terrain d'aviation. La seconde, constituée de Néo-Zélandais et de Français, aux ordres du capitaine Massu et du sergent Hewson, doit couvrir l'attaque de l'aérodrome en interdisant son accès à la garnison du fort. La troisième patrouille, avec les gardes écossais, commandée par le capitaine Creighton-Stuart, doit neutraliser la garnison du fort par le feu de son canon Bofors de 40 mm et de ses deux mortiers de 76 mm. L'ensemble est aux ordres du major Clayton et du lieutenant-colonel d'Ornano qui prennent la tête du convoi.

Vers midi, à l'heure de la plus grosse chaleur et du repos, la colonne s'ébranle, conduite par le véhicule Clayton-d'Ornano. Elle est suivie de la patrouille Hewson-Massu, puis de celle de Ballantyne-Shaw, Creighton-Stuart fermant la marche. Elle descend l'escarpement qui lui servait d'abri et rejoint la route qui vient de Sebha. Au moment où elle arrive à la hauteur des premiers bâtiments de l'agglomération, des indigènes groupés autour d'un puits la salue à la fasciste ! Une colonne motorisée circulant tranquillement en plein jour sur la route de Sehba ne peut être qu'italienne ! Un peu plus loin, le major Clayton capture le receveur des postes sur sa bicyclette, le signor Colichia, pour lui servir de guide.

Peu après, le fort émerge des palmiers. Sur l'esplanade, devant l'entrée, une vingtaine d'Italiens, en bras de chemise, attendent tranquillement. À la grande surprise des Français, les Britanniques appliquent à la lettre le plan prévu au lieu de foncer sans tirer dans le fort en profitant de l'occasion offerte. Il n'y a dans le fort que quarante hommes avec le lieutenant Cianferrana, le reste de la garnison, cent soixante hommes, se trouvant en ville. Avec une lenteur excessive, un peu crispante pour les Français, la voiture du major Clayton oblique lentement à droite en ouvrant le feu avec sa mitrailleuse sur l'entrée du poste. La patrouille Hewson-Massu suit et s'arrête à deux cents mètres du fort en tirant de toutes ses armes automatiques. La patrouille Ballantyne-Shaw double les Franco-Britanniques et fonce vers l'aérodrome, alors que la patrouille de la Garde écossaise prend position dans les jardins qui bordent le fort et commence à le bombarder avec ses mortiers.

Deux véhicules néo-zélandais ont vite raison de la résistance d'une vingtaine d'Italiens, dont la plupart sont des mécaniciens désarmés et qui se rendent. Un mitrailleur italien, faisant mine de résister, est abattu d'une balle en pleine tête. Au début de l'attaque, la camionnette du major Clayton traverse l'aérodrome. En dépassant le coin du hangar, le véhicule est criblé de balles par un mitrailleur italien. La mitrailleuse Vickers du major Clayton s'enraye et, avant que le véhicule ait pu faire demi-tour, le lieutenant-colonel d'Ornano est tué d'une balle dans la gorge ainsi qu'un sergent de l'aviation italienne capturé pour servir de guide. L'adversaire perd sur l'aérodrome trois Libyens et deux Italiens. Dans le hangar, les Britanniques trouvent trois avions Caproni-Ghibli, des armes et des munitions. Le tout est incendié à l'essence d'avion.

Du côté du fort, la riposte italienne ne se fait pas attendre. L'attaque durera deux heures sans que la résistance des Italiens solidement retranchés puisse être brisée. Durant le combat, le capitaine Giona, commandant du fort, tente de rejoindre son poste, alors qu'il venait d'inspecter la bourgade. Sa voiture est pulvérisée au canon Bofors et l'officier tué sur le coup. Le sergent Hewson qui sert la mitrailleuse de son véhicule est mortellement frappé à la poitrine. Le sergent Bourrat tente vainement de servir l'arme automatique à sa place. Le capitaine Massu, se trouvant à ses côtés, est légèrement blessé à la jambe par deux balles. La patrouille se trouvant trop exposée sur un glacis battu par la mitraille, il la fait reculer de quatre cents mètres vers le sud-est, à l'abri d'une butte qui permet de poursuivre le combat avec moins de risque. Sans nouvelles de l'aérodrome, le capitaine Massu décide de rejoindre la patrouille qui l'attaque. En arrivant, le lieutenant Shaw lui apprend la mort du lieutenant-colonel d'Ornano, ce qui le frappe de consternation au point de le laisser sans réaction pendant la destruction des installations du terrain d'aviation. Le toit du hangar s'effondre au moment où les assaillants s'éloignent en n'emmenant que quatre prisonniers en raison du manque de place et de rations.

« L'affrontement, rapporte le capitaine Massu, s'est déroulé au milieu d'une population indigène surprise mais indifférente[66]. »

À 17 heures, tous les véhicules ont rallié le point de départ au nord de Mourzouk, avec un blessé sérieux et les corps du lieutenant-colonel d'Ornano et du sergent Hewson. Ils sont inhumés avec les honneurs militaires rendus par le petit groupe de Français. Privés de leur chef, les Italiens n'ont pas poursuivi les assaillants. Ils estiment avoir repoussé l'attaque victorieusement. Le lieutenant Cianferrana, commandant en second du fort, écrit dans son rapport : « Décimés en hommes, déçus par la surprise manquée, les ennemis s'éloignent profitant d'un violent vent de sable, une fois de plus battus par nos armes[67]. » L'officier italien avoue cependant la perte de plusieurs hommes : huit tués, dont le capitaine Giona, dix blessés et trois prisonniers.

Après plusieurs de jours de voyage pénible, dans une région peu explorée, la colonne alliée arrive sur la piste auto de Blima-Zouar. Le 19 janvier 1941, à 11 heures, Zouar est atteint. « L'opération de Mourzouk, écrit le commandant Vincent, a eu un retentissement certain chez les Italiens, surpris que les Alliés puissent porter la guerre aussi loin sur leurs arrières… Par ailleurs le raid a été une excellente expérience pour les cadres français qui l'ont vécue, même si leur rôle est resté secondaire… Ils ont été particulièrement séduits par ce style d'action et les perspectives qu'ouvre la guerre motorisée dans le désert. Dans son compte rendu, le colonel Leclerc semble regretter que des moyens aussi modernes n'aient été employés qu'au service d'une action de harcèlement trop fugace[68]. »

Avant même de connaître la fin des combats de Tedjéré et de Mourzouk, le colonel Leclerc envisage d'attaquer Koufra. À ce titre, il ordonne deux reconnaissances – une terrestre, l'autre aérienne – et s'adresse également aux Britanniques. Ceux-ci répondent par l'intermédiaire du capitaine Moitessier, officier de liaison de l'Afrique française libre (AFL) auprès du haut commandement britannique en Égypte. Koufra est une oasis isolée, située au sud-est du désert libyque italien, à sept cent cinquante kilomètres du golfe de Syrte. Koufra se présente comme l'un des maillons essentiels du système défensif des frontières désertiques entre la Libye, l'Égypte et le Soudan. Dans le cadre de l'Empire colonial italien, l'aérodrome de Koufra est la plus importante base pour les communications aériennes entre la Libye et l'Éthiopie, au moment où l'Afrique-Orientale italienne est menacée par les Britanniques.

D'après les renseignements fournis par les Britanniques et le lieutenant-colonel d'Ornano, « la qualité de la garnison italienne paraît bonne et sa valeur stimulée par la présence du lieutenant-colonel Leo et du capitaine Moreschini, officiers réputés pour leur expérience de la guerre du désert. Les Italiens savent se battre avec acharnement en cas de nécessité ». (69)

La garnison de Koufra se compose de trois éléments complémentaires. Tout d'abord, un détachement permanent d'avions avec des renforts variables suivant les passages. Lors de la première reconnaissance aérienne effectuée par les Français, six avions ont été identifiés. Ils sont destinés à déceler et attaquer assez loin une incursion ennemie. La seconde composante est terrestre et mobile avec la *Sahariana di Cufra*, compagnie motorisée (soixante-seize hommes, quatre canons de 20 mm, quatre mitrailleuses lourdes et onze mitrailleuses légères) commandée par le capitaine Mattioli. Cette excellente unité a pour mission d'intercepter et de détruire les raids ennemis. La troisième composante, spécifiquement défensive, est constituée par la garnison du fort, qui rassemble quatre compagnies, soit trois cent vingt-sept hommes, dotés de quatre canons de 20 mm, de vingt et une mitrailleuses lourdes de 12,7 mm et de trente-deux mitrailleuses légères. En application des directives du commandant du fort, la garnison agit selon deux modes d'action en cas d'attaque. Le premier, dynamique, est représenté par un groupe mobile (six fusils-mitrailleurs), logé au fort et commandé par le lieutenant Vesta. Il a pour mission d'effectuer les contre-attaques et le harcèlement. Il peut être renforcé par un groupe d'une dizaine de francs-tireurs (*arditi*) armés de mousquetons et de grenades. Le second mode est statique. Il concerne le gros de la garnison : deux compagnies de mitrailleuses et une batterie de 20 mm qui se répartissent entre deux lignes de résistance et un réduit. La première ligne est occupée par la 60e compagnie de mitrailleuses du lieutenant Miliani : quatorze mitrailleuses, installées dans des emplacements enterrés, avec une autonomie de subsistance de trois jours. Certains abords sont minés. La seconde ligne a pour mission de renforcer la face la plus vulnérable, celle du nord. Avec cinq mitrailleuses lourdes, la 59e compagnie, commandée par le lieutenant Ferrici, bat les barbelés. Enfin, le fort lui-même est défendu par le lieutenant Menozzi qui dispose de dix-huit mitrailleuses. La batterie de canons de 20 mm se place à l'initiative de son chef sur l'une des lignes de résistance, afin de détruire les véhicules ou les avions[70].

« L'état des défenses et les directives données par chef révèlent trois lacunes, remarque avec perspicacité le colonel Leclerc. Il n'y a pas d'artillerie à tir courbe et au calibre suffisamment important pour contrebattre une artillerie adverse. Les groupes prévus pour effectuer du harcèlement dans l'oasis ne peuvent être efficaces que s'ils disposent de moyens de déplacement. Enfin, une planification trop systématique des replis conduit rapidement la garnison, relativement nombreuse, à s'entasser dans un réduit trop exigu qui ne saurait la protéger longtemps. En fait, ce système défensif est conçu pour arrêter des dissidents indigènes ou, au pire, quelques incursions de reconnaissance ennemies légèrement armées. Personne n'imagine qu'on puisse amener de l'artillerie à travers des centaines de km difficilement franchissables[71]. »

La première action préparatoire aux opérations commence par une reconnaissance d'itinéraires en direction du puits Sarra, seul point d'eau important, future base française de départ. Le 23 décembre 1940, le commandant Hous, le lieutenant Combes et le médecin-lieutenant Le Gall partent de Largeau en camion. Ils passent par Ounianga où ils prennent le lieutenant Gourgout pour relever l'itinéraire. Ce dernier note « des dunes difficiles à franchir à vingt kilomètres de Tekro, poste frontière. À la sortie du poste se présentent de hautes falaises, de franchissement peu aisé, puis le terrain devient excellent en s'appuyant légèrement vers l'est. On arrive alors au rocher de Tomma, monticule rocheux détaché de la falaise qui se trouve à l'est[72] ».

L'équipe de reconnaissance, conformément aux ordres du colonel Leclerc, fait demi-tour et regagne Tekor qu'elle atteint à la nuit tombée, puis Ounianga le 27 décembre au matin. Le groupe réservé de bombardement n° 1 (GRB 1) du capitaine d'Astier de Villatte accomplit plusieurs reconnaissances aériennes et de nombreux bombardements sur Koufra. Malgré des avions (Blenheim) totalement inadaptés à la guerre du désert, le GRB 1 fait preuve d'une grande utilité en fournissant de précieux renseignements au colonel Leclerc. Par contre, les bombardements se révèlent décevants. Le Blenheim n'est pas un bombardier en piqué, ses instruments de navigation et de visée sont rudimentaires, ses lance-bombes et ses armes de bord mal protégés du vent et du sable.

Le 28 décembre 1940, le colonel Leclerc arrive à Ounianga avec deux Blenheim neufs. Son voyage a été mouvementé en raison d'un vent de sable et des difficultés de la navigation. Après examen des photos aériennes, Leclerc décide d'attaquer Koufra. Il laisse des consignes pour pousser activement les préparatifs : « Constitution des unités motorisées, acheminement des convois et mise en place des dépôts[73]... »

Les éléments de la colonne Leclerc se concentrent à Largeau. Tout est conditionné par la capacité d'emport du parc automobile. Une partie importante du tonnage est réservée à l'eau et à l'essence. La colonne représente un bataillon composé de trois compagnies de deux sections chacune :

- état-major : colonel Leclerc, dix-huit hommes et six véhicules divers ;

- compagnie portée : capitaine de Rennepont, capitaine Geoffroy, lieutenant Arnaud, quatre-vingt-huit hommes et vingt-trois camions Bedford ;

- groupe nomade de l'Ennedi : capitaine Baboteau, cent dix hommes, dix-sept véhicules.

- 7e compagnie (deux sections) : capitaine Florentin, capitaine Fabre, soixante-dix-huit hommes, neuf véhicules ;

- section d'artillerie : lieutenant Ceccaldi, dix-neuf hommes, un canon de 75 mm de montagne, sept véhicules ;

- détachement blindé : adjudant Detouche, deux auto-mitrailleuses Laffly et un camion ;

- patrouille motorisée franco-britannique : major Clayton, lieutenant Dubut, vingt-quatre véhicules ;

- service dépannage : lieutenant Ruais, quinze hommes, vingt camions ;

- service ambulance et ravitaillement : lieutenant Combes, soixante-quatorze hommes, cinquante-six véhicules, quatre mitrailleuses, deux canons de 37 mm.

Total : quatre cent deux hommes, dont deux cent cinquante combattants, vingt-six fusils-mitrailleurs, quatre mitrailleuses lourdes, deux canons de 37 mm, quatre mortiers de 81 mm, un canon de 75 mm, cent soixante-deux véhicules divers[74].

La colonne Leclerc quitte Largeau le 27 janvier 1941 et atteint le rocher frontière de Tomma le 31, à quatre cent cinquante kilomètres environ de son objectif. Les équipages sont agréablement impressionnés par le colonel Leclerc, souvent aux endroits critiques pour résoudre les difficultés qui surviennent et stimuler les énergies en montrant l'exemple. À partir de Tomma, le colonel Leclerc s'éclaire par une patrouille commandée par le lieutenant Sammarcelli et l'aspirant Lami, qui doit le renseigner sur les activités aériennes italiennes. La patrouille Sammarcelli est elle-même précédée par le détachement motorisé franco-britannique du major Clayton, progressant avec un jour d'avance sur le gros de la colonne. L'officier britannique a demandé l'autorisation au colonel Leclerc d'explorer le djebel Cherif, situé à cent kilomètres au sud de Koufra.

La patrouille du major Clayton a été malheureusement repérée par l'aviation italienne le 28 janvier 1941. Alerté, le commandement italien décide d'intercepter les intrus en lançant la fameuse *Sahariana di Cufra* à leur rencontre. Les avions italiens localisent rapidement la patrouille alliée grâce aux traces laissées par les véhicules sur le sable. Les renseignements sont transmis à la *sahariana* qui manœuvre habilement dans le djebel, afin de tendre une embuscade aux Britanniques sur leur ligne de retraite, au sud du massif.

Le 29 janvier 1941, à 14 heures, la patrouille Clayton tombe dans le piège tendu par les Italiens. Le tir ennemi est dense et précis. Dès le début, trois véhicules britanniques sont détruits par les obus. Un équipage de quatre Néo-Zélandais est porté disparu. Les Italiens combattent selon leur procédé habituel : équipage débarqué tirant à terre, appuyé par les armes lourdes des véhicules (canons de 20 mm et mitrailleuses Breda de 12,7 mm). L'aviation joue également un rôle d'appui-feu avec le lancement de bombes légères et le mitraillage de la formation adverse. Surpris, les Britanniques tentent de décrocher, mais y parviennent difficilement en raison de l'excellente utilisation du terrain par les Italiens et du harcèlement de la Regia Aeronautica. Un avion italien touche d'un coup le véhicule du major Clayton. Blessé, ce dernier est fait prisonnier ainsi que ses deux équipiers. Le bilan est lourd pour les Britanniques : deux tués, quatre disparus, trois prisonniers, trois véhicules détruits, deux abandonnés, plusieurs autres endommagés. Les Italiens n'ont à déplorer que deux morts et pas un seul blessé.

Démoralisés par la disparition de leur chef et leurs pertes, fatigués par la dure mission qui se prolonge, les survivants de la patrouille britannique demandent l'autorisation de se retirer. Le colonel Leclerc accepte leur départ, sachant que les Britanniques ont couvert sept mille deux cent quarante kilomètres depuis le 26 décembre 1940 ! L'officier de liaison britannique, le capitaine Nayme, impressionné par la combativité des Italiens, déconseille à Leclerc la poursuite de l'opération contre Koufra. Pendant que cet officier anglais est encore sous le choc du combat, Leclerc décide, au grand étonnement de ses subordonnés, de continuer la progression[75].

Le 5 février 1941, la reconnaissance approfondie de Koufra est effectuée par le détachement motorisé des capitaines Geoffroy et de Rennepont, fort de quatre-vingt-dix hommes. Le 7, le sergent-chef Briard découvre, par hasard, une tente où dort un sous-officier radiogoniométrique italien. Son appareil, placé près de lui, est détruit silencieusement au coupe-coupe. Au retour, avec son prisonnier, la patrouille fouille les bâtiments administratifs du village, de la palmeraie de Koufra, ainsi que le poste de carabiniers où elle complète sa collecte de documents. Une seconde patrouille, aux ordres du lieutenant Arnaud, revient de l'aérodrome qui ne paraît pas gardé. Le colonel Leclerc décide d'attaquer l'aérodrome. Il improvise un coup de main, avant le lever du jour, comptant sur la vitesse d'exécution pour parer aux inconvénients du manque de discrétion de ce genre d'attaque et à la réaction prévisible des Italiens.

« Son comportement, écrit le commandant Vincent, est symptomatique de son attitude habituelle au combat. Il s'agit de saisir les occasions favorables, sans rester prisonnier d'un plan ou d'une idée préconçue en prenant des risques calculés, souvent fondés par une bonne évaluation de la psychologie de l'ennemie, et en suppléant la légèreté des moyens engagés par la vitesse d'exécution[76]. »

Pour l'attaque du terrain d'aviation, le colonel Leclerc organise son détachement en deux patrouilles. La première, dirigée par le capitaine de Guillebon, avec six véhicules, est chargée des destructions, alors que la seconde placée en soutien n'interviendra qu'au signal d'une fusée. Alertée par l'incendie de deux avions, la garnison italienne du fort tire à la mitrailleuse lourde sur le détachement français. Désagréablement surpris par la brusque réaction des Italiens, Leclerc ordonne le signal de repli, qui s'effectue non sans ennuis de parcours, en contribuant à étaler la colonne en plein jour. C'est le moment idéal que choisissent les avions italiens pour attaquer. Les Français réagissent en ouvrant le feu au fusil-mitrailleur, afin de tenir à distance les avions italiens lents et non blindés. Pour éviter les bombes et les rafales de mitrailleuses, les conducteurs français circulent en zigzag. La voiture du lieutenant Arnaud est endommagée par une rafale qui blesse ce dernier au bras. Par ailleurs, un tirailleur sénégalais est tué et trois autres soldats, dont l'adjudant Douts, sont blessés.

La colonne FFL trouve un abri providentiel derrière des rochers et reprend sa route après le départ des avions. Elle passe le djebel Cherif où elle rencontre les traces de l'affrontement entre la *sahariana* et les Britanniques. Les Français achèvent de détruire deux véhicules et enterrent avec les honneurs militaires deux morts, dont le caporal Beech, qui sont bénis par le père Bronner. La colonne campe à proximité et rejoint le puits Sarra le 9 février 1941. À cet endroit, le sergent-chef Briard découvre un Néo-Zélandais épuisé. C'est l'un des quatre Britanniques portés disparus le 31 janvier, à l'issue du combat de djebel Cherif. Isolés de leur unité, après l'incendie de leur véhicule, les quatre malheureux ont décidé de gagner Tekro à pied avec seulement six litres d'eau de réserve, en espérant rencontrer les Français en cours de chemin. Près du rescapé, on découvre les traces de l'un de ses compagnons que l'on recueille quinze kilomètres plus loin. Les deux autres sont retrouvés peu après, mais l'un mourra et l'autre perdra la raison.

Au retour de ce premier raid sur Koufra, le colonel Leclerc évalue avec exactitude les difficultés. Le 10 février 1941, il télégraphie de Largeau au général de Larminat :

« Estime pression énergique nécessaire pour réduction de Koufra – fort bien armé – Italiens tous au fort dont chaque bastion d'angle est armé de trois mitrailleuses de 20 mm — artillerie néant — avions basés terrain secours au nord-ouest du fort avec batterie DCA au sud-est djebel Aouenat évacué — liaison aérienne avec Éthiopie existe encore[77]... »

Les nouvelles des succès britanniques en Cyrénaïque encouragent le colonel Leclerc dans son projet et l'incitent à envisager à la suite la conquête du Fezzan, coïncidant avec l'arrivée des Anglais à la hauteur du golfe de Syrte. Limité par la faiblesse de son parc auto, ainsi que par la quantité d'essence, Leclerc n'hésite pas à alléger la composition de ses forces. Celles-ci comprendront lors de l'attaque de Koufra cent Européens, trois cents indigènes dont cent cinquante conducteurs, armés de vingt-six fusils-mitrailleurs, quatre mitrailleuses, deux canons de 37 mm, quatre mortiers de 81 mm et un canon de 75 mm.

Le 16 février 1941, la colonne Leclerc, réorganisée, est à nouveau à pied d'œuvre au puits Sarra qui a été dégagé par le maréchal des logis-chef Collin, ancien puisatier de Mauritanie. Le lendemain, la colonne reprend sa marche, éclairée par les patrouilles des capitaines de Guillebon et Parazols. Le 18, l'unité FFL est repérée par un avion italien. À 12 h 30, elle découvre, à mille deux cents mètres, les véhicules de la *sahariana* italienne arrêtés dans un repli de terrain. Elle semble garder l'accès du fort sur sa face nord, la plus vulnérable. Aussitôt, le colonel Leclerc, qui est passé en tête de la colonne, donne ses ordres : « Le peloton de Rennepont doit accrocher et fixer l'ennemi pendant que le peloton Geoffroy débordera l'ennemi sur la gauche en utilisant un cheminement[78]. »

Les Italiens, qui ont repéré la manœuvre, ouvrent un feu d'enfer sur les Français. Les canons italiens de 20 mm incendient plusieurs véhicules adverses. Les armes automatiques françaises s'enrayent. Un mortier, hâtivement mis en place, jette cependant le trouble chez les

Italiens. Le combat paraît tourner à l'avantage de la *sahariana*. Voyant sa manœuvre bloquée à gauche, Leclerc réagit immédiatement en ordonnant au capitaine de Rennepont de déborder plus largement par la droite. Il se joint au peloton afin d'en contrôler l'exécution. Après une heure trente minutes de combat acharné, la seconde manœuvre des Français réussit. Les Italiens, se voyant débordés, retraitent vers le fort, au sud-est de la cote 542. Ils en sont rapidement délogés par le peloton de Rennepont qui cherche à couper la ligne de retraite de la *sahariana*. Les Italiens reculent en direction d'El-Haouari au nord-ouest de Koufra, découvrant ainsi la face nord du fort.

La nuit se passe en alertes et en patrouilles, mais la garnison italienne ne bouge pas. Le 19 février 1941, vers 6 h 30, sept Caproni italiens, venant de Hon, bombardent et mitraillent le peloton Geoffroy. Vers 8 heures, la *sahariana* débouche dans l'oasis en s'attaquant au peloton de Rennepont, afin de dégager le fort. Le peloton de Rennepont, avec lequel se trouve le colonel Leclerc, fixe l'ennemi avec une partie des hommes, pendant que l'autre partie le déborde par le nord. Après deux heures de combat, la *sahariana* renonce à son attaque en direction du fort et se retire en direction de Tazerbo.

S'il est vrai que l'absence de mortiers chez les Italiens a joué un rôle non négligeable dans leur défaite, il est indiscutable que l'audace et l'esprit manœuvrier des FFL ont été décisifs. La *sahariana* a un armement uniquement composé de mitrailleuses et de petits canons de 20 mm à tir direct, ce qui est insuffisant dans un paysage chaotique comme celui où se déroule le combat de Koufra. D'autre part, les véhicules italiens, à grandes roues, ont une silhouette trop haute qui les rend vulnérables. Au contraire, les Français possèdent d'excellents mortiers de 81 mm, à tir courbe, qui leur permettent de battre les angles morts des positions abritées contre lesquelles les Italiens n'ont pas de parade, sinon la dispersion.

« Dans ce combat, remarque le commandant Vincent, le colonel Leclerc a fait d'emblée la démonstration de ses qualités militaires et de sa méthode favorite de commandement au combat. Il a donné l'exemple, et, grâce à sa présence dans l'échelon de tête, a pu saisir immédiatement l'occasion favorable[79]. »

Le 20 février 1941, le colonel Leclerc met au point sa tactique pour conquérir le fort. Toute attaque serait coûteuse et conduirait à l'échec. C'est donc par un harcèlement continu et une guerre des nerfs que Leclerc espère obtenir la capitulation de la garnison italienne. L'unique canon de 75 mm de montagne, celui du lieutenant Ceccaldi, entreprend un bombardement intermittent à raison de vingt à trente coups par jour et modifie ses positions pour donner l'impression d'une artillerie nombreuse. Ce bombardement est soutenu par les quatre mortiers de 81 mm, mis en batterie à 1 500 mètres au nord-ouest du fort. Des patrouilles et des coups de main nocturnes sont entrepris régulièrement pour décourager les tentatives de sorties et entretenir le sentiment d'isolement de la garnison. Parmi ces opérations, la plus audacieuse est effectuée par le commandant Dio qui attaque avec quatre hommes l'un des points d'appui tenus par une section d'Italiens. Son action contribue à mettre six Italiens hors de combat, mais le lieutenant français Courlu et lui-même sont gravement blessés.

La Regia Aeronautica attaque au début le PC du colonel Leclerc. Par la suite, ces interventions cesseront en raison d'une méprise des Italiens. Ils interprètent la présence de deux avions Lysander et d'un vieux Potez sanitaire, sur un terrain d'aviation de fortune, comme la preuve de l'existence d'une aviation de chasse. En conséquence, ils n'osent plus aventurer au-dessus de Koufra leurs lents et surannés Caproni. Par contre, la garnison assiégée réagit d'abord vigoureusement. Elle étend ses travaux défensifs à l'extérieur du fort et ses canons de 20 mm s'attaquent aux mouvements diurnes des assiégeants.

Les encouragements admiratifs du haut commandement italien adressés par radio à la garnison de Giarabub — autre fort assiégé par les Alliés — sont entendus par Koufra et captés par les Français qui s'inquiètent de ces exemples d'héroïsme donnés à la garnison de Koufra. Pendant trois mois, mille trois cents Italiens, commandés par le lieutenant-colonel Castagna, repoussent, à Giarabub les attaques de trois mille cinq cents Britanniques, soutenus par la RAF. Une pluie de bombes et d'obus tombe sur Giarabub. Mais les Italiens tiennent. Ils résistent à plusieurs charges mécaniques, à plusieurs assauts de l'infanterie. Le 20 mars 1941, après l'épuisement total des vivres, de l'eau et des munitions, la garnison italienne se rend aux Anglais. Quatre cents Italiens ont été tués ! Le général britannique O'Connor, admiratif, accorde au lieutenant-colonel Castagna et à ses preux les honneurs de la guerre[80].

Sachant que les Italiens sont d'excellents soldats, contrairement à une légende détestable, le colonel Leclerc a pris des mesures pour un siège de longue durée. Ses liaisons avec l'arrière sont assurées par deux avions Lysander. Le bombardement systématique du fort de Koufra commence à produire ses effets. Des obus pulvérisent le poste de radio et le mess des officiers. Ces destructions aggravent le moral de la garnison qui reçoit les obus sans pouvoir les rendre et désespère de recevoir des secours extérieurs. Le 28 février 1941, après une dizaine de jours de siège, un indigène remet au colonel Leclerc une lettre du commandant de la garnison italienne, le capitaine Colonna, qui lui propose un accord afin de mettre les blessés des deux camps à l'abri des combats. Le colonel Leclerc, qui devine un ennemi chancelant, lui fait répondre que cette question ne peut être traitée qu'entre officiers. À 16 heures, un officier italien porteur du drapeau blanc quitte le fort. Le capitaine de Guillebon et le lieutenant Sammarcelli, envoyés en parlementaires, le rencontrent avec la consigne de refuser tout accommodement pour les blessés et de sonder le moral des assiégés. L'entretien s'avère long mais instructif.

« Devant notre fermeté, raconte le capitaine de Guillebon, l'officier italien finit par demander, sur le ton de la confidence et à titre personnel, les conditions d'une reddition. Cette attitude nous confirme que les assiégés sont mûrs pour une capitulation. En réponse le colonel Leclerc fait reprendre, de plus belle, le bombardement du fort par le 75 et les mortiers[81]. »

Les Italiens, qui ne disposent d'aucune pièce d'artillerie, se trouvent dans une situation intenable. Le 1er mars 1941, à l'aube, le lieutenant Ceccaldi aperçoit un drapeau blanc sur l'un des bastion du fort. Un officier italien, le lieutenant Miliani, sort du fort pour tenter une nouvelle négociation, mais Leclerc s'impatiente. Il interrompt les pourparlers, monte sur une camionnette, accompagné du capitaine de Guillebon, du sous-lieutenant Ruais, du parlementaire italien, et entre d'autorité dans le fort ! Surpris par ce retour inattendu du parlementaire accompagné d'officiers français, les Italiens ouvrent les portes du fort. Le capitaine Colonna tente de s'opposer verbalement à cette intrusion audacieuse. Le colonel Leclerc, furieux, lui ordonne de réunir ses officiers. Tout en protestant, le capitaine Colonna s'exécute. Après une présentation individuelle des cadres par le commandant du fort, le colonel Leclerc s'adresse à eux. D'abord dur et haché, son style devient vite plus aimable et diplomatique : « Vous vous êtes bien battus… votre commandement vous abandonne… capituler dans ces conditions n'est pas déshonorant… pensez à vos blessés[82]. »

Enfin, il dicte les conditions de la capitulation : « Un hôpital mixte pour blessés français et italiens sera organisé immédiatement sous la direction du médecin-capitaine Mauric dans les locaux sanitaires près de la sous-zone. Tout le matériel d'armement collectif, individuel et automobile sera maintenu en place ; les armes en position à l'extérieur du fort seront rapportées dans l'enceinte dans un local désigné par le commandant. Aussitôt après la signature, une section française composée uniquement d'Européens prendra possession du fort ; les quatre bastions et le poste de police seront occupés. La garnison est autorisée à envoyer des messages radio privés et sera ensuite autorisée à mettre hors d'état le poste radio. Toute la garnison sera rassemblée à 14 heures sans armes dans la cour. Elle sera passée en revue par le colonel Leclerc, les indigènes seront ensuite dirigés en ordre sur leur camp. Commandement du camp des indigènes : lieutenant Fabre ayant comme adjoint un officier italien. Le commandement français prendra toutes dispositions pour assurer aussi rapidement que possible le retour des indigènes originaires de Koufra, la libération des indigènes étrangers à l'oasis. Les officiers, sous-officiers et hommes de troupe nationaux italiens seront dirigés le plus tôt possible sur Faya et Fort-Lamy où le général commandant supérieur réglera leur stationnement. Toutes dispositions de détails nécessaires au maintien de l'ordre et à la bonne exécution du service seront éventuellement ajoutées au présent acte[83]. »

Tout en acceptant la capitulation, le capitaine Colonna insiste pour que seuls les Européens prennent possession du fort, par crainte du pillage des indigènes. Ce 1er mars 1941, à 14 heures, la garnison italienne défile devant le colonel Leclerc. Elle compte onze officiers, dix-huit soldats italiens, deux cent soixante-treize Libyens. Les pertes se limitent à trois Libyens tués et quatre blessés. Elle abandonne aux Français un butin appréciable : quatre canons de 20 mm, trois mitrailleuses de 12,7 mm, dix-huit mitrailleuses lourdes Schwarglose, trente-deux mitrailleuses Fiat modèle 35 ou fusils-mitrailleurs Breda modèle 30, quatorze véhicules et un stock important de munitions. L'opération a fait, du côté français, quatre tués et vingt et un blessés, dont quatre officiers. Quatre véhicules ont été détruits.

Le 2 mars 1941, à 8 heures, une prise d'armes rassemble les Français. Après avoir fait présenter les armes et hisser le drapeau tricolore, le colonel Leclerc ordonne son célèbre serment de Koufra : « Nous nous arrêterons que quand le drapeau français flottera sur Metz et Strasbourg[84]. »

Après la victoire de Koufra, Leclerc, promu général le 10 août 1941, prépare ses troupes à une opération de grande envergure sur le Fezzan qui doit coïncider avec l'offensive britannique de l'hiver 1941-1942 sur Tripoli. La contre-attaque du général Rommel, en janvier 1942, fait annuler le projet français. Cependant, pour ne pas condamner ses soldats à une inaction mauvaise pour leur moral, le général Leclerc lance plusieurs raids sur le Fezzan de février à mars 1942. Les FFL engagent pour ces opérations quatre cent soixante-seize hommes, répartis en sept détachements, cent quarante-quatre véhicules et onze avions. Les zones d'action couvrent Brack au nord, Tmessa à l'est, Oum-el-Araneb au centre et Gatroun-Tedjéré au sud. Les FFL vont devoir exécuter des raids de mille six cents à trois mille huit cents kilomètres en territoire ennemi. Les forces italiennes, défendant le Fezzan, comprennent deux compagnies sahariennes motorisées, trois compagnies méharistes, onze compagnies libyennes de mitrailleuses de position, une compagnie de fusiliers libyens, une compagnie du génie. L'ensemble est placé sous les ordres du lieutenant-colonel Leo, dont le PC se trouve à Hon. Des postes fortifiés tiennent les principales oasis, protégeant les infrastructures nécessaires aux liaisons et au soutien des troupes : aérodromes, stations radiogoniométriques et bases de ravitaillement.

Un coup de main du détachement du capitaine Massu, effectué le 27 février 1942 sur le djebel Domaze, permet la capture d'un groupe de méharistes italiens. Le lendemain, le groupe du lieutenant Dubut entoure le poste de Gatroun et s'en empare sans subir de pertes : trois Italiens, douze Libyens, quarante-cinq chameaux et deux mitrailleuses sont capturés. Le 1er mars, le groupement d'attaque du commandant Dio enlève par surprise le poste de Tedjéré. La fusillade tourne à l'avantage des Français. Les Italiens s'enfuient, abandonnant une dizaine de tués dont le lieutenant Meneghetti, chef du peloton de Tedjéré, des blessés dont le capitaine Branchietti, commandant la compagnie méhariste, et une quarantaine de chameaux. Deux mitrailleuses, quatre fusils-mitrailleurs et une grande quantité d'armes individuelles sont récupérés. Les pertes françaises s'élèvent à six blessés dont le sergent Ferry. Le même jour, la patrouille du capitaine Massu se heurte à une farouche résistance à Oum-el-Araneb. La garnison italienne, alertée par deux avions, s'oppose aux tentatives d'assaut par des tirs précis qui tuent le capitaine Bergère et blessent trois fantassins. Massu doit décrocher à la nuit tombante. Toujours le 1er mars, le détachement du capitaine de Guillebon attaque le poste de Tmessa. Il s'ensuit un combat confus à la mitrailleuse et à la grenade. La surprise profite aux Français qui pénètrent dans le poste et le détruisent, tandis que le peloton méhariste italien s'enfuit. Une embuscade au carrefour de Brack, dans la nuit du 1er au 2 mars 1942, permet au groupe du capitaine Geoffroy de s'emparer de deux camions chargés d'essence et de caisses de bombes. Du 2 au 6 mars, les FFL subissent cependant une série d'échecs, du fait de la contre-attaque des *sahariana*, appuyées par la Luftwaffe à Hon, devant Zuila et Oum-el-Araneb. Loin de ses bases, le général Leclerc ordonne le repli le 7 mars.

« Cette première campagne du Fezzan, écrit le commandant Vincent, a été un excellent entraînement à la guerre dans le désert. Grâce à une surprise que la discrétion des déplacements et des liaisons radio a rendue presque totale, les différents détachements ont réussi au début des coups de main audacieux. Ils ont ainsi entretenu un sentiment d'insécurité dans des garnisons italiennes qui se croyaient protégées par plusieurs centaines de kilomètres de désert. Il est apparu également qu'il valait mieux éviter le combat lorsque l'ennemi, étant sur ses gardes, lance dans l'action des formations motorisées puissantes et de l'aviation[85]. »

Ces opérations « coup de poing », permettent également, aux yeux de Leclerc, d'aguerrir ses hommes et d'expérimenter sur le terrain ses unités mobiles. Il ne s'agit donc pas de conquérir un territoire, mais d'y pénétrer par surprise et de frapper vite et fort, en causant le maximum de destructions et de pertes à l'ennemi. La présence bénéfique de Leclerc et la capacité d'adaptation de la troupe ont joué un rôle décisif lors de ces opérations, souvent couronnées de succès. Le général Leclerc dresse le bilan de cette première campagne du Fezzan (février-mars 1942) : « Quatre postes fortifiés ont été pris, plus cinquante prisonniers faits, plusieurs dépôts importants d'essence et de munitions incendiés, de nombreuses armes automatiques emportées, ainsi que trois avions détruits[86]. »

Cette première période de la guerre du désert, de 1940 à 1942, a été pour le général Leclerc et ses hommes le moyen de faire participer la France libre à la lutte contre l'Axe, en fixant d'importantes troupes italiennes au sud de la Libye. Après l'action des FFL en Érythrée, la victoire de Koufra est un prélude à la renaissance militaire de la France. Elle sera bientôt suivie par l'héroïque résistance de Bir Hakeim.

La bataille de Bir Hakeim

Mai 1942, l'Axe lance la gigantesque offensive qui doit lui donner la victoire. Hitler trace lui-même le plan qui prévoit la prise de Moscou et l'entrée à Bakou, tandis qu'en Afrique du Nord son objectif est la mainmise sur le canal de Suez. Vainqueurs du Caucase et soldats de l'Afrikakorps ont rendez-vous au Proche-Orient. Le Führer demande au maréchal von Bock et au général Rommel de rechercher surtout la destruction des forces adverses. Si une défense élastique permet aux soldats soviétiques de se rétablir sur la Volga et de briser le rêve allemand à Stalingrad, en revanche, la défense rigide de la VIIIe armée britannique en Libye fait le jeu de Rommel. « Il fallut, écrit le général Saint-Hillier, qu'un grain de sable enrayât l'avance italo-allemande, qui n'atteignit El-Alamein qu'après l'arrivée des divisions britanniques fraîches : le grain de sable s'appelait Bir Hakeim[87]. »

Depuis deux ans, le nord de la Libye est le théâtre d'opérations de guerre menées sous leur forme la plus moderne : unités blindées et motorisées s'y affrontent. La valeur des chefs, celle des combattants, autant que la supériorité matérielle, interviennent dans l'affrontement d'armées d'égale importance. Cela entraîne une alternance de progression et de replis le long du littoral méditerranéen. Le terrain désertique, plat et caillouteux est favorable à la manœuvre des chars.

Le général Rommel, qui aligne 560 chars germano-italiens contre 994 tanks britanniques, doit ruser pour vaincre son adversaire. Il cherche à attirer les divisions blindées britanniques dans la région d'Acroma par l'esquisse d'une attaque frontale dirigée sur El-Gazala, alors qu'il débordera la ligne fortifiée au sud de Bir Hakeim pour les détruire par une attaque à revers devant les couper de leurs arrières, ainsi que les unités statiques de la position fortifiée. L'essentiel du corps de bataille allié éliminé, il doit s'emparer au plus vite de Tobrouk, puis foncer sur l'Égypte jusqu'au canal de Suez. À l'aile droite de son dispositif, il a placé ses cinq meilleures divisions: les 15e et 21e Panzerdivisions, la 90e division motorisée allemande, la division blindée italienne « Ariete » et la division motorisée italienne « Trieste ». À l'aile gauche, dans le secteur de Gazala, se trouve son ami le général Cruewell, avec ses 10e et 21e corps italiens: divisions « Sabratha », « Trento », « Brescia » et « Pavia », sans oublier la 15e brigade allemande d'infanterie. Du côté adverse, convaincu que l'Axe attaquera sur Tobrouk, le général Ritchie, qui commande la 8e armée britannique, a déployé le gros de ses forces en face de Cruewell, à savoir quatre divisions et deux brigades sur son aile droite, et au sud, le secteur directement menacé par Rommel, seulement deux divisions et trois brigades, dont les trois mille sept cent trois Français de la brigade FFL du général Kœnig, positionnée dans le secteur désertique de Bir Hakeim. L'offensive de Rommel, déclenchée le 26 mai 1942, surprend le général Ritchie.

« Simple croisement de piste dans un désert aride, caillouteux et nu que balaient les vents de sable, raconte le général Saint-Hillier, Bir Hakeim est vu de partout. Le champ de bataille se caractérise en effet par une absence totale de couverts et d'obstacles naturels. La position englobe une légère ondulation sud-nord que jalonnent l'ancien poste méhariste, sans valeur défensive, et, près d'un point coté 186, les deux « mamelles », qui sont les déblais de deux anciennes citernes de Bir-el-Harmat. À l'est de l'ondulation, une grande cuvette inclinée vers le nord[88]. » Bir Hakeim couvre le flanc sud de la 8e armée britannique et doit servir de pivot de manœuvre aux éléments blindés agissant au sud. La mission principale de la brigade FFL consiste à occuper, organiser et défendre le point fort de Bir Hakeim, même après encerclement. Des patrouilles peuvent agir autour du camp retranché dans un rayon de trente-deux kilomètres de jour et de huit kilomètres de nuit.

Pour tenir Bir Hakeim, la brigade française dispose de nombreux moyens antichars, mais manque d'artillerie lourde et de blindés. Son infanterie repose sur la 13e demi-brigade de la Légion étrangère (DBLE) du lieutenant-colonel Amilakvari (2e et 3e bataillons de la Légion étrangère) et sur la 2e demi-brigade de marche du lieutenant-colonel de Roux (2e bataillon de marche de l'Oubangui et le bataillon du Pacifique). À la veille de la bataille, la troupe est renforcée par le 1er bataillon d'infanterie de marine du commandant Savey, des éléments de DCA du 1er bataillon de fusiliers marins du commandant Amyot d'Inville, la 22e compagnie nord-africaine du capitaine Lesquene et la 1re compagnie de sapeurs-mineurs du capitaine Desmaisons. Comme artillerie, le général Kœnig dispose du 1er régiment d'artillerie du lieutenant-colonel Laurent-Champrosay. L'ensemble représente trois mille sept cent trois hommes, vingt-quatre canons de 75 mm utilisés comme artillerie de campagne, deux obusiers britanniques de 86 mm (récupérés par la suite), trente pièces antichars de 75 mm, sept pièces françaises de 47 mm, sept italiennes de 47 mm, dix-huit canons antichars de 25 mm, quarante-six fusils antichars de 12,7 mm, dix-huit canons antiaériens de 40 mm, quatre mitrailleuses bitubes DCA de 13,2 mm, quatre-vingt-seize fusils-mitrailleurs de DCA, vingt mortiers de 81 mm, vingt-quatre mortiers de 60 mm, deux cent soixante-dix fusils-mitrailleurs d'infanterie, soixante-douze mitrailleuses Hotchkiss de 8 mm, soixante-trois blindés légers d'infanterie (chenillettes) Bren-Carrier[89].

Le camp retranché de Bir Hakeim se présente sous la forme d'un triangle presque équilatéral de près de dix-sept kilomètres de périmètre. Un champ de mines en matérialise le contour sur le terrain. Chacun des angles est formé par un point d'appui fermé qui bat les lisières du dispositif et défend les ouvertures situées au débouché des trois pistes principales. « Pour donner de la profondeur à ce système défensif relativement linéaire, écrit le commandant Vincent, un marais de mines, c'est-à-dire une surface très grande faiblement minée, précède la position. Les branches nord et nord-est de ce marais s'étendent jusqu'aux centres de résistance voisins. À hauteur du Trigh-el-Abd, elles sont reliées par une bande minée. Le triangle ainsi déterminé sur le terrain qui est baptisé « zone du V » est surveillé par des patrouilles motorisées de la brigade FFL[90]. »

Dès leur installation à Bir Hakeim, les Français libres poursuivent les travaux défensifs commencés par les Britanniques, à savoir l'achèvement du champ de mines qui forme l'obstacle antichar principal ; la création des marais de mines, gênant les repérages de ces derniers et rendant hasardeuse la circulation des véhicules sur de grands espaces ; la création de faux champs de mines dans la zone V ; l'achèvement d'emplacements de combat enterrés pour l'infanterie et l'artillerie, d'observatoires et d'abris pour le personnel. Le 25 mai 1942, le général Kœnig décide de donner de la profondeur à la défense des faces ouest et sud et d'organiser la défense intérieure de la position. Dans ce but, il organise cinq points d'appui fermés sur la côte en fer à cheval entourant la cuvette centrale. Lorsque l'offensive germano-italienne se déclenche, le camp de Bir Hakeim présente peu de défenses repérables au-dessus de la surface du sol. Les emplacements individuels et collectifs, les postes de commandement sont enterrés, dispersés, entourés par une large ceinture minée. Des telles positions protègent admirablement les défenseurs contre les bombardements d'aviation ou d'artillerie. Pour les neutraliser, l'ennemi doit faire usage d'une importante quantité de munitions.

Les lignes de défense sont couvertes au moyen d'avant-postes légers, qui sont reliés par radio à des colonnes mobiles capables de résister aux réactions de l'ennemi sans se laisser accrocher. « Ces réseaux de forces, écrit le général Kœnig, pratiquaient à proprement parler la guerre sur mer et se conformaient à ses règles… Les automitrailleuses constituaient en quelque sorte la ligne de surveillance des bâtiments légers indispensables pour éclairer et fournir le renseignement mais incapables de résister aux formations plus lourdes des croiseurs légers, encore moins aux escadres de chars. Les « Jocks colonnes » interviennent alors pour arrêter l'escadre adverse ou les croiseurs forceurs de blocus[91]. »

Pour réduire le camp retranché de Bir Hakeim, le général Rommel va devoir engager, successivement du 27 mai au 11 juin 1942, la majorité de ses meilleures unités : la division blindée « Ariete », la division motorisée « Trieste », la 90e division motorisée, la 15e Panzerdivision, des éléments de la division d'infanterie « Pavia », la colonne spéciale du colonel Ecker… soit un total de trente-sept mille hommes, appuyés par deux cent cinquante blindés divers, deux cent soixante-dix pièces d'artillerie de 75 à 210 mm, sans oublier la 2e armée aérienne, dont la concentration de bombardiers fut plus forte qu'à Stalingrad ! La Luftwaffe et la Regia Aeronautica effectuent mille quatre cents sorties contre Bir Hakeim en 16 jours[92] !

Dès le 27 mai 1942, les Français libres infligent un premier échec au plan initial du général Rommel. À 9 heures, la division blindée italienne « Ariete », venant du sud-est, attaque le camp retranché de Bir Hakeim. Cette division d'élite s'est couverte de gloire lors de la bataille de Bir-el-Gobi, en novembre-décembre 1941, en repoussant deux divisions et deux brigades britanniques. Lors des combats de Bir-el-Gobi, la division « Ariete », soutenue par le régiment Giovani Fascisti, a détruit une centaine de blindés britanniques et a perdu trente-quatre chars de son côté. Formée du 132e régiment de chars M13/40, du 8e régiment de *bersaglieri* et du 132e régiment d'artillerie, la division « Ariete » du général de Stefanis s'avance à toute vitesse dans un panache de poussière sur Bir Hakeim.

« On distingue deux vagues, raconte le général Saint-Hillier (alors jeune capitaine à l'époque), respectivement de cinquante et vingt chars, à mille cinq cents mètres. À mille deux cents mètres, les premiers blindés italiens ouvrent le feu au moment où leur gauche atteint le marais de mines. La riposte est violente, brutale et immédiate : onze canons antichars crachent leurs obus en une seule bordée. Derrière, à deux mille mètres, notre artillerie tire au fusant sur des camions d'où l'infanterie débarque. Le tir d'efficacité des 75 persuade rapidement l'adversaire qu'il lui faut rembarquer et disparaître. C'est ainsi qu'après avoir laissé quelques plumes, le 8e régiment de *bersaglieri* s'est désolidarisé du 132e régiment de chars qui fonce sur nous.

« La bataille est courte mais intense, elle dure de 9 h 30 à 10 h 15. Au tir des chars répondent les antichars et l'artillerie. La première vague d'attaque est rompue, ses chars tourbillonnent un instant, puis se reforment et se joignent à la deuxième vague. Celle-ci est brisée à son tour. Trente-deux chars italiens sont détruits, dix-huit carcasses gisent dans les marais et les champs de mines, six sont à l'intérieur de la position : un de ces derniers incline dangereusement son tube sur l'alvéole d'un 75 antichars qu'il a touché d'un obus avant d'être lui-même mis hors de combat… Les Français ne comptent qu'un canon et un camion détruits. À la compagnie Morel, l'alerte a été chaude. Les légionnaires ont gardé leur sang-froid face à la masse blindée qui les chargeait et les cinq canons du point d'appui avaient cassé six chars sous les yeux du lieutenant Pernet qui observait le tir. Au prix de deux blessés chez nous, quatre-vingt-onze prisonniers restent entre nos mains : les rafales de fusil-mitrailleur des légionnaires ont persuadé les survivants des équipages de chars qu'il valait mieux se rendre. Le lieutenant-colonel italien Prestissimone, commandant du 132e régiment de chars, est capturé blessé. Il est parvenu à l'intérieur de nos lignes après avoir eu trois chars détruits sous lui. Le combat est fini, la division « Ariete » (Bélier), réduite à trente-trois chars, disparaît en tirant[93]. »

Le capitaine de Sairigné note dans son journal : « Cela tiraille sec, les chars sans aucun appui autre que leur deuxième ligne, abordent la position en écharpe, à hauteur de la droite de Morel. Six réussissent à pénétrer dans le champ de mines et se promènent à l'intérieur du poste avancé (PA) de la 5e compagnie. J'observe de mon PC et ne suis guère rassuré. J'ai l'impression à certains moments qu'aucune de nos pièces ne tire plus. Les chars italiens tournoient à l'intérieur du PA en crachant le feu de toutes leurs armes de bord. À la 5e compagnie, la situation apparaît tellement désespérée que son chef, le capitaine Morel, brûle, à la hâte, ses fanions, cartes et documents au fond de son PC. Finalement les chars remontent encore vers le nord-est et se heurtent à la branche du V miné : deux sautent, les autres se rassemblent et très groupés repartent vers le sud-est. Un seul continue et sera stoppé par le 2e bataillon de marche (BM2). La 5e compagnie du BM2 intervient sur ces chars qui tentent de contourner la résistance opposée par les légionnaires en les débordant par le nord. L'un d'eux est immobilisé par un coup heureux de 47. Les Italiens se sont fort bien conduits. Nous avons tous été sensibles à leur courage, mais leur attaque a manqué d'appuis et de soutien pour être efficace. Ils ont été surpris de trouver un champ de mines et des défenses aussi denses au revers du camp retranché qu'ils pensaient pouvoir enlever dans la foulée sans artillerie ni infanterie. Certains canons de 75 employés en antichars ont tiré à moins de quatre cents mètres, parfois à deux cents mètres[94]. »

Le commandant français Amiel a l'occasion d'approcher vers 10 h 30 le lieutenant-colonel italien Prestissimone : « Debout au milieu d'un groupe de l'état-major de la brigade FFL, il répond avec courtoisie aux questions. Encore jeune d'apparence, taille élancée, tête nue, un peu pâle, ses yeux attirent plutôt la sympathie. De notre part, connaisseur en courage, il mérite notre estime : en cours d'attaque, il a dû changer trois fois de char, il a percé nos lignes, les légionnaires l'ont stoppé de justesse. Ces derniers l'ont retiré, blessé et brûlé, de son dernier char à côté du capitaine Morel[95]. »

Dans Bir Hakeim, immédiatement, des patrouilles sortent. Les chenillettes Bren-Carrier cueillent des prisonniers allemands après avoir détruit leurs camions. Au nord, le détachement du capitaine de Lamaze démolit encore deux chars italiens. Ce qui porte à trente-quatre le nombre de chars ennemis détruits pour l'unique journée du 27 mai. Cette journée s'achève dans l'euphorie sans qu'on ait conscience d'avoir infligé un échec sérieux au plan de Rommel, en conservant ce qui devait servir de pivot à sa manœuvre. Les forces de l'Axe, victorieuses des Britanniques, butent sur la position de Bir Hakeim, héroïquement défendue par les Français libres.

La RAF, mal informée, mitraille, puis bombarde la lisière sud, les 28 et 29 mai. Les Français comprennent que les chars italiens détruits, le 27, attirent les avions britanniques. La plupart d'entre eux, uniquement déchenillés ou percés, semblent intacts. Les légionnaires sont donc chargés de les incendier et de les faire sauter. Le 28 mai, le détachement motorisé du capitaine de Lamaze s'éloigne d'une dizaine de kilomètres et se heurte à des éléments avancés de la division « Trieste ». Avec ses trois canons antichars de 75, il parvient à détruire sept automitrailleuses Fiat-Ansaldo. Le 29 mai, le détachement du capitaine de Sairignié quitte le camp retranché et démolit au canon de 75 trois chars allemands.

« Dans notre point d'appui, note Saint-Hillier, aucun renseignement ne parvient sur la situation générale, nous savons seulement que la 3e brigade indienne fut écrasée le 27 mai, par quarante-quatre chars suivis de nombreuses autres troupes et que les 4e brigade blindée et 7e brigade motorisée britanniques se sont repliées sur Bir-el-Gobi et El-Adem. Nous sommes en grande partie isolés du reste de l'armée britannique… Pour compliquer le problème, un détachement de six cent vingt Hindous se présentent devant nos lignes. Faits prisonniers lors de l'attaque du 27 au matin, ils ont été abandonnés par leurs gardiens. Ils sont épuisés et n'ont pas bu depuis deux jours. Leur nourriture pose un nouveau problème : pour certains, leur religion leur interdit de consommer en effet du corned-beef ; on leur donne bien ce dont nous disposons et même beaucoup d'eau, mais ils s'égaillent dans le camp, raflant tout ce qu'ils peuvent trouver et buvant l'eau des radiateurs d'auto. Les Allemands enfin leur ont coupé la barbe et le chignon, ce qui les rend honteux mais les laisse voraces[96]. »

Le 31 mai, le capitaine Dulau, avec cinquante camions de sa 101e compagnie auto, se présente, vers 7 heures, à l'une des entrées du camp retranché. Pendant que l'on décharge les véhicules sur lesquels règne le capitaine Alessandri, trois détachements vont nettoyer les alentours. Celui du capitaine Messmer attaque quinze Panzer à trois mille mètres avec ses 75. Il obtient de bons résultats sur une concentration de véhicules. Le détachement du colonel de Roux agit en liaison avec Messmer. Le troisième détachement, du capitaine de Sairignié, détruit cinq chars ennemis, ainsi qu'un atelier allemand de réparation de blindés. Le même jour, le général de Larminat, commandant des forces françaises engagées en Libye, inspecte la position. Il amène miss Travers, conductrice anglaise du général Kœnig et Mr Benar, alors journaliste, en quête d'informations prises sur le vif. Au PC, le général de Larminat analyse la situation avec le général Kœnig. Il quitte Bir Hakeim le 1er juin au soir avec le convoi de blessés, les Hindous et deux cent quarante-trois prisonniers germano-italiens. En quatre jours de combat, du 27 au 31 mai, la brigade FFL, qui ne compte que deux tués et quatre blessés, revendique quarante et un chars ennemis détruits, ainsi que sept automitrailleuses et un canon porté, sans oublier quatre-vingt-dix-huit prisonniers allemands et cent quarante-cinq italiens[97].

Le général Rommel, qui a porté des coups sévères aux forces britanniques, doit se résoudre à stopper son avance, afin de réduire le camp de Bir Hakeim. Il décide d'y engager la division « Trieste » et la 90e division motorisée allemande, renforcée de trois régiments blindés de reconnaissance et d'un bataillon d'infanterie de la division « Pavia ». Durant la seule journée du 1er juin, la Luftwaffe attaque à plusieurs reprises les positions françaises. Le 2 juin, deux parlementaires italiens, envoyés par Rommel, se présentent devant les lignes françaises. Amenés au PC du général Kœnig, les deux officiers italiens adressent une sommation de se rendre. Le discours prononcé en italien ne nécessite pas de traduction : « *exterminare... capitulare* ». Kœnig leur affirme qu'il n'est pas question de se rendre. Les visiteurs saluent et s'en vont.

Le duel d'artillerie s'engage par une chaleur insupportable. Bir Hakeim va encaisser du 2 au 10 juin plus de quarante mille obus de gros calibres, allant du 105 au 220, et les bombes de mille quatre cents sorties aériennes. En riposte, quarante-deux mille coups de 75 tomberont sur les fantassins ennemis, car les canons lourds sont hors de portée.

Le général Rommel écrit à ce sujet : « Une invitation à se rendre portée aux assiégés par nos parlementaires ayant été repoussée, l'attaque fut lancée vers midi, menée du nord-ouest par la division motorisée « Trieste », et du sud-est par la 90e division motorisée allemande, contre les fortifications, les positions et les champs de mines établis par les troupes françaises. La bataille de juin commença par une préparation d'artillerie ; elle devait se poursuivre dix jours durant avec une violence peu commune. Pendant cette période, j'assumai moi-même, à plusieurs reprises, le commandement des troupes assaillantes. Sur le théâtre d'opération africain, j'ai rarement vu combat plus acharné[98]. » De son côté, le général allemand von Mellenthin déclarera, plus tard, « n'avoir jamais affronté, au cours de toute la guerre du désert, une défense aussi acharnée et héroïque[99] ».

Le 3 juin 1942, un message, écrit de la main du général Rommel, est apporté par deux chauffeurs au général Kœnig : « Aux troupes de Bir Hakeim. Toute résistance prolongée signifie une effusion de sang inutile. Vous subirez le même sort que les deux brigades anglaises de Got-el-Oualeb qui ont été détruites avant-hier. Nous cessons le combat si vous hissez des drapeaux blancs et si vous vous dirigez vers nous, sans armes[100]. »

Les canons du 1er RA portent la réponse de la brigade FFL en une salve qui casse quelques camions chez l'adversaire. Pendant deux longues journées (3 et 4 juin 1942), toutes les tentatives d'attaques ennemies sont arrêtées. Précédées par des tirs de 105 fusants, dont le coup d'assommoir semble soulever le sol sous une gerbe d'éclats, des centaines d'avions matraquent le réduit français. De percutants tirs de 155 pleuvent également. Plusieurs bataillons germano-italiens arrivent à moins de mille mètres des positions. Les Français libres subissent sans faiblir les assauts répétés, malgré les tirs des canons portés de 50, terriblement précis, qui s'acharnent sur les armes automatiques. Le 1er RA réplique de tous ses tubes et les fusiliers marins d'Amyot d'Inville réussissent à abattre plusieurs avions ennemis.

Voici le récit de ces journées par Lutz Koch, témoin oculaire allemand, correspondant du *Berliner Illustrierte Zeitung* :

« C'est ainsi que commence l'attaque dans le sud mais bientôt il s'avère que, malgré nos succès du début, les positions de défense sont établies en profondeur et occupées par un adversaire qui se défend farouchement. Sous les ordres du général Kleemann, chevalier de la Croix de fer, venant du front russe, les pionniers réussissent, après un travail sans prix, à ouvrir une brèche dans la première ceinture de mines. La vigueur avec laquelle toutes les armes de la défense sont concentrées sur cette brèche est si forte que l'attaque est repoussée. De nouveau on essaie un jour plus tard au sud et, de nouveau, on approche assez près des lignes intérieures, mais là, la grêle des projectiles devient si forte que ce serait de la folie de faire un seul pas en avant dans cette contrée qui n'offre aucun abri naturel…

« Un abri est ce jour-là une possession très précieuse. Mais c'est bien plus terrible pour les défenseurs de Bir Hakeim qui, jusqu'au matin du 8 juin où commence le deuxième acte de l'attaque sur la forteresse du désert, ont subi vingt-trois vagues de Stukas. Sans interruption, les lourdes et plus lourdes bombes allemandes tombent dans leurs positions et sur leur artillerie, des avions italiens viennent aussi, toujours et toujours, au-dessus du point d'appui, répandre la mort. « Je n'aimerais pas être dans cet enfer », me dit un camarade qui se trouve à côté de moi dans l'abri, tandis que nous voyons à la jumelle toujours de nouvelles colonnes de fumée et de flammes qui forment une ceinture autour du point central de la position[101]. »

Le général Rommel, pourtant avare de compliments, ne cache pas son admiration devant l'héroïque résistance des troupes françaises :

« Les Français disposaient de positions remarquablement aménagées ; ils utilisaient des trous individuels, des blockhaus, des emplacements de mitrailleuses et de canons antichars ; tous étaient entourés d'une large ceinture de mines. Les retranchements de cette sorte protègent admirablement contre le bombardement par obus et les attaques aériennes : un coup au but risque tout au plus de détruire un trou individuel. Aussi, pour infliger des pertes notables à un adversaire disposant de pareilles positions, est-il indispensable de ne pas lésiner sur les munitions. La principale difficulté consistait à ouvrir des brèches dans les champs de mines, sous le feu des troupes françaises... Appuyés par les attaques continues de l'aviation, les groupes d'assaut, composés de troupes appartenant à diverses armes et prélevés sur différentes unités, engagèrent l'action au nord et au sud. Mais, chaque fois, l'assaut était stoppé dans les fortifications remarquablement établies par les Français. Chose curieuse, le gros des troupes anglaises s'abstint d'intervenir pendant les premiers jours de l'offensive lancée contre Bir Hakeim. Seule la division « Ariete » fut attaquée le 2 juin, mais elle opposa à l'assaillant une résistance opiniâtre...

« Nous n'avions plus à craindre de voir les Britanniques lancer d'importantes attaques de diversion contre nos forces qui investissaient Bir Hakeim et nous espérions poursuivre notre assaut contre la forteresse sans risquer d'être dérangés... Le 6 juin, à 11 heures, la 90e division motorisée partit de nouveau à l'assaut des troupes françaises commandées par le général Kœnig. Les pointes avancées parvinrent à huit cents mètres du fort, puis l'offensive s'arrêta. Le terrain, caillouteux, n'offrait aucune possibilité de camouflage et le feu violent des Français ouvrait des brèches dans nos rangs. Dans la soirée, l'assaut fut interrompu pendant que l'encerclement se resserrait autour du point d'appui. De faibles attaques de dégagement, lancées par la 7e brigade motorisée britannique contre la 90e division motorisée, furent repoussées. Au cours de la nuit du 6 au 7 juin, dans le secteur occupé par cette dernière unité, nous réussîmes à ouvrir des couloirs dans les champs de mines et, à la faveur de l'obscurité, les groupes d'assaut parvinrent à distance d'attaque. L'ouvrage fut soumis à un sévère bombardement par l'artillerie et l'aviation et, le 7 juin au matin, l'infanterie repartit à l'assaut.

« Malgré son mordant, cet assaut fut stoppé par le feu de toutes les armes dont disposaient les encerclés. Ce n'est qu'au nord de Bir Hakeim que les groupes de combat réussirent quelques pénétrations dans le dispositif ennemi. C'était un admirable exploit de la part des défenseurs français qui, entre-temps, s'étaient trouvés totalement isolés. Le 8 juin, l'attaque se poursuivit. Pendant toute la nuit, nous n'avions cessé de lâcher des fusées et de battre les positions de défense avec nos mitrailleuses pour empêcher les Français de prendre du repos. Et pourtant, le lendemain, lorsque mes troupes repartirent, elles furent accueillies par un feu violent, dont l'intensité n'avait pas diminué depuis la veille. L'adversaire se terrait dans ses trous individuels, et restait invisible. Il me fallait Bir Hakeim, le sort de mon armée en dépendait[102]. »

Le 7 juin, un convoi escorté d'automitrailleuses anglaises apporte de l'eau et des munitions ; ce sera le dernier. Il arrive dans la nuit du 7 au 8, guidé par l'aspirant Bellec, qui s'est porté jusqu'à lui à travers les lignes allemandes. Le capitaine Messmer, avec son détachement, assure la protection du convoi dans les derniers kilomètres. Rommel a fait venir ses meilleures troupes et les canons prévus pour le siège de Tobrouk. Il a les célèbres pionniers et unités d'assaut du colonel Hacker, un peloton de cinq chars lourds et les canons de 88 qui vont tirer à vue directe sur le camp français. Le brouillard épais qui aveugle les défenseurs en ce matin du 8 juin cache la mise en place des troupes d'élite, et vingt-deux avions tournent au-dessus du camp, attendant que la brume se lève.

« À 7 h 26, très précisément, raconte le général Saint-Hillier, l'enfer se déchaîne. Bombes, avions, grosse artillerie pilonnent. Tout le monde tire, d'ailleurs : les chars, les 88, les 50 qui protègent les pionniers d'assaut progressant mètre par mètre, dans le champ de mines. Leurs efforts sont un instant ralentis par la RAF qui les mitraille en rase-mottes, mais, vers 11 heures, la canonnade croît encore en intensité ; les groupes d'assaut allemands passent à l'attaque sans succès. Vers midi, la RAF intervient de nouveau et d'une manière très efficace : l'attaque est enfin enrayée. Plusieurs positions sont littéralement labourées par les obus. Sans même nous laisser le temps de souffler, le bombardement d'artillerie reprend, soixante bombardiers joignent l'éclatement de leurs bombes à ce concert. Nos détachements sur Bren-Carrier contre-attaquent. Le 1er RA tire sans arrêt. Partout des véhicules flambent. Un soleil bêtement indifférent dispense sa chaleur accablante sur ce tas de poussière dans lequel Français et Germano-italiens s'affrontent. Dans le courant de l'après-midi, la RAF, répondant à notre appel, intervient quatre fois, volant à ras du sol et mitraillant le colonel Hacker et ses soldats. Rommel lui-même entre dans le passage de mines ; il emmène ses batteries derrière lui et roule le long de la brèche, sans se soucier de sa personne, en criant *Vorwärts* ! pour les Allemands et *Avanti* ! pour les Italiens. Au sud et à l'est, une autre attaque démarre soutenue par des chars et des canons d'appui. Un bombardement de 35 avions prélude à l'affaire et l'artillerie lourde s'en mêle. Des véhicules flambent sur la position et un dépôt de munition saute. L'attaque ennemie n'est heureusement pas menée à fond et est obligée de s'arrêter.

« Le brouillard se lève le 9 juin au matin pour nous montrer un dispositif ennemi renforcé dans le nord : six canons de 50, cinq groupes de mitrailleuses de 20 ; quatre canons de 88 tirent rasant. À 7 h 30, les mortiers d'infanterie et les canons lourds ouvrent le feu et, dans le ciel, des bombardiers tournent, attendent d'y voir clair pour nous décharger leur ferraille ; à 8 h 30, ces soixante avions trouvent l'occasion favorable. L'équipe de pièce d'un canon de 75 est volatilisée par un coup de 88 frappant son alvéole ; le légionnaire survivant, la main arrachée, charge son 75 en s'aidant de son moignon, pointe son canon et touche le 88.

« En début d'après-midi, quarante-deux Stukas bombardent la face nord et le groupe sanitaire. Les Germano-Italiens montent à l'assaut en formation serrée. Ils avancent sous un feu intense mais ne réussissent à pénétrer dans la position que dans la partie nord. Une charge de trois sections de Bren-Carrier les force à s'arrêter, puis les oblige à décrocher. Un observateur signale que devant le bataillon du Pacifique l'ennemi laisse deux cent cinquante cadavres sur le terrain pour cette unique journée. Notre groupe sanitaire est définitivement détruit et dix-sept blessés couchés sont tués à 20 heures par le dernier bombardement d'aviation, le plus fort que nous ayons subi depuis le début du siège[103]. »

Le général Kœnig adresse le message suivant à ses hommes: « Nous remplissons notre mission depuis quatorze nuits et quatorze jours. Je demande que ni les cadres ni la troupe ne se laissent aller à la fatigue. Plus les jours passeront, plus ce sera dur: cela n'est pas pour faire peur à la 1re brigade française libre. Que chacun bande ses énergies. L'essentiel est de détruire l'ennemi chaque fois qu'il se présente à portée de tir[104]. »

Le général Kœnig n'ignore pas que le 10 juin sera le dernier jour où il faudra tenir; le commandement britannique lui a fait savoir que « la résistance n'est plus essentielle pour le développement général de la bataille[104bis] ». Le 1er RA n'a plus qu'une centaine d'obus, alors qu'il lui en faudrait le triple; les antichars et les mortiers n'ont plus que cinquante coups par pièce. Les réserves d'eau sont épuisées: un ravitaillement par air procure cent soixante-dix litres qui sont distribués aux blessés. Les vivres sont limités. Le brouillard prolonge la nuit jusqu'à 9 heures et son humidité est appréciée des soldats. Les équipes téléphonistes du capitaine Renard réparent encore les lignes comme elles l'ont fait sous les pires bombardements. Le général Rommel, qui veut en finir au plus vite, a décidé d'engager la 15e Panzerdivision. L'étau s'est resserré autour des Français libres. Des combats se déroulent aux mortiers et aux fusils-mitrailleurs. Au nord-ouest de la position, le lieutenant Bourgoin et ses hommes se battent à la grenade contre un bataillon du 66e régiment italien de la division « Trieste ». Et toujours l'artillerie de l'Axe qui pilonne le camp retranché.

À 13 heures, cent trente avions bombardent la face nord et, peu après, l'attaque débouche derrière un violent barrage d'artillerie: des chars de la 15e Panzerdivision appuient l'infanterie. La situation devient critique; la 9e compagnie du capitaine Messmer est enfoncée; la section de l'aspirant Morvan, qui en formait le centre, est anéantie. Une charge héroïque de Bren-Carrier rétablit la situation de justesse. L'assaillant est une fois de plus repoussé. Le harcèlement d'artillerie dure jusqu'à 19 heures; une centaine d'avions arrosent de nouveau les positions, donnant le signal d'un nouvel assaut sur la face nord. L'artillerie française tire ses derniers obus et l'attaque germano-italienne est encore enrayée après deux heures de combat acharné. Bir Hakeim présente un aspect apocalyptique, la fumée des véhicules qui brûlent monte jusqu'au ciel. Mais la journée n'est pas finie, et elle promet d'être rude si les hommes en jugent par la vue de leurs officiers, qui se rasent avec leur dernier quart d'eau : ils doivent être corrects pour mourir.

« La garnison va sortir de vive force, raconte le général Saint-Hillier, emmenant ses blessés et toutes les armes lourdes que les véhicules encore en état de marche pourront rembarquer. Un passage dans le champ de mines, à la porte sud-ouest, est pratiqué de nuit ; l'infanterie à pied ouvrira un passage et les véhicules se lanceront dans ce couloir. Tout ce qui ne peut être emporté est détruit. Deux compagnies restent sur place, elles tenteront ensuite de sortir, si elles le peuvent… Le 2e bataillon de la Légion a déjà franchi le champ de mines ; une des dernières, la section de l'aspirant Germain, vient de passer en ordre derrière la 7e compagnie. Dans la nuit noire, où les repères manquent car tout a été bouleversé, les colonnes motorisées se mettent en place vers 22 h 30. Le bruit alerte l'ennemi qui lance des fusées éclairantes. Les armes automatiques ennemies crachent leurs rafales lumineuses, surprenant le bataillon du Pacifique qui commence son mouvement à pied, derrière le 3e bataillon de la Légion où l'on entend l'aspirant Bourdis trouver encore un côté humoristique à la situation. Le silence est rompu, les Breda, les mitrailleuses de 20, les canons de 50 tirent, des obus éclatent, des véhicules sautent sur les mines. Les camions flambent et le feu ennemi se concentre sur ces torches. Le lieutenant français Dewey, avec ses bren-Carrier, charge les armes automatiques et détruit trois nids de mitrailleuses. Il chargera ainsi jusqu'à la mort, son Bren-Carrier éventré achevant sa dernière course sur le canon de 50 qui l'a frappé… Cet antichar, placé dans l'axe de la sortie, avait fait bien du mal. Le capitaine Gufflet, du 1er RA, est tué dans sa voiture observatoire au moment où il dit : « Toutes les balles ne tuent pas… » Le capitaine Bricogne part, avec un fusil et deux grenades, attaquer une mitrailleuse allemande… On ne le reverra jamais. Des groupes se forment ; c'est la course en avant d'hommes décidés à se frayer un passage en combattant. Des Bren-Carrier ouvrent la route aux ambulances du médecin-capitaine Guillon…

« Près du couloir gît le capitaine Mallet, tué par l'explosion d'une mine. Il a reconnu le passage dont l'axe ne correspondait pas à la direction prise par les véhicules et a permis aux autres de passer… Les hommes s'avancent… Le capitaine Lalande et le capitaine Messmer portent un fusilier marin blessé, tout en discutant de l'utilité de savoir la langue allemande… Deux heures du matin : un canon Bofors tracté bouche le passage, la barbe du père Lacointe (aumônier militaire) s'agite, une dernière poussée « à bâbord » et le tracteur arrache la pièce et fonce, emmenant ses soldats coiffés du béret à pompon rouge. La colonne motorisée s'écoule par groupes de dix ou quinze véhicules entraînés par des officiers. Le lieutenant-colonel Laurent-Champrosay, le lieutenant de vaisseau Iehle, les enseignes Colmay et Bauche arrachent ainsi successivement leurs petits convois à l'enlisement de la peur[105]. »

Le capitaine Saint-Hillier (futur général) guide les détachements vers le couloir étroit dégagé de mines. Il confie son ordonnance Hardeveld au capitaine de Lamaze, à qui il donne l'axe de marche. Lamaze sera touché un peu plus loin par une balle de mitrailleuse lourde. « Dites à mes parents et faites savoir à mes légionnaires que je suis mort en soldat et en chrétien », telles seront ses dernières paroles[106]. Les Bren-Carrier du sous-lieutenant Mantel approchent, surchargés de blessés, le sien en transportant sept. Il est plus de 3 h 30, les sections de tête ont réussi leur décrochage malgré la proximité de l'ennemi. La nuit devient plus claire et on sent déjà l'aube qui va poindre, amenant le brouillard comme ce fut le cas ces derniers jours. Les Français libres traversent trois lignes de feu d'où partent sans cesse des rafales, puis les positions de batteries ennemies. La percée des positions germano-italiennes est cependant un succès ! Les lignes britanniques sont atteintes. Les premiers arrivés ont mis quatre heures pour arriver au salut. À 7 h 30, les éléments de recueil ramènent plus de deux mille cinq cents hommes vers la liberté et une partie du matériel, dont quelques canons. Et pourtant Bir Hakeim n'est pas encore pris. En effet, l'ennemi n'a pas compris ce qui s'était passé durant la nuit. Rommel a fait venir la 15e Panzerdivision pour donner le coup de grâce aux Français. Au matin du 11 juin, un nouveau bombardement aérien massif remue la position abandonnée, les canons tonnent et l'infanterie d'assaut se lance, mais ne trouve plus devant elle que quelques isolés, la plupart blessés, qui épuisent leurs dernières munitions.

La Luftwaffe ne peut intervenir sur les colonnes alliées en retraite, car ses réserves d'essence sont épuisées, du fait des mille quatre cents sorties effectuées à Bir Hakeim. Pendant ce temps, à El-Alamein, sont parvenues plusieurs divisions britanniques fraîches. Des chars modernes, des antichars, de l'artillerie de campagne sont débarqués au même moment en Égypte.

« Le 11 juin 1942, écrit le général Rommel, la garnison française devait recevoir le coup de grâce. Malheureusement pour nous, les Français n'attendirent pas. En dépit des mesures de sécurité que nous avions prises, ils réussirent à quitter la forteresse, commandés par leur chef, le général Kœnig, et à sauver une partie importante de leurs effectifs. À la faveur de l'obscurité, ils s'échappèrent vers l'ouest et rejoignirent la 7e brigade anglaise. Plus tard, on constata qu'à l'endroit où s'était opérée cette sortie, l'encerclement n'avait pas été réalisé conformément aux ordres reçus. Une fois de plus, la preuve était faite qu'un chef français décidé à ne pas jeter le fusil après la mire à la première occasion peut réaliser des miracles, même si la situation est apparemment désespérée... Dans la matinée, je visitai la forteresse, théâtre de furieux combats ; nous avions attendu sa chute avec impatience. Les travaux de fortification autour de Bir Hakeim comprenaient, entre autres, mille deux cents emplacements de combat, tant pour l'infanterie que pour les armes lourdes[107]. »

Les pertes infligées aux Germano-Italiens s'élèvent à soixante-quatre blindés, dont cinquante et un chars et treize auto-mitrailleuses, sans oublier une centaine de véhicules divers. Sept avions sont à mettre à l'actif de la DCA des Français libres. Lors d'une seule sortie, la RAF, très active, a descendu quarante-deux Stukas. Cent cinquante-quatre Italiens, dont neuf officiers, et cent vingt-trois Allemands, dont un officier, ont été capturés. Les tués, disparus ou blessés germano-italiens sont, d'après les archives militaires de l'Axe, environ trois mille trois cents[108].

Du côté français, sur trois mille sept cent trois combattants dénombrés sur la position, quatre-vingt-neuf sont tués et soixante-dix-neuf blessés au cours du siège. Lors de la sortie, deux mille six cent dix-neuf hommes réussissent à percer l'encerclement ; neuf cent quatre-vingt sont perdus (parmi eux, on compte huit cent quatorze prisonniers ou disparus, cent vingt-cinq blessés et quarante et un tués). Le bilan des pertes en matériel indique quarante canons de 75, huit canons de 40 Bofors, cinq canons de 47 et deux cent cinquante véhicules détruits[109].

Le général britannique Playfair, historien officiel de la guerre du désert, estime que la défense prolongée de la garnison française a joué « un rôle important dans le rétablissement des troupes britanniques en Égypte. Les Français libres ont dès l'origine gravement perturbé l'offensive de Rommel. L'acheminement du ravitaillement de l'Afrikakorps en a été fortement troublé. La concentration de plus en plus importante des forces de l'Axe pour percer cet abcès a sauvé la 8e armée britannique d'un désastre. Les retards qu'apporte la résistance résolue des Français augmentent les chances des Britanniques de se ressaisir et facilitent la préparation d'une contre-attaque. À plus long terme, le ralentissement de la manœuvre de Rommel permet aux forces britanniques d'échapper à l'anéantissement prévu par l'Axe. C'est par là que l'on peut dire, sans exagération, que Bir Hakeim a facilité le succès défensif d'El Alamein[110] ».

Winston Churchill tient le même raisonnement : « En retardant de quinze jours l'offensive de Rommel, les Français libres de Bir Hakeim auront contribué à sauvegarder le sort de l'Égypte et du canal de Suez[111]. »

Les places fortes de Tobrouk et de Marsa Matrouh, qui tombent très rapidement (un ou deux jours), ne retardent que faiblement la progression de Rommel, alors que Bir Hakeim résiste durant plus de deux semaines. Dès le 4 juillet 1942, les Britanniques ont pu établir une solide position sur le front d'El-Alamein. Les renforts se sont multipliés, notamment en chars lourds Grant et Sherman, alors que Rommel doit attaquer avec des forces limitées, certaines divisions se trouvant réduites à une dizaine de chars. Dans un rapport du haut commandement anglais du 12 juin 1942, on peut lire : « En tenant compte des combats ininterrompus et sévères que la brigade FFL dut alors mener pendant seize jours, les pertes françaises ont été légères. Les plans de Rommel ont été déjoués grâce à la splendide résistance opposée par la garnison française, qui a toujours repoussé l'ennemi en lui causant des pertes sévères[112]. »

Lorsque le jeune journaliste allemand Lutz Koch, de retour à Berlin, raconte en détail à Hitler les très durs combats de Bir Hakeim, la vieille haine de la France se rallume dans le cœur du chef du IIIe Reich : « Vous entendez, Messieurs, ce que raconte Koch, dit aussitôt le Führer. C'est bien une nouvelle preuve de la thèse que j'ai toujours soutenue, à savoir que les Français sont, après nous, les meilleurs soldats de toute l'Europe. La France sera toujours en situation, même avec son taux de natalité actuel, de mettre sur pied une centaine de divisions. Il nous faudra absolument, après cette guerre, nouer une coalition capable de contenir militairement un pays capable d'accomplir des prouesses sur le plan militaire qui étonnent le monde comme à Bir Hakeim[113]. »

Bir Hakeim a en effet un retentissement mondial. Toute la presse en parle longuement. Depuis juin 1940, une grande unité française, isolée, résiste efficacement aux assauts de plus en plus puissants de l'Axe. Le général de Gaulle adresse au général Kœnig, lors du dernier jour du siège, le message suivant : « Sachez et dites à vos troupes que toute la France vous regarde et que vous êtes son orgueil. » En apprenant la réussite de l'évacuation de Bir Hakeim, le général de Gaulle ferme la porte derrière le messager et écrit : « Je suis seul — oh ! cœur battant d'émotion, sanglots d'orgueil, larmes de joie[114]. »

La brigade FFL du général Kœnig, réorganisée, est engagée sur le front d'El-Alamein, où elle participe activement aux durs combats de l'Himeimat en octobre 1942, à l'extrême sud du dispositif allié. Elle se trouve opposée, en partie, à deux unités d'élite de l'Axe : la division parachutiste italienne « Folgore » et la brigade parachutiste allemande « Ramcke ». L'éperon désertique et rocheux de l'Himeimat, culminant à trois cents mètres d'altitude, facilite la défense des troupes italo-allemandes. La brigade FFL doit accomplir une longue marche d'approche de quinze kilomètres sur un terrain désertique qui n'offre aucune protection et qui est constitué de dunes de sable mou difficiles à parcourir. Les défenseurs attendent dans leur bastion qui domine la plaine et qui est bien protégé par un habile réseau de mines. Durant une semaine, attaques et contre-attaques vont se multiplier. Les Français libres, bien que soutenus par une faible artillerie, fixent d'importantes troupes italo-allemandes, pendant que le front d'El-Alamein est percé plus au nord par de puissantes unités blindées britanniques. La bataille de l'Himeimat coûte près de deux cents hommes (tués ou blessés) à la brigade du général Kœnig.

Dix grandes figures des Forces françaises libres

Dimitri Amilakvari

Issu d'une grande famille de la noblesse géorgienne, le prince Dimitri Amilakvari est né le 12 novembre 1906 à Bazorkino en Géorgie. Contraint avec sa famille à l'exil par l'arrivée de l'Armée rouge en Géorgie en 1921, il s'installe en France. Admis à l'École militaire de Saint-Cyr en 1924, il en sort deux années plus tard dans la promotion du Rif. Il participe activement aux combats au Maroc. Il est alors affecté comme sous-lieutenant au 1er régiment de la Légion étrangère à Sidi-bel-Abbès. En 1929, il passe au 4e régiment de la Légion étrangère, dans la région de Marrakech. Participant à la campagne du Haut Atlas à la tête de sa section, il est cité, le 30 mai 1932, pour les combats d'Aït-Atto. En août 1933, lors des opérations du djebel Baddou, il gagne une deuxième citation. Promu capitaine en janvier 1937, il est ensuite de nouveau affecté au 1er étranger à Sidi-bel-Abbès, où il commande jusqu'en août 1939 la compagnie d'instruction de mitrailleuses.

Le 20 février 1940, le capitaine Amilakvari rejoint le 2e bataillon du groupement de haute montagne, quelques semaines avant de recevoir la nationalité française. Durant la campagne de 1940, il participe aux opérations de la 13e demi-brigade de la Légion étrangère (DBLE) en Norvège, en qualité de commandant de la compagnie d'accompagnement du 2e bataillon. En Norvège, il confirme sa valeur militaire par trois nouvelles citations et la croix de chevalier de la Légion d'honneur. De retour en Bretagne le 16 juin 1940 avec le corps expéditionnaire français et devant l'impossibilité de reprendre le combat sur le sol français, il s'embarque le 19 juin de Saint-Jacut-de-la-Mer avec des officiers de la 13e DBLE, dont son chef, le colonel Magrin-Verneret (Monclar). À Jersey, la troupe française est prise en charge par un cargo et rejoint l'Angleterre le 21 juin 1940.

Après l'armistice de juin 1940, Amilakvari s'engage dans les Forces françaises libres au sein de la Légion étrangère. De Londres, il part le 31 août 1940 pour l'Afrique. Il participe à la prise du Gabon avant de rejoindre l'Érythrée par le Cameroun. Au sein de la brigade française d'Orient, il commande la compagnie d'accompagnement du 1er bataillon de la Légion étrangère qui prend une part décisive à la victoire de Keren le 27 mars 1941, puis à la prise de Massaoua le 8 avril. Les troupes françaises capturent 14 000 soldats italiens, après des combats acharnés. Amilakvari participe ensuite à la campagne de Syrie en juin 1941, au cours de laquelle il est nommé chef de bataillon le 25. Le 25 septembre 1941, il est promu lieutenant-colonel après avoir reçu, le 16, le commandement de la 13e DBLE qui aligne alors trois bataillons. Formidable officier de terrain, il entraîne parfaitement sa demi-brigade à la guerre du désert. Au début de l'année 1942, il se distingue durant la campagne de Libye, au sein des colonnes motorisées de la 1re brigade de la France libre (BFL).

Du 26 mai au 11 juin 1942, à Bir Hakeim, il est l'adjoint du général Kœnig, commandant de la 1re BFL, et ne cesse de se porter volontaire dans les endroits les plus exposés pour renseigner le commandement de la situation. À la tête d'une colonne motorisée, il attaque un détachement allemand le 31 mai, en détruisant cinq chars ennemis. Dans la nuit du 10 au 11 juin, il sort de la position de Bir Hakeim dans la voiture du général Kœnig et parvient à rejoindre les positions alliées, malgré l'encerclement des troupes allemandes et italiennes. La croix de la Libération lui est remise par le général de Gaulle au camp de El-Tahag, en Égypte, le 10 août 1942.

Le lieutenant-colonel Amilakvari est en première ligne sur le front sud d'El-Alamein, en Égypte. Il combat avec fougue dans le secteur de l'Himeimat, piton rocheux qui s'élève à 400 mètres de hauteur, contre les parachutistes italiens de la division « Folgore », unité d'élite de l'Axe. Le 24 octobre 1942, au milieu des champs de mines et de ses hommes, il est frappé à la tête par un éclat d'obus. Cette figure mythique de la France libre et de la Légion étrangère est inhumée à El-Alamein.

Philippe Auboyneau

Philippe Auboyneau est né le 9 novembre 1899 à Constantinople, où son père occupe le poste de directeur de la Banque ottomane. En 1917, il entre à l'École navale et, de mars à novembre 1918, participe comme enseigne de vaisseau aux patrouilles en Manche, à bord du torpilleur *Typhon*. Il sert les dix années suivantes au Moyen-Orient et en Extrême-Orient, où il commande notamment l'*Alidade*, navire hydrographe, puis la canonnière *Doudart-de-Lagrée* sur le Yangzi jiang.

Après un séjour en France au ministère de la Marine, Philippe Auboyenau entre l'École de guerre navale et en sort sous-chef d'état-major de la flottille des torpilleurs de l'Atlantique. Capitaine de corvette, il est ensuite nommé sous-chef d'état-major des forces navales d'Extrême-Orient à Saigon, où il se trouve lors de la déclaration de guerre en septembre 1939.

Au moment de l'armistice de juin 1940, en tant que capitaine de frégate, il est officier de liaison sur le cuirassé britannique *Warpsite* et joue un rôle important dans les négociations délicates entre l'amiral Cunningham et l'amiral Godfroy, au sujet du désarmement de la flotte française à Alexandrie, en Égypte. Refusant la défaite, Philippe Auboyneau rallie Londres et les Forces navales françaises libres le 20 juillet 1940. Après avoir réarmé *Le Triomphant*, il commande ce croiseur léger dans le Pacifique. Après plusieurs missions en Atlantique, il est promu capitaine de vaisseau et nommé commandant des Forces navales françaises libres dans le Pacifique, toujours à bord du *Triomphant*. Il prend part à plusieurs opérations dans le Pacifique sud, aux côtés de la flotte australienne. Il accomplit notamment un raid à proximité immédiate des bases occupées par la marine japonaise, afin d'évacuer les garnisons des îles Nauru et Océan.

Rentré à Londres en avril 1942, le contre-amiral Auboyneau est nommé au commandement des Forces navales françaises libres. Également commissaire national de la marine, il inspecte alors les unités navales françaises en Afrique équatoriale, au Levant, à Djibouti et à Madagascar. À l'issue des combats en Afrique du Nord, il est nommé chef d'état-major général adjoint de la marine, puis major général au moment de l'arrivée du gouvernement provisoire à Alger. Il est l'un des principaux artisans de la fusion entre les Forces navales françaises libres (FNFL) et la marine d'Afrique du Nord. Il quitte ces fonctions pour prendre le commandement de la 3e division de croiseurs, à la tête de laquelle il participe au débarquement de Provence en août 1944.

En 1945, vice-amiral, il commande les forces navales françaises d'Extrême-Orient ; à ce titre, il transporte et soutient les troupes du général Leclerc dans le Sud-Annam et dirige l'opération de débarquement au Tonkin. Membre du Conseil supérieur de la défense nationale et membre du Conseil supérieur de la marine, Philippe Auboyneau prend ensuite le poste d'inspecteur général des forces maritimes et aéronavales. Par la suite, il retourne en Indochine pour commander à nouveau les forces maritimes d'Extrême-Orient.

En 1955, il est nommé, pour son dernier poste, commandant en chef des forces maritimes françaises en Méditerranée. Membre du conseil de l'ordre de la Légion d'honneur, l'amiral Philippe Auboyneau est décédé à Paris, le 22 février 1961. Ses obsèques se sont déroulées en l'église Saint-Louis des Invalides, en présence du général de Gaulle, président de la République. Il a été inhumé à Marly-le-Roi dans les Yvelines.

Georges Bergé

Georges Bergé est né le 3 janvier 1909 à Belmont dans le Gers, où son père était receveur des PTT. Il accomplit son service militaire en 1929 au 24e RI de Mont-de-Marsan. Admis à suivre les cours d'élèves officiers de réserve (EOR), il est démobilisé comme sous-lieutenant de réserve en avril 1930. Il choisit finalement la carrière militaire, entre à l'école de l'infanterie et des chars de Saint-Maixent en 1933. Lieutenant en 1934, il est détaché dans l'armée de l'air, au groupe d'infanterie de l'air n° 601, en août 1937, mais des problèmes de santé le rendent inapte au parachutisme, si bien qu'il retrouve son arme d'origine en mars 1938.

Capitaine au 13e RI en février 1940, il prend part à des combats d'avant-postes en mai 1940. Blessé par balles le 18 mai, près de Bousies dans le Nord, alors qu'il mène une contre-attaque victorieuse, il est transporté à Arras, puis hospitalisé à Caen et évacué vers le Sud-Ouest. De passage chez ses parents à Mimizan dans les Landes, il entend à la radio le discours du maréchal Pétain, le 17 juin. Refusant l'armistice, Georges Bergé s'embarque à Saint-Jean-de-Luz sur un navire polonais, le *Sobieski*, pour la Grande-Bretagne le 21 juin 1940.

Il rallie les Forces françaises libres à Londres, rencontre le général de Gaulle le 24 juin à Saint Stephen's House et lui propose de créer une unité de parachutiste. Affecté au dépôt des Forces françaises libres, puis à l'état-major de l'air, il est nommé au commandement de la 1re compagnie de l'air (CIA), le 15 septembre 1940. Après un stage à l'école britannique de Ringway, il est breveté parachutiste le 25 décembre 1940, en même temps que les hommes de la 1re section de la compagnie.

Du 15 mars au 5 avril 1941, il se trouve en opération spéciale, dans le cadre de la première mission parachutée en France occupée (mission Savannah), durant laquelle il fonde un noyau de résistance à Bayonne. Le succès de sa première mission lui vaut de recevoir la Military Cross et une des premières croix de guerre (avec palme vermeil) à l'ordre des Forces françaises libres.

Revenu en sous-marin en Angleterre, il crée, sous contrôle du Bureau central de renseignements et d'action (BCRA), une école de formation d'agents, où seront formés la plupart des radios et agents parachutés en France en 1941 et 1942.

Embarqué avec la 1re CIA le 25 juillet 1941, Georges Bergé est affecté dans un premier temps à Damas (base aérienne de Mézé), puis, en janvier 1942, à Kabret, sur la rive ouest du canal de Suez, au centre d'entraînement, où il forme l'escadron français de la brigade britannique SAS, commandée par le major Stirling. En juin 1942, sur 6 des 8 aérodromes ennemis du bassin oriental de la Méditerranée, dont l'attaque, confiée à son unité, doit permettre le passage d'un convoi chargé de ravitailler Malte en danger, le commandant Bergé choisit l'aérodrome d'Héraklion en Crète. Il parvient avec son groupe à détruire 20 avions ennemis, mais il est capturé à l'issue de sa mission, le 19 juin 1942. Interné à l'Oflag XC à Lübeck, il y organise un groupe d'évasion. Transféré sur la forteresse de Colditz (Oflag IVC) en janvier 1943, il y retrouve le major Stirling et le capitaine Jordan.

Libéré le 16 avril 1945 par l'avant-garde de l'armée du général Patton, le lieutenant-colonel Bergé est successivement affecté à l'inspection parachutiste, au cabinet militaire du Gouvernement provisoire de la République, à l'état-major général de la Défense nationale et enfin à la représentation militaire de l'ambassade de France à Rome. Il commande ensuite le 14e régiment d'infanterie parachutiste de choc (RIPC) à Toulouse d'août 1951 à juillet 1953. De 1953 à 1957, le colonel Bergé est l'adjoint du général commandant les troupes aéroportées. De 1957 à 1959, il est l'adjoint du général commandant l'aviation légère de l'armée de terre (ALAT), avant de recevoir le commandement du secteur de Corneille dans le Sud-Constantinois l'année suivante.

Nommé général de brigade en juillet 1961, il est, sur sa demande, placé en 2e section de l'état-major en janvier 1962. Président d'honneur de l'amicale des SAS, Georges Bergé est décédé le 15 septembre 1997 à Mimizan dans les Landes. Ses obsèques se sont déroulées à Bordeaux.

Georges Cabanier :

Georges Cabanier est né le 21 novembre 1906 à Grenade (Haute-Garonne). Ses parents sont propriétaires terriens. Il entre à l'École navale en 1925 et, en octobre 1927, embarque sur le croiseur école *Jeanne d'Arc* avec le grade d'enseigne de vaisseau de seconde classe. En 1928, il sert successivement sur les avisos *Du Couëdic* et *Duperré,* puis sur le transport militaire *Seine*. En 1930, il fait campagne aux Antilles, aux Bermudes, aux Açores et à Terre-Neuve à bord de l'aviso *Aldebaran*. Après une année à l'école des officiers torpilleurs et électriciens, Georges Cabanier se dirige vers une carrière de sous-marinier. En 1932, il embarque à bord du sous-marin l'*Achéron*, puis du *Saphir*.

Lieutenant de vaisseau en 1934, il sert sur le sous-marin *Orion*, puis en 1936 sur le *Surcouf*, avec lequel il prend part à une croisière d'endurance en Atlantique sud. En 1938, il est nommé au commandement du sous-marin mouilleur de mines *Rubis*, basé à Cherbourg, puis à Bizerte lors de la déclaration de guerre. Dès le début de l'année 1940, le *Rubis* est basé en Grande-Bretagne, à Harwich, puis à Dundee, où il est intégré à une flottille de sous-marins britanniques.

Alors que la France signe l'armistice en juin 1940, le *Rubis*, sous le commandement de Georges Cabanier, mouille 32 mines dans le chenal de Trondheim en Norvège. À son tableau de chasse, il compte déjà six bâtiments coulés. Il rentre à sa base écossaise de Dundee le 30 juin ; son ralliement à la France libre est en grande partie l'œuvre de son commandant, le lieutenant de vaisseau Cabanier, qui entraîne avec lui son bâtiment, son état-major et son équipage quasiment au complet le 10 juillet 1940.

Le *Rubis* poursuit ses missions et inflige à la flotte allemande des pertes sévères, en effectuant des raids audacieux dans le fjord de Bergen. Le *Rubis* détruit 18 navires ennemis.

Promu capitaine de corvette en janvier 1941, Georges Cabanier quitte son commandement en mai 1941 pour rejoindre le Pacifique où il arrive peu avant l'attaque japonaise sur Pearl Harbour. Il exerce les fonctions de commandant de la défense du Pacifique, puis de chef d'état-major de l'amiral Thierry d'Argenlieu, haut-commissaire des possessions françaises du Pacifique.

Capitaine de frégate en mars 1943, il commande, après un bref séjour en Europe, à partir de mars 1944, le croiseur auxiliaire *Cap-des-Palmes* qui opère au sein de la 3e flotte des États-Unis dans les parages de la Nouvelle-Calédonie et des Nouvelles-Hébrides. Il participe alors à de nombreuses escortes de convois dans le Pacifique.

En avril 1945, Georges Cabanier représente la France à la conférence de San Francisco avant de prendre, en juin 1945, le commandement de l'École navale qu'il réorganise. Capitaine de vaisseau en octobre 1945, il prend, deux ans plus tard, le commandement de la *Jeanne d'Arc*. Attaché naval à Washington en juillet 1949, il reçoit les étoiles de contre-amiral en janvier 1951. En janvier 1953, le contre-amiral Cabanier est nommé secrétaire général adjoint de la Défense nationale. En mars 1954, il est nommé à la tête de la marine en Indochine. À son retour en France en février 1956, il devient chef d'état-major particulier du secrétaire d'État à la Marine. Vice-amiral en novembre 1956, il prend quelques jours plus tard le commandement du groupe d'action de lutte anti-sous-marine. En juin 1958, il est affecté comme chef d'état-major de la Défense nationale au cabinet du général de Gaulle. Vice-amiral d'escadre en novembre 1958, puis amiral le 1er juillet 1960, il est nommé à la même date chef d'état-major de la Marine et reste à ce poste jusqu'au 1er janvier 1968. Membre de l'Académie de marine, l'amiral Cabanier exerce les fonctions de grand chancelier de la Légion d'honneur de 1969 à 1975. Georges Cabanier est décédé le 26 octobre 1976 à Paris. Ses cendres ont été dispersées au-dessus de l'épave du *Rubis* au cap Camarat.

Pierre-Henri Clostermann

Pierre-Henri Clostermann est né le 28 février 1921 à Curitiba au Brésil. Son père est diplomate et président de sociétés. Il suit des études secondaires à l'école Notre-Dame de Boulogne-sur-Seine et, après le baccalauréat, obtient le diplôme d'ingénieur aéronautique de la Ryan School, aux États-Unis. C'est par la presse américaine qu'il apprend l'appel du général de Gaulle. Il gagne l'Angleterre où il s'engage dans les Forces aériennes françaises libres, le 18 mars 1942. Il commence alors son entraînement, d'abord, fin avril, à l'Elementary

Flying Training School n° 6, où il obtient son brevet de pilote, puis, à partir de novembre 1942, à l'Operationnal Training Unit 61. Le 22 janvier 1943, il est affecté au groupe de chasse Alsace, où il est promu sergent-chef pilote à la mi-juin. Il se distingue très vite par sa virtuosité et remporte deux victoires le 27 juillet, lors d'un combat contre des Focke Wulf.

Il obtient une troisième victoire un mois plus tard, après avoir attaqué seul une formation ennemie. Nommé au grade d'aspirant le 1er octobre 1943, il est muté le même mois au 602 *squadron* de la Royal Air Force (RAF). Le 7 janvier 1944, il attaque seul au-dessus d'Abbeville une formation de 3 Focke Wulf et endommage l'un d'entre eux. Il en abat 5 autres en juin 1944, sur le front de Normandie, et met le feu à 3 véhicules ennemis, dont 2 camions-citernes.

Promu sous-lieutenant, Pierre-Henri Clostermann est affecté à l'état-major des forces aériennes françaises en Grande-Bretagne à la mi-septembre 1944. En février 1945, il est affecté à l'Operationnal Training Unit 55, puis, à la fin du mois, au 274 *squadron* de la RAF. À la mi-mars, il passe au 56 *squadron* puis, le 8 avril 1945, tout juste nommé lieutenant, est muté comme chef d'escadrille au 3 *squadron*, groupe d'élite de la RAF équipé d'avions Tempest. Il se distingue tout particulièrement le 3 mai 1945 où, à la tête de la 122e escadre de la RAF, il attaque la base aéronavale de Grossembrode au Danemark, malgré la couverture de 200 chasseurs allemands. Il abat personnellement un Junker 252 qui vient de décoller, puis 2 Dornier au-dessus du détroit de Fenhmarn. Lors d'une nouvelle passe de mitraillage, il endommage gravement au sol 2 Arados 232 et 2 Blom-Vhoss au mouillage. Il participe ensuite à la destruction, en combat aérien, d'un Messerschmitt 109 et d'un Focke Wulf. Durant cette action, 14 chasseurs ennemis sont descendus. Le lendemain, lors d'une opération sur la base aéronavale de Schleswig, Clostermann détruit seul 2 Dornier 18 au mouillage et 2 vedettes lance-torpilles.

Il est démobilisé en octobre 1945 avec un palmarès impressionnant: plus de 2000 heures de vol – dont près de 600 en vol de guerre –, 33 victoires aériennes homologuées et 5 probables, ce qui fait de lui le premier as des chasseurs français de la Seconde Guerre mondiale. De plus, il a détruit lors d'assauts en vol rasant 225 camions, 72 locomotives, 5 chars et une quantité considérable de matériel ennemi.

Il exerce ensuite son métier d'ingénieur à Paris (1946-1955), tout en étant élu député du Bas-Rhin dès 1946. Il entame en parallèle une carrière d'auteur à succès en publiant ses souvenirs de guerre. En 1951, il est élu député de la Marne, puis député de la Seine en 1956. Le commandant Clostermann sert en Algérie à l'escadrille de liaisons d'observation n° 4/45 à Oran de 1956 à 1957. Député de Seine-et-Oise en 1962 et des Yvelines en 1967, il est vice-président de la commission de la défense nationale et des forces armées de l'Assemblée nationale de 1963 à 1969. Il exerce également des fonctions de directeur adjoint (en 1962), puis de PDG de la société Reims-Aviation à partir de 1970. Il est membre du comité de gestion de la Cessna, vice-président de cette société aux États-Unis depuis 1970 et administrateur de la société des avions Marcel Dassault-Breguet depuis 1977. Colonel de réserve de l'armée de l'air, il est, par ailleurs, adepte de la pêche sportive et délégué de la Fédération mondiale de pêche en mer. Il est décédé le 22 mars 2006 à Montesquieu-des-Albères dans les Pyrénées-orientales. Il est inhumé au Chesnay dans les Yvelines.

André Dewavrin-Passy

André Dewavrin-Passy est né le 9 juin 1911 à Paris dans une famille d'industriels. Il fait ses études secondaires au collège Stanislas, puis au lycée Louis-le-Grand. Polytechnicien, de la promotion 1932-1934, il choisit, à sa sortie, le génie. Il est également licencié en droit. Lieutenant au 4e régiment du génie à Grenoble, il est ensuite, en 1938 et 1939, professeur adjoint de fortification à l'École spéciale militaire de Saint-Cyr.

Après la déclaration de guerre en septembre 1939, il commande la 12e compagnie d'électromécaniciens à l'état-major général de Meaux, puis il entre à l'état-major du génie de la 9e armée à Verviers. En avril 1940, il est commandant du génie du corps expéditionnaire français en Norvège. De retour de Narvik avec la division du général Béthouart, il débarque à Brest, le 17 juin 1940, et rembarque aussitôt avec l'ensemble de la division pour l'Angleterre.

Installé dans un camp britannique, le capitaine Dewavrin-Passy, ayant entendu parler du général de Gaulle, se présente à Londres à l'état-major des Forces françaises libres à la fin du mois de juin. Il se place sous les ordres du général de Gaulle qui le charge de la direction des 2e et 3e bureaux. Il doit alors organiser un service de renseignement. Il met sur pied, avec son adjoint André Manuel, le Bureau central de renseignements et d'action (BCRA). Grâce à l'impulsion que lieutenant-colonel Dawavrin-Passy donne à cet organisme, la France libre peut porter à son crédit une masse considérable de renseignements militaires et civils sur la situation et l'action de l'ennemi en France.

En février 1943, le colonel Dewavrin-Passy accueille à Londres le général Delestraint, chef de l'Armée secrète, et Jean Moulin, de retour de France. Dans son salon de la maison d'Hamstead, il assiste à l'émouvante remise de la croix de la Libération à ce dernier par le général de Gaulle. Il sollicite et obtient une mission en territoire occupé. La mission débute le 26 février 1943 et durera six mois. Accompagné de l'officier britannique Yeo-Thomas, il est parachuté dans la région de Rouen, avec mission de faire connaître, sur le plan civil et militaire, les directives du général de Gaulle, en collaboration avec Pierre Brossolette et Jean Moulin. Il rencontre les principaux responsables de la Résistance. Malgré les recherches acharnées de la Gestapo, il apporte une contribution importante à l'organisation de la Résistance. Après son retour à Londres, en compagnie de Brossolette, le 16 avril 1943, il remet au général de Gaulle un long rapport sur les résultats obtenus. Le 27 mai 1943, le général de Gaulle décore le colonel Dewavrin-Passy de la croix de la Libération, en même temps que Pierre Brossolette, Maurice Duclos, Pierre Fourcaud, Antoine Bissagnet et René Pleven.

Le 27 juin 1943, le colonel Dewavrin-Passy se rend à Alger pour prendre le commandement de la Direction générale des services spéciaux (DGSS), résultat de la fusion du BCRA avec les services spéciaux du général Giraud. En février 1944, il quitte la DGSS et devient chef d'état-major du général Kœnig, commandant des forces françaises en Grande-Bretagne et des Forces françaises de l'intérieur. Parachuté le 5 août 1944 dans la région de Guingamp, pour assister la Résistance bretonne, le colonel Dewavrin-Passy, à la tête de 2500 FFI et d'éléments américains, prend part à la libération de Paimpol, où sont capturés 2000 soldats allemands. Il revient aux services secrets en septembre 1944. Le général de Gaulle le charge de diverses missions en Amérique, aux Indes, en Chine et en Indochine.

Il rentre en France en mai 1945. On lui confie la Direction générale des études et recherches (DGER, ex-DGSS), puis celle du Service de documentation extérieure et de contre-espionnage (SDECE). Il démissionne en février 1946, après le départ du général de Gaulle. En 1953, il est ingénieur conseil à la banque Worms, puis, de 1962 à 1973, il occupe le poste de directeur général pour les opérations européennes d'un groupe textile de 1965 à 1973. De 1967 à 1976, il est PDG des établissements Japy. Conseiller municipal de Neuilly-sur-Seine, il est également membre du conseil de l'ordre de la Légion d'honneur de 1981 à 1991. Il est décédé à Paris le 20 décembre 1998. Il a été inhumé à l'ancien cimetière de Neuilly-sur-Seine dans les Hauts-de-Seine.

Charles de Gaulle

Charles de Gaulle est né à Lille le 22 novembre 1890 au sein d'une famille catholique et patriote. Son père, Henri de Gaulle, professeur de lettres et d'histoire, exerce une grande influence sur lui. Les jésuites et les assomptionnistes lui donnent une solide culture générale et humaniste. Après une année de préparation au collège Stanislas à Paris, il est reçu en 1908 à l'École militaire de Saint-Cyr. Il a comme condisciple le futur maréchal Alphonse Juin. À sa sortie de Saint-Cyr, au 13e rang, il choisit pour affectation le 33e régiment d'infanterie d'Arras, commandé alors par le colonel Philippe Pétain.

En août 1914, le lieutenant de Gaulle combat dans la 5e armée du général de Lanrezac. Blessé dès le 15 août à Dinan, évacué et hospitalisé, il ne peut reprendre le front qu'en octobre. Il est blessé une seconde fois au combat de Mesnil-les-Hurlus, le 10 mars 1915. Il rejoint ensuite le 33e RI, où il est commandant de compagnie, puis adjoint du colonel. Il reçoit une troisième blessure lors de la bataille de Verdun en 1916. Laissé pour mort, il obtient une citation à titre posthume à l'ordre de l'armée. Fait prisonnier, il est soigné à l'hôpital de Mayence, puis enfermé dans diverses forteresses allemandes, d'où il tente de s'évader à cinq reprises. Il ne sera libéré qu'en novembre 1918.

De 1919 à 1921, il est envoyé en Pologne où il participe à la formation de l'armée polonaise qui lutte victorieusement contre l'Armée rouge. Il est ensuite chargé de cours à l'école de Saint-Cyr, avant son admission à l'École de guerre en 1922. Il fait un stage à Trèves, puis à l'état-major de l'armée française du Rhin à Mayence en 1924. En 1925, il est détaché à l'état-major du maréchal Pétain, vice-président du Conseil supérieur de la guerre. Il est à nouveau affecté à Trèves en 1927 comme chef de bataillon. De Gaulle est muté au Levant en 1929 et passe deux années à Beyrouth. En 1931, il rejoint le secrétariat de la Défense nationale à Paris. Durant cette période, il publie des articles et des ouvrages qui le font remarquer. Dans *Vers l'armée de métier*, livre publié en 1934, il évoque la création d'une armée professionnelle mécanisée aux côtés de la conscription et souligne l'importance des divisions blindées dans la guerre moderne.

Colonel en 1937, il est nommé à la tête du 507ᵉ régiment de chars à Metz. En septembre 1939, il est promu commandant des chars de la 5ᵉ armée, stationnée dans l'Est de la France. En janvier 1940, il envoie à 80 personnalités militaires ou politiques un mémorandum qui insiste sur la nécessité d'allier le char et l'avion d'assaut lors des opérations militaires futures. Affecté au commandement de la 4ᵉ division cuirassée, il se distingue en mai 1940, lors des combats de Montcornet, Crécy-sur-Serre et Abbeville, où il bouscule à plusieurs reprises les défenses allemandes en faisant de nombreux prisonniers. Il est nommé général de brigade le 1ᵉʳ juin. Paul Reynaud, président du Conseil, le désigne comme sous-secrétaire d'État à la Défense nationale et à la Guerre, le 5 juin. Hostile à l'armistice demandé par le maréchal Pétain, nouveau président du Conseil, le général de Gaulle rejoint Londres le 17 juin, afin de poursuivre la guerre. Il lance son appel à la résistance le 18 juin, dans les studios de la BBC. Il est condamné à mort par contumace en août par le gouvernement du maréchal Pétain.

Le 28 juin 1940, Winston Churchill, chef du gouvernement britannique, reconnaît le général de Gaulle comme le chef des Français libres. De Gaulle se consacre alors à la création d'une force armée qui doit poursuivre la guerre contre l'Axe. Les Forces françaises libres luttent avec efficacité sur terre, sur mer et dans les airs aux côtés des Alliés sur tous les fronts. Avec l'aide de Jean Moulin notamment, il unifie la Résistance intérieure en 1943. Il fonde à Brazzaville un organe politique, le Conseil de défense de l'Empire, le 27 octobre 1940. Il dote la France libre d'un Comité national français en septembre 1941, préfiguration du gouvernement en exil, qui deviendra le Comité français de libération nationale le 3 juin 1943, après son arrivée à Alger, et qu'il préside avec le général Giraud. Le général de Gaulle devient le président du Gouvernement provisoire de la République française, formé le 3 juin 1944. Il arrive en Normandie le 14 juin 1944 et rétablit l'autorité d'un gouvernement national. Le 25 août, le général de Gaulle s'installe victorieusement à Paris. Le 9 septembre, un gouvernement d'unanimité nationale est constitué, sous sa présidence. Une Assemblée constituante est ensuite élue en octobre 1945. Le 8 mai 1945, comme l'avait voulu, cinq ans plus tôt, le général de Gaulle, la France est présente à la table de la victoire à Berlin, aux côtés des trois autres grandes puissances (États-Unis, Russie soviétique et Grande-Bretagne). Elle est représentée par le général de Lattre de Tassigny.

En désaccord avec l'Assemblée constituante sur la conception de l'État et le rôle des partis, le général de Gaulle démissionne de la présidence du gouvernement provisoire, le 20 janvier 1946. Il a rempli la mission qu'il s'était donnée le 18 juin 1940 : libérer le territoire, restaurer la république, organiser des élections libres et démocratiques, entreprendre la modernisation économique et sociale. Rappelé au pouvoir en 1958, il s'achemine vers l'indépendance de l'Algérie en 1962. De 1962 à 1968, en tant que président de la République, il consolide le régime de la Ve République par d'importantes réformes et la modernisation du pays. Il institue un axe franco-allemand au sein de l'Europe, dote l'armée française de l'armement nucléaire, refuse la tutelle américaine et retire la France du système intégré de l'OTAN en 1966. Il renforce la Communauté européenne avec la politique agricole commune en 1963. Il remporte les élections présidentielles de 1965 avec 54,8 % des voix.

Le 27 avril 1969, il décide de quitter le pouvoir, à la suite de l'échec d'un référendum portant sur la régionalisation et la réforme du Sénat. Il se consacre alors à l'écriture, poursuivant notamment la rédaction de ses *Mémoires de guerre*, livres commencés en 1954. Il décède le 9 novembre 1970, à Colombey-les-Deux-Églises. Il est enterré au cimetière de cette localité, en présence de sa famille, des compagnons de la Libération et des habitants de son village. Le 12 novembre, à Notre-Dame de Paris, a lieu une cérémonie officielle avec les autorités de l'État et les personnalités étrangères du monde entier.

Pierre Kœnig

Pierre Kœnig est né le 10 octobre 1898 à Caen dans le Calvados, dans une famille de souche alsacienne. Son père est facteur d'orgues. Il fait ses études au collège Sainte-Marie et au lycée Malherbe de Caen. Lorsque la guerre éclate, il n'a que seize ans et, désireux de servir, doit patienter avant de s'engager, en 1917, après avoir obtenu son baccalauréat, au 36e régiment d'infanterie. Il suit les cours de l'école d'aspirant d'Issoudun et, promu aspirant en février 1918, rejoint au front son unité, en avril. Il prend part à la bataille des Flandres en mai, puis à celle du Matz en juin-juillet et enfin à l'offensive de l'Oise en août-septembre 1918. Cité et décoré de la médaille militaire, il est promu sous-lieutenant en septembre 1918 et prend part aux combats de l'Ailette en octobre 1918, avant de décider de rester dans l'armée.

Affecté au 15e bataillon de chasseurs alpins, il sert en Silésie de 1919 à 1922, puis dans les Alpes (1922-1923) avec le grade de lieutenant. Il fait ensuite partie, comme officier de renseignement, des troupes d'occupation en Allemagne jusqu'en 1929, à l'état-major des 40e et 43e divisions d'infanterie. Après un bref séjour au 5e régiment d'infanterie à Paris, Pierre Kœnig part au Maroc comme commandant de compagnie au 4e régiment étranger. Il prend part aux opérations de pacification du Maroc (1931-1934). Promu capitaine, il est affecté à l'état-major du général Catroux et reste au Maroc, où il participe à différentes opérations dans le désert jusqu'à la déclaration de la guerre en septembre 1939.

Détaché durant quelques mois au 2e régiment de tirailleurs marocains, il quitte l'Afrique du Nord en février 1940 et prend part à l'expédition de Norvège, au sein de la 13e demi-brigade de la Légion étrangère (DBLE), puis à l'état-major du général Audet, commandant du corps expéditionnaire français. De retour en Bretagne le 16 juin 1940 avec le corps expéditionnaire et devant l'impossibilité de reprendre le combat sur le sol français, il s'embarque le 19 juin de Saint-Jacut-de-la-Mer avec quelques officiers de la 13e DBLE, dont son chef, le colonel Magrin-Vernerey (Monclar). À Jersey, la petite troupe est prise en charge par un cargo et parvient en Angleterre le 21 juin 1940.

Arrivé en Angleterre, le capitaine Kœnig retrouve la 13e DBLE et se met aux ordres du général de Gaulle. Promu au grade de chef de bataillon, il joue un rôle prépondérant dans le ralliement du Gabon, en novembre 1940. En décembre 1940, il est nommé commandant militaire du Cameroun et promu lieutenant-colonel. Début 1941, promu colonel, il est au Soudan et en Palestine et prend part à la campagne de Syrie comme chef d'état-major du général Legentilhomme, commandant la 1re division française libre. À l'armistice de Saint-Jean-d'Acre, le colonel Kœnig est délégué pour la France libre à la commission d'armistice.

Général de brigade en juillet 1941, il combat en Libye, à Halfaya (décembre 1941 et janvier 1942), à Méchili (février 1942) et Bir Hakeim (février-juin 1942), en qualité de commandant de la 1re brigade française libre. Résistant aux attaques italo-allemandes menées par le général Rommel pendant 14 jours et tenant coûte que coûte la position de Bir Hakeim, afin de permettre à la 8e armée britannique de se réorganiser à El-Alamein, Kœnig accomplit parfaitement sa mission, malgré une infériorité numérique flagrante (37 000 soldats italo-allemands contre 3 700 Français libres). Il parvient à ramener avec lui les trois quarts de ses hommes échappés, grâce à la sortie de vive force de la position dans la nuit du 10 au 11 juin 1942, à travers les champs de mines et les positions ennemies.

Le général Kœnig prend part ensuite à la bataille d'El-Alamein en octobre 1942. Adjoint au général de Larminat, commandant la 1re division française libre (DFL), il participe à la campagne de Tunisie (avril-mai 1943), à la suite de laquelle il est promu général de division, commandant de la 1re DFL. Le 1er août 1943, il quitte le commandement de la 1re DFL pour prendre les fonctions de chef d'état-major adjoint de l'armée à Alger et y opérer la fusion entre les troupes d'Afrique du Nord et celles de la France libre.

En mars 1944, il est nommé délégué du Gouvernement provisoire de la République française auprès du général Eisenhower (commandant suprême interallié) et, en même temps, commandant supérieur des forces françaises en Grande-Bretagne et commandant des Forces françaises de l'intérieur (FFI). Promu général de corps d'armée le 28 juin 1944, il est nommé gouverneur militaire de Paris le 25 août suivant et le reste jusqu'à la fin des hostilités.

En juillet 1945, le général Kœnig est nommé commandant des forces françaises en Allemagne avant d'être promu, en mai 1946, général d'armée. Il quitte son poste en Allemagne en août 1949 pour prendre celui d'inspecteur des forces terrestres, maritimes et aériennes de l'Afrique du Nord. Parallèlement, il devient vice-président du Conseil supérieur de la guerre. Il est élu membre de l'Académie des sciences morales et politiques en 1950. Député du Bas-Rhin en 1951, réélu en 1956, il est président de la commission de la défense nationale de l'Assemblée nationale d'août 1951 à juin 1954.

Élu membre de l'Assemblée consultative européenne en août 1951, il est ministre de la Défense pendant deux mois dans le cabinet de Pierre Mendès France en 1954, puis de nouveau durant quelques mois au sein du cabinet Edgar Faure en 1955. Il apporte son soutien à la cause d'Israël en présidant le comité franco-israélien. Pierre Kœnig est également élu membre du conseil de l'ordre de la Libération. Il est décédé le 2 septembre 1970 à l'hôpital américain de Neuilly-sur-Seine. Ses obsèques se sont déroulées en l'église Saint-Louis des Invalides. Il a été inhumé au cimetière de Montmartre à Paris. Pierre Kœnig a été élevé à la dignité de maréchal de France à titre posthume par décret du 6 juin 1984.

Philippe Leclerc de Hauteclocque

Philippe de Hauteclocque est né le 22 novembre 1902 au château de Belloy-Saint-Léonard dans la Somme, au sein d'une vieille famille de la noblesse picarde. Il entre à Saint-Cyr en 1922 (promotion Metz et Strasbourg) et en sort major de cavalerie en 1924. Il réédite ce succès en 1925 à l'école d'application de cavalerie de Saumur. Il est affecté au 5e régiment de cuirassiers en occupation en Allemagne. Après avoir passé une année à Trèves, il obtient une affectation au 8e régiment de spahis algériens au Maroc. Il participe à la pacification du territoire, puis prend le commandement du 38e goum en 1929. Il est rappelé en métropole en 1931 et devient instructeur à Saint-Cyr. Après un séjour au Maroc, il se présente à l'École de guerre. Il en sort major en juillet 1939, ayant entre-temps obtenu la Légion d'honneur et le grade de capitaine à titre exceptionnel.

Fin mai 1940, faisant alors partie de l'état-major de la 4e division d'infanterie, il est fait prisonnier. Il parvient cependant à s'évader et à rejoindre les lignes françaises. Le 15 juin, lors d'une contre-attaque face à des blindés allemands dans la plaine de Champagne, il est blessé à la tête et à nouveau capturé. Il s'évade le 17 et, *via* l'Espagne et le

Portugal, parvient à gagner Londres, où il se présente le 25 juillet au général de Gaulle sous le pseudonyme de Leclerc. Il est promu chef d'escadrons.

Le 6 août 1940, envoyé par le général de Gaulle en Afrique-Équatoriale française (A-EF), avec Claude Hettier de Boislambert et René Pleven, il quitte l'Angleterre pour le Cameroun. Il a pour mission de ramener ce territoire dans la guerre et, le 26 août 1940, à Douala où il a débarqué en pirogue avec 22 hommes, il reçoit le ralliement du Cameroun à la France libre. Il est nommé ensuite commissaire général. En novembre 1940, il rallie le territoire du Gabon à la France libre. Promu colonel, il est alors commandant militaire du Tchad. De Fort-Lamy (Tchad), il lance avec la colonne Leclerc, dès le 25 janvier 1941, à travers 650 kilomètres de désert, une opération contre le fort italien de Koufra qu'il conquiert le 1er mars. Le lendemain, il proclame : « Jurons de ne déposer les armes que lorsque nos couleurs, nos belles couleurs, flotteront sur la cathédrale de Strasbourg ». C'est le serment de Koufra. Le 6 mars 1941, il est nommé compagnon de la Libération par le général de Gaulle.

Promu général en août 1941, il mène alors une campagne de harcèlement contre les Italiens et lance, du 2 février au 14 mars 1942, une expédition victorieuse sur le sud du Fezzan, en Libye. Un butin important est pris ou détruit. Alors que Rommel avance sur l'Égypte, différentes patrouilles sont organisées au nord et à l'est du Tibesti, en Libye. À la mi-décembre 1942, Leclerc entreprend la conquête du Fezzan avec plus de 3 000 soldats, formant la force L. L'attaque est fulgurante et très en profondeur, allant jusqu'à Tripoli, en Libye. Le succès est total. Le 24 janvier 1943, la jonction est opérée avec les troupes britanniques. La force L s'installe alors en Tunisie pour protéger le flanc de la 8e armée britannique, entre dans Kairouan le 12 avril et défile le 8 mai 1943 dans Tunis libéré, ce qui vaut à Leclerc d'être présenté par Montgomery au roi d'Angleterre George VI.

Le 15 mars 1943, la force L devient la 2e division française libre, qui, trois mois plus tard, prend la forme de 2e division blindée (DB) au Maroc, à Temara, où elle est organisée, entraînée et équipée de matériel américain. En avril 1944, la 2e DB est transférée en Angleterre, où elle attend impatiemment l'heure du débarquement en France. Leclerc passe sous le commandement du général Patton et débarque en

Normandie, près de Saint-Martin-de-Varreville, le 1er août 1944. Leclerc dirige la 2e DB pendant les difficiles combats de Normandie : Alençon, la forêt d'Ecouves, Ecouché, Carrouges et Argentan. Le 22 août 1944, Leclerc obtient l'autorisation de mettre en mouvement la 2e DB en direction de Paris. Le 25, il entre dans la capitale par la porte d'Orléans, reçoit la reddition du général allemand von Choltitz et installe son PC dans la gare Montparnasse.

Début septembre 1944, il reprend sa route vers l'Est et, après avoir forcé les Vosges, fait hisser le drapeau français, timbré de la croix de Lorraine, sur la flèche de la cathédrale de Strasbourg, le 23 novembre 1944. Il nettoie l'Alsace et la Lorraine, participe à la réduction de la poche de Colmar et, fin avril 1945, ayant atteint la Bavière, reçoit comme objectif le nid d'aigle d'Hitler à Berchtesgaden. Une partie de la 2e DB participe également à la réduction de la poche de Royan en Charente-Maritime.

Aussitôt après la capitulation allemande, le général Leclerc est désigné pour commander le corps expéditionnaire français en Extrême-Orient. Le 22 juin 1945, la 2e DB est rassemblée dans la forêt de Fontainebleau pour recevoir l'adieu de son chef. Leclerc quitte la France le 18 août 1945 et signe, le 2 septembre, pour la France, l'acte de capitulation du Japon. Il parvient à Saigon le 5 octobre 1945, pacifie en trois mois le Cambodge et la Cochinchine, débarque en mars 1946 au Tonkin : le 15 juin, ses troupes se trouvent à la frontière chinoise. Il est alors promu général de corps d'armée et devient inspecteur général des forces terrestres en Afrique du Nord. Le 12 avril 1947, il est nommé inspecteur des forces terrestres, maritimes et aériennes en Afrique du Nord. Lors d'une mission, le 28 novembre 1947, son avion s'écrase près de Colomb-Béchar en Algérie. Il est inhumé dans la crypte des Invalides. Par décret du 23 août 1952, le titre suprême de maréchal de France lui est conféré à titre posthume.

Martial Valin

Martial Valin est né le 14 mai 1898 à Limoges. Après son baccalauréat, alors qu'éclate la Grande Guerre, il souhaite ardemment s'engager. Son père le pousse plutôt à préparer à Limoges le concours de Saint-Cyr. Entré au service dans la cavalerie en avril 1917, au 4e régiment de dragons, il apprend au même moment son admission à Saint-Cyr où il reste de mai 1917 à février 1918. Aspirant, il prend part ensuite, au sein du 3e régiment de chasseurs d'Afrique, à la guerre de tranchées. Il est cité pour sa participation à la bataille de Champagne. Gazé, il doit être hospitalisé et en septembre 1918 il rejoint son unité.

Au lendemain de la guerre, il est affecté au 16e régiment de dragons et, sous-lieutenant, regagne l'école de Saint-Cyr. Il fait en 1920 une année d'application à l'école de cavalerie de Saumur et rejoint son unité à Saint-Germain-en-Laye. Promu lieutenant, il se porte ensuite volontaire pour le Levant et est affecté au 21e régiment de spahis marocains à Constantinople, avant de servir au Maroc au 22e régiment de spahis et de participer à la campagne du Rif en 1925. Rentré en France en 1926, il est affecté au 4e régiment de hussards de Rambouillet. Rapidement, il passe dans l'aviation. Observateur en avion en 1927, pilote en 1928, il décide de se spécialiser dans l'aviation de bombardement et le vol de nuit. Capitaine en 1929, commandant d'escadrille, il étudie dès 1930 la question du vol groupé de nuit sans aucun feu et l'atterrissage dans le noir avec seulement quelques lumières discrètes. En 1935, il est officier d'état-major de la 12e brigade aérienne de Chartres ; ses études de tactique aérienne le font appeler au 3e bureau de l'état-major général de l'armée de l'air, où il reste près de trois ans.

Affecté en 1938 à la 33e escadre aérienne, le commandant Valin dirige un groupe de reconnaissance qui est en 1939 le premier de l'armée de l'air à être équipé en Potez 63/11, et il prend part aux opérations de 1939-1940. Il est blessé en service commandé à la suite d'un atterrissage forcé. Nommé ensuite à l'état-major de l'armée aérienne du théâtre des opérations du Nord-Est, il assure les fonctions de chef du 2e bureau à Jouarre, ce qui lui donne l'occasion de travailler en étroite collaboration avec la RAF britannique.

En mars 1940, le commandant Valin est envoyé en mission militaire française à Rio de Janeiro auprès du gouvernement brésilien. Promu lieutenant-colonel en juin 1940, puis colonel à titre de mission, il envoie le 9 novembre 1940 un télégramme de ralliement au général de Gaulle qui l'appelle à Londres. Embarqué pour la Grande-Bretagne, le colonel Valin atteint l'Angleterre le 26 mars 1941.

Succédant à l'amiral Muselier, il est chargé de développer et de diriger les Forces aériennes françaises libres (FAFL). Nommé commandant des FAFL le 10 juillet 1941, il crée en Angleterre le groupe de chasse Ile-de-France et au Tchad le groupe de bombardement Bretagne. Toujours en juillet 1941, il forme le groupe de chasse Alsace et le groupe de bombardement Lorraine avec les aviateurs stationnés au Levant et avec le personnel allié après la campagne de Syrie. Il reçoit ses étoiles de général de brigade aérienne en août 1941. En octobre, il est appelé au Comité national français en qualité de commissaire national de l'air. Après avoir donné à tous les volontaires une instruction aérienne et technique grâce à l'appui des Britanniques, il réussit à former les groupes d'aviation autonomes qui se sont illustrés sur tous les fronts. Il réorganise également l'aviation française de transport qui, en octobre 1941, relie la Syrie, d'abord, à l'Afrique-Équatoriale française, ensuite à Madagascar et Djibouti.

Le général Valin forme également les unités parachutistes de la France libre qui s'illustrent en Libye et en Crète, avant de participer glorieusement à la libération de la France. Après avoir formé les groupes Artois et Picardie, il constitue le groupe de chasse Normandie que le général de Gaulle désigne pour le front russe. Promu général de division aérienne en mars 1944, Valin devient chef d'état-major adjoint de l'armée de l'air avec le général Bouscat et chef de la mission de l'air à Londres. En tant que mitrailleur de queue, il prend part, le 4 août 1944, à un important bombardement de la poche de Falaise à bord d'un bombardier. Quelques jours plus tard, ayant atterri à Bayeux, il rencontre à Chartres les chefs des maquis de la région, à la tête desquels, avec un millier de FFI, il arrive à la porte d'Orléans aux côtés du général Leclerc et participe à la libération de Paris.

Nommé secrétaire général de l'air, il assure le démarrage du ministère de l'Air jusqu'au retour d'Alger du ministre Charles Tillon. Le 3 novembre 1944, On le désigne comme chef d'état-major général. Il occupe ensuite le poste de commandant de la 2e région aérienne. Le 25 janvier 1945, il est promu au grade de général de corps aérien. En mars 1946, il est nommé chef de la délégation militaire française au comité d'état-major des Nations unies, où il reste affecté jusqu'en février 1947. À cette date, il devient inspecteur général de l'armée de l'air. Promu général d'armée aérienne en 1950, il demeure à l'inspection générale jusqu'en 1957. Il totalise 5 000 heures de vol, dont 1 000 de nuit. Il est décédé le 19 septembre 1980 à Neuilly-sur-Seine. Ses obsèques ont eu lieu à Paris, le 23 septembre, dans la cour d'honneur des Invalides ; il a été inhumé le même jour au cimetière de Limoges.

Notes

1. Winston Churchill, *Mémoires sur la Deuxième Guerre mondiale*, éditions La Palatine, 1953.
2. et 3. Archives de la Fondation de la France libre, Paris.
4. Charles de Gaulle, *Mémoires de guerre*, éditions Plon, 1989.
5. Charles de Gaulle, *op. cit.*
6. Winston Churchill, *op. cit.*
7. Archives militaires françaises, Vincennes.
8. Henri Michel, *Histoire de la France libre*, éditions PUF, 1980.
9. Miroir de l'Histoire, n° spécial 306 bis, *1940-1942, les Français qui ignorèrent l'armistice*, Paris 1978.
10. Archives de la Fondation de la France libre, Paris.
11. Archives de la Fondation Charles-de-Gaulle, Paris.
12. Archives de la Fondation de la France libre, Paris.
13. Général Platt, *La Guerre en Afrique orientale*, éditions Payot, 1956.
14. Commandant Jean-Noël Vincent, *Les Forces françaises libres en Afrique 1940-1943*, Archives militaires françaises, Vincennes.

14 bis. Archives militaires françaises, Vincennes.

15. Entretiens de Dominique Lormier avec le général Saint-Hillier, Paris, octobre 1991.
16. Archives militaires italiennes, Rome.
17. et 18. Archives militaires françaises, Vincennes.
19. Général Platt, *La Guerre en Afrique orientale*, éditions Payot, 1956.
20. à 24. Archives militaires françaises, Vincennes.
25. *Miroir de l'Histoire,* n° spécial 306 bis, *1940-1942, les Français qui ignorèrent l'armistice*, Paris, 1978.

26. Archives militaires françaises, Vincennes.
27. *Miroir de l'Histoire,* n° spécial 306 bis, *1940-1942, les Français qui ignorèrent l'armistice*, Paris, 1978.
28. *Miroir de l'Histoire, op. cit.*
29. à 31. Archives de la Fondation de la France libre, Paris.
32. Archives militaires françaises, Vincennes.
33. Revue *Icare* n° 123, *Les FAFL*, tome I, Paris, 1989.
34. *Histoire pour tous,* n° 12, *La Guerre aérienne 1939-1941*, Paris, 1979.
35. *Histoire pour tous*, *op. cit.*
36. *Histoire pour tous*, *op. cit.*
37. Jean Gisclon, *Les Grandes Aventures de la chasse française de 1939 à 1945*, éditions France-Empire, 1983.
38. Revue *Icare,* n° 13, *Les FAFL*, tome III, Paris, 1991.
39. Revue *Icare,* n° 13, *op. cit.*
40. Archives militaires françaises, Vincennes.
41. *Miroir de l'Histoire,* n° spécial 306 bis, *op. cit.*
42. *Miroir de l'Histoire,* n° spécial 306 bis, *op. cit.*
43. à 47. Archives militaires françaises, Vincennes.
48. Michel Bertrand, *Les FNFL*, éditions La Gazette des Armes, 1980.
49. Archives de la Fondation de la France libre, Paris.
50. Archives militaires françaises, Vincennes.
51. *Revue Maritime*, juin 1978.
52. Bulletin des FNFL n° 15, mars 1976.
53. Archives militaires françaises, Vincennes.
54. Michel Bertrand, *op. cit.*
55. Michel Bertrand, *op. cit.*
56. *Revue Maritime*, juillet 1958.
57. Michel Bertrand, *op. cit.*
58. Michel Bertrand, *op. cit.*
59. *Revue Maritime*, juillet 1958.
60. et 61. Archives militaires françaises, Vincennes.
62. Commandant Jean-Noël Vincent, *Les Forces françaises libres en Afrique 1940-1943*, Archives militaires françaises, Vincennes.
63. à 66. Archives militaires françaises, Vincennes.
67. Archives militaires italiennes, Rome.
68. et 69. Archives militaires françaises, Vincennes.
70. Archives militaires italiennes, Rome.

71. à 79. Archives militaires françaises, Vincennes.
80. Archives militaires italiennes, Rome. Archives militaires britanniques, Londres.
81. à 86. Archives militaires françaises, Vincennes.
87. Entretiens de Dominique Lormier avec le général Saint-Hillier, Paris, octobre 1991.
88. *Miroir de l'Histoire,* n° spécial 306 bis, *op. cit.*
89. à 92. Archives militaires françaises, Vincennes.
93. *Miroir de l'Histoire,* n° spécial 306 bis, *op. cit.*
94. à 97. Archives militaires françaises, Vincennes.
98. à 102. Archives militaires allemandes, Fribourg-en-Brisgau.
103. à 106. Archives militaires françaises, Vincennes.
107. Archives militaires allemandes, Fribourg-en-Brisgau.
108. Archives militaires françaises, Vincennes. Archives militaires allemandes, Fribourg-en-Brisgau. Archives militaires italiennes, Rome.
109. Archives militaires françaises, Vincennes.
110. Archives militaires britanniques, Londres.
111. Winston Churchill, *op. cit.*
112. Archives militaires britanniques, Londres.
113. Lutz Koch, *Rommel*, éditions Plon, 1950.
114. Charles de Gaulle, *Mémoires de guerre*, éditions Plon, 1989.

III

LA LIBÉRATION
1942-1945

Les Alliés débarquent en Afrique du Nord

Connu sous le nom d'opération « Torch », le débarquement des Alliés en Afrique du Nord française présente un aspect à la fois militaire et politique. Sur le premier plan, la décision n'a pas été facile à prendre. Quand Roosevelt, président des États-Unis, et Churchill, chef du gouvernement britannique, en parlent pour la première fois à Washington, en juin 1942, la situation sur les différents fronts n'est pas brillante. En Afrique, Rommel marche sur Suez. En Russie, les Allemands menacent la Géorgie et la Caspienne. Les sous-marins de l'Axe infligent des pertes catastrophiques à la flotte britannique. Staline insiste pour l'ouverture d'un second front en Europe, mais ni Churchill ni Roosevelt ne peuvent sérieusement envisager de lui donner satisfaction. Churchill songe à une action de diversion visant à conquérir une base en Méditerranée : de là, on pourrait ensuite ouvrir dans les Balkans le second front désiré par Staline. Par ailleurs, un débarquement en Afrique du Nord aurait l'intérêt de prendre entre deux feux les forces italo-allemandes de Rommel, tout en menaçant directement l'Italie de Mussolini.

Malgré l'opposition de nombre de ses collaborateurs, Roosevelt finit par se rallier aux vues de Churchill : une victoire sur le front occidental, même partielle et limitée, rendrait confiance à l'opinion américaine, ébranlée par les défaites dans le Pacifique. L'accord définitif est conclu le 25 juillet 1942. Staline l'approuve avec enthousiasme. Les états-majors anglais et américains élaborent en détail les modalités de l'opération « Torch ». L'organisation militaire de l'entreprise ne laisse rien au hasard. Les troupes américaines sont entraînées à la guerre du désert.

Sur le plan politique, l'affaire semble plus compliquée. Le général de Gaulle incarne la Résistance française, engagée dans la lutte contre l'Axe. Depuis plus de deux ans, les Forces françaises libres se sont distinguées sur divers théâtres de guerre. Mais les Américains n'ont pas encore reconnu officiellement le Comité français de libération nationale (CFLN), l'organe politique et militaire du général de Gaulle. L'armée française d'Afrique du Nord est bien tenue en main par Vichy.

Le premier souci des Alliés est de faciliter au maximum les opérations de débarquement. Roosevelt charge son représentant personnel, Robert Murphy, de chercher une personnalité susceptible de rallier les autorités françaises d'Afrique du Nord. Après bien des hésitations, le choix se porte sur le général Giraud, évadé le 17 avril 1942 de la forteresse de Königstein, réfugié en France, en zone libre. En même temps, Murphy prend contact avec des activistes algérois acquis à la cause des Alliés : ceux-ci doivent prendre la ville en mains jusqu'à l'arrivée des troupes américaines.

Le 16 septembre 1942, Roosevelt adopte définitivement la « solution Giraud », décidant par ailleurs de tenir le général de Gaulle et les Français libres en dehors de l'opération. Les troupes de débarquement seront exclusivement américaines. Les Alliés craignent les réactions hostiles que pourraient susciter des forces gaullistes ou même britanniques au sein de l'armée française d'Afrique du Nord, fidèle au maréchal Pétain.

Le 23 octobre 1942, amené clandestinement à Cherchell par le sous-marin *Seraph*, le général Clark, adjoint d'Eisenhower, rencontre le général Mast, représentant des officiers français favorables aux Alliés. Mast assure à Clark et au consul américain Robert Murphy que les détachements français, sous les ordres du général Giraud, sont prêts à appuyer l'action des Alliés. Le 2 novembre, un accord de principe est conclu avec Giraud. Le 7, Eisenhower retrouve à Gibraltar le général Giraud, que le réseau Alliance a fait venir de France.

Trois événements imprévus surviennent alors. D'abord, Giraud, déçu de n'avoir pas reçu le commandement suprême de l'opération, n'arrive à Alger que le 9 novembre, au lieu du 8, date du débarquement des Alliés sur les côtes africaines françaises. Ensuite, les Américains étant en retard sur l'horaire indiqué, les activistes algérois, fidèles aux Alliés, perdent le contrôle de la situation quand ils débarquent. Enfin, l'amiral Darlan, commandant en chef des forces de Vichy, se trouve curieusement à Alger lors du débarquement. Il s'ensuit, durant quelques jours, une situation d'une extrême confusion.

Dans la nuit du 7 au 8 novembre, le corps expéditionnaire allié, parti d'Angleterre et des États-Unis, arrive devant Alger, Oran et Casablanca : l'opération Torch, décidée le 25 juillet, entre dans sa phase d'exécution. Il y a là 500 navires de guerre divisés en 3 groupes : la Task force navale de l'Ouest (contre-amiral américain Hewitt), qui débarque ses troupes (commandées par le général américain Patton) au Maroc, à Casablanca ; la Task Force navale du Centre (commodore Troubridge, de la Royal Navy), qui débarque ses troupes (commandées par le général américain Fredentall) en Algérie, à Oran ; la Task Force navale de l'Est (contre-amiral Burroug, de la Royal Navy), qui débarque ses troupes (dirigées par le général américain Ryder) à Alger. La direction des forces navales est confiée à l'amiral anglais Cunningham, et c'est le général américain Eisenhower qui assure le haut commandement de l'opération. C'est à une heure du matin qu'a lieu le débarquement près d'Alger ; il y a là 2 régiments américains, 2 brigades britanniques, 2 bataillons de commandos britanniques, plus 1 régiment américain qui, à 5 h 30, pénètre dans le port d'Alger. À 19 heures, la ville capitule. Le groupe du Centre débarque à 1 h 30, près d'Oran, 1 division, 1 division blindée, 1 bataillon de rangers et 1 bataillon de parachutistes. Tout le contingent est américain. Les navires anglais *Walney* et *Hartland* sont coulés par les troupes françaises alors qu'ils tentent de prendre le port sans faire de dégâts. Le groupe de l'Ouest débarque à 5 heures, près de Casablanca, des troupes américaines comprenant 1 division et 2 régiments d'infanterie, 3 divisions blindées et des unités commandos.

À la suite de l'opération Torch, le gouvernement de Vichy rompt ses relations diplomatiques avec Washington. Le 8 novembre, à 7 heures, on remet au maréchal Pétain, qui se trouve à Vichy, une lettre personnelle du président Roosevelt lui annonçant la nouvelle du débarquement allié en Afrique du Nord. Pétain répond immédiatement : « J'ai toujours dit qu'en cas d'attaque nous défendrions notre

Empire… Nous sommes attaqués, nous nous défendrons. Voilà l'ordre que je donne. » De fait, en exécution de ses ordres, les troupes françaises commencent à s'opposer au débarquement, notamment au Maroc. Les combats entre les forces françaises et alliées, assez confus, font de nombreuses victimes au Maroc et en Algérie : près de 3 300 (tués ou blessés) dans les rangs des troupes françaises ; près de 1 500 chez les Alliés, principalement américains. On imagine le cas de conscience des officiers et soldats français, fidèles au maréchal Pétain qui incarne à leurs yeux le « Vainqueur de Verdun », et la situation de la France occupée en grande partie par l'Axe. Surtout qu'à partir du 11 novembre les troupes germano-italiennes envahissent la zone « libre » de la métropole.

Les autorités d'Afrique du Nord ne s'étant pas ralliées à Giraud, les Américains se retournent vers Darlan. Celui-ci, conformément aux ordres du maréchal Pétain, a d'abord ordonné la résistance. Puis, devant l'impossibilité de la poursuivre, il décide, le 9, une suspension d'armes. Désavoué alors par Pétain, qui le remplace par le général Noguès, résident général du Maroc (où les combats se poursuivent), Darlan se proclame prisonnier de guerre.

Les Américains menacent de mettre en place la « solution Giraud ». Darlan accepte, le 10 novembre, d'étendre le cessez-le-feu à l'ensemble de l'Algerie et du Maroc. Son objectif, comme celui de Noguès, est de maintenir l'Afrique du Nord « autour du Maréchal et non au nom de la dissidence ». L'occupation de la zone libre de la France par l'Axe, le 11 novembre, lui permet de se réclamer de Pétain, qu'il assure « retenu en métropole ». Le 13, il conclut avec Eisenhower un accord le nommant haut-commissaire de France, l'administration existante restant en place. Le 15, Darlan proclame que tous ceux qui ont prêté serment de fidélité au Maréchal « seront fidèles au Maréchal » en exécutant ses ordres.

L'Afrique du Nord devient une Vichy d'outre-mer, sous protectorat américain. Les quelques officiers français qui ont tenté de favoriser le débarquement sont même frappés de sanctions. Les détenus politiques restent en prison. La législation antisémite demeure en vigueur. Cette situation paradoxale soulève de nombreux problèmes et de vives oppositions. Le général de Gaulle, qui se prévaut du soutien de la Résistance intérieure, dénonce avec force ces « ex-dignitaires vichystes, qui incarnent le déshonneur et la trahison ». Il peut compter, à Alger, sur un groupe de gaullistes, animé par René Capitant. Bien des conjurés du 7 novembre, souvent d'obédience monarchiste, se sentent frustrés de leur victoire par ces ralliés de la dernière heure, même si Giraud accepte d'être nommé commandant des forces militaires. Dans l'opinion publique américaine, bien des voix s'élèvent pour dénoncer un pragmatisme faisant fi de la morale.

Désorienté par l'imbroglio politique que ses décisions ont entraîné à Alger, Roosevelt assure, le 17 novembre, que « la solution Darlan » n'est qu'un « expédient provisoire ». L'expédient provisoire prend fin, le 24 décembre, lorsqu'un des conjurés « du 7 novembre », un jeune monarchiste de vingt ans, Fernand Bonnier de La Chapelle, tue l'amiral Darlan à coups de revolver sur les marches du palais d'Été. Deux jours plus tard, le meurtrier, jugé d'une façon expéditive, est exécuté. Le général Giraud, nommé le 27 décembre haut-commissaire civil et militaire en Afrique du Nord, a refusé sa grâce.

Churchill et Roosevelt tentent de réconcilier Giraud et de Gaulle, lors de la célèbre rencontre à Anfa (Casablanca), le 24 janvier 1943. Depuis la fin novembre 1942, les troupes françaises d'Afrique du Nord ont reçu l'ordre d'ouvrir le feu sur les troupes de l'Axe, occupant déjà une partie de la Tunisie.

La campagne de Tunisie

Lors de cette campagne, l'armée française engage des effectifs importants avec 75 000 soldats, tandis que les Américains en alignent 95 000 et les Britanniques 130 000. Les forces de l'Axe disposent de 80 000 combattants allemands et de 110 000 combattants italiens.

Les combats se déroulent dans des conditions difficiles, bien souvent dans le froid et sous la pluie, la neige, en zone montagneuse où l'on trouve des sommets qui peuvent atteindre mille cinq cents mètres ou des plateaux steppiques et rocailleux.

Le général Giraud charge en principe les généraux Barré, Juin et Koeltz de diriger les opérations militaires aux côtés des Alliés. Mais, en fait, le général Giraud continue à s'immiscer dans la conduite de la guerre.

Les soldats français, participant à la campagne de Tunisie, s'organisent autour de quatre divisions d'infanterie (divisions de marche d'Alger, de Constantine, du Maroc, d'Oran), de la brigade légère mécanisée du colonel du Vigier, du corps franc d'Afrique du général de Monsabert, du détachement saharien du général Delaye. La brigade légère motorisée FFL (force L) du général Leclerc a rejoint la 8e armée britannique du général Montgomery en Libye. L'armement lourd et l'armement léger datent pour l'essentiel de la campagne de 1940, voire de la guerre 14-18. Le matériel britannique et le matériel américain, plus modernes, équipent peu à peu certaines unités. La campagne de Tunisie va être cependant conduite avec un matériel français désuet et à bout de souffle.

Un correspondant de guerre anglais dépeint ainsi les Français: « Habillés de loques, armés d'antiques fusils Lebel de 14-18 et de quelques canons de 75, dépourvus de tout transport... Leur vaillance était stupéfiante, car ils n'avaient aucune chance devant l'équipement moderne des Allemands[1]. »

Le général anglais Anderson, commandant de la 1re armée britannique, confiera à John d'Arcy-Dawson « qu'il ne pourra jamais chanter assez les louanges des Français pour avoir tenu ferme la Grande Dorsale (chaîne montagneuse tunisienne) au début de la campagne. Les Français brûlaient de se battre, leur courage et leur enthousiasme étaient magnifiques. Si on leur avait confié des armes et des équipements convenables, ils auraient rendu des services bien plus appréciables encore. Tels quels, il est étonnant qu'ils aient réussi à tenir l'ennemi en échec[2] ».

Cette nouvelle armée française est composée pour moitié d'Africains (Tunisiens, Marocains, Algériens, Sénégalais...) et pour moitié de pieds-noirs et de Français venus de la Métropole ou des colonies. La proportion des engagés volontaires par rapport aux appelés est d'environ un tiers.

Dès le 13 novembre 1942, les mesures de mobilisation, secrètement préparées, sont déclenchées, les matériels camouflés sortis de leurs dépôts clandestins et, de tous les points de l'Afrique du Nord, les unités ainsi renforcées partent pour la Tunisie. Ces troupes, bien que légèrement armées et sommairement équipées, mais composées, en grande majorité, de cadres et d'hommes de carrière, pleins d'ardeur et du désir de revanche, forment l'armée d'Afrique, qui va bloquer l'avance germano-italienne et permettre aux contingents alliés d'effectuer peu à peu leur concentration.

Sur trois cents kilomètres de front dans le Nord tunisien, les troupes françaises doivent en tenir plus de la moitié, afin de permettre le déploiement des unités de la 1re armée britannique et du 2e corps d'armée américain. La zone montagneuse de la Grande Dorsale, défendue principalement par les unités françaises, est marquée par de violents combats contre la division d'infanterie italienne « Superga », des éléments des 10e et 21e Panzerdivisions, la division motorisée von Broich, la brigade Weber et la 50e brigade spéciale italienne « Imperiali ». De novembre 1942 à mai 1943, attaques et contre-attaques se succèdent de part et d'autre pour la conquête de pitons rocheux et de collines. Le 28 décembre 1942, le groupement français Carpentier parvient presque à rompre le dispositif ennemi, mais les Stukas (avions d'assaut) interviennent en même temps qu'une contre-attaque italo-allemande.

Le 18 janvier 1943, la brigade allemande Weber et des éléments de la division italienne « Superga » attaquent les positions avancées de la division de marche du Maroc, dont l'armement antichar (canons de 25, 37 et 47 mm) et l'artillerie de campagne (pièces de 75 mm, modèle 1897) sont dérisoires face aux chars lourds Tigre I de 56 tonnes et autres Panzer III et IV de 20 et 25 tonnes. Au col du Faïd, les artilleurs français du 67e régiment d'artillerie se font massacrer sur place pour ralentir l'avance des blindés ennemis. Le lieutenant Louis Gouzi, commandant la 1re batterie de 75 mm, se souvient :

« Les chars ennemis, poursuivant leur progression, concentrent leurs obus sur la pièce. Infiltrés dans les champs de cactus, les blindés sont à moins de deux mille mètres bien camouflés. La pièce est mise en antichar. Un blindé allemand sort du champ de cactus. La 1re pièce tire à obus de rupture. Les coups sont en direction mais ricochent. Cependant, l'emplacement de la pièce est copieusement arrosé en obus explosifs, les balles des mitrailleuses sifflent. Autour de nous, un nuage de fumée et de poussière rend pratiquement impossible l'observation du tir sur les chars. Je donne l'ordre à la pièce de cesser le feu. De leur côté, les chars ne tirent plus mais poursuivent lentement leur progression, gênés par les mines que les soldats allemands accompagnés d'indigènes du lieu et munis de détecteurs cherchent à localiser et à neutraliser. Six cents mètres… feu ! Un premier char est atteint, un deuxième aussi, cela va être le tour du troisième… mais la riposte est immédiate et de nouveau la pièce se trouve submergée par les coups ennemis (les tireurs de chars doivent s'en donner à cœur joie)… Un obus fracasse l'appareil de pointage… Devant nous quinze, vingt chars… Sur notre droite venant de l'ouest, une quinzaine de chars en ligne de bataille… des Américains peut-être pense-t-on (depuis qu'on les attend !) mais ils se joignent aux autres. La pièce continue de tirer… pour l'honneur sans doute, car la visibilité est redevenue difficile. À notre droite une pièce de 37 mm des tirailleurs tire aussi. Derrière nous on entend les mitrailleuses de 13,2 mm […]. Le tir continue. À l'appareil de pointage défaillant, est substituée la ligne de mire naturelle du canon. Les chars qui ont été atteints l'ont été sans grands dommages semble-t-il, sauf pour ceux qui ont été déchenillés. Nous sommes toujours soumis à un feu violent. Un fracas de tonnerre… la roue droite vient d'être frappée par un obus ; le canon s'est couché sur le flanc droit. Tout le monde est debout, hébété sauf le canonnier Bernard étendu sur le sol, immobile, sans vie. Le maréchal des logis Mancini, le canonnier Cavalier et moi-même perdons du sang, seul le canonnier Mollet semble indemne. Nous sommes environnés de fumée et de flammes. L'emplacement de la pièce est évacué[3]. »

Malgré la disproportion des moyens, la résistance française se poursuit durant trois jours. Les véhicules légers et les canons français sont écrasés sans vergogne par les blindés allemands, plus puissants. Le 21 janvier, une contre-attaque de la 1re division blindée (DB) américaine permet de stopper la progression ennemie sur la plaine d'Ousseltia.

Les forces de l'Axe passent à nouveau à l'attaque le 30 janvier à l'aube. Une fois encore, l'offensive tombe sur les troupes françaises. La lutte entre tirailleurs français et grenadiers allemands est acharnée. Plus de 900 hommes sont tués ou portés disparus en trente-six heures de combat. Le jour même, les Américains de la 1re DB contre-attaquent d'abord sur Faïd, puis sur Maknassy, et parviennent à contenir la progression ennemie, non sans d'importantes pertes en hommes et en matériel.

Le rapport de l'état-major allemand de la 21e Panzerdivision, daté du 4 février 1943, rend hommage à la bravoure de troupes franco-africaines :

« La relève des unités françaises par des américaines, annoncée par les unités d'éclairage, s'est avérée fausse. Les passes du Faïd et du Rebaou étaient tenues par des Français qui avaient mission d'y résister. Ils ont défendu la passe du Rebaou avec acharnement, mais ont dû céder devant l'attaque enveloppante du groupe de combat Kunh [...]. Le combat principal pour le passage principal à l'est du Faïd a été dur et ne s'est pas déroulé comme prévu ; les défenseurs français étaient solidement installés dans les pentes rocheuses des deux côtés de la passe et sur une crête transversale en avant de la passe. Par de violents tirs de mitrailleuses et de mortiers, ils ont empêché la progression des grenadiers du groupe de combat Pfeiffer [...]. Le 2e bataillon du 2e régiment de tirailleurs algériens qui tenait la passe se défendit avec ténacité et tirait encore, alors même que nos grenadiers se trouvaient à quelques mètres d'eux [...]. Des prisonniers français se dégage une excellente impression militaire ; il en est de même des indigènes. Tous sont d'accord pour dire que leur ravitaillement est très critique[4]. »

Le 14 février 1943, après une semaine de neige, les 10e et 21e Panzerdivisions attaquent les forces franco-américaines à Sidi Bouzid. La 1re DB américaine perd une centaine de chars en deux jours, mais le front n'est pas rompu. Le 18 février à l'aube, les unités alliées peuvent se rétablir sur la Grande Dorsale. Les 19 et 20 février, les Germano-Italiens passent encore à l'offensive ; la passe de Kasserine est prise, ce qui ouvre la route de Tébessa et de Thala. Les chars américains contre-attaquent, tandis que toutes les réserves françaises sont acheminées vers les points menacés. Brusquement, les troupes allemandes et italiennes commencent à décrocher. Le maréchal Rommel, découragé par la résistance des troupes alliées, juge ses forces insuffisantes pour continuer. D'autre part, les avant-gardes de la 8e armée britannique du général Montgomery commencent à atteindre Médenine, ce qui laisse présager un assaut général de la ligne Mareth, défendue par la 1re armée italienne du général Messe, au sud de la Tunisie, en avant de Gabès. Le 25 février, les Alliés occupent à nouveau Kasserine.

C'est alors que le général von Arnim lance son attaque au nord, dans les secteurs de Medjerda et Sedjenane, le 26 février 1943, avec d'importants moyens: division motorisée « Manteuffel », brigade motorisée Weber, 10e régiment de *bersaglieri* (chasseurs motorisés italiens) et division « Superga ». L'offensive italo-allemande se développe contre le 5e corps d'armée britannique, fort de 3 divisions d'infanterie, et un groupement français, composé de 3 régiments d'infanterie. La lutte est d'une violence inouïe. À titre d'exemple, le 3e régiment de tirailleurs algériens (RTA) perd près de 900 hommes en deux jours. Les Alliés reculent de quelques kilomètres, mais l'agressivité de l'infanterie et les tirs précis de l'artillerie triomphent des assauts enragés de l'Axe. Le corps franc d'Afrique du général de Monsabert, fort de 3000 hommes, culbute le 10e régiment de *bersaglieri* et capture près de 400 soldats. Les pertes alliées sont cependant lourdes: 2500 prisonniers et près de 200 blindés détruits.

Au sud de la Tunisie, le groupement de reconnaissance Luck et une compagnie de la 15e Panzerdivision tentent de déloger la brigade motorisée (force L) du général Leclerc, portée à Ksar Rhilane, en flanc-garde de la 8e armée britannique. Le 9 mars 1943, Montgomery propose à Leclerc d'abandonner la position. Mais ce dernier répond qu'il pourra tenir Ksar Rhilane, à condition de bénéficier d'un soutien aérien. Soigneusement camouflés, les postes tenus par le commandant Vézinet aperçoivent au lever du soleil, le 10, les chars de von Arnim et, les laissant venir, ils les accueillent par un tir meurtrier. Comme prévu, l'aviation complète le tableau de chasse. Deux fois dans la journée encore, les Allemands tentent de percer. Avec exactement le même résultat. Montgomery, qui croyait Leclerc déjà mort, reçoit à 18 heures le message de victoire du général. Celui-ci se distingue de nouveau, le 19 mars, au djebel Outid, où les Germano-Italiens peuvent interdire aux Britanniques de contourner la ligne Mareth. La rapidité et la brutalité de la manœuvre, précédée des tirs d'artillerie, contraignent les soldats de l'Axe à décrocher avant midi.

À la mi-mars 1943, les troupes françaises commencent à recevoir un armement moderne. Trois escadrons de chars britanniques Valentine renforcent les chars Somua S35 ou les D1. Un millier de pistolets-mitrailleurs, deux cent cinquante canons antichars tractés et quatre cents camions ou camionnettes sont également livrés. La supériorité matérielle des Alliés est alors écrasante : sept contre un pour les véhicules blindés, vingt contre un pour les chars et trois contre un pour l'artillerie. Malgré cette disproportion des forces, les troupes de l'Axe et particulièrement les troupes italiennes se battent avec énergie. Le général – futur maréchal –, anglais Alexander, commandant des troupes alliées en Tunisie, écrira :

« En Tunisie, l'ennemi contre-attaque continuellement et réussit à arrêter notre avance au prix de pertes très lourdes. Nous remarquons que les Italiens se battent particulièrement bien, même mieux que les Allemands qui sont en ligne avec eux. Malgré de sévères pertes infligées par nos barrages d'artillerie, l'ennemi persiste dans ses contre-attaques, et il devient évident qu'une avance dans ce massif inextricable sera coûteuse[5]. »

Le 7 avril 1943, les unités germano-italiennes se replient sur la ligne d'Enfidaville – deux cent quinze kilomètres de front – couvrant Bizerte, Tunis et Hammamet. Les combats de l'Ousselat (8 au 12 avril), auxquels participe la division de marche de Constantine, témoignent de la solide résistance des troupes de l'Axe : on dénombre 550 cadavres ennemis, parmi lesquels se trouvent 310 Italiens, dont 150 Chemises noires, et 560 prisonniers (les deux tiers sont des Italiens. Ces chiffres, et la proportion des tués par rapport aux prisonniers, mettent en relief l'acharnement des combats et la volonté de résistance des forces italiennes du djebel Ousselat.

Le 22 avril, la grande offensive alliée sur Tunis est déclenchée. Dans le secteur du djebel Garci, les soldats du général italien Messe arrivent à contenir les attaques de la 8e armée britannique, après dix jours de combats acharnés. Parallèlement, la 1re armée anglaise, commandée par le général Anderson, lance une série d'assauts sur les hauteurs sud-ouest de Tunis. Le 2e corps américain attaque en direction de Mateur, alors que le 19e corps français s'élance en direction de Pont-du-Fahs.

Le corps franc d'Afrique, les 4e et 6e groupements de tabors marocains (unités de montagne), venus renforcer le 2e corps américain, participent activement à la libération de Bizerte. Ils ont face à eux des troupes d'élite : le 10e régiment de *bersaglieri* et le 756e régiment de Gebirgsjägers (chasseurs de montagne allemands).

Le 6 mai 1943, quatre cents canons anglais de la 1re armée Anderson ouvrent le feu sur un front de moins de trois kilomètres. La division allemande « Hermann Goering » est enfoncée, ce qui découvre la 1re armée italienne dans toute sa profondeur. Le 9, la 6e division blindée britannique parvient au golfe d'Hammamet, et le 19e corps français pousse en direction du massif de Zaghouan, à près de mille trois cents mètres d'altitude. En revanche, sur le front sud de la poche ainsi formée, le 20e corps italien repousse encore toutes les attaques de la 8e armée de Montgomery. Dans la soirée du 11 mai, la division italienne « Superga », faute de munitions, est contrainte de se rendre à la division française d'Oran dans la région de Sainte-Marie-du-Zit. La fin est proche. Le 13, au carrefour de Sidi-Abdalla, le général Koetlz, commandant du 19e corps français, reçoit le général Brosset, commandant de la 1re division de Français libres (DFL), arrivant du front de la 8e armée britannique. La 1re DFL a livré de durs combats pour la conquête du massif de Takrouna. Le général Alexander de son côté vient de télégraphier à Winston Churchill : « J'ai l'honneur de vous rendre compte que la campagne de Tunisie est terminée. Toute résistance ennemie a cessé. Nous sommes maîtres des rivages d'Afrique du Nord[6]. »

Le 20 mai 1943, après avoir défilé à Tunis, les divisions françaises s'installent vers Gafour, Zaghouan et Sainte-Marie-du-Zit, avant de rejoindre leurs garnisons du Maroc et d'Algerie.

L'ennemi, irrémédiablement battu, n'a pu s'enfuir du continent africain et a laissé aux mains des armées alliées 150000 prisonniers, avec un matériel considérable. L'armée française revendique à elle seule la capture de 40000 soldats germano-italiens. En six mois de combat, elle enregistre des pertes importantes : 15000 combattants tués, blessés ou disparus. Les Américains ont perdu 12000 hommes et les Britanniques 17000.

La victoire des Alliés en Tunisie ouvre directement la voie de l'invasion de l'un des pays de l'Axe, l'Italie, tout en privant les Italo-Allemands d'une grande partie de leurs combattants les plus aguerris.

Cette campagne marque pour la France la réunion enfin acquise, vers le même objectif (la défaite de l'Axe), des Forces françaises libres et de l'armée d'Afrique, non d'ailleurs sans heurts, rancunes et incompréhensions. De chaque côté, on se renvoie les combats fratricides de Dakar, du Gabon et de Syrie. Les soldats de l'armée d'Afrique de Vichy présentent les gaullistes comme des « déserteurs », des « aventuriers » et des « mercenaires ». Les FFL, qui manquent jamais de répartie, les traitent de « planqués » ou de « collabos ». Le défilé triomphal à Tunis a illustré cette désunion. Malgré les souhaits de Giraud, les Français libres ont refusé de marcher aux côtés des troupes d'Afrique du Nord et ils ont défilé avec la VIIIe armée britannique. Les soldats de Kœnig et de Leclerc retrouvent en Afrique du Nord leur anciens camarades de promotion de Saint-Cyr, leurs amis de lycée, des compatriotes qui, en 1940, ont fait un choix différent du leur. Les retrouvailles ne suscitent pas toujours la sympathie. On assiste parfois à des échanges houleux. Le général Giraud tente de remédier à la confusion, en mettant en avant que désormais Français libres et soldats de l'armée d'Afrique du Nord luttent ensemble contre le même ennemi. Les tensions entre les deux clans vont s'estomper avec le temps, surtout que la guerre continue. Les soldats africains refusent généralement d'entrer dans cette polémique. Ils demeurent fidèles à leurs officiers, qu'ils soient gaullistes ou giraudistes.

« Du point de vue militaire, rapporte le général Beaufre, la campagne de Tunisie ne représentait pour nous qu'une transition vers la guerre moderne. Nous nous étions battus comme des chiens, mais dans un cadre désuet, sans renseignements d'aviation, sans contre-batteries, avec des armes et des procédés de combat sans doute plus proches de ceux de l'Armée d'Orient de 1918 que de ce qui nous attendait en Europe. Certes, nous avions eu les coudées franches, de l'espace et du mouvement. De plus, déjà, nous avions appris beaucoup de choses, le rôle du terrain, l'accoutumance au feu, la dure leçon des mines, le rythme nouveau du combat sans tiraillerie et scandé par crises des tirs rageurs de mitrailleuses ou des pistolets-mitrailleurs et des rafales de mortiers. Nous avions surtout vérifié que nous étions à la hauteur des circonstances. Tout le monde s'était battu avec résolution et sans défaillance… L'armée de 1940 sortait de sa triste ankylose, dont des traces subsistaient encore çà et là. L'armée de la victoire pouvait maintenant naître[7]. »

Réorganisation de l'armée française d'Afrique

Les accords d'Anfa, conclus en janvier 1943, prévoient d'équiper l'armée française d'un armement moderne, provenant surtout des États-Unis, et la constitution d'une force armée de quatre cent mille hommes. L'ensemble s'articule autour de cinq divisions d'infanterie (DI) et trois divisions blindées (DB) : 1re division motorisée d'infanterie (1re DFL) ; 2e DI marocaine ; 3e DI algérienne ; 4e division marocaine de montagne ; 9e DI coloniale ; 1re, 2e et 5e divisions blindées. À cela, il convient d'ajouter des unités spécialisées comme les parachutistes (3 régiments de chasseurs parachutistes), le bataillon de choc, le groupe de commandos d'Afrique, des groupements de tabors marocains, des commandos de fusiliers marins, ainsi que des régiments d'infanterie non endivisionnés.

« Une armée profondément originale, note Philippe Masson, comme la France n'en a jamais connu. Une armée qui compte moitié d'Européens et moitié de musulmans. En Afrique du Nord, le taux de mobilisation des Européens dépasse celui de la Première Guerre mondiale et il est dix fois supérieur à celui des indigènes. Il concerne tous les hommes de dix-huit à quarante-cinq ans[8]. »

Sur un plan plus politique, la fusion entre les forces d'Afrique et les FFL pose divers problèmes. C'est dans une atmosphère tendue que le général de Gaulle arrive le 30 mai 1943 à Blida et s'installe à Alger pour entamer avec le général Giraud les négociations devant conduire à l'unification de toutes les troupes françaises. À chaque chef d'état-major giraudiste se trouve associé un adjoint gaulliste. Les dissensions entre Alger (général Giraud) et Londres (général de Gaulle) demeurent réelles et finissent par agacer les Alliés. Ainsi, la 2e DB et la 1re DFL restent des unités de tradition gaulliste.

Le réarmement concerne aussi dix-sept groupes aériens, représentant cinq cents avions, dont près de trois cents de chasse. Un millier d'avions français seront finalement en mesure de combattre durant l'été 1944. Sur le plan naval, la modernisation des bâtiments les plus récents se poursuit dans les chantiers américains et concerne notamment le cuirassé *Richelieu*. Au printemps 1944, cette nouvelle marine atteint près de trois cent cinquante mille tonnes, la moitié du tonnage de 1939. Elle compte une centaine de navires français modernisés et cent quarante de construction alliée.

La libération de la Corse

Occupée par les troupes de l'Axe en novembre 1942, la Corse organise peu à peu sa résistance. Peu d'insulaires ont remis à l'occupant les armes (fusils de chasse et revolvers) dont il entendait les dessaisir. Elles sont dissimulées, prêtes à ressortir le moment venu. Le 14 décembre, le sous-marin français *Casabianca* apporte une première cargaison d'armes et dépose des agents d'Alger, qui vont organiser la liaison radio clandestine avec l'Afrique du Nord. À Londres, le 9 décembre, Fred Scamaroni, officier de la France libre, demande au général de Gaulle de lui « accorder l'honneur » de se rendre en Corse, afin de rassembler les résistants dispersés dans l'île. Scamaroni arrive à Ajaccio le 9 janvier 1943. Mais la Gestapo italienne (OVRA), bien renseignée, est à ses trousses. Elle capture son opérateur radio, qui parle sous la torture. Scamaroni est arrêté le 18 mars et torturé lui aussi. Le lendemain, dans sa cellule de la citadelle, il met fin à ses jours. Sur un petit morceau de papier, il a écrit avec son sang ces simples mots : « Vive la France, vive de Gaulle[9]. »

Le commandant Paul Colonna d'Istria est placé, en avril 1943, à la tête de la Résistance corse. Armes et munitions arrivent. En l'espace de quelques mois, on dénombre soixante-quatre parachutages et neuf débarquements par sous-marins, organisés par les services secrets d'Alger dépendant du général Henri Giraud. Au maquis, les résistants sont maintenant des centaines et plusieurs tombent les armes à la main. Près de cinq cents sont déportés. Le 30 août 1943, Jean Nicoli, l'un des chefs de la Résistance de l'île, qui a été arrêté, est fusillé dans le dos et décapité à Bastia. La veille de son exécution, il écrit à ses compagnons de cellule une lettre poignante : « Nous mourrons en Corses français et le procureur du roi l'entendra de ses oreilles[10]. »

Neuf jours plus tard, le 8 septembre vers 19 h 15, la radio annonce que le maréchal Badoglio, successeur de Mussolini destitué en juillet, a conclu avec les Alliés un armistice séparé.

La première démonstration de force de la nouvelle armée française a lieu en septembre 1943, lors de la libération de la Corse, au lendemain de la capitulation italienne. À la demande de la Résistance insulaire, le général Giraud monte en un temps record une opération de débarquement à Ajaccio à partir du 15 septembre. Aidé par la

Résistance locale, le bataillon de choc du commandant Gambiez occupe divers passages en montagne, tend des embuscades aux troupes allemandes, permet l'arrivée des renforts, reposant sur le 1er régiment de tirailleurs marocains, le 4e régiment de spahis marocains et le 2e groupe de tabors marocains. L'ensemble représente près de 10000 hommes. Le transport de la troupe s'effectue, de l'Afrique du Nord à Ajaccio, à bord des croiseurs *Jeanne d'Arc* et *Montcalm*, des contre-torpilleurs *Le Fantasque* et *Le Terrible*, des torpilleurs *L'Alcyon*, *Tempête*, *Basque* et *Le Fortune*, des sous-marins *Casabianca*, *Perlet* et *Aréthuse*.

L'armée allemande en Corse repose sur 20000 soldats d'élite de la 90e division de grenadiers motorisés et de la brigade d'assaut SS Reichsführer. Les troupes italiennes du général Magli, fortes de 80000 hommes, refusent majoritairement de se rendre aux Allemands et participent, aux côtés des Français, à la libération de l'île. Les divisions d'infanterie « Friuli » et « Cremona », le 10e régiment Celere et le 175e régiment d'*alpini* (chasseurs alpins italiens) défendent divers accès, facilitant le déploiement des troupes françaises.

Les Allemands, qui envisagent l'évacuation de la Corse par Bastia, doivent livrer de durs combats aux troupes franco-italiennes jusqu'en octobre 1943. Les opérations se déroulent principalement en zone montagneuse, où l'infanterie marocaine fait une fois de plus preuve de son étonnante mobilité. Les Allemands, mieux équipés en blindés, peuvent cependant retarder la progression des unités franco-italiennes, commandées par le général Martin. Le 29 septembre, les Allemands ne sont plus en effet que 3000 sur l'île, contre 20000 peu de temps auparavant. Le 4 octobre, quand les Français pénètrent dans Bastia, les Allemands ont terminé leur évacuation. Ce demi-succès français est dû à l'insuffisance des transports entre Alger et Ajaccio qui n'ont pu acheminer à temps le matériel lourd. L'infanterie française et italienne a dû faire face, avec beaucoup de courage, à des contre-attaques d'unités allemandes motorisées, appuyées par des blindés et la Luftwaffe.

À partir du 6 octobre 1943, Giraud et de Gaulle participent, à Ajaccio, Sartène, Levie et Bastia, aux fêtes de la libération du premier département français dans une « marée d'enthousiasme national[11] ».

En moins d'un mois de combat, les Allemands ont perdu 3000 hommes en Corse (tués, blessés, disparus ou prisonniers), cinquante avions et treize bateaux ou embarcations. Les pertes des Français sont assez faibles (moins de 400 soldats hors de combat), celles des Italiens sont plus élevées (près d'un millier de tués ou blessés).

D'un point de vue psychologique et surtout stratégique, le général Giraud, contrairement aux pronostics du général de Gaulle, a remporté une éclatante victoire. La Corse va servir de base avancée terrestre et navale aux forces alliées engagées dans la libération de l'Europe. Elle sera le tremplin qui permettra les opérations sur l'île d'Elbe et surtout le débarquement de Provence en août 1944.

« Le plus magnifique porte-avions à proximité des côtes de Provence était maintenant à la disposition des Alliés, écrit le général Giraud. Lorsqu'il sera aménagé, il permettra l'envol des chasseurs et des bombardiers légers dans des conditions exceptionnelles [...]. Par ailleurs, les ports et les plages de Corse ne sont qu'à quelques heures de la côte française : condition essentielle pour la surprise nécessaire à tout débarquement[12]. »

À la veille du débarquement de Provence, la Corse sert de lieu de concentration pour plus de cent mille soldats français ou alliés et pour une grande quantité de matériel. Paradoxalement, la libération de la Corse entraîne la chute du général Giraud. Avec une habileté redoutable, le général de Gaulle réussit à l'isoler, en le privant d'une grande partie de ses prérogatives. Il obtient l'élimination des proconsuls d'Afrique du Nord. Peyrouton et Boisson finissent par donner leur démission. Le général Noguès est relevé de ses fonctions. Une nouvelle équipe les remplace, fidèle au général de Gaulle. Le général Catroux devient ainsi gouverneur de l'Algérie. Puaux et Mast résident au Maroc et en Tunisie. Simultanément, le Comité français de libération nationale (CFLN), dirigé à la fois par Giraud et de Gaulle, comprend une majorité de gaullistes.

« L'affaire de Corse, rapporte Philippe Masson, donne à de Gaulle l'occasion de remporter la dernière bataille : l'incompatibilité entre les fonctions de coprésident et de commandant en chef. Giraud est accusé d'avoir déclenché l'opération à l'insu du Comité français de libération nationale. Profitant de l'extraordinaire naïveté de son adversaire, de Gaulle, par un véritable tour de passe-passe, réussit, le 9 novembre, à l'éliminer du comité. Giraud ne conserve plus que le commandement en chef des forces militaires. Pas pour longtemps. Le 4 avril 1944, il se fera attribuer par le CFLN le titre de « chef des armées » et quelques jours plus tard, par un simple décret, sont supprimées les fonctions de commandant en chef. À titre de compensation, de Gaulle offre à Giraud le titre d'inspecteur des armées, vide de toute substance et purement honorifique. Giraud refuse [...]. Dénué de tout sens politique, le valeureux soldat disparaît de la scène. Il avait pourtant eu le mérite d'obtenir le réarmement des Forces françaises d'Afrique[13]. »

La campagne d'Italie

Le débarquement des Alliés en Sicile en juillet 1943, suivi de ceux de l'Italie du Sud en août et septembre, oblige l'Allemagne à faire face à un nouveau front en Europe, après celui de Russie. D'importantes troupes sont engagées de part et d'autre sur un théâtre de guerre montagneux dans les Abruzzes, long de près de trois cents kilomètres, entre Naples et Rome.

Constitué durant l'été 1943 en Afrique du Nord, le corps expéditionnaire français (CEF), destiné à combattre en Italie, est placé sous le commandement du général Alphonse Juin. L'ordre de bataille représente 120000 hommes, 12000 véhicules et 2500 animaux. L'ensemble repose sur la 2e division d'infanterie marocaine (DIM) du général Doddy, la 3e division d'infanterie algérienne (DIA) du général de Monsabert, le groupement de tabors marocains (GTM) du général Guillaume, la 4e division marocaine de montagne (DMM) du général Sevez et la 1re division motorisée d'infanterie (DMI), également appelée 1re division de la France libre (DFL), du général Brosset. Il convient d'y ajouter des éléments non endivisionnés, comprenant divers régiments. Toutes ces unités arrivent progressivement sur le front italien. La 2e DIM monte en ligne en décembre 1943 ; la 3e DIA en janvier 1944 ; le GTM, la 4e DMM et la 1re DFL en avril-mai 1944.

Le CEF est intégré à la 5e armée alliée du général américain Clark, forte de 18 bataillons britanniques, de 65 bataillons américains et désormais de 45 bataillons français. La 8e armée du général Montgomery, également présente sur le front italien, aligne 21 bataillons britanniques, 12 bataillons canadiens, 12 bataillons polonais et 9 bataillons indiens. Ces chiffres permettent de mesurer l'importance de la participation française dans cette campagne. L'armée française engage ainsi des effectifs qui rivalisent avec ceux des Américains et des Britanniques.

L'armée allemande du maréchal Kesserling aligne sur le front italien une vingtaine de divisions, représentant un total de 110 bataillons. Près de 700000 soldats alliés affrontent 400000 soldats allemands. La chaîne montagneuse des Abruzzes, dont certains sommets culminent à 2200 mètres, facilite grandement la défense. Ce relief chaotique, quasiment dépourvu de végétation en hiver, sans routes faciles, hérissé de rochers, ajoute à ses obstacles naturels une surprise de taille : « La boue, la boue liquide, l'éternelle boue glissante[14]. »

Le climat si particulier du front italien est une autre mauvaise surprise pour les combattants des deux camps, si l'on en croit ce qu'écrit le général Ringel, commandant de la 5e division allemande de montagne : « Il est évident que les divisions venues d'autres théâtres d'opérations furent au début incapables de supporter le froid glacial de la haute montagne auquel elles n'étaient pas habituées et l'épouvantable feu roulant de l'artillerie alliée engagée dans les grandes batailles. Bien que le froid ne fût pas aussi implacable qu'en Russie, les variations constantes du climat, passant de la pluie à la neige, du gel à la tempête, perturbèrent sérieusement les hommes. Dans leurs premières lettres envoyées à leur famille, ceux-ci écrivirent qu'ils seraient volontiers retournés en Russie à quatre pattes[15]... »

Avec obstination, le général Clark cherche à rompre les positions allemandes par le mont Cassino et les vallées du Liri et du Sacco. Il se heurte à chaque fois à la résistance acharnée des Allemands, sans pouvoir obtenir un succès décisif. En revanche, le plan préconisé par le général Juin – un vaste débordement par la montagne en direction d'Atina – est repoussé, ou plutôt réduit à une manœuvre limitée. Dès son arrivée en Italie, Juin se rend assez bien compte de la situation :

« J'ai le sentiment que nous n'arriverons à faire notre trou ici qu'en usant de doigté et de discrétion. Les Américains ne sont pas des gens qu'on bouscule... Ils nous aiment bien, mais ils sont aussi pénétrés de leur toute-puissance et d'une susceptibilité qui dépasse tout ce qu'on peut imaginer... Les Français leur paraissent toujours un peu agités et il importe d'abord de gagner leur confiance, surtout avant la bataille.

Je m'y efforcerai et, cette confiance acquise, notre place s'agrandira d'elle-même… Pour les mêmes raisons d'opportunité et de discrétion, j'ai pris la décision de conserver, jusqu'à nouvel ordre, l'appellation de corps expéditionnaire français (CEF) aux troupes françaises débarquées en Italie. J'aurais mauvaise grâce, j'en suis convaincu, de me parer dès à présent, aux yeux de Clark, du titre de commandant d'armée. La chose fera son temps, quand on nous aura approuvés et quand l'outil mis entre mes mains se sera révélé comme un véritable outil d'armée[16]. »

Le CEF est en effet animé d'un puissant désir d'effacer les souvenirs douloureux de la défaite de 1940, ainsi que de faire honneur à l'ancienne réputation de l'armée française. Ces sentiments s'expriment tout particulièrement parmi les Européens. Le capitaine Bernard Brézet, évadé passé par l'Espagne, écrit au moment de monter en ligne :

« Je pars avec le même sentiment du devoir qu'en 1939, je pars en pleine sérénité, parfaitement d'accord avec moi-même. Dans le drame actuel, il faut prendre parti ; c'est ce que je fais, avec tout le risque que cela comporte. Prendre ce risque, c'est mon honneur. Il y a des moments où, coûte que coûte, il faut suivre la voie où l'on se sent appelé par ses sentiments les plus profonds. C'est ce que je fais[17]. »

Un lieutenant de la 2e DIM parle des milliers de compatriotes qui désespèrent en Afrique du Nord de voir arriver l'ordre d'embarcation pour le front italien. Après une journée torride, il écrit ses notes dans son carnet :

« Plus que le paludisme qui ronge la troupe, l'ennui dévaste les âmes, broyées par cette interminable attente. Il se murmure même que la mésentente avec les Alliés nous privera de la lutte, but unique de toutes nos pensées, seul espoir capable de rafraîchir nos cœurs[18]. »

Les Français vont bientôt montrer que, loin d'être des fanfaronnades, de tels sentiments sont le ressort de l'efficacité au combat dont ils ne vont pas tarder à donner la preuve. Arrivée en Italie fin novembre 1943, la 2e division d'infanterie marocaine (DIM) monte en ligne début décembre, afin de prendre position dans le secteur mont Marrone-mont Pantano, de part et d'autre de la route Colli-Atina. Elle aligne près de 17 000 hommes, articulés en trois régiments de tirailleurs marocains (4e, 5e et 8e RTM), un groupe de renforcement (4e groupe de tabors marocains), un régiment d'artillerie (63e RA) et un régiment de reconnaissance (3e régiment de spahis marocains). La 2e DIM compte 41 % d'Européens. Elle relève la 34e division d'infanterie américaine qui vient de perdre 1 500 hommes (tués ou blessés) lors d'un assaut infructueux lancé contre les défenses ennemies du mont Pantano. Cette grande unité américaine est à bout de souffle et les Franco-Marocains, qui se soucient peu des doutes des Alliés quant à leur valeur, ne se privent pas de critiquer vertement la situation que les Américains ont laissée se développer dans le secteur. Le sergent Ben Bella du 5e RTM note :

« La première nuit, on ne put fermer l'œil. Les Allemands rôdaient dans l'ombre autour de nous, leurs patrouilles étaient partout dans le *no man's land*, ils lançaient des grenades, ils nous interpellaient, ils jouaient sur nos nerfs. On comprit, à leurs insultes en anglais, qu'ils croyaient encore avoir affaire aux soldats américains. Ceux-ci ne faisaient guère de patrouilles et n'avaient même pas su nous dire où se trouvait l'avant-poste ennemi[19]. »

Pour les Franco-Marocains arrive le moment de prouver qu'ils peuvent faire mieux. À la surprise des observateurs anglo-américains, ils s'en tirent brillamment. Le 15 décembre, le 8e RTM s'empare, par un assaut acrobatique, du mont San Michele (1 158 mètres), malgré les nombreux blockhaus qui balaient de leurs tirs croisés les pentes rocailleuses. Le lendemain, le mont Pantano (1 110 mètres) est enlevé par les preux du 5e RTM. Bousculés et impressionnés par l'héroïsme et la férocité des assaillants, les Allemands s'empressent de relever la 305e division d'infanterie par la 5e division de montagne : ils pensent que les Gebirgsjägers (chasseurs de montagne), vétérans du front russo-finlandais, se sentiront à leur aise sur ce terrain dénudé et glacé. L'opération est loin d'être un succès. Une nouvelle attaque française déloge les Allemands de San Biagio. L'attaque débute le 24 décembre 1943 et aboutit, le 28, à la conquête du massif de la Mainarde à 1 478 mètres d'altitude. Le jour suivant, l'offensive se poursuit plus au sud vers le massif de Monna Casale à plus de 1 200 mètres. Pour arrêter l'avance des troupes françaises et la débandade des troupes d'élite qui arborent l'edelweiss, le commandement allemand doit faire appel au 115e Panzer-grenadier-régiment, une unité prussienne. Mais c'est une formidable tempête de neige qui stoppe l'étonnante progression des troupes franco-marocaines, qui en trois semaines ont perdu près d'un millier d'hommes (tués, blessés ou disparus), contre près de trois mille chez les Allemands.

Les soldats marocains se battent avec une bravoure extraordinaire. Le tirailleur Krim Ben Abdallah sauve la vie de son capitaine (Popineau) en abattant un Allemand qui s'était approché en rampant. Le sous-lieutenant Moustpha Ben Ahmed a donné l'exemple en tombant à la tête de ses hommes. Le Berbère Driss Ben Tahar, trapu, œil de braise et épaisses moustaches, tirailleur de choc, se spécialise dans les opérations commandos de nuit. Le tirailleur M'Bark Ben Ahmed est souvent volontaire pour les coups durs. Les goumiers, soldats des troupes marocaines de montagne, jaillissent de leurs trous et se ruent vers l'ennemi en psalmodiant la profession de foi musulmane, la chahada : « *La Allah illah Allah ! Mohammed rassoud Allah* ! » (Dieu est unique ! Et Mahomet son prophète !). La propagande « anticolonialiste » allemande reste sans effet sur les Marocains.

L'historien britannique John Ellis, spécialiste remarqué de la guerre, écrit : « Pour cruelles qu'elles fussent, les pertes françaises n'avaient pas été vaines. La rapidité avec laquelle les Français s'étaient emparés d'un objectif qui avait si longtemps défié les Américains, la fougue dont ils avaient fait preuve, impressionnèrent grandement amis et ennemis[20]. »

Les termes du compte rendu du général Ringel, commandant de la 5e division allemande de montagne, sont éloquents :

« L'infanterie franco-marocaine se montre ardente, manœuvrière, déjà bien habituée au canon et au mortier. Elle constitue un instrument de qualité exceptionnelle entre les mains du commandement. La valeur des cadres de cette infanterie est connue depuis la campagne de Tunisie. Ils se sont comportés admirablement, comme on pouvait le craindre. Les jeunes Français du rang se sont conduits de façon admirable, donnant l'exemple et payant ardemment de leur personne[21]. »

Dans un ouvrage publié après la guerre, le même général Ringel poursuit : « Enfin Alexander et Clark se rendent à l'évidence et doivent admettre qu'au nord du front, face à la 5e division de montagne et aux débris de la 44e division d'infanterie, se tient toujours l'homme que même le commandement allemand a reconnu comme son adversaire le plus dangereux en Italie : le général Juin avec ses Franco-Africains[22]. »

Le journal officiel des combattants allemands en Italie est aussi élogieux en faveur des soldats de Juin : « On est obligé de reconnaître aux divisions du CEF (corps expéditionnaire français) un commandement souple, une volonté de nous talonner et de bousculer nos mouvements de décrochage. Unités à l'esprit combatif, mordant et offensif[23]. »

Le maréchal Kesserling, commandant en chef des armées allemandes en Italie, ne cache pas son admiration pour les troupes françaises :

« La tactique des Américains et des Anglais a été dans l'ensemble très méthodique. Les succès locaux ont été rarement exploités. En revanche les Français ont attaqué avec un mordant extraordinaire, et exploité à fond chaque succès en y concentrant aussitôt des effectifs. On a noté la façon française de déborder largement quand c'était nécessaire, par une manœuvre d'envergure, les points d'appui allemands.

« À plusieurs reprises, des terrains montagneux réputés impraticables ont été franchis par l'ennemi qui semble s'être préparé jusque dans les plus petits détails pour cette opération et qui est équipé en conséquence. Il y a donc lieu de garder méthodiquement même les terrains considérés comme impossibles. Spécialement remarquable est la grande aptitude tous terrains des troupes françaises qui franchissent rapidement les zones montagneuses, avec leurs armes lourdes chargées sur des mulets, et qui essaient toujours de déborder nos positions par des larges manœuvres, et de percer par derrière[24]. »

Début janvier 1944, la 3e division d'infanterie algérienne (DIA) du général de Monsabert vient renforcer les troupes du général Juin. Forte de près de 17 000 hommes, elle aligne deux régiments de tirailleurs algériens (3e et 7e RTA), le 4e régiment de tirailleurs tunisiens (RTT), le 3e régiment de spahis algériens (RSA) et le 67e régiment d'artillerie. On compte près de 50 % d'Européens.

Le général Clark s'obstine toujours à vouloir rompre le front allemand par la vallée du Liri et le mont Cassino. Juin estime qu'il n'existe aucune chance d'enfoncer les défenses allemandes sans une percée préalable des flancs ennemis, par les montagnes plus au nord. Selon

Clark, l'action principale doit être engagée par la 1re division blindée américaine. Juin est encore loin d'être convaincu :

« Tout au long de la route, de Salerne à Naples, nous nous étions heurtés à la 7e division blindée britannique en colonne serrée, incapable de sortir de la route et de se déployer sur un terrain où la montagne tenait tout le paysage. J'en avais immédiatement conclu que la motorisation généralisée des armées anglaises et américaines n'était pas sans constituer un sérieux obstacle à une progression rapide dans la remontée de l'Italie péninsulaire[25]. »

À une attaque sur le Garigliano, Juin préfère une manœuvre de débordement par les ailes. Ses troupes, moins tributaires du réseau routier, avec un nombre limité de blindés, sont parfaitement équipées pour la lutte en montagne. Elles rassemblent un important parc de mulets qui leur permettent de s'affranchir des problèmes posés par les transports motorisés. Plus précieuse encore est la grande expérience de la guerre en montagne, acquise lors des opérations de pacification au Maroc et en Algérie, ainsi que durant les campagnes de Tunisie et de Corse contre l'Axe. Ainsi, la mobilité à pied, l'endurance des combattants, l'infiltration et l'autonomie des petites unités, qualités prépondérantes du CEF, vont s'avérer inestimables sur les terrains escarpés des Abruzzes.

Dans la nuit du 11 au 12 janvier 1944, Juin lance une nouvelle offensive vers la ligne allemande Gustav, entre Acquafondata et Costa San Pietro. Les deux divisions françaises doivent conquérir divers sommets, dont certains dépassent mille cinq cents mètres, puis franchir les eaux glaciales du Rapido pour attaquer la ligne fortifiée. Un rapport émanant de la 2e division marocaine attire l'attention sur les caractéristiques du champ de bataille :

« Il n'est pas possible de comprendre les opérations qui vont se dérouler si l'on n'a pas constamment présentes à l'esprit les conditions extrêmement pénibles dans lesquelles vont se battre les tirailleurs pendant tout l'hiver, dans une boue gluante, sous la pluie ou la neige. Les rochers pointent partout et les pistes se font rares, d'accès difficiles parce que constamment battues par les mortiers ennemis et constamment minées. Le fantassin devient un spécialiste de l'escalade et, lorsqu'il faut s'abriter, les rochers ne garantissent pas une protection absolue, surtout lorsque l'artillerie ennemie ajoute aux éclats des projectiles les éclats de pierre volant dans toutes les directions[26]. »

Le froid pose un problème particulier aux troupes françaises pauvrement équipées contre les rigueurs du climat. Malgré cette situation éprouvante pour la troupe, les soldats de Juin accomplissent de nouveaux miracles. Les premières positions allemandes de la 5e division de montagne sont toutes enlevées. Les tirailleurs collent si près des barrages d'artillerie que l'effet de surprise est total. Ils avancent durant la nuit. Les grenades éclatent dans les abris allemands d'où sortent des hurlements. Certains soldats du Reich courent, à demi vêtus, dans la neige, vers les emplacements déjà occupés par les tirailleurs de Juin. Attaques et contre-attaques se succèdent pour la conquête de pitons rocheux. L'avance française est cependant irrésistible. Les monts Monna Casale, Molino, Pantano, Marrone, Lago, Raimo, Ferro, les cotes 1025 et 1029 tombent après des combats acharnés.

L'historien britannique John Ellis note au sujet de la fougue des troupes françaises : « Une drogue inconnue paraissait les encourager à se précipiter vers le sacrifice suprême. Entraînés par une sorte de folie collective, sublimés par la même cause, ils étaient indestructibles. Ce fut admirable[27] ! »

Les fantassins allemands de la division de montagne et les grenadiers du 15e Panzer-régiment doivent renoncer à se maintenir sur le Rapido. Pendant les jours qui suivent, les Français sont constamment sur les talons des Allemands. Le Rapido est franchi par les troupes de la division marocaine (2e DIM) qui s'emparent des cotes 1040-1129 et du col d'Arena. De son côté, la division algérienne (3e DIA) pousse le long d'un axe jalonné par les monts Passero, Vade d'Aquo, Rio Il Gallo. Après avoir pris Acquafondata, les tirailleurs algériens traversent Vallerotonda et se déploient sur une ligne allant de Valvori à Sant'Elia. Le 23 janvier 1944, une lutte terrible se déroule pour la conquête du mont San Croce (1 184 mètres), qui reste finalement aux mains des Allemands. Du 11 au 24 janvier 1944, la seule division marocaine a perdu quatre mille hommes. Les Allemands ont été obligés d'engager toutes leurs réserves pour endiguer l'avance française.

Du 25 au 30 janvier 1944, la 3e DIA du général de Monsabert accomplit l'exploit de s'emparer des positions, jugées imprenables, du Belvédère, à près de mille mètres d'altitude dans les Abruzzes, en plein hiver et contre un adversaire défendant farouchement ses positions. Les Français débordent ainsi le mont Cassino par le nord. Outre la capture de 1 200 prisonniers, le CEF retient sur son front 17 bataillons allemands, soit 44 % des forces ennemies engagées contre la Ve armée alliée. La bataille du Belvédère a coûté la moitié de ses effectifs au seul régiment de tirailleurs tunisiens (4e RTT).

Le courage et la ténacité du CEF sont une fois de plus reconnus par les chefs alliés. Le général anglais Alexander, commandant en chef des forces alliées en Méditerranée centrale, déclare à Juin : « Vos avances sur un terrain des plus difficiles, contre un adversaire décidé et opiniâtre, furent dignes des plus beaux éloges, et la manière dont toutes ces opérations ont été menées est dans la ligne des plus belles traditions des armées françaises[28]. »

L'historien allemand Böhmler, engagé sur le front italien, témoigne également en faveur des troupes françaises : « La grande surprise fut l'attitude du CEF. La campagne de 1940 avait jeté une ombre sinistre sur l'armée française. On ne pensait pas qu'elle pourrait se remettre de sa défaite écrasante. Et maintenant les divisions du général Juin se révélaient extrêmement dangereuses. La raison n'en était pas seulement l'expérience en montagne des Marocains et des Algériens. Trois facteurs intervenaient ensemble : à côté de l'expérience en montagne des soldats des colonies françaises, il y avait l'équipement américain très moderne du corps français qui lui donnait une telle puissance. Et enfin ces troupes étaient commandées par des officiers français qui connaissaient parfaitement leur instrument. Avec ces trois éléments de base, Juin avait fait un excellent alliage. Pour la nuit, son corps se montra apte à toutes les missions, et le maréchal Kesserling a souligné en ma présence que ce sont toujours les secteurs du front où il savait que se trouvait le corps de Juin qui lui ont donné le plus d'inquiétude[29]. »

Pendant toute la durée des offensives françaises de l'hiver 1944, des officiers de liaison anglo-américains ont été détachés auprès des unités de Juin. Dans les notes du colonel Robert Shaw, on peut lire, après une attaque du 7e régiment de tirailleurs algériens (RTA) : « J'ai eu l'occasion de suivre les troupes françaises. Je n'ai remarqué nul traînard, nulle perte ou abandon d'armes et de matériel. J'ai pu voir quantité de cadavres allemands. Beaucoup d'entre eux gisaient le crâne défoncé ou le corps percé de coups de baïonnette. Moral excellent[30]. »

Le général Juin ne parvient cependant pas à convaincre les états-majors alliés d'abandonner des méthodes de guerre lentes et dépassées. Malgré une réelle supériorité numérique et matérielle, les 5e et 8e armées alliées, désorientées par les aspects si particuliers de la lutte en montagne, n'ont rien imaginé d'autre que des attaques frontales, menées dans les vallées, afin de faire sauter les piliers de la défense allemande sur la route de Rome. Les assauts répétés contre le mont Cassino n'ont abouti qu'à des pertes terribles. Les officiers anglo-américains voient dans cette montagne, dominée par une abbaye, une position importante de la défense allemande. Alors que le général Juin estime pouvoir tourner par l'ouest le mont Cassino, plutôt que de l'attaquer de front. Le 15 février 1944, 142 bombardiers américains ont déversé 300 tonnes de bombes explosives et incendiaires sur le monastère. Ce bombardement permet aux Allemands d'occuper habilement les ruines. D'un monastère, les bombardiers ont fait une forteresse. Le mont Cassino ne sera conquis qu'au prix de lourdes pertes.

Malgré la présence de chars et d'avions, la guerre de mouvement semble condamnée et on se croit revenu aux heures terribles de la guerre de tranchées de 1914-1918. Cependant, en avril 1944, le général Alexander prépare sa troisième tentative pour ouvrir la route de Rome. L'occasion semble favorable au général Juin pour appliquer l'idée de manœuvre qui le hante depuis quatre mois. Surtout que le CEF vient d'être renforcé par le groupement de tabors marocains du général Guillaume et la 4e division marocaine de montagne du général Sevez, qui ensemble représentent 20 500 hommes, dont 35 % d'Européens, ainsi que par la 1re division motorisée d'infanterie (1re DFL) du général Brosset, forte de près de 18 000 hommes, dont 57 % d'Européens.

Au début de mai, le CEF occupe l'étroite tête de pont du Garigliano inférieur, dominée par l'ensemble montagneux du Faito (940 mètres) et du Majo (839 mètres) et, un peu plus loin, par les monts Aurunces (plus de 1 200 mètres). Dans le cadre de l'offensive générale qui se prépare, le plan de Juin, simple et audacieux, veut rompre par surprise les défenses allemandes, s'emparer des sommets qui commandent les vallées et jeter dans les monts Aurunces les troupes de montagne, qui pratiqueront une brèche dans la ligne Gustav, entraînant ainsi l'effondrement de toute l'aile droite allemande. Juin refuse de se laisser prendre au piège d'une progression lente et difficile, le long de la route d'Ausonia et de celle de Sant'Andrea, ce qui ne peut que conduire à se heurter au gros des troupes allemandes.

Cette conception audacieuse, qui affirme les avantages d'une exploitation en montagne et néglige les vallées, n'a pas les faveurs d'Alexander, qui n'attribue à la 5e armée et au CEF qu'une simple mission de diversion. Il a cependant médité sur les causes des échecs précédents, si bien que cette fois l'offensive sera générale, du mont Cassino au golfe de Gaète. La 5e armée doit fixer la 94e division de grenadiers motorisés, tandis que le CEF, opposé à la 71e division d'infanterie, doit se limiter à une manœuvre de débordement par le nord, en direction d'Esperia. C'est à la 8e armée britannique, massée sur le cours du Rapido, que reviendra l'honneur de franchir le fleuve, d'enlever le mont Cassino à la 1re division allemande de parachutistes, puis d'ouvrir la route de Rome. Soutenu par Churchill, le général Alexander compte bien faire entrer les troupes britanniques les premières dans la Ville Éternelle.

Nullement satisfait de ce programme, Juin remet à Clark, le 4 avril 1944, un document sur les futures opérations, précisant son idée de manœuvre de grande ampleur réservée à la 5e armée et au CEF : il s'agit non seulement de rompre le front allemand et de se lancer dans les Aurunces, mais d'atteindre Pico, de rejoindre les forces alliées de la poche d'Anzio, avant de se rabattre vers le nord sur Frosinone, afin de déborder la résistance allemande et d'atteindre Rome.

« Alexander, écrit Philippe Masson, ne peut se résoudre à accepter un plan qui réserve aux troupes américaines et françaises l'honneur d'entrer dans la capitale italienne. Il ne change rien à son dispositif initial mais il admet cependant que la 5e armée américaine et le CEF « protégeant le flanc de la 8e armée » s'empareront « des routes entre la 8e armée et la mer », ce qui, en somme, laisse carte blanche au général Clark, entièrement rallié aux vues de Juin[31] ! »

Les mouvements du CEF s'effectuent de nuit, dans le plus grand silence vers l'étroite tête de pont du Garigliano. Depuis que le CEF a été relevé du secteur nord de Cassino, le maréchal Kesserling a perdu sa trace. La date de l'offensive est fixée durant la nuit du 11 au 12 mai 1944. Juin prévoit notamment de lancer en zone montagneuse près de vingt-cinq mille hommes et quatre mille mulets, avec tout leur ravitaillement, ce qui représente une colonne de près de soixante kilomètres de long à acheminer sur trois pistes ! L'offensive française doit se déclencher par surprise, sans préparation d'artillerie. Sur le reste du front, deux mille canons pilonnent les positions allemandes, si bien que la surprise se révèle incomplète. Les Allemands se défendent avec énergie. Les tirailleurs de Juin tombent dans les réseaux de barbelés ou dans les champs de mines. Des blockhaus et des points d'appui intacts, un tir précis de mitrailleuses se déchaîne. Les lance-flammes établis à mi-pente se démasquent. Les mortiers battent les cheminements de toutes les crêtes. L'attaque du mont Faito se poursuit péniblement pendant toute la nuit.

« La prise de chaque blockhaus, raconte le général Louis Berteil, est une opération indépendante et minutieuse. Dans les centres de résistance, les blockhaus se couvrent les uns les autres, face à la direction probable d'attaque, mais en les attaquant à revers il est possible de les traiter isolément et successivement. Une mitrailleuse de 12,7 mm bat l'entrée et le créneau, un fusil-mitrailleur couvre l'opération. Sous cette double protection, une équipe de deux ou trois hommes s'infiltre lentement en utilisant les angles morts jusqu'à vingt ou trente mètres d'une paroi aveugle et l'attaque directement avec un lance-fusées antichar. Au deuxième ou troisième coup au but de cette arme puissante, dont la charge creuse disloque les épaisses murailles de pierre, l'ennemi montrait un chiffon blanc, puis sortait mains en l'air. L'abri évacué était nettoyé à la grenade, pour en liquider les récalcitrants[32]. »

Le sommet du Faito est finalement occupé par les tirailleurs des 8e et 6e RTM. Mais l'ennemi, qui contrôle les sommets environnants, déclenche un tir d'artillerie intense. Partout ailleurs, c'est l'échec. Malgré leur vaillance, les troupes de Juin n'ont pu enfoncer les défenses allemandes. La 1re DFL ne peut déboucher de ses positions. À Castelforte, les chars de la 3e DIA se heurtent à une farouche résistance, avec de terribles combats de rue. Sur plusieurs points, la 71e division allemande contre-attaque.

C'est la déception chez les officiers français. « Nos mines s'allongent, écrit le général Beaufre, et la belle confiance de la veille fait place à une profonde déception : c'était folie que d'avoir attaqué sans préparation d'artillerie ; la première ligne n'avait pas été neutralisée et les mines avaient empêché toute surprise. Je repensais à mes dures expériences de Tunisie, qui m'avaient montré que la nuit, du fait des mines, perdait beaucoup de ses avantages. Mais quel échec, dès le départ[33]. »

Sur le reste du front, les résultats ne sont pas meilleurs. La Ve armée américaine piétine devant Santa Maria Infante, les Britanniques établissent à grand-peine une tête de pont sur le Rapido, tandis qu'à Cassino c'est une fois de plus, malgré l'héroïsme du 2e corps polonais du général Anders, un échec sanglant.

Le général Juin, nullement découragé, décide de poursuivre l'offensive à l'aube du 12 mai, après une intense préparation d'artillerie. Cette fois, c'est le succès. En moins de quarante-huit heures, la ligne Gustav s'effondre. Les Allemands ont jeté toutes leurs réserves dans la bataille dès le premier jour. La 2e DIM fournit l'effort décisif en s'emparant du massif du Majo le 13 mai. Avec la perte de cet observatoire en montagne, la 71e DI allemande n'est plus en mesure de s'opposer à la progression foudroyante des troupes françaises dans la vallée. La 1re DFL nettoie la bouche du Garigliano et progresse en direction de Sant'Andrea et de Sant'Ambrogio. La 3e DIA parvient à faire sauter le verrou de Castelforte après un terrible pilonnage d'artillerie et de sanglants corps à corps. Plus de 1 500 soldats allemands sont capturés. Le 14, la 71e division allemande, fortement éprouvée, commence à se replier en direction du nord-ouest. La 1re DFL fonce sur Sant'Apollinare, tandis que la 3e DIA occupe Ausonia.

« Le 14 au soir, rapporte Philippe Masson, la situation du CEF est particulièrement favorable. Alors que les Américains pénètrent seulement dans les ruines de Santa Maria Infante, que les assauts polonais continuent à se briser sur Cassino et que les Britanniques ne réussissent que difficilement à élargir leur tête de pont sur le Rapido, les Français ont creusé dans la ligne Gustav une brèche de vingt-cinq kilomètres de large sur douze de profondeur. Depuis le 13 au soir, un immense drapeau tricolore, visible de Cassino à la mer, flotte sur le Majo. Toute l'aile droite du dispositif allemand est ébranlée[34]. »

La 1re DFL et la 3e DIA se heurtent les jours suivants à de solides nids de résistance près de Sant'Apollinare et Castelnuovo. Conscient de l'épuisement de ses troupes, le maréchal Kesserling autorise le repli sur la ligne Dora.

Le général Juin a prévu qu'il ne serait pas possible de remporter une victoire décisive le long des routes encaissées, cadenassées par des défilés qui se prêtent admirablement aux actions d'arrière-garde des Allemands, passés maîtres dans la défensive. Mais le repli allemand lui offre l'occasion d'abattre sa carte maîtresse et de réaliser la partie la plus audacieuse de son plan. Lors de leur recul, la 71e DI et la 94e division de grenadiers motorisés (DGM) ont laissé découvert le massif des monts Aurunces.

Dans la nuit du 15 au 16 mai 1944, le groupement de tabors marocains du général Guillaume et le 6e RTM du colonel Cherrière entreprennent l'escalade de la falaise du Fammera. Les éléments ennemis sont surpris et bousculés. « Les Allemands, souligne Philippe Masson, disposaient pourtant de remarquables troupes de montagne. Mais ils commettent, en mai 1944, la même erreur que l'état-major français quatre ans plus tôt, quand il était convaincu que les Ardennes étaient « impénétrables aux chars ». Considérant le massif des Aurunces comme « infranchissable », les Allemands ont même retiré, le 13, le 8e bataillon de pionniers de montagne qui travaillait à la construction d'une piste et d'un terrain d'aviation[35]. »

Dans ces montagnes, le commandement allemand du 14e corps blindé a jugé possible de faire passer que de très faibles unités de troupes spécialisées, de la valeur d'un bataillon. Le général Juin y lance le groupement de tabors marocains et la 4e division marocaine de montagne (général Sevez), soit dix-huit bataillons et trois groupes d'artillerie, représentant plus de 25 000 hommes et 4 000 mulets !

« Cette masse, raconte le général Berteil, largement articulée en plusieurs groupements, où les goumiers, ouvrant la marche et inondant le massif, étaient suivis et soutenus par les bataillons de réguliers plus puissants, allait, par une série de débordements de plus en plus larges vers l'ouest, réalisés en pleine montagne, faire tomber les unes après les autres, à une vitesse record, toutes les positions de repli trop tardivement occupées et insuffisamment garnies.

« Grâce à leur extrême mobilité, leur endurance, dans des terrains affreux, sans pistes ni sentiers, sans se préoccuper d'un ravitaillement toujours à la traîne, couchant à la belle étoile, buvant quand il pleuvait, ces groupements devaient devancer sur les positions essentielles les renforts allemands arrivant du nord et les défaire en détail, sans leur laisser le temps de s'installer ni de coordonner leur résistance[36]. »

Du 16 au 18 mai 1944, le groupement de tabors marocains et la 4e DMM traversent l'imposant massif des Aurunces, à plus de mille deux cents mètres d'altitude. Cette marche victorieuse est jalonnée par les monts Petrella, Revole, Faggetta. Menacés sur leurs arrières, les éléments retardateurs de la 71e DI et de la 94e DGM doivent évacuer leurs positions de résistance. Le 17, la 3e DIA occupe le défilé d'Esperia, épaulée par la 1re DFL qui s'empare du mont d'Oro. Le long de la côte, les 85e et 88e DI américaines occupent Formia et progressent en direction d'Itri.

Le 19 mai, les troupes de montagne des généraux Guillaume et Sevez ont atteint l'objectif stratégique essentiel, en coupant la rocade Itri-Pico, qui est l'axe de circulation du 14e corps blindé allemand. Rien n'a pu avoir raison de l'audace des troupes franco-marocaines. Le 17, deux bataillons allemands motorisés sont bien envoyés sur la route Itri-Pico. Ils sont surpris près de Revole et détruits lors d'une de ces embuscades dont les goumiers marocains ont le secret.

Un rétablissement allemand sur la ligne Dora devient impossible, d'autant qu'après la prise d'Esperia la 1re DFL et la 3e DIA exercent une dangereuse poussée en direction de Pico, au cœur même de la position fortifiée. Le 17 au soir, le maréchal Kesserling ne dissimule plus son inquiétude. Devant la percée foudroyante du CEF, il donne l'ordre à la 1re division parachutiste d'évacuer le mont Cassino. Le 20, le général Senger und Etterlin, chef d'état-major de la 10e armée allemande, décide tardivement d'engager sa dernière réserve, la 26e Panzerdivision, sans trop y croire : « Il semble que tout ce que nous faisons, nous le fassions trop tard ; nous ne sommes plus en mesure de contenir ces diables de Français[37]. »

Malgré sa valeur, la 26e Panzerdivision ne parvient pas à ralentir la poussée des divisions françaises, soutenues sur leur droite par le corps canadien de la 8e armée de Montgomery, qui arrive devant Pontecorvo le 19 mai. Pendant deux jours, avec l'appui de deux bataillons de chars américains, la 3e DIA livre bataille pour la prise de Pico, par un temps pluvieux qui empêche l'intervention de l'aviation. Malgré la puissance des chars Tigre I de 56 tonnes et des

Panther de 45 tonnes, supérieurs aux Sherman de 32 tonnes des Alliés, les troupes du général de Monsabert parviennent à s'emparer de Pico.

Le maréchal Kesserling est le premier à reconnaître la défaite de son 14e corps blindé : « L'avance du CEF, à la fois dans les vallées et en montagne, a rompu notre dispositif, facilité la progression des 5e et 8e armées alliées et empêché notre redressement sur la ligne Dora. Les Français ont combattu avec beaucoup de mordant et exploité, sans aucun délai, tous les succès locaux obtenus[38]. »

Le 22 mai 1944, après deux semaines de combat, Kesserling ordonne à sa 10e armée de se replier sur la ligne César, en avant de Rome. Aucune autre solution ne lui semble possible. Le corps de montagne du général Guillaume progresse déjà dans les monts Ausoni. Les Américains, après la conquête de Terracina, ne sont plus qu'à cinquante kilomètres de la tête de pont d'Anzio.

Le CEF a rempli sa mission de fer de lance, en sortant les Alliés de l'enlisement. La bataille pour la conquête de Rome est cependant loin d'être terminée. Le 23 mai, le général Clark donne l'ordre au 6e corps d'armée allié du général Truscott de briser la tête de pont d'Anzio. Le 2e corps américain et le CEF doivent en même temps rompre la ligne Hitler. Mais, durant près d'une semaine, la résistance allemande se raidit. De terribles combats se déroulent le long de la route côtière, dans les monts Lepini, où progressent les troupes françaises de montagne, et le long de la route Pico-San Giovanni. Le maréchal Kesserling lance les 11e et 26e Panzerdivisions dans la bataille. C'est ainsi que la 3e DIA doit faire face à une violente contre-attaque de chars allemands. Le 3e régiment de spahis marocains et le 7e régiment de chasseurs d'Afrique, équipés de blindés plus légers que ceux des Allemands, parviennent cependant à compenser leur infériorité matérielle manifeste par la rapidité et l'habileté manœuvrière de leurs équipages. La 26e Panzerdivision laisse sur le champ de bataille 31 chars et 10 canons hors de combat. Les Français accusent 27 tués, 64 blessés et 8 blindés détruits. Les deux régiments français pénètrent finalement dans les ruines de San Giovanni. Quant au corps de montagne, il se heurte à une farouche résistance dans les mont Aisoni. Le 27 mai, il réussit à s'emparer de la formidable position de Casto dei Volsci, qui commande l'accès de Frosinone.

Bien qu'en pleine retraite, les unités allemandes conservent cohésion et discipline. Elles exécutent un repli méthodique, marqué par des coups d'arrêt sur des positions naturelles, suivis de contre-attaques brutales et déterminées.

« Du côté allié, écrit Philippe Masson, la solidarité entre les armées subit une éclipse. L'attraction de Rome réveille les jalousies nationales. C'est à qui entrera le premier dans la Ville Éternelle. Le corps de Truscott, après avoir rompu le périmètre défensif allemand devant Anzio, fait ainsi porter son effort en direction de Rome et non sur Valmontone, négligeant de ce fait la chance de prendre au piège le gros des forces adverses. Quant à la 8e armée, qui débouche enfin de la haute vallée du Liri, elle entend se réserver la route n° 6 ; le CEF est rejeté sur des itinéraires secondaires par les monts Ausoni et Lepini[39]. »

Les premiers jours de juin 1944 sont marqués par de violents combats en pleine campagne romaine. « Le long des routes, rapporte le général René Chambe, le spectacle qui attend les armées françaises et alliées est saisissant [...] : ce ne sont que voitures incendiées, culbutées. Leurs carcasses tordues, où se devinent encore les débris calcinés du matériel qu'elles transportaient et souvent les cadavres des hommes qui les montaient, jalonnent les routes, les chemins, les pistes, tous les itinéraires menant au front. On lit partout, sur le sol, l'acharnement, la vigilance implacable avec lesquels l'aviation les a cherchées, poursuivies et détruites[40]. »

Rien que sur la Via Cassia, où opère le CEF, on comptabilise près de sept cents véhicules allemands calcinés sur cinquante kilomètres ! Les Britanniques, retardés par la résistance héroïque des parachutistes italiens du régiment Folgore, unité d'élite de la République fasciste de Mussolini, perdent la course pour la capitale italienne. Ce sont finalement les Américains qui abordent la ville par les routes n° 6 et 7, ainsi que les Français de la 3e DIA, en tête du CEF, qui bordent la rive gauche du Tibre, en amont des lisières de Rome. La section du lieutenant Édouard Roy, rattachée à la 3e DIA, est la première unité française à entrer dans la capitale éternelle. Le lieutenant Medhi El-Glaoui du 3e spahis, fils du pacha de Marrakech, est tué dans son char aux portes de la ville.

Le 4 juin 1944, le général Clark, qui entend associer le général Juin au triomphe des troupes américaines, le prend avec lui dans sa Jeep et tous deux défilent dans les rues où une foule nombreuse crie sa joie.

« Alors s'ouvre pour nous une période de folie, raconte le général Beaufre (chef d'état-major du corps de montagne). Nous sommes accueillis en vainqueurs dans des maisons intactes, à des dîners où brillent de jolies femmes, de l'argenterie et des cristaux. Pour la première fois, nous nous sentons enfin en Europe. Et puis Rome n'oublie pas qu'elle a été longtemps une garnison française… On visite cette ville admirable. On va voir le pape […], des soldats américains, bardés d'appareils photos le saluent : « *Hello! Pope* ! »… Partout on festoie. Ce sont les délices, non de Capoue, mais de Rome où — paraît-il — l'armée s'est un peu attardée[41]. »

Le 6 juin 1944, les Alliés débarquent en Normandie. L'opération Overlord – nom de code donné au débarquement des Alliés en Normandie – est un succès. Plus de 6000 navires ont traversé la Manche par une nuit de grand vent et sous une pluie battante. Ils ont navigué sur un front large de 80 km, transportant 185000 hommes et quelque 20000 véhicules. Le plus grand débarquement de l'Histoire débutait. À l'aube, trois divisions aéroportées ont été parachutées ou sont arrivées à bord de planeurs sur les arrières de la Wehrmacht. À 6h31, alors que la flotte tirait sur les positions allemandes tout au long de la côte, les premiers soldats ont débarqué sur les plages et se sont heurtés à une forte résistance. Les combats les plus acharnés se déroulent à Omaha Beach, non loin de Saint-Laurent. Les troupes américaines parviennent à créer une tête de pont au prix de lourdes pertes. À l'Est, les Britanniques et une poignée de Français libres s'emparent de Ouistreham et d'Arromanches. Pour l'unique journée du 6 juin, on compte 11000 soldats alliés hors de combat (tués, disparus ou blessés) contre 6500 soldats allemands.

En Italie, les armées alliées reprennent ensuite leur marche en direction du nord-ouest. Le CEF progresse dans la magnifique campagne toscane, parsemée de vieilles villas, ponctuée d'antiques cités comme Colle di Val d'Elsa, Poggibonsi, San Gimignano. Progression difficile sous un soleil de plomb. Renforcé par de nouvelles divisions, le maréchal Kesserling mène d'une main de maître la retraite de son armée, tout en accélérant les travaux sur la ligne Gothique, de Pise à Rimini.

Les pertes françaises sont plus lourdes que sur le Garigliano. Les mines et les tirs d'artillerie déciment certains bataillons du général

Juin. Le 8 juillet 1944, le CEF entre cependant dans Sienne. Le sergent nord-africain Boulaya, farouche assaillant du Monna Casale en janvier, est grièvement blessé au ventre. Il demande que la médaille militaire gagnée auparavant lui soit épinglée et il explique calmement : « Je vais mourir, c'est pour la France, je suis content. » Son dernier cri : « Vive la France ! »

Pour les Français, la campagne d'Italie se termine triomphalement. En mai 1944, c'est le CEF qui a joué le rôle décisif dans la rupture de la ligne Gustav. Pour être juste, il ne faut cependant pas oublier que les troupes françaises n'ont pu reprendre le combat qu'avec l'aide matérielle (chars, artillerie, aviation) des Américains, et que la bataille de mai-juin 1944 a été une œuvre collective exigeant tous les efforts des divisions alliées. Le jour de l'entrée dans Rome, un bref dialogue résume la part qui revient à chacun :

— Sans vous, nous ne serions pas là, déclara le général Clark au général Juin.

— Sans l'Amérique, l'armée française n'aurait pu être là ! répliqua le commandant du CEF[42].

« La mise en veilleuse du théâtre italien, écrit fort justement Philippe Masson, par le retrait des meilleures unités allait susciter dans les états-majors de la 5ᵉ et de la 8ᵉ armées et parmi les combattants une certaine amertume. Après leurs lourds sacrifices, ils eurent le sentiment d'être arrêtés en pleine victoire. Dès le 25 mai 1944, le général Juin avait proposé non pas d'affaiblir mais de renforcer, au contraire, les armées alliées en Italie et d'achever la déroute des forces allemandes, sans leur permettre de se rétablir dans le nord de la péninsule. Une exploitation en direction de l'Europe centrale, sur la trouée de Ljubljana, indépendamment de ses avantages politiques, eût permis de prendre à revers tout le système défensif allemand basé sur la ligne Siegfried et les grands fleuves orientés nord-sud.

« Malgré l'appui du général Clark et de Churchill, rigoureusement du même avis, ce point de vue ne fut pas retenu. Les stratèges américains avaient décidé, depuis 1943, que le coup décisif serait porté en France par un double débarquement en Normandie et en Provence. L'énorme complexité logistique de la guerre moderne ne permettait pas de modifier les plans[43]. »

La campagne d'Italie a causé de lourdes pertes aux troupes du général Juin. Pour un corps expéditionnaire ayant atteint 120000 hommes, on compte 33000 soldats hors de combat (tués, blessés ou disparus) de décembre 1943 à juillet 1944. Le détail des pertes, par unité, est encore plus significatif: la 2e DIM accuse en tout 12000 tués et blessés, la 4e DMM 3500, les goums 2900. Au 8e régiment de chasseurs d'Afrique, on dénombre 30 officiers atteints sur 37, 57 sous-officiers sur 155 et 259 chasseurs sur 756. Le 4e RTM comptabilise 493 tués, 1994 blessés et 490 disparus, soit 100 % de l'effectif débarqué à Naples !

Sur les 100000 soldats allemands mis hors de combat durant la même période, au moins 45000, dont 10000 prisonniers, sont à mettre à l'actif du CEF.

Des civils et des militaires italiens accusent le CEF du général Juin, et surtout les soldats marocains et algériens, de nombreux viols et pillages à l'encontre de la population civile. En 1966, le député italien A. Covelli désigne les responsables directs: rien de moins que les généraux Juin et Monsabert qui, selon lui, auraient donné quartier libre à leurs troupes. Le député Covelli, qui appartient à la mouvance italienne néofascite, n'est certainement pas le mieux placé pour donner des leçons d'humanité. La colonisation italienne en Libye, en Érythrée, en Somalie et en Éthiope fut marquée par de très nombreux massacres, viols et autres atrocités à l'encontre des populations locales. Au sujet des crimes commis par l'armée française d'Afrique en Italie en 1944, quels sont les chiffres indiscutables ? Jusqu'en 1945, les juridictions militaires françaises vont mener au total, en Italie, 160 informations judiciaires concernant 360 individus: 14 d'entre elles ont été conclues par une ordonnance de non-lieu. Un sous-officier a été condamné à mort pour viol, meurtre et tentative de meurtre: il sera exécuté en janvier 1945. La peine capitale a également été infligée à deux reprises, avant d'être commuée en travaux forcés à perpétuité; 125 condamnations et 19 acquittements ont été prononcés pour viol, tentative de viol ou complicité de viol; 17 militaires ont été condamnés à de lourdes peines pour meurtre ou homicide volontaire. Contrairement aux affirmations mensongères de nostalgiques de Mussolini, le général Juin et ses officiers ont fait preuve de la plus grande sévérité à l'encontre des crimes commis par certains de leurs soldats, une très petite minorité.

« En faisant du Marocain un bouc émissaire, écrit Jean-Christophe Notin, les Italiens trouvaient un moyen d'exorciser l'irruption sur leur terre de ces Français dont le 10 juin 1940 avait fait des vassaux. Faire passer les nouveaux conquérants pour les pires démons permet sans doute d'effacer une part de l'humiliation nationale et de la déchéance du fascisme. C'est ainsi sans surprise que le diplomate Balay relèvera que la campagne de dénigrement de 1946 sera issue des journaux d'extrême gauche… et aussi de certains organes d'extrême droite[44]. »

La conquête de l'île d'Elbe

La libération de la Corse achevée, le commandement français est mené à considérer l'île d'Elbe comme un objectif éventuel. Dès novembre 1943, la préparation de l'opération est entreprise par l'état-major du 1er corps d'armée, installé à Ajaccio, et un agent de service de renseignement est déposé dans l'île le 17 novembre. En janvier 1944, le commandement des forces alliées envisage également une opération militaire, en précisant qu'elle sera confiée à l'armée française. Il s'agit de constituer une menace permanente sur les arrières de l'armée allemande, stationnant en Italie du Nord, ainsi que d'immobiliser la valeur d'une division de réserve sur la côte ligure. « Le front allié, écrit Paul Gaujac, se situe alors à cinquante kilomètres au sud de Rome, et la tête de pont d'Anzio subit les plus violentes contre-attaques de la part des forces allemandes[45]. »

Le général de Lattre de Tassigny prend en charge l'opération baptisée Brassard. Outre le soutien de la flotte alliée, il dispose de deux régiments de tirailleurs sénégalais (13e RTS et 4e RTS) de la 9e division d'infanterie coloniale (DIC) du général Magnan, du bataillon de choc, d'un groupe de commandos d'Afrique, du groupe de tabors marocains n° 2. L'ensemble représente 12 000 hommes, bien équipés.

La garnison germano-italienne, commandée par le général allemand Gall, repose sur 3 000 soldats, une centaine de pièces d'artillerie, une cinquantaine de mortiers et deux cents mitrailleuses lourdes. L'étroitesse de l'île – trente kilomètres de long sur vingt kilomètres de large – permet à l'artillerie de côte ou de campagne de concentrer ses tirs en n'importe quel point.

Au large, les champs de mines imposent la baie de Marina Di Campo comme point principal de débarquement possible. La solution pour les Français est de submerger les plages du sud, dès que les batteries côtières auront été neutralisées par les commandos. Une tête de pont couvrant la plage doit s'élargir par la conquête des monts Castello, Bacile, San Martino et Tombone. L'opération préliminaire, menée par le bataillon de choc et les commandos d'Afrique, débute, le 17 juin 1944 au matin, contre les batteries côtières. Le débarquement des régiments de tirailleurs sénégalais et du groupe de tirailleurs marocains suit dans la journée, ou les jours suivants, sur les plages de Marina Di Campo, Capo Di Fonza, Capo d'Enfola et devant Capoliveri. La résistance allemande, souvent acharnée, se poursuit durant trois journées entières. Deux mille soldats de l'Axe se sont rendus, tandis que 700 autres ont été tués ou portés disparus. Les pertes françaises s'élèvent à près de 900 hommes (tués, disparus ou blessés). La conquête de l'île d'Elbe est une nouvelle victoire française.

« L'ascendant de nos troupes sur l'adversaire, raconte le général de Lattre de Tassigny, s'est révélé irrésistible, et leurs qualités manœuvrières ont été à la mesure de leur vaillance. Mettant en jeu tous les moyens modernes d'une force de débarquement pour écraser un ennemi fortifié, elles ont montré leur aptitude aux missions « amphibies » qui demain pourront leur échoir[46]. »

Création et organisation des Forces françaises de l'intérieur

Les Forces françaises de l'intérieur (FFI) sont officiellement créées le 1er février 1944. Elles regroupent, en principe, les formations militaires de tous les organismes de la Résistance. La France est organisée en douze régions militaires, et les chefs FFI régionaux et départementaux sont nommés, non sans que cela crée de nombreuses difficultés.

À titre d'exemple, le département des Landes, riche en maquis, se trouve coiffé d'une pluralité de commandements. Léonce Dussarat est nommé chef FFI départemental par Durandal (commandant de l'Armée secrète du Sud-Ouest), Broqua (chef du Mouvement de libération nationale des Landes), Lamarque-Cando (président du Comité départemental de libération), Hilaire et « Aristide » (Roger Landes) des

SOE (services spéciaux britanniques). Situation pour le moins confuse, puisque le colonel de Milleret a été désigné comme chef départemental des Landes par les généraux Kœnig et Moraglia…

L'armée FFI, aux plans national, régional et départemental, forme un état-major à quatre bureaux. Pour des raisons de sécurité, l'ensemble est décentralisé. Une séparation est opérée entre les FFI et les réseaux de renseignement.

Le général de Gaulle confie le commandement des FFI à un chef de guerre prestigieux en la personne du général Pierre Kœnig, héros de Bir Hakeim. Le 1er août 1943, il est nommé chef d'état-major de l'armée à Alger. C'est la période délicate de la fusion des FFL avec l'armée d'Afrique. Il s'acquitte de cette tâche ingrate avec un tel succès qu'en mars 1944 il est nommé délégué au gouvernement provisoire d'Alger auprès du commandement suprême allié et, en même temps, commandant des FFI.

Pendant les deux mois qui précèdent le débarquement, le général Kœnig accomplit, en liaison avec le général Cochet, une tâche ardue et immense. Il organise l'état-major FFI, coordonne ses plans avec ceux du commandement suprême. Il persuade les Alliés de la puissance des forces françaises de la Résistance et obtient pour elles l'aide de parachutages de plus en plus nombreux.

Au mois d'avril 1944, les Alliés établissent plusieurs plans d'emploi des FFI pour la libération de la France. Le plan vert doit paralyser les moyens de transport ennemis pendant une quinzaine de jours, correspondant à l'établissement d'une tête de pont en Normandie. Le plan bleu doit saboter le réseau électrique. Le plan Tortue retardera au maximum les colonnes ennemies par la guérilla. Des plans d'attaque des dépôts de munitions et de carburant sont également prévus.

Face à l'imposant déploiement des forces de l'occupant (soixante-six divisions, dont onze blindées), les chefs FFI des différentes régions mobilisent le maximum de troupes. Lors des combats de la Libération (juin-septembre 1944), les effectifs homologués des FFI représentent trois cent mille hommes, provenant de l'Armée secrète (AS), des Francs-tireurs et partisans (FTP) et de l'Organisation de résistance de l'armée (ORA). Sur la totalité des FFI homologués, plus de la moitié ne sont pas armés le 6 juin 1944. Ils le seront en grande partie à la fin du mois de septembre. L'amalgame se poursuit durant les derniers mois de 1944 par l'incorporation aux troupes venues d'Afrique ou de Grande-Bretagne de cent quarante mille FFI. Volonté d'une fusion entre toutes les forces ayant combattu, à l'intérieur et à l'extérieur, pour la libération du pays.

La structure géographique de la France influera sur la tactique de la Résistance. Le Nord, pays à population relativement dense, industriel et plutôt plat, sillonné de nombreuses voies de communication, ne favorise que dans une mesure limitée l'organisation d'actions massives et ouvertes. Les sabotages ferroviaires, industriels et électriques représenteront les principales opérations. Pour implanter des maquis, on n'envisage que les régions de Bretagne, de Normandie, ainsi que le triangle Jura-Morvan-Vosges.

Quant aux possibilités de la Résistance en France méridionale, les Alliés les estiment tout à fait différemment. Ici, le terrain montagneux est très favorable à l'établissement d'importants maquis, refuges pour des milliers de patriotes. C'est ainsi que l'organisation de la zone sud prévoit l'emplacement de grands réduits :

- le réduit du Massif central doit opérer au nord, vers la Loire, à l'est vers la vallée du Rhône et au sud vers le canal du Midi et la vallée de la Garonne ;

- le réduit des Alpes a pour mission d'opérer principalement dans la vallée du Rhône ;

- le réduit des Pyrénées doit opérer vers le nord, c'est-à-dire vers le canal du Midi et la vallée de la Garonne.

Les réduits FFI du Sud-Ouest, du Centre et du Sud-Est vont représenter une menace permanente pour les unités allemandes voulant rejoindre le front de Normandie. Retarder, et si possible paralyser les mouvements des troupes occupantes, est l'une des missions prioritaires des FFI. Cette mission va être entreprise dès l'aube du 6 juin 1944. D'après l'historien Henri Noguères, « le bilan est éloquent : lignes téléphoniques coupées, QG allemands isolés, locomotives détruites, pylônes abattus, voies ferrées coupées, routes nationales minées, colonnes allemandes attaquées[47]… »

Les maquis de plusieurs centaines d'hommes sont vivement contestés par certains chefs de la Résistance. D'après eux, cette concentration excessive de maquisards sur une zone géographique déterminée ne peut qu'entraîner une bataille frontale contre les occupants, souvent plus nombreux et mieux armés. Ce type d'opération permet, certes, de fixer d'importantes troupes allemandes, mais peut entraîner l'anéantissement du maquis en cas d'encerclement. La guérilla avec des petits maquis mobiles obtient souvent des résultats comparables sans mettre en péril l'unité FFI engagée.

Le cas du maquis des Glières (fort de près de cinq cents maquisards en Haute-Savoie), partiellement anéanti en mars 1944 par d'importantes troupes allemandes et miliciennes (près de huit mille hommes), semble donner raison aux partisans de la guérilla mobile. Pour expliquer les raisons de cette tragédie, on avancera la faiblesse de l'armement des FFI. Or il est aujourd'hui prouvé que les parachutages permirent d'armer correctement le maquis des Glières. La dispersion des maquisards, avant l'offensive des troupes germano-miliciennes, n'aurait-elle pas été plus sage ?

Favorable au départ, le chef départemental de l'AS, Humbert Clair, estime que les FFI, dépourvues d'armes lourdes (canons et DCA), ne pourront résister à une attaque de la Wehrmacht appuyée par l'aviation et l'artillerie. L'officier du BCRA (services spéciaux de la France libre) Jean Rosenthal, présent en Haute-Savoie, défend un autre point de vue. Selon lui, le bataillon des Glières doit donner la preuve aux Alliés que la Résistance française se trouve en mesure de livrer une véritable bataille. En outre, il ne peut être question d'abandonner à l'occupant les conteneurs d'armes enfouis dans la neige.

Rosenthal communique alors à Clair le télégramme qui emporte la décision : « Considérons Glières comme tête de pont. Parachuterons un bataillon allié. Si opération réussit, parachuterons en masse[48]. »

Nous avons retrouvé à Annecy des anciens résistants, dont le Dr Jean Clavel, qui croient le télégramme parti tout simplement… de l'avenue Bouvard où se trouvait le PC clandestin de Rosenthal. C'est le soupçonner gravement puisqu'il aurait forgé un télégramme afin d'emporter l'adhésion de ses amis à la thèse de la résistance à outrance. Rosenthal protestera toujours contre des allusions aussi blessantes.

Ce qui est en revanche certain, c'est que Churchill compte créer des réduits capables de fixer d'importantes troupes allemandes. Et il est vrai que la Résistance vit dans l'espoir d'un débarquement imminent.

Le colonel Guingouin restera un partisan résolu des petits maquis, capables de se déplacer rapidement afin de porter des coups sévères en plusieurs endroits. Cette tactique va s'avérer très efficace en Limousin, en Aquitaine et ailleurs.

La bataille des Glières, livrée à un contre quinze, a fait l'objet d'une vive polémique dans les milieux de la Résistance. Fallait-il se battre dans de telles conditions ? Selon les FTP savoyards, mais également selon certains responsables de l'AS, la seule résistance efficace est celle qui se traduit par des embuscades et des sabotages, menés par des petits groupes qui disparaissent ensuite dans la nature. Le bataillon des Glières, avec son salut matinal aux couleurs, sa discipline stricte, leur semble voué à l'échec. La querelle « guérilla mobile ou grande concentration » va longuement diviser les maquisards.

Les anciens des Glières ont le sentiment d'avoir vécu une dramatique mais héroïque et féconde aventure. Ceux qui les critiquent oublient les conditions dans lesquelles cette bataille fut engagée : la présence de près de huit mille soldats ennemis, l'annonce du grand parachutage décidé par Churchill et la neige, comme rarement il en tomba. Cette bataille a également permis d'unifier sur le terrain des maquisards de l'AS, des FTP, des républicains espagnols, des ouvriers et des bourgeois, des croyants et des incroyants. L'amalgame, donnant naissance aux Forces françaises de l'intérieur, s'est fait pour la première fois aux Glières.

À la radio de Londres, l'évocation des Glières est devenue un véritable symbole : « L'affirmation, scellée dans le sang, de la résistance française à l'oppresseur[49]. »

Malgré l'importance des pertes subies, la résistance savoyarde va rapidement se reconstituer. Le responsable départemental de la Milice écrit à Darnand en mai 1944 :

« Pour ce qui est du maquis de Haute-Savoie, je tiens à vous signaler que la situation est actuellement pire qu'avant les opérations. Les forces du maintien de l'ordre ayant disparu du département, le maquis s'est réorganisé et devient plus menaçant que jamais[50]. »

Malgré les revers subis en Afrique, en Italie et en Russie, l'armée allemande reste redoutable à la veille du jour J. Elle aligne trois cent quatorze divisions, dont quarante-sept mécanisées ou blindées, sans oublier soixante-six divisions des pays satellites de l'Axe. L'ensemble est réparti à raison de deux cent quinze divisions sur le front de l'Est, vingt-sept en Scandinavie, vingt-cinq en Italie, trente-six dans les

Balkans, huit en réserve, soixante-six (dont onze blindées) en France. Les forces allemandes stationnées sur le territoire français sont principalement positionnées sur les côtes de l'Atlantique, de la Manche et de la Méditerranée. Si certaines divisions n'ont que la moitié des effectifs théoriques, les troupes d'élite concentrent une puissance de feu et une expérience de la guerre parfois sans équivalent. Des groupements, des régiments, des bataillons de sécurité SS, de la Luftwaffe, de la Feldgendarmerie, de la police, de supplétifs de l'Est… sont chargés de lutter contre la Résistance. La brigade Jesser est uniquement appelée à combattre les maquis. Ces unités « antiterroristes » peuvent compter sur des renforts provenant de la Wehrmacht, des Waffen SS (comme la division « Das Reich »), voire de la Kriegsmarine. La 157e division de Gebirgsjägers (chasseurs de montagne) du général Pflaum appartient à des formations régulières devant anéantir les concentrations FFI. Les forces du maintien de l'ordre de Vichy, dont principalement la Milice et parfois les GMR, apportent également leur concours.

Lors de la lutte contre les maquis, les troupes allemandes n'hésitent pas à utiliser des canons mitrailleurs de la Flak (DCA), des mortiers, des pièces d'artillerie, des blindés… ainsi que l'aviation légère. Tous les moyens sont bons pour écraser les « terroristes ». Durant l'attaque du plateau des Glières, en mars 1944, la 157e division de Gebirgsjägers aligne plus de la moitié de ses effectifs, soit six mille six cent quatorze soldats. La Milice devant l'appuyer engage neuf cents francs-gardes aux ordres du colonel Jean de Vaugelas. L'ensemble représente sept mille six cent quatorze combattants, soutenus par un groupe d'artillerie composé de quatre canons de 88 mm, de quatre canons de 77 mm, de quatre canons de 105 mm et de quatre mortiers lourds de 150 mm. À cela s'ajoute une escadrille de bombardiers (Stuka et Heinkel) avec la couverture des chasseurs Messerschmitt. Près de huit mille soldats contre quatre cent soixante-sept maquisards dépourvus d'armes lourdes…

Chaque région de la Résistance (batailles, embuscades, sabotages, attentats…) oblige l'occupant à mobiliser des forces considérables pour l'encerclement, la répression ou la traque. Des troupes allemandes, qui manquent sur les côtes où les débarquements menacent de se produire à tout moment, feront défaut par la suite.

L'imminence d'un débarquement allié à l'ouest a pour conséquence une aggravation de la répression. L'agent de l'Abwehr Raoul Kiffer a si bien infiltré la Résistance normande que l'occupant peut s'emparer d'importants stocks d'armes provenant de parachutages alliés. Les arrestations suivent également. Le délégué militaire régional Valentin Abeille, arrêté le 20 mai 1944 avec un de ses officiers, Roger Simon, tombe sous les balles le 31. Le responsable du Bureau des opérations aériennes (BOA), Clouet des Perruches, échappe de peu aux tueurs gestapistes qui abattent sa secrétaire. Comme son adjoint Pichard, il reçoit l'ordre de rejoindre Londres. Le BOA a cependant obtenu, lors des mois précédant le débarquement, des résultats appréciables sur toute la région. Le résistant Édouard Paysant a également joué un rôle important, sans oublier Gros-Granvalet et Janvier-Croisé. La Basse-Normandie compte vingt terrains homologués, qui reçoivent une centaine de tonnes d'armes et de matériel.

Dans cette région, appelée à devenir la tête de pont du débarquement, Jacques Foccart a la lourde charge de faire appliquer le plan Tortue qui doit désorganiser les communications allemandes et en particulier l'acheminement des Panzer dans la zone arrière. Mission capitale puisque les divisions blindées allemandes ne se trouvent pas à proximité du littoral, malgré les demandes répétées du maréchal Rommel. À la tête du groupe d'armées B (15e et 7e armées), dont le front s'étend de la Bretagne à la Hollande, Erwin Rommel a pour supérieur hiérarchique le maréchal Gerd von Rundstedt, commandant en chef à l'ouest.

Rommel est convaincu que le débarquement interviendra de nuit à marée haute. Les Alliés ne prendront pas le risque d'exposer leur infanterie au tir meurtrier des armes automatiques sur des plages découvertes. Cette conviction dicte la mise en place de toute une gamme d'obstacles. Le « Renard du désert » est également persuadé que cette opération doit intervenir dans le Pas-de-Calais ou, à la rigueur, de part et d'autre de l'estuaire de la Somme. C'est alors la route la plus directe pour Paris et pour atteindre l'Allemagne. C'est là que s'édifient les rampes de lancement V1. Dans l'esprit de Rommel, le passage de la Manche, à son endroit le plus étroit, ressemble au franchissement d'un fleuve. Il ne rejette pas la possibilité d'un débarquement en Normandie, mais considère cette hypothèse comme peu probable. En vertu de sa conviction, identique à celle de Rundstedt, les unités les plus puissantes sont attribuées à la 15e armée au nord de la Seine. Les travaux de défense sont poussés plus activement dans ce secteur que sur les faibles positions de la 7e armée (Normandie-Bretagne). De la Loire aux Pays-Bas, le mur de l'Atlantique compte neuf mille trois cents ouvrages bétonnés.

Le désaccord entre Rommel et Rundstedt porte sur l'utilisation des divisions blindées. Rommel, en fonction de son système de défense, tient à porter au plus près de la côte non seulement les unités d'infanterie, mais également ses divisions blindées. Celles-ci doivent intervenir dès les premières heures de l'assaut des Alliés.

« Dans un bref laps de temps, écrit Rommel, qui nous sépare encore de la grande offensive alliée, il faut parvenir à porter nos multiples défenses à un niveau tel qu'elles résistent aux plus puissantes attaques. Il faut anéantir l'ennemi avant qu'il soit en mesure de faire débarquer son matériel lourd et de pénétrer profondément à l'intérieur des terres. C'est dans l'eau qu'il faut l'arrêter, non pas seulement pour le retarder mais pour détruire tout son matériel pendant qu'il est encore à la mer[51]. »

Pour justifier sa conversion à un système de défense linéaire, Rommel se retranche derrière les carences de la Kriegsmarine et de la Luftwaffe. Le maréchal von Rundstedt estime que les Panzerdivisions doivent être regroupées hors de portée de l'artillerie des navires alliés et hors de vue de l'aviation, pour contre-attaquer. Amené à trancher en janvier 1944, Hitler décide de placer trois divisions blindées sous les ordres de Rommel, quatre autres restant en réserve. En avril, Rommel tente d'imposer, de nouveau, son point de vue sur l'utilisation des divisions blindées. À ce titre, il rédige une longue lettre au général Alfred Jodl, qu'il sait proche du Führer :

« Malgré la supériorité aérienne des Alliés, si nous réussissons à jeter, au cours des premières heures qui vont suivre le débarquement, une grande partie de nos forces blindées contre l'ennemi dans les secteurs côtiers menacés, je suis persuadé que nous gagnerons la bataille dès le premier jour. Jusqu'ici, les dommages qui ont été infligés par les divers raids aériens à nos blockhaus restent très négligeables ; en revanche, nos abris de campagne, nos tranchées et nos boyaux de communication ont été entièrement détruits ou gravement endommagés en plusieurs endroits. Voilà qui prouve la nécessité à bien bétonner les positions. Mais mon seul souci véritable est le problème des divisions blindées. Certaines de ces formations restent hélas ! encore dispersées sur un vaste territoire, trop loin à l'intérieur des terres ; elles arriveront certainement trop tard pour jouer leur rôle dans la future bataille du littoral. Étant donné la supériorité aérienne écrasante des Alliés, sans oublier les sabotages de la résistance française intérieure, tout déplacement important des unités blindées en direction des côtes sera bloqué[52]. »

Rommel, qui n'oublie pas de mentionner la Résistance comme danger potentiel pour ses divisions, espère cependant que la Gestapo et l'Abwehr ont porté des coups assez rudes pour rendre inopérante l'action des « terroristes ». Le « Renard du désert » va devoir assez vite déchanter ; si la Résistance normande se trouve en partie décapitée, elle dispose de suffisamment de ressources pour être en mesure d'engager une lutte efficace. Le FTP Georges Beaufils, envoyé dans l'Ouest comme inspecteur régional des FFI, a pris la région en main à la suite de l'élimination de plusieurs responsables locaux. Il est assisté par les résistants Harivel, Bertin de La Hautière, Marcel Baudot…

Les départements (Calvados, Manche, Eure et Orne), où vont se dérouler les combats décisifs pour l'établissement et l'élargissement de la tête de pont, peuvent compter sur près de dix mille FFI (AS, FTP, ORA) et sur une quantité non négligeable d'armes parachutées.

Renseignements capitaux, guérilla et sabotages en Normandie

Les combattants sans uniforme, parfois sans armes, dont les brassards n'épargnent par le sort tragique des « terroristes », vont se trouver engagés dans la plus grande opération combinée de la Seconde Guerre mondiale. C'est une surprise totale pour Rommel, qui a décidé le 5 juin de se rendre en Allemagne pour essayer de régler la question des Panzerdivisions. Ce jour-là, il pleut, il souffle un fort vent d'ouest, les conditions de marée paraissent défavorables à un débarquement, et les reconnaissances de la chasse ne donnent pas à penser qu'il peut être imminent. Le maréchal a donc fait savoir que, dans ces conditions, il n'a aucun scrupule à s'absenter. Il a d'ailleurs pris avec le général

Speidel, son adjoint, les dispositions nécessaires pour une mise en alerte éventuelle. Il a pris la route pour le Reich, afin d'arracher à Hitler la décision de rapprocher les divisions blindées de la côte et d'en disposer sans avoir à « tirer dix cordons de sonnettes ». Et puis, cette visite a pour lui une autre importance : le 6 juin, c'est l'anniversaire de sa femme, qui doit célébrer ses cinquante ans à Herrlingen.

Rommel est informé durant son voyage qu'une forte armada de navires alliés a débarqué d'importantes troupes sur les plages normandes. Il doit attendre la confirmation de cette incroyable nouvelle qui déjoue ses pronostics. Il est obligé de parcourir en voiture plus de six cents kilomètres pour rejoindre son poste de commandement, pestant contre le sort qui l'a conduit en Allemagne le jour du débarquement et contre cette « maudite Luftwaffe » qui ne lui permet pas de rallier le château de la Roche-Guyon plus vite que par la route. Dans la soirée, Rommel constate que la situation n'est pas encourageante : « Les Alliés se sont déjà assurés une tête de pont large de vingt-cinq kilomètres et ils tiennent bon[53]. »

L'opération Overlord commence tôt, dans la nuit du 5 au 6 juin 1944, par le largage, entre 0 h 15 et 2 h 30, des troupes aéroportées devant couvrir les flancs de la zone de débarquement, du Calvados à la Manche, de la vallée de la Dives – point extrême à l'est (secteur britannique) – à Sainte-Mère-Église – point extrême à l'ouest (secteur américain). Elle se poursuit, jusqu'au lever du soleil, par le pilonnage de l'artillerie navale et les bombardements aériens des défenses allemandes du littoral. Le débarquement des troupes débute à 6 h 31. Plus de six mille navires ont traversé la Manche par une nuit de grand vent et sous une pluie battante. Ils ont navigué sur un front large de quatre-vingts kilomètres, transportant cent quatre-vingt-cinq mille hommes et quelque vingt mille véhicules. Les Américains débarquent les premiers à Utah Beach (La Madeleine) et Omaha Beach (Colleville-Saint-Laurent). À 7 h 20, les Rangers combattent à la pointe du Hoc. À 7 h 30, les Britanniques prennent pied à Sword Beach (Hermanville-Colleville) et Gold Beach (Port-en-Bessin) pendant que les Canadiens débarquent à Juno Beach (Besnières-Courseulles). Un commando de marine, composé de cent soixante-dix-sept Français libres, aux ordres du lieutenant de vaisseau Kieffer, participe aux opérations dans le secteur de Ouistreham-Arromanches.

Le soir du 6 juin, le maréchal Rommel est obligé de constater que les faibles réserves de son armée ont déjà été jetées dans la bataille. Les généraux des unités d'infanterie attendent l'arrivée des divisions blindées ; ils espèrent que leur intervention permettra alors de rejeter l'ennemi à la mer. Mais rien ne vient, les stocks s'amenuisent et, d'un bout à l'autre du front, ordre est donné de réduire la cadence des tirs. Un découragement général a commencé à gagner les états-majors, et il risque d'influer sur les combats qui vont suivre. La tournure de la bataille donne en partie raison au maréchal Rommel, qui désirait que les Panzerdivisions soient plus près des côtes, afin d'être en mesure de contre-attaquer le jour même du débarquement. Mais cette opération amphibie constitue pour l'ensemble du commandement du Reich une cascade de surprises. Elle intervient d'abord en Normandie et non dans le Pas-de-Calais. Elle se produit à l'aube, à mi-marée et à la fin d'une période de mauvais temps.

Le choix du lieu du débarquement est une preuve évidente de l'efficacité de la Résistance française. Le général américain Omar Bradley affirmera à Jacques Piette, inspecteur régional des FFI et l'un des principaux responsables du réseau Centurie :

« J'ai à vous témoigner la satisfaction de l'armée américaine à l'égard de votre réseau. C'est en effet à la suite de la réception à Londres du plan de défense côtière de la Manche que nous avons choisi le point de débarquement. Les renseignements qui figuraient sur ce plan étaient d'une telle valeur que nous avons pu réussir l'opération de débarquement avec un minimum de pertes en hommes et en matériel[54]. »

L'action du colonel Rémy, par l'implantation de nombreux groupes de renseignement, a également une place prépondérante dans le choix des Alliés. C'est lui qui a fondé et animé le plus important réseau de renseignement de la France libre, avec la Confrérie Notre-Dame (devenue CND-Castille par la suite), et qui a fourni à Londres les plans détaillés du mur de l'Atlantique. On lui confie également la direction française du plan interallié « Sussex », destiné à préparer une cinquantaine d'équipes devant être parachutées derrière les lignes allemandes au moment du débarquement, avec mission de fournir par radio des informations pour affaiblir les défenses arrière de l'occupant.

Le Calvados, avec ses dix-huit kilomètres de côtes concernées par le débarquement, se trouve être le département normand le plus touché le jour J, les opérations sur les côtes de la Manche se limitant aux cinq kilomètres d'Utah Beach. Le chef départemental FFI du Calvados, Jacques Bergeot, a comme adjoints Léonard Gilles, Dumis, Duchez et Poinlanne. Bergeot, qui se trouve à Luc-sur-Mer, localité libérée dès le 6 juin, est alors coupé de ses troupes. Le commandant de Parléani doit prendre la direction des opérations. Il assure avec succès cette délicate mission, malgré les difficultés de communication, étant obligé de circuler à bicyclette pour coordonner les efforts. La forte densité de l'occupation allemande en Normandie a rendu délicate l'implantation des maquis (Guillaume le Conquérant, La Marseillaise, Montcalm...). Les opérations de la Résistance du Calvados sont cependant importantes dès la phase d'alerte à la BBC : huit ponts et cent véhicules détruits. En outre, il convient de signaler de très nombreux sabotages de voies de chemin de fer et d'innombrables ruptures de câbles téléphoniques. Les parachutistes alliés sont guidés, par les habitants et les résistants locaux, hors des champs de mines et des pièges multiples. La célèbre Henriette Henry sauvera ainsi de nombreuses vies.

« Ce rôle, rapporte le commandement allié, a été considérable le long de la côte, lors du passage de rivières, à Caen en particulier et dans les coins difficiles du bocage. En tout cas de nombreuses attestations données par des officiers d'unités anglaises, canadiennes et belges à des FFI semblent le prouver abondamment[55]. »

Les FTP se distinguent particulièrement dans la région de Vire. Les groupes SOE d'Antoine et des détachements FTP truffent de mines les grands itinéraires des environs de Lisieux et d'Orbec. Les groupes Michel et Normandie se manifestent à Evrecy, Bény-Bocage et Sourdeval. Le chef d'équipe Jean-Renaud Dandicolle, résistant bordelais ayant rejoint le SOE, combat avec une grande efficacité dans la région de Cesny-Bois-Halbout : il sabote de nombreuses voies ferrées et parvient à tendre des embuscades meurtrières. Gravement blessé lors d'un combat, il est sauvagement abattu par les nazis.

Dans la Manche, les parachutistes alliés sont également recueillis et guidés par les résistants du coin. Le chef départemental Yves Gresselin fait appliquer le plan vert sur les voies ferrées entre Cherbourg et Carentan, Cherbourg et La Haye-du-Puits, Lison et

Coutances, Folligny et Granville ; d'autres sabotages ferroviaires, ainsi que la destruction des câbles de télécommunication à longue distance, interviennent à Saint-Sauveur-le-Vicomte, Saint-Lô, La Haye-Pesnel. Les groupes FTP sabotent et mitraillent dans la région de Cherbourg, Valognes, Carantan, Coutances et Avranches. Des groupes OCM font de même dans les secteurs des Pieux, de Sainte-Mère-Église, Chef-du-Pont et Villebaudon. Libération-Nord agit dans le secteur de Montmartin, Saint-Laurent-de-Terregatte et Cérences.

« Les résistants de tous les groupes, rapporte Marie Granet, sont extrêmement actifs : ils aident l'armée américaine, lui fournissent des renseignements, participent aux combats… Henri Moroge, sa femme et Lefranc regroupent dix-neuf « paras » tombés dans les marais de Trébéhou, les conduisent à Graignes, où ils retrouvent d'autres « paras », en tout cent cinquante : ils résisteront aux Allemands jusqu'au 11 juin. Moroge guide ensuite l'armée américaine… Mauger passe les lignes le 19 et le 20 juin pour porter des renseignements aux Américains, puis les guider… Lecrès, lui aussi, passe plusieurs fois les lignes entre Bricquebec et Port-Bail, pour porter des renseignements aux Anglais (spécialement sur les défenses de Cherbourg) ; il fait le coup de feu et avec des camarades (Luce et Harassé), il fait douze prisonniers[56]. »

Les lignes téléphoniques allemandes sont coupées dans le secteur de Mortain par divers groupes dirigés par André Bedon et Louis Pinson. D'autres sabotages ont lieu aux environs d'Avranches où la voie ferrée Lison-Damballe est coupée. Des câbles souterrains sont sectionnés et quatre lignes aériennes mises hors de combat. Des arbres abattus obstruent les routes. A Barenton, le groupe Les Courtils, commandé par le chef de brigade Dauvergne, arrache les pancartes allemandes et coupe des fils. Les groupes de Saint-Hilaire du Harcouet, que dirigent Louis Blouet et Jacques Navier, abattent un gigantesque sapin qui barre la route entre Juvigny-le-Tertre et Le Poiton. Le 8 juin, cet obstacle stoppe une colonne allemande de trente camions, cible idéale pour l'aviation alliée qui va la réduire en fumée.

Dans l'Eure, le maquis Surcouf, commandé par les résistants Baudot, Leblanc, Lesage et Vesque, liquide la Feldgendarmerie de Pont-Audemer, coupe les lignes téléphoniques environnantes, multiplie les sabotages et les embuscades. La section Le Braz attaque l'observatoire de Saint-Georges-du-Vièvre : deux maquisards sont tués, mais les pertes allemandes ont été lourdes : huit soldats abattus, six fusils Mauser et deux mitrailleuses récupérés. Le 7 juin, le maquis capture une quinzaine de soldats ennemis.

Dans l'Orne, le chef départemental FFI Daniel Desmeubles fait appliquer le plan Tortue avec une grande efficacité. L'acheminement de renforts allemands vers la tête de pont est retardé de plusieurs heures, plus de cent cinquante véhicules sont mis hors de combat. Le brouillage des panneaux de signalisation force un important convoi à tourner en rond, dans la région de Flers, durant une nuit entière.

Le 11 juin, le maquis de Lignières-la-Doucelle s'oppose à deux cents soldats allemands pendant trois heures. Le chef départemental FFI, Daniel Desmeubles, est capturé, mais l'occupant perd une vingtaine d'hommes. La Wehrmacht réagit violemment contre la guérilla qui se généralise dans l'Orne. Dans la forêt d'Ecouves, plus de quatre cents soldats allemands sont mis hors de combat par les maquis.

La libération de la Bretagne

À la veille du débarquement, l'ordre de bataille de l'occupant est extrêmement puissant en Bretagne : sept divisions d'infanterie, deux divisions parachutistes, un régiment de forteresse, vingt-neuf compagnies côtières, trois groupes d'artillerie de forteresse, deux bataillons de la Luftwaffe, une dizaine de régiments de supplétifs de l'Est (Ukrainiens, Géorgiens, Polonais, Russes...). La totalité des effectifs allemands stationnés en Bretagne représente cent cinquante mille hommes en juin 1944. « C'était, écrit le colonel Chenaillet, une densité d'occupation considérable qui représentait un Allemand pour seize habitants bretons et six Allemands par kilomètre carré[57]. »

Face à un tel déploiement de forces, les maquis bretons s'enflent à l'approche des opérations militaires. Les cinq départements de la Bretagne (Morbihan, Finistère, Côtes-du-Nord, Ille-et-Vilaine et Loire-Inférieure) totalisent près de vingt mille FFI (AS, FTP et ORA).

Durant le mois de mai 1944, les différents représentants de la Résistance se rencontrent dans le Morbihan. Le commandant Barthélémy, délégué du COMAC (Comité d'action de la Résistance),

Valentin Abeille, chef du Bureau des opérations aériennes en Bretagne (BOA), le colonel Chenaillet, chef FFI du Morbihan, le commandant Le Garrec, chef du bataillon FFI d'Auray, le colonel Donnard, chef FFI du Finistère, prévoient l'exécution du plan vert visant à paralyser les transports par voie ferrée pendant une quinzaine de jours, correspondant à l'établissement d'une tête de pont en Normandie.

Pour permettre la constitution d'une tête de pont en Normandie, la Résistance bretonne, dont les unités FFI du Morbihan principalement, a la délicate mission de fixer cent cinquante mille soldats allemands stationnés dans la région. Les maquisards, faiblement armés, doivent être renforcés par des détachements de parachutistes de la France libre. Le commandement allié ne s'attend pas à ce que les FFI bretonnes, ne disposant que d'un armement léger, s'opposent vivement aux mouvements d'une troupe aguerrie, lourdement armée et nettement plus nombreuse. Mais il compte sur les parachutistes gaullistes pour multiplier les sabotages et les embuscades, et laisser croire à l'ennemi qu'un deuxième débarquement est imminent, cette fois sur les côtes de Bretagne. Le 2e régiment de chasseurs parachutistes (RCP) va être choisi pour cette opération capitale, et plus particulièrement le 4e bataillon FFL-SAS du commandant Bourgoin.

Le camp de Saint-Marcel, à une trentaine de kilomètres de Vannes, devient le lieu de ralliement des bataillons FFI du Morbihan, des parachutages d'armes et d'une importante partie des parachutistes de la France libre du 2e RCP. Le 16 juin 1944, la superficie occupée du camp de Saint-Marcel représente cinq cents hectares. Les allées et venues des FFI, ainsi que le survol des avions alliés ne peuvent manquer d'attirer l'attention de l'occupant. Depuis le 15 juin, les projecteurs allemands de l'aérodrome voisin de Meucon éclairent les avions alliés larguant leurs conteneurs : en outre, plusieurs pilotes, trompés par les signaux ennemis, ont effectué leur parachutage chez les Allemands qui se sont emparés des armes.

Cependant, aussi incroyable que cela puisse paraître, l'occupant ne soupçonne pas l'existence d'un centre mobilisateur de cette importance. Il pense que la Résistance bretonne va se limiter à des sabotages et à des actions de guérilla dispersées. Après le débarquement en Normandie, le commandement allemand se préoccupe surtout d'acheminer ses réserves vers la Normandie. L'envoi de ces renforts est sérieusement entravé par les parachutistes de la France libre et les FFI bretonnes. C'est le cas de la 275e division allemande d'infanterie cantonnée à Redon, qui a reçu l'ordre, le 6 juin, de rejoindre au plus vite Saint-Lô, à deux cents kilomètres. Les coupures des voies ferroviaires et les embuscades ralentissent considérablement le déplacement de cette puissante unité, qui ne pourra atteindre Saint-Lô que le 11 juin : elle arrive trop tard pour jouer un rôle efficace contre la tête de pont désormais solidement établie.

Une vingtaine d'équipes de parachutistes FFL-SAS accomplissent, avec l'aide des maquis locaux, un nombre considérable de sabotages ferroviaires en Bretagne. Le réseau ainsi désorganisé, les Allemands perdent beaucoup de temps dans l'acheminement de leurs troupes vers le front de Normandie. D'ailleurs, ils y renoncent très vite du fait de l'efficacité foudroyante des « terroristes ».

Le commandant Bourgoin et le colonel Chenaillet sont parfaitement conscients que le camp de Saint-Marcel va être repéré tôt ou tard. Ils attendent avec impatience l'ordre de marcher au-devant des troupes américaines pour leur servir de guides. Dans la nuit du 17 au 18 juin, le commandement allié leur envoie le message suivant : « Éviter à tout prix bataille rangée. Stop. Continuez guérilla à outrance et armement FFI[58]. »

La dispersion des unités est décidée, mais il est trop tard. Le camp de Saint-Marcel est défendu par deux mille deux cent soixante maquisards et cent quarante parachutistes FFL, soit un total de deux mille quatre cents combattants. On compte notamment les bataillons FFI Carro et Le Garrec, ainsi que des détachements spécifiquement FTP, comme la compagnie du Guer. Un premier accrochage avec la Feldgendarmerie de Ploërmel, le 18 juin, alerte la garnison allemande de Malestroit, à trois kilomètres du camp retranché. Un bataillon de la 275e DI de la Wehrmacht subit de lourdes pertes en attaquant les positions avancées de Saint-Marcel. Plusieurs compagnies parachutistes de la division « Kreta » et le 708e bataillon d'infanterie géorgienne viennent renforcer le dispositif de l'occupant. Les troupes de l'Axe, fortes de trois mille hommes, se heurtent partout à la résistance acharnée des FFI et des FFL, bénéficiant du soutien aérien de chasseurs bombardiers Thunderbolt P47. En début de soirée, le dispositif allemand s'étend, avec l'arrivée de troupes fraîches venant du camp de Coëtquidan.

Désormais près de dix mille soldats ennemis sont en ligne. Face à un tel déploiement de force, le commandant Bourgoin et le colonel Chenaillet décident la dispersion des troupes françaises. Tout semble annoncer que l'attaque ennemie reprendra le lendemain, appuyée par des chars et de l'artillerie lourde. Le camp de Saint-Marcel n'ayant pas été encerclé, il est encore possible de décrocher dans de bonnes conditions.

Le repli commence à 22 heures par le départ du convoi automobile qui emmène l'état-major et se prolonge durant une bonne partie de la nuit. Deux compagnies du bataillon Le Garrec, durement accrochées, ne peuvent commencer leur mouvement qu'à 23 heures. Une compagnie FFI, encadrée par des parachutistes, couvre héroïquement la retraite, pendant que plus de deux mille hommes, une vingtaine de camions et quatre ambulances disparaissent dans la nuit. Les FFI regagnent leur maquis d'origine sans rencontrer d'opposition sérieuse. Le capitaine Puech-Samson, commandant la compagnie de protection, bien que blessé à la cuisse lors des combats, met lui-même le feu à la charge qui fait sauter trois tonnes de munitions reçues les nuits précédentes.

Le matin du 19 juin 1944, l'artillerie allemande pilonne le camp de Saint-Marcel, vide de ses défenseurs… Se sentant ridiculisé, le général allemand Farhmbacher ordonne d'organiser une chasse sans merci « aux terroristes ». Le 261ᵉ escadron de cavalerie ukrainienne et le 208ᵉ bataillon d'infanterie géorgienne sillonnent la région, terrorisent la population et massacrent les blessés qu'ils découvrent dans les environs. Le 25 juin, les châteaux de Sainte-Geneviève et des Hardys-Béhélec sont incendiés par la Wehrmacht ; puis, le 27, il en est de même pour ce qui reste des fermes et pour le bourg de Saint-Marcel où ne sont épargnés que l'église, le presbytère et les écoles.

La bataille de Saint-Marcel, qui a permis de fixer une dizaine de milliers de soldats ennemis (en comptant la 3ᵉ division parachutiste), représente un incontestable succès tactique pour la Résistance. Les pertes sont également à la hauteur de la victoire : on compte six parachutistes parmi les quarante-deux Français tués, une soixantaine de blessés et une quinzaine de prisonniers. Les pertes allemandes sont beaucoup plus lourdes : trois cents tués et un millier de blessés.

D'après un rapport de la Feldgendarmerie de Ploërmel, les Allemands constatèrent que les troupes qui les combattaient « n'étaient pas des terroristes mais une armée hiérarchisée et bien tenue[59] ».

Les Allemands ont surtout découvert avec surprise, sur les arrières du champs de bataille de Normandie, l'existence de forces bien armées, bien encadrées, qui leur ont infligé des pertes sérieuses et qu'ils n'ont pas pu anéantir. Ils ont constaté que les FFI bretonnes étaient en relation permanente avec l'état-major allié, puisqu'elles avaient fait intervenir l'aviation lors des combats.

« Le combat de Saint-Marcel, écrit Roger Leroux, eut un énorme retentissement dans le Morbihan occupé parce que c'était la première fois que l'occupant était tenu en échec. Les jeunes combattants FFI qui, pour la plupart, y avaient reçu le baptême de feu, s'y étaient dans l'ensemble très bien comportés, entraînés par le courage de leurs chefs et par l'expérience des parachutistes [...]. Une véritable légende se forma autour des épisodes de cette journée ; les hommes du maquis savaient désormais que, le moment venu, bien armés, ils pourraient vaincre l'Allemagne[60]. »

Les parachutistes FFL-SAS sont de plus en plus nombreux en Bretagne. Outre le 4e bataillon du 2e RCP, des éléments du 3e RCP, emmenés par le commandant Château-Jobert, ont sauté au-dessus du Finistère. Mission : fixer les troupes allemandes et semer le désordre. Un commando s'empare, le 4 août, de la Kommandantur de la ville de Daoulas. Magnifique coup d'audace qui inflige trente tués chez l'ennemi, un seul chez les Français : le parachutiste Bréguet. Une importante colonne SS, provenant de Plougastel, s'approche : les parachutistes FFL lui infligent de très lourdes pertes, puis s'évanouissent dans la nature. Le 5, ils font soixante prisonniers allemands sans faire usage de leurs armes. À Ancenis, les parachutistes du commando du capitaine Philippe Ragueneau investissent les rues. L'un d'entre eux met la main sur le plan allemand de toute la Bretagne où figure le moindre emplacement des mitrailleuses et des antichars. Document capital pour la progression des Alliés qui évitera pertes de temps et surtout pertes d'hommes. Ragueneau se charge lui-même d'apporter à l'état-major allié le plan allemand. Après bien des dangers, il parvient à rejoindre les lignes alliées et apporte le précieux document. Peu de temps après, il fait une incursion à Saint-Nazaire, en compagnie de son coéquipier américain Paul Cyr. Leur intention est simple : demander la reddition de la garnison allemande !

— Vous avez faim, vous êtes acculés : rendez-vous !

— Non ! Nous attendons des armes secrètes, répond un colonel allemand. D'ailleurs nous vous gardons tous les deux comme prisonniers !

— Pas question ! s'exclament Ragueneau et Cyr qui tournent les talons et s'en retournent sans opposition[61].

La Résistance bretonne représente une véritable armée, dont les effectifs de trente mille hommes, fin juillet 1944, attirent l'attention du commandement allié ; leur discipline au combat étonne, leur vaillance stupéfie. Le lieutenant-colonel américain Rudder, commandant le 2e bataillon de rangers, félicite en ces termes les maquisards bretons qui ont combattu à ses côtés : « Nous désirons remercier les FFI pour le travail fait et qui a été une preuve de la renaissance de la tradition martiale de la France[62]. »

Les résistants bretons ne se bornent pas à des actions de sabotage ou de guérilla. Ils participent à des batailles rangées, à des opérations de siège dont parfois, même, ils assument l'entière responsabilité, sans concours des forces alliées.

Dans le seul département des Côtes-du-Nord, entre le 10 juillet et le 4 août 1944, les FFI obtiennent des résultats spectaculaires : deux mille cinq cents soldats allemands hors de combat, trois cents coupures de lignes téléphoniques et de lignes à haute tension, deux cents sabotages de lignes de chemin de fer, quarante déraillements, cinquante embuscades dirigées contre les convois, (au cours de celles-ci, deux cents véhicules furent capturés).

En neuf jours, du 4 au 13 août 1944, quatre divisions allemandes stationnées en Bretagne et deux divisions venant de Normandie sont détruites ou encerclées. Le 8e corps d'armée américain et les trente mille résistants bretons font soixante mille prisonniers. En Ille-et-Vilaine, les maquisards capturent mille quatre cents soldats allemands et détruisent cent véhicules.

Le général américain Eisenhower, commandant en chef des forces interalliées, a reconnu le rôle important joué par la Résistance bretonne :

« Une mention spéciale doit être faite ici de l'aide qui nous fut apportée par les FFI dans la réduction de la presqu'île bretonne. Les forces de la Résistance dans cette zone ont été portées, à partir de juin, autour d'un noyau de troupes SAS du 4e bataillon de parachutistes français, jusqu'à un effectif total d'environ trente mille hommes. Dans la nuit du 4 au 5 août, un état-major a été envoyé sur place pour prendre en charge les opérations. Devant l'avance des colonnes alliées, ces forces françaises tendaient des embuscades à l'ennemi battant en retraite, attaquaient les groupes isolés et les emplacements fortifiés et protégeaient les ponts. Leur tâche était, une fois que nos blindés les avaient dépassés, de nettoyer les localités où demeuraient des poches de résistance, et de défendre les lignes de communication alliées. De plus, elles rendirent à nos troupes des services inestimables, en leur fournissant des renseignements quant aux dispositions et aux intentions de l'ennemi. Enfin, et ceci n'est pas le moins important, elles avaient, par leur harcèlement incessant, entouré les Allemands d'une atmosphère intenable de danger et de haine, qui sapait la confiance de leurs chefs et le courage de leurs soldats [...].

« En aucune autre guerre antérieure et sur aucun autre théâtre d'opérations au cours de cette guerre, les forces de Résistance n'ont été aussi étroitement intégrées à l'effort militaire principal. J'estime que la destruction des communications ferroviaires ennemies, le harcèlement du trafic automobile allemand et la pression de plus en plus forte exercée par les forces organisées de la Résistance française sur les troupes allemandes ont joué un rôle considérable dans notre victoire[63]. »

La libération du Limousin

Le Limousin, qui a mérité le nom de « petite Russie » que lui ont donné les Allemands, est engagé, dès le 6 juin 1944, dans de véritables opérations militaires. Les forces FTP de la Haute-Vienne, aux ordres du colonel Guingouin, représentent six mille huit cents combattants.

Dès les premiers jours du débarquement allié en Normandie, les FTP du Limousin exécutent une quarantaine de sabotages ferroviaires. Tous les moyens de communication de l'occupant, dont le câble souterrain Bordeaux-Limoges-Paris, sont détruits. Les Allemands et les miliciens, isolés et terrorisés, s'enferment dans Limoges qu'ils transforment en place forte.

La division Waffen SS « Das Reich », stationnant dans les vallées de la Garonne, du Tarn et en Auvergne, reçoit l'ordre, dans la nuit du 7 au 8 juin, d'écraser la Résistance en Limousin, avant de rejoindre le front de Normandie. Cette importante unité, dont l'état-major se trouve à Montauban, est sous les ordres d'un nazi fanatique, le général Lammerding.

La « Das Reich » doit suivre la route de Limoges, *via* Brive et Tulle, au milieu d'une région montagneuse, tenue solidement par de nombreux maquis. Elle ne doit donc pas rejoindre la Normandie au plus vite, mais « détruire les bandes » du centre de la France, ce qui explique l'itinéraire qui lui a été fixé par le maréchal von Rundstedt, commandant en chef du front ouest. Cette formation d'élite représente la plus ancienne unité des Waffen SS. Elle a débuté la guerre en Pologne lors de la campagne de 1939. Aux côtés des Allemands se trouvent de jeunes Alsaciens, représentant près du tiers des compagnies de combat en 1944.

Les maquisards du Limousin n'ont pas assez de matériel pour affronter la division blindée SS « Das Reich » (cent soixante chars lourds et moyens) en bataille rangée, mais, dans une région au relief accidenté, ils peuvent monter une série d'embuscades, forçant l'occupant à ralentir considérablement sa progression. Les chars ne peuvent se déployer dans ce pays montagneux et consomment une quantité considérable de carburant. Trois jours après leur départ de Montauban, les blindés allemands n'auront pas dépassé Limoges et doivent attendre les citernes d'essence parties de Bordeaux.

Un document du quartier général de l'armée allemande de l'Ouest, daté du 12 février 1944, ne laisse planer aucun doute sur les méthodes répressives :

« Lorsqu'une troupe sera attaquée, d'une manière quelconque, que ce soit en colonne de marche, que ce soit dans son cantonnement ou dans une situation analogue, son chef devra immédiatement riposter de sa propre initiative, sans en référer préalablement. Au nombre des mesures à prendre :

«- La riposte immédiate par les armes à feu. Si des innocents sont frappés, ce sera regrettable, mais la faute en incombera aux terroristes.

«- L'isolement immédiat de la zone entourant le lieu où l'acte a été commis, et l'arrestation de tous les civils se trouvant dans les parages, sans distinction de condition ou de personne.

«- L'incendie immédiat des maisons d'où les coups de feu sont partis. C'est seulement après l'exécution de ces mesures immédiates, ou d'autres mesures, qu'il sera fait un rapport[64]. »

Le 8 juin 1944, alors que la « Das Reich » est en marche, le général Lammerding reçoit du général von Brodowski, dont le quartier général se trouve à Clermont-Ferrand, un ordre précisant la mission en cours de progression :

« Les rapports qui parviennent sur l'Armée secrète et sur les actes de terrorisme dans cette région montrent que l'action prend des proportions considérables. Le 66e corps de réserve avec la 2e Panzerdivision SS « Das Reich » doit immédiatement passé à la contre-offensive pour frapper avec la plus grande puissance et la plus extrême rigueur, sans aucune faiblesse. Le climat d'insécurité qui règne dans ces régions du Massif central doit être radicalement supprimé. Le résultat de ces opérations est d'une énorme importance pour la suite des opérations à l'Ouest. Tout demi-succès serait un échec. Les forces de la Résistance doivent être anéanties rapidement par des manœuvres d'encerclement. Dans ces régions, infestées en permanence, il faut user de mesures d'intimidation contre les habitants. Il faut, par des exemples, frapper l'esprit de la population. Il faut lui faire passer l'envie d'aider les maquis et de plier à leurs exigences.

« Le moment que nous traversons est critique. Pour écarter tous dangers qui risqueraient de frapper les unités combattantes dans le dos, il est indispensable d'agir avec dureté et sans aucun ménagement. C'est à ce prix que l'on évitera dans l'avenir de plus grandes effusions de sang pour nos troupes et pour la population civile.

« L'OKW rappelle et souligne ses instructions au sujet des membres de la Résistance française : ceux-ci doivent être considérés et traités comme des francs-tireurs[65]. »

Le 9 juin 1944, en fin de soirée, le major Helmut Kämpfe, commandant du bataillon SS « Der Führer » de la division « Das Reich », de retour d'une expédition punitive à Guéret, est fait prisonnier par des résistants entre Moisannes et Saint-Léonard-de-Noblat. Cela se passe aux alentours de 20 heures, heure à laquelle ses hommes retrouvent son véhicule. La disparition de cet officier d'élite traumatise le général Lammerding, qui décide de tout mettre en œuvre pour le retrouver. « Il va même, écrivent André Desourteaux et André Hébras, jusqu'à accepter d'entamer des négociations, démarche tout à fait surprenante de la part de cette unité plus habituée à la répression qu'à la diplomatie. Il propose la libération de résistants détenus dans la prison de Limoges contre celle de Kämpfe. Lorsque la teneur du message parviendra au chef du maquis, le samedi 10 juin, Oradour et ses habitants ne seront plus que cendres[66]. »

Le jour de l'arrestation de Kämpfe, durant l'après-midi, le lieutenant SS Gerlach, qui a reçu l'ordre de préparer les cantonnements à Nieul, est capturé avec son chauffeur par les maquisards entre ce bourg et Peyrilhac. On leur lie les mains dans le dos. Les deux captifs sont remis entre les mains de la 2 403e compagnie FTP, au Bois-du-Roi. Le chauffeur est fusillé. Gerlach parvient à s'échapper et rejoint le colonel SS Stadler à qui il expose les faits. Toujours le même jour, une automitrailleuse de la division « Das Reich » tombe aux mains des FTP.

« Le 10 juin, raconte Georges Guingouin, ce sera Oradour-sur-Glane… Ce bourg paisible n'abrite aucun élément de résistance. Cependant, les hommes seront abattus dans les granges, les femmes et les enfants emmenés dans l'église où ils seront brûlés vifs : six cent quarante deux habitants — deux cent quarante-cinq femmes et cent quatre-vingt-dix hommes — connaîtront ainsi un sort effroyable…

« Les chefs qui commandent de tels crimes ne peuvent rester impunis. Alors que le jeune soldat allemand capturé lors de l'attaque de l'automitrailleuse de Sainte-Anne aura la vie sauve et recevra les soins nécessaires pour sa blessure… il ne saurait y avoir de clémence pour Kämpfe, officier SS de la « Das Reich », commandant du bataillon, fait prisonnier par le détachement FTP Canon, près de Saint-Léonard. Ordre est donné de le passer par les armes. Le commandant Dickmann sera tué sur le front de Normandie, mais le lieutenant Kahn, qui commandait la 3e compagnie lors du massacre d'Oradour-sur-Glane, quoique bien vivant, ne sera même pas recherché, la paix revenue. Quant à Lammerding, bien que condamné à mort par contumace par le tribunal militaire de Bordeaux en 1953, bénéficiant d'étranges protections, il mourra paisiblement dans son lit, bien des années plus tard[67]. »

Si les sacrifices sont lourds, le résultat final n'en sera pas moins capital. La division « Das Reich » est retardée de quatre jours en Limousin et son arrivée en Normandie n'aura plus d'efficacité, d'autant plus que, avertis par radio, les bombardiers de la RAF viennent sérieusement la décimer, à Poitiers, dans la nuit du 12 juin. Cette unité, qui a semé la terreur dans la population du Limousin, a totalement échoué dans sa mission d'anéantissement des unités de la Résistance. Aussi, l'occupant décide de nouvelles opérations anti-maquis.

Des attaques aériennes de la Luftwaffe visent les groupes FTP d'Amboirac, La Villa Sussac, Le Mazeau… Le 16 juin, un des appareils, un chasseur Reggiane Re 2000, se trouve contraint d'atterrir près de Jumeau-le-Grand, à la suite du dérèglement d'une mitrailleuse (12,7 mm) ayant sectionné une pale de l'hélice.

Le 9 juillet 1944, le colonel Guingouin apprend qu'une importante colonne allemande, après avoir opéré contre les FFI du Cantal, arrive en Corrèze et se dirige sur la Haute-Vienne. Il s'agit de la brigade Jesser, forte de deux mille cinq cents hommes et cinq cents véhicules. Cette nouvelle pose à Guingouin un réel problème. Il vient en effet d'obtenir des Alliés un parachutage massif pour ses troupes, le 14 juillet en plein jour. Il doit renoncer à la guérilla et au contraire contenir l'occupant dans une véritable guerre de position, tant que le matériel parachuté ne sera pas distribué.

Le 14, la brigade Jesser se trouve à 90 kilomètres d'Eymoutiers. D'autres nouvelles alarmantes arrivent au PC de Guingouin : en plus de cette attaque venant de l'Est, les FTP vont devoir faire face, au Sud, au 95e régiment allemand de sécurité, venant de Brive et de Tulle par la Croisille, et, à l'Ouest, à un bataillon de Schutzpolizei de la garnison de Limoges, accompagné de six cents miliciens, arrivant sur Linards. C'est donc une manœuvre d'encerclement que va tenter l'occupant. Les assaillants alignent au total quatre mille huit cents hommes contre trois mille cinq cents maquisards.

« En prévision de cette attaque, écrit Guingouin, la base des partisans du mont Gargan se transforme en véritable hérisson. Le défilé La Celle-Eymoutiers, voie d'accès pour la brigade Jesser, devient impraticable ; le pont de fer de voie ferrée et le viaduc surplombant la route ont été également détruits. C'est une course contre la montre pour les maquisards qui doivent, à la fois, répartir le matériel largué et contenir l'ennemi. Ce dernier arrive à La Croisille le 16 juillet. Huit kilomètres seulement le séparent de Sussac et du terrain de parachutage du lieu-dit Le Clos[68]. »

Le 17 juillet, les forces d'occupation passent à l'attaque. Durant deux jours, les maquisards livrent une véritable bataille, défendant avec héroïsme leurs positions et contre-attaquant même en certains endroits. La mission défensive, devant permettre la distribution des armes, a parfaitement réussi. Le 19, la guérilla reprend alors ses droits ; partout les colonnes ennemies se trouvent prises sous les tirs d'armes automatiques. Les embuscades se multiplient.

« Bien loin de rechercher le contact avec les partisans, affirme Guingouin, l'Allemand n'aura plus qu'une idée, quitter ce sol qui brûle sous les pieds, cette terre, pour lui « pire que Russie »... Le 23 juillet, après un dernier engagement, les éléments de la brigade Jesser quittent définitivement la Haute-Vienne et retournent en Haute-Corrèze[69]. »

D'après un document allemand trouvé à la Libération, le bilan des combats du mont Gargan (17 au 24 juillet 1944) a été très lourd pour l'occupant : trois cent quarante-deux tués ou blessés. Parmi les victimes, on compte sept officiers. Du côté des FTP : trente-huit tués, cinq disparus et cinquante-quatre blessés. La Milice, aux ordres du colonel Jean de Vaugelas, n'a eu que des pertes insignifiantes : un tué et trois blessés. Grâce à un curieux accord avec les Allemands, les miliciens n'ont opéré qu'en seconde position, s'abstenant d'intervenir directement dans la bataille.

Dès le 12 août, la ville de Limoges est partiellement encerclée par une partie des treize mille neuf cents FFI (AS, FTP, ORA) de la Haute-Vienne. Le colonel Guingouin établit une liaison permanente avec le commandant Huard, chef départemental de l'AS, et le commandant Dellile de L'ORA. La garnison allemande, forte d'environ mille quatre cents hommes, qui forment entre autres, deux compagnies SS et un bataillon de miliciens, essaye par de furieux coups de boutoir de desserrer l'étau qui l'emprisonne.

Le colonel Guingouin, commandant l'organisation résistante la plus importante, devient chef FFI du département. C'est à ce titre qu'il va entreprendre les opérations qui libéreront Limoges. Le colonel Meier, chef de la Gestapo de Limoges, déclare qu'avant de se retirer il fera fusiller une grande partie des prisonniers de la place du

Champ-de-Foire. Ce sera le sort terrible que connaîtront, au départ des troupes allemandes, les résistants enfermés dans les geôles de Périgueux, Bourges et bien d'autres villes de France.

« Pour les soldats de la liberté, raconte Guingouin, les vies humaines sont précieuses. Aussi, la stratégie choisie sera l'encerclement, et non l'attaque frontale. Certes, le dispositif sera plus long à mettre en place, mais ainsi, le sinistre Meier ne pourra pas exécuter sa menace[70]. »

Le 16 août 1944, le chef de la Milice de Limoges, Jean de Vaugelas, tente de rompre le blocus. Il forme une colonne comprenant une centaine de véhicules pour trois cent cinquante miliciens, accompagnés de deux cents femmes, cent cinquante enfants et quatorze blessés. Deux jours plus tard, après avoir dû livrer bataille à quatre reprises, la colonne est bloquée à La Jonchère, à vingt kilomètres de Limoges. Il faudra l'intervention de la 2e compagnie de la Schutzpolizei pour dégager la Milice en fuite.

Le 21 août, par l'intermédiaire du consul de Suisse M. Jean d'Albis, les pourparlers sont engagés entre le colonel Guingouin et le général Gleiniger, chef de la garnison allemande de Limoges.

« Les pourparlers se terminent à 18 h 15, raconte Guingouin. L'acte de capitulation doit être signé à 20 h 30. La reddition est officielle, les embuscades sont levées, mais coup de théâtre, les SS, refusant de s'incliner, enlèvent le général Gleiniger, qui sera exécuté. Seul, le capitaine Noll se présente ; il est fait prisonnier avec douze officiers et trois cent cinquante soldats. À 20 h 30, les soldats des Forces françaises de l'intérieur entrent dans la ville, l'arme à la bretelle, ayant libéré « la capitale du maquis », avec le minimum de pertes et surtout — ce qui est le plus beau titre de gloire — ayant réussi à sauver tous les prisonniers de la place du Champ-de-Foire, leurs frères d'armes et d'espérance, dont la vie était dangereusement menacée[71]. »

La Résistance en Haute-Vienne compte près de trois mille deux cents tués au combat ou fusillés. Les pertes allemandes s'élèvent à deux mille huit cents soldats (tués, blessés ou prisonniers).

En Corrèze, mille huit cents FTP encerclent dès le 5 juin 1944 la ville de Tulle où sont cantonnées les forces de Vichy, la Feldgendarmerie et deux compagnies du 95e régiment de sécurité. Le 7 à 5 h 30, les unités FTP commandées par Godefroy (Rivière) et

Kléber (Chapou) passent à l'attaque. Les miliciens parviennent à quitter la ville, mais les Allemands se barricadent à l'école normale et opposent une farouche résistance. Le lendemain, ils vont tenter une sortie qui se traduira par un échec sanglant.

En fin de journée, le 8 juin, les FTP sont maîtres de Tulle. Si les résistants n'ont que des pertes légères, les Allemands comptent quarante-quatre tués et soixante prisonniers, dont vingt-cinq gravement blessés. D'autres sources parlent de cinquante-six tués dans les rangs allemands.

Dans la soirée, un groupe de reconnaissance de la division « Das Reich », commandé par le commandant SS Kowatsch, entre dans Tulle. Les FTP, sans armes lourdes, tentent de s'opposer aux blindés allemands. Mais les balles des mitrailleuses ne peuvent rien contre le blindage des « pachydermes » d'acier. Les SS dénombrent trois tués et neuf blessés.

En découvrant à l'hôpital les quarante-quatre ou cinquante-six cadavres du 95e régiment de sécurité, le commandant SS Kowatsch et ses tankistes deviennent fous de rage et annoncent que les représailles seront terribles. Kowatsch ordonne d'arrêter tous les habitants masculins de seize à soixante ans. Trois mille Tullistes sont parqués dans la cour de la manufacture d'armes.

Le 9 juin, quatre-vingt-dix-neuf innocents sont pendus et cent quarante-neuf déportés en Allemagne. Cent onze ne reviendront pas de Dachau, ce qui porte à deux cent dix le nombre des victimes civiles de la tragédie de Tulle.

On peut se demander pour quelle raison les FTP ont attaqué Tulle alors que la division « Das Reich » faisait route vers la Corrèze. Si le colonel Guingouin a bien été informé du mouvement de l'unité SS, la nouvelle n'a pu être annoncée à temps à tous les chefs de la région FFI R5.

« Terrible danger, raconte Guingouin, dont l'imminence échappe aux chefs de la R5 qui n'ont pas eu connaissance du message téléphoné de Cahors dans la journée du 6 juin. N'ont été prévenus ni les FTP dont les chefs « Rivière » et « Chapou » s'apprêtent à attaquer Tulle, ni l'AS de la Creuse[72]. »

Sans que la bonne foi de Guinguoin ne soit mise en cause, cette version des faits est en partie contestée par des historiens et des résistants. En effet, le 28 mai 1944, certains FTP, sauf Guingouin qui s'y oppose avec vigueur, annoncent à l'AS l'intention de passer à l'insurrection dès l'annonce du débarquement. Des officiers de l'AS essaient de les en dissuader, sachant que les Allemands sont encore très forts dans la région. La population paiera le prix d'horribles représailles. L'AS rappelle que les ordres de Londres et d'Alger sont formels : n'attaquer les ponts qu'en rase campagne, effectuer les coupures ferroviaires prévues. Chez certains FTP, le but est politique. Ils veulent déclencher l'insurrection et s'assurer le maximum des positions-clés. Ils misent sur l'engrenage de la terreur : provoquer l'occupant, susciter la répression contre les habitants et profiter de l'indignation générale pour mobiliser la population. Le 6 juin 1944, l'annonce du débarquement allié se propage rapidement. L'AS reçoit l'ordre du général Kœnig, commandant en chef des FFI à Londres, d'effectuer les coupures prévues sur les voies de communication, ordre assorti de l'interdiction de déclencher le dispositif insurrectionnel, prévoyant la libération des édifices publiques et l'attaque des garnisons allemandes.

La Corrèze est également marquée par un autre drame en ce mois de juin : l'affaire d'Ussel. Dès le 6, les maquisards de l'AS ont encerclé la ville d'Ussel. La garnison comprend des miliciens, des éléments du 1er régiment de France (unité de Vichy) et une centaine de soldats allemands.

Le chef Var, responsable de la Résistance et maire d'Ussel, négocie en secret avec les officiers du 1er régiment de France qui acceptent de passer, avec leurs hommes, sous le contrôle de l'AS. Les Allemands, démoralisés, se rendent au 1er régiment de France et se laissent enfermer dans la caserne de la ville.

La demi-brigade AS-Haute-Corrèze, regroupant seize maquis, se signale par d'importants succès contre l'occupant. Le 7 juillet 1944, vingt-deux soldats allemands sont tués dans une embuscade à Chavanon. Le 27, une embuscade tendue à Mirambel coûte la vie à dix-sept Allemands et à six maquisards. Trois jours plus tard, à deux kilomètres d'Eygurande, une quarantaine de soldats allemands tombent sous les balles des FFI. Le 1er août, au pont de Chavanon, trois véhicules sont détruits et une quinzaine d'Allemands abattus. Le 17, les maquisards mettent hors de combat une quarantaine d'ennemis dans la région d'Ussel. Le corps franc AS-Tulle fait également preuve d'une incontestable bravoure : une quinzaine d'embuscades à son actif, coûtant la vie à de nombreux soldats allemands.

La brigade AS-Basse-Corrèze, forte de trente-trois maquis, accomplit de nombreuses opérations militaires. Le 7 juin, une de ses compagnies attaque un train blindé à Noailles : seize Allemands et sept maquisards sont tués. Le 18, l'embuscade à Lonzac contre une colonne de quatre-vingt-dix camions se termine par la mort d'une quarantaine d'Allemands et la perte de deux résistants. À la fin du mois, une cinquantaine d'ennemis trouvent la mort à Solignac et Souillac.

Les FTP de la Corrèze comptent en juin 1944 près de six mille hommes répartis en une quarantaine de compagnies. Ils vont particulièrement se distinguer dans le harcèlement des colonnes allemandes. Le 7 juillet, les FTP tendent une embuscade sur la N89 à Monestier : une trentaine d'ennemis sont tués ou blessés. À la fin du mois, sur la route Brive-Saint-Chamant, une quarantaine d'Allemands sont mitraillés par les FTP. Le 7 août, un détachement FTP ouvre le feu contre une importante colonne ennemie sur la N89 à Cornil : cinquante Allemands sont tués et trois autres prisonniers.

Dès le 15 août, la garnison allemande de Brive, totalement démoralisée, se rend aux FFI : quatre cent quatre-vingt-treize prisonniers, dont dix-sept officiers, quatorze canons, trois mortiers lourds... tombent aux mains de la Résistance. Le bilan de quatre années de lutte sur le sol de la Corrèze se solde par la mort de cinq cent trente-deux résistants et six cent-trente deux soldats du Reich. En outre, mille cent quatre-vingt-trois Allemands ont été faits prisonniers.

Dans la Creuse, la nouvelle de l'arrivée de la division « Das Reich » en Limousin n'a pas été transmise. La libération de Guéret, chef-lieu du département, est donc entreprise dès le 7 juin 1944. Près de deux mille FFI (école de la Garde, AS, FTP) attaquent la garnison allemande, réduite à une cinquantaine d'hommes. Après six heures de combat acharné, c'est la reddition. Les Résistants rendent à leurs adversaires les honneurs militaires. Le bilan : sept morts chez les FFI, neuf chez l'ennemi, une quarantaine de prisonniers, une importante quantité de matériel récupéré, dont une mitrailleuse lourde avec cent mille cartouches, un fusil-mitrailleur, trente fusils, vingt mitraillettes, des caisses de grenades, deux postes de radio...

Une compagnie allemande venue de Montluçon tente de reprendre la ville le 8 juin. Après s'être heurtée à une vive résistance, elle doit repartir en laissant sept morts et dix blessés sur le terrain. Cependant, le lendemain, un bataillon de la division « Das Reich », blindés en tête, entre dans Guéret, dans l'intention de tout brûler.

« Heureusement, écrit le résistant Blanche, Guéret ne connut pas le sort qui allait être le lendemain celui d'Oradour. Elle le dut au sang-froid de sa population et de son maire, à l'intervention d'un diplomate suédois, mais aussi et surtout à la manière dont avaient été traités par les FFI les blessés et les prisonniers allemands[73]. »

Malgré la perte de Guéret, la Résistance de la Creuse mène efficacement la guérilla dans tout le département. Le bataillon AS-Anne exécute en l'espace d'un mois une vingtaine de sabotages ferroviaires, paralysant ainsi le ravitaillement de l'occupant. Le 1er août, un accrochage au Pont-de-la-Duge coûte la vie à une vingtaine d'Allemands. Le 12, sur la route de Gouzon-Montluçon, dix soldats ennemis tombent sous les balles du bataillon Anne. Le 17, à Basseneuil, une colonne ennemie, forte de trois camions et de trois blindés, est attaquée et laisse vingt-trois soldats sur le terrain. Le lendemain, sur la route Gouzon-Boussac, trente soldats allemands sont mitraillés par les FFI. À Rossignol, le 20, un convoi de huit camions tombe dans une embuscade: douze Allemands sont tués. Le jour suivant, au sud de Guéret, une trentaine d'ennemis sont mis hors de combat. Durant tout le mois d'août, le bataillon Anne a livré une vingtaine de combats, en perdant seulement sept hommes.

Le Groupement AS-Jack participe activement à la libération du département, avec à son actif une trentaine d'opérations militaires et la perte de trente-six maquisards. Les FTP se signalent à Parsac, le 3 juillet, lors d'une embuscade où quinze soldats allemands sont abattus. Le 19 août, quarante miliciens tombent sous les balles d'un détachement FTP sur la N141. Le même jour, à Sauviat-sur-Vige, quarante soldats allemands trouvent la mort lors d'un accrochage. Le sacrifice de deux cent vingt-huit résistants de la Creuse est largement compensé par les pertes de l'occupant: près de six cents soldats.

La libération de l'Aquitaine

La Résistance en Gironde, durement éprouvée par de multiples affaires, semble plus que jamais divisée à la veille du débarquement en Normandie. Massacres, arrestations massives, exécutions se succèdent. Dès le 8 juin 1944, le maquis de Lorette (quatre-vingts hommes), cantonné à Saint-Michel-de-Lapujade, est attaqué par un fort détachement de soldats allemands et de miliciens. Le maquis résiste toute la journée et parvient à rompre l'encerclement.

À partir du 6 juin, le chef FFI André Jolit et ses équipes du Blayais accomplissent plus de cent coupures du réseau téléphonique allemand en Nord-Gironde et Charente-Maritime. Le câble souterrain reliant la basse sous-marine de Bordeaux à celle de La Rochelle est coupé en une nuit dans la région de Saint-Savin-de-Blaye. Des arbres sont abattus sur les routes nationales et des voies ferrées sautent entre Saint-André-de-Cubzac et Saintes. Les groupes dirigés par Roger Landes (officier du SOE) et Lucien Nouaux, qui tombera sous les balles de la Gestapo, font de même dans tout le reste du département.

Le 14 juillet 1944, le maquis de Saucats, encerclé par des miliciens et des nazis, succombe après une résistance héroïque. Dans le Médoc, le maquis Jean Dufour, limité à une centaine d'hommes, est en partie anéanti par une formation allemande de huit cents soldats, le 25 juillet 1944. Jean Dufour, ainsi que d'autres maquisards, est tué lors de l'affrontement. Les Allemands exercent de sévères représailles contre la population des environs.

Le 19 août, à Cau-Berson, André Jolit et une de ses équipes tendent une embuscade à une colonne allemande, venant de Blaye, qui abandonne quarante-deux tués et huit blessés sur le terrain. Les maquisards ne comptent que quatre blessés, dont l'intrépide André Jolit, touché au bras par une balle explosive. Le 21, informé du repli sur La Réole des forces ennemies occupant Tonneins et Marmande, le commandant FFI Menvielle décide avec son bataillon de les arrêter. Près de deux cents soldats allemands ou supplétifs de l'Est sont capturés.

Avant de quitter Bordeaux, les Allemands prévoient de détruire le port, les chantiers maritimes, le pont de Pierre, la passerelle du chemin de fer, les docks et la grande grue. On parle de l'éventualité de la mort de trois mille Bordelais. Un soldat allemand de la Kriegsmarine joue alors un rôle imprévu. Le sous-lieutenant artificier Heinz Stahlschmidt se trouve à Bordeaux depuis le mois d'août 1941. Chargé de mener à bien cette terrible mission, il n'écoute que sa conscience de chrétien. Après avoir essayé, vainement, de prendre contact avec la Résistance locale, méfiante plus que jamais à la suite de multiples trahisons, Stahlschmidt fait sauter seul, le 22 août, le blockhaus de la rue Raze, sur les quais, où se trouvent entreposés les explosifs devant détruire le port et ses environs. Il parvient à se réfugier chez la famille Dupuy au Bouscat, puis chez les Moga à Bordeaux.

Cette affaire a des retombées considérables. Les Allemands, persuadés que la Résistance est à l'origine de tout cela, décident de traiter avec elle : l'évacuation des troupes allemandes stationnées dans l'agglomération bordelaise s'effectuera sans être entravée par les maquisards. À cette unique condition, des représailles massives ne seront pas exercées sur la population et la cité. D'autres explosifs, n'ayant pas été entreposés sur les quais, peuvent être utilisés comme moyen de pression sur la Résistance et la mairie de Bordeaux.

Le 26 août 1944, l'entretien courageux du commandant FFI Rougès avec le capitaine de corvette Kühnemann ne fait que persuader l'occupant de la puissance de la Résistance bordelaise. Rougès annonce que des forces alliées considérables encerclent la ville. En réalité, moins de trois mille FFI, modestement armées, font face à neuf mille Allemands bien équipés. On compte encore dans le département et ses environs trente mille soldats allemands. Il est vrai que de nombreux maquis du Sud-Ouest font route vers la ville. Après l'entrevue et la signature d'un accord dans les locaux d'un ancien cercle, cours du 30-Juillet, le commandant FFI Rougès, muni d'un laissez-passer, regagne son maquis sur la rive droite de la Garonne. Ce sera le seul contact direct entre un membre de la Résistance et les Allemands qui devront avoir quitté la ville le 27 août à minuit.

L'évacuation est plus longue que prévu. Le 28 août à 4 h 30, les dernières troupes allemandes quittent Bordeaux par la route de Carbon-Blanc. À 6 h 30, les colonels FFI Adeline et Druilhe, escortés par des maquisards, entrent dans la cité et se dirigent vers le quartier général de la région militaire, rue Vital-Carles. Ils occupent ensuite l'hôtel de ville. Les colonnes FFI défilent devant une foule immense. Des kermesses et de joyeuses manifestations s'organisent un peu partout.

En début d'après-midi parvient la nouvelle de la présence à la Pointe-de-Grave, dans le Médoc, de plusieurs milliers de soldats allemands qui se sont retranchés dans une véritable forteresse. Ils constituent pour Bordeaux une menace qu'il importe de ne pas sous-estimer. Divers groupes FFI, placés sous les ordres du colonel de Milleret, bloquent l'extrémité du Médoc, afin d'éviter un éventuel retour des Allemands. Cette poche allemande — défendue par quatre mille soldats, cent dix blockhaus et cent onze pièces d'artillerie — va défier le reste du département libéré, durant de longs mois. Elle ne tombera qu'après de très violents combats en avril 1945, alors que les Alliés sont aux portes de Berlin.

La Résistance en Gironde a subi de lourdes pertes avec mille trois cents déportés, plus de deux mille arrestations, huit cent six fusillés, cent cinquante-quatre maquisards tués lors de la libération du département et quatre cents autres (venus de tout le Sud-Ouest) tombés durant les combats de la poche du Médoc, sans oublier mille six cents juifs déportés. On dénombre trois mille sept cent cinquante-cinq tombes allemandes en Gironde.

Dans le département des Landes, les maquis de Léonce Dussarat sont passés à l'action dès le 7 juin. Sabotages routiers et ferroviaires se multiplient, obligeant les garnisons allemandes à quitter les localités avec une extrême prudence. Le 11, cinq cents soldats allemands attaquent le poste de commandement de Dussarat, dans la forêt de Téthieu, où stationnent une centaine d'hommes. Là sont stockées dix tonnes d'armes provenant de cinq parachutages. Après avoir vigoureusement résisté, les maquisards tentent de se soustraire à l'encerclement. C'est alors que Dussarat fait sauter le dépôt pour qu'il ne tombe pas aux mains de l'ennemi : « L'explosion, raconte Dussarat, a été terrifiante. Elle a été entendue à quarante kilomètres de là, jusqu'à Orthez. L'ennemi surpris s'arrête de combattre de longues minutes, ce qui permet à la plupart de mes hommes de se sauver. Trois des nôtres sont tués en combattant. Quatre autres faits prisonniers sont fusillés le lendemain, après avoir refusé de divulguer le nom de leur chef. Les Allemands ont eu quarante-deux morts et de nombreux blessés dus en grande partie à l'explosion[74]. »

Le 27 juillet, les preux de Dussarat accomplissent un nouvel exploit, considéré par Winston Churchill comme « l'un des plus spectaculaires sabotages ferroviaires de toute la guerre » : les résistants du groupe Pontonx, commandé par Robert Labeyrie, voient se former en gare de Laluque un train composé de soixante-treize wagons de munitions. Dussarat donne l'ordre de le faire sauter en gare. En plein jour, Henri Ferrand, sous la protection d'un groupe armé, se déguise en cheminot et fait semblant de vérifier les essieux des wagons. En vérité, il en profite pour placer des pains de plastic. Quelques minutes après, les habitants de Dax et de Mont-de-Marsan, situé à quarante kilomètres de Laluque, entendent durant deux jours des explosions en série si violentes que certains croient à un débarquement sur la côte landaise ! « La voie ferrée, écrit Michel Goubelle, fut endommagée sur un kilomètre... pendant quinze jours tout trafic ferroviaire fut arrêté[75]... »

La brigade Carnot du colonel Jean de Milleret participe à la libération d'Aire-sur-Adour le 13 août 1944 et de Mont-de-Marsan le 21, avec des unités de Léonce Dussarat. Une importante colonne allemande d'un millier de soldats, menaçant Mont-de-Marsan, est stoppée près du pont de Bats durant sept heures avec les sections FFI Latour, Despons, aux ordres de Jean Gervais, et des éléments de la brigade Carnot (Claverie et L'Huillier). Malgré une puissance de feu très supérieure, les Allemands ne peuvent progresser et perdent cinq véhicules. Un énorme camion, qui transporte des munitions, saute, atteint par un obus de mortier. Désemparés, les Allemands se replient en emportant leurs morts et leurs blessés. Mont-de-Marsan est ainsi sauvé des représailles.

Le prix que les Landais ont payé à l'Occupation est lourd : sept cent trente-neuf déportés, une centaine de fusillés, cent trente-huit internés, une centaine de maquisards tués lors de la Libération. Les archives allemandes signalent la présence de cinq cent soixante-douze tombes allemandes dans le département.

Dans les Basses-Pyrénées, les nombreuses unités de la Résistance passent à l'action dès l'annonce du débarquement en Normandie. Plus de deux cents sabotages sont accomplis dans le département de juin à août 1944. Les embuscades frappent durement les troupes allemandes. Le 23 juin, la brigade Carnot du colonel de Milleret (réduite à cinq cents hommes), est encerclée, dans la région de Portets au nord de Pau, par un millier de soldats allemands. Après une résistance désespérée, une partie de la brigade FFI parvient à rompre l'étau et peut se regrouper avec son chef à Viella. Beaucoup d'hommes, dont la plupart appartiennent à la compagnie Malvaux, sont faits prisonniers : quarante-trois d'entre eux seront fusillés au champ de tir de Pont-Long, le 6 juillet 1944. Le combat de Portets est une tragédie pour la brigade Carnot qui compte soixante-deux tués, une dizaine de blessés. Les pertes allemandes sont de dix tués et d'une trentaine de blessés.

Le 13 juillet, le groupe Sarrazin, rattaché au corps franc Pommiès (CFP), s'oppose à un millier de soldats ennemis, dans la région de Monassut, près de Pau. L'affrontement, très meurtrier, coûte la vie à onze résistants et à cinquante-deux germano-miliciens. Dans le Pays basque, la compagnie Lavalou du CFP encercle la garnison allemande de Mauléon, le 10 août. Après quelques accrochages, les Allemands (une cinquantaine) capitulent le lendemain.

Les Allemands en garnison à Pau gagnent Orthez le 20 août. D'autres éléments, dépassant rarement l'effectif d'une section, évitent les grands axes et font retraite vers le nord par les routes secondaires. La compagnie FFI du capitaine Peillon obtient la capitulation d'une colonne ennemie près d'Arthez-de-Béarn, le 22 août 1944. Le même jour, la garnison allemande d'Oloron-Sainte-Marie (cent cinquante hommes) tente de franchir la frontière espagnole, par le col du Somport. Elle se heurte à divers groupes de maquisards, dont ceux du commandant de Carrère. Après une journée de combat, les Allemands se rendent au pont de Cebers. Le chef de la Gestapo d'Oloron préfère se suicider. D'autres unités allemandes, qui essaient de se réfugier en Espagne, sont capturées par les FFI après des combats brefs ou violents. C'est le cas à Borce où cent quatre soldats allemands, encerclés par les maquisards de l'AS et de l'ORA, capitulent le 24 août. La libération de Bayonne, Biarritz et Hendaye, le 21 août, permet au bataillon FFI Passicot de capturer cent soixante-huit soldats ennemis.

La guerre se termine dans le département des Basses-Pyrénées, qui compte de lourdes pertes : mille quatre cent quarante-six déportés, dont mille cent soixante-sept résistants, deux cent quarante-sept internés, cent quatre-vingt-dix-sept fusillés ou morts au combat. Le camps de Gurs, avec ses milliers d'internés (juifs, Espagnols, Français), totalise mille cent quatre-vingt-sept morts.

Dès le 7 juin 1944, les nombreux maquis du Périgord déclenchent l'insurrection dans toute la région. Sabotages et embuscades se multiplient. Le 11, un groupe de FTP de cent cinquante hommes attaque Mussidan. Après une intense fusillade, les résistants, qui comptent une quinzaine de tués et autant de blessés, se retirent. Du côté allemand, treize soldats ont été tués, une vingtaine a été blessée et une dizaine d'autres ont été capturés. Les FTP partis, les Allemands de la garnison de Périgueux et les supplétifs nord-africains de la Hilfspolizei procèdent à l'arrestation de trois cent cinquante habitants de Mussidan. La ville est rapidement livrée au pillage : les Nord-Africains pénètrent dans les maisons particulières et les magasins pour tout saccager. Vers 21 heures, cinquante-deux Mussidanais sont passés par les armes à quelques mètres de la mairie.

Le 11 juin, d'importantes troupes allemandes tentent d'anéantir les groupes FFI (AS, FTP, ORA) qui occupent Mouleydier et ses environs. Devant la résistance acharnée du groupe Soleil et du corps franc Bir Hakeim, les Allemands doivent battre en retraite. Une nouvelle attaque allemande est lancée le 17 juin. Le groupe AS-Carnot faisant bonne garde, les assaillants doivent décrocher de nouveau avec des pertes sensibles. Le soir même, des renforts FFI arrivent, comme les groupes Cerisier et Bayard qui prennent position à Saint-Germain, sur la rive gauche de la Dordogne. Le lendemain, la formation allemande Kopp tente de forcer le passage de Mouleydier. La bataille fait rage, mais le groupe DD-Bourniquel, venant en renfort, permet aux résistants de maintenir la position. Pour la troisième fois, les Allemands ont été tenus en échec devant Mouleydier. Le groupe de reconnaissance de la 11e Panzerdivision est alors envoyé en supplément. Cette unité d'élite dispose de nombreux blindés et d'une excellente artillerie. Son chef, le commandant Bode, âgé de quarante ans, est un vétéran du front russe. Devant le renforcement du dispositif allemand, les groupes FFI (AS, FTP, ORA) Soleil, Alexis, Cerisier, Marsouin, Loiseau, Bertrand, Leduc, Pistolet, Max… forment un vaste système défensif autour de Mouleydier. Mais que peuvent ces hommes sans armes antichars efficaces face à une importante formation blindée ? Le 21 juin, les FFI des postes avancés aperçoivent des blindés qui se répandent dans la plaine. Le choc de l'acier contre la chair tourne court. Les résistants doivent se replier en catastrophe. Près de deux cents maisons de Mouleydier sont incendiées ou détruites en quelques heures par l'artillerie, les lance-flammes et les blindés.

Le mois de juillet 1944 est également marqué par de nombreux combats dans tout le département de la Dordogne. Les troupes du maquis (près de vingt-quatre mille hommes) continuent de harceler l'occupant et lui font subir des pertes sévères. Le 6 juillet, le 4e bataillon FTP attaque un détachement ennemi à Saint-Georges-de-Blancaneix : quinze Allemands restent sur le terrain. Le 8, le groupe FTP Stalingrad tend une embuscade à une colonne de la Wehrmacht à Payzac : trois Allemands et un maquisard sont abattus. Le lendemain, quarante FFI du groupe AS-Carnot affrontent à Roudier une colonne allemande qui perd sept hommes. Le même jour, quatre-vingts maquisards du groupe AS-Leduc mettent hors de combat trente-huit soldats allemands dans la région de Beaumont. À Jaure, le 15 juillet, le poste de commandement du 4e bataillon FTP est attaqué par l'occupant qui est finalement repoussé en laissant huit morts sur le terrain. À la fin du mois, dans le sud du département, le groupe AS-Lecamp livre plusieurs combats, tuant ou blessant quarante-sept Allemands et perdant deux maquisards.

Depuis le 6 juin, la section spéciale de sabotage (SSS) de Jacques Nancy rayonne sur plusieurs départements de la région, intensifiant les opérations en tout genre : « Mes trois groupes, écrit Jacques Nancy, travaillent suivant mes instructions ; déraillements, coupures de voies ferrées, sabotages de pylônes, ponts, routes… Chaque nuit, ce sont des randonnées de cent, deux cents et même trois cents kilomètres. Les harcèlements des voies de communication se multiplient, il y a quelques accrochages, mais peu de pertes car les hommes sont disciplinés, très entraînés. Les itinéraires préparés minutieusement, toutes les chances de succès sont mises de notre côté pour ces opérations qui sont souvent dangereuses[76]. »

Du 6 juin au 24 juin, la SSS compte à son actif une centaine de sabotages couronnés de succès. Opérations qui retardent considérablement la montée vers le front de Normandie de nombreuses unités allemandes. Le combat de Javerlhac du 24 juillet 1944, le plus meurtrier soutenu par l'armée allemande en Périgord, est à la gloire des FFI de la SSS qui, peu nombreuses (environ quatre-vingts saboteurs), repoussent avec héroïsme huit cents soldats allemands disposant de nombreuses armes automatiques, de canons de 20 mm, d'une automitrailleuse et d'un avion de reconnaissance. Jacques Nancy applique une tactique de replis successifs qui va se révéler payante. L'ennemi s'enfonce dans une cuvette où les Français tiennent les hauteurs. Le combat fait rage presque toute la journée. À 17 heures, après des accrochages sur les deux versants et au centre, la situation est renversée. Les saboteurs reprennent progressivement le terrain perdu, la trace de l'ennemi en retraite se signale par des pansements, des tas de douilles, des casques et des munitions ou des armes abandonnés. À 18 heures, les preux de Jacques Nancy arrivent au pont du Bandiat où a eu lieu le premier accrochage… Enfin, le premier barrage est atteint. Là, deux camions allemands complètement détruits n'ont pu être remorqués. À la fin de ce combat, aucune perte n'est enregistrée du côté de la section spéciale de sabotage : pas un seul tué, pas même un blessé ! Du côté des Allemands, on compte cinquante-six tués et cent cinquante blessés ! Chiffres incroyables qui sont confirmés par les archives allemandes. La puissance de feu de la SSS, forte notamment d'une quinzaine de fusils-mitrailleurs Bren, l'entraînement poussé des hommes et la région encaissée ont joué un rôle déterminant lors du combat de Javerlhac. Dès ce moment, la réputation d'invincibilité s'attache à la section spéciale de sabotage, qui accomplit de véritables exploits au prix de pertes insignifiantes.

Le débarquement franco-américain en Provence oblige les troupes allemandes à abandonner le Sud-Ouest pour se replier vers Dijon. Les groupes FFI de Dordogne-Sud libèrent Périgueux le 19 août 1944. Sur la N89, de longues colonnes allemandes sont obligées de prendre la direction de Bordeaux, car les routes du nord et de l'est sont contrôlées par les maquisards.

La compagnie Guitton, le bataillon Bugeaud, le groupe franc Roland, les groupes Labadie et Gossot encerclent à Saint-Astier une centaine de soldats allemands le 19 août. Ces derniers capitulent le lendemain avec les honneurs militaires rendus par les maquisards. Le jour même, l'occupant doit évacuer Bergerac en catastrophe. Le département de la Dordogne est totalement libéré le 25 août 1944.

La joie de la victoire ne peut faire oublier un bilan, hélas ! très lourd en pertes humaines. La résistance en Dordogne compte près de sept cents morts, ainsi que des centaines de déportés. Certaines communes ont été durement touchées par la répression féroce de l'occupant: Mussidan, Mouleydier, Saint-Astier… On parle d'un millier d'immeubles totalement détruits et de plus de trois mille partiellement. Mille deux cents soldats allemands ont été tués ou portés disparus et près de cinq cents autres capturés par la Résistance locale. Il est à noter que Michel Hambrecht, chef de la Gestapo de Périgueux, principal criminel de guerre en Périgord, sera gracié en 1953. L'ancien chef de la Milice, Victor Denoix, finira paisiblement sa vie en Allemagne.

Dès le 1er juin, les unités FFI du Lot-et-Garonne sont mises en état d'alerte. L'état-major départemental créé au mois de mai permet de coordonner et d'orienter les efforts vers un même but, selon une tactique généralisée. Le colonel Beck, les commandants Archidice, Kipfen, Max et Montagnier ont près de cinq mille hommes (AS, Vény, ORA et FTP) sous leurs ordres le jour J. Le camouflage des armes et du matériel, entrepris dès juillet 1940 par le commandant Jacques de Bentzmann et ses équipes, va permettre d'armer de nombreux maquis, en plus des parachutages effectués par la suite.

Sabotages, embuscades, affrontements directs se succèdent. Le 13 juin, une véritable bataille se déroule à Astaffort entre des unités FFI, dont le bataillon Ribourt, et des troupes ennemies composées de miliciens et d'Allemands. Les maquisards parviennent à se replier. Le 25 juin, la compagnie Adam du bataillon Mickey est attaquée à Lerm par trois colonnes allemandes comptant près de deux mille hommes et des blindés venus de Grignols, Captieux et Bazas. Après un très dur combat, deux compagnies du bataillon Mickey arrivent en renfort. La quasi-totalité de l'unité FFI peut se replier près de la commune de Sillas. Le 15 juillet, cinq mille soldats du Reich tentent d'anéantir le bataillon Néracais, dans la région de Sos. Les Allemands sont repoussés avec de lourdes pertes. Le 15 août, à Cornier, un terrible combat oppose les résistants du bataillon FFI Jasmin et ceux du groupe franc 13 à huit cents soldats allemands, qui doivent rompre la lutte en laissant sur le terrain une vingtaine de tués et emporter une quarantaine de blessés. Les maquisards déplorent trois tués et une vingtaine de blessés. Le 20 août, les douze mille FFI du Lot-et-Garonne ont définitivement libéré leur département. Elles ont perdu deux cent cinquante hommes, mais ont fait quatre cents prisonniers ennemis.

La lutte armée des maquis charentais

Le maquis de Bir Hakeim (AS) du colonel Chabanne compte en Charente près de trois cents FFI le 6 juin 1944. Il y en aura plus de six cents en juillet et près de trois mille le mois suivant. Cette unité va se déchaîner durant l'été, multipliant autant qu'il est possible les actions en tout genre. Le jour J, six sabotages ferroviaires sont accomplis avec succès dans la région d'Angoulême, trois ponts sautent, des installations allemandes sont endommagées. Le 10 juin, entre Angoulême et Roumazières, le maquis accomplit vingt-huit sabotages et détruit huit ponts. Le trafic allemand entre Angoulême et Limoges est arrêté, la route nationale est tenue par le maquis. Un train d'essence, accompagné de deux cents soldats, ne peut quitter Angoulême en direction de la Haute-Vienne.

Le 26 juin, la Kommandantur de La Rochefoucauld est prise d'assaut. Deux jours plus tard, un accrochage oppose dix résistants à soixante-dix miliciens et nazis à Couture : un maquisard et dix ennemis sont tués. Le 30, un important convoi allemand est attaqué par le maquis à Xambes. Les pertes allemandes s'élèvent à quarante hommes et trois camions. Les FFI perdent douze hommes.

Durant tout le mois de juillet, l'occupant tente d'anéantir le maquis Bir Hakeim. Il se heurte à chaque fois à une résistance acharnée. Le 10 août, la 3e compagnie du maquis remporte un important succès en forêt de Saint-Amant-de-Boixe sur l'axe Bordeaux-Paris, où cinq camions allemands sont détruits au bazooka ; quarante-deux soldats allemands, dont un colonel, tombent sous les balles. Les résistants ne comptent qu'un mort et un blessé. Le 15, la 1re compagnie du maquis tend une embuscade à quinze kilomètres au nord de Mansle. Trois camions ennemis sont pulvérisés au bazooka et quinze Allemands abattus. Deux jours plus tard, au même endroit, la 5e compagnie attaque un convoi de six véhicules, qui laisse deux camions et une vingtaine de cadavres sur le terrain, pour la perte limitée de quatre FFI blessées. Dans la région de Ruffec, le 24, l'occupant encercle la 2e compagnie du maquis qui parvient à se replier. On compte vingt tués chez les assaillants et neuf du côté français.

Les diverses compagnies du maquis Bir Hakeim, à quelques kilomètres de l'axe Bordeaux-Paris, multiplient leurs attaques contre les colonnes allemandes. Après la prise du camp de La Braconne, l'encerclement et l'investissement de la place d'Angoulême sont décidés par le colonel Chabanne, en accord avec le maquis FTP Bernard et les groupes qui arrivent de Dordogne, dont la section spéciale de sabotage de Jacques Nancy. Le 30 août, les maquisards mitraillent les cinq mille soldats allemands quittant Angoulême par sections successives. Des prisonniers sont faits, de nombreux camions détruits. La ville d'Angoulême est libérée dans la nuit du 31 août au 1er septembre 1944. Les sept mille résistants charentais ont définitivement libéré leur département avec l'aide des maquis venus de Dordogne et de Charente-Maritime. La Charente compte cent soixante-quinze résistants et six cent cinquante-quatre soldats allemands tués.

La libération de la Charente-Maritime est marquée par l'un des plus formidables succès de la Résistance française : la destruction du dépôt allemand de Jonzac, – l'équivalent de cent vingt wagons de munitions entreposé dans d'anciennes carrières. L'ensemble est protégé par une voûte rocheuse de vingt mètres, rendant impossible un bombardement aérien. L'attaque d'un commando est également inopérante du fait de l'importance du dispositif de protection. Il ne reste que la solution du sabotage par la Résistance locale. Le volontaire pour cette mission suicide se nomme Pierre Ruibet, membre de l'Organisation civile et militaire (OCM). Aux côtés des résistants Marchadier, Crauste et Gatineau, le jeune Ruibet prépare activement l'opération.

Le général Rollot, l'un des responsables de l'OCM, nous raconte la suite de cette affaire : « Le 8 juin 1944, Ruibet place ses explosifs pour que tout saute à 15 heures durant le repas des ouvriers. Mais rien ne se produit. Dix jours plus tard, une nouvelle tentative se solde par un nouvel échec. Quelques jours après, Ruibet invoque la nécessité de consulter à Bordeaux un médecin spécialiste, et se rend chez Mlle Crauste. Il y reçoit un revolver et de nouveaux explosifs. Mlle Crauste essaie elle-même deux crayons détonateurs, sans se rendre compte, sans doute, des multiples dangers qu'elle court. Et, le 20 juin, Ruibet repart pour Jonzac.

« C'est le 30 juin à 7 h 30 que, pour la troisième fois, le sous-lieutenant Ruibet met en place ses quatre dispositifs de plastic. Mais, cette fois, il a pris quelques mètres de cordeau presque instantané, bien décidé à mettre le feu à la main si les détonateurs ne fonctionnent pas. À 8 h 30, pendant que Gatineau fait le guet, il déclenche les crayons détonateurs réglés à 4 heures, mais un sous-lieutenant allemand qui l'a épié bouscule Gatineau et bondit sur lui. Ruibet l'abat, puis, avec le plus grand calme, crie à Gatineau de faire sortir les ouvriers français de la carrière et, sachant que les dispositifs peuvent être découverts et détruits avant que les crayons détonent, il met le feu tranquillement aux mèches en criant : « Vive la France ! »

« Pendant deux jours, les explosions se succéderont sans arrêt, dans l'immense carrière, et l'on retrouvera, quelques jours après, le corps du sous-lieutenant Ruibet et ceux de dix-sept soldats allemands. Gatineau, reconnu par les Allemands, est arrêté, livré à la Gestapo et torturé, sans qu'il parle. Cependant, il apprend que des otages sont arrêtés et vont être fusillés : cinquante cercueils ont été commandés en ville par les Allemands. Il se dénonce alors. Il sait, cependant, que ses souffrances vont reprendre pour lui arracher les noms de ses camarades de combat de Bordeaux. Mais il tiendra jusqu'au bout, sans livrer un nom. Et, le 1er juillet, à 21 h 30, il est fusillé, en soldat, les yeux non bandés. Ses dernières paroles sont : « Vive la France ! »

« Gatineau n'a livré aucun nom du petit groupe de sabotage et d'action « Alerte » de l'OCM, qui comprenait Bouillon dit Martial, qui devait être tué à l'attaque de Montluçon ; Robert Laurentz, qui devait tomber à l'attaque de Saint-Jean-d'Angély ; Pierre Calais, qui devait être tué devant Metz, le 2 septembre. Il n'a pas livré, non plus, le nom de Marguerite Crauste, responsable du groupe franc Alerte, héroïne de la Résistance PTT. Mais celle-ci sera démasquée par le télégramme reçu du sous-lieutenant Ruibet, le 8 juin. Arrêtée le 14 juillet par six soldats allemands, jugée au fort du Hâ par le tribunal militaire allemand, elle sera condamnée « en soldat », dira le colonel résident, « à être fusillée le 24 août ». La libération de Bordeaux la sauvera miraculeusement du peloton d'exécution.

« Au cours de l'audience du tribunal allemand, un colonel allemand devait dire, dans sa déposition, que ce dépôt, était en importance, le deuxième de l'armée allemande et que sa destruction était plus dure à supporter par le Reich que la perte d'une bataille[77]. »

Le groupe AS-OCM Bernard se distingue particulièrement lors de la libération de la Charente-Maritime. Du 13 juin au 29 août 1944, il exécute une dizaine d'opérations contre l'occupant. Le 1er septembre, avec la participation du détachement FFI Soulet des Hautes-Pyrénées, le groupe Bernard, fort d'une centaine d'hommes, obtient la reddition de la garnison allemande de Jonzac, représentant deux cent trente-cinq soldats, dont cinq officiers, et un important stock de munitions. Le 3, un retour offensif des Allemands venus de Royan est stoppé à l'entrée de Jonzac.

À Tonnay, les groupes FFI commandés par Carruel et Bouton capturent, le 24 août, douze soldats allemands et huit mille litres d'essence. En août 1944, le groupe La Bruyère attaque et libère définitivement Montendre le 26. Une cinquantaine d'ennemis sont tués ou blessés, une centaine capturée, pour la perte minime de deux maquisards.

Le maquis Jean Bernard, alignant une centaine d'hommes, doit faire face à l'assaut de trois cents Waffen SS à Château-Gaillard, le 14 août 1944. Le maquis décroche, inflige de lourdes pertes à l'ennemi (quarante-deux tués ou blessés), mais perd une vingtaine d'hommes. Il se reforme en cinq jours à Burie et participe, le 4 septembre, à la libération de Saint-Jean-d'Angély aux côtés d'une formation du maquis Bir Hakeim et des FTP locaux.

En juin 1944, le commandant Jacques Plessis, qui a réorganisé les unités FTP de la Charente-Maritime, dispose de plus de deux mille hommes, regroupés en cinq compagnies et douze détachements. On compte à l'actif des FTP du département soixante-quatorze opérations (sabotages, embuscades…) du 9 juin au 25 août 1944. Le 9 août, trente-huit soldats allemands sont tués lors d'une embuscade tendue par les FTP à Loulay. Le 13, à Saint-Denis-du-Pain, les FTP mettent hors de combat quarante-neuf soldats ennemis et perdent de deux hommes.

Le 4 septembre 1944, la Charente-Maritime compte plus de sept mille FFI qui vont intégrer la division Gironde et la brigade Marchand en position sur le front de Royan-Oléron, où sont retranchés plusieurs milliers de soldats ennemis. La Charente-Maritime ne sera entièrement libérée qu'au mois d'avril 1945.

Guérilla et libération en Midi-Pyrénées et Languedoc-Roussillon

Dans le département du Gers, conformément à la mission qu'ils ont reçue, les maquis, chacun dans sa zone d'activité, exécutent des sabotages sur les voies ferrées et sur les lignes téléphoniques. Ils sont le fait d'équipes ayant reçu une brève instruction sur les explosifs — la formation s'est surtout faite sur le tas — ou comme le bataillon Soules par des groupes espagnols tous heureux de reprendre le combat. L'explosif utilisé est le plastic, une substance nouvelle fournie en abondance par les parachutages.

Les opérations de destruction débutent dans la nuit du 7 au 8 juin. La voie ferrée Auch-Toulouse est coupée par sectionnement des rails à Aubiet, à Marsan, puis à l'Isle-Jourdain, Monferran-Savès et Gimont. Celle d'Agen l'est à Fleurance et à Castéra-Lectourois. Vers Tarbes, ce sont les ponts métalliques à l'Isle-de-Noé, Mirande, Miélan, qui sont endommagés. À l'extrême sud-ouest du département, la ligne Tarbes-Morcenx est prise pour cible ainsi que celle de Riscle-Sainte-Marie.

Le 21 juin, cinq cents soldats allemands de la 189e division d'infanterie attaquent le maquis de Castelnau. Celui-ci oppose une vive résistance toute la matinée. Puis, protégé par un renfort de deux cents hommes qu'a envoyé le capitaine Parisot, le maquis est accueilli par le bataillon d'Armagnac au camp de Maupas. D'après Guy Labédan, le combat de Castelnau a coûté la vie à onze résistants. Du côté adverse, on note une vingtaine de soldats hors de combat.

Le 3 juillet 1944, le bataillon d'Armagnac livre un furieux combat à Estang : trois maquisards et onze Allemands sont tués. Le 6, à Castéra-Verduzan, le détachement FTP Gaston tend une embuscade à un convoi allemand venant de Condom. Les FTP se sont postés sur le pont de la voie ferrée qui enjambe la N130. Lors de la fusillade, le commandant allemand de la place d'Auch, qui se trouvait en tête de colonne, est sérieusement blessé. Les maquisards peuvent quitter leur position sans perte.

Le mois de juillet 1944 est marqué par la tragédie de Meilhan. Le maquis du docteur Raynaud (une centaine d'hommes) s'est établi près du village de Meilhan depuis le mois de juin. Un jour avant le drame, un homme du groupe est fait prisonnier à l'entrée de Lannemezan par une patrouille allemande. Sous la torture, il donne l'emplacement du maquis. Mais ses révélations ne changent rien, car l'anéantissement du maquis était inscrit dans le plan d'opération du 116e bataillon de grenadiers depuis plusieurs jours. Un avion allemand avait déjà localisé l'unité FFI. Le 7 juillet, trois compagnies d'infanterie et une compagnie équipée de mortiers et de mitrailleuses lourdes, huit cents hommes au total et une quinzaine de véhicules, attaquent le maquis.

« Il est impossible de connaître les péripéties du combat, écrit Guy Labédan, faute de témoignages probants. Les rescapés, préoccupés de se couvrir, n'ont eu que des vues partielles de l'attaque et de la défense. Le commandant Marcellin, adjoint du docteur Raynaud, a pris en main un fusil-mitrailleur et a dirigé son tir, masqué par une haie retrouvée hachée, en direction de Lasseube. Puis, suivi par son fidèle compagnon Boutet, il a cherché une voie de salut vers le bois du Priou, déjà infesté de soldats ennemis. Aussi sont-ils abattus dans le ruisseau de La Lère.

« Le combat n'a guère duré plus de deux heures. Les Allemands, au coup de sifflet, se sont rués sur le mamelon du Priou, s'acharnant sur les blessés avec sauvagerie, comme en témoignent les photos prises par la Croix-Rouge[78]. »

Les pertes sont lourdes pour le maquis : soixante et onze hommes tués au combat ou fusillés par la suite. De plus, quatre otages sont passés par les armes. Les pertes allemandes restent inconnues.

Le 26 juillet, un groupe FFI du corps franc Pommiès attaque un convoi allemand sur la N124 à Leboulin. Le chef FFI Wolinsky a disposé ses hommes sur une colline boisée dominant la route. L'affrontement est terrible : les grenades détruisent les deux camions de tête. Les Allemands du troisième camion sautent à terre et ripostent. Les maquisards se replient en hâte, mais, sous le feu nourri de l'ennemi, perdent trois des leurs. Les Allemands ont trois tués, six blessés, dont deux grièvement.

Le 19 août 1944, vers 15 h 30, la garnison allemande d'Auch, forte de trois cent cinquante hommes bien armés, prend la direction de Toulouse. Elle se heurte rapidement à une série d'obstacles mis en place par diverses unités FFI, dont des éléments du corps franc Pommiès (CFP). À la tombée de la nuit, l'occupant est bloqué à l'entrée de l'Isle-Jourdain par le bataillon d'Armagnac du capitaine Parisot. Le lendemain, les deux adversaires se livrent une terrible bataille pendant dix heures. Les Allemands tentent par tous les moyens de forcer les défenses du bataillon d'Armagnac, qui oppose une résistance ferme et héroïque. Le CFP vient renforcer le dispositif en fin de journée. L'occupant se trouve à ce moment au fond d'une cuvette que dominent les forces de la Résistance. Plusieurs détachements allemands tentent de rompre l'encerclement : ils sont cloués au sol. À 19 h 30, les unités FFI prennent l'initiative. L'effort principal porte sur le réduit du château de La Côme et sur son parc. Sous la pression des différentes sections françaises, le feu ennemi faiblit et devient incertain. Les Allemands doivent finalement capituler. La bataille de l'Isle-Jourdain, véritable revanche de Meilhan, est une incontestable victoire de la Résistance gersoise sur l'occupant. Le CFP et le bataillon d'Armagnac ne comptent que trente-huit hommes hors de combat, contre deux cent quarante-cinq, dont cent quatre-vingt-douze prisonniers (avec deux colonels), pour l'occupant. Un important matériel est récupéré par les maquisards.

Les FFI du Lot (FTP, Vény, MOI, AS et CFP) exécutent une centaine de sabotages durant tout l'été 1944. La guérilla se révèle payante avec la mise hors de combat de près de six cents soldats allemands ou miliciens. Le colonel Noireau (Georges), le commandant Picard, le colonel Colignon, le colonel Delmas, le capitaine de Gaudusson, les commandants Cramaussel, Vignaudon, Wurstein, les capitaines Pasquet, Sol, Nouel, Brouel et bien d'autres se révèlent comme d'excellents officiers. On compte près de trois cents résistants tués lors des combats. Le 19 août, une colonne allemande de quatre cents hommes tente de pénétrer dans Montauban, alors aux mains des FFI. Le corps franc Dumas, la 6e compagnie de l'AS et le groupe FTP Tom tiennent en échec l'adversaire durant plusieurs heures, mais, vers 18 heures, les choses se gâtent pour les Français, mal armés. Débordés, les maquisards vont être encerclés et anéantis s'ils ne se hâtent pas d'abandonner leurs positions. Montauban est promise aux représailles. Les renforts du CFP, arrivant à ce moment, vont sauver la ville. Près de deux cents Allemands se rendent. Les pertes sont légères – six tués et neuf blessés – chez les FFI.

Dans le département des Hautes-Pyrénées, les combats font également rage. Le relief montagneux favorise les embuscades en tout genre. C'est dans un des plus jolis coins des Pyrénées, au cirque de

Payolle, que mille trois cents soldats allemands attaquent, le 17 juillet, quatre-vingts maquisards placés sous le commandement du capitaine Bernard. Dès l'aube, les guetteurs du groupe Bernard voient arriver l'ennemi de toutes parts. La poignée de braves résiste jusqu'à l'épuisement total des munitions. Malgré son écrasante supériorité numérique, l'occupant perd cinquante-sept soldats dans cette opération, tandis que onze maquisards sacrifient leur vie.

Durant la même période, mille cinq cents nazis déclenchent une action répressive contre Bagnères. Une folie furieuse gagne les Allemands qui massacrent cinquante-six personnes, dont des femmes et des enfants.

Marsoulas était un paisible village de cent cinq habitants. Au début du mois de juillet, mille deux cents SS font irruption dans les maisons et saccagent tout sur leur passage. Vingt-huit personnes sont sauvagement assassinées parmi elles se trouvent quatorze enfants !

Le 20 août, la fusillade crépite autour du petit village de Lhez, près de la route Tarbes-Toulouse, puis se rapproche. Une trentaine de SS se détachent d'un convoi talonné par les maquisards et pénètrent dans les fermes. Deux d'entre elles sont particulièrement visées par les nazis. Ils mitraillent un enfant malade et blessent aux jambes un jeune médecin parisien. Gisant à terre, ce dernier assiste à des scènes atroces : les SS mettent le feu aux deux fermes à l'aide de grenades et massacrent Mme Lancelot (soixante ans), sa fille Honorine (vingt ans) et une jeune bonne de l'Assistance, âgée de onze ans. Ils laissent les corps dans les flammes et jettent dans celle-ci un bébé de deux mois. Puis, ces horribles forfaits accomplis, les bourreaux rejoignent leur colonne.

Depuis le 19 août, la garnison allemande de Tarbes quitte son casernement et prend la direction de Toulouse. L'ensemble représente quatre cents hommes armés provenant de la Wehrmacht, de la Luftwaffe, de la Feldgendarmerie et de la Gestapo. Les unités FFI des Hautes-Pyrénées entrent aussitôt en action. La région vallonnée de Tarbes leur permet de s'étaler en profondeur. Ils estiment que l'occupant utilisera en priorité la N117, car c'est la route la plus large et la moins tortueuse. Durant deux jours, des éléments du corps franc Pommiès (CFP), de l'AS et des FTP, plus un maquis composé d'Espagnols, engagent une vingtaine d'embuscades qui démoralisent l'adversaire, lui font subir des pertes importantes, bloquent sa progression et l'obligent finalement à capituler. Le général Mayr et son adjoint, le colonel Kunts, ordonnent à leurs troupes de déposer les armes : trois cent quarante soldats allemands se rendent à la Résistance.

En Haute-Garonne, le maquis de Saint-Lys est formé le 8 juin 1944 à une trentaine de kilomètres de Toulouse. Il attend avec impatience un parachutage, car son armement est insuffisant. L'occupant ne va pas lui en laisser le temps. Le 12, un détachement de la division SS « Das Reich » (automitrailleuses et armes lourdes) donne l'assaut au maquis. La majorité des FFI n'étant pas armée, le combat tourne court : huit maquisards sont tués et douze civils sont massacrés en représailles. Des habitations sont détruites, le maquis est partiellement anéanti.

Au sud du département, le capitaine Alibert commande le maquis AS-D'Aspet, cantonné à Campbelles. Le 19 juillet 1944, un bataillon motorisé allemand, équipé de canons et de mortiers, attaque le maquis. Les FFI opposent une résistance héroïque et peuvent se replier sur de nouvelles positions. Le 11 août, le même maquis repousse une nouvelle attaque de l'occupant à Labaderque.

Durant l'été 1944, la répression allemande est féroce en Haute-Garonne : soixante-dix détenus de la prison Saint-Michel de Toulouse tombent sous les balles de l'occupant. Au mois d'août, une colonne allemande, qui se replie, massacre, sans raison, dix-neuf villageois de Villaudric, dont un enfant de dix ans.

Un commando FFI, dirigé par le lieutenant Pierre Camus, passe à l'action, le 29 juillet, contre le terrain militaire de Blagnac, où sont entreposés quinze wagons chargés de munitions. Malgré la présence de huit postes de surveillance allemands, le commando s'infiltre, pause des explosifs qui détruisent les wagons.

« C'est le débarquement allié en Provence le 15 août, écrit Michel Goubet, qui précipite les événements. Craignant d'être pris en tenaille en restant plus longtemps dans le Sud-Ouest, les Allemands accélèrent leur retraite. Le département est libéré le 20 août. De pourchassés, les résistants deviennent des chasseurs. Mais c'est seulement à Toulouse qu'a lieu un embryon d'insurrection avec la formation de barricades et quelques combats de rue. Craignant un retour en force des Allemandes, le chef FFI régional, Serge Ravanel, a appelé en renfort des unités des départements voisins (Lot, Gers, Tarn-et-Garonne). Il transforme la ville en une sorte de « hérisson » qui oblige les convois ennemis, pour l'éviter, à emprunter des itinéraires détournés où ils s'exposent à des attaques de la Résistance[79]. »

Dans le département de l'Ariège, les guérilleros espagnols, avec Ramin Rubio, les officiers parachutés Bigeard et Crypt, les FFI du lieutenant-colonel Aubert se battent comme des lions contre l'occupant. Ils prennent et reperdent Saint-Girons le 20 août.

« Les Allemands, écrit Henri Noguères, ont, en effet, encore de la ressource. Ils vont le prouver à Rimont, où pendant deux jours va se livrer une bataille acharnée et meurtrière opposant une colonne motorisée et blindée composée en majeure partie de Mongols et de « Turkestans » à deux bataillons de guérilleros renforcés par les FFI.

« Quand le combat cessera le 22 août au soir avec la reddition du commandant allemand, du village de Rimont, il ne restera rien. Mais l'ennemi aura perdu cent cinquante hommes ou blessés et mille cinq cent quarante prisonniers. Les guérilleros, après avoir définitivement nettoyé l'Ariège, poursuivront les colonnes ennemies jusque dans le Tarn, où ils se battront à Gaillac, Carmaux, Albi, Castres, en liaison avec les FTP d'André Calvayrac, les FFI de Durenque, les groupes Vény d'Antoine, les maquis Lenoird, Stalingrad[80]... »

De nombreuses colonnes allemandes se rendent après de durs combats. Le colonel Ravanel évalue à treize mille le nombre de prisonniers allemands en Midi-Pyrénées.

De toutes les unités de la Résistance du grand Sud-Ouest, le corps franc de la Montagne noire (CFMN) a été une de celles qui ont asséné à l'occupant les coups les plus rudes et précipité sa déroute. Implanté aux confins du Tarn, de l'Aude et de la Haute-Garonne, le CFMN a regroupé sept escadrons, totalisant neuf cents hommes, sous les ordres du commandant Roger Mompezat, entré dans la Résistance dès le mois d'août 1940.

Le 22 avril 1944, un groupe du CFMN engage, dans la région de Lacaune, un combat contre une colonne allemande de quatre cents soldats, qui laissent cinquante-trois morts sur le terrain. Les maquisards ne comptent que cinq tués.

Le 12 juin, cent cinquante hommes du CFMN, installés dans la région de Laprade, tendent une embuscade à une formation allemande de cinq cents soldats. La lutte dure plus de deux heures. Les Allemands perdent une cinquantaine d'hommes, on compte un mort et un blessé léger chez les Français.

Au camp de La Galaube, le 20 juillet, le CFMN doit résister à une véritable offensive de l'occupant, alignant six bombardiers, mille cinq cents fantassins, appuyés par des blindés et de l'artillerie. Les neuf cents maquisards non seulement repoussent les assaillants, mais parviennent à déjouer une tentative d'encerclement. Le lendemain, en faisant le bilan de cette journée, le commandant Mompezat pourra se montrer très satisfait de son unité, qui ne compte que quatre tués, alors que l'occupant enregistre la perte de trois avions, de quatre blindés et d'une trentaine d'hommes.

Le CFMN, regroupé et réorganisé, est prêt à combattre de nouveau. L'ennemi, qui prépare l'encerclement de la Montagne noire, fait venir plusieurs régiments motorisés. Craignant d'autres Oradour-sur-Glane, les maires des villages voisins demandent au commandant Mompezat de ne pas s'accrocher à la Montagne noire. Sans hésiter, afin d'éviter des représailles contre les villageois, Mompezat disperse son unité par groupes de cinquante à soixante hommes dans le Tarn, l'Aude, la Haute-Garonne et l'Hérault. Ces divers maquis poursuivent une active guérilla.

Au milieu du mois d'août, le CFMN, partiellement reformé, prend position dans le secteur de Saint-Ponais (Hérault). Dans la nuit du 19 au 20 août, le CFMN, en compagnie de FFI locales et d'une section de gendarmes, attaque un détachement ennemi, composé d'une dizaine de véhicules. Les vingt-six Allemands ayant survécu au mitraillage se rendent dans la matinée du 20. Au même endroit, dans l'après-midi, une compagnie du 171e régiment de la Luftwaffe est anéantie par une centaine d'hommes du CFMN, auxquels se sont joints les maquis Latourette, Saint-Vincent et Valentin. Le bilan est lourd : une centaine d'Allemands tués, vingt-huit prisonniers et une importante quantité de matériel capturé, dont quinze camions, trois autocars, deux mortiers… Les FFI ne comptent que des pertes légères : signalons, par exemple, un seul tué pour le CFMN.

Le 21 août, un troisième combat dans le secteur de Saint-Ponais oppose six mille soldats allemands au CFMN et aux maquis Latourette, Saint-Vincent, Jean Grandel et Valentin (six cents maquisards au total). Malgré l'écrasante supériorité de l'adversaire, la lutte s'engage et se poursuit jusqu'à la nuit. Après le décrochage du dernier élément du maquis, c'est la ruée soldatesque allemande dans Saint-Pons où la nuit se passera en pillages, exécutions sommaires, exactions et réquisitions.

Le 23 août, au Pont-de-la-Mouline (Hérault), cinq escadrons du CFMN (cent vingt maquisards) affrontent une colonne allemande de deux mille soldats venant de Toulouse. La bataille fait rage presque toute la journée, interrompue en fin d'après-midi par une pluie battante. Les Allemands ont perdu une centaine d'hommes ; une dizaine de maquisards ont péri.

Le maquis de Picaussel, installé dans les départements de l'Aude et de l'Ariège, figure également au palmarès des plus efficaces unités de la Résistance française. Fort de quatre cents hommes, aux ordres du capitaine Lucien Maury, ce maquis parvient à fixer dans la guérilla d'importantes unités allemandes. Il en est ainsi les 6 et 7 août 1944, lorsque l'occupant engage un groupement blindé de la 11e Panzerdivision (deux mille trois cents soldats, vingt chars et une trentaine de pièces d'artillerie) contre le maquis installé dans la forêt de Picaussel, près de Puivert et de Lescale. Le terrain montagneux facilite la résistance des FFI qui repoussent deux assauts frontaux et peuvent se replier sans difficulté au camp de Guérigut. Le maquis est passé de l'Aude à l'Ariège et va agir à la limite des Pyrénées-Orientales, en multipliant sabotages et embuscades. L'effet démoralisant sur l'ennemi est particulièrement payant. D'après un rapport de la Gestapo de Carcassonne, les Allemands ont chiffré l'effectif du maquis de Picaussel à quatre mille hommes, soit dix fois plus que l'effectif réel. En quinze jours, l'occupant a trouvé devant lui à cinq reprises, insaisissable, le maquis de Picaussel : cinq combats, cinq échecs. Sa hantise des « terroristes » ne fait que croître.

Après une embuscade aux gorges d'Alet, le 17 août, le maquis de Picaussel participe, aux côtés des FTP de Salvezines et du commando américain Swank, à la prise du dépôt de Couiza, représentant la réserve de vivres de la 19e armée allemande. La garnison capitule après un bref combat. L'attaque de Limoux, le 22 août, menée conjointement par la 308e compagnie FFI, le commando américain Swank et le maquis de Picaussel, se termine victorieusement : cinquante-quatre prisonniers allemands, dont deux officiers, et la capture de quatre camions chargés d'armes automatiques, de postes radio et de matériels divers.

Le 24 août, tandis que les FTP libèrent la région de Castelnaudary, un détachement du maquis de Picaussel attaque une forte colonne allemande près du carrefour de Villegailhenc. Celle-ci est armée de canons automatiques de 20 mm. Malgré la différence de puissance avec les armes légères des maquisards, elle essuie de lourdes pertes : trente tués ou blessés. Le détachement FFI, commandé par Maurice Allaux et René Brun, déplore cinq tués et deux blessés graves. Le département de l'Aude est libéré.

La libération de l'Auvergne

Le 15 mai 1944, deux mille sept cents volontaires sont rassemblés au mont Mouchet, qui devient le centre de ralliement de tout ce que l'Auvergne compte de maquisards. Ce massif montagneux, au sommet arrondi, culmine à 1 465 mètres. Gardé à l'est par les gorges de l'Allier, à l'ouest par celles de la Truyère, le pays est couvert d'épaisses forêts, entrecoupées de landes et de maigres pâturages.

Autour du terrain de parachutage « Plongeon », quinze compagnies FFI ont pris position sur un front circulaire de vingt kilomètres. Au centre du dispositif, dans une maison forestière, se trouve l'état-major et ses services organisés par le colonel Jean Garcie. Henri Ingrand, chef des Mouvements unis de la Résistance (MUR) et commissaire de la République, se trouve au cœur de cette enclave, aux côtés de Gabriel Montpied et du fondateur des premiers maquis d'Auvergne, Robert Huet.

Les maquisards qui ont répondu à l'appel du chef départemental des FFI, le colonel Coulaudon (Gaspard), croient que le mont Mouchet constitue un réduit où doit être déposé par planeurs et par parachutes un corps aéroporté allié, désigné sous le nom de force C. Terrible méprise, car l'état-major allié a finalement décidé d'annuler l'opération. Les maquisards, ignorant cette décision, continueront à croire à sa réalisation.

Dès le mois de mai 1944, le général Fritz von Brodowski, commandant des troupes allemandes du Massif central, charge la brigade

Jesser et le 1 000e régiment de sécurité d'anéantir la « concentration terroriste du mont Mouchet ». Près de cinq mille soldats allemands sont engagés, appuyés par quarante-cinq blindés et une puissante artillerie. Une première attaque allemande est repoussée le 2 juin. Une semaine plus tard, l'occupant renouvelle son assaut sans plus de succès. Les unités FFI résistent avec courage et contre-attaquent même en certains endroits. Devant la disproportion des forces, les maquisards évacuent le mont Mouchet et se dispersent en divers groupes, afin de mener la guérilla dans toute la région. La bataille du mont Mouchet se solde par la mise hors de combat de quatre cents soldats allemands, contre deux cent soixante résistants.

Dans l'Allier, les maquis MUR et FTP parviennent, en dépit de lourdes pertes, à maintenir leur pression sur l'occupant, attaquant des convois allemands, multipliant les sabotages. Dans le Puy-de-Dôme, plusieurs colonnes ennemies, comportant jusqu'à deux cent cinquante véhicules, sont mitraillées par des unités FFI qui restent maîtres du terrain. En Haute-Loire, les embuscades prolifèrent. Dans le Cantal, déjà presque entièrement libéré, et où les maquisards circulent en uniforme, il ne subsiste, comme base allemande importante, que les garnisons d'Aurillac et de Saint-Flour. Le 10 août, Allemands et miliciens évacuent le chef-lieu. Le chef départemental des FFI du Cantal, le commandant Vallette, mobilise quatre groupements et s'apprête à attaquer la colonne allemande. Celle-ci est si sérieusement prise à partie à l'entrée du tunnel de Lioran qu'elle met plus de trois jours pour se rendre d'Aurillac à Murat, distant de cinquante kilomètres. Encore lui a-t-il fallu faire appel à la brigade Jesser, venue à la rescousse depuis Clermont-Ferrand, et aux avions de la base d'Aulnat.

À Rueyres, une garnison allemande de cent vingt soldats se rend, le 20 août, à deux compagnies FFI. À Saint-Flour, un bataillon du 95e régiment de sécurité, encerclé le 23, tente plusieurs sorties, sans succès. Il lui faut attendre le renfort d'une colonne de quatre-vingt-cinq véhicules pour se dégager et quitter la région sous les tirs des maquisards. En Haute-loire, il ne reste plus, le 18 août, que la garnison allemande du Puy, forte de huit cents hommes, commandés par le colonel Metzer. C'est la sortie de cette importante troupe qui va conduire à la libération du département et à la capture de l'essentiel des forces allemandes. Les FFI venues de l'Ardèche, du Puy-de-Dôme et de la Loire prêtent main-forte pour la capture de six cents soldats allemands près du Puy.

Plus au nord se déroule la libération de Montluçon (20 au 25 août) qui prend les proportions d'une véritable bataille urbaine, engagée par mille cinq cents maquisards contre huit cents soldats allemands. Encerclée, assiégée, la garnison, secourue par un bataillon SS, réussit finalement à se dégager et à quitter la ville au soir du 24 août. Le lendemain, une colonne de deux mille Allemands et miliciens, venant de quitter le Limousin, menace la ville. La résistance acharnée des maquisards oblige cette importante unité à rompre le combat et à quitter la région. Les FFI du Puy-de-Dôme du colonel Garcie montent avec succès embuscades et coups de main contre les colonnes allemandes. Le 25 août, les FTP du commandant André Rossignol forcent à la capitulation un bataillon SS de trois cent vingt-cinq soldats.

La bataille du Vercors

Le Vercors est un lieu de France qui semble prédestiné aux combats de maquisards. Son relief justifie parfaitement l'appellation de forteresse naturelle : quadrilatère d'à-pics de cinquante kilomètres du nord au sud et de quinze à vingt kilomètres de l'est à l'ouest. On le baptise généralement « Plateau ». Rien n'est plus inexact sur le plan géographique. Le Vercors se présente en effet comme une région mouvementée qui s'étend entre le Rhône et le Drac, depuis l'Isère jusqu'à la Drôme. Il est constitué par une série de chaînons calcaires parallèles, séparés par de profondes vallées communiquant entre elles par des passages faciles à défendre.

Huit routes seulement pénètrent à l'intérieur du Vercors. Trois d'entre elles franchissent les crêtes par des cols de plus de 1 000 mètres d'altitude. Les autres remontent le fond des gorges creusées dans la roche par l'érosion. Entre les vallées s'étendent de vastes forêts où dominent les sapins. Vers le nord, les paysages du Vercors, ses villages et ses fermes ont l'aspect des régions alpestres. Vers le sud, c'est déjà la Provence qui s'annonce dans les toits plats de ses maisons ou dans la culture de ses champs.

Au début de l'année 1943, l'écrivain Jean Prévost, l'alpiniste Pierre Dalloz, le commandant Pourchier et le lieutenant Le Ray, évadé de la forteresse Koltidz, réfléchissent, au pied du Vercors, sur l'utilisation possible du plateau. Ils élaborent les premiers points du plan « Montagnards » :

«- Se servir du Vercors comme d'un centre de perturbation, d'un repaire de corps francs d'où, le moment venu — c'est-à-dire au moment d'un débarquement sur les côtes de la Méditerranée — pourraient être lancés des raids contre les axes de communication des Allemands.

«- Effectuer des destructions de route qui isoleraient le plateau et interdiraient la montée de blindés ennemis.

«- Tenir les destructions pendant que s'opérerait une massive opération, d'atterrissage et de parachutage d'hommes et de matériels, au nord et au sud du plateau[81]. »

Les résistants Yves Farge et Pierre Dalloz se chargent de présenter ce plan audacieux au général Delestraint, commandant de l'Armée secrète (AS), et à Jean Moulin, le délégué du général de Gaulle. Delestraint informe le BCRA (services spéciaux de la France libre) lors d'une mission à Londres. À la fin février 1943, Pierre Dalloz écoute l'émission de la BBC de 20 h 15. Soudain, un message le fait sursauter : « Les montagnards doivent continuer à gravir les cimes. » Pour lui, cette phrase est significative : Delestraint a bien remis le plan « Montagnards » au général de Gaulle. Le chef de la France libre a donné son accord. Le plan va être transmis aux Alliés.

Le général Delestraint, revenant de Londres, va confirmer qu'il n'y a pas de malentendu entre les états-majors alliés et le BCRA d'une part, les maquisards du Vercors et Pierre Dalloz d'autre part. En avril 1943, il se rend sur le terrain. Aux côtés de Sassenage, chez Dalloz, il réunit un premier comité qui entreprend immédiatement le travail d'organisation et d'unification des réseaux clandestins et des camps de réfractaires. Le premier comité comprend Aimé Pupin, Yves Farge, Pierre Dalloz, le commandant Pourchier, le lieutenant Le Ray, Rémy Bayle de Sessé et Eugène Chavant.

Quatre missions sont réparties à l'intérieur du comité :

- la mission de Dalloz et Bayle de Sessé doit engager toutes les personnalités susceptibles de contribuer à l'œuvre commune (plan Montagnards) ;

- la mission de Farge régularise les liaisons avec le gouvernement d'Alger ;

- la mission de Le Ray établit dans le détail le plan militaire ;

- la mission de Pupin organise le recrutement, l'encadrement et l'administration des camps.

Au début de mai 1943, il existe sur le plateau neuf camps de réfractaires, dont l'effectif total est d'environ trois cent cinquante hommes. Des officiers et des sous-officiers de l'armée d'armistice dissoute montent progressivement vers le Vercors, afin d'encadrer la troupe. Le plan « Montagnards », définitivement établi, se présente ainsi :

« Dès que les Alliés débarqueront en Provence, écrit Pierre Dalloz, les Allemands enverront des renforts par les deux routes de la vallée du Rhône et par la route des Alpes. C'est à ce moment que le Vercors interviendra. Il sera verrouillé. Les Alliés lâcheront des bataillons de parachutistes dans la plaine de Lans et dans la plaine d'Autrans. Des unités aéroportées se poseront à Vassieux, où un aérodrome de campagne aura été aménagé. Les unités se rassembleront. Elles lanceront des raids vers Grenoble et Valence. Ce sera, dans le Sud-Est, le signal de l'insurrection. Poussant vers le sud, à travers les Alpes, et vers l'ouest en direction de la vallée du Rhône, les parachutistes et les FFI tendront la main aux divisions débarquées sur les plages de Provence. Prise en tenaille, l'armée allemande battra en retraite[82]. »

Les troupes italiennes, qui occupent la région, multiplient les patrouilles. Le 27 mai 1943, les *alpini* du bataillon Bolzano capturent quatorze jeunes maquisards du plateau. Peu de temps après, l'OVRA (la Gestapo italienne) arrête Bayle de Sessé, Aimé Dupin et ses principaux collaborateurs. Pourchier, qui est menacé, gagne les Alpes-Maritimes. Farge, dont la femme a été prise, quitte Lyon pour Paris. Enfin, en accord avec le général Delestraint, Dalloz doit partir pour Londres en emportant l'étude détaillée du plan « Montagnards ».

De la première équipe de dirigeants du Vercors, celle qui a tout préparé, il ne reste sur place que le général Delestraint, Le Ray et Chavant. Le 9 juin 1943, Delestraint est arrêté par la Gestapo à Paris, à la sortie du métro Pompe, où il devait rencontrer René Hardy. Après vingt-deux mois de souffrance, il sera assassiné à Dachau par les SS, le 12 avril 1945. Son arrestation, privant le plan « Montagnards » de sa principale caution, sera pour le Vercors un malheur irréparable.

Chavant prend la direction du Vercors et reconstitue un deuxième comité qui comprend Le Ray, Eugène Samuel, Jean Prévost et Costa de Beauregard. En novembre 1943, Dalloz se rend à Alger, où le général de Gaulle est installé depuis le 30 mai. Il rencontre diverses personnalités alliées, afin de faire renforcer, par des parachutages d'armes, la puissance des maquis du Vercors. Il a rapidement l'impression que les responsables de la France libre se soucient davantage de connaître l'appartenance politique des maquis que leur importance militaire. Le 31 janvier 1944, Dalloz se trouve à Londres. Le 2 février, il déjeune avec le colonel Fourcaud, un des chefs gaullistes qui doit être parachuté dans le Sud-Est de la France. Dalloz en profite pour lui expliquer l'importance du plan « Montagnards ».

Arrivé en France, Fourcaud rencontre à Lyon, le 20 février, les principaux responsables de la région R1 (Rhônes-Alpes). Le plan « Montagnards » ne satisfait nullement Albert Chambonnet, chef régional des Mouvements unis de la Résistance (MUR), qui déclare à Fourcaud : « C'est un maquis dans lequel les responsables régionaux n'ont pas de juridiction. C'est un maquis trop important. On a concentré sur le plateau des effectifs trop nombreux. Il est dangereux de s'enfermer ainsi à l'intérieur d'une position défensive, si solide qu'elle puisse paraître. Il est ridicule de décréter qu'une forteresse peut être inexpugnable ; il n'existe pas de citadelles imprenables. De toute façon, pour les maquisards, il n'y a que deux règles d'or : la guérilla par petits paquets et la mobilité incessante. »

Fourcaud, bien informé par Dalloz, lui répond : « Il s'agit non de s'incruster dans le Vercors, mais d'y prendre pied afin d'en sortir et d'attaquer. Il s'agit non de tenir, mais de pousser dans tous les sens. Il ne fait aucun doute que l'arrivée massive des troupes aéroportées entraînera le déclenchement, sur les arrières de l'ennemi, d'opérations plus importantes[83].

Il s'agit en somme de faire exactement le contraire de ce qu'un tragique malentendu amènera à réaliser…

Dans la capitale anglaise, Dalloz constate la rivalité qui existe entre le BCRA, très anticommunistes, et le commissariat de l'intérieur qui, sous les ordres d'Emmanuel d'Astier de La Vigerie, serait plutôt sympathisant. Chacun des camps en présence voudrait annexer ce représentant du maquis. Les querelles politiques semblent alors plus importantes que les opérations militaires.

Pendant trois mois, Dalloz végète. Puis, subitement le 5 juin 1944, il devient l'homme du jour. On le recherche partout. À 15 heures, il rejoint le service opérationnel du BCRA où l'attendent deux officiers : le colonel Cambault, chef du 3e bureau opérationnel, et le colonel Milksche, breveté de l'École de guerre. Ils viennent d'être avertis par l'état-major du général Kœnig que le débarquement est imminent. Ils montrent à Dalloz une grande carte du Sud-Est et lui demandent tout ce qu'il sait sur les Alpes.

Dalloz leur fait une conférence au cours de laquelle il résume ses travaux et ses rapports. Il constate alors, avec stupéfaction, que ses deux interlocuteurs ne connaissent qu'une partie du plan « Montagnards »…

Le Vercors va se mobiliser comme tous les maquis en France. Comme tous les autres, il va recevoir les ordres de sabotage et de guérilla. Mais, comme il croit que le plan « Montagnards » est connu des Alliés, il attend un atterrissage aéroporté imminent et sans doute aussi un débarquement massif sur les côtes de la Méditerranée. Le 6 juin, nourrissant cette double illusion, le Vercors s'ébranle en prévision d'une opération d'ensemble que l'état-major de Londres n'a pas eu le temps d'étudier. Telle est la raison initiale qui amène le déclenchement du drame.

Durant l'hiver et le printemps 1944, plusieurs combats opposent les maquisards aux Allemands. Ils révèlent qu'une importante troupe ennemie, fortement armée, peut facilement percer ou contourner une ligne de défense. Malgré l'avantage du terrain montagneux, rien ne résiste à la supériorité de l'armement. Les Allemands font la démonstration qu'ils peuvent atteindre le cœur même du Vercors.

Eugène Chavant, chef civil du Vercors, part pour Alger en sous-marin à la fin mai 1944. Tout comme Dalloz, il se perd dans les intrigues de bureaux, dans les rivalités des divers services militaires. À l'état-major allié d'Hydra, qui soutient l'action des FFI en France, il est pris en charge par le colonel Constant, officier issu du BCRA. Chavant lui remet un rapport détaillé sur le Vercors. Pendant plusieurs jours, Chavant va de réunion en réunion. Aux officiers qui l'écoutent, il indique avec précision, sur des cartes à grande échelle, les zones où doivent être lancées des unités de parachutistes et les terrains où peuvent se poser des unités transportées par les planeurs.

— Combien faut-il des paras ? demande-t-on à Chavant.

— Deux mille cinq cents hommes, risque-t-il timidement.

— Ce n'est pas assez, rétorque-t-on. Nous vous en enverrons quatre mille.

Désormais, dans l'esprit de Chavant, il ne subsiste plus aucun doute : le Vercors va recevoir les moyens humains et matériels qui lui permettront de remplir sa mission. Il en est d'autant plus persuadé qu'avant son retour en France on lui a remis un ordre de mission, signé de Jacques Soustelle, secrétaire général du Comité d'action en France, par lequel est confirmé l'application du plan « Montagnards ».

Pendant ce temps-là, sur le plateau du Vercors, le commandement a été remanié. Descours désigne comme responsable militaire le commandant François Huet, véritable entraîneur d'hommes. Geyer prend le commandement de la zone sud du Vercors, tandis que Costa de Beauregard conserve celui de la zone nord. Avant de regagner le Vercors, Chavant, qui a été déposé le 3 juin par un avion dans une prairie de l'Ain, rencontre le colonel Descours, le 5, à Villeurbanne. Il lui transmet l'ordre de mission signé par Soustelle. Celui-ci est ensuite remis, à Lyon, au colonel Zeller, chef de la Résistance pour tout le Sud-Est de la France. La Résistance est donc persuadée que les quatre mille parachutistes qu'on lui a promis ne vont pas tarder à arriver.

Le 6 juin 1944, à 18 heures, le général de Gaulle lance sur les ondes de la BBC un appel à l'insurrection : « Pour les fils de France, où qu'ils soient, quels qu'ils soient, le devoir simple et sacré est de combattre l'ennemi par tous les moyens dont ils disposent[84]. »

Dans la soirée du 8 juin 1944, le colonel Descours, commandant de la région R1, se rend à Saint-Martin, afin d'y rencontrer le commandant Huet. Il lui ordonne de poursuivre l'exécution du plan, qui comporte le verrouillage du plateau. À partir du 9, le Vercors se mobilise donc. Les compagnies de réserve, qui se bornaient jusque-là à des exercices d'entraînement, rejoignent leurs points de concentration.

« De toutes parts, écrit Roland Bechmann-Lescot, de Grenoble, Romans, Die, de toutes les régions, par tous les moyens de locomotion, à pied, en voiture, par autocars entiers, avec d'innombrables véhicules qui seront précieux pour des liaisons intérieures et dont certains ont été subtilisés aux occupants, les volontaires, convoqués par les chefs du Vercors, se rassemblent à la barbe des Allemands. Ils affluent dans un enthousiasme qui évoque la conscription de 1793. Ils sont groupés dans des centres de mobilisation prévus où, après une visite médicale, ils sont munis du nécessaire, armés et encadrés[85]. »

Le 5 juin 1944, trois cent cinquante maquisards se trouvaient au Vercors. Ils sont trois mille le 10. Le général Kœnig, qui voit le danger d'une telle mobilisation, adresse à toutes les organisations de la Résistance le message suivant :

« Freiner au maximum activité de guérilla. Impossible actuellement vous ravitailler en armes et en munitions en quantité suffisante. Rompre partout contact dans mesure du possible, pour permettre phase de réorganisation. Éviter gros rassemblement. Constituer petits groupes isolés[86]. » Ordres et contrordres ont de quoi dérouter la Résistance. Pourquoi avoir lancé de Londres le 5 juin au soir le message mobilisant le Vercors, « Le chamois des Alpes bondit » ? Afin de tromper les Allemands sur le lieu du débarquement, le commandement allié a diffusé le message à la totalité des unités FFI. On a donc tendu un piège aux Allemands. Et ils y sont tombés. Mais, hélas, la Résistance française avec eux…

Sur les trois mille FFI rassemblées au Vercors le 10, deux mille ne sont pas armées. Le même jour, Descours lance un appel radio angoissé à Londres et Alger : « Mobilisation a été ordonnée sur assurance formelle recevoir armement. Non-exécution immédiate promesse créera Vercors situation dramatique[87]. »

Le lendemain, Descours réitère sa demande : « Pour Vercors… demande pressante armement type maquis pour dix-huit compagnies légères et type lourd pour six compagnies lourdes. Ces effectifs, une fois armés, sont strictement nécessaires Vercors. Serons alors prêts à opérations toutes directions[88]… »

La mobilisation du Vercors n'a pas échappé aux services de renseignement de l'occupant. Les Allemands possèdent des avions d'observation qui survolent quotidiennement le Vercors. Le commandant FFI Huet est persuadé que l'ennemi ne se bornera pas à contempler pacifiquement un tel rassemblement.

Le 13 juin 1944, quatre cents soldats allemands partent à l'assaut de Saint-Nizier, une large brèche dans les murailles du Vercors, où s'étendent sur quatre kilomètres de large d'aimables pâturages, faciles d'accès. Le secteur menacé est défendu par deux cent vingt FFI, équipées d'armes légères. Les Allemands se heurtent à une farouche résistance et doivent finalement battre en retraite vers Grenoble. Le maquis ne compte que douze hommes hors de combat, contre une trentaine chez l'ennemi. Le lendemain est marqué par un parachutage d'armes, réclamé d'urgence, qui apporte des armes automatiques (mitrailleuses, fusils-mitrailleurs), mais pas de mortiers, pourtant indispensables pour la guerre en montagne. Le même jour, les Allemands effectuent quelques réglages d'artillerie sur les positions françaises.

Le 15 juin, dès 5 heures, l'occupant lance une deuxième attaque contre Saint-Nizier. Le rapport des forces en présence est encore en faveur des assaillants : trois cents FFI opposées à deux mille soldats de la Wehrmacht, bien armés et parfaitement équipés. La lutte fait rage, mais le commandant Huet, craignant d'être totalement débordé sur les ailes, donne l'ordre de repli général. Le village de Saint-Nizier, tombé aux mains de l'ennemi, est incendié. Les Français comptent vingt-quatre tués et les Allemands une trentaine.

L'état-major du Vercors n'a pas attendu la fin de cette tragique journée pour adresser à Alger le message radio suivant : « Sommes attaqués en force, vous supplions faire vite. Étions sur terrain. Vous nous créez situation catastrophique car munitions s'épuisent. Vous portez responsabilité notre Résistance[89]. »

Durant un mois, les FFI vont bénéficier d'un certain répit. Un mois durant lequel les volontaires affluent, portant le total des effectifs à trois mille neuf cent neuf maquisards, dont cent soixante-neuf officiers et trois cent dix-sept sous-officiers. L'ensemble s'articule en onze compagnies de combat, une compagnie du génie, une compagnie de transport, un groupe de DCA…

Dès le 13 juillet, afin de donner à ses unités une plus grande cohérence, le commandant Huet décide la création de bataillons. On voit renaître les 6e, 12e et 14e bataillons de chasseurs alpins, le 11e régiment de cuirassiers à pied, le 4e régiment du génie… Tous se partagent les armes, encore trop peu nombreuses, dont la radio ne cesse de réclamer à Londres et à Alger de nouvelles livraisons. En particulier, il manque toujours des mortiers. En même temps s'instaure la République du Vercors. En liaison avec Yves Farge, le commissaire de la République, un embryon d'administration s'installe dans quelques kilomètres carrés.

Pendant cette période d'accalmie, le Vercors voit sa notoriété s'accroître plus vite que son armement. Les Alliés sont plus prodigues de bonnes paroles que de mortiers. Sans doute, à la fin juin et au début juillet, les FFI du Vercors reçoivent-elles des renforts par la voie des airs : une mission interalliée, un commando américain, de jeunes instructeurs français venant d'Alger. La BBC ne cesse de vanter l'héroïsme de ce maquis. Des parachutages ont lieu en plein jour sur le terrain de Vassieux ; mais on ne donne pas suite aux demandés répétées de l'état-major du Vercors de bombarder le terrain d'aviation allemand à Chabeuil – à cinq minutes de vol –, d'où partent avions d'observation, chasseurs et bombardiers de la Luftwaffe.

Le 14 juillet 1944, tout le Vercors est en liesse. De 9 h 30 à 10 heures, dans un ciel sans nuage, une centaine d'avions alliés larguent un millier de conteneurs au-dessus de Vassieux. Cette importante livraison est aussitôt suivie de l'attaque du village de Vassieux par deux chasseurs allemands, qui s'éloignent finalement sous le feu des mitrailleuses françaises. Ils sont relayés par des bombardiers qui parviennent à couper les communications entre le village et l'extérieur ; Vassieux est la proie des flammes. Le bombardement cesse vers 17 heures et la récupération des conteneurs reprend.

Malgré cet important parachutage, l'armement des FFI reste insuffisant. Les fusils Lee-Enfield et Remington, les revolvers Browning, les mitraillettes Sten et les fusils-mitrailleurs Bren sont en nombre important, mais la dotation en mitrailleuses reste faible. Enfin, malgré toutes les promesses, l'artillerie de montagne n'est pas arrivée. Les mortiers, réclamés avec tant d'insistance, font totalement défaut.

De son côté, l'occupant allemand n'a cessé de se renforcer autour du Vercors. D'après un document de la Wehrmacht, les unités rassemblées sont les suivantes : quatre bataillons de la 157e division alpine, deux batteries d'artillerie de montagne, trois bataillons d'infanterie de supplétifs de l'Est, le 200e régiment de sécurité, le 19e régiment de police, une compagnie de Feldgendarmes, un détachement de trente blindés de la 9e Panzerdivision… Les effectifs devant attaquer le Vercors atteignent treize mille hommes. La Luftwaffe aligne soixante-dix avions à Chabeuil.

Le 20 juillet 1944, les Allemands attaquent en divers endroits, occupent Crest dans la soirée. Le même jour, Alger annonce l'envoi, pour la nuit du 22 au 23, de deux équipes d'instructeurs de l'armée, de bazookas et surtout de quatre-vingt-dix mortiers. Or, le lendemain, 21 juillet, à 9h20, vingt planeurs sont lâchés au-dessus de la cuvette de Vassieux, qui vient d'être aménagée pour recevoir les renforts alliés... Deux cents parachutistes allemands en débarquent, tandis que trois cents autres sont parachutés sur le village, qui est investi en force.

« Les maquisards, raconte Paul Dreyfus, ont été pris complètement au dépourvu. Certains d'entre eux n'ont même pas eu le temps de réagir. Ils ont vu arriver en même temps l'ennemi et la mort. Au hameau de La Mure, le peloton du lieutenant Philippe est presque entièrement anéanti en l'espace de quelques minutes. Mais c'est parmi les travailleurs du terrain d'aviation que les pertes sont les plus lourdes. À l'exception des cavaliers de l'escadron Haezebrouck, chargés de la protection de l'aérodrome, tout ce monde est mal armé et à peine entraîné[90]. »

Au terme d'une journée de combats à Vassieux, onze villageois ont été massacrés; cent un résistants et quatre-vingt-douze parachutistes allemands ont trouvé la mort. Malgré l'intervention de quatre escadrons à pied du 11e régiment de cuirassiers du commandant Geyer, l'ennemi se retranche solidement dans le village. L'absence d'artillerie chez les FFI fait échouer toutes les contre-attaques.

L'ensemble du Vercors est attaqué par l'occupant. Partout les FFI, sans aucune artillerie, se défendent avec bravoure et contre-attaquent même par endroits. Mais l'ennemi, qui dispose de nombreux mortiers et canons, du soutien de la Luftwaffe et d'une supériorité numérique de quatre contre un, parvient finalement à contourner ou percer les positions françaises. À Vassieux, des avions allemands, apportant de Lyon renforts et munitions, se posent sur le terrain d'aviation. Les cols de Tourniol, de la Bataille et du Pionnier tombent les uns après les autres. Au nord du plateau, les assauts allemands sont repoussés dans un premier temps. Mais l'arrivée de renforts ennemis oblige les Français à se replier.

Le 23 juillet 1944, les maquisards, assiégés depuis la veille dans une grotte de Pas-de-l'Aiguille, qui ont été attaqués à la grenade et ont failli périr ensevelis, réussissent une sortie. Les survivants gagnent la vallée.

Le colonel FFI Zeller, après avoir à nouveau réclamé, à 7 h 20, un parachutage de troupes à Vassieux, quitte le plateau pour Saint-Nazaire-le-Désert. D'Alger, le général Cocher et le colonel Vallette d'Osia s'envolent pour Naples, afin de tenter une ultime démarche auprès du commandement allié.

Le 24 juillet, la répression allemande s'abat sur les civils qui sont massacrés, femmes et enfants compris. Le soir, l'aviation alliée se décide enfin à bombarder le terrain de Chabeuil : trente appareils allemands sont détruits au sol. Le 25, les Allemands pillent et détruisent le village de La Chapelle-en-Vercors. Seize otages sont tués dans des conditions atroces. L'ennemi poursuit sa progression jusqu'à Saint-Martin où il opère sa jonction avec les éléments de Valchevrière.

D'Alger, le 26, le lieutenant-colonel Constans câble au colonel FFI Zeller : « Reçu message. Comprenons parfaitement votre tristesse et votre sensation d'isolement. Sachez que les avions prévus pour vous dropper hommes et armes lourdes étaient prêts depuis six jours. Ce matériel et hommes seront droppés sur Drôme et Hautes-Alpes. Considérez troupes Vercors, malgré dispersion imposée, peuvent avoir excellent rendement et revanche guérilla[91]. »

Le 27 juillet, les Allemands font irruption dans la grotte de La Luire. Les blessés FFI s'y trouvant sont sauvagement abattus. La répression s'intensifie sur l'ensemble du plateau : mille deux cents maisons, dont cent quarante-six à Vassieux et cent soixante à La Chapelle-en-Vercors, ont été détruites. Le 28, à l'ouest du Vercors, un groupe FFI fait reculer toute une colonne ennemie qui tentait de passer le col de Limouches. Au sud, l'occupant se heurte à une résistance solide. À Saint-Agnan-en-Vercors, le 31, la dernière victime des combats de Vassieux, Arlette Blanc, douze ans, décède des suites de ses blessures et des mauvais traitements subis dans le village pendant six jours.

L'ensemble des unités FFI se disperse afin de poursuivre la lutte par des actions de guérilla, jugées plus efficaces qu'une bataille frontale. La bataille du Vercors se termine avec de lourdes pertes de part et d'autre. Deux cent un civils sont morts, victimes de l'hystérie sanguinaire de l'occupant. Les dix membres de la famille Blanc, villageois de Vassieux, ont été massacrés par les Allemands. La plus jeune, Danielle, n'avait pas quatre ans. Les maquisards ont eu six cent trente-neuf tués.

Le total des pertes allemandes est plus difficile à établir. Selon l'enquête de Paul Dreyfus et les archives militaires allemandes, la Wehrmacht a eu mille quatre cent quatre-vingt-neuf tués dans la Drôme et quatre cent soixante-huit dans l'Isère. Mais ces morts ne sont pas toutes dues au combat du Vercors. Il est fort probable que l'ensemble des pertes allemandes lors de cette bataille s'élève à six cents hommes (tués ou blessés).

Un homme aurait pu fournir des précisions sur les pertes allemandes : c'est le général Karl Pflaum, commandant de la 157e division alpine. Arrêté après la guerre, il est remis en liberté provisoire pour raison de santé. Il meurt sans avoir été jugé, le 14 décembre 1957.

Malgré l'échec évident de la lutte frontale face à des troupes plus nombreuses et mieux équipées, l'apport tactique de cette bataille n'est pas négligeable. Durant une quinzaine de jours, près de quatre mille FFI, mal armées, ont tenu tête à un total de quinze mille soldats ennemis (en comptant les renforts). À la fin juillet 1944, période cruciale de la guerre à l'Ouest, d'importantes troupes allemandes ont été fixées dans le Vercors. Il n'en demeure pas moins, que la guérilla mobile aurait était certainement plus efficace.

La libération de la Bourgogne

Dans la nuit du 5 juin, deux messages de la BBC alertent les résistants bourguignons : « Je cherche des trèfles à quatre feuilles » et « Les tomates doivent être cueillies ».

Le premier message ordonne l'exécution du plan vert, c'est-à-dire le sabotage des voies de communication ; le second, plan violet, déclenche l'attaque des télécommunications de l'occupant.

Durant la même nuit, et au cours des nuits suivantes, les équipes de saboteurs FFI entrent en action. De nombreuses coupures sont réalisées sur les voies de la région. Les lignes Lyon-Dijon, Dijon-Paris, Troyes-Gray, Chagny-Gray, Is-sur-Ile-Chalindrey, Nuits-sous-Ravières-Chaumont sont coupées ; certaines en plusieurs endroits. La coupure de Troyes-Gray est entretenue par de nouveaux sabotages réalisés toutes les douze heures. Deux plaques tournantes sont détruites à la gare de Laumes, une locomotive est gravement endommagée en gare de Recey. Les derniers wagons d'un train de troupes déraillent près de Beaune, embouteillant le grand axe Lyon-Dijon.

Les saboteurs s'en prennent également aux lignes téléphoniques, aux lignes particulières de la SNCF, aux lignes secondaires autour de Saulieu, d'Arnay-le-Duc, de Pouilly-en-Auxois, de Recey-sur-Ource, de Châtillon… Surtout, ils coupent la ligne aérienne Paris-Dijon, au nord de Dijon, et le câble souterrain Paris-Marseille en deux endroits, au nord et au sud de Dijon. Mais, plus que les sabotages, c'est par le renforcement des maquis que la Résistance réagit en Bourgogne. Les résistants interprètent l'annonce du plan violet comme un ordre d'insurrection. L'appel lancé par le général de Gaulle, le même soir à la BBC, semble le confirmer : « La bataille suprême est engagée… Pour les fils de la France où qu'ils soient, quels qu'ils soient, le devoir simple et sacré est de combattre l'ennemi par tous les moyens dont ils disposent[92]… »

Des points de rassemblement sont fixés dans les régions forestières qui ne manquent pas en Bourgogne. Le BOA (Bureau des opérations aériennes) distribue aux volontaires les armes parachutées au cours des mois précédents.

Dans le Châtillonnais, en milieu rural, de jeunes gens qui partent entraînent avec eux leurs camarades qui se sont tenus jusqu'alors à l'écart de la Résistance. À Recey-sur-Ource, M. Perrin, membre de l'ORA et ancien combattant de 14-18, apprend la nouvelle du débarquement. Il fait aussitôt saboter le bureau de poste, les installations de la gare, une locomotive, et, le lendemain, ordonne la mobilisation générale de tous les hommes valides de ce chef-lieu de canton. Cent cinquante hommes sont rassemblés sur la place publique, armés et répartis en sections, et prennent position sur les routes des environs pour commencer la guérilla.

Le rassemblement le plus important (environ trois cents hommes bien armés) se fait dans la forêt de Châtillon, à la Combe-aux-Cerfs. Il est formé de résistants de la région, placés sous les ordres d'un instituteur alsacien : Jacques Biechlin. Il se renforce de tirailleurs sénégalais, prisonniers dans le département, et que les FFI ont libérés. Le maquis Kœnig se forme au même moment à une vingtaine de kilomètres de Dijon.

« L'entreprise était prématurée, écrit Maurice Lombard. Le dispositif allemand dans la région était intact. Il pouvait être renforcé, à la demande de la Kommandantur, par des unités de passage retenues pour le temps d'une opération. Les FFI manquaient d'armes. Un homme sur quatre, dans certains maquis, était armé. Pour une centaine de maquisards, le groupe Kœnig ne disposait que d'une arme collective : un fusil-mitrailleur français 24-29. Plusieurs dépôts du BOA avaient été saisis par les Allemands en mars et avril[93]. »

Le 10 juin, trois mille soldats allemands, convergeant de Troyes, de Chaumont et de Dijon, attaquent le maquis de la Combe-aux-Cerfs. Après quelques heures de combat et grâce à l'immensité de la forêt, la plupart des FFI réussissent à s'échapper et se dispersent. Mais trente-sept d'entre elles ont été tuées au combat ou fusillées par la suite. Ce rude coup pour la résistance bourguignonne n'arrête cependant pas la mobilisation.

L'état-major FFI, qui doit coiffer tous les organismes, est constitué au cours du printemps 1944. Les chefs désignés par le COMAC sont des officiers de l'Organisation de résistance de l'armée (ORA). Le commandant de la région D (Bourgogne et Franche-Comté) échoit au colonel Baruteau, tandis que le département de la Côte-d'Or est placé sous les ordres d'un vieux résistant, le commandant Ballet, assisté du lieutenant Alizon. Mais la Gestapo désorganise tout. Au début mai, le commandant Ballet est arrêté et le colonel Baruteau quitte la Bourgogne. Un jeune interne des hôpitaux de Paris, Claude Monod, le remplace à la tête de la région D, avec le grade de colonel, et le commandant Alizon prend la direction du département de la Côte-d'Or.

Pour décentraliser le commandement et le rapprocher des maquis, le commandant Alizon divise le département en groupes de secteurs. Le groupe des secteurs Nord est commandé par le capitaine Girard, et celui des secteurs Sud par le capitaine Jeannet, puis par le capitaine Philipot.

À la fin du mois de juin 1944, le préfet régional de Dijon recense dans sa circonscription quatre cent vingt-cinq sabotages et sept cent quarante-sept attentats à main armée.

De son côté, le colonel Monod, dans un message adressé au général Kœnig, revendique pour les FFI de la région D, entre le 6 juin et le 6 août 1944, deux cent seize coupures de voies ferrées ; vingt-six déraillements ou sabotages ayant provoqué la destruction de quatre cent soixante-cinq wagons et de cinquante locomotives ; la destruction de dix postes d'eau, de quarante-cinq grues de déplacement ; six sabotages sur les canaux ; la destruction de deux trains de munitions et l'incendie de quatre trains de carburant, provoquant la perte de deux cent cinquante mille litres d'essence ; cinquante-quatre coupures de lignes à haute tension…

Il convient d'ajouter à cet impressionnant bilan la destruction complète, le 19 juin, du dépôt de munitions de Crugey, dans la vallée de l'Ouche. Maurice Lombard écrit à ce sujet que « les explosions durèrent quatre jours et eurent une telle violence qu'elles détruisirent une cimenterie voisine. Le dépôt contenait entre sept cents et mille wagons de munitions de la Flak et de la Luftwaffe. Sa destruction perturba sérieusement le ravitaillement des bases aériennes allemandes du Sud-Est[94] ».

Entre le 8 juin et le 15 août 1944, pour le seul département de la Côte-d'Or, on relève deux cent vingt-trois sabotages divers. Jusqu'au milieu du mois de juillet, les FFI, mal armées, évitent les combats avec les troupes allemandes. Puis les accrochages deviennent plus fréquents. Un peu partout, des voitures et des camions sont attaqués. L'opération la plus spectaculaire a lieu dans la région de Saulieu. Là, les 26, 27 et 28 juillet, le maquis Bayard détruit les postes antiaériens de Bar-Régulier, de Marcigny et de Dampierre-en-Morvan, et capture dix-neuf soldats allemands. Le 29, le même maquis engage le combat contre l'occupant à Manlay et ne décroche, au bout de six heures, que sous la pression de renforts ennemis venus de Dijon. Les Allemands auraient déploré trente-sept tués et une quarantaine de blessés. Le maquis compta lui-même un mort et trois blessés.

Le 23 juillet, six des meilleurs agents de l'Abwehr, qui avaient participé à la destruction du réseau Alliance, tombent entre les mains du capitaine FFI « Casse-Cou », à Poinçon-Lès-Larrey, et sont exécutés.

La Milice fait son apparition. Mais l'opération qu'elle lance, le 30 juillet, contre le maquis Liberté, à la ferme de Leuzeu, se termine par un échec humiliant. Elle perd sept hommes et abandonne tous ses camions aux mains du maquis.

Certes, des maquis sont encore attaqués. Ainsi, le maquis FTP d'Arcenant, près de Dijon, est anéanti. Le maquis de Voisines subit le même sort. Le 3 août, les Allemands attaquent le groupe Henri Bourgogne dans les bois de Genay. Henri Camp, pionnier de la Résistance bourguignonne, y est tué.

Les 2 et 3 août 1944, le maquis Montcalm, fort d'un millier d'hommes, soutient une véritable bataille près de Mussy-sur-Seine. Il parvient à se disperser, après avoir infligé de lourdes pertes à l'occupant. Les Allemands avoueront la mort de deux cent cinquante hommes, dont cent vingt-huit le premier jour. Quarante-six FFI ont été tuées.

À la fin du mois d'août, la Résistance bourguignonne voit arriver d'importantes troupes allemandes appartenant aux 1re et 19e armées. Elles fuient l'avance des troupes alliées et tentent de rejoindre Langres et Vesoul.

Les voies ferrées, totalement désorganisées par la Résistance, sont peu utilisées par les unités allemandes. C'est par les routes surtout que s'effectue la retraite. Les convois mêlent camions militaires, cars, voitures particulières, véhicules hippomobiles, unités de cyclistes ou même détachement à pied.

« On voyait, raconte un témoin, défiler les uniformes de la Wehrmacht, de la Luftwaffe, de la Kriegsmarine, des SS, des auxiliaires russes ou même hindous. Des collaborateurs français s'y aggloméraient. Mais cette retraite, qui provoquait chez les Français — qui pensaient à 1940 — une intense jubilation, restait ordonnée. Sur les ailes des camions, des guetteurs étaient prêts à riposter aux premiers coups de feu. Attaqués sur les routes, les Allemands se battaient bien. Dès qu'ils tombaient dans une embuscade, les groupes de combat se déployaient, ripostaient et contre-attaquaient[95]. »

Depuis le 15 août, le caractère de la Résistance bourguignonne s'est modifié. Elle est devenue insurrection nationale. Les effectifs des maquis gonflent rapidement. Le 1er septembre, le groupe Bayard a huit cents hommes, Liberté un millier, Lucius quatre cents, Tarzan trois cents, Bourgogne deux cent vingt-sept… De nouveaux maquis se forment ; certains se montrent très combatifs, comme les groupes Valmy et René Laforge. La Bourgogne comptera jusqu'à six mille sept cent quatre-vingts FFI (AS, ORA et FTP).

Devant l'arrivée massive de troupes allemandes en retraite, la guérilla se généralise. Un premier ordre du commandant FFI départemental prescrit, le 19 août, de harceler l'ennemi avec des équipes de six hommes armés d'un fusil-mitrailleur. Puis l'ordre général du 23 août ordonne aux maquis d'entraver partout la retraite allemande par des abatis d'arbres, des destructions et surtout par l'attaque de convois. Il recommande cependant d'éviter les combats à l'intérieur des villages, par crainte des représailles.

Il est impossible de rendre compte de la totalité des actions. Aussi, nous retiendrons à titre d'exemple le rapport du capitaine Chapuzot, commandant du maquis Valmy. Formé tardivement, après le 15 août, ce maquis est établi au sud de Beaune, à proximité de trois importantes voies routières, les nationales 6, 73 et 74. Il est composé de résistants de la région et de Polonais. Ses premiers succès accroissent son audace. À partir du 31 août, il multiplie les embuscades. Ce maquis, qui compte deux cent trente-deux hommes, met hors de combat près de six cents soldats allemands, revendique la destruction d'un avion, d'un char, de vingt-quatre camions et de douze voitures de tourisme. Il a pris à l'ennemi, en quelques jours, un canon de 105 mm, trois mitrailleuses lourdes, dix-huit mitrailleuses légères, seize FM, près de deux cents fusils, vingt-deux voitures de tourisme… Il a perdu au combat onze hommes. Après avoir opéré sa jonction avec la 1re division blindée française, le maquis Valmy prend part aux opérations de cette unité. Le premier, il pénètre dans Nuits-Saint-Georges. Au cours d'opérations de nettoyage menées dans l'Arrière-Côte, jusqu'au 16 septembre 1944, le maquis Valmy capture cent trente prisonniers, relève cent quarante blessés, tue cent cinquante soldats allemands et se saisit de dix obusiers.

Le 7 septembre 1944, le département de la Côte-d'Or est libéré. Mais entre Nuits-Saint-Georges et Dijon, les unités allemandes font front et stoppent durant trois jours les avant-gardes françaises. De sérieux combats, auxquels participent, aux côtés de la 1re division de Français libres (1re DFL), les maquis d'Auvergne, de Saône-et-Loire et le corps franc Pommiès, se livrent autour d'Autun.

À ce moment, la plupart des maquis de la Côte-d'Or se regroupent pour constituer deux unités opérationnelles, l'une sous les ordres du commandant Alizon, à l'ouest et au nord de Dijon, l'autre autour de Châtillon-sur-Seine, sous le commandement du colonel Monod (Claude).

Des escarmouches ont lieu à Messigny-et-Vantoux. Des éléments du groupe Liberté occupent Ahuy, à trois kilomètres de Dijon. Mais la ville est encore tenue par des unités de combat et des chars de la 19e armée allemande. Les FFI ne disposent pas de moyens suffisants pour les déloger. C'est sous la pression des troupes du général de Monsabert que les Allemands évacuent la capitale de la Bourgogne.

À Châtillon, le rôle de la Résistance intérieure est encore plus important. La garnison allemande se prépare à quitter la ville en se joignant à des troupes qui font retraite sur Langres lorsque les maquis l'investissent, le 7 septembre. Les FFI y pénètrent le 8, à 6h30, après le départ des Allemands. Mais une colonne ennemie en retraite se heurte, au pont de Maisey, à une section du maquis de Recey, rapidement renforcée par le groupe du capitaine Perrin. La position est défavorable à la défense. Les FFI s'y accrochent avec héroïsme. Le colonel Monod décide d'engager la bataille. Il ameute tous les maquis disponibles, six cents hommes environ. Pendant deux jours et deux nuits, les maquis de Bourgogne et le commando américain Christopher livrent seuls à plusieurs milliers d'Allemands une bataille frontale, qui s'étend au nord jusqu'aux villages de Villotte et de Presles. Les Allemands essayent de tourner les défenses. Attaques et contre-attaques se succèdent. Le 10, à 4 heures, les Allemands avancent en force sur Maisey, appuyés par des tirs de mortiers. Ils s'infiltrent dans le village évacué par sa population. Mais le colonel Monod rallie ses troupes. À la tête du groupe Recey, armé lui-même d'un fusil-mitrailleur, il contre-attaque le long de la voie ferrée et repousse l'ennemi. Le verrou tient. Il tient encore le soir, malgré le départ du commando américain Christopher.

Dans l'après-midi du 10, le colonel Monod et le commandant Davoud d'Auerstaedt (Ovale) se rendent à Arcanville, au PC du général Leclerc, commandant de la 2e division blindée. Ils obtiennent l'appui d'un peloton de chars du Groupement Dio, qui rejoint les FFI à 22 heures. Le lendemain matin, les chars et les FFI attaquent. Dès qu'ils entendent le bruit des chenilles, les Allemands prennent la fuite. Ils laissent sur le terrain deux cents morts, soixante-dix véhicules, dont cinquante-quatre camions. Douze officiers, dont un colonel et un lieutenant-colonel, et cent cinquante hommes se rendent. Dans la soirée et le lendemain, le groupe FFI capture encore quatre-vingt-cinq prisonniers dans les bois voisins.

« Le 13 septembre, écrit Maurice Lombard, Dijon libéré voyait défiler, dans la grande parade militaire, les FFI aux côtés des troupes de la 1re armée française. Et la foule acclamait avec la même passion ses libérateurs en uniformes et les hommes aux brassards sortis des bois de sa province. Elle ne cherchait pas à mesurer la part de chacun. Elle les associait. Le romantisme qui s'attachait déjà à la Résistance, et la souffrance de ces combattants du terroir rachetaient les années d'humiliation, de peur et de lâchetés. Plus directement que l'armée régulière, ils réparaient ce passé et permettaient à chacun de mieux sentir la valeur de la liberté. » (96)

Le débarquement et la libération de la Provence

En juillet 1944, le général Jean de Lattre de Tassigny prend le commandement de l'armée d'Afrique – appelée par les Alliés armée B –, qui doit débarquer en Provence.

Faisant suite au débarquement de Normandie, celui de Provence entre dans la seconde phase de la libération de la France. La participation française y est considérable avec cinq divisions d'infanterie et deux divisions blindées, rattachées à l'armée B du général de Lattre de Tassigny : 1re division de Français libres (général Brosset), 9e division d'infanterie coloniale (général Magnan), 3e division d'infanterie algérienne (général de Monsabert), 4e division marocaine de montagne (général Sevez), 2e division d'infanterie marocaine (général Doddy), 1re division blindée (général Touzet du Vigier), 5e division blindée (général de Vernejoul), les commandos d'Afrique du lieutenant-colonel Bouvet. Les Américains engagent le 6e corps d'armée (général Truscott), fort de trois divisions d'infanterie et une division aéroportée, dont l'ensemble appartient à la 7e armée du général Patch. La force navale représente une armada de 880 navires de guerre alliés, dont 34 bâtiments français (le cuirassé *Lorraine*, trois croiseurs, huit contre-torpilleurs, une douzaine d'avisos et d'escorteurs...). Il convient d'y ajouter 1 370 embarcations de débarquement. Le général Eaker, commandant les forces aériennes alliées en Méditerranée, aligne cinq mille appareils (chasseurs, bombardiers, reconnaissance ou transport).

Face à cet impressionnant déploiement de forces, la défense allemande des côtes françaises de la Méditerranée, de Perpignan à Menton, repose sur la 19e armée allemande du général Wiese, regroupant sept divisions d'infanterie et une division blindée. Le mur de la Méditerranée, nettement moins dense que celui de l'Atlantique, compte cependant six cents ouvrages bétonnés. Toulon et Marseille forment deux places fortes redoutables regroupant un total de 400 pièces d'artillerie de tous calibres, dont des canons de marine de 340 mm. Par contre, la Luftwaffe n'est plus que l'ombre d'elle-même. Elle ne dispose, pour le théâtre d'opérations du Midi, que de 120 chasseurs et 110 bombardiers. Quant à la Kriegsmarine, ses moyens sont réduits à une dizaine de sous-marins et une trentaine de petits bâtiments de surface.

La zone choisie pour les opérations commandos, aéroportées, et les débarquements s'étend, à l'est de Toulon, d'Hyères à Cannes ; elle comprend le cap Nègre, Cavalaire, Saint-Tropez, Sainte-Maxime, La Nartelle, Fréjus, Le Muy, Saint-Raphaël.

Le débarquement s'articule en trois opérations successives. D'abord, dans la nuit de J-1 (14 août 1944), une opération préliminaire de couverture est confiée à des forces spéciales américaines et françaises et à la 1re division aéroportée américano-britannique. Les premières — comprenant la brigade d'élite du colonel Walker (forte de trois régiments américano-canadiens), le groupe de commandos d'Afrique du lieutenant-colonel Bouvet (750 hommes) et le corps franc naval d'assaut du capitaine de frégate Sériot — doivent débarquer sur les deux flancs du front d'attaque pour neutraliser des batteries et accomplir divers sabotages. Quant à la division aéroportée, elle va être parachutée aux alentours du Muy, afin de bloquer la vallée de l'Argens et d'interdire la route nationale n° 7 aux renforts allemands pouvant être envoyés de la région du Luc ou celle de Draguignan.

Le jour J (15 août 1944), les trois divisions d'infanterie américaines (3e, 45e et 36e DI), appuyées par la 1re division blindée française, sont appelées à débarquer entre Sainte-Maxime et Saint-Raphaël, afin de réduire les défenses côtières, puis de progresser rapidement en éventail vers l'intérieur des terres, en créant une tête de pont s'étendant d'est en ouest jusqu'à Théoule, Les Adrets, Bagnols-en-Forêt, Trans-en-Provence,

Le Cannet, Collobrières et le cap de Léoube. Ces différents points forment les jalons d'une ligne fictive appelée « ligne bleue ».

La troisième phase du débarquement, à J + 1 (16 août), porte sur le déploiement des troupes françaises de l'armée B, devant attaquer ensuite les camps retranchés de Toulon, puis de Marseille. Le 6e corps d'armée américain, avec ses trois DI, s'oriente alors vers le nord-ouest et le nord pour couvrir le flanc des unités françaises.

Ce plan minutieux s'accompagne évidemment d'une action massive de l'aviation qui, durant des semaines, bombarde les positions allemandes. Rien que dans la journée du 15 août et la nuit suivante, les bombardiers alliés effectuent plus de 1 600 sorties contre les voies ferrées, routes, batteries côtières, stations radars et de goniométrie, défenses des plages, troupes et postes de commandement. L'offensive aérienne sur les communications se poursuit jusqu'au 30 août, les chasseurs bombardiers attaquent les colonnes allemandes en retraite sur les routes, en particulier dans la vallée du Rhône, entre Valence et Montélimar, où 2 000 véhicules sont détruits.

L'armada navale est issue de convois partis de l'Italie du Sud, d'Afrique du Nord ou de Corse. Dans la nuit du 14 au 15 août 1944, les commandos alliés approchent de la côte provençale. Ils ont quitté le port de Popriano en Corse dans la matinée et voguent vers les îles d'Hyères et le cap Nègre. La mer est calme, le ciel suffisamment clair pour que la terre soit visible à la jumelle.

La brigade américano-canadienne Walker se charge des îles. Le secteur du Levant est rapidement occupé après quelques escarmouches : à l'est de l'île, la batterie du Titan, dont on craignait tant les tirs sur la flotte de libération abordant Cavalaire, n'est en fait qu'une position factice parfaitement camouflée. Sur Port-Cros, les Alliés se heurtent à une résistance plus solide et il faudra attendre le 17 pour que la garnison accepte de se rendre.

Plus à l'est, le groupe français des commandos d'Afrique a la lourde charge de protéger le flanc gauche en détruisant les deux batteries lourdes (canons de 155 mm) du cap Nègre. À minuit cinq, le commandant Rigaud est le premier soldat français à accoster, à bord d'un canot pneumatique, sur la plage du Rayol. Les commandos français escaladent les cent mètres d'à-pic du cap Nègre et, par un coup de maître, parviennent à enlever la batterie qui le surplombe. Les Français finissent par atteindre leurs objectifs en profitant de la confusion semée chez l'ennemi. Au jour, le PC installé sur les collines peut recevoir un parachutage de munitions et, dans l'après-midi du 15, la liaison est établie avec les fantassins américains débarqués à Cavalaire.

Sur le flanc est de la zone de débarquement, le corps franc Sériot (67 marins partis de Bastia) débarque entre Théoule et Le Trayas. Mais, au cours de l'escalade jusqu'à la route, le corps franc tombe sur un champ de mines. En peu de temps, 26 hommes, dont le chef du détachement, le capitaine de corvette Marche, sont tués ou blessés. Les survivants, la rage au cœur, sont capturés par les Allemands alertés. Mais leur captivité sera courte.

La mise à terre de la force aéroportée se déroule généralement selon le plan prévu. Dès quatre heures du matin, 535 avions de transport et 410 planeurs déposent, tout autour du Muy, à La Motte, Sainte-Roseline, Roquebrune, près de 10 000 parachutistes, avec leurs 213 canons ou mortiers et leurs 220 Jeep. Épaulés par les unités FFI de la région, les paras américano-britanniques s'emparent de divers objectifs, libèrent Le Muy, Draguignan, Saint-Tropez, capturent l'état-major allemand chargé de la défense du littoral de Bandol à Menton.

Le moment est presque venu pour le 6ᵉ corps d'armée américain de débarquer. Depuis l'aube, mille avions alliés ont déversé 800 tonnes de bombes sur les défenses allemandes, tandis les 400 canons lourds de la flotte tirent près de 16 000 obus. L'élan des trois divisions américaines, soutenues par la 1ʳᵉ division blindée française, est irrésistible sur les plages de Cavalaire, Pampelonne, La Nartelle, La Garonnette, du Dramont, d'Anthéor… Les divisions alliées enfoncent les positions des 242ᵉ et 148ᵉ divisions allemandes, renforcées de trois bataillons de l'Ost légion. Dans la nuit du 16 au 17 août, le 6ᵉ corps occupe une tête de pont de trente kilomètres de profondeur et quarante kilomètres de largeur. Plus de 130 000 hommes ont été mis à terre avec 18 000 véhicules et 7 000 tonnes de ravitaillement. De nombreux prisonniers (5 300) ont été faits et les pertes (1 300 soldats alliés hors de combat) sont relativement faibles.

Depuis le 16 août 1944 au soir, hommes, véhicules et matériel du premier échelon français de l'armée B débarquent sans interruption sur les plages de Sainte-Maxime à Cavalaire. Le général de Lattre de Tassigny n'a pas oublié ce moment poignant :

« Toutes ces divisions, avec leurs traits propres qui confèrent à chacune une si nette individualité, communient dans une ferveur identique. La France est là… Encore quelques heures et ses fils venus pour la libérer se jetteront dans ses bras.

« Il faut pourtant patienter encore durant tout un jour. Mais le 16, à 17 heures, la minute attendue fiévreusement arrive enfin. Dans le lointain, on aperçoit la forêt des Maures qui brûle. D'un seul élan, sur tous les navires, tandis que montent les couleurs, *La Marseillaise* éclate, la plus poignante qu'on ait jamais entendue. Les torpilleurs de notre escorte et les croiseurs de l'amiral Jaujard, qui depuis vingt-quatre heures soutiennent de tous leurs feux les premiers assauts de nos alliés, défilent, les équipages rangés à la bande, à contre-bord de mon bâtiment. Dans la splendeur lumineuse de cette soirée d'été provençale, avides, les yeux embués, le cœur étreint, tous regardent la terre qui leur apporte le premier sourire de la France retrouvée[97]. »

Un fait inattendu bouleverse le planning de l'opération. Dès le 16 août, le général Wiese, commandant des troupes allemandes du Sud-Est, reçoit l'ordre de se replier en direction de la Bourgogne et de la Franche-Comté. Deux divisions ont cependant pour mission de défendre Toulon et Marseille et de ne capituler qu'après la destruction complète des installations portuaires.

Pendant que le 6e corps d'armée américain passe à l'exploitation en direction du nord de la vallée du Rhône et la route des Alpes, le général de Lattre, sans attendre la réunion de la totalité de son armée, prend le risque d'attaquer presque simultanément Toulon et Marseille.

La garnison allemande de Toulon, protégée par trente forts, une abondante artillerie et d'innombrables casemates, comprend 18 000 hommes, issus de la 242e DI, de la Kriegsmarine et de la Luftwaffe. L'ensemble est commandé par l'amiral Ruhfus. De Lattre ne dispose que de 16 000 soldats, provenant de la 3e DIA, de la 1re DFL, de la 9e DIC, du bataillon de choc et des commandos d'Afrique, d'une trentaine de chars et de quatre-vingts canons de moyen calibre. Malgré la disproportion des forces, il accomplit l'exploit de conquérir cette immense place forte en trois phases principales, marquant le déroulement de la bataille. D'abord, la phase d'investissement (20 et 21 août) au cours de laquelle le groupement du général de Monsabert tend un filet au nord et à l'ouest de Toulon, tandis que le groupement du général de Larminat s'en rapproche à l'est, l'un et l'autre devant former un large demi-cercle autour de la place d'Hyères à Bandol. Vient ensuite la phase de démantèlement (22 et 23 août), marquée par la progression systématique et difficile de la 1re DFL et de la 9e DIC à travers la ceinture extérieure orientale de la ville que commandos et tirailleurs de la 3e DIA taraudent de leur côté. Arrive enfin la phase de réduction définitive des défenses intérieures qui est surtout l'œuvre de la 9e DIC et qui se termine, le 27 août à 23 h 45, par la reddition sans condition de l'amiral Ruhfus et de ses dernières troupes.

Lors de cette bataille, les faits d'armes, accomplis par les forces françaises, sont nombreux. Dès le 18 août, un groupe des commandos d'Afrique, fort de soixante hommes, a enlevé dans un fol assaut la batterie de Mauvanne, dotée de quatre canons de marine de 150, tué une cinquantaine de ses servants et capturé une centaine de survivants. La résistance allemande est souvent acharnée : quinze blindés du 5e régiment de chasseurs d'Afrique sont détruits lors d'un raid vers l'arsenal de Toulon. Le 23, l'enlèvement du massif du Touar coûte près de 300 hommes à la 1re DFL. Le même jour, des éléments de pointe de la 9e DIC s'emparent du château de Fontpré où sont capturés quatre canons de 105, deux de 155, trois antichars de 25 et 37 mm, et 120 prisonniers. Le fort du Coudon et la Poudrière ne sont réduits qu'après des combats allant jusqu'au corps à corps.

« L'intérieur de l'ouvrage (la Poudrière), raconte de Lattre, n'est plus qu'un immense charnier couvert de décombres, où règne une épouvantable odeur de mort et que dévorent les flammes qui font à tout instant sauter des caisses de munitions. Deux cent cinquante cadavres jonchent le sol, alors que le nombre de prisonniers ne se monte qu'à cent quatre-vingts dont plus de soixante sont grièvement blessés. C'est un spectacle dantesque qui, d'un seul coup, réveille en moi les plus tragiques souvenirs de Douaumont et de Thiaumont, en 1916[98]. »

La presqu'île de Saint-Mandrier résiste toujours. Depuis le 18, l'aviation alliée n'a cessé, en dépit d'une puissante DCA, de lancer des centaines de tonnes de bombes sur les casemates qui protègent ses pièces de 340. La flotte, dont le cuirassé français *Lorraine,* s'est jointe à ce déchaînement. À partir du 21, le bombardement a été quasi ininterrompu. Toute la zone qui entoure le cap Cépet n'est plus qu'un immense chaos d'où émergent les squelettes calcinés des pinèdes.

L'amiral Ruhfus s'y trouve à l'abri dans les galeries bétonnées. Il ne se résout à capituler qu'après plusieurs jours de bombardement intensif.

La bataille de Toulon, marquée par huit jours de luttes ininterrompues, fait 2700 tués ou blessés, dont une centaine d'officiers parmis les troupes Françaises. Chez les Allemands, on compte un millier de tués, 17000 prisonniers et un butin de 200 canons. Le plus grand port de guerre de l'Europe occidentale conquis est ouvert aux forces alliées pour servir de base à de nouvelles victoires.

À Marseille, le général Schaeffer, commandant de la 244e DI, dispose de 13000 hommes, de 150 à 200 canons allant du 75 au 220 mm. La prise de cette place forte est confiée à la 3e DIA du général de Monsabert, dont les effectifs, incomplets, ne dépassent pas 10000 hommes, en comptant un groupement blindé d'appui de la 1re DB. Une partie de cette division fonce en direction de Salon.

« À Marseille, écrit Paul Gaujac, poussé par Monsabert qui contrevient aux ordres de l'armée B, cuirassiers, goumiers et tirailleurs pénètrent dans la ville, dégagent les FFI en mauvaise posture et obtiennent la reddition des Allemands avec un minium de pertes.

« Après de violents combats autour d'Aubagne, les fantassins nord-africains s'infiltrent en effet par la montagne à travers un dispositif auquel l'ennemi n'a pas eu le loisir d'apporter la même densité qu'à Toulon et dont les arrières sont menacées par le soulèvement des FFI déclenché le 21 août. Utilisant la tactique maintes fois éprouvée en Italie, les tirailleurs pénètrent par les faubourgs Est le 23 à l'aube et, traversant l'agglomération sous les ovations de la foule, parviennent au Vieux-Port, suivis bientôt des blindés [...]. S'ensuivent alors des combats de rue au cours desquels les points d'appui — dont celui de Notre-Dame-de-la-Garde — sont réduits un à un[99]. »

La reddition du général Schaeffer intervient quelques heures après celle de Ruhfus, le dernier bastion dans les îles se rendant à la flotte le 29 dans la soirée. L'avance sur le calendrier est maintenant de vingt-sept jours. On note 1825 tués ou blessés dans les rangs français, pour 11000 Allemands capturés à Marseille et ses environs.

Il n'y a que douze jours qu'ont commencé de débarquer les éléments de tête de l'armée française, et neuf jours que celle-ci est entrée dans la bataille. Quatre mille des siens ont été mis hors de combat (tués ou blessés). Face aux troupes françaises, l'ennemi compte 3000 tués et

28 000 prisonniers, dont 700 officiers. Deux de ses divisions sont complètement anéanties. Et l'avance française sur l'horaire prévu est d'une telle ampleur qu'elle va se répercuter sur toute la campagne.

Par la libération de Toulon et Marseille, les Alliés disposent en Méditerranée d'une immense base qui double celle de Normandie et va contribuer à approvisionner toutes les troupes engagées sur le théâtre européen. Les deux ports du Midi assurent pendant huit mois le transit de quatorze divisions et le déchargement moyen de 18 000 tonnes de ravitaillement par jour.

Les soldats africains, noirs et nord-africains, sont accueillis en libérateurs et en héros par la population française, oublieuse de ses préjugés colonialistes.

Le général de Lattre décide alors de passer à l'exploitation et de participer à la libération du Sud-Est de la France. Il réussit à s'affranchir des instructions restrictives du général Patch (commandant la 7e armée américaine) qui semblent vouloir le cantonner dans des missions subalternes. Les troupes françaises vont prendre une part décisive à la poursuite, sur 700 kilomètres, de la 19e armée allemande. L'armée B est coupée en deux. À l'ouest, le groupement du Vigier remonte la rive droite du Rhône et explore les Cévennes et les monts du Lyonnais ; à l'est, la 3e DIA et la 2e DIM, qui formeront bientôt, avec la 9e DIC retenue par la prise de Toulon, le 1er corps de Béthouart, progressent par les Alpes avant d'amorcer la réunion de l'armée à l'est de la Saône. Au centre de l'éventail, le 6e corps américain avance sur Lyon par la nationale 7 et la route Napoléon. Après avoir réussi à franchir le Rhône dans la région d'Arles, le 1er corps de Monsabert libère Montpellier avant de progresser en direction de Lyon par la bordure orientale du Massif central. La ville est libérée le 2 septembre par la 1re DB, la 1re DFL, les FFI et les troupes américaines. Simultanément, le 2e corps du général Béthouart relève les troupes américaines face aux Alpes et poursuit son avance le long du Jura en direction de la trouée de Belfort.

« Progression régulièrement entravée, raconte Philippe Masson, par les difficultés logistiques, manque de munitions et pénurie d'essence. Le ravitaillement est entravé par les sabotages et les bombardements des voies de communication, en particulier dans le secteur de Montélimar où la route doit être déblayée au bulldozer dans une odeur effroyable de cadavres en décomposition[100]. »

À plusieurs reprises, aux abords de Beaune, de Nuits-Saint-Georges ou de Dijon, la 11e Panzerdivision, qui couvre la retraite de la 19e armée allemande, effectue d'efficaces contre-attaques qui freinent la progression alliée. De sérieux combats ont lieu dans la région d'Autun où la brigade allemande Bauer est capturée par les troupes FFI et des éléments de pointe de l'armée de Lattre.

Le plan du général de Lattre finit par se réaliser. La jonction avec les forces alliées venues de Normandie s'effectue à Nogent-sur-Seine, à l'ouest du plateau de Langres, le 12 septembre entre un groupe de reconnaissance de la 2e division blindée du général Leclerc et un autre de la 1re DFL.

Le capitaine Simon, de la 1re DFL, se souvient de ce moment historique, d'une intense émotion, où la division Leclerc rencontre l'armée d'Afrique :

« Je n'ai pas oublié l'immense joie de voir les premiers blindés de la division Leclerc venir à notre rencontre, nous qui venions de Provence, après de durs combats. Le bras Leclerc, venu de Normandie, tendait la main au bras De Lattre, parti d'Italie, de Corse et d'Afrique du Nord. Cette rencontre incarnait à nos yeux la victoire éclatante de l'armée française sur le nazisme, la fin des années sombres de l'occupation[101]. »

Dès le 8 septembre 1944, les troupes FFI venues du Sud-Ouest, dont le célèbre corps franc Pommiès, ont combattu, dans la région d'Autun, avec le Groupement Demetz de l'armée de Lattre. L'armée Patch est aspirée vers les basses Vosges et en Lorraine. Elle se trouve intégrée avec l'armée B devenue 1re armée française dans le 6e groupe d'armées de Devers. Les deux corps de de Lattre effectuent leur jonction et prennent position en face des hautes Vosges et de la trouée de Belfort, tout en assurant la couverture sur les Alpes du Nord.

Trois semaines d'efforts incessants et de succès ininterrompus ont conduit les troupes françaises de la Provence jusqu'au Jura et au pied des Vosges. Vingt-cinq départements français – près du tiers de notre territoire national – ont été reconquis. Si on y ajoute tout le grand Sud-Ouest, plus de la moitié de la libération du territoire national est l'œuvre exclusive des forces françaises (FFI, armée de Lattre et division Leclerc). Les 1re et 19e armées allemandes ont laissé cent mille prisonniers aux mains des troupes françaises depuis le débarquement de Provence. Durant la même période, du 15 août au 19 septembre 1944, l'armée de Lattre a perdu 6000 hommes (tués ou blessés).

Toutefois, à la fin septembre, la poursuite s'essouffle, puis s'arrête. Les difficultés logistiques persistent et surtout on assiste au rétablissement de l'armée allemande qui s'appuie sur des positions solides, établies dans les montagnes et devant Belfort. Le temps se dégrade, avec des pluies diluviennes et une chute des températures, signes avant-coureurs d'un hiver rude et précoce.

La ruée de la division Leclerc

Formée au Maroc à Témara, entre Casablanca et Rabat, en août 1943, la 2e division blindée, commandée par le général Philippe Leclerc de Hauteclocque, rejoint la Grande-Bretagne, à bord de divers navires en avril-mai 1944. Cette unité représente un amalgame étonnant de Français libres, d'évadés de France, de soldats de l'armée d'Afrique. Français de souche ou pieds-noirs, Libanais, Algériens, Marocains, Noirs d'Afrique équatoriale, Indiens des comptoirs, Républicains espagnols, catholiques, protestants, juifs, musulmans, libres penseurs, anciens combattants des Brigades internationales en Espagne, tous possèdent la volonté de délivrer la France. La division comprend un régiment de reconnaissance (1er régiment de marche de spahis marocains du colonel Rémy), un régiment d'infanterie (régiment de marche du Tchad du colonel Dio), trois régiments de chars de combat (501e régiment de chars de combat du colonel Warabiot, 12e régiment de chasseurs d'Afrique du colonel de Langlade, 12e régiment de cuirassiers du colonel Noiret), un régiment de chasseurs de chars (régiment blindé de fusiliers marins du capitaine de corvette Maggiar), trois groupes d'artillerie, un bataillon du génie, un groupe de DCA, un groupe d'escadrons de réparation, un bataillon médical… L'ensemble représente 17000 hommes, 4000 véhicules, dont 130 blindés légers ou automitrailleuses, 153 chars de combat Sherman M4, 44 chars Destroyer M10. La totalité du matériel lourd est américain. Leclerc organise sa division en trois ou quatre groupements tactiques (GT), avec pour ossature un régiment de chars de combat, un bataillon d'infanterie, un escadron de reconnaissance et un escadron de chasseurs de chars (GTD du colonel Dio, GTL du colonel de Langlade, GTB du colonel Billote et GTR du colonel Rémy). Cette grande souplesse d'utilisation, qui exige des qualités de commandement certaines, permet à la 2e DB de s'adapter au mieux aux différentes missions.

La division Leclerc débarque à Utah Beach, en Normandie (Cotentin), le 1er août 1944 et participe à la fin de la bataille de Normandie. Elle doit remonter vers Alençon, puis sur Argentan, et contribuer ainsi à la victoire finale en Normandie par la fermeture de la poche de Falaise avec les Américains. Par son audace, la 2e DB prend les troupes américaines de vitesse.

Depuis le 10 août, la 2e DB progresse vers la poche de Falaise sans pouvoir mener d'opérations de grand style. Mais, à Alençon, Leclerc monte une brillante manœuvre qui pourrait dès le 12 août le porter dans Argentan. Il a compris qu'il faut faire vite pour empêcher l'ennemi de fuir à l'ouest. Entre Alençon et Argentan, l'épaisse forêt d'Ecouves constitue un obstacle très redoutable, où se trouvent positionnées deux divisions allemandes. Aussi a-t-il décidé de la contourner à l'ouest et à l'est. Leclerc viole délibérément les instructions du général américain Haislip, commandant du 15e corps. En effet, la 2e DB opère en partie dans un secteur attribué à la 5e DB américaine et fonce sur Sées, au nord-est de la forêt, dont la prise lui est réservée ! La manœuvre de débordement est un succès. Le 13, Argentan se trouve à portée de fusil, mais le général Omar Bradley, commandant du 12e groupe d'armées américain, donne l'ordre de stopper l'offensive. « Une aubaine, raconte Michel Marmin, pour les Allemands : la poche reste ainsi entrouverte, alors que Haislip et Leclerc auraient parfaitement pu les y enfermer définitivement après avoir fait leur rapide jonction avec les troupes canadiennes, à Falaise[102]. » Les hésitations de Bradley facilitent ainsi le rétablissement allemand et le repli de la 7e armée en direction de la Seine. Dans la forêt d'Ecouves, la 2e DB lutte avec un acharnement remarquable : 3 000 prisonniers ennemis sont faits, un régiment de Panzers est détruit. En dix jours de combat, la division Leclerc enregistre cependant de lourdes pertes : un millier de soldats hors de combat (tués, blessés ou disparus) et soixante-quinze blindés détruits.

Le 21 août 1944, le général de Gaulle est averti qu'en dépit des conseils de prudence d'Alexandre Parodi, son délégué politique, et du jeune général Jacques Chaban-Delmas, son délégué militaire, une insurrection vient de se déclencher dans la capitale à l'initiative des communistes et en particulier du colonel Rol-Tanguy, un ancien des Brigades internationales et commandant en chef des FFI de l'Ile-de-France. C'est également un soldat qui s'est battu avec héroïsme en 1940 contre la Wehrmacht. Il commande en chef conscient de ses devoirs et non en partisan d'une cause politique. Aux côtés de Charles Tillon, chef national des FTP, Rol-Tanguy prend de court tout le monde, et même la direction de son propre parti, en lançant ses troupes, le 10 août, dans la guérilla insurrectionnelle. Le même jour, les cheminots de la région parisienne se mettent en grève, suivis par les postiers. Le 15, c'est au tour des policiers, tandis que les combats s'étendent. Le 17, le Comité national des FTP lance l'ordre de mobilisation générale, que reprend, le 18, l'état-major FFI de la région parisienne. Rol-Tanguy a pour adjoint un officier de carrière, le colonel de Marguerittes, chef FFI du département de la Seine.

Dans toute la région parisienne, les FFI alignent sur le papier environ 15 000 hommes résolus à se battre, mais disposant d'un armement dérisoire : 4 mitrailleuses, 83 fusils-mitrailleurs, 562 fusils, 325 revolvers et moins de 200 grenades. Les forces allemandes de Paris reposent sur 18 000 hommes, 60 canons, 75 blindés divers et 60 avions. Le général Dietrich von Choltitz, commandant du Gross-Paris, n'a rien d'un fanatique et ne s'est jamais mêlé de politique, c'est cependant un soldat qui a la réputation d'exécuter les ordres reçus. C'est aussi un homme las, victime de crises d'angine de poitrine, convaincu que l'Allemagne a perdu la guerre. Il estime que Hitler est un fou qui conduit l'Allemagne à la ruine. À l'intérieur de la capitale, les Allemands ont organisé un nombre important de points d'appui fortement défendus d'où ils peuvent contrôler les principaux itinéraires. Paris devient le lieu d'une bataille d'embuscades, d'escarmouches, de guérilla propice aux exploits individuels. Des barricades sont dressées un peu partout et les résistants attaquent les véhicules allemands à la grenade ou à la bouteille incendiaire. Des fenêtres des immeubles, ils tirent sur les patrouilles ennemies.

Une trêve est négociée dans la soirée du 19 août, grâce à l'intervention du consul général de Suède à Paris, Raoul Nordling, et malgré les nouvelles alarmantes qui parviennent à Chaban : la mairie de

Neuilly a été prise, une vingtaine d'otages ont été capturés, la préfecture de police de Paris est à bout de munitions, les chars allemands la tiennent sous leur feu. Faut-il prolonger la trêve ou la rompre ? Le lundi 21 août, dans la soirée et jusque tard dans la nuit, Chaban discute avec les principaux chefs de la Résistance parisienne dans un appartement proche de la gare Denfert-Rochereau. Il se déclare favorable au maintien de la trêve, sachant que les troupes FFI engagées dans l'insurrection armée luttent contre la montre, et est convaincu qu'il faut gagner du temps en attendant l'arrivée des Alliés, bien que la date reste inconnue. D'autres s'y opposent, notamment Villon, le représentant du Front national (tendance communiste) au Conseil national de la Résistance (CNR), qui se heurte à Chaban avec violence, au point de l'insulter. Chaban reste de marbre. Villon finit par s'excuser.

« Le véritable problème, rappelle Jacques Chaban-Delmas, était de savoir ce qu'il fallait choisir : l'unité de la résistance ou le souci de préserver Paris d'une destruction assortie d'un massacre. Alexandre Parodi, représentant du gouvernement d'Alger, qui présidait les débats, opta pour l'unité de la Résistance. « Dénonçons la trêve », dit-il. Je n'avais qu'à m'incliner[103]. »

Persuadé que la trêve aurait évité aux Allemands d'utiliser leurs moyens lourds, Chaban adhère finalement à l'appel aux barricades. La trêve a surtout permis de joindre les Alliés, par l'intermédiaire de deux émissaires, le commandant Gallois et le lieutenant Petit-Leroy, et de les convaincre finalement de dévier leur progression vers Paris. Sur l'intervention directe du général de Gaulle, le général Eisenhower accepte de modifier ses plans et de marcher directement sur Paris au lieu de déborder la capitale par l'ouest et par l'est. En effet, le 22 août, Eisenhower donne enfin l'ordre au général Leclerc de foncer sur la capitale. La 2e DB s'ébranle au petit matin du 23 août, avec ses deux cents chars, ses quatre mille véhicules et ses seize mille hommes. Elle attaque en deux groupements : le premier par Rambouillet-Le Petit-Clamart, Sèvres ; le second en direction d'Arpajon et de la Croix de Berny par la nationale 20. La 2e DB est soutenue à l'est par la 4e DI américaine. Leclerc doit livrer de furieux combats le long de la nationale 20. Il se heurte à des batteries de DCA de canons de 88 mm, transformés en antichars. Les pertes de sa division sont sévères : plus de trois cents tués, blessés ou disparus, une quarantaine de chars et une centaine de véhicules détruits.

À Paris, la situation reste confuse. La Luftwaffe a quitté le Bourget. Quant à la Wehrmacht, son moral est au plus bas. La retraite s'opère dans des conditions difficiles. Les troupes sont mitraillées par les détachements FFI. Les soldats allemands déménagent les bureaux et entassent dans des camions dossiers et archives. Hitler donne l'ordre au général von Choltitz de détruire la capitale. Dans les rues, les barricades se multiplient alors que les éléments avancés de la division Leclerc, commandés par le capitaine Drone, se rapprochent.

Dans la nuit du mercredi 23 au jeudi 24 août, Chaban échappe de peu à la mort, alors qu'une patrouille allemande lui fonçait droit dessus. Il a eu juste le temps de se jeter dans l'obscurité d'une rue et de disparaître. Il se rend ensuite à l'hôtel Matignon où sont réunis les secrétaires généraux des ministères chargés de préparer l'arrivée du nouveau pouvoir. Chaban leur dresse un tableau partiel de la situation militaire dans Paris.

La nouvelle tant attendue arrive enfin… La division Leclerc va entrer dans la capitale. Le capitaine Dronne rejoint le centre-ville, en compagnie de trois chars Sherman, d'une quinzaine de blindés, de deux camions et de cent cinquante hommes. À 20 h 45, cette solide troupe passe la porte d'Italie, franchit la Seine par le pont d'Austerlitz et longe les quais. Sur leur passage, la foule crie sa joie et sa fierté. À 21 h 22, Dronne est accueilli à l'Hôtel de Ville par la Résistance qui entonne une *Marseillaise* étranglée de larmes. Chaban est présent dans son uniforme de général.

Le 25 août, tandis que la 4e DI américaine libère les quartiers est de Paris, la 2e DB obtient à l'hôtel Meurice la reddition du commandant de la garnison, le général von Choltitz, suivie de la capitulation des différents points d'appui, Sénat, École militaire, quartier des Affaires étrangères… Près de la place de la Concorde, la bataille de chars a été rude. Le lendemain, le général de Gaulle effectue une descente triomphale des Champs-Élysées, sous les acclamations de la foule.

Les combats pour la libération de la capitale ont été meurtriers : les FFI ont perdu 900 des leurs, et 1 500 hommes sont blessés ; la division Leclerc a dénombré 28 officiers et 600 sous-officiers et soldats tués ou blessés. Les Allemands comptent 3 200 tués et 14 500 prisonniers.

« En s'installant au ministère de la Guerre, écrit Philippe Masson, où rien ne manque, sauf l'État, de Gaulle entend bien, comme prévu, rétablir l'autorité du gouvernement. Il met fin à l'activité du CNR, élargit l'assemblée consultative par une fournée de résistants de l'intérieur et surtout il tient à exercer son contrôle sur les trop nombreux FFI qui font régner dans la capitale une atmosphère trouble, avec le cortège classique de femmes tondues, d'hommes au visage ensanglanté et d'exécutions sommaires.

« Le général de Gaulle obtient du commandement allié l'autorisation de garder la 2e DB jusqu'au 8 septembre. Il intègre les FFI dans une 10e DI dirigée vers la frontière de Nord-Est. Eisenhower accepte encore de faire défiler, le 29 août, une division américaine à travers Paris depuis l'Arc de Triomphe jusqu'à Vincennes. Démonstration de force destinée à impressionner les communistes. De Gaulle devra cependant attendre encore jusqu'au 23 octobre pour que les Américains suivis des Anglais et des Soviétiques se décident à reconnaître le gouvernement provisoire[104]. »

Lorsque la 2e DB quitte la région parisienne en direction des Vosges, sa physionomie a évolué. L'excellent principe de l'amalgame autour du noyau gaulliste, qui avait si bien fonctionné au Maroc, est appliqué à nouveau après la libération de la capitale, avec l'intégration de quatre compagnies issues des FFI, formant le Groupement Tactique Roumiantzoff (GTR). Réintégrée, comme le désirait Leclerc, au 15e corps du général Haislip, la division a pour mission de couvrir le flanc sud de la 3e armée du général Patton dans sa marche vers l'est. Celle-ci se trouve coordonnée avec la remontée du sud de l'armée de Lattre. La 2e DB s'empare de Contrexeville le 11 septembre 1944 et, le 12, de Vittel où Leclerc rencontre trois mille ressortissants britanniques et américains internés là depuis 1940. Le même jour, la jonction avec l'armée B du général de Lattre se réalise sur le plateau de Langres.

Le 13 septembre, dans la vallée de la Gitte, entre Damas et Dompaire, une terrible bataille oppose des éléments de la 2e DB, dont principalement un groupe du commandant Massu et le régiment blindé de fusiliers marins (RBFM) avec ses chars Destroyer M10, à la 112e Panzerbrigade, forte de 125 chars lourds Panther, envoyée par le général Hasso von Manteuffel pour bloquer la progression de Patton. Repérée dès le 12, la Panzerbrigade a commis l'erreur de rester dans la vallée et de s'offrir aux coups de la 2e DB, soutenue par cinq attaques au sol de chasseurs bombardiers américains P47. Cette retentissante victoire permet aux équipages des chasseurs de chars M10 du RBFM de prouver leur valeur au général Leclerc : 59 Panther ont été détruits. Le 15, la Moselle est franchie par le sous-groupement du commandant de La Horie (GTV) à Châtel où, dès le lendemain, il doit repousser une nouvelle contre-attaque de Manteuffel.

La poursuite des colonnes allemandes

Le 1er septembre 1944, le général Chevance-Bertin, membre du Conseil supérieur de la Résistance et délégué du Gouvernement provisoire de la République, arrive à Toulouse. Il est accompagné du colonel Schneider.

À cette date, les forces alliées débarquées en Normandie avancent vers l'Est, mais n'ont pas dépassé la Loire vers le Sud. La 1re armée française, débarquée en Provence, progresse dans la vallée du Rhône. Entre ces deux masses se trouve un large couloir que jalonnent les villes d'Angoulême, de Bourges, d'Autun, de Dijon et de Vesoul. Par là, les troupes allemandes du Sud-Ouest tentent de rejoindre les unités de la Wehrmacht établies dans la région de Belfort. Déjà vingt mille hommes se replient dans la région de Châteauroux vers l'Est, quarante mille autres d'Angoulême vers Montmorillon. À l'exception de poches de résistance dans le Médoc et la Charente-Maritime, le Sud-Ouest est libéré.

Le général Chevance-Bertin décide de faire intervenir les FFI dans le couloir Angoulême-Vesoul, au seul endroit propice aux embuscades : le Morvan. Cette idée est présentée dans une note du 1er septembre :

« En vue d'assurer la participation des FFI de la zone sud à la poursuite des troupes allemandes en retraite, il est décidé d'organiser sans délai, dans chacune des régions R3, R4, R5 et éventuellement R6 et B1, une colonne FFI, l'ensemble de ces colonnes devant constituer un groupement aux ordres du colonel Schneider.

« La mission principale générale du groupement est la suivante : se porter par étapes le plus rapidement possible vers le nord, de manière à se trouver en mesure d'intervenir sur les flancs et, éventuellement, sur les arrières des troupes allemandes qui tentent d'échapper à l'encerclement entre les armées alliées du Nord-Ouest et celles remontant la vallée du Rhône[105]. »

La colonne mobile FFI de Toulouse (colonne R4) placée sous les ordres du colonel Redon, ancien chef FFI du Tarn, comprend huit mille quatre cent hommes fournis par le corps franc Pommiès (quatre mille huit cents volontaires), le reste de la troupe provenant du groupe Ajax (FTP du Lot), du groupe de reconnaissance de Segonzac, du groupe Trioche (ORA, Vény et FTP du Tarn) et du groupe Marcus (AS du Tarn-et-Garonne).

Ces unités n'ont qu'un armement léger. Aussi, selon l'instruction personnelle et secrète du colonel Schneider : « La tactique à appliquer sera celle de la guérilla la plus agressive possible. Dans tous les cas, on recherchera la démoralisation de l'adversaire par un harcèlement continu de ses éléments isolés, pour aboutir à l'enveloppement et à la destruction de ses colonnes par des attaques de corps à corps déclenchées par surprise avec le maximum de moyens.

« Les troupes devront vivre et combattre quelles que soient les intempéries saisonnières et les conditions de ravitaillement du groupement, limitées par l'insuffisance des moyens de transport et l'insécurité des communications.

« Le succès dépendra surtout de la discipline intellectuelle des cadres et de l'esprit de sacrifice des exécutants[106]. »

Le 3 septembre 1944, la colonne R4 défile dans les rues de Toulouse avant de partir en direction du Morvan. L'échelonnement des départs ne permettra qu'au CFP et au groupe de reconnaissance de Segonzac de participer aux combats dont Autun allait être l'enjeu. La brigade mobile du corps franc Pommiès (CFP) qui va combattre à Autun comprend neuf bataillons. Constituée rapidement, elle ne dispose que d'un armement léger : mitraillettes Sten peu précises, fusils et revolvers de types divers, fusils-mitrailleurs Bren et Châtellerault, quelques mitrailleuses, très peu de mortiers et d'engins antichars. Enfin, l'artillerie de campagne et la DCA font totalement défaut. La diversité des armes individuelles et collectives pose le problème de la multiplicité des munitions pour les groupements et les ravitaillements sur le terrain de combat.

Le CFP doit désorganiser la défense allemande à Autun par des actions à la périphérie de la ville, ainsi que sur les axes de retraite. En outre, des unités sont chargées du harcèlement des colonnes ennemies refluant de l'ouest sur les routes de Château-Chinon, Moulins-Engilbert et Luzy. L'unité du colonel Pommiès est appuyée à l'ouest, dans la région de Moulins, par la colonne FFI d'Auvergne.

Les effectifs allemands à Autun sont très variables. Ils changent d'un moment à l'autre dans le mouvement incessant de la retraite. Un rapport de la Résistance signale, le 6 septembre, la présence de huit mille soldats allemands. Le lendemain, ils ne sont plus que cinq mille.

Le 7 septembre, le bataillon Wurstein-Turban du CFP accroche une colonne allemande de trois mille hommes au carrefour de Fontaine-la-Mère. Le matin du 8, le régiment FTP Valmy décide d'entrer de force dans Autun, sans attendre les renforts du CFP. L'assaut se solde par un échec sanglant, qui coûte la vie à une centaine de FTP. En début d'après-midi, l'attaque déclenchée par le CFP et les éléments de la colonne Demetz est plus heureuse. Les combats sont opiniâtres. Les Allemands mettent la nuit à profit pour s'enfuir vers le Nord-Est.

Pommiès se montre satisfait. La ville est tombée, mais la garnison allemande court encore. Un détachement de poursuite se constitue. Ayant rejoint l'ennemi, cette unité engage le combat à Arnay-le-Duc. C'est alors que le colonel André Pommiès reçoit l'ordre de décrocher et de revenir sur Autun. En effet, la brigade allemande du colonel Bauer, forte de cinq mille hommes, reflue du Sud-Ouest et marche sur la ville. Pommiès engage ses neuf bataillons, renforcés par des compagnies FFI d'Auvergne et trois chars M10. De furieux combats sont livrés jusqu'au corps à corps autour des carrefours de Fontaine-la-Mère, des Quatre-Vents, du Mousseau, de la Ginguette et de la Folie. L'ennemi dispose d'un armement lourd et d'hommes parfaitement entraînés, mais, en face des Pyrénéens et des Auvergnats, il ne couvre que seize kilomètres en quarante heures.

Le 10 septembre 1944, le corps franc Pommiès, soutenu par un bataillon de marche de la Légion étrangère et un groupe d'artillerie lourde de 155 de l'armée du général de Lattre, obtient la capitulation de trois mille cinq cents soldats allemands. En outre, sept cents autres ont été tués ou blessés durant les combats. Le CFP compte à lui seul vingt-deux morts et une cinquantaine de blessés, dont Pommiès et le lieutenant Grattard. L'ensemble des pertes françaises (FFI et armée de Lattre) s'élève à deux cents hommes (tués, blessés ou portés disparus).

L'action du CFP trouvera sa récompense dans cette citation du général de Lattre de Tassigny, le 22 septembre 1944 : « Il a provoqué à Autun, après de durs combats, en liaison avec la 1re armée, la capitulation d'une troupe de trois mille cinq cents Allemands dont plus de huit cent cinquante ont été faits prisonniers par les seules unités du corps franc Pommiès, brigade très manœuvrière et ardente qui incarne l'esprit offensif des troupes du Sud-Ouest[107]. »

Le colonel Schneider, commandant l'ensemble du Groupement mobile du Sud-Ouest, écrit dans ses mémoires que « la reddition de la brigade Bauer doit, en premier lieu, figurer au palmarès du corps franc Pommiès, avant d'être comptabilisée à celui de la 1re armée. J'eus l'occasion, le 10 septembre vers 15 heures, d'observer une colonne de trois cent cinquante prisonniers qui m'étaient présentés par une escorte de CFP au carrefour du Mousseau. Je fis sortir un Feldwebel pour en assurer la conduite. À son commandement, cette masse d'hommes qui sortaient du combat tomba au « garde-à-vous » comme à la parade et se mit en marche au pas de l'oie. À croire qu'ils n'étaient pas vaincus. C'est dire le mérite de nos maquisards d'avoir arraché leur victoire aux mains de ces soldats. Car c'était bien leur victoire ! [108] »

Ce même 10 septembre 1944, entre la Loire et le Cher, il y a vingt mille soldats allemands formant plusieurs colonnes dont l'ensemble est sous les ordres du général Elster. La colonne FFI R6 ayant fait sauter les ponts de Gannay et de Decize dans la journée, la troupe allemande s'efforce, le soir, de gagner Imphy et Nevers lorsqu'elle apprend la capitulation de la colonne Bauer devant Autun. Pris dans le piège, le général Elster n'a plus qu'une ressource s'il veut éviter un massacre inutile : se rendre à son tour. C'est ce qu'il fait le 11 septembre. Mais, pour éviter que ses troupes tombent aux mains des « terroristes » du Groupement Schneider et des maquis des colonels Chomel et Bertrand, il les livre au général américain commandant la 9e armée opérant au nord de la Loire. Cette victoire revient cependant aux troupes FFI qui par leur efficacité ont poussé à la capitulation l'équivalent d'un corps d'armée de la Wehrmacht.

Les maquis des Vosges

Le maquis de Corcieux soutient dès le 6 juin 1944 le premier combat dans les Vosges. Le chef du maquis, Marcel Vichard, lieutenant de réserve, n'attend que le message radio pour passer à l'action. Une opération qui aboutit, dans la matinée du 6, à la destruction du radar allemand de Corcieux, dont tous les servants sont tués, et à l'attaque de la garnison allemande de Taintrux : de nombreux Allemands sont tués, cinquante-deux sont ramenés au maquis.

La réaction de l'occupant ne tarde pas. Le lendemain, toute la région est l'objet d'un ratissage en règle. Cinq FFI sont capturées, torturées et fusillées ; quatre autres sont tuées au combat, et les Allemands s'acharnent sur les villageois de Corcieux, Saint-Léonard, Taintrux. Il y aura en tout, résistants et civils, quarante-sept victimes.

Cette opération prématurée de la Résistance vosgienne semble servir de leçon aux autres maquis, qui ne se mobiliseront qu'à partir du mois d'août. L'armement des FFI est faible en face des forces allemandes nombreuses, bien entraînées, solidement armées. Après les opérations en région parisienne, et le repli précipité des forces de la Wehrmacht, accompagné du reflux de l'appareil administratif allemand, l'ennemi, comprenant le rôle défensif que peut jouer le massif vosgien, dernier bastion en territoire français, se ressaisit quand il constate le ralentissement de l'avance alliée ; à partir du 7 septembre, il amène par voie ferrée les 112e, 111e et 106e brigades blindées. Celles-ci rejoignent des forces restées cohérentes et disciplinées, comptant des éléments de toutes armes, de l'aviation d'observation, de l'infanterie, de l'artillerie, de nombreux blindés, le tout appartenant à la 19e armée allemande, laquelle a eu tout le temps de fortifier le secteur en multipliant les fortins ou les barrages défensifs.

La mission de guérilla des maquis vosgiens débute à la fin du mois d'août. Dès le 1er septembre, les FFI du maquis de Coussey, dirigées par le capitaine Flack, se lancent, malgré l'insuffisance de leur armement, à l'attaque d'une colonne allemande de deux cent cinquante hommes. Quatre maquisards et une trentaine d'Allemands sont tués.

Le maquis de Châtenois, sous les ordres du lieutenant Richard, occupe, le 2 septembre, diverses localités, dont Gironcourt, Domartin,

Laneuveville et Houécourt, avant de se joindre à d'autres unités en vue d'opérations ultérieures vers le centre et l'est du département.

Les maquis de la région centrale, dont les objectifs sont la libération d'Épinal, de Charmes, de Rambervillers et de Remiremont, connaissent des vicissitudes plus ou moins tragiques. Le 27 août, un message de la BBC annonce le premier parachutage destiné au maquis de Grandrupt. Malheureusement, le 3 septembre, les Allemands arrêtent les chef FFI du secteur, le capitaine Rozot et son adjoint Jean Romman. Le 7 au matin, le maquis, fort de trois cent soixante-quatre hommes, est encerclé par deux régiments ennemis. Les responsables du maquis reçoivent alors l'ultimatum ainsi libellé : « Les hommes de 16 à 65 ans des villages de Grandrupt et de Vioménil sont parqués et à notre disposition ; si, à 12 heures, le maquis ne cesse pas la résistance, nous détruisons ces villages par le feu et les hommes parqués (environ cent vingt) seront déportés[109]. »

Les chef FFI, réunis autour du lieutenant de Monthureux, décident dans un but humanitaire de déposer les armes, à condition toutefois que les maquisards soient considérés comme des prisonniers de guerre et non comme des terroristes. Cette condition est acceptée par les Allemands : deux cent vingt-trois FFI se rendent ; les autres réussissent à se disperser, avec l'accord de leurs camarades. Cependant, l'occupant ne tient pas la parole donnée, déportant les maquisards qui se sont rendus. Cent soixante d'entre eux disparaissent dans les camps de concentration. L'abbé Pierre Mathis, curé d'Hennezel, qui s'était mis au service du maquis, est venu le prévenir de l'imminence de l'attaque ; il est arrêté dans son presbytère par les Allemands qui le fusillent le 9 septembre sur la place du village.

Dans le même temps, dans le nord du département, Charmes connaît une tragédie plus affreuse encore. Le maquis du lieutenant Paul Martin, fort de trois cents hommes, médiocrement armés de vieux fusils Lebel, de quelques mitraillettes et de quatre mitrailleuses, prend possession de l'hôtel de ville de Charmes le samedi 2 septembre au soir. Le dernier soldat du Reich semble avoir quitté la localité la veille, mais, le 3 au matin, deux automobiles de la Feldgendarmerie, parcourant les rues, sont mitraillées par les FFI et mises hors d'usage : un Feldgendarme est tué, un second est fait prisonnier, les autres parviennent à s'échapper. Dans l'après-midi, trois cents fantassins allemands et trois blindés arrivent par la route d'Essegney. Une centaine de maquisards, les obligent en fin de soirée à se retirer, un blindé ayant sauté sur une mine. Le lundi 4 septembre est une journée d'attente au cours de laquelle les FFI tentent d'étoffer la défense de la cité, notamment en plaçant des mitrailleuses à la gare et en établissant des postes avancés sur les routes d'Essegney et de Champagne. À la tombée de la nuit, six cents Waffen SS attaquent les positions des maquisards qui s'accrochent héroïquement autour du pont de la Moselle. Le 5, la lutte se poursuit à l'intérieur de Charmes. Le lendemain, les Allemands se livrent au pillage et déportent cent cinquante-sept personnes. Ils ne se retirent que le 12, après un violent bombardement de l'artillerie américaine.

« Le bilan est lourd, écrit Henri Noguères, mais numériquement positif :

«- pertes du maquis : douze tués, dix-sept blessés, trente-six déportés.

«- pertes ennemies : cent cinquante tués[110]. »

Dans la région de Remiremont, le maquis d'Eloyes se constitue en unité de combat à la fin août. Les volontaires arrivent de toutes parts : Eloyes, Arches, Jarménil, Pouxeux, Chemiménil... Le 8 septembre, le maquis, commandé par le lieutenant Perrin, compte trois cents hommes et, à 23 h 30, après la réception d'un parachutage, une centaine se trouve armé.

« À la vérité, écrit P. Clémondot, le maquis n'a guère le temps de s'organiser. Dès le 8, on apprend l'arrivée des SS et de soldats allemands à Arches, Eloyes, Jarménil. Le 9 au matin s'esquisse la défense : quelques fusils-mitrailleurs sont placés aux abords du camp quand éclate, vers 10 h 30, une courte fusillade du côté d'Eloyes. À 11 heures, une femme de Jarménil monte prévenir le camp de l'imminence de l'attaque. Celle-ci est déclenchée en force peu avant 13 heures. Le lieutenant R. Girod, qui commande le maquis en l'absence de Perrin, ordonne le repli de deux cents hommes non armés. La défense se poursuit, vigoureuse, mais la menace d'encerclement oblige les combattants au décrochage après qu'ils ont fait exploser le dépôt de munitions. Les FFI ont perdu une trentaine d'hommes, les Allemands cinquante-deux. Remiremont, comme Épinal, est libéré peu de jours après par la 7e armée américaine[111]. »

Le maquis de Viombois, qui se situe à la limite des départements de la Meurthe-et-Moselle et des Vosges, appartient par ses origines à la Résistance alsacienne, mais son histoire malheureuse et tragique a pour théâtre la montagne vosgienne. C'est dans l'esprit des réfugiés alsaciens de la zone sud que naît le projet de contribuer, par une intervention armée, à la libération de l'Alsace. Dans cette perspective, les Alsaciens s'installent dans les Vosges, début 1944. Le commandant Kibler (Marceau) et le capitaine Rivière créent un réseau assurant la liaison entre le territoire français occupé et l'Alsace intégrée au Reich. Un premier parachutage, dès le 4 mars 1944, fournit quelques armes au curé de Domèvre-sur-Vezouse, Stutzmann. Fin avril 1944, le Groupement Mobile d'Alsace (GMA) recrute dans chacune des localités de la Plaine et du Rabodeau quelques volontaires pour prendre les armes dès que sera donné l'ordre de mobilisation.

Le 10 mai 1944, le GMA prend en charge le maquis de réfractaires du col de la Chapelotte, une quinzaine d'hommes parmi lesquels se trouvent deux Russes, deux aviateurs anglais et un Autrichien. Le 2 juin, le maquis, déjà repéré par les Allemands, doit décrocher et s'installer au sud-est de Vexaincourt où ses effectifs grossissent rapidement. À la mi-juin, la centurie du sous-lieutenant Ricatte (Serge) s'installe aux Hérins, tandis que les cinquante hommes du groupe Felix trouvent refuge au jardin David. L'état-major FFI d'Alsace, composé du colonel Bourgeois (Maximum), de Marceau (chef FFI d'Alsace) et de Rivière (chef de la Résistance alsacienne), confie le commandement du GMA au capitaine Mayer (Marc), un médecin lyonnais, résistant de la première heure.

Les deux centuries restent pratiquement désarmées jusqu'au 12 août. Le lendemain, à 2 heures, des avions alliés parachutent des armes, des équipement radio, un commando britannique et le capitaine FFL Maurice Boissarie (Baraud), bordelais d'origine. Malheureusement, le 14 août, les Allemands, déjà informés, procèdent à de nombreuses arrestations à Raon-l'Étape, à Raon-sur-Plaine et à Vexaincourt. Ils obtiennent par la torture assez de précisions sur le maquis pour lancer, le 16, une vaste opération dans la vallée de Rabodeau. L'attaque ennemie disperse le groupe Felix, cependant que la centurie Ricatte parvient à gagner la Basse-des-Huttes (Meurthe-et-

Moselle). Les colonels Bourgeois et Grandval échappent de peu à la capture.

Les dix derniers jours du mois d'août constituent pour le GMA un court répit, qu'il utilise à l'entraînement et à la mise en place du terrain de parachutage « Pédale », au sud de Veney. Le GMA se laisse aller à de naïves imprudences, dont la plus grave est de garder au camp deux miliciennes arrêtées à Pexonne. L'occupant, qui ne reste pas inactif, amène à Baccarat, Badonviller et Cirey des commandos de la Gestapo, qui préventivement arrêtent à l'aube du 27 août, à Pexonne, Neufmaisons et Veney, près de cent personnes dont la plupart est fusillée ou déportée les jours suivants.

Ces tragiques événements ne paralysent pas le GMA installé dans la forêt du Petit-Reclus. Il compte près de trois cents hommes venus de Badonviller, Bréménil, Neufmaisons, Fenneviller, Pexonne, Celles, Raon : parmi eux, on dénombre des prisonniers évadés, russes, polonais et même suédois.

Le 1er septembre 1944, à 3 heures, le commando SAS du lieutenant-colonel Frenck, accompagné du commandant FFL Derringer (Henri), est parachuté dans la région. Le lendemain, le capitaine Rivière donne l'ordre de mobilisation aux hommes valides des régions de la Plaine et du Rabodeau, tandis que le capitaine Mayer enjoint aux centuries de gagner la ferme de Viombois, inoccupée et isolée au milieu des bois. Le GMA passe sous les ordres du commandant Derringer et compte huit cents hommes, organisés en deux groupes de trois centuries chacun. À la tête du premier se trouve le capitaine Mayer, à celle du deuxième le capitaine Boissarie.

Un parachutage, prévu dans la nuit du 3 au 4 septembre sur « Pédale », ne peut avoir lieu en raison du mauvais temps qui règne sur la Manche. Deux centuries sur six sont armées lorsque se déclenche l'attaque allemande.

Le 4 septembre, dès 16 h 30, l'encerclement de Viombois par six mille soldats de la Wehrmacht est complet. Le capitaine Boissarie, le mieux capable d'organiser une défense, est tué d'une balle en pleine tête. La plupart des maquisards peuvent s'échapper, mais le GMA a perdu dans cette affaire quatre-vingts hommes. Les Allemands comptent cent trente-quatre tués.

Le maquis de la Piquante-Pierre appartient pleinement à la Résistance vosgienne. Dès le 28 août, date de réception du premier message de la BBC, les volontaires affluent de tous côtés et s'installent non seulement à la Piquante-Pierre, sous les ordres du lieutenant Monnet, mais aussi dans la forêt de Noire-Goutte, où se trouvent trois cent quatre-vingts hommes commandés par le capitaine Mathis. Le 18 septembre, le maquis compte mille cent hommes sous les ordres du capitaine Blaise et abrite une mission interalliée de renseignement, dite « mission Pavot ». Celle-ci s'installe le 9 septembre à la ferme Didier Laurent, autour du colonel anglais Prendergast, avec le major américain Roess, les opérateurs radio, trois officiers français et le commandant Dubourg. La mission dispose de deux postes émetteurs et doit assurer les communications avec Londres et les états-majors des 3e et 7e armées américaines. Le maquis de la Piquante-Pierre occupe quatre cantonnements, éloignés chacun de plusieurs kilomètres, mais correspondant entre eux par radio. Les hommes ont pu recevoir un début d'instruction et d'entraînement ; la plupart est armée, les munitions étant cependant peu abondantes.

Le maquis apparaît donc comme une unité importante capable d'une action d'envergure. Malheureusement, toute la région connaît son existence. Les Allemands obtiennent sur la Piquante-Pierre les premiers renseignements par deux maquisards arrêtés à La Bresse. Il semble que l'ordre de détruire le maquis ait été donné de Guebwiller par Himmler lui-même.

L'offensive allemande, menée par huit mille hommes, se développe en deux temps : une première attaque est lancée le 16 septembre à 5 heures contre la centaine qui occupe le camp de Noire-Goutte, à 6 kilomètres au nord-est de la Piquante-Pierre ; celle-ci perd quatorze combattants, mais peut se replier et prend position près de l'étang de Jemnaufaing. L'assaut décisif est conduit le 20, de 8 h 30 à 18 heures, contre la Piquante-Pierre elle-même. La Résistance des FFI est héroïque. La portion centrale du camp décroche entre 23 heures et 3 heures. La mission interalliée réussit également à se dégager et à sauver son matériel. Une centaine de FFI couvrent la retraite jusqu'au 21 et se replient par la suite. Le combat se solde, du côté des FFI, par trente-trois tués, dix-sept blessés et quarante-huit prisonniers que l'ennemi passera par les armes. Les Allemands ont perdu sept cents hommes, tués ou blessés.

Henri Noguères écrit que, « bien commandé par le capitaine Blaise, le groupe qui devait subir l'attaque principale allait manœuvrer très habilement, décrochant le soir pour passer la nuit dans les bois, et, finalement, évacuant toutes ses positions sans se laisser encercler[112] ».

En fixant l'équivalent de deux divisions ennemies dans la guérilla, les maquis vosgiens ont contribué à la victoire des troupes alliées sur ce front montagneux, que les Allemands avaient transformé en véritable forteresse.

La libération des Vosges et de l'Alsace

Durant l'automne 1944, la 1re armée française se trouve en face d'un problème qui exige une solution urgente, celui de la relève de certaines de ses troupes noires, incapables de supporter les rigueurs de l'hiver continental. À la 1re DFL, le remplacement porte sur cinq bataillons d'infanterie venus du Cameroun, de l'Afrique équatoriale et de Djibouti, ainsi que sur de nombreux éléments de l'artillerie, du train et du bataillon médical, soit au total six mille hommes. À la 9e DIC, il est plus important encore puisque c'est neuf mille Sénégalais qu'il convient de relever et d'envoyer sans retard dans le Midi. Les unités FFI et les volontaires répondent à l'appel. Des engagés volontaires de Lyon, Chalon-sur-Saône, Besançon, des Ardennes, de la Bretagne, fournissent à la 1re DFL un nombre important de jeunes soldats. Des unités FFI, comme le maquis de Chambarrand, le 2e bataillon du Charollais, le Groupement Thivollet, le 4e bataillon du régiment du Morvan, complètent le renforcement de la DFL. De même, à la 9e DIC, des bataillons entiers de Sénégalais sont, du jour au lendemain, remplacés par des unités FFI venues du Sud-Ouest, de Provence et du Centre.

L'apport grandissant des FFI permet la création de nouvelles unités au sein de la 1re armée, comme la brigade Alsace-Lorraine du colonel Berger (André Malraux), formée de maquisards venus du Périgord et de Toulouse. Les FFI de la région parisienne permettent la création de la 10e DI du général Billotte, qui va tenir un large secteur des Vosges, dans des conditions extrêmement difficiles, en plein hiver. Le général Salan est chargé du commandement de la 14e DI avec les FFI du Sud-Ouest, de la Bourgogne, de l'Yonne, du Charollais et d'ailleurs. Les divisions nord-africaines sont renforcées par le corps franc Pommiès (devenu par la suite 49e RI), la colonne Fabien (151e RI), le régiment de Franche-Comté et celui du Morvan (27e RI). Dans le Berry, le colonel Bertrand reforme le 1er régiment d'infanterie. Le colonel Fayard-Mortier commande la division FFI d'Auvergne. Le colonel Rol-Tanguy présente au général de Lattre la brigade Paris. Des régiments de reconnaissance se forment également avec l'apport des FFI : citons par exemple le 12e dragons de Dunoyer de Segonzac. Près de 140 000 FFI (AS, ORA, FTP) intègrent ainsi la 1re armée, qui va compter 300 000 soldats.

Sur le front de Belfort et des Vosges, l'armée de Lattre doit tenir 120 kilomètres de positions montagneuses, dont certains sommets dépassent mille mètres d'altitude, dans des conditions climatiques extrêmes, face à la 19e armée allemande, reconstituée à partir d'unités fanatisées. De Lattre tient cependant à forcer l'accès à la plaine d'Alsace. Une première offensive (du 25 septembre au 4 octobre 1944) concerne le nord des Vosges. C'est un demi-succès. Le temps est détestable, la résistance allemande acharnée et les pertes importantes. Cette manœuvre a cependant l'avantage de fixer les réserves allemandes. La 3e DIA — renforcée par le 1er régiment de chasseurs parachutistes (1er RCP), les commandos d'Afrique et le groupement de choc Gambiez — progresse en direction de Gerardmer, de La Bresse et du col d'Oderen. L'adversaire du général Guillaume, commandant de la 3e DIA, est la 338e DI du général allemand L'Homme de Courbières, descendant d'une famille de la noblesse française ayant rejoint l'Allemagne protestante au XVIIe siècle. Ce chef allemand énergique et résolu a su ressouder des unités diverses que soutiennent des bataillons de mitrailleuses lourdes et qui utilisent au mieux les multiples possibilités de défense, qu'offrent les forêts et le relief du terrain. Le 5 octobre, après avoir conquis au corps à corps les pentes sud de Longegoutte, les troupes françaises s'approchent de la crête. Mais, le 6, la 338e DI allemande contre-attaque, isolant le 1er RCP et le 3e RTA. Pendant trente-six heures, les deux adversaires s'affrontent au cours de combats sous bois, confus et violents. Le 8 octobre, les Français restent finalement maîtres du terrain par la conquête de la crête de Longegoutte. Les combats se poursuivent par un temps abominable. La pluie, le brouillard et la neige alternent et se conjuguent. La 1re DB, épaulée par le corps franc Pommiès et la brigade Alsace-Lorraine, libère Servance et Fresse, mais ne peut déboucher. La 1re DFL se heurte aux mêmes difficultés, malgré la prise de Ronchamp et Frédéric-Fontaine.

Les pertes françaises sont particulièrement lourdes : le 6e RTM a perdu 700 hommes (tués ou blessés) et le 1er RCP 750. Ces opérations ont entamé sérieusement les défenses ennemies, sans toutefois trouver la fissure qui aurait permis le franchissement des crêtes et la descente en Alsace. On compte, pour ces trois dernières semaines, près de 2000 prisonniers allemands et très largement le double de tués. Dans une lettre, datée du 19 octobre 1944, le général de Lattre note que « nous avons actuellement en face de nous plus de 55000 combattants, appuyés par plus de vingt-cinq groupes d'artillerie largement approvisionnés et un nombre étonnant de canons automoteurs et de chars[113] ». Outre la 338e DI, l'ennemi aligne une division fraîche qui arrive de Norvège, la 269e DI, et la 189e DI, aguerrie par la lutte contre les maquis dans le Sud-Ouest.

Cette première opération facilite, le 14 novembre 1944, le déclenchement d'une seconde offensive à l'extrême sud par la trouée de Belfort, le long de la frontière suisse. Le général Béthouart, commandant du 1er corps d'armée, y engage la 5e DB, la 2e DIM, la 9e DIC et le Groupement Molle (composé d'unités FFI). La 338e DI allemande est enfoncée. L'offensive est marquée par des combats très durs, par des retours offensifs de l'ennemi dans le secteur de Dannemarie, fin novembre. La victoire est cependant acquise. Le Rhin a été atteint à Huningue. Belfort, Montbéliard et Mulhouse ont été libérés. L'encerclement réalisé dans le secteur de Burnhaupt a permis la destruction de la plus grande partie du 63e corps d'armée allemand du général Schalk, composé des 189e et 269e DI, de la 30e DI Waffen SS et de la brigade blindée Feldhernhalle. La 1re DFL, qui s'empare de Giromagny le 22 novembre, favorise ce brillant succès, sans oublier la 1re DB qui intervient dans la région de Mulhouse.

Cette bataille de la trouée de Belfort et de la Haute-Alsace, du 14 au 28 novembre 1944, coûte cher à l'armée de Lattre : 6000 tués, blessés ou disparus, 1700 évacués pour gelures graves, sans oublier 130 blindés (chars et automitrailleuses) détruits. Les pertes allemandes sont considérables : 10 000 tués et 17 000 prisonniers, 120 canons capturés et une centaine de blindés détruits.

Pendant ce temps, le général Leclerc et sa 2e DB participent, au sein de la 3e armée américaine, à une vive offensive en direction de Phalsbourg et de Saverne à la mi-novembre. Les Groupements Rouvillois et Massu s'emparent de Saverne le 22. Divisée en cinq groupements tactiques, par des chemins forestiers difficiles, mal surveillés par l'ennemi, la 2e DB est lan cée par Leclerc en direction de Strasbourg où elle pénètre le 23 novembre. La capitale de l'Alsace est entièrement libérée deux jours plus tard. Dans son ordre du jour n° 73, le général Leclerc déclare aux soldats de sa division : « En cinq jours vous avez traversé les Vosges malgré les défenses ennemies et libéré Strasbourg. Le serment de Koufra est tenu ! Vous avez infligé à l'ennemi des pertes très sévères, fait plus de neuf mille prisonniers, détruit un matériel innombrable et désorganisé le dispositif allemand. Enfin et surtout, vous avez chassé l'envahisseur de la capitale de l'Alsace, rendant ainsi à la France et à son armée son prestige d'hier[114]. »

La première tentative de la réduction de la poche de Colmar, en décembre 1944, se révèle infructueuse, malgré les assauts enragés du 1er RCP, de la 2e DB, de la 3e DIA, de la 4e DMM, de la 2e DIM, des 1re et 5e DB, de deux divisions américaines (36e et 3e DI). Than, Orbey Witternheim tombent cependant aux mains des troupes françaises. Le 1er RCP compte à lui seul près de 200 hommes hors de combat sur 511 soldats engagés ! Près de 6 000 soldats allemands ont été capturés.

Le 16 décembre, la contre-offensive allemande, qui débute dans les Ardennes, place l'armée américaine dans une situation délicate. Eisenhower n'écarte pas la possibilité d'une évacuation de Strasbourg. Les Français s'y opposent et prennent à leur charge la défense de la ville. Hitler et Himmler montent une vaste manœuvre en tenaille contre Strasbourg. Au nord, la 1re armée allemande, forte de trois divisions blindées, d'une division parachutiste et de deux d'infanterie, doit attaquer les positions américaines du 6e corps d'armée sur le front de Haguenau. Cette opération sera accompagnée d'une traversée du Rhin, effectuée par la 553e division de grenadiers, au nord de Strasbourg, front tenu par la 3e DIA et une partie la brigade Alsace-Lorraine. Au sud de Strasbourg, la 198e DI allemande et la brigade blindée

Feldhernhalle, reconstituée, sont chargées d'enfoncer les positions de la 1re DFL et d'une partie de la brigade Alsace-Lorraine.

Le 7 janvier 1945, cette double offensive, appelée Norwind, démarre. « Le choc est violent, raconte le général de Lattre. Dans l'aube glaciale, sur la plaine couverte de neige que l'éclatement des obus poudre de cernes noirâtres, des ombres fantomatiques avancent, ombres démesurées des chars peints en blanc, ombres innombrables des fantassins revêtus de cagoules[115]. » Attaques et contre-attaques vont se multiplier jusqu'au 25. Les Français forment des poches de résistance dans les villages et tiennent avec fermeté. Les Américains reculent sur une seconde position. Les assauts allemands finissent par s'essouffler : Strasbourg est sauvé.

La conclusion de la campagne d'Alsace est alors imminente. La poche allemande de Colmar tient toujours. Du 20 janvier au 9 février 1945, la 1re armée française, la division Leclerc et deux DI américaines y livrent de furieux combats pour sa réduction. Les troupes allemandes de la 19e armée y concentrent quatre divisions d'infanterie, trois divisions de grenadiers et la 2e division de montagne, arrivant spécialement de Finlande. Le 1er corps d'armée de Béthouart (4e DMM, 2e DIM, 9e DIC) attaque au sud, tandis que la 10e DI de Billotte fixe les réserves allemandes au centre. Au nord de la poche, la 2e DB, la 1re DFL, la 5e DB et les deux DI américaines (3e et 28e DI) menacent directement Colmar. Il fait 20 °C au-dessous de zéro, le vent souffle et il y a un mètre de neige. La résistance allemande est acharnée. Les Français souffrent de la faiblesse du matériel, notamment dans le domaine des blindés. Le char Sherman est dramatiquement surclassé par les Tigre, Panther et Jagdpanther. L'Alsace partage, avec la Normandie, le triste privilège de la province la plus affectée par l'acharnement des combats, avec plus d'une vingtaine de villages détruits. La poche de Colmar est finalement réduite et la ville libérée le 2 février par la 5e DB française. Les Allemands se retirent de l'autre côté du Rhin par le pont de Chalampé. La conquête de la poche a fait 13400 tués ou blessés parmi les troupes françaises engagées ; les Allemands ont perdu 35000 hommes, 20000 d'entre eux sont prisonniers. Lors de cette bataille, la 9e division d'infanterie coloniale (9e DIC) a payé le plus lourd tribut des unités françaises avec 400 tués. Les deux divisions américaines comptent 542 tués au total.

Ainsi s'achève une des plus dures campagnes menées par l'armée française, qui s'est heurtée à des conditions climatiques extrêmement difficiles et à un adversaire fanatisé et valeureux. Vingt ans plus tard, le général de Langlade, un des meilleurs officiers de Leclerc, lui rendra hommage : « Enfin, l'armée allemande à l'agonie sut se battre avec furie, jusqu'à ce qu'elle tombe morte. Ceci est un hommage que l'on doit rendre à cette race productrice d'admirables guerriers (*sic*) [116]. » De son côté, le général américain Eisenhower, commandant en chef des forces alliées de l'Ouest, ne tarit pas d'éloges pour l'armée française : « Cette victoire, remportée en affrontant des conditions difficiles de temps et de terrain, est un exemple exceptionnel de travail d'équipe d'alliés au combat. C'est un tribut à l'habileté, au courage et à la détermination de toutes les forces engagées. Je vous prie de transmettre au général de Lattre, commandant de la 1re armée française, et à toutes les forces sous son commandement mes félicitations pour ce haut fait[117]. »

La guerre de position dans les Vosges et en Alsace, durant l'hiver 1944-1945, n'est pas sans rappeler celle du front russe. Les rapports du capitaine Gouzy et du médecin-capitaine de Tayrac, rattachés au corps franc Pommiès (49e RI), sont révélateurs : « La neige recouvre le sol de deux mètres d'épaisseur… Il faut relever régulièrement les éléments placés au sommet. Nos soldats enlèvent mutuellement la glace qui se forme sur leurs vêtements insuffisants… 90 % des armes ne peuvent fonctionner, un bloc de glace se formant à la fenêtre d'éjection… Les hommes sont à la limite de la résistance. On constate chez eux un automatisme hébété. Il règne dans la troupe la psychose de l'insécurité au repos. Ils ne peuvent pas dormir et la fatigue va en s'accentuant. D'autre part, l'état des chaussures et des chaussettes provoque une macération des pieds qui rend la plupart des soldats inaptes à la marche. La température est tombée à -20 °C. Les hommes relevés des emplacements de combat sont employés au ravitaillement de leurs camarades en première ligne, et il faut aussi aider ceux des transmissions à maintenir les liaisons entre les divers PC. Enfin, il n'est pas rare qu'il faille épauler les brancardiers pour aller chercher les blessés des engagements nocturnes[118]. »

Les combattants doivent apprendre à vivre dans la neige, à lutter contre le froid, à maintenir les armes en état, à repérer les patrouilles ennemies, ces grands fantômes blancs qui s'infiltrent silencieusement entre les postes avancés. Les hauteurs sont couvertes d'une neige gelée. Les soldats montent à tour de rôle, section après section, groupe après groupe, occuper les postes de combat, durant trois jours, durant cinq jours, suivant les périodes. Les guetteurs, les pieds dans la neige, en pleine nuit, doivent lutter contre le sommeil. Les blocs de neige que les sapins laissent glisser au sol de temps en temps évoquent les pas des patrouilles allemandes, et il est difficile de se retenir de tirer.

Le soldat Henri Juppé, qui prend part à l'attaque du Petit Drumont (1 208 mètres), dans la nuit du 28 au 29 novembre 1944, raconte : « Les conditions atmosphériques et la topographie des lieux sont déplorables. Il neige ; le vent est furieux et glacial ; les pentes abruptes sont enneigées ou glacées ; la visibilité est presque nulle, car un épais rideau de neige empêche nos hommes d'y voir à plus de 35 mètres. Voilà les souffrances physiques qu'endurent ces hommes… lorsque, tout à coup, des hurlements inarticulés, des cris, se mêlant aux tirs de FM, de mitrailleuses, de mitraillettes, s'élèvent un peu partout. C'est l'accrochage. Les Boches qui nous ont entendu progresser tirent sur les cibles qui se détachent merveilleusement sur la neige immaculée. Tout le monde est à terre pour la riposte. Un duel serré commence à quelques mètres les uns des autres[119]… »

Certains soldats nord-africains ressentent un certain sentiment d'abandon à l'encontre de la France. Ils apprennent les remous nationalistes en Algérie. La plupart des tirailleurs, illettrés, ne s'en montrent guère préoccupés ou pensent que les difficultés économiques, dont ils n'ignorent rien, sont la cause de tout cela. L'encadrement français se montre plus inquiet. Il recommande un regard strict de la correspondance, l'augmentation du nombre de sous-officiers européens, ainsi qu'une propagande soulignant l'effort de la France pour ravitailler l'Afrique du Nord.

Les nazis tentent de casser le moral de l'armée d'Afrique. Disséminés sur la rive droite du Rhin, des haut-parleurs s'adressent directement en arabe aux tirailleurs nord-africains : « La France coloniale vous transforme en chair à canon, venez donc rejoindre le IIIe Reich national-socialiste, qui lutte contre le colonialisme franco-britannique[120]. » Le sergent du 1er RTA Belkacem Chaouch, fait prisonnier le 15 décembre 1944 devant Orbey, évadé du camp de Malzach et qui vient de traverser le Rhin à la nage, raconte qu'en Allemagne les Nord-Africains sont séparés des Européens. Ils seraient mieux traités : ils recevraient des cigarettes envoyées par Himmler. Des officiers nazis leur proposent de former une légion musulmane pour libérer l'Afrique du Nord du joug impérialiste de la France, sous la conduite du Mufti de Jérusalem. Sur les 233 000 soldats nord-africains de l'armée d'Afrique, seulement 92 acceptent de s'engager dans la légion allemande musulmane. Encore s'agit-il uniquement de prisonniers qui, d'après le sergent Chaouch, le font simplement pour ensuite s'évader et rejoindre les lignes françaises.

La campagne d'Allemagne

En mars 1945, la France est presque entièrement libérée, mis à part les poches allemandes de l'Atlantique et celles des Alpes qui résistent toujours. La Wehrmacht a repassé le Rhin. Mais, en dépit de sa retraite précipitée, de ses énormes pertes en hommes et en matériel, elle représente encore une force cohérente. Elle cherche à s'accrocher, à gagner du temps.

Les Alliés ont résolu de l'anéantir en portant la guerre au cœur même du Reich et d'obtenir sa capitulation sans conditions. Si la France veut être présente à cette victoire suprême, à cette revanche totale, à l'occupation du territoire ennemi et à l'élaboration de la paix, elle doit, aux côtés de ceux qui l'ont aidée à recouvrer ses frontières, participer à la campagne d'Allemagne. L'effort est dur pour un peuple épuisé par cinq années terribles et éprouvé, de surcroît, par un hiver exceptionnellement rigoureux. Il est dur aussi pour l'armée, dont certains éléments se battent depuis 1940.

À la veille de l'offensive sur le front ouest contre l'Allemagne, les Alliés alignent 90 divisions, dont 58 américaines, 18 britanniques, 10 françaises, 3 canadiennes et une hollandaise. Il convient d'ajouter 10 autres divisions françaises, issues de la Résistance intérieure, qui luttent sur le front des poches de l'Atlantique et le front des Alpes occidentales face à un nombre équivalent de divisions allemandes ou italiennes. Comme on peut le constater par les chiffres, la participation de l'armée française à la victoire finale est importante à l'Ouest. Bien que repoussée derrière le Rhin, l'armée allemande représente encore une force armée de 73 divisions à effectifs incomplets. La fin est cependant proche. L'absence totale de soutien aérien et la pénurie de tout matériel de guerre rendent la défaite inévitable.

Alors que 80 divisions alliées tiennent 530 kilomètres du front occidental, seules les 10 divisions françaises, de la 1re armée, s'étalent sur 200 kilomètres, avec face à elles deux armées allemandes (19e et 24e), sans oublier le 19e corps d'armée SS : l'ensemble représente une dizaine de divisions.

Pour envahir l'Allemagne, il faut à la 1re armée française une base de départ convenable. Or celle-ci n'existe pas en Alsace. Au delà du Rhin se dresse en effet le double obstacle de la ligne Siegfried et de la Forêt-Noire.

À la suite de pressantes démarches, le général de Lattre obtient, le 27 mars 1945, l'autorisation de faire pénétrer ses forces dans le Palatinat, aux côtés des armées alliées. Quelques unités du 2e corps d'armée traversent la Lauter, à Scheibenhardt, pour se placer sur leur base de départ. Étendant sa zone d'action jusqu'à Spire, le commandant de la 1re armée dispose ainsi d'un créneau sur le Rhin, face à la région de Karlsruhe, où s'ouvre la trouée de Pforzheim qui sépare le massif de la Forêt-Noire de celui de l'Odenwald, donne accès sur les plateaux du Wurtemberg et permet de déborder la Forêt-Noire par le nord.

Le temps presse, car, au nord de l'armée de Lattre, la 7e armée américaine a déclenché son offensive et passe le Rhin le 26 mars. Ses avant-gardes progressent rapidement. Tant pour des raisons d'intérêt national que pour couvrir le flanc de l'armée américaine, les troupes françaises doivent franchir le fleuve sans plus attendre.

En accord avec le général de Gaulle, le général de Lattre décide de brusquer les opérations. Cette décision paraît une gageure tant l'audace en est grande. Les délais sont extrêmement courts. Les unités qui doivent attaquer, ainsi que les embarcations du génie, ne sont pas encore à pied d'œuvre. L'artillerie n'a pas toutes ses munitions. Matériellement, beaucoup d'unités ne sont pas prêtes à franchir le Rhin à une date aussi rapprochée.

Le général de Lattre rencontre ses commandants de divisions. Il bouscule les techniciens, leurs schémas, leurs objections. Il explique, il prouve que, cette fois encore, l'armée française, comme sur le front italien, en Provence et en Alsace, doit payer d'audace. À tous, il insuffle sa conviction totale du succès.

Le 31 mars 1945, peu avant le lever du jour, avec quelques embarcations, les forces françaises franchissent le Rhin et prennent pied sur la rive badoise. À l'est de Spire, un bataillon du 3e régiment de tirailleurs algériens (3e division d'infanterie algérienne) progresse de quatre kilomètres de l'autre côté du fleuve. Au nord-est de Germersheim, la première vague du 4e régiment de tirailleurs marocains (2e division d'infanterie motorisée) passe également par surprise. Mais l'ennemi réagit violemment. Le 151e régiment d'infanterie, bloqué sur la rive de départ, doit renouveler sa tentative au début de l'après-midi, après que l'artillerie et les chars Destroyer M10 ont neutralisé ou détruit les casemates ennemies.

Au soir, quatre bataillons ont pris pied sur la rive est du fleuve. Les deux petites têtes de pont sont bientôt réunies. De là partira l'offensive qui brisera les défenses ennemies barrant la trouée de Pforzheim, et qui ouvrira la voie à la manœuvre d'exploitation. Après un nouveau franchissement du Rhin à hauteur de Leimersheim, les Français abordent Karlsruhe simultanément par le nord, l'est et l'ouest, et entrent dans la capitale badoise le 4 avril 1945 au matin.

L'ennemi masse quatre divisions devant Stuttgart et barre l'entrée du couloir badois avec deux autres grandes unités, fortement retranchées dans les organisations de la ligne Siegfried. Ils attendent sur les voies naturelles de pénétration. Aussi, pour le surprendre encore une fois, l'armée française va attaquer là où les difficultés du terrain rendent une offensive improbable : à travers le massif de la Forêt-Noire.

Fonçant du nord au sud à travers le massif montagneux qu'elles prennent également à revers, les troupes françaises se fraient un chemin au prix d'efforts opiniâtres. En même temps, débordant et culbutant le barrage de Rastadt, elles se précipitent par la plaine badoise en direction de Kehl pour dégager Strasbourg. Le 15 avril, Kehl est pris et la capitale alsacienne mise à l'abri de toute menace, tandis que, sur le revers de la Forêt-Noire, Freudenstadt est enlevé le 17 avril.

Moment décisif : le pont rétabli à Kehl donne à l'offensive des possibilités beaucoup plus grandes ; Freudenstadt lui ouvre une large porte sur les vastes plateaux du Wurtemberg propices à la ruée des chars. Dès lors, l'exploitation va prendre toute son ampleur.

À Freudenstadt, la 1re armée française se trouve au centre même du dispositif ennemi qu'elle sépare ainsi en deux masses : celle qui couvre Stuttgart et celle qui défend la rive est du Rhin et la Forêt-Noire.

De Freudenstadt, les Français s'élancent vers le sud et vers le nord-est pour achever de couper l'armée adverse et régler le sort des deux tronçons, stratégie audacieuse dont l'exécution va plonger les Allemands dans le plus profond désarroi. D'une part, la 4e division marocaine de montagne (DMM) et la 1re division blindée poussent rapidement le long des pentes est de la Forêt-Noire vers le Danube et la frontière suisse, pour interdire tout repli aux éléments ennemis chargés de la défense du Rhin et les enfermer dans le coude du fleuve. D'autre part, la 2e division d'infanterie motorisée (DIM) et la 5e DB remontent vers le nord en direction de Stuttgart, dessinant un large mouvement enveloppant par le sud et l'est de la ville allemande. Ainsi, comme à Belfort et à Colmar, l'armée française, contournant l'obstacle, vient se placer dans le dos de l'adversaire pour lui couper la retraite, l'assaillir de toutes parts et le détruire : manœuvre d'anéantissement qui va se réaliser simultanément au nord et au sud.

C'est le 19 avril que les troupes du 2e corps d'armée (général de Monsabert) s'élancent vers Stuttgart. Les chars de la 5e DB pénètrent dans la ville le 21 par le sud. Une lutte violente s'engage. L'ennemi, pour se dégager, multiplie les contre-attaques. On se bat à bout portant. Fantassins, canonniers, artilleurs français tirent sur les colonnes allemandes qui cherchent à passer à travers les mailles du dispositif. L'un des PC de la 5e DB est encerclé et attaqué par des chars allemands. Une charge héroïque de blindés de la Légion le dégage. La volonté de vaincre des Français l'emporte sur l'énergie du désespoir de l'ennemi, dont les groupes, refoulés dans un espace toujours plus restreint, sont bientôt faits prisonniers.

Au sud et à l'ouest de Stuttgart, d'autres éléments allemands cherchent aussi à se frayer une voie et se jettent dans la forêt de Schönbuch. Pressés par les goumiers des 1er et 4e groupements de tabors marocains, ils essaient de gagner le Neckar à Tübingen. Mais, là encore, le général de Linarès, avec sa 2e DIM, contient leur poussée, les encercle et les capture. Plus de 20000 soldats allemands et un matériel considérable restent entre les mains des Français.

Au sud de Freudenstadt, les troupes du 1er corps d'armée (général Béthouart) s'élancent, ce même 19 avril, de part et d'autre du haut Neckar, en même temps qu'elles établissent un barrage face à l'ouest, le long de la Forêt-Noire. Elles dépassent Rottweil, atteignent le 20 avril le Danube à Donaueschingen, le franchissent en trois points et se dirigent vers la frontière suisse et le lac de Constance.

Le 18e corps d'armée SS, avec quatre divisions et une nombreuse artillerie automotrice, est encerclé dans le massif boisé de la Forêt-Noire. Va-t-il résister sur place ou capituler ? Regroupant sous le couvert des forêts leurs forces un instant désorientées, des chefs énergiques, décidés à rompre les lignes françaises, forment le dessein d'attaquer vers Villingen pour s'ouvrir une retraite.

Le 26 avril 1945, par surprise, en plusieurs colonnes, les divisions du 18e corps d'armée SS, appuyées par des blindés, débouchent brusquement de la forêt et cherchent à rompre le barrage. Deux groupes d'artillerie français, cernés un moment par le flot adverse, se battent avec acharnement et parviennent à rejeter l'ennemi en le décimant. Le 1er bataillon du 1er régiment de tirailleurs marocains se met en hérisson dans le village d'Assen, bloque le gros de la colonne ennemie, résiste à tous les assauts et contraint l'assaillant à abandonner sur place tout son matériel et à se disperser.

Entre-temps, le général de Lattre dirige sur les lieux du combat de nouvelles unités prélevées sur la 5e DB, la 14e DI et la 3e DIA, qu'il met à la disposition du général Béthouart. L'aviation du 1er corps aérien français intervient également dans la lutte, apportant une aide extrêmement efficace aux troupes terrestres, par ses attaques à la bombe, à la mitrailleuse et au canon.

Bientôt, grâce à la détermination et à la coordination des efforts de tous, l'ennemi est cerné et anéanti dans la région de Villingen : le 1er corps d'armée fait 15000 prisonniers. Le 18e corps d'armée SS n'existe plus. Seuls subsistent encore quelques groupes ennemis qui, refoulés dans la montagne, seront capturés quelques jours plus tard lors des opérations de nettoyage.

Débouchant de Kehl, la 9e division d'infanterie coloniale (DIC) du général Valluy, précédée du Groupement tactique du général

Caldairou, progresse sur les pentes ouest de la Forêt-Noire, s'empare de Fribourg, poursuit une bataille de destruction et réalise le 26 avril, sur la frontière suisse, sa jonction avec la 4e division marocaine de montagne du général de Hesdin. Les prisonniers allemands se comptent par dizaines de milliers ; cinq généraux sont capturés.

Tandis que s'achève la bataille de la Forêt-Noire, l'ultime manœuvre d'anéantissement des forces ennemies se déroule. Partant du triangle stratégique Stockach-Engen-Tuttlingen, la 1re DB du général Sudre, avec le Groupement tactique du colonel Gruss et celui du colonel Lehr, s'épanouit au sud du Danube en un large éventail pointant à la fois vers Ulm, sur le Danube même, Memmingen et Kempten dans la vallée de l'Iller. Le but de cette manœuvre est double : d'une part, interdire à tout élément ennemi de se ressaisir sur le plateau au sud du Danube ; d'autre part, bloquer au nord du fleuve les forces adverses du Jura souabe, devancées dans leur retraite. En deux jours, les chars français parcourent cent cinquante kilomètres, s'emparent de tous les passages sur le Danube, prennent Biberach le 23 avril.

Ainsi, les forces allemandes qui occupent le Jura souabe sont prises à revers. Bientôt pressées par la 2e DIM, renforcée par le Groupement tactique n° 5 et les blindés de la 7e armée américaine, elles tentent de s'échapper vers le sud. Mais ce mouvement était prévu et la 1re DB française, qui tient solidement la ligne du Danube, résiste aux attaques désespérées d'un adversaire aux abois.

Le 24 avril 1945, au soir, le Groupement tactique n° 5, parti en flèche de Reutlingen, au sud de Stuttgart, réalise à Sigmaringen, sur le Danube, sa liaison avec la 1re DB. Dès lors, la poche ennemie de Jura souabe est coupée en deux. À partir du 25, des groupes désemparés errent dans la montagne, mais leur résistance est peu à peu réduite. Le 28, le nettoyage de cette région s'achève, anéantissant les derniers restes de la 19e armée allemande.

Le 28 avril, trois jours seulement après la prise de Constance, les 1re et 5e DB, aux ordres du général Béthouart, commandant le 1er corps d'armée, franchissent la frontière autrichienne et prennent pied dans le Vorarlberg et dans les Alpes bavaroises, dont certains sommets culminent à trois mille mètres d'altitude. En trois jours, toute la région des plateaux comprise entre le lac de Constance et la vallée de l'Iller est conquise et nettoyée. Les bases allemandes de Friedrichshafen et de Lindau, sur le lac de Constance, avec leurs chantiers navals et aéronautiques, leurs ateliers de construction de fusées V2, tombent entre les mains des Français.

S'accrochant au terrain montagneux et au système d'ouvrages bétonnés implantés dans la région de Bregenz, multipliant les destructions sur tous les itinéraires, des unités SS tentent d'interdire l'accès des hautes vallées du Rhin et de l'Iller. Mais la 5e DB, après une lutte acharnée, force dès le 29 avril le verrou de Bregenz, prend Dornbirn le 1er mai, s'empare de Feldkirch le 3 mai et atteint les frontières de la principauté du Liechtenstein. À sa gauche, la 1re DB remonte la vallée de l'Iller, enlève, par une habile manœuvre, la localité d'Immenstadt âprement défendue et, malgré un terrain rendu plus difficile par des destructions nombreuses, parvient au cœur des Alpes bavaroises, à Oberstorf.

Suivant au plus près les deux divisions blindées, la 4e division marocaine de montagne à l'ouest et la 2e division d'infanterie motorisée à l'est nettoient le terrain conquis et dépassent les blindés, dont la progression dans la haute montagne, encore couverte de neige, se heurte aux pires difficultés. Bousculées sans trêve, les divisions ennemies ne peuvent échapper à la capture. Le 7 mai, partant de Langen, quelques chasseurs du 1er bataillon de choc, conduits par le lieutenant Crespin, entreprennent l'ascension de l'Arlberg pour y planter le drapeau tricolore.

Du 31 mars, jour du franchissement du Rhin, jusqu'au 7 mai 1945, l'armée française a conquis 80 000 km^2 du Grand Reich hitlérien, les régions du Palatinat, du pays de Bade, du Wurtemberg, de la Bavière et de l'Autriche du sud. Elle a détruit les 19e et 24e armées allemandes, ainsi que le 18e corps d'armée SS, capturé 130 000 prisonniers. Parmi eux, le fils du maréchal Rommel, Manfred, qui s'empresse de raconter au général de Lattre comment son père a été contraint au suicide par Hitler. Les pertes françaises ne dépassent pas 6 000 hommes (tués, blessés ou disparus). La 2e DIM compte 938 soldats hors de combat (tués ou blessés), la 9e DIC 662, la 3e DIA 632, la 5e DB 542. La 1re DB compte à son actif, pour cette ultime campagne, 30 000 prisonniers allemands, dont dix généraux, soit le double de son effectif, 150 canons détruits, des trains entiers de matériel, 40 avions intacts, des centaines de véhicules, d'immenses dépôts de vivres et d'archives, au prix de 137 tués, 436 blessés et 25 disparus de son côté.

Le 23 avril 1945, Hitler prend officiellement en main la défense de Berlin, chargeant Goebbels d'annoncer qu'il n'abandonnera pas la capitale du IIIe Reich. Les troupes soviétiques livrent de terribles combats pour s'emparer de chaque quartier. La garnison allemande compte encore 300000 hommes. Le 25, la IIIe armée américaine poursuit son offensive vers la frontière tchécoslovaque, atteignant au sud le Danube. Le IIe armée britannique fait son entrée à Brême. Le 30, l'armée allemande est à moitié anéantie ; 1800000 hommes sont cependant encore en mesure de combattre, mais ils le font dans le seul but de se frayer un passage à travers les armées soviétiques, occupant toute l'Europe de l'Est, afin de se rendre aux Occidentaux. À 15h30, ce même 30 avril 1945, Hitler se suicide dans le *Bunker* de la chancellerie de Berlin. Après de très durs combats durant toute la journée, à 22h50, 3 bataillons d'assaut de la 150e division soviétique investissent le Reichstag : le lieutenant Berest et deux sergents plantent le drapeau soviétique sur la statue équestre représentant l'Allemagne triomphante.

Le drapeau français flotte sur le nid d'aigle du Führer

La 2e division blindée, libérée du front de la poche de Royan en Charente-Maritime, se porte à marches forcées en direction de l'Allemagne. Parties le 23 avril 1945 du Sud-Ouest de la France, ses premières colonnes atteignent le 27 le cœur de la Souabe, après avoir parcouru près de trois cents kilomètres par jour en moyenne. Le 2 mai, la 2e DB est entièrement regroupée.

Le même jour, un de ses groupements franchit le Lech au sud d'Augsbourg, atteint l'Isar, puis l'Inn qu'il franchit le 3 au matin. L'ennemi ne semble plus réagir que par la destruction systématique des ponts. Parfois, un barrage de route : un char entouré de quelques fantassins résiste. Un engagement rapide et ces fanatiques vont grossir le troupeau de prisonniers qui reflue à pied et presque sans escorte vers les arrières françaises. La position fortifiée allemande, la fameuse Alpenstellung, est abordée sans résistance. L'affaissement est général dans toute la région. Les civils sortent des drapeaux blancs. De nombreux généraux et personnages importants du régime hitlérien se rendent à la division Leclerc. Au milieu d'un peuple vaincu, qui devient plat et servile, circulent les martyrs de cette guerre : prisonniers en uniforme appartenant à toutes les nationalités alliées ; déportés aux cheveux ras, à la silhouette squelettique, aux yeux hagards.

La 2e DB fonce à toute allure sur l'autostrade qui conduit à Berchtesgaden, là où Hitler invitait les dignitaires nazis et les personnalités étrangères. Au franchissement de la Sallach, le pont est coupé et la gorge étroite défendue par deux compagnies ennemies, appuyées par des pièces de 88 mm. L'artillerie française arrive à temps pour soutenir l'attaque et, le 4 mai au soir, le génie lance un pont.

Le 5 mai 1945, vers 15 heures, les premiers éléments de la 2e DB atteignent le village de Berchtesgaden déjà rempli de troupes de la 3e division américaine qui a roulé à toute vitesse sur une route parallèle. Dépassés par les événements, ou pris de panique, les SS ont renoncé à défendre le repaire de leur Führer. Les casernes de Berchtesgaden sont pleines de troupes régulières rassemblées pour une reddition en ordre. À l'origine, Berchtesgaden est une petite station de montagne, au creux d'un cirque où se rejoignent trois torrents. Le repaire de Hitler est bâti à 1800 mètres d'altitude, sur le sommet rocheux de l'Obersaltzberg. C'est toute une petite ville, le Platterhof, que le maître de l'Allemagne a construite autour de sa propre villa, le Berghof : villas pour ses gardes et ses acolytes, caserne de SS, hôpital, hôtel pour les invités, garage. La 2e section de la 12e compagnie du régiment de marche du Tchad, conduite par le capitaine Touyeras, s'empare du « nid d'aigle », la villa du Führer, sans rencontrer la moindre résistance. Le Berghof a été en partie détruit par un bombardement aérien. Arrivé peu après, le général Leclerc peut enfin contempler les ruines de ce symbole d'un Reich qui s'était voulu millénaire.

Le lendemain, 6 mai, une patrouille de la 2e DB, après neuf heures de marche dans la neige et les éboulis, hisse les couleurs françaises sur le sommet du Kehlstein. C'est le cœur même de l'Allemagne, cette forteresse qui aurait dû constituer le dernier réduit de la puissance nazie, que la 2e DB atteint la première pour y planter le drapeau national et écraser ce que le monde considérait comme le symbole de la grandeur et de la puissance du régime hitlérien.

Du débarquement de Provence (15 août 1944) à la capitulation allemande (8 mai 1945), l'armée française (1re armée et 2e DB) a capturé 300000 soldats allemands. Elle compte de son côté 57000 soldats tués ou blessés au combat.

Les poches allemandes de l'Atlantique

Lorsque en décembre 1941, la Wehrmacht est stoppée devant Moscou et que les États-Unis entrent en guerre contre l'Axe, Hitler décide de protéger ses arrières en fortifiant une partie du littoral des pays occupés. Le 28 mai 1942, le maréchal von Rundstedt, commandant des forces allemandes de l'ouest, fait connaître à ses officiers l'organisation de la défense, comprenant les moyens suivants :

- un nid de résistance constitué de blockhaus entourés par des réseaux de barbelés, des obstacles antichars et des champs de mines ;
- un point d'appui, composé d'artillerie en casemate, afin de protéger les ports d'importance secondaire ;
- une zone pour la défense des îles stratégiques et des grands ports, avec des batteries d'artillerie lourde et des batteries de DCA.

Des postes d'observation sont également prévus afin d'assurer une surveillance sans discontinuité du littoral. Différents types de blockhaus sont construits : abri pour un groupe de combat ; poste de commandement ; casemate pour mitrailleuse, pour canon, pour lance-flammes, pour mortier ; abri avec cloche blindée ou avec tourelle de char ; bunker hôpital ; bunker d'observation…

Le 13 août 1942, Hitler ordonne que soient construits sur le front ouest 15000 bunkers (blockhaus), dont 2000 entre la Loire et les Pyrénées. L'organisation Todt, chargée du bétonnage, doit avoir terminé le gros de l'œuvre pour le 1er mai 1943. L'échec du débarquement anglo-canadien à Dieppe, le 13 août 1943, conforte Hitler dans son jugement sur l'efficacité du mur de l'Atlantique.

En novembre 1943, le maréchal Rommel est nommé inspecteur de la défense des côtes à l'ouest. Il pense que tout doit être mis en œuvre pour repousser les assaillants sur les plages. Ce tacticien hors pair, héros de l'Afrikakorps, effectue de nombreuses inspections sur la côte atlantique. Il fait multiplier les obstacles de plage, comme les pieux en bois, les rails en acier et les mines. Rommel détecte les failles du système de défense. Il note que, de la Norvège à la Bretagne, on ne compte que quatre grands secteurs puissamment défendus : la région de Narvik-Harstad, les passes dites de Bergen, le Pas-de-Calais et les îles Anglo-Normandes. Partout ailleurs, de l'importante embouchure de la Somme à celle de la Loire, on ne trouve que 37 canons lourds. Tout le long du littoral, les batteries de côte sont généralement à ciel ouvert et les blockhaus sont souvent assez mal placés. La défense des ports est insuffisante. Rien n'a été prévu pour repousser un assaut de parachutistes à l'arrière des positions. Quant aux troupes en garnison sur les côtes, elles ne sont plus de la première fraîcheur et ne rappellent que de très loin les jeunes « dieux » de 1940. S'y retrouvent les généraux fatigués ou blessés, les unités venues se refaire une santé, après les dures épreuves du front russe. Sous l'impulsion de Rommel, le mur de l'Atlantique va se renforcer. Il s'attache à analyser chaque point avec une égale attention, s'efforçant de convaincre ses subordonnés de la nécessité d'installer un système de défense infranchissable dans chaque zone, jusque loin derrière les côtes. Au large, il fait mouiller des mines, et, sur les plages, des obstacles munis de charges explosives, immergés à marée haute, doivent constituer des pièges mortels pour les chalands de débarquement. Les digues ont été transformées en barrages antichars. Rommel insiste pour que les pièces légères et les mitrailleuses soient mises sous abri. En principe, chaque point d'appui doit aligner plusieurs blockhaus. Les rues sont coupées par des barricades et, partout, des mines et autres pièges, sans oublier des lignes de barbelés, sont répandus à profusion. Plusieurs secteurs sont inondés, pour enliser les éventuels parachutages, et des petits poteaux minés, surnommés les « asperges de Rommel », ont été plantés dans les prairies.

La réalisation du mur de l'Atlantique a exigé une quantité considérable de ciment et de barres d'acier. On estime au total que treize millions de mètres cubes de béton ont été coulés. Près de 13 000 bunkers, auxquels il faut ajouter 7 000 plateformes et niches bétonnées surnommées « Tobrouks », ont été bâtis.

Fritz Todt, ingénieur des Ponts et Chaussées, est à l'origine de ce vaste programme. L'organisation portant son nom a travaillé aux constructions des autoroutes allemandes et de la ligne Siegfried (14 000 bunkers sur 600 km de long). Le 8 février 1942, l'ingénieur

Todt trouve la mort dans un accident d'avion. Hitler le remplace par Albert Speer, qui prend comme adjoint Xavier Dorsch.

L'organisation Todt (OT) compte en France une quinzaine de directions paramilitaires. Chacun des membres porte un uniforme et reçoit une formation sommaire. L'OT conclut des marchés avec des entreprises allemandes, hollandaises, belges et françaises. Une partie de la main-d'œuvre est composée d'ouvriers français, espagnols… et de prisonniers de guerre originaires de toute l'Europe. Le salaire versé à un simple ouvrier n'est pas négligeable, puisqu'il est de 3000 francs par mois. En comparaison, un employé de bureau de l'époque touche 1500 francs par mois. L'OT parvient en deux ans à édifier une très grande partie du mur de l'Atlantique, grâce aux 300000 ouvriers engagés en France.

Dans le Sud-Ouest, le mur de l'Atlantique repose principalement sur trois forteresses puissamment organisées : La Rochelle, Royan et la Pointe-de-Grave. Dans un premier temps, ces forteresses ont été prévues uniquement pour s'opposer à un débarquement. Mais, en 1942, les Allemands décident de les transformer en véritables camps retranchés, susceptibles de résister également à une attaque terrestre. Les gros ouvrages bétonnés commencés début 1943 sont terminés fin 1944. De nombreux champs de mines et des fossés antichars complètent et renforcent la défense.

Fin mai 1942, la Ire armée allemande du général Blaskowitz occupe la côte atlantique de la Loire aux Pyrénées, remplaçant la VIIe armée du général Dolmann qui prend position en Bretagne et en Normandie. Pour défendre Bordeaux et la côte aquitaine, Blaskowitz dispose de trois divisions d'infanterie :

- 708e division d'infanterie : 622e et 623e bataillons de Cosaques (déserteurs de l'armée soviétique), 748e et 728e régiments de grenadiers ;
- 159e division d'infanterie : 9e et 251e régiments de grenadiers ;
- 276e division d'infanterie : 986e, 987e et 988e régiments d'infanterie, 276e régiment d'artillerie.

Ces trois divisions sont à faibles effectifs et à équipements restreints. Ainsi, la 708e DI ne compte que 6800 hommes, au lieu des 16000 prévus, et une partie non négligeable d'entre eux fait partie de classes âgées ou est composée d'anciens blessés de guerre. La 159e DI aligne 13214 soldats et la 276e DI 8346.

Le commandement allemand tente de combler le manque d'effectifs au cours du second semestre de 1943 avec cinq compagnies du 86e régiment de forteresse, les 2e et 3e bataillons du 80e régiment de forteresse. Mais il s'agit également de soldats âgés ou blessés.

Un régiment insolite, le 950e d'infanterie (1 000 hommes), prend également position sur la côte aquitaine de Maubuisson à Lège. Il est composé à 90 % d'Hindous. L'Afrikakorps a fait en Libye plusieurs milliers de prisonniers originaires de l'Inde, lors de l'offensive vers l'Égypte en 1942. Le leader indépendantiste hindou Chandra Bose a convaincu Hitler qu'une légion hindoue était prête à lutter avec l'Axe. Ce régiment est sous-équipé en artillerie avec seulement quatre canons belges de 75 mm.

À la suite du débarquement allié de juin 1944, la Ire armée allemande stationnée dans le Sud-Ouest perd la 276e division d'infanterie qui doit renforcer le front de Normandie. Commandée depuis le 4 juin par le général von der Chevallerie, la Ire armée perd également ses unités blindées, dont la 2e division blindée SS « Das Reich ». Ne restent de la Bidassoa à la baie de Bourgneuf que trois divisions d'infanterie : 159e, 158e et 708e DI. Fin juillet, la 708e DI part à son tour vers la Normandie.

De la Vendée à l'Espagne, la Kriegsmarine comprend 8 groupes d'artillerie, un groupe de DCA, un groupe motorisé, 8 flottilles de bâtiments de surface et 4 flottilles de sous-marins. Dans le même secteur, la Luftwaffe aligne deux régiments de DCA (le 86e à Saintes et le 45e à Bordeaux).

Au sud de la Loire, en juin 1944, se trouvent 400 000 hommes, c'est-à-dire un peu plus du quart de l'armée allemande en France. Dans le triangle Biarritz-Limoges-Toulouse, on compte 220 000 hommes (terre, marine, aviation). Dans Bordeaux et ses environs stationnent 60 000 soldats de l'Axe, dont 1 300 Italiens.

Le 18 août 1944, une importante réunion d'état-major se déroule à Poitiers. L'ordre du jour porte sur le repli général d'une centaine de milliers d'hommes appartenant aux trois armes vers l'Est de la France. Pour assurer l'escorte sur les flancs de cette immense colonne, les 158e et 159e DI sont désignées : autant dire que les généraux Häckel et Meyer-Rabingen qui commandent ces unités sont très désireux de garder leurs soldats. À l'inverse, le général Mayer et le colonel Pohlman qui commandent les forteresses Gironde-Sud et Gironde-Nord ont pour souci de renforcer au maximum leurs troupes. Ces dernières, qui stationnent d'une part à la Pointe-de-Grave et d'autre part de la Coubre à Royan, ont reçu pour mission de s'opposer à l'entrée des navires ennemis dans la Gironde, afin de neutraliser le port de Bordeaux. Après d'âpres discussions qui se terminent le surlendemain, la 159e DI laisse le 1059e bataillon de fusiliers au général Mayer, alors que la 158e DI laisse au colonel Pohlman les 360e et 470e bataillons de grenadiers ainsi que la 221e compagnie de lance-fusées.

À la fin du mois d'août 1944, le Sud-Ouest semble totalement libéré. Les grandes villes comme Bordeaux, Toulouse, Limoges... fêtent leur libération. Les dernières colonnes allemandes tentent d'échapper à la capture en rejoignant le Centre et l'Est de la France. En vérité, près de 30000 soldats allemands se sont enfermés dans trois ports de l'Atlantique, – véritables poches de résistance –, La Rochelle, Royan et la Pointe-de-Grave, sans oublier les îles d'Oléron et de Ré. On a souvent affirmé que ces importantes troupes ennemies avaient été contraintes de s'y réfugier, devant la progression des armées alliées et la guérilla généralisée des FFI. « En vérité, écrit le général Adeline, la création de ces poches était préparée de longue date... Les Allemands avaient réalisé autour de nos ports de puissantes organisations défensives, afin de les protéger non seulement sur le front de mer, mais aussi contre toute attaque terrestre ; en arrivant devant la Pointe-de-Grave, Royan et La Rochelle, les F.F.I. seront arrêtés par de nombreux ouvrages en béton, d'importants champs de mines et des fossés antichars à la réalisation desquels l'organisation Todt avait travaillé pendant plusieurs années[121]. »

Ces poches fortifiées présentent pour les Allemands de multiples avantages. Elles interdisent aux Alliés l'utilisation de plusieurs ports, entravant ainsi le ravitaillement des armées anglo-américaines. Elles permettent de continuer la guerre sous-marine et de regrouper les éléments allemands en retraite, dans l'impossibilité de rejoindre le « Grand Reich ». Enfin, elles immobilisent d'importantes troupes françaises dans une difficile guerre de siège.

La poche allemande du Médoc

Géographiquement, la Pointe-de-Grave se trouve à l'extrémité de la péninsule triangulaire du Médoc, plantée de vignes et de pins, coupée de pâturages et de marais. La forteresse du Médoc a une superficie d'environ 170 km^2. Elle est délimitée à l'ouest par les plages de l'Atlantique bordées de dunes atteignant 25 mètres de hauteur ; à l'est, par les rives de la Gironde qui sont sablonneuses de la Pointe-de-Grave au Verdon, mais très vaseuses plus en aval ; au sud, par le marais de la Perge, 3 km à l'est de Montalivet, suivi par le chenal du Guâ qui aboutit à la Gironde. La poche est caractérisée à l'ouest par des zones boisées ; à l'est, par des terrains inondables, coupés de nombreux canaux. Les Allemands vont profiter du terrain pour inonder la moitié de la zone qui deviendra ainsi difficile à conquérir. La base de ce triangle est une ligne qui part de la station balnéaire de Montalivet, suit la route de Vendays et rejoint le canal de Vensac jusqu'à la Gironde. C'est à l'intérieur de ce triangle que les Allemands ont construit un important système fortifié dans le cadre de l'organisation Todt.

Les Allemands se sont installés dès juillet 1940 sur la côte atlantique de la Gironde et y ont établi une première position comportant quatre à cinq groupes de blockhaus. En été 1943, l'organisation Todt est chargée de la construction d'une position appelée « Festung Gironde » (Forteresse Gironde), dont le commandement est successivement confié à huit officiers : le colonel Naumann, le lieutenant-colonel Bender, le général Mayer, le colonel Sonntag, le contre-amiral Michahelles, le colonel Pohlman, le capitaine de frégate von Berger et enfin le colonel Prahl. Sur ces huit officiers, deux ont joué un rôle prépondérant dans la fortification de la poche du Médoc.

Le premier, le général Mayer, a déjà fait ses preuves sur le front russe en arrivant à dégager une division encerclée. Pour ce fait d'armes, il a reçu la croix de chevalier. Dès son arrivée dans le Médoc, il intensifie la pose des mines, augmente l'encadrement, renforce le dispositif de verrouillage des points d'appui, décide l'inondation d'une partie du terrain, augmente l'armement lourd, aménage des positions avancées avec le verrou Vensac-Talais, fait construire un fossé antichar au sud de Soulac… Le second, le colonel Sonntag, a été décoré sur le front russe de la croix de chevalier avec feuilles de chêne. Spécialiste du combat défensif, il achève les défenses des positions avancées et le minage du verrou de Vensac, déplace le centre de gravité du système défensif sur les positions avancées de protection afin de défendre par des actions offensives, procède au bombardement de Lesparre par des gros canons.

D'importantes destructions sont opérées dans la poche. Le monument commémorant l'arrivée des troupes américaines à la Pointe-de-Grave en 1917, une tour de 75 mètres de haut, saute le 6 mars 1942, en présence de nombreux officiers conviés pour la circonstance. Les Allemands ont estimé que ce monument représente à la fois une insulte et un repère de tir élaboré en cas d'attaque navale alliée. Le môle transatlantique du Verdon va connaître le même sort. Érigé avec les derniers perfectionnements de la technique moderne afin de recevoir les paquebots au Verdon, le môle est ensuite organisé par les Allemands en nid de résistance avec de l'artillerie antiaérienne. Mais ceux-ci, jugeant qu'il constitue un danger en cas d'invasion, décident de le miner avec 120 têtes de torpilles amenées de La Pallice. Le 9 novembre 1944, arrive l'ordre de destruction émis par le haut commandement. Le colonel Pohlman doit se charger de cette destruction, mais il refuse d'exécuter cet ordre jugé trop précipité pour l'époque. Il est démis de son commandement et rapatrié sur l'Allemagne pour être jugé. Le contre-amiral Michahelles et le capitaine de frégate von Berger sont alors chargés de procéder à la destruction. Le 11 novembre 1944, vers 17 heures, la rampe bétonnée du môle saute.

L'organisation Todt utilise une vingtaine d'entreprises allemandes et françaises. La sous-direction, installée à Soulac (villa Clémence-Isaure), dépend en 1943 de la Bauleitung (direction des travaux) de Bordeaux. La sous-direction dispose à Soulac de divers services techniques et d'une importante main-d'œuvre. L'encadrement chargé de la construction des défenses compte environ 200 personnes. Deux importants dépôts de matériel ont été constitués à l'usine à gaz de Soulac et aux Huttes, lieu-dit situé près du Verdon. La direction comprend en outre une compagnie de transport avec camions.

La forteresse du Médoc, pratiquement achevée au début de l'été 1944, présente un vaste et solide système défensif composé de 23 points d'appui et 39 nids de résistance.

Chacun des points d'appui (*Stützpunkt*) repose sur un ensemble de 3 à 25 blockhaus comprenant des abris d'habitation, des abris à munitions, des bunkers de combat avec leur artillerie et leurs armes automatiques. Des abris supplémentaires jouent un rôle spécial : commandement, radiotélégraphie, station radio, observation radar, infirmerie... Les blockhaus des points d'appui sont susceptibles de résister à un tir d'artillerie et à un bombardement aérien.

Les nids de résistance (*Wiederstandnest*) sont composés d'ouvrages en béton ou en rondins. Ils possèdent un armement léger (mitrailleuses) et sont uniquement prévus pour résister à des attaques d'infanterie. Chaque nid de résistance s'articule autour de 4 à 7 blockhaus (combat, habitation, munitions...).

L'ensemble des points d'appui et des nids de résistance se répartit en trois secteurs : front de mer, front de terre, front de la Gironde.

Le front de mer, le plus puissant en artillerie, est destiné à empêcher tout débarquement sur la côte. Outre son armement, il dispose d'obstacles de plage : pieux en bois, barbelés, mines, hérissons (rails soudés à angle droit) et tétraèdres (rails antichars).

Le front de la Gironde, en grande partie inondée, interdit l'approche du port de Bordeaux. Il est défendu par plusieurs postes d'artillerie.

Le front de terre, le plus menacé à la fin de l'année 1944, est renforcé par un champs de mines, un fossé antichar, des postes avancés et des lignes de barbelés. Des unités de pionniers ont enterré une énorme quantité de mines, de toutes sortes et de tous calibres, contre les chars, les véhicules et les hommes. On cite le chiffre de 800 000 mines sur le front du Médoc. Les barrages ont été réalisés avec des mines prélevées sur les champs des plages et autour des ouvrages de la ceinture côtière ; à ce titre, leur fonctionnement n'est pas assuré à 100 % à la suite d'un long séjour dans l'eau. La plupart des champs de mines sont constitués par deux rangs de Stockminen, d'obus de Gehelfsminen ou bien de S Minen 35 antipersonnel, espacés de 10 mètres. Chaque mine est posée à une distance de 25 mètres de la suivante ; en arrière à 20 mètres s'échelonnent trois rangs de Teller-Minen (antichars) espacées de 2 mètres les unes des autres. Les champs de la région peuvent avoir 60 à 100 mètres de large et totaliser 180 000 mines antipersonnel et 35 000 mines antichars. On y trouve notamment des obus piégés de 75 à

105 mm munis d'allumeur, des mines béton fixées sur des piquets et dont la charge de 100 grammes fait éclater le béton dans lequel est incrusté du shrapnel, des pièges avec des grenades à main et des mines bondissantes. La mine antipersonnel S42 a la réputation d'être la plus vicieuse. L'arrachement d'un pied est le résultat le plus fréquent de l'explosion, qu'une pression de 5 kg sur le couvercle de l'engin suffit à provoquer. La mine bondissante explose à hauteur d'aine du malheureux qui a actionné l'allumeur. Les blessures sont horribles. Dans certains cas, les Allemands emploient des caissettes en bois remplies d'explosifs dont ils se servent comme mines de circonstance. Les détecteurs électromagnétiques sont alors incapables de les localiser. Le fossé antichar, dont le fond a été miné, couvre un front d'environ 10 km. Il barre la presqu'île au sud de Soulac. Le terrain en avant du fossé antichar, aménagé pour la défense, est appelé terrain de manœuvre en avant (*Vorfeld*). La force principale du *Vorfeld* repose sur 15 postes de barrage que les Allemands appellent *Sprerrpunkte* : abris en rondins, appropriés aux combats d'infanterie. Cette première ligne n'est prévue que pour une défense temporaire, à seule fin de permettre aux troupes de franchir le fossé antichar et de se réfugier dans la forteresse proprement dite.

Un aérodrome a été construit sur un terrain de 600 x 1 000 mètres, des deux côtés de la route bétonnée de Soulac à Grayan. Toutes les troupes de la forteresse participent aux travaux d'aplanissement qui sont achevés en février 1944. Les Allemands ont également établi un emplacement pour des parachutages à l'est de Soulac, un terrain d'atterrissage aux Huttes et un second au sud de Neyran.

Au total, la poche du Médoc comprend 161 blockhaus en béton et 121 casemates en rondins. Le front de terre d'une largeur de 25 à 30 km offre une profondeur de 20 à 25 km (Montalivet — Pointe-de-Grave).

L'ordre de bataille de la garnison allemande repose principalement sur trois bataillons d'infanterie :

- le 3e bataillon de la 80e brigade de forteresse, à 4 compagnies de fantassins, sous les ordres du capitaine Fuchs, se compose de 600 réservistes âgés, dont beaucoup sont d'origine polonaise ou tchèque, ou ancien blessés du front russe. Ils ont un moral assez friable et sont de ce fait placés en deuxième ligne. Ce bataillon est davantage une troupe de forteresse que de campagne. Son poste de commandement (PC) se trouve à Soulac ;

- le 1059e bataillon de fusiliers, fort de 4 compagnies (1 000 hommes), est une bonne troupe de soldats jeunes, commandée par le compétent capitaine Patzold. Ce bataillon est utilisé sur le terrain de manœuvre en avant (*Vorfeld*), de Vensac à la côte atlantique. Son PC est à Grayan ;

- le bataillon Narvik, fort des équipages des torpilleurs T24 et du contre-torpilleur Z24, coulés le 24 août 1944 entre le Verdon et Royan, est une excellente unité, totalisant 1 400 fusiliers marins. Parfaitement dirigée par le capitaine de corvette Birnbacher, cette troupe d'élite a son PC à Saint-Vivien et tient le *Vorfeld* proche de la Gironde.

La compagnie antichar du capitaine Hass, installée sur une ligne de repli, est armée de Panzerfaust et de plusieurs pièces antichars de 75 mm et 37 mm. La compagnie de pionniers, aux ordres des lieutenants Braune et Griesbeck, fait fonction de corps franc et de troupe de reconnaissance. Aux troupes terrestres s'ajoute une compagnie de transmission. Les soldats de deux batteries sous casemates appartiennent au 1292e groupe d'artillerie côtière. Il faut noter que la puissante batterie sur voie ferrée (deux canons de 280 mm) qui se trouvait précédemment au sud du fort du Verdon a été évacuée vers le nord à la mi-juillet 1944. La Luftwaffe aligne deux batteries de DCA légère appartenant à la 999e brigade de la Flak. La 28e compagnie du 54e régiment de transmissions, commandée par le lieutenant Theobald, occupe le très important centre radar au nord des Arros. Les marins de six batteries sous casemate appartiennent au 618e groupe d'artillerie de marine commandé par le capitaine de corvette Schillinger. La flottille de protection portuaire « Gironde » (lieutenant de vaisseau Wild), basée à Port-Bloc, compte encore la quasi-totalité de ses 14 petits bâtiments.

L'artillerie, avec ses 14 batteries de campagne et de DCA, repose sur 110 pièces de divers calibres : 22 pièces de 20 mm, 1 de 25 mm, 9 de 37 mm, 2 de 47 mm, 9 de 50 mm, 29 de 75 mm, 4 de 80 mm, 12 de 88 mm, 12 de 105 mm, 6 de 152 mm, 4 de 164 mm. Les unités installées sur le terrain avancé (*Vorfeld*) sont équipées d'une arme redoutable, appelée Stuka Zu Fuss : il s'agit d'un obusier de 150 mm à 6 tubes pour bombes-fusées[122].

La totalité de la garnison représente 4000 hommes, dont 90 officiers. On y trouve de très jeunes soldats bien entraînés, des fusiliers marins très aguerris et des soldats de 35 ans ou d'anciens blessés de guerre. Le 1059e bataillon et le bataillon Narvik prouveront, même totalement encerclés, qu'ils sont prêts à lutter jusqu'au bout. Le bataillon de forteresse montrera peu d'ardeur à la défense de la poche, plusieurs désertions se produiront dans ses rangs.

La station radar Vogel, installée sur la côte atlantique entre la Pointe-de-Grave et Soulac, est la plus importante du Sud-Ouest. Elle dispose de plusieurs appareils de détection, dont le gigantesque radar Mammut, arrivé en 1943. Les emplacements pour l'installation de ce précieux matériel ont été minutieusement choisis, et les bois voisinant la station ont été abattus pour permettre un meilleur rendement des postes. La position est protégée par un réseau de 5000 mines, six canons antiaériens de 20 mm, plusieurs mitrailleuses et des armes antichars. Des passages et une voie praticable facilitent la circulation du personnel de la station. Les travaux de bétonnage pour la construction des blockhaus de la station ont duré de 1942 à 1944. L'organisation Todt, assistée d'entreprises civiles, a construit :

- 1 blockhaus principal à deux étages comprenant la centrale de commandement pour la conduite des chasseurs par radar, une salle radio, une salle téléphonique, une salle d'énergie électrique et des logements ;
- 3 blockhaus pour les appareils radars ;
- 1 blockhaus haute fréquence ;
- 3 blockhaus logement ;
- 3 blockhaus pour le personnel de la DCA ;
- 3 emplacements bétonnés pour les pièces de DCA ;

Des bâtiments en pierre abritent les services administratifs de la station. Deux puits ravitaillent en eau le personnel. On compte un transformateur et 9 groupes électrogènes. D'après les renseignements de la station Vogel, le commandement allemand connaît en détail l'aviation française et alliée dans le secteur Royan-Médoc. Tous les mouvements aériens sont signalés au moment de l'envol. Il est donc aisé d'alerter tous les postes de DCA.

Le siège de la Pointe-de-Grave débute le 25 août 1944, quand le général Mayer réunit les officiers de la garnison dans son habitation de la villa Ferrenjack, à Soulac, pour leur signifier qu'il a reçu l'ordre de défendre la position Gironde-Sud et qu'il la défendra jusqu'au bout. Le 28 août, les brigades de gendarmerie de Soulac et de Saint-Vivien, ainsi que les travailleurs qui n'ont pas leur domicile fixe dans le Médoc, sont évacuées sur Bordeaux. Le 30, les dernières mesures de sécurité sont prises avec la destruction des ponts du Guâ sur la route Bordeaux-Le Verdon, de La Traverse sur la route Grayan-Vendays, de La Coulisse sur la route Saint-Vivien à Jau.

De la fin du mois d'août 1944 à la mi-avril 1945, la vie dans la forteresse est dominée par la question du ravitaillement. Le 5 septembre 1944, les Allemands commencent l'aménagement du *Vorfeld*, qui s'étend entre le fossé antichar et une ligne partant de Montalivet, sur la route de Vendays jusqu'au bois de Perlu, rejoignant le canal de Vensac à la route Grayan-Vendays et empruntant ce canal jusqu'à la Gironde. Le major Leister, à l'origine du *Vorfeld*, cherche non seulement à créer une nouvelle zone de défense, mais également à se procurer une réserve de ravitaillement.

Le 17 octobre 1944, le major Leister ordonne à la moitié de la population civile d'évacuer le *Vorfeld*. Il lui interdit d'amener les chevaux, les charrettes, les bicyclettes, le bétail et les produits pharmaceutiques. Le 23, 200 têtes de bétail et animaux de basse-cour sont réquisitionnés.

Le 15 novembre, le major Krothe organise une compagnie agricole, composée de 20 paysans qui exploitent les fermes évacuées au bénéfice de l'occupant. À partir du 20, le capitaine Schneider et ses soldats pillent les maisons du *Vorfeld* et ramènent dans la forteresse un important butin : linge, vêtements, couvertures, chaussures, victuailles, bicyclettes… Le château Canau est particulièrement visé.

Le 31 décembre 1944, un vapeur espagnol de 350 tonnes, le *Vulcano*, en provenance de Cadix, décharge à Royan une cargaison d'aliments, comprenant de la farine, de l'huile, des sardines, des oranges, du chocolat et du nougat. Le partage se fait avec la forteresse de la Pointe-de-Grave qui conserve un tiers de la cargaison. Les officiers de la poche du Médoc sont les seuls à bénéficier du ravitaillement du navire espagnol. Le 10 janvier 1945, les civils doivent déclarer le nombre de leurs volailles. Le 25, le colonel Sonntag décide l'évacuation de 73 personnes vers Royan, afin de diminuer le nombre de civils dans la poche et pour pallier le manque de médicaments en cas d'attaque aérienne. Deux personnes seulement se présentent au départ.

Le commandement allemand se préoccupe aussi de lutter contre l'isolement de la troupe en maintenant son moral par des exercices militaires et sportifs, par l'octroi de permissions de 24 heures ou de 48 heures passées à Soulac, par la mise en place de foyers du soldat, par la diffusion de bonnes nouvelles reçues par radio, enfin par la publication d'un journal imprimé à Royan, *Die Gironde Festung*. Celui-ci fait un gros battage autour de l'offensive des Ardennes, des fusées V2 et des difficultés rencontrées par les Alliés. On distribue facilement l'avancement dans les échelons subalternes et, à profusion, des décorations. Durant toute la durée du siège, les 4/5 de la troupe obtiennent la Croix de fer de seconde classe. Les rapports avec les civils sont limités au maximum, afin d'éviter tout travail de contre-propagande. Enfin, pour maintenir la discipline, la moindre faute est sanctionnée par une punition extrêmement sévère. C'est ce qui arrive à l'adjudant Helmut Melzer, né le 6 décembre 1916 à Kuzendorf. Mobilisé en août 1939 à Munich, il combat en France et en Russie dans le secteur de Koursk. Arrivé dans la forteresse de Soulac le 28 juin 1944, il est versé à la 15e compagnie du 3e bataillon de forteresse. Il est cassé pour refus d'obéissance par son capitaine, en décembre 1944, et relégué au grade de soldat de 2e classe.

Les mesures disciplinaires n'empêchent cependant pas les désertions. Le 25 janvier 1945, les lieutenants Strobel et Balschum désertent avec quelques hommes et se mettent au service des Français. Propagandistes à la radio, ils demandent à la forteresse de se rendre. Malgré cet événement et les mauvaises nouvelles reçues d'Allemagne, le moral de la troupe reste bon. Le témoignage du lieutenant-colonel André Jolit, jeune capitaine FFI à l'époque, est révélateur :

« Étant blessé et soigné à Bordeaux, j'avais demandé au colonel Druilhe commandant la XVIIIe Région Militaire, l'autorisation d'aller voir mes F.F.I. du bataillon du Blayais sur le front du Médoc. Une voiture de la compagnie du Q.G. était mise à ma disposition au jour choisi par le colonel.

« Ce jour-là, il y avait une trêve et des civils étaient évacués de la poche. Un peu déçu, à 300 mètres du pont du Guâ dans un avant-poste du bataillon du Blayais, j'émettais l'idée (saugrenue) d'aller demander aux Allemands pourquoi ils ne se rendaient pas. Un soldat parlant allemand se proposait de m'accompagner, ce qui fut fait.

« Arrivé à proximité des premiers barbelés placés sur la route en avant du pont, un sous-officier allemand venait à notre rencontre pour nous faire enjamber les barbelés (piégés) et utiliser les chicanes.

« Accueilli dans le poste défendant le pont du Guâ par un capitaine allemand qui demanda si j'étais chargé de mission, je lui répondis qu'étant blessé, j'étais simplement venu voir mes soldats et que j'en profitais pour prendre contact. Je posai alors ma question, à savoir pourquoi ils ne se rendaient pas, ce qui souleva l'hilarité des Allemands présents.

« Le capitaine qui parlait assez bien le français me montrait des lettres personnelles postées une semaine auparavant à Berlin. Il ajoutait qu'ils n'avaient aucun ordre pour répondre à ma question, qu'ils n'étaient privés de rien, et remplissaient leur mission.

« Avant de repartir, il nous offrit un verre de vin rouge additionné de cognac d'un goût indéfinissable.

« Nous rentrons alors dans nos lignes, et je rendis compte à Bordeaux de ce voyage. Je ne sais si les renseignements fournis sur cette position ont été utilisés, mais ce dont je suis sûr c'est que le colonel Druilhe n'a pas du tout approuvé ma démarche[123]. »

Les FFI du front du Médoc

Les unités FFI engagées sur le front du Médoc sont placées sous les ordres du colonel Jean de Milleret. Né à Montauban le 19 mars 1908, cet officier de l'infanterie coloniale est capitaine en 1939. Grièvement blessé à Bazincourt le 17 juin 1940, il se charge de mettre en place l'Organisation de résistance de l'armée (ORA) dans le Lot, le Tarn-et-Garonne et le Lot-et-Garonne en 1943. Dénoncé par un ancien sous-officier de carrière, il réussit à échapper de justesse à la Gestapo le 14 octobre 1943. Placé sous les ordres du colonel André Pommiès, il est chargé du commandement du Groupement Ouest du célèbre corps franc Pommiès, dont la zone d'action s'étend dans les Landes et le Gers. Il organise son unité clandestine, récupère du matériel et instruit ses recrues. Le 18 avril 1944, le colonel de Milleret, surnommé

« Carnot » dans la Résistance, dispose de près de 400 hommes répartis en plusieurs secteurs. Le 25 mai 1944, il exécute — avec les résistants Meininger, René et Jean Abadie, Jean Cazaux, Daniel Faure et René Garrocq — le sabotage de l'arsenal de Tarbes qui produit des canons allemands de 150 mm. L'opération est un succès complet. On ne compte aucun tué ou blessé, la fabrication des canons est stoppée jusqu'à la libération.

Avant le 6 juin, un sabotage est réalisé sur la voie ferrée passant sous le tunnel de Bretagne-d'Armagnac dans le Gers. Le jour J, « Carnot » prend le lieutenant Badie comme chef d'état-major et décide de transporter son PC à Saint-Mont, à 10 km au sud-ouest d'Aire-sur-l'Adour, afin de procéder à l'incorporation des nouveaux volontaires. Il relate cet événement en ces termes :

« À Saint-Mont, le maire M. Benquet nous offre l'hospitalité chez lui tandis que dans un grand pré voisin, les médecins et comptables procèdent aux formalités d'incorporation.

« Dès l'aube du 8 juin, nous sommes en place et une longue colonne s'allonge au fil des heures dans la prairie pour recevoir le « *dignus entrare* ». Comme la plupart sont des paysans, donc sains et robustes, il n'y a que peu de « recalés », deux ou trois cardiaques ou tuberculeux avancés. Tout se passe en ordre, sans bruit excessif, sans trop de joie bruyante ni prématurée.

« Cependant ce qui me préoccupe est la réaction de l'ennemi. J'ai un réseau d'alerte de près de 20 km de rayon basé sur le téléphone rural dont les agents (instituteurs, institutrices, secrétaires de mairie) sont nos complices et pourront nous prévenir dès que des troupes ou des véhicules ennemis feront mouvements[124]. »

Début juin, le colonel de Milleret dispose d'une unité, appelée brigade Carnot, forte de 600 hommes. La section de destruction, aux ordres de Vaxelaire, accomplit de nombreux sabotages contre les lignes téléphoniques et les voies ferroviaires entre le 8 et le 23 juin. À la fin du mois, le PC de la brigade Carnot (180 hommes) se trouve dans la localité de Portet, entre Pau et Mont-de-Marsan. Un tel attroupement ne passe pas inaperçu. Le colonel Pommiès invite le colonel de Milleret à quitter les lieux. « Carnot » donne finalement l'ordre de dispersion trop tardivement. Dans la nuit du 2 au 3 juillet, un millier de soldats allemands encerclent Portet et passent à l'attaque dans la matinée. Quelques éléments de la brigade Carnot parviennent à rompre l'étau et peuvent se regrouper avec leur chef à Viella. Beaucoup d'hommes, dont la plupart appartient à la compagnie Malvaux, sont faits prisonniers ; 43 d'entre eux sont fusillés au champ de tir de Pont-Long, le 6 juillet 1944. Le combat de Portet coûte la vie à 62 résistants, parmi lesquels figure le frère du colonel de Milleret.

Après cette terrible journée, le moral baisse, mais « Carnot » reprend les unités avec énergie et réorganise ses compagnies grâce à des parachutages. Lorsque, le 26 juillet 1944, les Allemands attaquent Viella, la brigade Carnot, mieux répartie, parvient à se dégager au prix de 13 tués. Malgré ces coups portés contre l'unité du colonel de Milleret, particulièrement visée par l'occupant, les opérations ne sont pas interrompues. De nombreux sabotages sont exécutés sur les voies ferrées de la région, sur les pylônes à haute tension, sur les lignes téléphoniques. Le groupe Tardits, de la compagnie Claverie, attaque par surprise un poste de DCA à Mont-de-Marsan. L'action est couronnée de succès : un canon de 88 mm est détruit et 9 soldats allemands sont tués. Près de Luchardez, cinq résistants du groupe Gros-Croharé, accompagnés de Rolland Cazenave, tendent une embuscade au chef de la Milice des Landes, circulant en voiture, qui tombe sous les balles. Une dernière attaque allemande a lieu à Bernède, nouveau PC de la brigade Carnot, le 2 août au matin. Une fois encore, le colonel de Milleret s'en sort, mais le combat coûte la vie à deux résistants, Pierre Anfray et Guy Mariole. Six parachutages, du 2 au 11 août 1944, obtenus grâce à Jean Maynard (capitaine Bernard), renforcent en armement la brigade Carnot qui comprend les unités suivantes :

- le bataillon Claverie dans la région de Gaube au nord d'Aire-sur-l'Adour, avec les compagnies L'Huillier, Rivière et Léon Dufour ;
- la compagnie Gros-Croharé à Roquefort et Sarbazan ;
- la compagnie logistique Sarraute-Eychenne à l'est d'Aire-sur-l'Adour ;
- le PC de la brigade à Saint-Mont.

La brigade Carnot participe à la libération d'Aire-sur-l'Adour le 13 août 1944 et de Mont-de-Marsan le 21, avec des unités FFI de Léonce Dussarat. Une importante colonne allemande (900 à 1 000 hommes), menaçant Mont-de-Marsan, est stoppée près du pont de Bats durant sept heures par les sections FFI Latour, Despons, aux ordres de

Jean Gervais, et des éléments de la brigade Carnot (Claverie et L'Huillier). Le capitaine Croharé est tué lors du combat, ainsi que le capitaine Mellows et les adjudants Siot et Clapot. Le colonel de Milleret, blessé, doit rejoindre Mont-de-Marsan et confie la coordination de la défense au capitaine Tramond. Malgré une puissance de feu très supérieure, les Allemands décrochent et laissent 5 véhicules sur le terrain.

Après la capture de trois chars Renault R35 aux environs de Dax et la libération d'un camp de prisonniers de guerre nord-africains à proximité de Laharie, la brigade Carnot se dirige vers Bordeaux :

« Le 23 août, écrit le colonel Jean de Milleret, commencent à démarrer les deux colonnes que je lance sur deux axes en direction de Bordeaux. La plus importante — que j'appelle colonne Claverie-Tramond — se forme à hauteur de Morcenx par jonction des éléments qui ont occupé Onesse-Laharie et ceux qui ont fait un crochet par Saint-Paul-les-Dax et Castets.

« L'autre — que j'appelle Badie-Klein —, peu fournie et moins armée, me sert de flanc-garde Est par Labrit, Luxey, Hostens, Saucats, Gradignan. Toutes deux rallient en route de nombreux groupes F.F.I. qui veulent prendre part à la bataille finale, mais c'est la colonne Ouest qui connaît le meilleur sort car elle reçoit les renforts successifs du bataillon Nord-Landais (commandant Lartigau), de la compagnie Belin-Beliet (lieutenant Franck Cazenave) et surtout du bataillon d'Arcachon (commandant Duchez).

« Ma tactique est de toute prudence car je sais ma faiblesse en armes et projectiles aussi bien que le manque de formation de mes troupes. Je ne suis pas encore assez sûr de mes nouveaux cadres pour mesurer le degré d'initiative que je peux leur laisser. Je cherche, par le harcèlement des arrières ennemis, à accentuer en ces derniers l'impression de déroute générale afin qu'ils abandonnent du matériel et des armes, voire qu'ils se rendent par petits groupes ou unités.

« C'est à ce moment qu'entre en jeu l'escadrille Carnot... Son matériel comprend un Morane 315 (biplace-école), un Mauboussin 195 (cerf-volant à moteur), un Luciole (biplan suranné)... L'utilisation tactique de mon matériel de fortune est vite tranchée dès les premiers vols. Le Luciole, trop lent, sera réservé pour l'observation à distance et le réglage des tirs d'artillerie ; le Mauboussin 195, planeur à hélice, servira aux déplacements pacifiques à longue distance ; le Morane 315, le plus rapide est aussi le plus acrobatique et Jean Richard l'a bien en main. Tandis qu'il occupe le baquet de pilotage, je m'installe dans le baquet avant, derrière l'hélice, avec une carabine américaine à dix coups et une douzaine de grenades. Nous rattrapons une colonne allemande sur laquelle je balance mes grenades en la survolant juste au-dessus des pins. Au deuxième passage, je tire à la carabine au ras de la carlingue ; mais quand je veux repasser pour une troisième fois, un fusil-mitrailleur installé sur une fourche m'envoie une bonne giclée qui touche à peine la queue. Alors, formés par cette expérience, nous passons d'une pinède à l'autre, croisant la route en zigzag, juste le temps de lancer une grenade ou une rafale, trop vite pour être ajustée. Les résultats sont magnifiques car, dès le 25, je détruis deux camions qui bloquent la route si bien que deux canons de 105 sont abandonnés avec leurs caissons. Ils font la joie du capitaine Malabat, dit Montcalm, qui passe une partie de la nuit dans une forge de village à refaire les percuteurs enlevés par les Allemands. Au matin, l'artillerie Carnot est née.

« Le 26 août, au prix de quelques trous dans la toile, la colonne nous abandonne quatre 88 antiaériens, dont trois rapidement récupérables mais sans beaucoup de munitions[125]… »

La brigade Carnot arrive dans la banlieue bordelaise, mais, conformément aux ordres reçus, ne penètre pas dans la ville et s'installe en demi-cercle à Gradignan et Pessac avec d'autres unités FFI. Un accord est en effet intervenu entre la Résistance et l'occupant, par l'intermédiaire du commandant FFI Rougès et du commandant allemand Kühnemann le 26 août, dans les locaux d'un ancien cercle, cours du 30-Juillet à Bordeaux. Conformément à l'accord conclu entre les deux hommes, l'évacuation des troupes allemandes stationnées dans l'agglomération bordelaise s'effectuera sans être entravée par les maquisards. À cette unique condition, le port ne sera pas détruit.

La brigade Carnot a payé un lourd tribut à la libération du Sud-Ouest de juin à août 1944 : 105 morts, 217 blessés, 5 déportés (dont 2 morts à Dachau).

Le 28 août 1944, à 4 h 30, les dernières troupes allemandes quittent Bordeaux par la route de Carbon-Blanc. À 6 h 30, les colonels FFI Adeline et Druilhe, escortés par les maquisards de Dordogne du groupe Lecamp, entrent dans la ville et se rendent au quartier général de la Région Militaire, rue Vital-Carles. Ils vont ensuite à l'hôtel de ville. De partout, les libérateurs arrivent et défilent dans la cité devant une foule immense. En début d'après-midi parvient la nouvelle de la présence à la Pointe-de-Grave, dans le Médoc, de plusieurs milliers de soldats allemands qui se sont retranchés dans une véritable forteresse. Ils constituent pour Bordeaux une menace qu'il importe de ne pas sous-estimer. Le colonel Adeline, assurant le commandement des troupes FFI en Aquitaine, prend toutes les mesures nécessaires pour s'opposer à un éventuel retour des Allemands vers la ville : le capitaine Martin (Bayard) doit se porter vers la Pointe-de-Grave en utilisant les trois voies que pourrait emprunter l'ennemi : routes de Pauillac, de Saint-Laurent-du-Médoc, de Hourtin. Il dispose d'un millier d'hommes détachés du groupe Bayard (320 hommes), du groupe Pistolet du capitaine Danta (267 hommes), du bataillon d'Arcachon du capitaine Duchez (440 hommes) et d'un élément de santé du groupe Marsouin ; des liaisons sont établies avec le groupe Charly stationné dans le Médoc. À Soulac, les Allemands ordonnent l'évacuation de la gendarmerie française.

Le 29 août, le colonel Adeline confie le commandement des FFI du Médoc au colonel de Milleret, qui dispose alors de 2061 hommes avec les groupes Bayard, Pistolet, Arcachon, Claverie et Charly. L'ensemble prend le nom de Groupement Carnot et occupe Carcans et Saint-Laurent. Le groupe Charly, sous les ordres de Cominetti, s'installe en position de soutien à Castelnau. L'état-major du groupement se trouve également à Castelnau. Les diverses unités poussent des patrouilles le plus loin possible pour sonder le dispositif de l'ennemi. Pauillac est libéré le 30 août et, le lendemain, les FFI occupent Hourtin, Lesparre, Civrac, Couquèques et Saint-Christoly. La colonne d'Arcachon fait une reconnaissance en direction de Vendays.

Le 1er septembre, deux compagnies FTP du Groupement Martel, venues de Corrèze, s'installent en réserve dans le secteur de Castelnau. Le colonel Adeline laisse officiellement au colonel de Milleret la direction des opérations sur l'ensemble du front du Médoc. L'escadrille Dupeyron (6 avions et 20 hommes) arrive en renfort. À cette date, le colonel de Milleret dispose de près de 3000 hommes équipés d'un armement disparate. Il installe son poste de commandement au château

Barateau, à Saint-Laurent-de-Médoc, mais laisse un PC arrière, chargé du ravitaillement, à Bordeaux à l'hôtel Montré, puis rue Abbé-de-l'Épée. L'état-major, outre le colonel de Milleret, comprend les commandants Reverdy, Bergues, Boissarie et les capitaines Lespitaou, Cruze, Bernadac, Bernardi, Ventrebert et Coyne. Le commandant allemand de la forteresse offre aux femmes, aux vieillards et aux enfants la possibilité de quitter la poche du Médoc entre le 6 et le 9 septembre. Les soldats Rivière et Labeyrie sont tués au cours d'une patrouille.

Le groupe Charly-Médoc est alors commandé par un homme au passé douteux. Au début du mois d'août 1944, une lettre recommandée, expédiée de Bordeaux, est adressée au commandant SS Walther Machule. Le contenu du message est tout à fait étonnant. C'est un véritable marchandage : on propose aux Allemands de leur livrer des pilotes alliés, moyennant finances. Le tout est signé « Philippe Henriot Revanche ». Le collaborateur Henriot avait été abattu peu de temps auparavant par la Résistance. La Gestapo bordelaise accepte l'offre, une dizaine d'aviateurs sont remis aux Allemands. Le correspondant anonyme réclame 500 000 francs (de l'époque) et réussit à se faire remettre le dixième de la somme voulue. L'auteur de cette horrible machination sera découvert après la guerre : il s'agit du « commandant Charly », de son vrai nom François-Charles Cominetti, chef de maquis dans le Médoc, au lourd passé judiciaire, ancien apiculteur et directeur du théâtre l'Alhambra de Bordeaux. Il avait réussi à se faire nommer responsable d'un maquis, avec le grade de lieutenant-colonel. « Dès lors, écrit Guy Penaud, les hommes de « Charly » avaient rayonné depuis leur camp de Brach sur l'ensemble du Médoc. Pour armer ses hommes, il s'était adressé à Lucien Nouaux, puis au général Moraglia et enfin à Louis Campet. Finalement, il s'était procuré des armes auprès de Maleyran, qui disposait encore d'un dépôt d'armes créé par Grandclément. Le réseau par lequel les aviateurs devaient passer la frontière était dirigé par Pierre Tastet (réseau Kummel) qui ignorait, bien entendu, la trahison de Cominetti[126]. » Arrêté à Bordeaux en décembre 1947, Cominetti sera condamné par le tribunal militaire de Bordeaux à 15 ans de travaux forcés pour trahison, à la dégradation militaire et à la confiscation de tous ses biens. Le colonel de Milleret ignorait également tout du passé de Cominetti.

Le Médoc a été durement frappé par la répression allemande durant l'été 1944. Le maquis Jean Dufour, définitivement formé en juin, s'articule autour de Jean Dufour (chef du maquis), Louis Cordonnier (premier adjoint), Nils Favre (deuxième adjoint), René Lafond (responsable des liaisons avec l'extérieur), Dédé Puyraveau, Edgard Casteret (chargé du ravitaillement) et, pour les liaisons avec le groupe Dieuzede, Louis Charles. Le maquis parvient à récupérer deux mitrailleuses lourdes qui se trouvaient à bord d'un bombardier américain abattu dans les environs. Les aviateurs sont recueillis par les gens de la région et tous dirigés vers le maquis. Le 30 juin, devant la menace d'une attaque de l'occupant, le maquis Jean Dufour évacue le Haut-Garnaut et s'installe près de la route de Lacardine-Hourtin à Laugnan. « Évidemment, écrit René Lafond, des coups de main pour le ravitaillement ont lieu couramment mais d'autres expéditions seront nécessaires : le château Loudenne que les Allemands se sont accaparés fera particulièrement l'objet de notre sollicitude. Après l'enlèvement de 4 veaux nous reviendrons libérer 19 prisonniers nord-africains pour les passer au maquis[127]. » Le 11 juillet, le maquis prend un nouvel emplacement à Vignes-Oudides, non loin du carrefour de Liard. Les opérations se succèdent : 2 Allemands sont tués dans une embuscade, puis un camion est enlevé avec des armes. Le 20, le groupe Tricoche, affilié au corps franc Marc, renforce le maquis tout en conservant une certaine autonomie.

Un coup de main est décidé le dimanche 23 juillet 1944 contre le poste de garde de la poudrerie de Sainte-Hélène. Cette opération échoue complètement : à 7 km du départ, le premier véhicule FFI est intercepté par une patrouille allemande, deux résistants sont mortellement blessés. Le reste du groupe parvient à rejoindre le maquis. Les plaintes des victimes, dont celle du maire de Saint-Laurent-du-Médoc, et les rapports d'indicateurs, ajoutés aux révélations d'un maquisard arrêté le 23 juillet, incitent l'occupant à déclencher une vaste opération militaire contre le maquis. Elle débute le 25 juillet à 5 heures. L'ensemble des forces engagées comprend une compagnie de 120 hommes de la Wehrmacht, commandée par le lieutenant Willy Schultz, faisant partie du 748e régiment, stationné à Saint-Vivien et placé sous le commandement du lieutenant-colonel von Viehbahn von der Born ; une vingtaine de Feldgendarmes venant de Toulouse, commandés par le lieutenant Baumgartner ; un bataillon de 300 Hindous du 950e régiment d'infanterie, cantonné à Hourtin ; des éléments de la Kriegsmarine de Pauillac (200 hommes), sous le commandement du lieutenant Karras et de son adjoint, l'adjudant-chef Krügen ; une centaine de membres du SD sous les ordres du lieutenant Kunesch ; un commando d'une cinquantaine de miliciens de Bordeaux, placé sous le commandement du chef régional adjoint Desaigues. La totalité des effectifs engagés s'élève à près de 800 hommes.

Le maquis Jean Dufour dispose de 97 hommes, y compris les 13 du groupe Tricoche qui sont convenablement équipés en armes individuelles. Pour le gros du maquis, il ne reste plus qu'une mitrailleuse lourde américaine après l'affaire manquée de Sainte-Hélène, avec des stocks importants de munitions, quelques armes individuelles prises aux Allemands, des mitraillettes, des fusils et des revolvers. Évidemment, c'est insuffisant pour supporter l'attaque massive de l'occupant.

« Au cours de la nuit du 24 au 25 juillet, raconte René Lafond, l'attaquant met en place tout son dispositif. P.C. reculé au château Nodris, sur la route Bordeaux-Soulac pas très loin du carrefour de Lacardine. Les hommes sont disposés principalement sur la fameuse route menant du carrefour de Liard à la route Lacardine-Hourtin, c'est-à-dire bloquant l'accès principal du maquis, de front face au bois de Vignes-Oudides. Quelques éléments secondaires seront placés sur la route Lacardine-Hourtin. Les troupes allemandes sont doublées par un groupe d'Hindous (ceux-ci étant spécialisés pour l'infiltration dans les bois), et un groupe de miliciens français. À 5 heures, Allemands et Hindous s'infiltrent dans les bois et se trouvent rapidement en contact avec le.P.C. du maquis. Un groupe, avec Jean Dufour en tête, retardera l'avance. Jean Dufour sera tué sans avoir reculé d'un pouce, après avoir épuisé toutes ses munitions. Il en sera de même de son compagnon Camille Beauvais, qui voulait protéger le repli de ses camarades. Leurs corps seront retrouvés criblés de balles, ainsi que trois autres cadavres. Un certain Freydmann, d'origine alsacienne, est capturé. Il sera emmené à Bordeaux et fusillé ultérieurement à Souges.

« L'attaque durera toute la journée et une partie du lendemain. La plupart des maquisards devront la vie au fait que les Allemands ne les voyaient pas dans les bois. Heureusement, les Allemands ne mirent pas le feu à la forêt de pins. L'attaquant disposait, en plus de l'armement individuel, de plusieurs mitrailleuses placées sur la route et au moins de deux pièces légères d'artillerie. Ces dernières permirent de démolir les cantonnements de Vignes-Oudides et les anciens du Balays et du Haut-Garnaut[128]. »

L'occupant se dirige vers le Haut-Garnaut, où les civils Émile Dupuy, François-René Normandin et Robert Birot sont arrêtés et torturés. Deux maquisards, Michel Montagne et Jean Kerciercs, sont abattus, après avoir été torturés, les yeux crevés à coups de baïonnette. Jean Dufort et Raymond Pigoteau subissent un sort aussi terrible dans les bois avoisinants. Marcel Desblaches et Louis Guichènes, emmenés par les Allemands, seront fusillés à Souges. Les troupes allemandes se rendent ensuite au château Nodris, où les propriétaires, les frères de Laroque, sont arrêtés avec tout leur personnel, ainsi que Maurice Pradignac, Paul Mercier, Guy Pegeot et Robert Saur. Trois autres civils, Jean Aubin, Adolphe Lhuillier et Émile Chapelan, sont massacrés, le crâne fendu et les yeux crevés à coups de baïonnette. Faute de maquisards, les Allemands massacrent des civils. Le bourg de Liard n'est pas épargné. Claudine Luceyron est tuée, Gabrielle Déjean et Alfred Tuffereau sont blessés, tandis que Raymond Seurin, un jeune homme de 21 ans, est fusillé sans jugement en présence de tout le village. Une grange et une écurie sont incendiées et le bétail de Michel Hostein est mitraillé. Outre les pertes civiles, 17 maquisards sont morts en combattant. Du côté allemand, des chiffres fantaisistes ont été cités. On a parlé de 300 Allemands hors de combat. D'après un prisonnier allemand, capturé à la Pointe-de-Grave, il y aurait eu 180 morts ou blessés de leur côté le 25 juillet 1944. Ce chiffre a été plus ou moins confirmé par l'officier SS Dohse lors de son jugement à Bordeaux après la guerre : « Nous n'avons trouvé l'adversaire qu'à un endroit. Nous n'avons jamais pu évaluer les forces du maquis vu l'état de la lande qui permettait le repli de vos effectifs et qui était un piège pour nos hommes. Effectivement, nous avons eu des pertes importantes, il s'agit au moins d'une centaine d'hommes et sûrement près de deux cents, mais certainement peu de votre côté. Les prisonniers que nous avons fait, l'ont été parfois très loin dans les bois[129]. »

Ce témoignage de Dohse est bien entendu sujet à caution. Il avait tout intérêt, vu sa situation de prisonnier, de gonfler les pertes allemandes pour satisfaire les anciens résistants et ainsi atténuer sa condamnation. Les pertes de l'occupant lors de cette vaste opération restent donc inconnues.

Les FFI du colonel de Milleret, engagées sur le front du Médoc, ont certainement à cœur de venger la tragédie de Vignes-Oudides. Du 3 au 28 septembre 1944, de nouvelles unités affluent afin de renforcer les positions : le groupe franc Leclerc, le bataillon Nord-Landais du commandant Lartigau (265 hommes), la compagnie Le Caloy (135 hommes), l'escadron Klein (154 hommes), le groupe espagnol Cassado (280 hommes), le bataillon Penthésilée du commandant Chodzko, le bataillon Roche (562 hommes), le bataillon Couture-Marsoin (285 hommes), le bataillon mixte marocain du commandant de Laborde-Noguès.

Le bataillon Penthésilée est créé entre le 5 et 8 septembre 1944 au camp de Crespy à Talence, par le regroupement des différents corps francs FFI de l'agglomération bordelaise, constitués de résistants et de jeunes patriotes désireux de participer à la lutte. Ce bataillon est placé sous le commandement d'un authentique baroudeur de la Légion étrangère, le célèbre commandant Chodzko, titulaire de quarante décorations et d'une jambe bois. C'est lui qui donne à ce bataillon le nom de « Penthésilée », la fameuse reine des Amazones qui, en Turquie, aida Priam à la fin de la guerre de Troie et qui fut tuée par Achille. Ce bataillon est intégré à la brigade Carnot et en devient l'un des fers de lance avec les corps francs de Caudéran, Talence, Souillié, la compagnie Wander-Stocken, le groupe Chodzko-Dufrenois, les groupes Camille, Léger, Georges, Pons, Yvon. Le bataillon fait mouvement vers le Médoc le 17 septembre 1944. Le commandant Chodzko, qui se prétend descendant des rois de Pologne, est une figure légendaire. Ses colères sont aussi célèbres que son génie de l'organisation militaire ; avec des moyens dérisoires, il accumule les succès sur le terrain. Ses formules sont réputées : « Et vive la Légion N… de D… », « Aux burnes… et pas de quartiers… », « Je vais vous faire fusiller ». C'est avant tout un extraordinaire meneur d'hommes et un chef incontestable pour diriger plus de 600 volontaires d'origines très diverses. Que ce soit à la tête du bataillon Penthésilée, du 7e RIC, ou au moment de l'attaque du régiment mixte marocain étranger, Chodzko fait preuve des plus belles qualités d'un homme de guerre. Le bataillon Penthésilée est composé de six compagnies, commandées par les capitaines Brun, Malivert, Dartigues et les lieutenants Martin, Léger, van der Stocken. Les guérilleros espagnols du commandant Cassado vont également déployer le plus bel esprit combatif. L'action des Espagnols dans la Résistance française contre l'occupant a été marquée par une efficacité et une endurance à toute épreuve.

Début septembre, les patrouilles et les reconnaissances se multiplient afin de mieux connaître les défenses allemandes. Le 12, les troupes du colonel de Milleret occupent, comme ligne de résistance, Charmaille, la Hourcade, Méric, Lousteauneuf, La Palu-Neuve, La Croix-de-Mille, Périgueys, Maynemounin, le nord et le nord-ouest de Vendays et la Cantine. Le lendemain, le groupe Duchez occupe Vendays et capture deux soldats allemands.

Le docteur Girardi, jeune soldat FFI à l'époque, se souvient:

« Après avoir participé à l'action clandestine dans les Landes, j'ai, dans le cadre du bataillon Nord-Landais, effectué toute la campagne du Médoc. En septembre 1944, j'ai assisté à l'épisode tragi-comique du camion chargé de tonneaux de vin, arborant à l'avant un superbe drapeau tricolore, roulant sans complexes sur la route Bordeaux-Soulac, jusqu'à dépasser les avant-postes français et venir se heurter au barrage allemand édifié au niveau du pont du Guâ. Ce qui déclencha une échauffourée à l'issue de laquelle camion et chargement furent récupérés par le bataillon Nord-Landais avec l'aide d'un char Renault R35[130]. »

Le 14 septembre, le bataillon Claverie attaque Montalivet avec l'appui de deux chars Renault R35. Montalivet est occupé, mais doit être ensuite abandonné devant la vive réaction des troupes allemandes mieux armées. Au cours du combat, les FFI subissent de lourdes pertes: le caporal Goalard est tué et le capitaine Doussy, les sous-lieutenants Laudouat et Cuvelier, les sergents Hongrue, Lataste, Larrieu, les soldats Bougues et Krihiewsky de la compagnie Doussy, les lieutenants Laporte, Lapeyre, le soldat Linlaud de la compagnie Claverie, les sous-officiers Parmentier et Gouverneur de l'escadron Klein sont blessés. Le colonel de Milleret relate l'affrontement dans un rapport: « À partir de ce moment, les combats se font plus durs, car l'ennemi semble vouloir reprendre Lesparre. Les unités sont alors regroupées et uniformisées, l'encadrement renforcé, et le 13 septembre la ligne atteinte comprend : Montalivet, Vendays, Queyrac, Port-de-By. Une puissante contre-attaque allemande, le 14 septembre, chasse nos éléments de Montalivet, malgré la remarquable défense opposée par la compagnie landaise du capitaine Doussy[131]. »

Le 17 septembre 1944, alors que le général de Gaulle se rend à Bordeaux, des pourparlers de reddition sont engagés entre le colonel de Milleret et une délégation d'officiers allemands de la poche du Médoc au château Canau. Le chauffeur du colonel de Milleret, Marcel Pallatin, se souvient de l'événement :

« À cette époque j'étais sous les ordres du capitaine Malabat et avait été nommé chauffeur du colonel « Carnot » (de Milleret) ; je logeais à l'hôtel Montré et j'étais nourri au Chapon Fin à Bordeaux à côté du marché des Grands-Hommes. À cette époque nous n'étions que quelques officiers et sous-officiers, ce qui a très vite changé, puisque les uniformes de 39-40 se sont réveillés très vite, prétentieux, hautains, ayant déjà oublié qu'ils nous avaient fait courir du Nord au Sud en 1940. Il manque leurs gants blancs, on s'y croirait ; ils viennent récolter ce que les autres ont semé. Ils prirent place à l'état-major du colonel écrasant ceux qui avaient, pendant des années, souffert de l'occupation et réussi « l'opération survie ». Il faut bien le dire, le Chapon Fin fermé, ils disparurent comme ils étaient venus, emportant des exploits auxquels ils ne participèrent jamais. Je peux fournir des renseignements sur les plénipotentiaires de la Pointe-de-Grave du 17 septembre 1944, j'y étais.

« À 11 heures, ce matin-là, je suis appelé par le capitaine Malabat afin d'être prêt avec le véhicule qui m'est confié ; je dois conduire le colonel de Milleret pour une destination inconnue mais surtout sans arme ni sur moi, ni dans le véhicule.

« À 12 heures, le colonel de Milleret arrive avec trois officiers, dont un en uniforme anglais (qui fume des cigarettes odorantes en les passant à chaque fois sous le nez pour les sentir avant de les allumer ; une manie qui m'a frappé à cette époque).

« Nous partons direction la Pointe-de-Grave, guidés par des plantons posés sur le bord de notre route. Vers 14 heures nous arrivons dans un château bordant une grande forêt. Je gare mon véhicule près d'un perron à gauche d'un escalier, le tout faisant face à la forêt. Les officiers français descendent. À ce moment sortent du château des officiers allemands dont un a les revers de capote rouge, ce qui représente une « Huile » en termes de l'époque.

« Tout le monde se salue respectueusement et pénètre à l'intérieur du château. Le colonel me demande de rester debout près de mon véhicule. Pas une heure s'est écoulée que tout à coup surgissent plusieurs voitures portant inscription et drapeau qui pénètrent dans la cour, des hommes en descendent surexcités. Ils s'en prennent d'abord à moi, m'insultant. Beaucoup parlent l'espagnol, langue que je comprends ayant passé plusieurs mois dans les prisons et dans un camp en Espagne, à la suite d'un engagement dans les Forces Françaises Libres qui s'est terminé de cette façon.

« Je reçois l'ordre de mettre mes mains sur la tête et de ne pas bouger ; les gradés de cette clique pénètrent dans le château et j'entends des cris, d'où ressort la voix du colonel de Milleret, ça barde sec. Tout le monde se retrouve sur le perron, c'est alors que le calme revient. Suivant les regards de ces messieurs, j'aperçois à l'orée du bois des soldats allemands mitraillettes sous le bras qui sont sortis. Devant ce fait quelques insultes fusent, mais tout le monde remonte dans leurs véhicules respectifs. Les officiers se saluent mais l'officier supérieur allemand prononce ces quelques mots que je ne peux confirmer exactement mais qui se traduisent à ceux-ci : « Comment voulez-vous que nous puissions arriver à quelque chose. » Les Allemands disparaissent dans le château et nous regagnons Bordeaux.

« Jusqu'à ce jour, ces quelques heures étaient restées gravées dans ma mémoire, faisant partie de bien d'autres, que je devais garder pour moi, ces instants que nous avons vécus sont plus ou moins personnels et nous n'avons pas toujours envie de les divulguer. Mais afin d'éclairer l'histoire, je vous confie la conversation de mon colonel sur le chemin du retour. Les conditions demandées par les Allemands étaient les suivantes : ils rendaient l'armement complet, ils se rendaient à l'armée française mais pas au F.F.I. Ils voulaient traverser la France sous escorte afin d'être prisonniers en Allemagne, mais ils voulaient des assurances formelles sur les officiers avec qui ils allaient traiter. Au retour j'ai demandé à mon capitaine, qui étaient les officiers que j'avais transportés ? Il me répondit « Léonce Dussarat et… ». Quant à l'officier anglais je n'ai jamais su. Le groupe des intrus était soi-disant le groupe Martin[132]. »

Cette rencontre franco-allemande est confirmée par le colonel de Milleret lui-même : « À ce moment, les Allemands démoralisés par les combats successifs qui les ont refoulés des Pyrénées vers la Pointe-de-Grave et surtout par la défaite générale des armées allemandes, engagent des pourparlers de reddition. Mais le 17 septembre dans l'après-midi, alors que le général Mayer vient pour se rendre au général de Gaulle, acclamé ce jour à Bordeaux, l'intervention de X fait rompre les pourparlers et il faudra sept mois de campagne pour libérer le Médoc.

« Alors commence la campagne d'hiver où nos maquisards arrivés en shorts et en sandales devront combattre l'ennemi bien équipé et puissamment armé ; sans capote, sans souliers, ils tiendront les avant-postes par tous les temps : la pluie, la boue, la neige, l'inondation. Ils lutteront avec un armement de fortune : reste des parachutages du maquis et prises de guerre[133]. »

En engageant des pourparlers, le commandement allemand a surtout voulu gagner du temps et connaître les officiers français tenant le front du Médoc. « Mais on s'aperçut bientôt, écrit le général de Gaulle, qu'il ne s'agissait que d'une ruse employée par l'ennemi… Comme celui-ci disposait d'un matériel et d'effectifs considérables et que nos forces de l'intérieur n'étaient ni organisées, ni armées, pour soutenir une bataille rangée, Bordeaux mêlait la joie de se trouver libre à la crainte de cesser de l'être[134]. »

Guerre de position sur le front du Médoc

Dans son ordre d'opération n° 3, le colonel de Milleret dresse la situation sur le front du Médoc le 2 octobre 1944. Il constate que le gros des forces allemandes semble placé dans la région fortifiée de Talais, Soulac, Le Verdon. Entre le fossé antichar de Soulac et le canal d'écoulement des marais de la Perge (dont les ponts ont été détruits), les Allemands ont une ligne avancée, appuyée par de l'artillerie, englobant Saint-Vivien, Vensac et Montalivet. Des patrouilles parcourent tous les jours la zone neutre située au sud de cette ligne. Il prévoit que l'ennemi effectuera des coups de main locaux, voire même des raids plus profonds dans les lignes françaises, afin d'améliorer son ravitaillement et de se renseigner sur les forces adverses. De Milleret entend enlever autant que possible à l'ennemi toute initiative. À cette effet, il ordonne à ses unités de gêner au maximum les infiltrations ennemies dans la zone neutre et d'arrêter les patrouilles devant la ligne de résistance. Dans le cas où l'ennemi effectuerait une attaque locale importante, il faudra ralentir son avance dans la ligne de résistance et, éventuellement, dans les lignes des soutiens, en pratiquant la guérilla sur les principaux axes de pénétration, jalonnés par des points d'appui, notamment sur l'axe Vensac-Lesparre. L'ennemi ne doit à aucun moment pouvoir franchir la ligne d'arrêt. Conscient de son infériorité en armes lourdes, le colonel de Milleret a donc organisé ses positions en trois lignes distinctes : une ligne de résistance à 5 km au sud de Montalivet, une ligne des soutiens devant Queyrac et une ligne d'arrêt, passant par Naujac, Lesparre, Saint-Christoly. Cette défense en profondeur permet d'éviter une bataille rangée que les troupes FFI, mal équipées, ne pourraient engager dans de bonnes conditions.

À la fin mois d'octobre, le colonel de Milleret dispose d'environ 5 000 hommes, appuyés seulement par un régiment d'artillerie de 15 pièces : 5 de 80 mm, 3 de 83 mm, 4 de 75 mm et 3 de 155 mm. C'est peu face aux 110 canons allemands, dont 76 de moyens ou gros calibres (50 mm à 164 mm). À l'origine, courant septembre, l'artillerie Carnot, sous les ordres du capitaine Malabat, se limite à une trentaine de volontaires FFI de Bordeaux et ses environs. Ce groupement est ensuite renforcé par un important contingent d'artilleurs malgaches fraîchement libérés des camps de prisonniers des Landes. L'instruction se fait non loin du cantonnement du Groupement Marsouin, puis aux terrains militaires de Luchey et de Souges. Le commandant Maurice Biraben joue un rôle important dans la constitution du régiment d'artillerie qui deviendra le 196e RA, sans oublier les établissements Ruggieri de Mérignac dans la récupération des canons défectueux. Deux pièces de 80 mm prennent dans la première quinzaine de septembre la direction du front du Médoc, sous les ordres du capitaine Dupont. Les premiers obus sont tirés du secteur Jau-Dignac-et-Loirac. Vers le 20 octobre, la première batterie au complet est sur le pied de guerre à Bégaden, puis une seconde s'installe au château Laujac, où elle essuie un violent bombardement de l'artillerie allemande. Placée sous les ordres du lieutenant-colonel de Laguarrigue, l'artillerie du front du Médoc a pour mission essentielle d'interdire à l'ennemi la route de Lesparre-Bordeaux, pour éviter tout retour offensif vers Bordeaux. Des tirs de harcèlement sont également prévus sur les positions allemandes, afin de gêner la construction de nouveaux blockhaus. Les Malgaches sont remplacés par des Nord-Africains et, le 1er décembre 1944, le régiment prend les écussons du 196e RA. Les batteries se trouvent alors dans le secteur de Coudessan et de Vendays. Un combattant raconte :

« L'action ne faiblit pas, les tirs se multiplient sur les ouvrages de campagne des Allemands. Pourtant, les artilleurs ne disposent que d'un matériel disparate (15 à 16 tubes divers en 1944), mais des chefs et des hommes d'un dévouement et d'un courage admirables, bien que se trouvant dans des conditions des plus mauvaises, mal installés, disons de bric et de broc, pantalons de cheval kaki, et bandes molletières bleu-marine, chaussures à semelles de bois.

« Ils abuseront l'ennemi sur notre force réelle, grâce au harcèlement de nuit d'une pièce nomade de 80 mm de la 1re batterie, dont l'action consistait à tirer plusieurs coups de canons ici, et d'autres à quelques km ailleurs. Il fallait des servants expérimentés et rapides, car les moyens de repérage de l'ennemi étaient très efficaces.

« La pièce nomade était tractée par une chenillette de modèle ancien, conduite par le célèbre A. Busson, et son aide de couleur, Guy Mona (ancien boxeur), qu'il convient de citer car ils ont été merveilleux, et ont ainsi eu à tirer nos jeunes canonniers de situations souvent dramatiques.

« Un des exemples s'est déroulé à la ferme Le Blanc, entre le pont du Guâ, Vendays et Queyrac, alors que la pièce a tiré, au moment de quitter les lieux, la chenillette refuse de partir ; les Allemands qui eurent tôt fait de repérer notre canon, bombardent ; nos deux chauffeurs imperturbables réparent, et réussissent à tirer tout le monde de cette mauvaise situation.

« Afin d'observer, de régler les tirs, notre état-major a installé la binoculaire aux toutes premières lignes, dans un observatoire de fortune à Méric, en liaison avec l'infanterie[135]. »

Le colonel de Milleret félicite en personne le 196e RA pour son efficacité :

« Il m'a été rendu compte de ce que le 2 janvier 1945, une batterie de votre régiment a effectué un tir sur les ouvrages ennemis. Ce tir, appliqué avec une précision remarquable, a provoqué un véritable affolement parmi les Boches travaillant aux ouvrages. Nos observateurs de faction à l'observatoire, le capitaine Combes et le canonnier J. Grenier ont pu voir les ambulances allemandes très actives après ce bombardement. Le chef de bataillon Ardouin qui a observé les résultats de ce tir a affirmé qu'il a causé des dégâts aux ouvrages. Ce n'est pas la première fois qu'il m'est donné de constater des tirs effectués par le 196e RA[136] »

Les Allemands ripostent avec leurs nombreuses pièces d'artillerie lourde en bombardant Lesparre, Queyrac, Vendays et les positions françaises. Au printemps, le 196e RA est renforcé par plusieurs batteries, dont une de 105 court, ce qui porte à 26 au total le nombre des canons français.

Les soldats du colonel de Milleret portent généralement l'uniforme français de 1940, rarement complété d'éléments anglais ou américains. Certains maquisards arrivent en short et en sandales, sans capote, sans souliers. Ils devront tenir les avant-postes par tous les temps. Un document allemand du colonel Pohlman donne une synthèse assez exacte de la pauvreté de l'équipement des troupes françaises :

« Il s'agit d'unités dotées d'armes individuelles, de mitraillettes et d'explosifs. Beaucoup de Français ne portent pas d'insignes, ou bien portent de petits rubans à la boutonnière invisibles à quelques mètres[137]. »

Les soldats français aménagent d'importantes positions défensives : tranchées, casemates en rondins, abris souterrains, lignes de barbelés. L'ensemble fait cependant triste figure face à la « Forteresse Gironde » des Allemands. La campagne hivernale va bientôt commencer, extrêmement pénible pour les soldats français, mal armés, mal équipés, montant une garde interminable dans un secteur difficile au milieu de l'humidité des marais, sous les intempéries de l'hiver, sans autre opération que des patrouilles, des coups de main, des déminages et des tirs d'artillerie. Du côté allemand, les réactions sont normales ; la troupe, à l'exception de celle qui tient les avant-postes, est installée dans un confort relatif.

Paul Memain, jeune soldat à l'époque, écrit que « la campagne d'hiver 44-45 se déroula par un climat très rude qui vit d'importantes chutes de neige en janvier, des températures très basses compliquées de vents violents, alternant avec des pluies. C'est dans un tel « biotope » que les volontaires F.F.I. durent tenir le front du Médoc. Pas de chaussures, pas de capotes, des armes d'occasion issues de toutes les manufactures du monde ; souffrant comme tous les Français des restrictions alimentaires, les F.F.I. du front du Médoc n'ont rien eu à envier des autres F.F.I. du front Atlantique. Ils eurent droit aux casques de leurs pères et grands-pères, aux vieilles culottes, aux bandes molletières récupérées, aux Lebel de 14-18 ressortis de leurs cachettes, sans toutefois oublier les armes parachutées des maquis. Malgré cela, l'esprit des soldats de l'an II, du grognard de l'Empire, du poilu des tranchées, ou du volontaire des Forces Françaises Libres, survivait en eux et leur permit de tenir face à un ennemi puissamment fortifié et lourdement armé[138]. »

En décembre 1944, on peut lire, dans le journal *La France républicaine,* une annonce du colonel Druilhe demandant des casques pour les soldats du front du Médoc, de Royan et de La Rochelle : « Anciens combattants, portez à la Maison du Combattant, 97, rue de Saint-Genès, à Bordeaux, le casque et les effets de petit équipement que vous avez pu conserver ; vos jeunes camarades, dont l'attitude au feu est en tout point digne d'éloges, vous en seront reconnaissants[139]. »

Le 5 octobre 1944, le colonel Adeline se voit confier le commandement des opérations dans la zone de La Rochelle, Royan et la Pointe-de-Grave. Le général de Gaulle crée, le 14 octobre 1944, le commandement des Forces françaises de l'Ouest (FFO) et le confie au général de Larminat, qui a sous ses ordres les FFI de Dunkerque, Lorient, Saint-Nazaire, La Rochelle, l'île d'Oléron, Royan et la Pointe-de-Grave (front du Médoc). Les Allemands alignent 70 000 hommes pour la défense de ces réduits, plus de 1 000 blockhaus et 1 300 pièces d'artillerie. En face, 75 000 FFI, dotées d'un armement léger satisfaisant, mais manquant de canons et de chars, doivent tenir un front difficile à défendre.

Le 17 octobre, le major allemand Leister informe qu'il va faire évacuer la moitié de la population civile de la poche du Médoc. Il interdit aux Français d'emmener les chevaux, les charrettes, les bicyclettes, le bétail et les produits pharmaceutiques. Un impôt, au bénéfice de l'occupant, sera institué pour ceux qui resteront dans la poche. Les commerçants, rentiers, pensionnés et retraités seront appelés à faire des avances de fonds au Trésor allemand. Tout acte de sabotage entraînera de sévères représailles. Le 19, le bataillon du Blayais relève le bataillon Bayard dans le secteur de Lesparre-Vensac. Deux bombardiers Junker 88, capturés à Mérignac par les Français, bombardent des rassemblements motorisés allemands à Saint-Vivien et Vensac.

Depuis le 21 août 1944, le colonel de Milleret dispose d'une aviation de reconnaissance (10 avions) permettant de survoler les positions ennemies. Par la suite, au fur et à mesure de la libération du territoire, des formations classiques sont implantées dans le Sud-Ouest, soit par des unités déjà existantes, soit par des créations nouvelles. C'est ainsi que prennent naissance les Forces françaises aériennes (FFA), sous les ordres du général Corniglion-Molinier. À partir du 1er décembre 1944, les forces aériennes du front de l'Atlantique disposent des unités suivantes :

- Groupe 1/18, chasseurs Dewoitine D520, à Vannes, sous les ordres du commandant Lapios ;
- Groupe 2/18, Dewoitine D520, Toulouse, commandant Thollon ;
- Groupe 1/31, Junkers 88, Toulouse, commandant Dor ;
- Groupe 1/34, Glenn-Douglas, Mérignac, capitaine Bataille ;
- Groupe 3/33, Fieseler-Stocher, Cognac, capitaine Girardot ;
- Groupe aéronaval n° 2, bombardiers en piqué SBD Dauntless, Cognac, capitaine de corvette Laine.

La totalité des groupes représente 62 appareils français, plus une escadrille anglo-américaine de Thunderbolt (48 appareils). L'aviation française va effectuer sur le front de l'Atlantique, du 1er décembre 1944 à la mi-avril 1945, 1 062 sorties. L'unique avion de construction française engagé sur le front de l'Atlantique a été le chasseur Dewoitine D520, l'un des meilleurs chasseurs de la Seconde Guerre mondiale. Cet appareil entièrement métallique, mis en service au mois de mai 1940, n'équipe, le 25 juin 1940, que 4 groupes de chasse. C'est avec un Dewoitine D520 que le sous-lieutenant Pomier-Layrargues abat, le 5 juin 1940, l'as allemand Moelders. L'armement comprend un canon de 20 mm et 4 mitrailleuses de 7,5 mm. Sa vitesse maximum atteint 530 km/h. Près de 900 exemplaires ont été construits entre 1940 et 1944. Dès le 20 octobre 1944, le groupe aérien Doret, équipé de D520 stationnant à Toulouse, est mis à la disposition du colonel de Milleret. Il utilisera le terrain de Mérignac. Les missions sont strictement limitées à des mitraillages au sol en cas de percée allemande.

Le 23 octobre, faisant état de la convention de La Haye, les Allemands réquisitionnent 200 têtes de bétail et animaux de basse-cour dans la poche du Médoc. Les avions français bombardent, le 24, les positions allemandes de Grayan et de Saint-Vivien. Le 1er novembre, une suspension d'armes est engagée afin de faciliter l'évacuation des civils. Elle est renouvelée le 6 pour les mêmes raisons. Le 17, le corps franc du bataillon Duchez effectue un coup de main contre un poste allemand et fait des prisonniers. Les sergents Parés et Neveu sont tués.

Depuis la fin octobre 1944, le colonel de Milleret a organisé ses unités en trois brigades (Carnot, Marsouin et Baluze). La brigade Carnot comprend les bataillons Claverie, Léon des Landes, Duchez, Lartigau, Penthésilée, Léon du Blayais, Aire-sur-l'Adour, Georges, Mixte-Marocain et Charly. La brigade Marsouin aligne les bataillons Roche, Bayard, Pistolet, Marsouin, Bertrand et Cassado. La brigade Baluze dispose des bataillons Géo et Pierre, de la compagnie de choc Bretagne, de l'escadron Klein, de l'escadrille Dupeyron et des éléments espagnols également rattachés à la brigade Marsouin. Toutes ces unités viennent du Sud-Ouest. L'ensemble représente 8 195 hommes.

Le 27 novembre, le colonel Sonntag arrive de Russie en hydravion pour prendre le commandement de la poche du Médoc. Le général Mayer, malade et contesté par l'état-major, prend le même hydravion en direction de l'Allemagne. Le 2 décembre, une patrouille française saute sur des mines dans le secteur de La Ricarte. On compte deux tués et trois blessés. Depuis le début du siège, les mines ont causé de nombreux morts dans les rangs français.

Paul Memain se souvient de la difficile campagne d'hiver 1944-1945 :

« Aujourd'hui, une visite de la zone des avant-postes de Charmaille au pont de La Brède, en passant par le château Canau, ne donne qu'une idée imparfaite du terrain où s'est déroulée de septembre 1944 au 13 avril 1945 ce que l'on appelle la campagne d'hiver.

« Seule la zone des marécages qui entourent au nord et au sud le chenal entre le pont de La Brède (marais de La Perge) et le pont du Guâ sur la route maintenant nationale de Lesparre à Soulac, c'est-à-dire ce qui constituait le sous-secteur Ouest et une partie du sous-secteur

Centre, donne une idée approximative de la réalité géographique de ce que les communiqués quotidiens d'état-major illustraient par les formules classiques : activités de patrouilles ou bien « rien à signaler ».

« Dans cette partie Ouest des avant-postes, s'étend un marécage hivernal d'environ 15 km de longueur, de 200 m à 1 km de large et de 1 à 3 m de profondeur, franchi uniquement par trois ponts : pont de La Brède (route de Vendays à Montalivet), pont de La Traverse (route de Vendays à Grayan-l'hôpital), pont du Guâ (route de Lesparre à Soulac). C'est le domaine des pêcheurs aux petites barques noires et des chasseurs…

« C'était durant la guerre la zone qu'il fallait traverser pour aller d'une forêt de pins, située au Sud, à une autre forêt de pins, située au Nord, avec tous les risques que cela comprenait.

« La partie Est des avant-postes se présente actuellement sous un aspect bien différent de 1944-1945 ; les importants travaux de réfection et d'entretien de la digue de 2 à 3 m de haut qui longe la Gironde sur plusieurs dizaines de km et que l'on nomme les « mattes » ou « mathes » du Bas-Médoc, empêchent les fortes marées de l'estuaire de venir inonder les terres basses qui constituent « la petite Flandre », que les Hollandais vinrent aménager il y a plusieurs siècles.

« D'autre part, le curage périodique des nombreux canaux, chenaux et fossés, et l'état satisfaisant des écluses et portes à flot permettent une évacuation très rapide des eaux de pluie et de ruissellement et une mise en culture permanente des terres qui alterne avec la pratique d'un élevage fructueux.

« Durant le siège, le mauvais état des mattes non entretenues et peut-être également la rupture volontaire de quelques-unes de la part de l'occupant, avait déclenché l'inondation de toute la zone qui va de Port-de-Goulée à la pointe aux Oiseaux et des Pêcheries à la Palude-Joffret ; en particulier entre Jau-Dignac et Loirac cela constituait une arrière aquatique d'une dizaine de km de long sur 1 à 3 km de large, et 1 à 3 m de profondeur compliquée de chenaux parallèle : c'était là le royaume de la vase, de la boue, où l'on met plus d'une minute pour franchir soixante-dix centimètres, où l'on constitue sans recours une cible de choix pour l'adversaire.

« Et dire que certains ont franchi cette vase en chantant *La Marseillaise*. Quel pays ! Et quels combattants[140] ! »

Fin novembre, le régiment du Lot relève plusieurs bataillons du sous-secteur Ouest. Les Allemands visitent les maisons évacuées et procèdent au pillage des meubles, des vêtements et des victuailles. Le 3 décembre, le SS Obergefreiter Schmidt assassine, à Soulac, M. Bosc et blesse M. et Mme Costes. Le lieutenant Scheider récompense Schmidt de son crime en lui offrant une boîte de 100 cigarettes. Le 10, le major Flachmann, accompagné du lieutenant Fiebiger, s'empare de 1 300 000 francs à la poste de Soulac contre un bon de réquisition, tamponné de l'Oberkommando de la Wehrmacht. Flachmann prétend manquer d'argent pour payer les ouvriers français. Le 12, les bataillons Cottaz du Tarn-et-Garonne et Baril du Lot-et-Garonne arrivent sur le front du Médoc. Le 15, la brigade Baluze est dissoute, afin de réorganiser l'ensemble des forces françaises du front du Médoc.

Durant le mois de décembre, les actions locales se poursuivent sous forme de patrouilles, d'attaques, de duels d'artillerie et de bombardements aériens sur l'ensemble du front. Un violent combat s'engage au pont de La Fosse, le 18, occasionnant des pertes non négligeables de part et d'autre. Les Français laissent aux mains des Allemands un prisonnier et deux tués qui seront par la suite enterrés avec les honneurs militaires. À l'occasion de Noël, la radio allemande organise une émission à laquelle prennent part tous les points de résistance de la Norvège à l'île de Crète, en passant par les poches de l'Atlantique. La station Vogel de Soulac est chargée d'organiser la fête pour la Pointe-de-Grave et Royan. Dans la nuit du 25, le soldat Boit du bataillon Penthésilée, en faction dans un avant-poste de La Hourcade, perçoit des bruits suspects devant la position. Il tire un coup de fusil et le lendemain matin on découvre un adjudant allemand, pistolet en main et sans souliers, tué d'une balle en pleine tête. On suppose qu'une patrouille ennemie voulait tenter un coup de main. Du 15 septembre au 31 décembre 1944, les troupes françaises de l'Atlantique (La Rochelle, Royan et Médoc) déplorent la perte de 321 hommes (tués, prisonniers ou portés disparus). Les Allemands comptent 298 soldats hors de combat durant la même période.

Au moment où se termine cette année 1944 qui a vu la libération de la quasi-totalité du sol français, le général de Larminat s'adresse aux soldats FFI du front de l'Atlantique :

« Bonne année, bon courage… Le plus beau souhait qu'il soit possible de formuler est que 1945 nous apporte autant que 1944.

« La réalisation de ce souhait dépend beaucoup de vous. La leçon de 1944 est que le vieil adage « aide-toi, le ciel t'aidera », est lourd de vérité. C'est parce que les Français se sont aidés eux-mêmes que la libération de leur sol a été si rapide, que l'ennemi n'a pu se rétablir provisoirement avant les Vosges, que bien des destructions ont été ainsi évitées, que la France a retrouvé dans le monde son crédit moral.

« L'armée française renaissante appliquera cette leçon en 1945 ; elle sera digne de la victoire à laquelle elle prétend par sa vaillance et son endurance, par sa discipline et son effort tenace d'amélioration.

« Bonne année, soldats du front de l'Ouest, mal vêtus, mal armés, mais la flamme aux yeux et la résolution au cœur.

« Et que, dans vos missions et vos combats, vous soutiennent le souvenir et l'exemple de ceux de nos camarades, sortis de l'abîme, et en route pour ces beaux destins[141]. »

Les troupes du colonel de Milleret tentent d'aménager des postes avancés aux endroits marécageux. Le mauvais temps et l'artillerie ennemie ne facilitent pas les travaux entrepris dans les pires conditions. Les soldats du commandant Chodzko et du lieutenant-colonel Dussarat déploient un effort surhumain pour parvenir à établir les nouvelles positions. La neige, la pluie, le froid ou l'humidité causent d'importantes pertes chez les soldats français exposés à toutes les intempéries climatiques de l'hiver. On signale de nombreux cas de bronchite et d'oreillons. La boue et le très mauvais état des chaussures sont des ennemis redoutables. Les auxiliaires féminines et les ambulancières de la Croix-Rouge prennent des risques considérables pour soigner les « poilus » du front du Médoc. Elles sont admirablement conduites par Mlle de La Roche Brochard et Mme de Momont. Sous les ordres du commandant Chodzko, une autre femme, le capitaine Lucienne Souillié, fait preuve d'un magnifique courage. « Les hommes que je commandais, dit-elle, savaient me remonter le moral. Je les revois partir à l'assaut en chantant. Ils étaient tous mes enfants. Les mines nous ont causé des pertes terribles. Les pieds et les jambes arrachés par ces engins de mort se sont multipliés. Lors des patrouilles, on essayait de les localiser et d'en déterrer le maximum. Mais peu après, les Allemands venaient en reposer d'autres aux mêmes endroits. Malgré la pauvreté de notre équipement, nous n'avons jamais douté de la victoire. Le commandant Chodzko était un admirable chef de guerre. C'est grâce à des hommes comme lui que nous avons pu tenir et gagner[142]. »

Le lieutenant Albert Rèche, désigné pour rejoindre le bataillon mixte marocain, rencontre à la fin septembre 1944 le colonel de Milleret :

« J'étais à l'époque journaliste au *courrier français*. On avait besoin de cadre pour un bataillon composé en partie de tirailleurs marocains. Le colonel de Milleret préféra me prendre comme son attaché de presse. Il me fit une grosse impression. C'était un homme d'un autre temps, au courage extraordinaire, véritable chevalier de l'époque médiévale. Sous les bombes et les obus, il refusait de porter un casque et conservait toujours un modeste calot. Il savait prendre les initiatives les plus audacieuses. Distingué et très mondain, il passait pour être un grand séducteur auprès des femmes. Lors des reportages en première ligne, j'avais comme photographe Gérard Larrieu, un résistant du maquis, qui a pris des risques incroyables en première ligne. Il est à l'origine de presque toutes les photos prises sur le front du Médoc. Un autre photographe, Léo Neveu, fut tué lors d'une patrouille. L'écrivain Robert Escarpit, jeune lieutenant F.F.I. au bataillon Duchez, m'a rejoint pour guider les correspondants étrangers, car il parlait parfaitement l'anglais. J'ai pu survoler les lignes allemandes à bord du Morane 315 du colonel de Milleret. Les figures légendaires ne manquaient pas sur le front du Médoc. Le commandant Chodzko m'a beaucoup impressionné. Lors des barrages allemands d'artillerie, il conservait son calme et remontait ainsi le moral de ses hommes[143]. »

Le 5 février, une équipe de déminage du régiment du Lot saute sur une mine à la cote 40, on dénombre 6 morts (commandant Brouel, sous-lieutenants Eroles et Delsahut, soldats Garroux, Maumont, Benallah) et 5 blessés (Lestrade, Malgouyat, Petit, Viguié, Lorca). Le 1er mars, une patrouille du sous-secteur Ouest encercle et fait prisonnier un poste allemand de surveillance, composé de deux sous-officiers et de quatre soldats. Le 2, les Allemands lancent une attaque avec de gros moyens (mortiers, lance-flammes et mitrailleuses lourdes) contre le point d'appui français de la cote 40, à l'est de Montalivet. Les assaillants s'infiltrent entre les avant-postes dans un terrain boisé et marécageux et encerclent une section du régiment du Lot. Ils pénètrent ensuite de 2 km à l'intérieur des positions françaises. En fin de journée, une contre-attaque, appuyée par l'artillerie et l'aviation, rétablit la situation. Les pertes sont importantes chez les Français qui comptent 1 tué, 3 blessés et 45 disparus. Les Allemands ont une vingtaine de soldats hors de combat, dont 7 prisonniers. Le lendemain, une opération de ratissage est entreprise par le commando Olivaud-Adam et la compagnie de choc Bretagne. On découvre les corps de deux officiers allemands tués la veille lors du combat. Le journal de marche de la compagnie de choc Bretagne rapporte l'affrontement :

« Le 2 mars, notre compagnie a été alertée vers 0 h 30, et s'est rapidement transportée au P.C. du commandant Le More. Suivant les ordres donnés par le commandant du secteur, la compagnie s'est scindée en deux parties. Un détachement d'un adjudant, deux sergents et 15 hommes sous le commandement du lieutenant Riou est allé occuper les deux postes situés à l'extrémité sud de l'autostrade.

« Le reste du détachement, sous le commandement du capitaine, a été placé en alerte gardée du P.C. de la 6e compagnie du Lot à Cap-du-Pratz.

« À 8 h 30, le capitaine a été avisé téléphoniquement par le lieutenant Riou qu'un de ses postes avait été attaqué et qu'après 15 à 20 minutes de combat, il avait été pris par les Allemands. Étant en mauvaise position et ayant ses armes automatiques enrayées il a donné l'ordre de repli sur le poste de secours, suivant l'ordre donné initialement par le commandant du 2e bataillon du Lot. Onze hommes manquaient : huit du poste, et trois de son poste. Ceux-ci s'étaient probablement égarés en traversant les champs de mines, à moins qu'ils n'aient sauté sur une mine. Depuis, deux de ces hommes ont rejoint. Ils s'étaient dirigés vers le sud au lieu d'aller vers l'est. Un sergent, deux caporaux et six hommes sont donc disparus.

« Devant cet état de fait, il n'était pas possible de revenir sur les postes perdus par le chemin de retraite suivi par le lieutenant Riou dans le champ de mines (secteur inconnu par la compagnie, où une formation en colonne par un est seule possible). La compagnie rejoint le P.C. où s'était replié le lieutenant Castagne avec quelques éléments, renforcés par un détachement du commandant Baril. Comme la soupe arrivait par la voiture à mulets, tout le personnel s'est restauré avant d'entreprendre le mouvement en avant.

« Vers 12 heures, le P.C. du 2e bataillon a été avisé de ce projet de mouvement. Le capitaine adjoint du 2e bataillon a déclaré que sur ordre du colonel, il ne fallait pas ouvrir le feu avant 15 heures. Le départ est fixé à 13h45.

« À 14h50, le P.C. avancé du lieutenant Castagne est atteint. Les Boches ne l'ont pas occupé.

« Au moment de se porter vers l'autostrade, des soldats sont aperçus autour des postes perdus le matin. Il s'agit du détachement de déminage du lieutenant Ninon qui se trouvait entre le poste 2 et le poste de l'autostrade.

« Ils se sont cachés dans les bois durant toute la matinée et vers 12 heures, ils ont été aperçus par une patrouille circulant le long de la crête bordant la plage. Attaqués par 15 à 20 Allemands, ils ont réussi à tuer 2 hommes et en blesser plusieurs. Les Boches se sont retirés en laissant sur place 2 morts et 1 blessé. Le lieutenant Ninon s'est porté alors vers l'autostrade où il a été aperçu par nous.

« L'ordre de ramener le blessé, qui est un aspirant, est donné. Il reste les cadavres d'un lieutenant et d'un sergent.

« Vers 16 heures, il est signalé que de nombreux Allemands circulent à l'est du P.C. du lieutenant Castagne et se dirigent du nord au sud vers le poste 2. Quelques coups de mortiers et de Piat (lance-roquettes) sont tirés sur eux depuis le P.C. avant.

« Tout le détachement revient sur le P.C. arrière qui est relié téléphoniquement au bataillon. Le lieutenant Castagne faire reconnaître le poste de la cantine qui est inoccupé.

« Le lieutenant Castagne est avisé que deux sections de renfort lui sont envoyées par le régiment. Il dispose en outre de la section du lieutenant Ninon et du commandant Baril. Dans ces conditions, 10 hommes de la compagnie de choc Bretagne, sous le commandement d'un adjudant-chef, sont encore laissés à sa disposition, ce qui va lui permettre d'occuper pour la nuit la cantine et la cabane. Le reste de la compagnie va passer la nuit au cantonnement de Lesparre pour prendre quelques heures de repos et être en bonne condition pour les opérations du lendemain. Les bottes en caoutchouc impropres à la marche sont laissées au cantonnement.

« Les Allemands connaissent leurs champs de mines et circulent avec facilité. Ils connaissent aussi les faux champs de mines et ils les utilisent pour atteindre leurs objectifs. Étant donné le grand espace qui sépare les postes du bord de l'Océan, il leur est aisé de préparer leurs opérations en circulant librement le jour, sans se faire remarquer. Aussi, il serait utile d'augmenter le nombre de pistes permettant de circuler entre tous nos postes. Chaque poste isolé devrait avoir deux liaisons téléphoniques[144]. »

Le brigadier Litzow, photographe du 2e bureau de la XVIIIe Région Militaire, relate également la dure journée du 2 mars :

« L'opération avait été prévue par les Allemands pour s'emparer de deux photographes, le lieutenant Behier de la section photo de la brigade Carnot-Médoc et de moi-même. Après une mission de reconnaissance de cinq jours, nous avions pris plus de 250 photos des positions ennemies vues de nos lignes.

« Comment les Allemands ont-ils été informés de cette opération ? Nous ne le saurons jamais ! mais ils avaient monté cette opération pour s'emparer des clichés avec quasi-certitude de réussite.

« Malheureusement pour eux, une intuition nous a poussés à quitter notre blockhaus avant le lever du jour. Nous sommes partis à 7 h 10 et l'ordre de feu allemand était pour 8 heures. Nous sommes passés sans le savoir au travers de l'encerclement de la position qui avait été mis en place dans la nuit. De ce fait, les clichés arrivèrent normalement à leur destination et servirent à la préparation de l'attaque du 14 avril[145]. »

Le 4 mars, le colonel allemand Sonntag, commandant de la poche du Médoc, se tue accidentellement en manipulant une grenade française. Le capitaine de corvette Birnbacher est blessé à côté de lui. Le 12, trois canons allemands de 164 mm tirent une soixantaine d'obus sur Lesparre, afin de se venger de l'attaque d'avions français qui ont sérieusement endommagé le PC du capitaine de corvette Birnbacher.

Le 25 mars, toutes les unités du colonel de Milleret sont regroupées et renforcées. L'ensemble prend le nom de brigade du Médoc :

- 8e régiment d'infanterie (1 800 hommes) ;
- 34e régiment d'infanterie (2 000 hommes) ;
- 38e régiment d'infanterie (2 000 hommes) ;
- régiment mixte marocain étranger (1 000 hommes) ;
- commandos Gironde, de choc Bretagne et Atlantique (150 hommes) ;
- bataillon de marche d'Extrême-Orient (550 hommes) ;

- 18e régiment de chasseurs à cheval à 2 escadrons (370 hommes) ;
- 196e régiment d'artillerie ;
- 151e régiment du génie (2e compagnie) ;
- bataillon de fusiliers marins de Rochefort (550 hommes).

Renforts au moment de l'offensive du 14 avril :
- régiment d'Afrique-Équatoriale française et Somalie (2 504 hommes) ;
- 2 bataillons du 131e régiment d'infanterie ;
- 1 escadron du 1er régiment de spahis marocains (chars Destroyer M10) ;
- 1 escadron du 13e régiment de dragons (chars Somua S35) ;
- 2 groupes du 32e régiment d'artillerie coloniale ;
- 1 groupe du 10e régiment d'artillerie coloniale ;
- 3e compagnie du 151e régiment du génie ;
- corps franc de l'air du Médoc.

Les patrouilles ne cessent de se multiplier, en vue de la prochaine offensive prévue à la mi-avril. Le commandant Klein rapporte le coup de main qu'il mena avec un détachement du 16e régiment de chasseurs à cheval :

« 31 mars : la mise en place fut menée comme à la manœuvre et dans des conditions fixées par l'ordre n° 33. Cependant, le champ de mines qui avait été repéré d'une position en contrebas, par un observateur couché dans le marais, avait été estimé « court ». En réalité, l'espace marqué « *Achtung*, danger de mort » mesurait environ 40 m de profondeur. Le déminage ne put être terminé à temps, le jour se levant très vite. Le commandant donne l'ordre de rentrer.

« L'exercice a tout de même consisté à déplacer en canot 40 hommes à 3 km, dans un terrain inondé et dans la zone d'investigations des patrouilles, sous le feu des armes automatiques des petits postes ennemis.

« 1er avril : départ plus tôt. Mise en place terminée à 23 heures. Lune éclatante qui se lève à 22 h 45. L'alerte est chez l'ennemi qui a disposé sur la voie ferrée un luxe de guetteurs inaccoutumé : un tous les 50 m environ. Nous sommes pourtant sûre de ne pas être éventés. Avec le clair de lune, impossible de déminer et d'avancer sans être vus. Je pousse une reconnaissance avec le lieutenant Réglade et, au retour, donne l'ordre de rentrer. Au P.C. des renseignements nous arrivent : « Ils s'agitent sur tout le front… »

« 2 avril : même mission. Je décide d'alléger mes effectifs et de réduire au maximum mes soutiens ; de partir plus tôt. Cinq officiers et sept hommes démarrent à 20 h 30. Temps couvert, la lune ne se lèvera que vers minuit, et dans son dernier quartier.

« Je laisse deux hommes à l'angle de la levée, à 300 m sud-ouest de l'île, avec mission d'interdire absolument l'entrée du chemin en direction du sud. Comme consigne : laisser approcher l'ennemi à bout portant, et tuer. Ainsi, à coup sûr, je serais prévenu. Ce petit poste disparaît complètement dans un fourré qui commande toute la levée en direction du nord.

« Il reste dix hommes pour l'opération. Le temps couvert va nous aider, le vent également qui se lève vers 1 heure. Le déminage avance rapidement. Le sentier reconnu est bordé de deux tresses blanches, les fils de fer suspects, les points dangereux sont signalés. Nous arrivons ainsi sans encombre après une longue reptation dans les marais et les ajoncs, sur la voie ferrée. L'effort véritable commence alors : il s'agit de traverser, sans bruit, ce passage en remblai constitué de cailloux qui risquent à tout moment de rouler. Nous voici enfin, toujours rampant, sur le sentier qui mène à la ferme, prêts à bondir sur la sentinelle. Mais rien ne vient troubler la fin de notre parcours. Nous voici dans la cour de la ferme.

« Chacun prend la place fixée. Nous négligeons la face ouest de l'immeuble. La porte n'est pas fermée à clef. Nous faisons irruption dans la première pièce, aveuglant les Allemands de nos lampes électriques. Surpris, en tenue légère, endormis encore, ils ne réalisent pas tout de suite ce qui leur arrive. Ceux qui comprennent ou ont des désirs de résistance sont ramenés à une juste notion des choses grâce aux grenades à manche (désamorcées) utilisées comme massues. À un moment, le lieutenant Fontaine s'explique à coup de poing avec deux Boches dont l'un s'agrippe à son nez.

« Ils sont neuf maintenant alignés dans la cour de la ferme. Ils étaient treize, mais dans le corps à corps, quatre se sont échappés. Nous sommes dix.

« Une fusée éclairante est lancée de leur poste sud. Nous maintenons tout ce monde, encore ému de la bagarre, dans l'immobilité, les bras en l'air, et l'obscurité revenue, nous prenons rapidement le chemin du retour.

« Les difficultés furent nombreuses pour traverser, avec nos prisonniers, les canaux profonds, mais à 6h30, nous étions rendus dans nos lignes. Pas un coup de feu ne fut tiré.

« Voici l'horaire de cette opération :

« — Départ des lignes françaises à 20h30.

« — Arrivée sur la levée face à Coudaille à 23 heures.

« — Arrivée à la ferme à 3h07.

« — Opération ayant duré 7 minutes.

« — Retour dans les lignes françaises à 6 heures 30[146]. »

Le 12 avril 1944, le poste radio allemand de la Pointe-de-Grave capte une émission française annonçant l'attaque imminente de la forteresse Gironde (Médoc et Royan). Depuis la fin mars, les forces françaises du colonel de Milleret ont été renforcées, on leur a enfin donné les moyens de passer à l'offensive. L'ensemble de la brigade du Médoc avec ses renforts comprend 13000 hommes, 31 pièces d'artillerie et une poignée de chars (Somua et M10). Les forces navales françaises de l'Atlantique de l'amiral Rue, devant appuyer l'offensive, représentent une force importante au mois d'avril 1945 avec le cuirassé *Lorraine* (canons de 340 mm), le croiseur *Duquesne* (canons de 203 mm), les torpilleurs *Le Fortune*, *Basque* et *Alcyon*, les escorteurs *Aventure*, *Découverte*, *Surprise*, *Hova*, 18 dragueurs de mines... L'offensive a pour objectif la conquête des forteresses de Royan et du Médoc. La bataille doit se dérouler simultanément sur les deux rives de la Gironde. Sur le front du Médoc, le colonel de Milleret a organisé son attaque en deux temps : conquérir d'abord la zone des avant-postes allemands jusqu'au fossé antichar, puis exploiter l'effet causé par les bombardements massifs de l'aviation et de la marine pour réaliser l'occupation totale de la Pointe-de-Grave. Le plan d'ensemble subordonne l'opération tout entière à la réussite de l'attaque sur Royan. L'aviation destinée à opérer en liaison avec l'attaque terrestre sur les deux rives met en action 62 appareils français et 260 appareils anglo-américains.

Dans un rapport sur les opérations de son unité, le capitaine François de Gaudusson, commandant d'un bataillon du 8e régiment du Lot qui doit impérativement conquérir une tête de pont, mentionne l'état d'esprit des FFI qu'il a sous ses ordres :

« Ce grand chambardement nous met dans l'ambiance et crée une certaine impatience dans l'attente du déclenchement des derniers combats.

« Certes, nous savons mieux que personne la pauvreté de notre armement et de nos équipements, notre faible expérience des opérations offensives d'envergure et pour nous, les cadres de tous grades, notre bien sommaire formation tactique devant nos responsabilités du moment.

« Mais qu'importent ces considérations ; la confiance réciproque est la base de notre cohésion et personne ne doute que chacun fera preuve d'une inébranlable détermination, comme ce fut le cas naguère pour choisir la Résistance et poursuivre la lutte jusque sur ce coin de terre encore occupé par l'ennemi.

« Oui, cadres et troupes sentent que ce dernier engagement constituera le terme et le couronnement de leurs efforts passés et personne, non personne, n'a l'idée de préférer à cette ultime bataille la passivité du soldat attendant « l'arme à la bretelle » la reddition volontaire de l'ennemi. Pour chacun, comme pour tous, la victoire des armes est indispensable pour clore dignement ce chapitre de la Résistance et de la libération[147]. »

Le moral chez les Allemands est loin d'être ébranlé : l'âpreté des combats en avril suffit à le démontrer. Les trois bataillons d'infanterie vont défendre le front du Médoc jusqu'au dernier retranchement. Avec 4 000 hommes bien armés, 110 canons, 282 blockhaus en béton ou en rondins, 800 000 mines, la forteresse allemande du Médoc semble inviolable.

« La brigade du Médoc, écrit Henri Noguères, a eu en face d'elle, avec le capitaine de corvette Birnbacher et son tristement fameux bataillon Narvik, des nazis fanatiques[148]. »

L'ordre d'opérations n° 6 du général de Larminat doit se dérouler en deux phases avec les objectifs suivants :

- le dégagement de l'estuaire de la Gironde par la conquête de la Pointe-de-Grave (opération Médoc) et de Royan (opération Vénérable) ;

- puis la consolidation des résultats acquis par la libération de l'île d'Oléron (opération Jupiter) et une diversion dans le secteur de La Rochelle (opération Mousquetaire).

Pour enlever d'assaut la forteresse du Médoc, le colonel de Milleret articule ses troupes en trois groupements et une force de réserve :

- Groupement Ouest, placé sous le commandement du lieutenant-colonel Reverdy, comprenant le régiment mixte marocains étrangers du commandant Chodzko (1er bataillon de volontaires étrangers basques-espagnols du commandant Rascle, 2e bataillon marocain du commandant de Laborde-Noguès et 3e bataillon mixte étranger du capitaine Brun) entre la plage de l'Océan et le marais de la Perge ; le 8e régiment d'infanterie du colonel Noireau (1er bataillon du capitaine de Gaudusson, 2e bataillon du capitaine Parot, 3e bataillon du capitaine Sol) entre le marais de la Perge et Mayan ; le 38e régiment d'infanterie du commandant Gauthier (1er bataillon du commandant Sere, 2e bataillon du commandant Cottaz, 3e bataillon du commandant Léon du Blayais-Elissalde) entre Mayan Est et Sémain Est ;

- Groupement Centre, placé sous les ordres du colonel Candau, alignant le régiment d'Afrique-Équatoriale française et Somalie du colonel Appert (bataillon de marche 14 du commandant Kuntz, bataillon de marche 15, bataillon de marche Somalie du commandant de Bentzmann) entre Sémain et La Palu-Neuve ; le bataillon de marche d'Extrême-Orient et le 18e régiment de chasseurs à cheval du commandant Klein (escadrons des capitaines Fontaine et Douence) entre Méric et Loirac ;

- Groupement Est, dirigé par le commandant Baril, disposant du 34e régiment d'infanterie du lieutenant-colonel Dussarat (1er bataillon du commandant Claverie, 2e bataillon des commandants Duchez et Lartigau, 3e bataillon du commandant Barret) entre Méric et la Gironde.

La réserve peut compter sur un bataillon du 38e RI, un bataillon du 34e RI, le commando Gironde (compagnie de choc Bretagne) du capitaine Fiardo et le commando Atlantique (commando Olivaud-Adam et élèves parachutistes). Des renforts sont prévus lors de l'offensive.

Le colonel allemand Prahl, qui a succédé au colonel Sonntag tué en manipulant une grenade française, n'a que peu de jours pour prendre connaissance de la forteresse qu'il va devoir défendre.

La libération de la poche du Médoc

Le samedi 14 avril 1945, à 7 h 30, le 196e régiment d'artillerie de la brigade du Médoc ouvre un feu d'enfer sur les positions allemandes. Les canons de 75, 80, 105 et 155 tirent plus de 1 200 coups en deux heures. Au même moment, 24 bombardiers en piqué SBD complètent le bombardement en neutralisant les défenses ennemies des ponts du Guâ, de La Traverse, de La Brède et de Montalivet. La réaction de la DCA est vigoureuse.

La mission confiée à l'infanterie repose d'abord sur la conquête des avant-postes allemands. Cette première ligne de défense, appelée ligne principale de combat, présente de nombreux obstacles avec ses barbelés, ses tranchées, ses casemates, ses mines et ses nids de mitrailleuses. L'infanterie doit ensuite se rendre maître du *Vorfeld* qui s'étend sur les communes de Vendays-Montalivet, Vensac, Saint-Vivien, Grayan, Talais ; c'est-à-dire progresser d'environ 13 km à l'intérieur du dispositif allemand pour se trouver en contact du célèbre fossé antichar.

La première ligne de terrain à conquérir, fortement marécageuse, est coupée de chenaux très profonds dont les ponts ont été détruits par l'ennemi. L'utilisation des chars s'avère donc pratiquement impossible pour ce début d'offensive. Comme les poilus de Verdun, l'infanterie FFI, avec ses faibles moyens, doit attaquer à découvert les positions fortifiées.

À 15 h 30, à l'ouest, le 1er bataillon du 8e RI s'élance à l'assaut des défenses du pont de La Traverse. La première compagnie sous le commandement du capitaine de Gaudusson parvient sans difficulté jusqu'au marais et tente de franchir la coupure. Mais les Allemands qui tiennent le secteur ont peu souffert des bombardements. Un lance-fusées à têtes multiples (Stuka Zu Fuss) ouvre un véritable déluge de feu sur la compagnie française qui est clouée au sol. L'opération sur le pont de La Traverse se solde par un échec. Au même moment, une action est engagée pour la conquête du pont de La Brède, par le bataillon de volontaires étrangers. Une section parvient à s'installer à l'ouest du pont, mais est arrêtée par un champ de mines et un terrible barrage de mortiers. Une compagnie du régiment mixte marocain-étranger, sous les ordres du lieutenant Ofmann, attaque Montalivet. Les Allemands ripostent en mettant le feu à la forêt. Sous l'effet de la chaleur, plusieurs champs de mines explosent, causant de lourdes pertes chez les assaillants qui doivent se replier d'urgence. Le lieutenant Ofmann est tué au cours de l'action. Des éléments avancés du bataillon basque-espagnol parviennent à dépasser la cote 40 et avancent devant Ricarte.

Au centre, une section d'assaut du 18e régiment de chasseurs à cheval progresse dans les marais avec des canots pneumatiques. Couverts par le coassement des grenouilles, des indigènes du régiment du Tchad réparent le premier pont qui mène au point d'appui Pont des Paysans. Les éléments d'assaut du régiment A-EF et Somalie entreprennent la même action à l'aide de canots pneumatiques servis par le bataillon de marche d'Extrême-Orient.

À l'est du front, le 34e RI du lieutenant-colonel Dussarat a attaqué le premier comme prévu à 1 h 30 et enlève la position château Canau-Les Pêcheries, car l'ennemi se replie sans résistance. À la fin de l'après-midi du 14 avril, la brigade Médoc du colonel de Milleret n'a pu déboucher de sa base de départ, ni atteindre tous les objectifs fixés sur l'ensemble du front.

Le Groupement Ouest doit impérativement franchir le marais et établir une tête de pont à la hauteur des Arrestieux. Peu avant 19 h 30, le capitaine de Gaudusson fait pilonner par les mortiers du 38e RI la rive nord du marais de La Traverse. Le sergent Girardi, qui participe à l'action, se souvient :

« La compagnie de mortiers du 38e R.I., à laquelle j'étais affecté, a reçu l'ordre de s'installer au nord du village de Mayan, dans une clairière de la forêt à droite de la route allant vers le pont de La Traverse, au plus près du pont, pour neutraliser l'ouvrage ennemi défendant le secteur. La mise en batterie se fait sur trois rangs avec 9 pièces de 81 mm. Après quoi le capitaine Louis, commandant la compagnie, accompagné de quelques hommes, s'avance encore, en utilisant le fossé bordant la route, afin de diriger le tir des mortiers. J'avais en l'occurrence la pièce située à l'angle supérieur gauche du quadrilatère formé par le dispositif de la compagnie. Sous ma responsabilité, cette pièce était donc chargée de régler le tir. Sur les indications du capitaine Louis, transmises par son adjoint, le lieutenant Fournier placé dans le chemin reliant la clairière à la route, je donnais l'ordre au caporal-chef Plantey d'ouvrir le feu après que le pointage eut été effectué par le caporal Bruzon. Après quelques coups de réglage, l'objectif était atteint ce qui permettait à toutes les autres pièces de la compagnie d'ouvrir le feu à leur tour. À la suite de quoi, rapidement, le capitaine Louis ordonnait de cesser le tir en raison de la reddition de la garnison du blockhaus chargé de la défense immédiate du pont.

Mais très rapidement la compagnie se trouva prise sous un tir de mortiers en contre-batterie, balayant systématiquement la forêt et la clairière. Ce tir, qui avait fait sans doute l'objet d'un repérage préalable, blessa très gravement le caporal Bertrande, dont je donnais les premiers soins, et fit de nombreux blessés légers et, outre la destruction d'une partie du matériel, provoqua l'incendie de la forêt. Il fallait donc évacuer rapidement les lieux en récupérant les hommes et une partie du matériel. Pendant ce temps, des chasseurs bombardiers, alertés par le commandant Lartigau, adjoint du colonel Reverdy, attaquaient le pont et ses environs d'abord à la bombe, puis à la mitrailleuse. Après que la compagnie se soit repliée à la lisière nord de Mayan où stationnaient des chenillettes transportant les munitions, je me portais volontaire avec quelques autres, pour tenter de récupérer dans la forêt en feu, armes et munitions. Ce fut un échec en raison des flammes et de la fumée. L'artillerie ennemie, profitant du départ des avions, bombardait le stationnement de la compagnie, blessant encore trois de ceux qui se trouvaient là, dont le sergent-chef Dupuch[149]. »

Pendant que se déroule ce drame, deux sections d'assaut du 8e RI, sous les ordres des lieutenants Azira et Birolini, atteignent sur des barques le centre du chenal qui est entièrement à découvert. Sous le tir ennemi, des barques chavirent ; d'autres explosent et coulent. Chacun tente de rétablir la situation en récupérant hommes, armes et matériel dans une zone inondée. Il faut progresser coûte que coûte. Dans son rapport, le capitaine de Gaudusson relate la soirée du 14 avril :

« Les premiers éléments de mon bataillon atteignent enfin cette rive, prennent pied sur la terre ferme, au chant de *La Marseillaise* au milieu des bombardements et malgré la vive réaction des avant-postes allemands. Après des combats incertains allant jusqu'au corps à corps nos hommes arrivent à pénétrer plus avant dans les bois en vue de constituer une solide et large tête de pont. Mais nous n'en sommes pas encore là ; la situation est encore très précaire ; il faut des renforts au plus vite. Les barques font demi-tour et regagnent notre rive pour une deuxième traversée. Le tir de l'artillerie n'a pas cessé ; il devient plus précis et englobe maintenant notre plage d'embarquement et le bois qui la borde. La ronde continue cependant dans des conditions de plus en plus difficiles ; nos moyens de franchissement s'amenuisent de minute en minute et bientôt, la nuit déjà tombée, il faudra interrompre la traversée du marais une fois les derniers blessés évacués.

« Revenons un peu en arrière vers 17 heures à mon P.C. Le colonel Georges (Noireau) est là ; il a suivi l'action de la 1re compagnie sur le pont de La Traverse et décide d'entreprendre à l'heure prévue le franchissement de vive force du marais, mission qui de « secondaire » le matin du 14 devient prioritaire et impérative en fin de journée. Il compte, comme moi-même, sur la réussite de la 3e compagnie sur les Arrestieux et espère une action rapide pour l'ensemble du 1er bataillon. C'est alors que je lui fais part de l'insuffisance de nos moyens de franchissement au regard des délais et des effectifs à transporter et lui demande d'acheminer d'extrême urgence des moyens légers supplémentaires. Les délais seront plus longs que prévu et c'est en pleine nuit que je verrai arriver dans le chemin étroit qui dessert la plage d'embarquement d'imposantes pinasses transportées par camions. Ces engins, les seuls qu'on ait pu trouver, sont débarqués près de mon P.C. au prix de mille difficultés, puis transportés par une vingtaine d'hommes par bateau jusqu'à la plage en évitant d'attirer l'attention de l'ennemi. Un travail de Romain ; un spectacle insolite et inoubliable. Ces pinasses serviront le matin du 15 pour reprendre le franchissement.

« Sur la rive nord du marais, la nuit est tombée ; le 1er échelon de la 3e compagnie s'organise mais ses liaisons avec le P.C. du bataillon sont précaires ; la position de nos éléments est mal connue ; notre artillerie d'appui avec laquelle j'ai été relié directement par téléphone, couvre comme elle le peut notre fragile tête de pont. En fait, nos deux sections seront livrées à elles-mêmes pendant toute la nuit et devront « serrer les coudes » face aux incursions allemandes et à la menace d'une contre-attaque[150]. »

Dans le journal *Le Partisan du Lot*, imprimé à Cahors, le reporter de guerre René Andrieux évoque la situation précaire de la tête de pont :

« Il s'agit de la conserver, et ce n'est pas facile. Il commence à faire nuit. L'artillerie ennemie vient de prendre sous son feu la plage d'embarquement ; les renforts arriveront avec difficulté — des barques, lancées sur les marais, sont retournées — un obus percute au milieu d'une embarcation et la coupe en deux : 3 morts, des blessés, une mitrailleuse et deux F.M. avec les munitions dans l'eau. Les nôtres, même blessés, plongeant dans le marais, reprennent leurs armes et gagnent la rive opposée, de l'eau jusqu'aux épaules.

« Il fait nuit. L'ennemi, là-bas, s'est ressaisi et prépare la contre-attaque. Les deux premières sections de la tête de pont sont dans une situation critique ; les renforts doivent passer, ou c'est l'échec de l'offensive et l'extermination de nos camarades. On passera !

« Toute la nuit, le combat fait rage : les nôtres tiennent, malgré des pertes sévères[151]. »

Durant ces opérations, les bataillons du 38e RI, placés en deuxième échelon, commencent à faire mouvement vers le pont de La Traverse. Le 1er bataillon, sous les ordres du commandant Vellet, s'installe au nord de Mayan. Le 2e bataillon se trouve en zone d'attente aux Ormes. Le 3e avance vers les bois de pins au nord de Vendays.

Le 15 avril 1944, dès la matinée, le cuirassé *Lorraine* et le croiseur *Duquesne* tirent avec une grande précision 3 930 obus, dont 246 de 340 mm et 901 de 203 mm, sur les positions allemandes. De nombreux blockhaus de la côte et sur Daugagnan sont réduits au silence. L'aviation bombarde Montalivet, les blockhaus de la cote 40 et ceux du sud de l'Hôpital. L'artillerie du 196e RA poursuit ses tirs. La deuxième batterie se dirige vers Mayan, puis sur Cassagne.

Au Groupement Ouest, le 1er bataillon du 8e RI poursuit le franchissement du marais malgré les tirs de l'artillerie adverse. Mais, au début de ce mouvement, une puissante contre-attaque allemande se déclenche sur les éléments de la 3e compagnie qui ont franchi le marais. L'artillerie française intervient à son tour pour freiner les unités ennemies. Les bois prennent feu, les Français se battent dans la fumée et dans les flammes au milieu des rafales d'armes automatiques et des éclatements d'obus.

Henri Amouroux, alors correspondant de guerre au journal *Sud-Ouest*, relate l'héroïsme du régiment du Lot (8e RI) :

« Et soudain, je m'étais trouvé devant Mayan en pleine action. Il pouvait être 8 heures ; quelques hommes du capitaine André de Gaudusson avaient franchi durant la nuit les marais qui les séparaient des Allemands et, ayant conquis trois blockhaus, les défendaient désespérément.

« Désespérément, car nous, de l'autre rive, étions empêchés de les ravitailler. À peine une barque partait-elle chargée d'hommes et de munitions, que les canons de 88 la prenaient en chasse, l'obligeant à revenir à son point de départ et bombardant copieusement la suite de nos avant-postes.

« Couché près de ces hommes, qui savaient que leurs camarades livraient, à 500 mètres d'eux, un suprême combat, j'ai partagé pendant des heures leurs angoisses[152]. »

L'officier allemand de l'unité de contre-attaque est tué ; sa mort provoque la panique dans les rangs ennemis qui se replient en catastrophe. Les Français restent maîtres du terrain. On apprend que l'action a été menée par une compagnie du bataillon d'élite Narvik et une compagnie de mitrailleurs du 3e bataillon de forteresse. Malgré de lourdes pertes, la tête de pont a tenu et se renforce d'heure en heure. Dans la matinée, le 1er bataillon du régiment du Lot termine le franchissement du marais et s'installe sur la rive nord. Vers 15 heures, les diverses compagnies atteignent Taste-Soulte et les Cercins. Pendant ce temps, d'autres unités du régiment du Lot, appartenant au 3e bataillon (capitaine Parrot), engagées depuis la veille sur le front de Montalivet, s'apprêtent à passer le pont de La Brède, tandis que la 5e compagnie (lieutenant Castagne) a reçu la mission de progresser par la plage.

Le régiment mixte marocain étranger (RMME), dirigé par le commandant Chodzko, est en action dans un terrain truffé de mines. Le bataillon basque-espagnol du commandant Rascle s'empare de la cote 40 à 9 heures. Devant Montalivet, le bataillon marocain (commandant de Laborde-Noguès), regroupé devant la forêt en flammes, parvient à ouvrir des passages dans les champs de mines. À la tombée de la nuit, le pont de La Brède et la route menant à Montalivet sont tenus par les Français.

Au sud du pont de La Traverse, les soldats du 38e RI s'impatientent d'en découdre avec les Allemands. Le bataillon du Tarn-et-Garonne qui se trouvait en réserve de secteur rejoint le régiment qui fait enfin mouvement avec ses trois bataillons vers le pont de la Traverse.

« Un détail remarqué, écrit Paul Memain, au cours de cette journée de dimanche : la plupart des soldats du régiment qui étaient en permission exceptionnelle ou en mission à Bordeaux trouveront le moyen de rejoindre leurs compagnies par leurs propres moyens, au moment où elles vont passer à l'action. Très souvent, cela leur coûtera de très longues marches, car malheureusement pour eux, les régiments FFI sont toujours aussi pauvres et les quelques rares véhicules qu'ils possèdent sont réservés pour le transport des vivres et des munitions et ne se rencontrent pas sur les routes de l'arrière.

« Par contre, remonter au front depuis Bordeaux alors que la bataille fait déjà rage dans plusieurs secteurs leur a permis de prendre contact avec les réalités de l'arrière :

« — Les civils peu optimistes considèrent déjà l'attaque comme un échec et n'hésitent pas à affirmer que les Allemands ont enfoncé les lignes françaises.

« — Le triste état de nombreux blessés que toutes sortes d'ambulances des plus hétéroclites ont transportés en gare de Vertheuil et qui attendent en plein air leur embarquement dans des autorails sanitaires sommairement aménagés.

« — Les camions transportant des cercueils en prévision des combats à venir.

« — Les camarades du 8e R.I. déjà morts dans ces premières heures de combat et dont les corps sont rangés à gauche du pont de La Traverse sur le bord du petit chemin d'accès au marais.

« Malgré tout, rien ne pourra détourner ces volontaires de l'objectif qu'ils s'étaient fixé en arrivant sur le front du Médoc il y a bientôt 8 mois, souvent après des mois de maquis[153]. »

Paul Memain, un des plus jeunes membres des FFI du 38e RI qui a dû se rendre d'urgence à l'hôpital Saint-Nicolas pour l'extraction d'une dent de sagesse, rejoint son unité et participe à l'attaque du marais du Guâ, malgré une énorme fluxion à la joue. Il est passé en quelques heures du calme des rues de Bordeaux, fréquentées par des militaires bien vêtus, à l'enfer du pont de la Traverse, peuplé de soldats loqueteux :

« Tout le bataillon du Blayais (3e) passera d'abord le marais à un km environ à l'est du pont de la Traverse, rapporte le journal du bataillon. Il réussit à traverser en plus de cinq heures, élément par élément, à l'aide de barques chargées à bords. Pas de pertes. Le sergent Duzon volontaire pour conduire les barques fait de nombreux transbordements.

« Il s'agit maintenant de dépasser le 8e R.I. et d'aller au contact de l'ennemi qui se trouve sur la route de Cercins.

« La 2e compagnie en tête. Première escarmouche aux Cercins. Nous faisons huit prisonniers, et nos compagnies s'installent pour la nuit depuis Les Cercins jusqu'aux bords de Taste-Soulte.

« Le P.C. s'installe dans une petite maison où nous procédons à l'interrogatoire des prisonniers. Après un repos de quelques heures, nouveau départ[154]. »

À 14 heures, la section mortier du 1er bataillon entre en action vers le pont de La Traverse. À 16h30, l'artillerie allemande riposte contre le groupe d'appui de mortiers. Le combat fait rage. À 21 heures, des soldats de la 6e compagnie du 2e bataillon parviennent à s'emparer du point d'appui allemand qui défend la rive nord de l'ancien pont et fait trois prisonniers. Ils tiennent toute la nuit afin de permettre au 1er bataillon de franchir le marais à l'aube, le lundi 16 avril.

Durant le déroulement de ces opérations à l'ouest, le régiment A-EF et Somalie, sous les ordres du commandant Appert, doit s'emparer du pont du Guâ et ouvrir la route menant à Soulac. Les fantassins attaquent dès l'aube entre la Gravette et la route de Soulac, secteur défendu par de solides ouvrages enterrés et recouverts de rails et de rondins à l'épreuve des obus de 105 mm. Le bataillon d'assaut dispose, pour franchir les marais, d'une vingtaine de canots pneumatiques, servis par des hommes du bataillon de marche d'Extrême-Orient qui font preuve d'un magnifique courage. Au début, l'effet de surprise est total, mais au moment où les derniers éléments des compagnies du 1er échelon prennent pied sur la rive opposée, les Allemands ouvrent un violent tir de mortiers qui endommage onze embarcations. L'attaque française est engagée avec beaucoup de mordant, appuyée par tous les mortiers du régiment. Après avoir fait tomber les défenses de Le Trieu, la 3e compagnie du capitaine Périquet enlève dans un assaut à la grenade les trois blockhaus de la Gravette. La 3e compagnie du lieutenant Neyran prend à revers, par une manœuvre de débordement, les défenseurs allemands du Guâ, qui hissent vers 16 heures le drapeau blanc sur leurs ouvrages encerclés.

Le 18e régiment de chasseurs à cheval (commandant Klein) entre en action à 5 heures. Les deux escadrons transportés durant la nuit attaquent et s'installent sur la digue de Chevaille. Les Allemands ripostent à l'aide de mortiers et d'un lance-fusées à têtes multiples de 150 mm. Malgré le déluge de feu, le 1er escadron pénètre dans les lignes allemandes, puis le second au milieu des marais du Guâ au niveau du pont des Paysans. Après la prise du passage à niveau de Cayac, à 11 h 30, et de la station de Gaudin, à 12 h 40, une tête de pont se forme et la position se renforce pendant la nuit. Les pertes françaises sont lourdes, on compte neufs morts et de nombreux blessés.

À l'est du front, le 34e RI est bloqué par la violence de l'artillerie allemande qui empêche tout franchissement du chenal de Port-Saint-Vivien. Cependant, les attaques fixent l'ennemi et permettent au régiment A-EF et Somalie de progresser. Dans la nuit du 15 au 16, après une nouvelle préparation d'artillerie, le 34e RI tente une nouvelle fois de franchir le chenal, mais ne peut y parvenir et subit de lourdes pertes.

Après deux jours d'offensive, les troupes du colonel de Milleret sont parvenues à atteindre la ligne suivante, d'est en ouest : pare-feu n° 9, cote 40, Taste-Soulte, Les Cercins, Les Arrestieux, Ligey, Languillouse, Les Artigues, le Moulin de la Caillabude, La Coudaille, La Palu-neuve, Château Canau, les Pêcheries.

Le lundi 16 avril 1945, le cuirassé *Lorraine* et le croiseur *Dusquene* ouvrent un feu roulant sur les ouvrages bétonnés. L'aviation (550 appareils) effectue pour sa part un bombardement massif sur toute la longueur du fossé antichar. De son côté, l'artillerie du 196e régiment pilonne les lignes allemandes. La 1re batterie du capitaine Castagne prend position à Grayan sur l'emplacement d'une ancienne batterie ennemie.

« On effectue des tirs à volonté sur le fossé antichars, rapporte le lieutenant-colonel de Laguarrigue. C'est là que, pour une raison indéterminée et tandis que les pièces crachaient le feu, qu'un 155 eut un coup prématuré. L'obus explose à la sortie de la bouche à feu : le maréchal des logis Fonteneau est tué et les servants plus ou moins grièvement blessés. Ils sont évacués par les services de santé. Riposte allemande sur nos positions pendant une grande partie de la nuit.

« L'avance se poursuivant, les renforts affluant pour franchir le fossé antichars, la portée des pièces de 80 s'avère insuffisante et bientôt les munitions s'épuisent. On décide donc que, seules, deux pièces de 80 partiraient au cours de la nuit pour le fossé antichars. Le capitaine Combes commandant la première batterie choisit les deux plus jeunes chefs de pièces, A. Brun et E. Linxe. Tractés dans la nuit, les pièces furent mises en position dans un champ d'asperges. Écoutons-les : — La surprise fut au matin que nous nous trouvions en première ligne ! Nous dûmes notre salut à une fosse à purin (heureusement vide) où nous avions entreposé nos obus et dans laquelle nous nous étions réfugiés en attendant l'ordre de tir à la pointe du jour.

« Les deux pièces furent dégagées grâce à l'arrivée des éléments du régiment A.E.F.-Somalie du colonel Appert. Quant à l'artillerie du colonel Jacobson, elle vint prendre position à la droite des deux pièces du 196e[155]. »

L'infanterie poursuit de son mieux la progression. À l'ouest du front, le régiment mixte marocain étranger passe à l'action de long de l'océan, appuyé par les attaques en piqué de l'aviation française pilonnant les blockhaus. Après s'être frayé des passages à travers les champs de mines, le bataillon du commandant de Laborde-Nogues s'empare de Montalivet à 9 h 15. En deuxième échelon, le capitaine Brun, commandant le bataillon mixte étranger, est le témoin d'une action héroïque :

« Je vois arriver dans les dunes un attelage hétéroclite composé de deux chevaux qui essayent de tirer vers la plage un canon de 75. L'adjudant Bouat, aidé de quatre à cinq soldats — sans doute artilleurs, eux aussi — poussaient aux roues. Le capitaine Xavier Angliviel de La Beaumelle dirigeait le tout vers la plage pour pouvoir mettre ce canon dans notre progression. Le mouvement de la pièce fut pénible, mais le capitaine réussit à la mettre en place à 800 mètres environ de son objectif. Ce canon n'avait plus d'appareil de visée, aussi le capitaine visa-t-il par l'âme du canon. Il fallait faire vite, car le canon pouvait être vu par l'ennemi. Le capitaine commanda : premier coup, un peu à gauche du blockhaus… deuxième, un peu à droite… mais le troisième en plein dans le blockhaus qui fut atteint et ne tira plus. Il fallut déguerpir en quatrième vitesse, car les mortiers ennemis commençaient à tirer et ajustaient leurs tirs. Mais quand ceux-ci arrivèrent à l'emplacement de la pièce, tout le monde était parti se mettre à l'abri[156]. »

Après cet exploit, le bataillon mixte étranger du capitaine Brun passe en tête du dispositif et fonce vers le nord. Sa progression au milieu des mines s'avère particulièrement délicate. Le bataillon basque-espagnol du commandant Rascle, qui a brillamment enlevé la cote 40, avance entre les dunes et la route de Vendays-Soulac.

Le 38e RI du commandant Gauthier franchit le marais au niveau du pont de La Traverse et découvre un terrain bouleversé par les bombardements : tout indique une fuite rapide des Allemands, de nombreux cadavres jonchent le sol. Au cours du déminage, quatre soldats du génie sont tués par l'explosion d'une mine. Le 3e bataillon, en tête, s'étire sur plus de 2 km de chaque côté de la route Vendays-Soulac. Les patrouilles de sécurité fouillent les bois et les fermes. Quelques soldats allemands se rendent sans résistance. Le bataillon arrive à l'Hôpital et fait la jonction avec le régiment A-EF et Somalie venant de Vensac. À 14 heures, c'est l'arrivée à Grayan d'où les Allemands sont partis la veille. Les premiers civils semblent très effrayés par les bombardements aériens. Le 1er bataillon du 38e RI arrive par les chemins ruraux du sud de Grayan. À partir de 22 heures, l'artillerie allemande réagit rageusement sur le secteur. Les morts et les blessés s'accumulent dans les rangs du 38e RI.

Le 8e RI, placé en deuxième échelon derrière le 38e RI, est chargé de réduire les poches de résistance et d'assurer la sécurité de la progression. Il parvient à l'Hôpital-le-Mayne le soir et installe son PC dans la cour d'une ferme.

Le régiment A-EF et Somalie avance vers le nord entre la route de Soulac et la voie de chemin de fer. Le village de Talais est pris à 22 h 30. Le génie active de son côté la construction d'un pont de 35 tonnes sur le Guâ, afin de permettre le passage des chars Destroyer M10 et Somua S35 devant appuyer l'infanterie. Parallèlement, des équipes s'occupent de la reconstruction des ponts de La Traverse et de La Brède, malgré les tirs de l'artillerie allemande. Le 18e régiment de chasseurs à cheval progresse en direction de Grayan.

À l'est du front, le 34e RI se porte en direction de Saint-Vivien afin de s'emparer du château sans nom. À 11 h 45, la ferme Le Floch est occupée. Le régiment s'avance toujours vers Saint-Vivien et le pont de La Coulisse, sous de violents tirs d'artillerie ennemie. Le franchissement du pont s'effectue après le repli du poste allemand. Vers 14 heures, Saint-Vivien est dépassé, puis l'abattoir est occupé à 16 heures. L'aviation bombarde Port-Saint-Vivien et la pointe aux Oiseaux. À 16 h 30, l'assaut est lancé. Les mitrailleuses françaises neutralisent les défenses. Le débordement s'effectue du sud et du sud-ouest. Le nettoyage de Port-Saint-Vivien est terminé à 18 heures. Un canon et de nombreuses armes sont capturés. Une passerelle de fortune, établie sur le canal, permet aux Français d'attaquer la pointe aux Oiseaux. Les soldats doivent progresser sur la digue du chenal en remontant sur les défenses allemandes. Passant rapidement à travers les champs de mines, ils surprennent l'ennemi par leur audace et poussent de grands cris. L'opération est couronnée de succès : les Allemands qui ont tenu deux bataillons en échec durant deux jours sont démoralisés. Certains résistent, mais cette action d'une grande audace oblige le commandant ennemi à se rendre. Une centaine de prisonniers sont capturés.

La ligne atteinte en fin de journée comprend Capsey, la lisière nord de Talais, Port-Saint-Vivien et la pointe aux Oiseaux.

Des renforts venant du front de Royan sont mis à la disposition de la brigade du Médoc : le 131e régiment d'infanterie, deux groupes d'artillerie du 32e régiment d'artillerie coloniale (un de 75 et un de 155 court), un escadron de chars Destroyer M10 du 1er spahis et un escadron de chars Somua S35 du 13e dragons. Le Somua S35 est un char de fabrication française d'excellente qualité : poids 20 tonnes, vitesse 40 km/h, blindage frontal de 55 mm, armement composé d'un canon de 47 mm et d'une mitrailleuse de 7,5 mm, autonomie atteignant 255 km. Le capitaine Gribius, chef d'un escadron Somua S35, témoigne de la valeur de ce char :

« L'itinéraire suivi par les chars est un magnifique témoignage de la qualité et de la rusticité du char Somua, à tels points que les utilisateurs de ce matériel eux-mêmes, qui pourtant connaissaient sa valeur pour l'avoir conduit sur les champs de bataille de France, au Sénégal, puis en Tunisie, ne pouvaient que s'étonner du faible déchet du matériel… Le char Somua peut donc encore se classer parmi les meilleurs chars modernes au point de vue mécanique. Il a la vitesse, l'autonomie, la résistance, la rusticité des meilleurs chars américains actuels. Mais son infériorité réside dans son armement insuffisant, dans ses moyens de transmissions inexistants, dans son blindage excellent mais également insuffisant, dans l'aménagement intérieur de la chambre de combat qui ne correspond plus aux nécessités de la guerre moderne[157]. »

Le 17 avril 1945, la brigade du Médoc entame son quatrième jour d'offensive. L'aviation poursuit ses missions de bombardement. Les SBD Dauntless visent le fossé antichar à l'intersection de la route

Talais-Soulac. Ils sont escortés par des chasseurs Dewoitine D520 du groupe 1/18. On ne note aucune réaction de la DC, ni des avions ennemis basés sur le terrain de Laleu, dans la poche de La Rochelle. Par contre, l'artillerie allemande se manifeste toujours avec la même efficacité. Le bataillon mixte étranger du capitaine Brun continue sa progression sur la plage Atlantique et la route cimentée parallèle. Il enlève d'assaut plusieurs blockhaus et fait 70 prisonniers allemands. Passant la pointe de la Négade, il doit repousser une violente contre-attaque soutenue par des canons et des mortiers. Le bataillon arrive à Amélie-les-Bains à 20 h 30.

De son côte, le 38e RI avance sur l'axe Grayan-Soulac. Son 3e bataillon atteint le terrain d'aviation allemand situé au nord de Grayan et s'en rend maître en fin de matinée. Plus de 150 soldats allemands sont capturés. Le 1er bataillon, qui a subi toute la nuit le pilonnage des canons ennemis, quitte Grayan et prend position à la lisière nord du camp d'aviation avec le 3e bataillon. Le 2e bataillon se dirige vers l'hôpital de Grayan, puis à partir de 11 h 30 sur la route Grayan-Soulac. Vers 12 heures, le 3e bataillon traverse le camp d'aviation et progresse jusqu'aux abords du fossé antichar. La résistance allemande est de plus en plus opiniâtre. Les fantassins de la section du sous-lieutenant Millepied franchissent le fossé antichar et neutralisent un blockhaus à la grenade. Bien que pris à partie par trois autres blockhaus, ils parviennent jusqu'à l'entrée de Soulac. Malheureusement, trois hommes ont été tués, cinq blessés, et l'on attend l'intervention de l'aviation. Il faut faire revenir en arrière les héros du jour. Tout le bataillon rentre se reposer à Grayan.

Le régiment A-EF-Somalie se rapproche également du fossé antichar sur l'axe Nillan-Soulac. Le 18e régiment de chasseurs à cheval fait mouvement vers Grayan avec l'appui des chars arrivés en renfort. Il traverse le pont du Guâ et dépasse le chenal. De son côté, le 34e RI reprend sa marche vers le chenal de Talais et le long de la Gironde. On assiste à 4 h 30 à un barrage d'artillerie allemande sur Talais.

Le 17 au soir, la ligne de progression est jalonnée par l'Amélie, La Greyère, le port et le canal de Talais.

Le colonel de Milleret présente à ses officiers l'ordre n° 12 pour la journée du 18 avril 1945 : « Conquérir le fossé antichar en faisant effort par l'extrémité ouest et exploiter rapidement le succès en direction du

Verdon, afin d'éviter au maximum les destructions de la dernière heure et, en particulier, la création d'une brèche risquant d'isoler la presqu'île du Verdon[158]. »

Le matin même, l'aviation renouvelle ses attaques, notamment contre une batterie de 88 qui se montre particulièrement agressive au nord de la Gironde. Les Dewoitine D520, les P47, les SBD et les Thunderbolt bombardent et mitraillent les positions qui sont bientôt réduites au silence. Ces appareils ont accompli depuis le début de l'offensive 196 missions en piqué et en « strafing ». L'artillerie du colonel Jacobson appuie efficacement l'assaut des coloniaux du régiment A-EF et Somalie vers le fossé antichar. Plus à l'ouest, le commando Atlantique du capitaine Olivaud-Adam progresse sur la route de Soulac. En liaison avec le 2e bataillon marocain, le commando enlève un important blockhaus et fait 60 prisonniers. L'officier allemand qui les commandait s'est donné la mort.

Cinq chars Somua S35 du 13e dragons viennent soutenir les commandos. Le char de tête engage un duel au canon avec un blockhaus qu'il neutralise facilement, 50 soldats allemands en sortent les mains en l'air. Lors du passage d'une partie effondrée du fossé antichar, un Somua saute sur une mine ; il est immobilisé, mais l'équipage est indemne. Le commando Atlantique parvient finalement aux portes de Soulac, après avoir capturé 17 autres soldats ennemis.

Un groupement de choc du 38e RI, sous les ordres du commandant Baron, progresse derrière des chars sur l'axe de la route Grayan-Soulac. En début d'après-midi, le groupement se heurte à une résistance acharnée. Les hommes ne peuvent avancer que de trou en trou. Les chars menacés par des pièces antichars habilement camouflées ont dû se mettre à l'abri. Le groupement de choc, malgré de lourdes pertes, devance les éléments du génie et, sans attendre le passage des chars, ouvre des brèches dans les champs de mines.

En raison de nombreux nids de résistance ennemis, les combats font rage dans plusieurs quartiers de Soulac, où les blindés ont enfin rejoint les FFI et le régiment A-EF et Somalie. Depuis le 14 avril, le 38e RI compte 26 tués, 3 disparus et 126 blessés.

De son côté, le 1er bataillon du 8e RI avance sur la route Grayan-Soulac. Un combattant raconte : « Le bataillon progresse dans un paysage lunaire, 500 mètres avant le fossé antichar. On ne reconnaît ni la route, ni les champs, tellement l'aviation et la marine ont labouré le secteur. Ce sont d'énormes entonnoirs ici et là, trois cratères à demi remplis d'eau devenue rouge de sang versé marquent l'emplacement de blockhaus allemands détruits ce matin. Il faut faire attention aux mines qui ont été projetées au milieu de la route par l'éclatement des obus, de même aux tireurs isolés qui sont juchés dans les arbres avec leur fusil à lunette, laissant passer d'abord et visant dans le dos ensuite, spécialement les officiers.

« On passe la consigne : — Il y a des perroquets dans les arbres... transmettez aux copains...

« Des Allemands se rendent, mais la plupart se battent avec l'énergie du désespoir. La progression est lente, souvent stoppée pour permettre à l'aviation en piqué d'opérer des tirs au but. Le service de santé ramène les blessés vers l'arrière[159]. »

Le groupement de choc continue à avancer malgré la résistance allemande. L'extrait du journal de marche de la compagnie de choc Bretagne résume bien la situation :

« La route est dans le tir de l'artillerie allemande. Le lieutenant Riou décide de progresser à travers champ, parallèlement à la route, et à droite. À Vieux-Soulac, rencontre d'un groupe du régiment A.E.F.-Somalie qui vient de la droite. Nous sommes tous arrêtés par des casemates (Y24) qui balaient la route. À ce moment, arrivent des chars. Le chef de peloton me dit qu'il a ordre de se mettre à ma disposition pour continuer la progression sur le Verdon. Nous faisons tirer les chars sur les casemates Y24. À ce moment, la liaison est assurée, avec la gauche par un peloton de chars et trois hommes du corps franc de l'Air qui se joignent à nous. La progression sur le Verdon reprend rapidement jusqu'aux Huttes. Aux Huttes, nous sommes attaqués par des groupes ennemis, embusqués dans les taillis à l'ouest de la route.

« Le soldat Quiec est blessé à la tête, le soldat Houideff à l'épaule. Nous repartons avec les chars et avançons toujours. Nous sommes arrêtés par la coupure de la route que les chars ne peuvent franchir. Des Allemands se rendent. D'autres se faufilent derrière les baraques en bois, lancent des grenades. Une incendiaire brûle au pied du second char que nous faisons avancer pour éviter l'incendie. Le sous-lieutenant David avec un char et un groupe, le lieutenant Riou avec un autre char, avancent entre les baraques pour les fouilles.

« Les Allemands se sont repliés. Le commandant Gauthier rejoint la compagnie à bord d'un véhicule que le lieutenant Riou a mis à sa disposition. Le lieutenant Riou va lui rendre compte. À ce moment, le sous-lieutenant David, qui est resté fouiller les baraquements, est blessé par une balle tirée de loin. Il est évacué à bord du véhicule.

« L'ordre nous est donné d'arrêter la progression. Nous reculons d'une centaine de mètres pour éviter l'explosion d'une barque pleine de munitions qui brûle. La nuit arrive, les chars repartent vers l'arrière avec le soldat Duchesne, blessé par un éclat, et un blessé allemand.

« Nous sommes relevés par des éléments venant de l'arrière[160]. »

Il s'agit du 1er bataillon (Penthésilée) et du 2e bataillon (Tarn-et-Garonne) du 38e RI qui prennent position au nord du cimetière, sur la transversale Combe-de-Poléron.

Dans le secteur du régiment AEF-Somalie, le bataillon de marche du commandant de Bentzmann reçoit pour mission d'atteindre le fossé antichar et le réduit bétonné. Le premier objectif est atteint, après une terrible progression à travers les marais de Lillian truffés de mines et sous un violent bombardement de 155 ennemis. Le dispositif adverse doit être enlevé à l'arme blanche. La 1re compagnie pousse en direction de la dune des Huttes, soutenue par le tir efficace des mortiers de 81 mm du capitaine Dols. Tous les objectifs sont finalement atteints vers 18 h 30.

Les soldats du 18e régiment de chasseurs à cheval subissent une violente réaction de l'artillerie allemande. Ils attaquent cependant avec une étonnante bravoure les positions ennemies et s'emparent en fin de journée du passage à niveau de Soulac.

De son côté, le 34e RI du lieutenant-colonel Dussarat avance en direction de Neyran, sous un très violent tir de barrage. Les sections d'assaut subissent de lourdes pertes. La 6e compagnie compte en quelques minutes 5 morts et 11 blessés. Le carrefour de Néran occupé, la 6e compagnie progresse à proximité d'un blockhaus. Des pourparlers s'engagent pour obtenir la reddition des Allemands qui refusent d'abord, puis se rendent dans le courant de la nuit. Dans Soulac, Henri Amouroux est blessé alors qu'il suivait la progression de la 2e compagnie du 8e RI.

Vers 20 heures, la 3e compagnie du 38e RI reçoit l'ordre de s'installer en ligne défensive au sud du village des Huttes. Elle est rapidement stoppée par le formidable armement de 22 blockhaus comprenant 4 canons de 164 mm, 3 canons de 75 mm, 1 canon de 37 mm, 2 canons de 20 mm et plusieurs mitrailleuses ! Les 1er et 2e bataillons du 38e RI, comme le 3e bataillon du 131e RI qui arrive en renfort, subissent des pertes considérables devant ces ouvrages. Il en est de même du régiment mixte marocain étranger en bordure de mer. En raison des tirs de barrage provenant des canons de 88 et des mitrailleuses à quatre tubes qui barrent la route, deux sections de la 3e compagnie du 38e RI (Pons et Chabeaudie) vont s'abriter à l'ouest de la route, dans des trous individuels, les casques faisant office de pelles. Deux sections d'assaut (Bourges et Berthet) s'enfoncent dans les bois sous les tirs allemands qui vont durer toute la nuit. La troupe est équipée de 8 fusils-mitrailleurs. Les voltigeurs sont lourdement chargés : fusil (souvent immense Lebel), 4 chargeurs pour alimenter le fusil-mitrailleur, les poches pleines de cartouches (manque de cartouchières), un minimum de deux grenades quadrillées dans les poches intérieures de la veste, les musettes de ravitaillement et de pansements et un bidon de 2 litres. Le soldat Paul Memain, un des voltigeurs de la section Bourges du 38e RI, témoigne :

« Le bruit est infernal. Les cimes des pins craquent en permanence, le sol se jonche de branches. Beaucoup d'obus de mortiers tombent à quelques dizaines de mètres, vers le sud, ce qui nous laisse supposer que les tireurs allemands ne nous ont pas repéré.

« Cependant devant cette multitude de petits cratères qui se creusent dans le sable à notre droite, chacun s'attend à être touché d'un instant à l'autre ou à voir tomber un camarade mais à mon grand étonnement personne ne sera atteint.

« On arrive enfin en bordure de la voie ferrée et on espère bien pouvoir s'installer confortablement avec nos fusils-mitrailleurs pour passer la nuit.

« Hélas, nous sommes attendus par des tireurs allemands que nous apercevons distinctement pendant quelques instants malgré la nuit tombante. Une mitrailleuse à notre droite se met à balayer notre secteur, nous obligeant à nous coller au sol avec tout notre chargement.

« Cette pièce semble occuper un emplacement imprenable, plus au nord en haut d'une dune coupée par la tranchée de la voie ferrée. Pour la réduire au silence on aurait souhaité retrouvé le blindé qui nous a accompagné une partie de la journée depuis Lilian, mais malheureusement vers 19 heures nous avons vu les chars quitter le secteur et nous avons l'impression d'être de nouveau les oubliés du front du Médoc.

« Heureusement la nuit est maintenant tombée et c'est avec une certaine satisfaction que j'apprends par notre camarade Juyon — qui assure avec beaucoup de risque la liaison avec le commandant de compagnie (Lieutenant Leger) — que notre section doit rejoindre le côté est de la route.

« Entre deux salves de fusées éclairantes lancées par les Allemands nous prenons position dans une friche située entre la route et le marais.

« Le terrain est graveleux et le creusement des trous individuels avec les casques prend beaucoup de temps. Avec la pluie d'obus qui tombent dans le secteur c'est de nouveau un miracle qu'aucun de nous ne soit touché. Malheureusement cette chance nous quittera à l'aube du 19 avril[161]. »

Le capitaine de Gaudusson, commandant le 1er bataillon du 8e RI, apporte les précisions suivantes :

« En fin de journée, le bataillon s'installe aux lisières nord et nord-est de la ville, alors que de violents tirs d'artillerie allemands s'abattent très en avant de nous ainsi qu'à proximité de notre secteur. Ces tirs dureront toute la nuit sous forme de harcèlement. Tant et si bien que le P.C. du bataillon, installé dans une villa, a dû quitter précipitamment les lieux pour aller se réinstaller dans le lazaret tout proche. Quel spectacle à l'intérieur : des blessés français et allemands entassés ici, là, partout dans une chaleur suffocante. Impossible de respirer. Nous repartons au plus vite hors de cet ouvrage bétonné pour respirer à l'air libre : de toute façon, c'est plus sain.

« Dehors comme dedans, nous ne savons toujours rien de la situation, mais il est facile de comprendre qu'au delà de Soulac, en direction de la Pointe-de-Grave, il y a des troupes qui se font décimer[162]. »

La position atteinte au soir du 18 avril est jalonnée d'ouest en est par les lisières nord de Soulac, le Vieux-Soulac, la route du Vieux-Soulac aux Huttes. Les Allemands ne tiennent plus qu'un triangle de terre extrêmement réduit avec le Verdon et la Pointe-de-Grave. Pourtant, la résistance devient de plus en plus opiniâtre. Toujours agressifs et vigilants, les soldats allemands soutiennent de fréquents combats à la grenade. Ils utilisent également avec audace de petits canons antichars, ne craignant pas de les mettre à découvert pour tirer quelques projectiles avant de les reculer à l'abri dans les habitations ou les casemates. Les Français, qui font preuve d'une magnifique combativité, se heurtent souvent aux terribles obstacles que sont les mines.

Achever la conquête de la presqu'île du Verdon est le mot d'ordre du colonel de Milleret. Dans la nuit du 18 au 19 avril, le 3e bataillon du 131e RI se met en route depuis le terrain d'aviation de Grayan pour rejoindre sa position de départ au sud des Huttes. Il rencontre bientôt la 3e compagnie du 38e RI, dont les soldats sont toujours abrités dans des trous individuels en attendant l'ordre d'avancer. L'artillerie ennemie redouble d'intensité et concentre ses tirs sur le secteur. La 3e compagnie déplore en peu de temps deux morts et une dizaine de blessés.

Le jeune soldat Delaube a une jambe déchiquetée. Un chirurgien allemand qui vient d'être fait prisonnier va l'amputer dans le blockhaus-hôpital tombé la veille.

Au petit jour, les compagnies de tête du 3e bataillon du 131e RI (commandant Reynaud) se déploient dans les marais et les dunes qui bordent la route de Soulac au Verdon. Elles sont clouées sur place près du village des Huttes par une dizaine de blockhaus dont l'armement comprend 1 canon de 50 mm, 5 canons mitrailleurs de 20 mm et 15 mitrailleuses ! Les pertes françaises du 131e RI sont lourdes : 16 tués et une centaine de blessés. La 3e compagnie est réduite à une quinzaine d'hommes ! En fin de journée, l'appui des chars et l'effort conjugué du 131e et du RMME permettent aux fantassins de s'emparer de certains ouvrages des Huttes.

Le 1er bataillon du 8e RI, qui a passé une nuit d'enfer dans Soulac, poursuit le nettoyage du secteur et fait de nombreux prisonniers.

Le 34e RI doit s'élancer à l'attaque du Verdon. Un combattant raconte :

« Dans la nuit de mercredi à jeudi, la 6e compagnie s'installe à l'ouest de la maison « La Gare » et de « La Longue » le long d'un ruisseau qui constitue un excellent abri contre les bombardements. La plupart des hommes grelottent dans les vêtements humides. L'adjudant-chef Carlot et la section de commandement restés au sud de port Talais viennent ravitailler la compagnie. Pendant plus de 10 km, ils portent sur l'épaule les lourdes caisses de vivre et de munitions n'hésitant pas à traverser un champ de mines. Au retour ils essuient un bombardement. Vers 5 h 30 du matin, quelques obus tombent non loin de la compagnie. À 8 h 30, l'ordre est donné d'avancer en direction des « Grandes Maisons » (500 mètres à l'ouest du Verdon). La 2e section commandée par l'adjudant Labat est en tête de la compagnie et progresse rapidement dans un terrain marécageux où les hommes doivent se mettre à l'eau jusqu'à la poitrine. Des chars tirent au 75 et l'aviation facilite la marche de la compagnie.

« À 11 heures, la 2e section arrive aux « Grandes Maisons » et à 11 h 30 elle entre dans le Verdon où elle fait de nombreux prisonniers et libère les soldats français pris par l'ennemi et gardés dans un camp. Les 1re et 3e sections arrivent à leur tour et nettoient toute la partie nord de la ville. Des postes sont installés sur les routes menant à la Pointe-de-Grave et à la gare du Verdon. À 12 h 30, une formation allemande (80 hommes) occupant le blockhaus situé à 30 mètres au nord-ouest de la gare du Verdon, se rend au lieutenant Frisou, qui reconnaît l'ouvrage et y laisse un groupe de combat. À 13 heures, ce groupe se replie quelques minutes avant un bombardement aérien fait par notre aviation. Dans l'après-midi, de nombreux Allemands viennent se rendre aux soldats de la compagnie. À 13 heures, toute la compagnie réoccupe le blockhaus et s'installe définitivement en avant afin de protéger la progression de la 10e compagnie sur la route menant à la Pointe-de-Grave. À 19 heures, la 6e compagnie accompagne la 10e compagnie. Toutes les deux se dirigent vers l'ouest, atteignant la voie ferrée longeant la côte de l'Atlantique, suivant la voie en direction du nord-ouest et arrivent à 600 m environ de la Pointe-de-Grave, mais ne peuvent attaquer de nuit les nombreux nids de résistance ennemie[163]. »

Au soir du 19 avril, la conquête de la Pointe-de-Grave n'est pas achevée ; résistent encore 26 blockhaus (S331), où s'est réfugié le colonel Prahl, et 10 autres blockhaus (S305), où le capitaine de corvette Birnbacher et ses fusiliers marins opposent une farouche résistance.

Le 20 avril va donc être le dernier jour des combats. Les opérations sont menées en trois actions distinctes : une à l'ouest, la seconde à l'est et la troisième au centre du front.

À l'ouest, le 1er bataillon du 8e RI a reçu la mission de s'emparer le plus rapidement possible de la Pointe-de-Grave et du fort du Verdon en s'infiltrant, en fin de nuit, à travers le dispositif ennemi de la zone côtière. À 4 heures, le bataillon fait mouvement sur la route Soulac-Le Verdon. En traversant le hameau des Huttes, il rencontre des éléments du bataillon Somalie en position dans le secteur. À 1 km plus au nord, à l'entrée du hameau « Le Royannais », le bataillon quitte la route de Verdon-Ville et se dirige vers la voie ferrée longeant la côte. La progression s'effectue le long de la voie et du sentier qui la borde, car il y a partout des barbelés et des champs de mines. La compagnie d'accompagnement du capitaine Lafon est prise à partie par des tirs d'armes automatiques, balayant le seul itinéraire possible. Privé de sa compagnie d'accompagnement, le 1er bataillon continue sa progression. La compagnie de tête sort des bois, débouche dans une zone découverte qui borde la côte et aperçoit un imposant blockhaus dont les portes blindées sont fermées. Cette compagnie se place dans les dunes autour de l'ouvrage pour protéger la patrouille qui part en reconnaissance.

Le capitaine de Gaudusson, commandant du 1er bataillon, nous raconte la suite :

« Il faut bien le dire, nous sommes en pleine inconscience ; voilà un bataillon coupé de son régiment et de sa brigade par la présence à l'arrière de la résistance d'Y 156, se trouvant maintenant au contact de la ligne des blockhaus du front de l'Atlantique, sans moyens de feux adaptés, privé de toute possibilité de manœuvres en raison de la présence des champs de mines et des réseaux de barbelés et par surcroît sans aucune liaison possible avec les échelons supérieurs… Il fallait vraiment avoir une grande confiance en son étoile F.F.I. pour oser jouer une pareille carte, celle de la non-résistance ennemie…

« Ainsi, la compagnie d'accompagnement est bloquée au pied d'Y 156 ; la 1re compagnie s'occupe d'Y 17 ; quant au reste du bataillon, il continue sa marche en avant dans l'ordre 2e compagnie, P.C., 3e compagnie.

« Nous défilons à nouveau derrière une série de petits blockhaus orientés vers la mer et longeons toujours des réseaux de barbelés et des champs de mines ; pas âme qui vive, pas un coup de feu ; ce silence est angoissant.

« En tête le lieutenant Montagné, avec la 2e compagnie approche de la Pointe-de-Grave, son objectif final ; avant d'arriver au phare, il envoie une section reconnaître les abords du Verdon. Soudain le détachement tombe sous les feux d'un ouvrage situé près du fort. La 3e compagnie qui progresse dans cette direction vient prêter main forte à la 2e compagnie ce qui permet de cerner la résistance et de dégager les blessés (il y aura un mort et deux blessés).

« Pendant ce temps, le fort est occupé par d'autres éléments de la 2e compagnie dont le commandant d'unité. La garnison de l'ouvrage invitée à se rendre, refuse cette offre. Une infirmière du poste de secours allemand installé dans le fort, est alors envoyée sur les lieux. Après de longs palabres destinés à obtenir l'assurance que les « terroristes » leur laisseront la vie sauve, l'état-major du colonel Prahl et le personnel du quartier général du secteur fortifié (aux dires de cette infirmière) consentent à sortir du blockhaus, au total 80 personnes environ. Le lieutenant Courtiols avec sa section de la 2e compagnie désarme et regroupe les prisonniers avant de les diriger sur le fort du Verdon où est en train de s'installer le P.C. du bataillon. Les autres détachements d'unités, après remise en ordre, terminent leur progression vers la Pointe-de-Grave et le fort.

« C'est au cours de ces différentes manœuvres que l'on me signale des individus suspects qui, venant du sud se déplacent par bonds vers le fort. Nous constatons très vite que ce sont des troupes amies, appartenant à un commando de la brigade. Notre surprise est aussi grande que la leur lorsque nous comprenons que le fort du Verdon était notre objectif commun. Ainsi, pour éviter toute méprise, toujours possible dans le feu de l'action, le 1er bataillon interdira provisoirement à toute formation étrangère au 8e R.I. l'accès au triangle matérialisé par Y 17, le fort du Verdon et la Pointe-de-Grave ; ce qui fut réalisé sans aucune difficulté.

« C'est également au cours de cette phase que le colonel de Milleret, qui se déplaçait avec des troupes venant de Verdon-Ville et dont les commandos constituaient vraisemblablement un échelon de tête, aperçut dans un bosquet un attroupement « franco-allemand » pour le moins inattendu ; il se dirigea vers lui et apprit ainsi la récente capture de l'état-major du secteur que le lieutenant Courtiols s'apprêtait à conduire au P.C. du 1er bataillon. Le colonel de Milleret demanda au chef de section de lui remettre directement les officiers prisonniers, ce qui fut fait aussitôt, il devait être aux environs de 10 heures.

« D'après certains renseignements, le colonel Prahl commandant le secteur n'était pas dans les rangs. Blessé à la jambe, il serait resté à l'intérieur du blockhaus (3331-45) et aurait été récupéré peu après la reddition de cet ouvrage par des éléments étrangers au 8e R.I. et remis directement au colonel de Milleret…

« Notons enfin que la 1re compagnie, au prise avec Y 17 depuis le petit matin, occupera l'ouvrage vers 11 heures après la reddition de la centaine d'hommes qui se trouvaient à l'intérieur de cet imposant blockhaus. Dans l'après-midi, un des détachements de prisonniers qui faisait mouvement vers le sud, tomba sous le feu d'un des ouvrages Y 156 et subit des pertes allemandes et françaises, dont le soldat Mora de la 1re compagnie.

« Quant à la compagnie d'accompagnement, bloquée depuis le lever du jour au pied d'Y 156, elle rejoindra mon P.C., au fort du Verdon, en fin de journée, après avoir participé à la chute de la position[164]. »

À l'est du front, la deuxième action débute à 8h30. Le fossé antichar des Huttes étant rendu franchissable, l'escadron de chars se porte au Verdon et soutient le bataillon du 34e RI qui est arrêté devant Y 160. Les éléments du 34e RI qui ont pris la veille Le Verdon font jonction avec un bataillon du 131e RI sur la route Soulac-Le Verdon et avancent ensemble vers le fort du Verdon.

Le capitaine Jean L'Huillier, du bataillon Claverie, nous raconte la capture du colonel Prahl, commandant de la poche du Médoc :

« Le 20 avril matin, le médecin-lieutenant Maurice Plantier qui, le 3 septembre 1944, en allant relever des blessés dans un champ de mines avait perdu une jambe remplacée par un pilon, avait lui aussi rejoint le commandant Claverie pour prendre part à l'assaut final.

« Le colonel Baril m'ayant donné carte blanche, je décidais avec Plantier de rejoindre les troupes d'assaut.

« Nous passâmes les marais, le fossé antichars, puis nous guidant sur les bombardements et les tirs nous rencontrâmes en fin de matinée un peloton de chars Somua du 13e Dragons. Après avoir sympathisé avec le lieutenant nous progressâmes en suivant son engin.

« Arrivés à un carrefour, il y eut l'arrêt normal d'observation. Le chef de peloton me tendit ses jumelles pour confirmer ce qu'il voyait lui-même à 200 m…

« Un groupe d'une trentaine d'officiers allemands se rassemblaient sur trois rangs…

« Peut-être est-ce la reddition ?

« Couvert par le char, suivi de Plantier, je m'approchais et m'adressais à celui qui paraissait le plus élevé en grade :

« — Qui est le commandant en chef… où est-il ?

« En indiquant l'entrée du blockhaus, l'interpellé répondit : — Il est resté en bas, avec le chef d'état-major, tous deux sont blessés.

« J'ai répondu que j'étais accompagné d'un médecin et que nous allions donc nous rendre compte sur place.

« Descendant l'escalier qui menait au blockhaus enterré, Plantier me suivait avec son pilon qui martelait les marches, je me trouvais bientôt dans la pièce centrale, vaguement éclairée par un lumignon à acétylène.

« Au centre la table des cartes, à un angle, se faisant face, deux hommes, un grand et un petit, tous deux assis une jambe pendante. Je saluais et me présentais…

« Réponse : colonel Prahl… lieutenant-colonel (j'ai oublié).

« — Pourquoi n'êtes-vous pas sortis avec votre état-major ?

« — Nous sommes blessés.

« — Le docteur va vous examiner.

« Probablement stupéfaits par la rapidité d'intervention du service médical des « terroristes », ils se laissèrent faire.

« Profitant de cet examen par Plantier, je visitais le « fort » qui comportait plusieurs salles vaguement éclairées à l'acétylène (l'électricité avait été détruite par les bombes) ; de nombreux blessés y gisaient, les uns râlant, certains paraissant lucides.

« Après cette inspection, Plantier me déclarait : — Ces deux officiers peuvent marcher.

« Il m'a indiqué que le colonel Prahl lui avait demandé si j'étais vraiment officier. Plantier lui avait répondu que j'étais officier en 39-40. Il lui a alors indiqué que dans ces conditions il acceptait de se rendre.

« À la sortie du blockhaus, je me trouvais nez à nez avec Dussarat suivi de Lamarque-Cando et de membres du Comité de libération.

« Je leur présentais les deux officiers… Dussarat leur adressa quelques paroles vives qui les laissèrent indifférents.

« Je les emmenais alors vers le P.C. du colonel de Milleret que je rencontrais venant vers nous à bord d'une chenillette et les lui confiais[165]. »

Au centre du front, le 131e RI et un bataillon du 8e RI sont stoppés par le puissant ouvrage de Verrier-Saint-Nicolas, commandé par le capitaine de corvette Birnbacher, commandant le solide bataillon Narvick, et dont les occupants refusent toujours de se rendre. Le dernier carré d'irréductibles tient toujours malgré les bombardements de l'aviation et les pilonnages de l'artillerie. Le colonel de Milleret veut foncer pour en finir avant la nuit. Mais cela risque de coûter cher. Alors, le lieutenant de vaisseau Nicolle, adjoint du commandant Laine, propose d'envoyer les bombardiers SBD Dauntless. À 18 heures, sur ordre du colonel de Milleret, la voiture radio annonce que les avions vont attaquer. En vue de l'objectif, un avion se détache et lance une traînée de fusées rouges : c'est le signal convenu pour permettre aux soldats français de se mettre à l'abri, soit une dizaine de minutes. C'est à ce moment précis que le colonel de Milleret fait renvoyer un parlementaire allemand qui formulait des exigences inacceptables pour la reddition.

En vue de l'objectif, la première vague d'avions pique en trombe et quasiment à la verticale. Les appareils tirent avec leurs mitrailleuses de 12,7 mm et larguent des bombes de 500 kg et d'autres plus petites à fragmentation antipersonnel. Les coups au but sont nombreux. Les 24 avions se succèdent en plusieurs vagues. L'action est décisive. La fumée des bombardements est à peine dissipée lorsque sort une silhouette grise de poussière. C'est le parlementaire arrogant qui sort du blockhaus et semble décidé à vouloir se rendre.

Un rapport établi par les officiers du 131e RI nous raconte la reddition du capitaine de corvette Birnbacher :

« Attaque de l'ouvrage 305 : le lendemain matin 20 avril, la progression reprenait. À l'ouest de la ligne de crête le Groupement Reverdy, à l'est le groupe du 131e RI, le 3e bataillon axé sur la route du Verdon, le 1er axé sur la voie ferrée de cette localité.

« Dans le secteur du Groupement Reverdy un bataillon se glissant le long du rivage atteignait la Pointe-de-Grave et le fort du Verdon, puis s'en emparait, mais les unités de droite de ce groupement et les 1er et 3 bataillons du 131e RI se heurtaient au puissant ouvrage 305.

« Les chars Destroyer M10 et les Somua se trouvant dans un angle mort n'arrivaient pas à battre les embrasures des blochkaus. Des prisonniers signalèrent que le capitaine de corvette Birnbacher défendait cet ouvrage et qu'il avait décidé de le faire sauter plutôt que de se rendre.

« Le lieutenant-colonel Reverdy ayant le gros de ses troupes face à 305 chercha à parlementer par l'intermédiaire d'un prisonnier, mais devant les atermoiements de l'ennemi, il décida de monter une attaque avec l'appui de l'aviation.

« Les troupes se retirèrent à une distance de 500 m de l'ouvrage et une escadrille française opéra un bombardement en piqué de 18 heures à 18h15. Dès la fin du bombardement, le 1er bataillon du 131e RI qui s'était glissé à l'est de 305 pour l'attaquer de flanc, parait à l'assaut. Les sections Verrier et Bridoux des 1re et 2e compagnies, ainsi qu'un groupe franc du 1er bataillon réussissaient à s'infiltrer, et après un combat au corps à corps dégageaient le passage du bataillon. À 19h10, la position était occupée et le 1er bataillon du 131e RI faisait 137 prisonniers. Le capitaine de corvette Birnbacher se rendait à un officier d'artillerie qui s'était glissé dans l'ouvrage, et était amené au lieutenant-colonel R. Durand[166]. »

De son côté, le 2e bataillon du régiment du Lot (8e RI) parvient à prendre d'assaut, au prix de lourdes pertes, la partie de l'ouvrage de la crête. La prise de ce dernier blockhaus est évoqué par le reporter de guerre Louis de Hautecloque :

« Le dernier blockhaus. Le dernier. L'ennemi, véritablement farouche et insensé, se cramponne encore à son dernier blockhaus, après la défaite.

« Le plus puissant de tous, à deux kilomètres de la mer, dissimulé dans la forêt, recouvert de six mètres de terre et de quatre mètres de béton.

« Nos chars (ils viennent d'arriver), nos canons, les avions que nous pourrions « demander » ne peuvent rien contre lui.

« Un problème tactique se pose. Un cas de conscience aussi. Pourquoi risquer des vies alors que la bataille est gagnée ?

« — Le blockhaus ? fis-je.

« De la main, en un geste indéterminé, il me désigne les profondeurs du bois.

« — À trois cents mètres, précise-t-il.

« Je suis au milieu des hommes qui l'encerclent.

« — Il est là, me dit-on, au bout de l'avenue, derrière la butte.

« Autour de moi, l'énervement est extrême. Yeux allumés, casques de travers, l'âme en révolte, ils parlent tous à la fois, en cris entremêlés. Celui-ci, à mes côtés, crie :

« — Pour un, on ne va pas le leur laisser !

« Puis un cri général s'élève :

« — Au blockhaus !

« Alors on entendit, par-dessus ce cri, la voix impérieuse du chef :

« — Un volontaire !

« Ils bondirent, tous.

« — Moi !

« — Moi !

« — Moi !

« Criaient-ils.

« — Pas tous ! un seul.

« L'un d'eux, qui avait une vraie jambe et une jambe de bois, se détacha.

« — Moi, trancha-t-il.

« Il montra « sa » jambe, disant :

« —… et puis je parle allemand.

« Aucun ne protesta.

« Mais, le regret au cœur, ils le virent s'éloigner. Silencieusement nous le suivîmes des yeux, parmi les pins.

« Reviendra-t-il ? Il revint.

« On se pressa autour de lui. Il rend compte.

« — Un officier, qui est sorti, m'a mis son pistolet là, sur le cœur, et m'a dit : — Pars ou je te tue[167]. »

Encerclée, attaquée de toutes parts, la garnison Narvik tient encore jusqu'à la fin de la journée et envoie jusque-là des messages radios à l'OKW de Wiesbader en Allemagne :

« 13 h 15 : colonel Prahl de la forteresse prisonnier. Birnbacher tient toujours.

« 13 h 45 : attaque infanterie repoussée, grosse attaque de bombardiers en piqué.

« 14 h 10 : rassemblement de blindés devant la position.

« 15 h 00 : blindés en marche.

« 17 h 20 : nouvelles propositions refusées. Sommes dernier point d'appui, continuons le combat.

« 18 h 20 : plus grosses attaques d'avions. Ennemi pénétré dans position. Nous combattons de blockhaus en blockhaus.

« 18 h 40 : l'ennemi approche de notre groupe de blokchaus. Cela ne vas pas durer longtemps. Nous allons faire sauter les appareils.

« 18 h 45 : Ennemi dans le blockhaus. Nous sautons. Vive l'Allemagne… Vive le Führer[168]… »

Cependant, à 20 h 30, le capitaine de corvette Birnbacher se rend avec ce qui reste de ses fusiliers marins.

Ainsi se terminent, le 20 avril 1945, le siège et la bataille du Médoc qui ont coûté de lourdes pertes à la brigade du colonel de Milleret : 400 morts ou disparus et 1 000 blessés. La garnison allemande compte 650 tués, 80 disparus, 3 320 prisonniers ou blessés dont 110 officiers.

En sept jours de combat, une brigade FFI a enlevé d'assaut une véritable forteresse qui comprenait 282 blockhaus, 110 canons et 800 000 mines. La rapidité avec laquelle les Français s'étaient emparés d'un objectif qui avait si longtemps défié les Alliés, la fougue dont ils avaient fait preuve, impressionnèrent grandement alliés et ennemis. Les termes du compte rendu du colonel de Milleret au général de Larminat sont plus qu'évidents : « L'infanterie en particulier… est maintenant à l'aise. Ardente, manœuvrière, déjà bien habituée aux canons et aux mortiers ennemis, elle constitue un instrument de bonne qualité entre les mains du commandement. Après les durs combats du début, elle s'est vite ressaisie. Les cadres se sont comportés admirablement. Les jeunes Français du rang, les Basques-Espagnols et les Marocains se sont conduits de façon parfaite, donnant l'exemple et payant ardemment de leur personne.

« La liaison la plus complète a toujours existé entre l'infanterie et l'artillerie. Un officier d'artillerie s'est toujours trouvé avec les troupes d'attaque et les interventions demandées furent rapides et efficaces[169]. »

Gérard Larrieu, photographe-combattant de la brigade du Médoc, n'a pas oublié cette journée historique du 20 avril 1945, qui mettait fin à cinq années de guerre en Aquitaine :

« Je laisse le soin à Maurice Plantier et à Jean L'Huillier de raconter l'épisode de la reddition du colonel Pralh, mon simple rôle ayant été d'être témoin et d'avoir fixé cet instant sur la pellicule.

« Immédiatement après cela, le colonel de Milleret, sur une chenillette, m'a amené vers le phare de la Pointe-de-Grave. Les trois premières marches, en bois, brûlaient et un capitaine du 34e R.I., de Soustons, je crois, nous a crié de faire attention car le phare risquait d'être miné, ce qui s'est heureusement avéré faux. Le « Patron » (colonel de Milleret) monta quatre à quatre en se plaignant de la blessure reçue au Pont-de-Bats qui l'empêchait d'aller plus vite. Je suivais avec « Toto Vermelinger » derrière moi. Arrivé là-haut, le colonel de Milleret me demanda le drapeau tricolore qu'il m'avait remis le matin même et qui lui avait été remis par M. Audeguil de Bordeaux. L'ayant accroché, il salua, alors que des ruines du port montait une « *Marseillaise* » interprétée par des musiciens assez improvisés du 34e R.I. Sur la plage, en face, des soldats de chez nous regroupaient de nombreux soldats allemands, couchés, les mains derrière la tête et qui semblaient avoir des appréhensions sur les décisions des « terroristes » à leur sujet… J'ai eu le temps, dans un éclair, de penser à ce que nos aînés avaient souffert à Dunkerque, de penser que notre petite victoire sur cette fin des terres était déjà un juste retour des choses… J'eus le temps de penser que le règne des barbares était fini, que le temps de la haine et de la peur était révolu. Je ressentais en même temps un sentiment de fierté, moi le petit paysan des Landes, anonyme et sans grade, d'être là, à côté du « Patron » en cet instant.

« Je me suis retourné vers lui et, chose incroyable pour ceux qui l'avaient côtoyé, habitués à ses légendaires colères, à ses terribles engueulades dont j'ai si souvent « bénéficié », j'ai vu des larmes sur son visage… Cela a été tellement inattendu pour moi que j'ai fait un mauvais cliché et que, tout bêtement, malgré moi sans doute, je lui ai dit :

« — Vous pleurez, mon colonel ?

« En bas, les musiciens jouaient toujours et des balles venant du côté de Saint-Nicolas sifflaient un peu partout…

« Toujours saluant, sans presque desserrer les lèvres, entre ses dents et sans me regarder, j'ai entendu :

« — Petit con, estime-toi heureux d'être là… ne crois-tu pas qu'en ce moment, je pense à tous ceux qui, depuis Portet, nous ont quittés, à tous nos morts, assassinés, déportés et que je pense à mon frère !

« Me retournant vers la plage, j'en ai écrasé une moi aussi et je me suis seulement rendu compte, après plus de deux ans, que sous ses dehors pouvant paraître durs et impitoyables, quelquefois injustes, le « Patron » avait toujours caché une grande sensibilité[170]. »

Le 22 avril 1945, le général de Gaulle se rend à Grayan pour féliciter les preux de la brigade du Médoc. Il déclare que « l'opération du Médoc est une réussite française ». Un important défilé de la victoire se déroule le 26 avril à Bordeaux, où la brigade est acclamée par une foule immense. Sur la place des Quinconces, le général de Larminat et le colonel de Milleret décorent de nombreux drapeaux, ainsi que des soldats et des officiers. À la fin de cette grande parade de la victoire, le général de Larminat lance un discours qui fera grand bruit :

« Je vous remercie de la réception qui a été faite à nos soldats qui viennent de libérer Royan et Grave et qui méritent cette réception.

« Je désire ici, devant les élites de la ville de Bordeaux, devant les représentants des puissances alliées, et aussi devant les soldats combattants eux-mêmes, je désire tirer quelques conclusions des événements qui viennent de se passer.

« Je parlerai librement, car je suis un Français libre, affranchi au sens exact du terme, un homme qui a rompu en 1940 avec tous les liens qui pouvaient le retenir de suivre sa conscience sur le plan national : liens de famille et de milieu, de classe, de caste, un homme qui entend rester libre de ces liens, je parlerai franchement, même durement. J'en ai le droit, étant de ceux qui ont dit « non » quand d'autres, dans cette ville même, disaient « oui » à l'ennemi.

« J'en ai aussi le devoir. Depuis quatre ans et demi, je commande à des hommes, des volontaires qui ont tout donné d'eux-mêmes pour leur pays sans rien réserver. Je suis moralement obligé de porter ici témoignage de ce qu'ils avaient dans le cœur en offrant leurs forces et même leur vie.

« Ces volontaires ont donné un magnifique exemple d'idéalisme et de désintéressement. Et ceci comporte une contrepartie, des obligations pour ceux qui n'ont pas fait les mêmes sacrifices. Il y avait en France, avant cette guerre, trop d'égoïsme, à Bordeaux peut-être plus qu'ailleurs parce que c'est une ville riche : égoïsme individuel, égoïsme de famille, de clan, de cité, de classe et c'est cela qui nous a perdus. Et c'est ce qui doit changer. C'est n'est pas au service de ces égoïsmes que combattent volontairement des Français depuis quatre ans et demi. Ce n'est pas pour enrichir les Bordelais que se font tuer en volontaires, à la Pointe-de-Grave et à Royan, de braves garçons de chez nous.

« Les efforts, la peine, le sang dépensés pour libérer le port de Bordeaux, ont été donnés pour la communauté française toute entière et non pour tel intérêt particulier ou local. C'est à cette communauté que devra bénéficier désormais le travail de Bordeaux libéré. Et si Bordeaux doit consentir, par ce fait même, des sacrifices, ces sacrifices seront bien peu de choses à côté de ceux qu'auront consentis tant de Français. Je m'adresse ici aux représentants des grands corps de Bordeaux pour leur demander de faire comprendre cette obligation à tous leurs concitoyens. Je veux citer un cas comme exemple : je suis un vieux colonial.

« Je déclare que le port de Bordeaux n'a pas été libéré par ces volontaires pour que les maisons de commerce de la ville reprennent leur négoce avec leurs méthodes d'antan. Car le moins que je puisse dire, pour rester modéré, c'est que vos méthodes étaient certainement favorables aux dividendes des actionnaires, mais non aux intérêts de la nation et de son Empire, sur le plan économique, sur le plan moral, sur le plan social.

« Je dois aussi parler du cas des entrepreneurs français qui ont construit pour les Allemands les casemates bétonnées des positions de Grave et de Royan. Nos hommes ont dû durement se battre pour prendre ces ouvrages. Nous ne reprochons pas aux entrepreneurs de les avoir construits car nous savons que la loi du vainqueur est implacable. Mais nous déclarons qu'ils ne doivent rien conserver de l'argent qui leur a été versé pour ce travail. Car cet argent, ces billets, sont imprégnés de sang français et il ne peut y avoir un tel cas de marge de bénéfice licite. C'est une obligation, sous peine de déshonneur, de n'en rien conserver. C'en est une autre encore, pour ces hommes, d'apporter aux travaux de la reconstruction nationale, la même conscience qu'ils ont apportée aux travaux prescrits par les Allemands. Si nous en jugeons par la qualité des casemates de Grave et de Royan, nos nouveaux ponts seront solides.

« La cité bordelaise a aujourd'hui un devoir : celui de prendre en charge les familles de ceux qui sont morts en se battant en volontaires pour la libérer. Il ne faut pas dire : l'administration s'en chargera. Non, Bordeaux est assez puissant pour prendre à son compte ces vieux parents, ces veuves, ces orphelins, et pas sous la forme d'œuvres de charité ou d'assistance, sous une forme officielle garantie par les grands corps de la cité avec lesquels le colonel de Milleret sera chargé par moi de régler cette question. Bordeaux a encore un devoir : celui de s'occuper des blessés soignés dans ses hôpitaux.

« Il faut que nos hommes soient entourés, choyés. L'administration ne peut donner que l'indispensable. Les Bordelais, les femmes de Bordeaux, doivent apporter le nécessaire, le superflu, à un homme qui souffre, cloué sur un lit d'hôpital.

« Je veux, la prochaine fois que je visiterai ces blessés à Bordeaux, trouver au chevet de chacun d'eux une petite table avec une nappe propre, des fleurs, des livres et des journaux, de menues gâteries. Je veux aussi qu'ils aient une veste de pyjama quand ils n'ont pas de chemise d'ordonnance, comme c'est le plus souvent le cas. Je veux aussi que le jour où ils pourront sortir, on leur trouve des vêtements si leur uniforme est hors d'usage. Tout cela leur est dû.

« Je bois, en même temps qu'aux combattants de Grave et de Royan, à la prospérité de Bordeaux au service de la nation[171]. »

Cette bataille du Médoc nous rappelle que la Résistance en France n'a pas pris fin en août 1944. Il a fallu enlever d'assaut les dernières portions du territoire national encore occupées par des troupes importantes et puissamment fortifiées en avril 1945.

Le colonel Roger Michalon écrit que « les troupes F.F.I. ont tenu en respect un ennemi qui disposait d'un matériel de guerre important et pouvait encore montrer, localement, des capacités agressives non négligeables. Elles l'ont fait dans des conditions très défavorables. Les relèves étaient rares, et des unités sont restées en ligne plusieurs mois de suite. L'habillement était insuffisant, voire rudimentaire. L'armement et les munitions, de provenances multiples, manquaient d'homogénéité. Cependant, grâce à l'activité des services qui regroupèrent au mieux tous les moyens disponibles, ces conditions s'améliorèrent. Finalement, les F.F.I. — bénéficiant de l'appui des troupes régulières — enlevèrent de haute lutte trois places fortes allemandes : Pointe-de-Grave, Royan-Avert et l'île d'Oléron[172]. »

La bataille du Médoc est le plus important combat en Aquitaine de la Seconde Guerre mondiale. Les soldats engagés (Français et

Allemands inclus) atteignent 17000 à 20000 hommes, les pertes (tués, disparus, blessés ou prisonniers) s'élèvent à près de 6000 hommes.

Le colonel Jean de Milleret, fait compagnon de la Libération par le général de Gaulle, termine ses mémoires ainsi :

« Je revois comme des ombres bénéfiques, en surimpression sur un ciel qui me paraît devenu clair, les visages de mes amis qui sont morts, à mes côtés, en menant le même combat que leur souvenir sanctifie : Robert mon frère, Michel Noury, Jacques Glandaz, René Tison, René Abadie… et tant d'autres. Je revois leurs sourires graves des moments sérieux.

« Et je m'endors dans la sérénité retrouvée[173]. »

L'organisation allemande de la poche de Royan

Royan se trouve promue au rang de forteresse en février 1944. Le premier commandement repose sur le général Eisentuck, du 15 février au 31 mai 1944, puis sur le colonel Pohlman qui sera remplacé en octobre 1944 par le contre-amiral Michahelles.

Le colonel Hartwig Pohlman, né le 23 avril 1898 à Spandau, est décédé le 19 novembre 1989 à Bergen. Ayant combattu sur le front russe, il arrive à La Rochelle en avril-mai 1944, prend le commandement de la forteresse de Royan du 1er juin au 9 octobre 1944, suivi de celui de la Pointe-de-Grave du 10 octobre au 2 novembre 1944. Rappelé en Allemagne, il quitte le Sud-Ouest de la France à bord d'un hydravion, dans la baie de Bonne Anse, en faisant escale à La Rochelle.

Le contre-amiral Hans Michahelles, né le 18 mai 1899 à Nuremberg, décédé à Hambourg en juillet 1975, commande la Kriegsmarine du golfe de Gascogne en septembre 1943. Promu contre-amiral le 1er octobre 1944, il prend la direction de la poche de Royan du 10 octobre 1944 au 17 avril 1945, date de sa capture.

La forteresse allemande de Royan, formant un quadrilatère de 30 km sur 15, comprend au nord la rive gauche de la Seudre, composée de marécages, de parcs à huîtres truffés de mines et battus par de nombreux blockhaus. Au nord-est à et l'est se dresse une crête jalonnée par Fontbedeau, Médis, Musson, Semussac, et qui se rabat ensuite vers le sud-ouest en direction de Meschers. De cette crête principale partent, en direction du sud-ouest, les arêtes secondaires.

La ligne principale de résistance est jalonnée par des blockhaus et des tranchées particulièrement solides. La ligne des avant-postes passe par Meschers, Semussac, Fontbedeau et la rive sud de la Seudre.

La forteresse de Royan comprend trois lignes de combat. La première, formée de 43 points d'appui, s'étend de Ronce-les-Bains à la pointe de Suzac. La seconde, englobant les agglomérations de Pontaillac, Royan et Saint-Georges-de-Didonne, parcourt les collines surplombant les plaines de Saint-Sulpice, Médis et Semussac : l'ensemble totalise 136 points d'appui. Une troisième ligne de défense barre du nord au sud l'accès de la forêt de la Coubre, entre Chaillevette et Taupignac. Le réduit de la Coubre regroupe 105 ouvrages bétonnés, répartis sur 2 km, soit 5 bunkers tous les 100 mètres ! Le front terrestre bénéficie de deux lignes de défense, englobant 135 points d'appui, constitués de tranchées, d'abris et de casemates. Avec 349 constructions bétonnées sur une distance de 40 kilomètres linéaires, la forteresse de Royan compte près de 9 ouvrages au kilomètre.

L'artillerie lourde et moyenne est d'une grande puissance avec 39 canons de 75 mm, 8 de 76,2, 8 de 88, 24 de 105, 6 de 114, 4 de 138, 4 de 150, 2 de 240, soit un total de 120 pièces lourdes et moyennes allant du 75 au 240 mm. Il convient d'y ajouter 80 pièces légères antichars ou de DCA de 20, 37, 40 ou 47 mm. En août 1944, en plein centre de la forêt de la Coubre, la Kriegsmarine met en place la batterie lourde de 240 mm, dont les deux pièces, installées chacune dans une tourelle blindée, peuvent tirer sur une distance de 27 km dans toutes les directions et en particulier sur le front terrestre, d'où partira l'offensive française d'avril 1945.

La forteresse est défendue par 180 000 mines antipersonnel et 35 000 mines antichars. La garnison, forte de 5 000 à 5 500 hommes, aligne 17 compagnies d'infanterie, 14 batteries d'artillerie, des équipes de lance-fusées, 4 batteries de DCA, 1 compagnie de pionniers, 3 groupes d'artillerie antichars… L'ensemble s'articule autour des unités suivantes : les 360e et 472e bataillons de grenadiers, le bataillon de forteresse Kudocke, la 14e compagnie de pionniers, la 15e compagnie de transmissions, la 16e compagnie antichar, la 17e compagnie d'assaut, le bataillon de fusiliers marins Tirpitz, la Flak légère 999, ainsi que diverses batteries d'artillerie. Les lance-fusées sont des Schwere-Wurgerät 41 qui, tirés par rampes de 4 ou 8 simultanément ou par intervalles de deux secondes, éclatent dans un rayon de 500 mètres, en causant une rupture des alvéoles pulmonaires à 100 m et des brûlures par projection à 80 m. L'armement léger est assuré par un nombre important de mitrailleuses, de fusils, de mitraillettes et de pistolets.

La forteresse de Royan dispose d'une puissance de feu considérable, représentant une menace sérieuse sur les arrières des Alliés.

Les forces françaises et la guerre de position sur le front de Royan

Début septembre 1944, les groupements FFI (AS, FTP, ORA) Rac, Z, Bernard et Roland tiennent le front de Royan. Le Groupement Rac (fort de 3076 hommes en décembre 1944), unité du maquis de l'AS formée dans le nord de la Dordogne, a pour chef Rodolphe Cézard, né le 3 janvier 1916 en Lorraine. En 1936, il est candidat au peloton des EOR et devient sous-lieutenant en 1937. En 1939, le lieutenant Cézard, rattaché au 153e régiment d'artillerie, commande une tourelle de 75 dans un ouvrage du secteur de Boulay face à Sarrelouis sur la ligne Maginot. En Dordogne, il devient « Collet » et « Christian » dans la lutte clandestine. Il rejoint Charles Serres, chef de l'AS (Armée secrète) du secteur nord de la Dordogne. Après la déportation de ce dernier, il remplace son patron et prend le nom de « Rac ». Il participe activement, à la tête de son unité, à la libération de la Dordogne et des Charentes. Après les combats de la libération, le lieutenant-colonel « Rac » est l'un des plus jeunes chefs d'unité de l'armée française.

La section spéciale de sabotage (SSS), du capitaine Jacques Nancy, a rejoint le Groupement Rac durant l'été 1944. La SSS accomplit, durant cette période, la plus grande partie des sabotages ferroviaires en Charente, Charente-Maritime et Dordogne. Cette unité d'élite, forte d'une centaine d'hommes, repousse victorieusement une colonne allemande de 800 soldats, à Javerlhac, le 24 juillet 1944. À la fin de ce combat, aucune perte ne sera enregistrée du côté de la SSS : pas un seul tué, pas même un blessé ! Du côté allemand : 56 tués et 150 blessés ! Chiffres qui seront confirmés par l'occupant lui-même ! Dès ce moment, la réputation d'invincibilité est attachée à la SSS, qui accomplit de véritables exploits au prix de pertes insignifiantes.

Le capitaine Jacques Nancy, certainement le plus prestigieux des combattants du Groupement Rac et de la SSS, est né en Tunisie, le 17 septembre 1912. De souche béarnaise, il apparaît comme un enfant bagarreur, à la fois audacieux et prudent. Il fait de brillantes études d'ingénieur électricien. Aspirant d'artillerie, au sein d'un régiment hippomobile, il se distingue particulièrement par sa bravoure lors de la campagne de 1939-1940, où il est deux fois cité à l'ordre de l'armée. Fait prisonnier le 22 juin 1940 à Germoville, il s'évade le 11 novembre 1941 et retrouve sa famille à Pau. Il organise un groupe de résistants armés, mais, désirant rejoindre l'Angleterre, il passe la frontière le 28 novembre 1942. Il est interné cinq longs mois au camp de Miranda, en Espagne, avant d'arriver à Londres. Breveté parachutiste de la France libre, il suit le stage de saboteur afin d'être largué en France occupée. Adjoint du délégué militaire régional (DMR) Claude Bonnier pour la région B, il participe à la réorganisation de la Résistance dans le Sud-Ouest en 1943. À la suite de l'arrestation de Bonnier, il doit prendre le maquis en Charente et fonde la section spéciale de sabotage, durant l'hiver 1943-1944, avec les résistants Charles Franc, René Chabasse, René Rispard, Edmond Duruisseau et Guy Berger.

Les Groupements Z et Bernard sont respectivement dirigés par le lieutenant-colonel Georges Moressée et le colonel Bernard (Bernard Lelay). Le 19 juin 1944, le chef Bernard et ses FTP contiennent une importante troupe allemande, qui menaçait de représailles Oradour-sur-Vayres. Dans la région de Confolens, le 27 juillet, 1 400 soldats allemands et miliciens tentent d'anéantir le maquis AS-Foch. L'arrivée en renfort d'une compagnie FTP du colonel Bernard permet de stopper la progression de l'ennemi.

Au centre du département de la Dordogne, le Groupement Roland doit son existence à la fusion de deux maquis en septembre 1943, l'un se trouvant près de Dournazac, l'autre formé à Siorac. Continuellement pourchassé par les Allemands et les miliciens, le chef Roland dirige ses hommes sur la région de Vergt, puis de Montignac. En liaison avec d'autres groupes (Roger, Vézère...), le Groupement Roland effectue 80 opérations (sabotages, coups de main) de novembre 1943 à mai 1944, puis participe activement à la libération de la région.

Le 2 septembre 1944, la colonne FFI Soulé (maquis des Hautes-Pyrénées) obtient la reddition de la garnison allemande de Jonzac représentant 235 soldats, dont 5 officiers, et un important stock de munitions. Le 4 septembre, le bataillon Violette (capitaine René Tallet) du Groupement Rac repousse une importante colonne allemande, venant de Royan, qui tente de pénétrer dans la ville de Saintes. Trois camions restent immobilisés, et 17 morts, tant Allemands que miliciens, sont laissés sur place. Les Français comptent 4 tués et 8 blessés.

Le 7 septembre, une opération amphibie du 472e bataillon allemand de grenadiers se termine à l'avantage des FFI, dans le secteur de Mortagne : capture d'un patrouilleur avec son stock de farine et de blé, de prisonniers parmi lesquels on compte un officier. Le 8, le Groupement Roland et le groupe Castelreal prennent position sur le front de Marennes. Peu après est constitué le groupe franc marin Armagnac, grâce à des volontaires provenant de la presqu'île d'Arvert et de l'île d'Oléron. Les FFI tiennent en échec les attaques allemandes des 10 et 11 septembre à Saujon et Mortagne.

Le 11 septembre, le major Reisinger, commandant l'artillerie côtière allemande de la poche de Royan, est capturé par les FFI des sections Wagner et François, rattachées à la section spéciale de sabotage (SSS) de Jacques Nancy, sur la route du Guâ, à la sortie de Saujon. Le journal de la SSS nous raconte cet exploit :

« Depuis le matin la bataille fait rage autour de Saujon. Vers 16 heures un violent bombardement d'artillerie se déclenche, mais les obus éclatent loin derrière nous. Le tir s'interrompt brusquement ; seules les rafales de mitrailleuses et de FM (fusils-mitrailleurs) indiquent que les hommes sont encore aux prises. C'est la section Frontin qui, avec sa mitrailleuse lourde, mène un feu d'enfer, accroché à un carrefour par les Allemands retranchés au camp de César, tandis que Wagner et ses hommes défendent le pont de Riberour. En soutien se trouve le groupe François.

« Soudain, de la section du groupe Wagner part ce cri :

« — Une voiture boche !

« Là-bas, au tournant de la route, une 202 camouflée à la boche franchit le pont. Wagner et les siens la laissent approcher et tout de suite le combat s'engage. Malgré la fusillade la voiture poursuit sa route et s'avance jusqu'à mi-chemin entre les sections Wagner et

François où le chauffeur tente une manœuvre, dans un petit chemin, pour faire demi-tour.

« À ce moment Lebreton (le FM du groupe François) stoppe la voiture par une rafale. Les Allemands sortent du véhicule et ripostent avec leurs mitraillettes et leurs pistolets ; ils sont trois. Appuyant Lebreton, le FM de la section Wagner les prend à son tour dans son tir. Le chauffeur s'écroule touché à mort. Les deux autres se dissimulent, l'un dans un fossé, l'autre derrière un arbre ; la fusillade fait rage. Paulhiac essaie de progresser jusqu'à la voiture. Soudain une grenade éclate dans sa direction. Chacun se demande avec inquiétude si le « Javanais » a été touché : non, car il envoie aux Boches une magnifique « quadrillée ».

« La fusillade reprend de plus belle. Les coups de feu claquent et les balles explosives font plusieurs blessés parmi nous. Une balle bien ajustée arrache des mains de l'adjudant boche sa mitraillette en lui emportant le pouce. Un mouchoir blanc s'agite ; ils lèvent les bras... ils se rendent ! Nos hommes surgissent des fossés, les entourent... ils sont pris et leurs armes partagées. Un superbe 7/65 échoit à Jacques de Coppet, qui devait sauter sur une mine quelques jours plus tard, mais qui pour le moment n'était pas peu fier de sa prise.

« Tout le monde est très excité ; mais la joie devient du délire quand les hommes s'aperçoivent qu'ils viennent de s'emparer du commandant de l'artillerie de Royan et de son adjoint, blessé à la main gauche. Lorsque notre chef Wagner, qui connaît l'allemand, les interrogea, ils expliqueront qu'ils venaient constater les effets de leur tir d'artillerie entre le château du Mortier et le Camp de César ; mais que, mal renseignés, ils ne savaient pas les troupes françaises si près. Ils sont très pâles. Ils paraissent surpris de n'avoir subi aucun sévice et avouent bientôt qu'ils ont peur d'être fusillés. Quelques jours plus tard le commandant allemand s'adressait par radio à ses camarades, leur exposant que, d'après ce qu'il avait pu voir, la poursuite de la lutte s'avérait inutile. Malheureusement il ne se révéla pas un avocat bien convaincant...

« La voiture avait les vitres brisées et les quatre pneus crevés ; mais elle était encore en état de marche et quitta par ses propres moyens le champ de bataille, emmenant le « Javanais » et Julien qui s'était foulé le genou au cours de l'engagement[174]. »

Le colonel (futur général) Henri Adeline, commandant des forces françaises du front de Royan, commandeur de la Légion d'honneur, compagnon de la Libération, est né en 1893. Le 28 avril 1971, il a été victime d'un accident sur la route de Paris, et son épouse est morte sur le coup. Le général ne lui survécut que quelques jours. Il devait décéder à l'hôpital de Châlons-sur-Marne, le 2 mai suivant, à l'âge de 73 ans. Ce polytechnicien fait partie de la promotion 1930-1932 de l'École de guerre. Il est ensuite affecté à l'état-major de la division de Nancy, puis au génie à Angers jusqu'en 1938. À la tête de son régiment, il participe à la campagne de France, en mai-juin 1940. Il se replie au sud de la Dordogne, à Bergerac. C'est là qu'il participe à la lutte clandestine, au sein de la Résistance. Après le débarquement du 6 juin 1944, il regroupe d'importants effectifs, participe à l'investissement des poches de Royan et de La Rochelle. Nommé général en 1945, il est chargé de la direction du génie de la 1re Région militaire de Paris. Il se trouve à Alger en 1946. Il se retire dans sa région natale, à Sivry-sur-Meuse, en 1955.

D'autres unités FFI (AS, FTP, ORA) arrivent sur le front de Royan durant l'automne 1944. C'est le cas, en octobre, du Groupement d'Armagnac, célèbre maquis du Gers, suivi, en novembre, du Groupement Bertrand, maquis du Cher, puis du régiment de Bigorre, formé à Tarbes. Le Groupement d'Armagnac, du capitaine Maurice Parisot, se distingue particulièrement lors des combats de la libération du Sud-Ouest. Le 20 août 1944, cette formation de la Résistance contraint, avec l'aide de renforts du corps franc Pommiès, la garnison allemande d'Auch, forte de 300 hommes, à capituler, après une journée de combat, devant l'Isle-Jourdain.

Des pourparlers sont engagés entre officiers français et allemands au sujet de l'évacuation des civils, enfermés dans la poche, et du statut des prisonniers. Le colonel Druilhe, commandant de la 18e Région Militaire et de la place d'armes de Bordeaux, adresse une lettre au colonel Pohlman, le 5 septembre 1944, lui demandant de traiter les FFI comme des prisonniers de guerre. Le courrier reste sans réponse. Le colonel Adeline, dont le PC se trouve à Saintes, écrit à son tour à Polhman pour lui annoncer qu'il y aura des représailles si les prisonniers FFI sont fusillés : dix Allemands seront passés par les armes pour un maquisard. Polhman répond qu'il ne reconnaît pas les FFI comme armée régulière et que l'armistice de juin 1940 reste toujours en vigueur. Il menace à son tour de représailles sur les prisonniers de guerre français se trouvant en Allemagne. Il propose cependant une entrevue à Médis pour échange de prisonniers. Le colonel Adeline accepte. La rencontre se déroule le 16 septembre. Du côté des Français, il y a le lieutenant-colonel FFI Pontcarral (Fray), le lieutenant-colonel FTP Durand (Dornac) et un interprète. Les Allemands refusent toujours de reconnaître les FFI comme combattants. Les crimes SS et de la Gestapo, dont celui d'Oradour-sur-Glane, sont mis en avant par les Français. Finalement, les Allemands interprètent l'invasion de la zone libre, en novembre 1942, comme une rupture de la convention d'armistice de juin 1940. Sur cet accord, des échanges de prisonniers se déroulent, entre les deux armées, à plusieurs reprises.

Le 22 septembre 1944, le colonel Druilhe adjure le colonel Polhman de mettre fin aux hostilités. L'Allemand refuse. Le 4 octobre, Polhman et Adeline se rencontrent à Médis pour discuter de l'évacuation des civils de la poche de Royan. Peu après, Polhman doit quitter Royan afin de prendre le commandement de la poche de la Pointe-de-Grave, dans le Médoc. Le contre-amiral Michahelles, nouveau commandant de Royan, poursuit les négociations. Des trêves sont conclues pour permettre à plusieurs centaines de civils (enfants et personnes âgées) de quitter la poche, les 20, 24 et 27 novembre 1944.

Les opérations militaires se poursuivent. Durant tout le mois de septembre, le Groupement Rac repousse divers assauts allemands dans le secteur de Saujon. Le 30 septembre 1944, près de Mornac, la compagnie Jean-Marie, rattachée au Groupement Rac, pénètre de 5 km dans les lignes allemandes et capture le lieutenant Hermann Luithlen, chef des fortifications de Fontbedeau.

Durant l'hiver 1944-1945, les unités FFI sont endivisionnées ou embrigadées. La 23e division d'infanterie aligne le 18e régiment de chasseurs à cheval (escadron de choc Urbain du régiment Z), le 50e régiment d'infanterie (régiment Rac), le 107e RI (régiment Bernard), le 158e RI (régiment d'Armagnac) et le 12e régiment d'artillerie (régiment Z). La brigade Bertrand comprend le 1er RI, les 33e et 34e demi-brigades, le 8e groupe de reconnaissance et le 72e régiment d'artillerie.

La brigade Bertrand (issue des maquis du Cher), commandée par le colonel (futur général) Bertrand, se distingue particulièrement : le 19 novembre 1944, après une violente préparation d'artillerie, les Allemands attaquent les positions de la 33e demi-brigade qui tient le choc, dans le secteur de La Traverserie. Le 8 décembre, une nouvelle attaque allemande est repoussée par la 34e demi-brigade. Le 9 décembre, la même unité subit un assaut allemand à la tombée de la nuit. L'ennemi est stoppé devant les avant-postes. Le 4 janvier 1945, vers 5 heures, le 360e bataillon allemand de grenadiers se rue sur les positions du 3e bataillon du 1er RI, près du village du Chay. L'engagement d'une extrême violence se poursuit au corps à corps. La résistance héroïque des Français et l'action efficace du 72e RA permettent de tenir en échec l'attaque allemande.

Dans le secteur de la Seudre, le 50e RI et le groupe franc marin Armagnac (capitaine Leclerc) engagent divers combats contre des patrouilles allemandes en décembre 1944, janvier et février 1945. Les autres unités françaises font de même dans les secteurs qui leur sont attribués.

Le 16 février 1945, le groupe franc marin Armagnac, placé sous les ordres du capitaine de corvette Fournier, réalise son 32e passage de la Seudre, guidé une fois de plus par le sergent André Lecetre, passeur. Cette unité d'élite monte alors un coup de main audacieux au sud de Ronce-les-Bains, à la pointe du Mus du Loup, en attaquant le blockhaus Frieburg, situé sur la rive gauche. Il s'empare de l'ouvrage et le fait sauter, emportant l'armement et ramenant une partie de la garnison prisonnière (4 tués et 8 autres capturés).

À l'intérieur même de la poche, la Résistance française se montre active. en donnant au colonel Adeline des renseignements sur les défenses allemandes. Paul Bouchet, à la tête du mouvement clandestin, est arrêté en novembre 1944 et remplacé par le docteur Yves Domecq. Ce dernier, en liaison avec le commandant Bagneris (2e bureau) et le capitaine Rouby (groupe franc marin Armagnac), réalise en février 1945 l'évasion des résistants Provost, Bellet, de l'agent de Coppée et de 7 prisonniers FFI.

Le bombardement de Royan

Dans la nuit du 4 au 5 janvier 1945, la ville de Royan subit un terrible bombardement de l'aviation alliée : on recense 442 civils tués – 284 femmes et 158 hommes – sur 2223 habitants qui n'ont pu se résoudre à évacuer la ville. Du côté allemand, on ne compte que 47 morts et du côté allié 7 avions ont été abattus par la DCA. Les défenses allemandes ont très peu souffert lors de cette attaque aérienne. Une question se pose immédiatement : qui sont les responsables de ce massacre ?

Le 18 septembre 1944, à Saintes, le général de Gaulle décide de faire libérer les poches (Royan et Pointe-de-Grave) bloquant le port de Bordeaux. Le 21, il écrit au général Eisenhower en ce sens. L'état-major allié en Europe est alors chargé de préparer cette opération. Le 7 octobre 1944, le général de Gaulle annonce au général de Lattre de Tassigny, commandant la 1re armée française, qu'il va être obligé de lui retirer deux divisions, la 1re division de la France libre (DFL) et la 1re division blindée (DB), pour renforcer les FFI, déjà engagées sur le front de l'Atlantique sud. À la fin novembre, l'état-major allié en Europe accepte la date du 25 décembre pour déclencher l'opération Indépendance, afin de débloquer le port de Bordeaux. Finalement, seule la 1re DFL doit être engagée. Le détachement précurseur arrive le 12 décembre à Jonzac.

Le 22 décembre 1944, à la suite de l'offensive allemande dans les Ardennes et des menaces pesant sur Strasbourg, le général Eisenhower repousse l'opération Indépendance, en notifiant que l'affectation de la 1re DFL sur le front de l'Atlantique est annulée. La 1re DFL doit rejoindre l'Alsace dans les délais les plus courts. La plupart des unités de la division passent cependant Noël dans le Sud-Ouest. La 1re DFL remplace la 2e DB au sud de Strasbourg.

Un bombardement aérien a été prévu dans le cadre de l'opération Indépendance. Il sera maintenu malgré l'annulation de cette offensive. Le 10 décembre 1944, le général de Larminat est en réunion à Cognac avec le général américain Ralph Royce, commandant la First Tactical Air Force (1re TAF), rattachée au 6e groupe d'armées alliées dont les PC se trouvent à Vittel. Les deux hommes décident d'un commun accord de faire bombarder les positions allemandes de la Coubre et de la Pointe-de-Grave. Cette rencontre se déroule en présence du général Corniglion-Molinier, commandant les forces aériennes françaises de l'Atlantique. Peu après, le général Royce adresse l'ordre de mission suivant : « Détruire une ville solidement défendue par les troupes allemandes et occupée seulement par ces troupes (*To destroy town strongly defended by ennemy and occupied by german troops only*[175]). » Du fait des délais très courts entre la demande du général Royce et la date de la mission, l'état-major allié en Europe accepte cette demande, sans lui faire subir l'examen préliminaire d'usage par la Commission d'étude des objectifs stratégiques. Sir Harris, chef de la RAF du Bomber Command, n'a pu apprécier qu'une semblable mission lui soit imposée sans l'accord de cette commission.

Le vendredi 5 janvier 1945, le 5e groupe de bombardement décolle d'Angleterre avec six chasseurs bombardiers Mosquito chargés du repérage, suivis par un avion pilote (Lancaster) et 217 bombardiers Lancaster. À 4 h 00 (3 h 51 suivant d'autres sources), après avoir repéré l'objectif (Royan), les 217 bombardiers britanniques larguent leurs bombes sur la ville. Entre-temps, une seconde vague d'assaut se prépare avec à sa tête le 8e groupe formé de 28 Lancaster éclaireurs et le 1er groupe fort de 96 Lancaster. Ces avions décollent des bases britanniques et arrivent sur Royan à 5 h 30 pour déverser leur cargaison mortelle, soit un total de 1 576 tonnes de bombes explosives et 13 tonnes de bombes incendiaires. L'église Notre-Dame, l'hôtel Bellevue, la gare, l'église Saint-Pierre, le casino de Foncillon sont totalement ou partiellement détruits. Le château de Mons est coupé en deux. La destruction est totale entre le boulevard Albert Ier et le quartier Saint-Pierre. La rue de Foncillon ne compte plus que 3 maisons indemnes et sur 42 habitants on dénombre 40 tués !

« Il faut jeter au panier, écrivent si justement Alain Chazette et Fabien Reberac, toutes les affirmations de certains prétendus historiens qui mettaient en avant l'aspect improvisé de cette mission ou bien les versions suivantes « c'est parce que la météo était mauvaise sur l'objectif initial qu'il a fallu déverser les bombes sur Royan », ou bien que les avions éclaireurs ont balisé par erreur Royan au lieu de baliser le réduit de la Coubre. L'affirmation « ville tenue et occupée uniquement par les troupes allemandes » incluait la spéculation suivante que tous les Français restés sur place seraient des collaborateurs. Il va sans dire que cette affirmation imaginée par je ne sais quel officier supérieur allié est du domaine de l'absurde et de l'intoxication. La réunion du 10 décembre à Cognac n'a pu être totalement à la base de cette méprise meurtrière, car le général Corniglion-Molinier, alors adjoint des Forces de l'armée de l'air auprès du général de Larminat, a dû échanger des informations plus étoffées sur les objectifs possibles avec le général Royce, que le bref entretien qui s'était tenu à Cognac. À la suite de cette affaire la recherche des responsables fut mise en œuvre ; les uns et les autres se rejetant mutuellement la responsabilité de l'acte. Toutefois cette affaire tourne autour d'une incompréhension des uns, des impressions sensorielles des autres et surtout d'un manque de communication de tous : dérangement de la ligne téléphonique entre l'état-major de Vittel au courant du raid et l'état-major de Cognac, une mauvaise coordination des services, retards dans le décodage et la transmission du message, enfin, la différence de langue et sa traduction qui a peut-être été à la base de la mauvaise interprétation du général Royce par rapport aux propos du général de Larminat lors de la réunion de Cognac. Suite à cette affaire, le général Royce fut accusé et démis de ses fonctions de commandant de la 1re TAF […] [176]. »

De son côté, l'historien Peter Krause apporte quelques précisions : « Le jeudi 4 janvier 1945 à 15 h 40, une météo favorable pousse la décision de lancer l'assaut. Le SHAEF (État-Major allié en Europe) donne l'autorisation à 17 h 25, avertissant le QG du 6e groupe d'armées alliées à Vittel. Le général Schramm (adjoint du général Royce) est tout de même inquiet, car il ne parvient pas à obtenir l'accord définitif des autorités françaises. La ligne téléphonique Vittel-Cognac est en dérangement, mais des messages chiffrés mentionnés « Urgent », sont envoyés aux généraux de Larminat et Corniglion-Molinier. L'absence de réponse de ces derniers est considérée comme une acceptation de cette opération. Pourtant, à 19 h 50, et dans un souci d'enlever le moindre doute, Royce envoie un nouveau message au général de Larminat. Là encore, aucune réponse, et le feu vert est alors donné aux escadrilles basées en Angleterre […]. En fait, le message envoyé par le général Royce a bien été reçu à Cognac à 20 h 53 (jeudi 4 janvier 1945), mais c'était l'heure du dîner. Finalement, il n'a été déchiffré qu'à 00 h 40 (vendredi 5 janvier), et traduit à 05 h 30.

Lorsque le général de Larminat en a pris connaissance, le 5 janvier à 08 h 00 du matin, Royan était devenue une ville martyre[177]. »

Opération Vénérable : la libération de la poche de Royan

Le 12 avril 1945, le poste radio allemand de la Pointe-de-Grave capte une émission française annonçant une offensive imminente des troupes françaises. Depuis quelques mois, les FFI du Médoc, de Royan et de La Rochelle ont été renforcées et regroupées ; on leur a enfin donné les moyens de passer à l'attaque.

L'ordre d'opération n° 6 du général de Larminat doit se dérouler en deux phases dont les objectifs sont :

- le dégagement de l'estuaire de la Gironde par la conquête de la Pointe-de-Grave (opération Médoc) et de Royan (opération Vénérable) ;

- puis la consolidation des résultats acquis par la libération de l'île d'Oléron (opération Jupiter) et une diversion dans le secteur de La Rochelle (opération Mousquetaire).

La poche du Médoc est réduite après cinq jours de très violents combats (14-20 avril 1945) coûtant cher à la brigade Carnot du colonel de Milleret, on compte 400 tués et 1 000 blessés contre 600 tués, 80 disparus et 3 320 prisonniers pour la garnison allemande.

Les forces françaises devant participer à l'opération Vénérable (libération de Royan) sont les suivantes :

A. Division Gironde, aux ordres du général d'Anselme, organisée en deux groupements :

- Groupement Nord (général Granger) : est chargé de l'attaque sur l'axe Médis, Belmont, Royan avec le 4e régiment de zouaves, le 1er bataillon du 50e RI, le 2e bataillon du 131e RI, le 12e régiment de cuirassiers (chars Sherman de la 2e DB), un corps franc de l'air, le 3e escadron du 1er régiment de fusiliers marins de la 2e DB (chars Destroyer M10), le 20e régiment d'artillerie, 2 groupes de 105 de la 2e DB, 2 groupes de 90 du régiment de canonniers-marins, des groupes du génie de la 2e DB ;

- Groupement Sud (général Adeline) : doit attaquer sur l'axe Musson, Saint-Georges-de-Didonne, pointe de Vallières avec le sous-groupement

Faulconnier, composé du bataillon de marche n° 2, du bataillon de marche africain n° 5, du bataillon de Bigorre, du bataillon Foch, de 2 escadrons du 13e régiment de dragons (chars B1 bis), d'un escadron de chars M10 du régiment blindé de fusiliers marins (2e DB), de 3 groupes de 75 du 32e RA, du 64e régiment d'artillerie (105) de la 2e DB et d'une compagnie du 151e bataillon du génie. Le sous-groupement Frugier, également engagé, aligne le 107e régiment d'infanterie, le 1er bataillon du 150e RI, le 1er escadron du 13e dragons (chars Somua S35), une batterie du 12e RA (75 mm), 2 sections du 92e bataillon du génie. Le Groupement Sud dispose également de 3 escadrons de blindés du 12e régiment de chasseurs d'Afrique (2e DB), de deux bataillons du 131e RI, d'un escadron de chars M10 du 1er régiment de spahis marocains et d'un groupe de canons de 155 du 32e RA.

B. La brigade de marche d'Oléron, aux ordres du général Marchand, est chargée des opérations sur la basse Seudre et doit coopérer, avec une partie de la division Gironde, au nettoyage de la presqu'île d'Arvert. Cette brigade se compose du 158e RI, de deux bataillons du 50e RI, du bataillon de fusiliers marins de Rochefort, d'un groupe de 75 du 12e RA, d'un groupe de 155 du régiment de canonniers-marins et d'une compagnie du 92e bataillon du génie.

Les Américains mettent à la disposition des Français la 13e brigade d'artillerie lourde (canons de 155 et 203 mm).

Les effectifs engagés représentent 23 715 soldats pour la division Gironde et 6 730 pour la brigade d'Oléron, soit un total de 30 445 combattants (infanterie, blindés, artillerie, génie). Le 13e régiment de dragons a la particularité d'être équipé de chars français Somua S35 (20 tonnes) et B1 bis (32 tonnes) de la campagne de 1940.

L'aviation destinée à opérer en liaison avec l'attaque terrestre met en action des appareils provenant des groupes de bombardement Gascogne, Bretagne, Maroc, Bourgogne, Sénégal, Franche-Comté (sur B26) ; des groupes de chasseurs bombardiers Champagne, Navarre, Roussillon (sur P47 D) ; sans oublier les groupes des forces aériennes de l'Atlantique : les groupes de bombardement Béarn (sur Glenn-Martin 167 F et Douglas DB7) et Aunis (sur Junker Ju 88 et Keinkel He 111), le groupement aéronaval n° 2 (Douglas SBD 5 Dauntless), le groupe de chasse Saintonge (Dewoitine D520), le groupe de chasseurs bombardiers Vendée (Douglas A24) et le groupe de reconnaissance

Périgord (Fieseler Storch 156C et Potez 631). Les Américains fournissent la 1re Tactical Air Force (bombardiers B26) et la 8e Strategical Air Force (bombardiers B17 et B24). L'ensemble représente plus de 1500 avions. Le 14 avril 1944, 3192 tonnes de bombes sont larguées sur les défenses allemandes de Royan et ses environs, 3902 tonnes le 15, 861 tonnes le 16 et 373 tonnes le 17.

La force navale française (FNF) de l'amiral Rue repose sur le cuirassé *Lorraine* (30000 tonnes et canons de 340 mm); le croiseur *Duquesne* (canons de 203 mm); les torpilleurs La Fortune, *Basque*, *Alcyon*; les escorteurs *Aventure*, *Découverte*, *Surprise*; les destroyers d'escorte *Hova* et *Somali*; 9 dragueurs français du groupe Amiral Mouchez et 7 dragueurs canadiens de la 31e flottille de Plymouth. La FNF se poste en face de Royan le 15 avril 1945 et ouvre le feu à 8 heures. Les 15 et 16, elle tire sur les objectifs prévus 1200 coups de 340 et 203 mm et 2600 coups de 132 et 75 mm.

L'opération Vénérable débute, le 14 avril 1945, par une préparation d'artillerie de quinze minutes. Les bombardiers larguent de nombreuses bombes sur Jaffe, Belmont, Royan, Vaux, Conche…

De 7h30 à 9 heures, le Groupement Nord attaque et occupe facilement le bastion de Médis, tandis que le Groupement Sud fait de même sur celui de Semussac. Dans l'après-midi, le Groupement Sud enlève Meschers. L'infanterie allemande, manifestement surprise, oppose peu de résistance, sauf dans la région de Brie, où le 1er bataillon du 50e RI subit des pertes sensibles. La brigade Oléron effectue de son côté une diversion sur la Seudre, afin de dérouter l'adversaire.

Le capitaine Jacques Nancy, engagé au sein du 1er bataillon du 50e RI, raconte la prise de Brie: « À l'aube du samedi 14 avril 1945, nous prenons la route de la Tremblade pour gagner nos positions de départ. La 2e compagnie prend position devant la gare et la 1re aux abattoirs, sur la route de la Tremblade, pour appuyer par la suite vers la droite. La progression se fait en colonne et en ordre. La 1re compagnie a atteint son objectif, la Petite Tremblade, et la 2e, qui avait mission de contourner Brie, est sur la route de la Tremblade à hauteur de Vertin quand se déclenche à 6h20 le tir d'artillerie.

« C'est un formidable roulement sur l'ensemble du front. Le rouge du ciel est comparable à un immense incendie, le bruit est infernal; il faut hurler les ordres. Nous progressons toujours et atteignons la Petite

Tremblade, nous dirigeant sur Brie en empruntant d'une part la route de Brie et d'autre part la lisière Est des bois de Brie que nous atteignons vers sept heures.

« Sur mon ordre, les sections Antoine, Trousset, Wagner progressent sur Brie. Le terrain est découvert, l'ennemi nous domine ; seul un petit chemin offre un faible camouflage. Les Allemands n'ouvrent le feu qu'à 100 mètres de nos premiers éléments. Le reste du bataillon entre aussi en contact avec l'ennemi qui inflige des pertes sévères et rend la progression pénible. Il est environ 7 h 30.

« À ce moment, dans le secteur de la compagnie, un peloton de chars venant de Vertin tourne Brie par le Nord et passe à l'Ouest des fermes. Nous progressons toujours, espérant les voir attaquer le village. Nos éléments avancés arrivent à moins de cinquante mètres des positions allemandes. Je cherche alors à prendre liaison avec les chars qui passent sans s'occuper de moi et se bornent à tirer quelques rafales sur les Allemands et les maisons. Ils repartent nous laissant seuls face à face avec les Boches. Ceux-ci, qui s'étaient camouflés devant les chars, ouvrent alors un feu nourri ; plusieurs morts et blessés tombent dans nos rangs. Le courage des hommes reste magnifique et, malgré leur position critique, pas un ne recule. Le Boche, bien abrité, tire par rafales de mitrailleuses ou au fusil. Quelques hommes de Wagner progressent dans la prairie et arrivent derrière Brie. À ce moment, des Boches embusqués au coin du bois tirent par rafales avec deux mitrailleuses ; quatre autres aussi tirent des maisons. La situation est de plus en plus critique. Je demande l'appui d'un tir d'artillerie ; il est beaucoup trop long, tombe deux ou trois cents mètres trop à droite et reste complètement inefficace. Je fais alors intervenir un groupe de mortiers, la compagnie d'appui et deux mitrailleuses du groupe Frontin ; nous arrivons ainsi à faire taire les armes automatiques ennemies, et les tireurs.

« 10 h 30, nous tenons toujours nos lignes, mais la progression s'avère impossible. Pour entrer en contact avec les unités de première ligne, je dois ramper, car les balles passent à 30 ou 40 centimètres de hauteur. Ce genre de progression, pénible en lui-même, est rendu encore plus difficile par les nombreux fils de mines qui se croisent dans tous les sens. Aidés par plusieurs spécialistes nous commençons à procéder au déminage. Un char revient vers nous. Le lieutenant qui le commande est grièvement blessé. Avec le lieutenant Antoine nous le sortons de la tourelle malgré les balles qui chantent autour de nous. Je demande au char de nous appuyer en réduisant une position de mitrailleuse ennemie ; hélas ! il n'a plus de munitions et regagne Vertin. Toujours aidé d'Antoine, je réussis à faire évacuer le blessé et en profite pour faire demander au chef de peloton son appui pour pénétrer dans les fermes.

« 11 h 30, le commandant Plassard m'avise que la 3e compagnie va attaquer par le Sud et le Sud-Ouest. Nous continuons à progresser lentement et nous voyons les premiers éléments de la 3e compagnie qui cherchent à s'infiltrer dans le village. Après un premier échec et un regroupement effectué à la lisière des bois malgré les pièges et les mines, ils arrivent à quelques mètres des premières maisons. Pendant ce temps, et devant la résistance des Allemands, le commandant Plassard a de nouveau demandé l'appui du peloton de chars. L'ennemi, à l'abri dans d'excellentes casemates, exécute sur nos troupes des tirs individuels extrêmement meurtriers que ni nos armes automatiques ni nos mortiers n'arrivent à neutraliser.

« Vers midi cependant, les premiers éléments de la 2e et 3e compagnies serrent de plus près les maisons de Brie et en commencent le nettoyage. Vers 13 h 50, le peloton de chars demandé arrive enfin ; mais l'occupation est pratiquement terminée. Les Boches ne réagissent plus, certains ont pu s'échapper, les autres sont faits prisonniers. À 13 heures, Brie est prise. Toutes les maisons sont fouillées et les deux compagnies s'installent défensivement face à l'Ouest.

« Cette opération prélude à la prise de Royan en mettant entre nos mains une position clef, un avant-poste de cette ville. Sa possession était cependant chèrement payée : la 2e compagnie comptait à elle seule sept morts, dont Pierre Chabasse et Maurice Gamin qui s'étaient comportés d'une manière particulièrement héroïque. À côté d'eux il y eut aussi de nombreux actes d'héroïsme parmi lesquels celui de Dzoudzewitch, jeune volontaire de 18 ans, qui se fit tuer en voulant ramener un camarade blessé. Phelippeau (18 ans), plus heureux, ne fut que blessé en voulant lui aussi secourir Chabasse et Gamin. Parmi les blessés, tous très jeunes, plusieurs sont restés de longues heures sur le terrain sans proférer une plainte, incertains s'ils pourraient être secourus.

« Dans son rapport, le commandant Plassard tirera de façon magistrale les conclusions de cet engagement, qui fit ressortir la valeur des FFI et le peu de moyens dont ils disposaient. La réduction du point d'appui de Brie, résolue pratiquement par des moyens d'infanterie, a coûté des pertes assez sévères. L'emploi des chars en parfaite liaison avec l'infanterie aurait transformé cette opération coûteuse. Il eût fallu que l'officier d'infanterie chargé de la coordination chars-infanterie considérât Brie exactement comme les autres points d'appui et y consacrât par conséquent les mêmes moyens en blindés que partout ailleurs, même si l'opération, ce qui fut le cas, dût paraître moins spectaculaire dans le cadre général des opérations.

« Le succès de cette difficile attaque a été la preuve de la valeur des troupes dites FFI, si souvent considérées comme un mauvais succédané de l'armée dite régulière. » (178)

Chabasse, Gamin et Phelippeau avaient demandé l'honneur d'être les premiers à conquérir la crête de Brie. Maurice Gamin et Pierre Chabasse étaient en tête, baïonnette au canon. Une balle au front qui transperça son casque de part en part pour Chabasse, une balle au ventre pour Gamin, une autre dans la cuisse pour Phelippeau, mirent fin à l'audace de ces jeunes.

La matinée du 15 avril est marquée par une intense activité de l'aviation, de la marine et de l'artillerie. À 13 h 30, le Groupement Nord rencontre une vive résistance devant les champs de mines protégeant les principales défenses allemandes. Le sous-groupement Sud (colonel Roy) subit notamment des tirs de mortiers et de mitrailleuses provenant de l'ouvrage de Belmont. À 15 heures, des éléments du 4e régiment de zouaves parviennent à s'infiltrer dans l'ouvrage. L'ensemble de la position est conquis vers 16 h 30 et les chars du 12e cuirassiers foncent en direction de Royan.

Le commandant de Person, officier en second du 12e Cuirassiers (2e DB), se trouve dans un bois à proximité du Pouyaud (secteur de Médis), afin d'assister à l'attaque de ses chars. Vers 14 h 45, l'artillerie allemande déclenche une série de tirs meurtriers. Le commandant de Person est tué sur le coup. Le capitaine Lenoir (12e Cuirassiers), se trouvant près de lui, reçoit plusieurs éclats d'obus au bras et à l'omoplate. Le général Leclerc (Philippe de Hauteclocque), commandant de la 2e DB, est également dans le bois, suivi par l'adjudant

Roger-Marc Durand, chargé de sa protection. Les tirs allemands se rapprochent dangereusement. L'adjudant Durand est grièvement blessé à la tête et à la fesse. Un peu plus loin, le général Leclerc échappe de peu à la mort. Leclerc s'expose ainsi, au point d'inquiéter son entourage. Il veut donner l'exemple aux jeunes FFI, les encourager, bousculer les énergies défaillantes. En réalité, ses pensées sont ailleurs. Il a hâte d'en finir pour arracher un ordre de départ pour l'Allemagne.

Les combats sont coûteux, malgré un puissant appui de l'artillerie et de l'aviation : c'est à la grenade que la décision est le plus souvent obtenue.

De son côté, le Groupement Nord du général Adeline attaque les ouvrages de Boube et du Peuh et suit l'axe Les Brandes, Didonne et la pointe de Vallières. La résistance allemande est presque partout acharnée. Devant Didonne, le poste de commandement du bataillon de marche africain n° 5 est pris sous une gerbe d'obus de mortiers. Le lieutenant-colonel Tourtet, commandant du bataillon, est tué avec trois de ses officiers. Finalement, la position est conquise avec l'aide des chars lourds B1 bis du 13ᵉ dragons.

Le 16, la division Gironde termine la libération de la région de Royan et de Saint-Georges-de-Didonne. La brigade Oléron franchit la Seudre et enlève Ronce-les-Bains. Dans la soirée, il reste à s'emparer du blockhaus de l'amiral Michahelles à Pontillac, du réduit de la pointe de la Coubre et des zones boisées (forêt de Saint-Augustin, de La Palmyre et de la Coubre).

À l'aube du 17, le réduit de la Coubre est soumis à de violents bombardements de l'artillerie et de l'aviation. La division Gironde et la brigade Oléron resserrent le contact autour du réduit fortifié. Le Groupement Nord de la division du général d'Anselme, appuyé par les chars B1 bis du 13ᵉ dragons, attaque le blockhaus-amiral. La réaction allemande est vive toute la matinée. À 12 h 30, l'amiral Michahelles est prisonnier avec tout son état-major (12 officiers et 97 sous-officiers). Le lendemain, les 800 hommes du dernier îlot de résistance de la Coubre se rendent.

De par l'importance des moyens engagés, l'opération Vénérable se termine plus rapidement que prévu. L'infanterie, soutenue par des chars de la 2ᵉ DB et du 13ᵉ dragons, s'est particulièrement bien battue.

Au total, l'artillerie française a tiré environ 100 000 obus et l'aviation a déversé plus de 7 000 tonnes de bombes.

En cinq jours de bataille (14-18 avril), les pertes sont lourdes de deux côtés : les Français comptent 150 tués, 700 blessés et 10 disparus. Les Allemands ont 900 tués ou disparus et 4 600 prisonniers.

Les dernières heures de l'occupation allemande dans la forêt de la Coubre nous sont racontées par l'aspirant Brezillou, rattaché à l'état-major de la 2e division blindée (général Leclerc) :

« Mardi 17 avril 1945, je suis réveillé en sursaut à 7 heures par nos pièces d'artillerie qui tirent. Toute la matinée, je me lance dans les interrogatoires des prisonniers puis je me lance dans la pagaïe des préparatifs d'état-major. À notre PC de Saint-Augustin, 30 officiers discutent à propos de l'attaque à venir.

« Nous partons à 13 heures, et il me faut courir partout pour rassembler les véhicules. Quand nous commençons à quitter le village, les obus commencent à tomber. Nous nous engageons bientôt dans un chemin sablonneux et terriblement encombré. Dans la poussière je perds la plupart de mes éléments que je ne retrouve que bien plus tard à la ferme Joubert près de la Fouasse. Nous stationnons longtemps, puis nous prenons la route de la Bouverie (actuellement D268). Je reçois sans cesse des messages et des ordres retardant l'heure H. Devant la batterie « Musche-Gironde » nous sommes arrêtés par d'énormes cratères de bombes d'avions qui barrent la route d'accès.

« Trois officiers de l'État-Major du contre-amiral Michahelles pris hier avec lui sont en conversation avec le général de Langlade (commandant du groupement tactique de la 2e DB) et le colonel Rouvillois (commandant le 12e Cuirassiers), va-t-on envoyer des parlementaires ? L'heure H est sans cesse retardée. On apprend par moments que l'on n'enverra pas de parlementaires et que l'attaque aura lieu demain à 8 heures. Notre artillerie tire sans relâche et le 1er RBFM (régiment blindé de fusiliers marins) fait prévenir qu'il est sous le tir de notre propre artillerie qui tire trop court. Le colonel Rouvillois m'informe que je vais partir en parlementaire avec le sous-lieutenant Jean Sauvagnargues qui est agrégé d'allemand (il deviendra par la suite ambassadeur de France et ministre des affaires étrangères). À 18 heures, le tir d'artillerie cesse puis nous partons à pied avec le colonel jusqu'au carrefour où nous attend une jeep du RBFM. Un drapeau blanc est confectionné puis nous allons jusqu'aux avants postes où un sous-officier allemand, fait prisonnier, fume cigarettes sur cigarettes, il est pâle comme un mort puis il monte à l'avant de la jeep et nous partons en direction de « Muschel ».

« À chaque tournant je m'attends au crépitement d'une mitrailleuse, la forêt flambe et la fumée gêne considérablement notre visibilité.

« Nous voici à 500 mètres d'une barrière, notre sous-officier allemand fait des signaux et nous nous avançons très dignes. À 100 mètres de nous une mitrailleuse est braquée dans notre direction et dans la fumée on commence à distinguer des silhouettes qui s'agitent. Nous crions « parlementaires »; l'attente devient exaspérante, Sauvagnargues trouve que cela sent le roussi d'autant plus que du côté allemand on entend de nouveau tonner les canons. Finalement, un groupe armé, traversant les obstacles, s'avance vers nous. Sauvagnargues s'explique, puis on nous bande les yeux. On franchit les champs de mines, on enjambe les obstacles et on passe sous les barbelés. Nous marchons sur un caillebotis sur le sable puis on nous fait asseoir les yeux bandés. Je songe au sort qui est parfois réservé aux parlementaires. Je repense à notre sous-officier allemand qui nous accompagne, il n'a pas salué l'officier allemand comme si il avait une allure gênée à son égard. De plus il ne me dit rien qui vaille car quand il est monté dans mon *half-track* j'ai été assez méprisant à son égard et mes hommes lui ont signifié d'une façon explicite qu'ils avaient l'intention de le pendre. Je fume une cigarette pour calmer mon anxiété, « la cigarette du condamné à mort » ! Enfin on nous fait entrer dans une cabane, puis on nous enlève les bandeaux, il est 19 heures. Tous les Allemands que nous avions vus étaient propres et avaient l'air martial, ils nous regardaient avec une sympathie mêlée de curiosité.

« Le commandant allemand de la garnison entre, c'est un marin de 60 ans aux yeux très bleus avec une petite barbiche blanche, il a l'air d'un bon vieillard avec un « crachat » à croix gammée sur la poitrine. Sauvagnargues lui demande de capituler au nom du général Leclerc avec les honneurs de la guerre.

« Le vieux marin a les larmes aux yeux, il nous remercie en se mettant au garde-à-vous, puis il nous dit qu'il doit consulter ses officiers cette nuit, il nous donnera sa réponse demain matin à 7 heures. Nous rebroussons chemin, les yeux non bandés cette fois, puis nous rendons compte au colonel Rouvillois. Je retourne à Saint-Augustin, comme tout est calme maintenant ! J'ai même recueilli un petit chien noir que je baptise « Coubre ».

« Lorsque le colonel Rouvillois a rendu compte des pourparlers au général d'Anselme, celui-ci ne semblait pas satisfait, il annonça qu'il voulait faire donner l'aviation le lendemain. Il est 3 heures du matin et je m'endors enfin.

« Mercredi 18 avril 1945, réveil à 6 heures, j'accompagne le colonel au poteau 34, il est 7 h 40 et toujours pas de chef allemand à l'horizon. Des soldats allemands arrivent affolés se rendant et hurlant « ces cochons d'officiers ne veulent pas se rendre ». Un quart d'heure après une silhouette s'annonce dans la fumée, c'est le commandant allemand, en une phrase brève il nous informe de sa capitulation. Il est en larmes. Nous nous saluons et nous discutons des modalités de la reddition. Je retourne au PC pour faire ma toilette, puis le colonel Rouvillois me présente au général de Langlade qui me félicite. Aux Mathes nous préparons la cérémonie, les troupes vont se mettre en place pour rendre les honneurs aux Allemands à la sortie du Clapet (actuellement La Palmyre).

« Les généraux arrivent, mais je n'ai pas la chance d'assister à la cérémonie. Alors je pousse une reconnaissance jusqu'aux ouvrages du réduit de la Coubre. Le soleil brûle dans les dunes désertes et chaotiques, le télémètre du PC est saboté, les armes démontées ont été jetées dans les cratères de bombes. Nous arrivons devant un bunker bourré de provisions, nous mangeons des sardines et buvons du pinard entre deux explorations de ses flancs bétonnés recelant des tonnes de vivres. Nous visitons un peu les ouvrages et escaladons le vertigineux phare de la Coubre. La mer est splendide, mais de l'autre côté de l'estuaire la Pointe-de-Grave est bombardée et est cachée sous un nuage de fumée.

« Les chars, calmes maintenant, dorment sagement sous les arbres et les hommes se promènent comme s'ils n'avaient jamais fait que cela.

« Ici prend fin la libération de la forêt de la Coubre[179]. »

Opération Jupiter : la conquête de l'île d'Oléron

En suite logique des opérations Médoc et Vénérable, le général de Larminat envisage de conquérir l'île d'Oléron. Ce sera l'opération Jupiter.

Véritable bastion avancé, l'île d'Oléron permet aux Allemands de surveiller l'estuaire de la Gironde et la passe d'entrée du port de La Rochelle. La défense allemande, surtout côtière, comprend 60 ouvrages bétonnés et 40 pièces d'artillerie d'un calibre égal ou supérieur à 75 mm. D'après les renseignements de la Résistance locale, les Allemands alignent 1 500 hommes répartis en troupes d'ouvrages, en trois compagnies mobiles. Il y a également une compagnie de fusiliers marins italiens.

La brigade Oléron du général Marchand, renforcée par des éléments de la division Gironde, aligne 8 882 soldats. De puissantes forces aériennes et navales participent à l'opération.

Le 30 avril 1945, dès 5 heures, 168 canons tirent 12 345 obus sur l'île. Une heure plus tard, le bataillon de fusiliers marins de Rochefort et le 2e bataillon du 50e RI débarquent sur la plage sud de la pointe de Saint-Trojan. La réaction ennemie est faible. Les armes automatiques allemandes et italiennes sont rapidement maîtrisées. À 10 heures, 4 bataillons sont déjà dans l'île, (bataillon de fusiliers marins, 2 bataillons du 50e RI et 1 bataillon du 158e RI). Les chars Somua S35 du 13e dragons, débarqués par des navires, arrivent en renfort. Les Français atteignent facilement avant la nuit le village des Alassins, où les défenseurs se sont solidement retranchés, passant même à la contre-attaque. Mais celle-ci est stoppée par des tirs de mortiers.

Le 1er mai 1945, le commando Fournier s'empare de Saint-Pierre-d'Oléron à 14 heures et y capture le commandement allemand de l'île. Les chars Somua et l'infanterie procèdent au nettoyage systématique des derniers îlots de résistance. À 18 heures, le colonel Durand obtient la reddition sans conditions de presque toutes les troupes ennemies. Un ultime accrochage a lieu devant Boyardville. La capitulation de toutes les forces allemandes est effective à 22 heures.

Cette opération n'inflige que de faibles pertes aux Français : 18 tués et 55 blessés. Du côté germano-italien, on compte une cinquantaine de tués et 1 300 prisonniers, dont 40 officiers. L'artillerie française a consommé pour cette attaque 27874 obus et la marine 700 obus. L'aviation a largué 450 tonnes de bombes.

L'offensive de diversion dans le secteur de La Rochelle (opération Mousquetaire), au profit de la libération d'Oléron, est parfaitement accomplie par la division de marche Charente. L'avance est rapide, car l'ennemi ne réagit que faiblement par des éléments retardataires. Par contre, son artillerie se manifeste assez vivement. Du 30 avril au 4 mai 1945, les Groupements Raymond, Mingasson et Chêne progressent d'une dizaine de kilomètres dans les défenses ennemies. Les pertes françaises sont minimes : 12 tués, 70 blessés et 1 disparu. Celles de l'ennemi restent indéterminées.

Le 5 mai, l'amiral Schirlitz donne l'engagement formel que La Rochelle sera rendue intacte si les forces françaises n'entrent pas dans la ville avant la capitulation générale des armées allemandes. En conséquence, les jours suivants, le gros de troupes françaises restera sur la ligne atteinte le 4 mai. Finalement, le 9 mai 1945, La Rochelle, La Pallice et l'île de Ré sont libérées. Le premier détachement qui a pénétré dans La Rochelle est celui du colonel Chêne, comprenant 1 bataillon de zouaves, 1 escadron du 1er régiment de spahis marocains et le 13e dragons avec ses chars Somua et B1 bis. Au total, 15600 soldats allemands, dont 202 officiers, sont prisonniers. Les installations portuaires n'ont pas été détruites.

Cette bataille des poches de l'Atlantique nous rappelle que la Résistance en France n'a pas pris fin en août 1944. Il a fallu enlever d'assaut les dernières portions du territoire national encore occupées par des troupes importantes et puissamment fortifiées. Le Sud-Ouest n'a été définitivement libéré que le 9 mai 1945. Les FFI (AS, FTP, ORA) ont donc pris une part déterminante aux ultimes combats de la guerre en Europe.

La Rochelle devient l'une des poches de l'Atlantique

Bien que la construction du système défensif remonte au début de l'Occupation, La Rochelle devient officiellement poche de l'Atlantique en août 1944, avec un arrière-pays de 400 km^2, une garnison qui comprend 16000 soldats, 150 à 200 pièces d'artillerie, 53 points d'appui comprenant un total de 200 ouvrages bétonnés. À cet important dispositif de défense, il convient d'ajouter divers champs de mines, un fossé antichar et un terrain d'aviation.

L'infanterie, placée sous les ordres du colonel Weyrauther, aligne le régiment Zapp (12 compagnies), le régiment John (12 compagnies), le bataillon d'élite Gren 223, un bataillon de forteresse (8 compagnies), la compagnie d'alerte « Alarm Kie » Hans, ainsi qu'environ 2000 hommes de la Kriegsmarine Werft (chantier marine de guerre) entraînés au combat.

L'artillerie, commandée par le colonel Loeblich, comprend les groupes 1180, 1181 et 1280 à 4 batteries chacun, une batterie de 4 canons de 170 mm, 5 groupes d'artillerie de marine, des batteries antichars, 1 train blindé, les groupes de DCA 195 et 812, sans oublier une compagnie de pionniers.

Le parc motorisé comprend 15 blindés légers, 350 camions et 275 voitures légères. Le moral d'une partie de la troupe est bas, particulièrement dans les unités composées d'anciens ouvriers allemands de la base sous-marine ou dans celles comprenant des Autrichiens et des Polonais. Certains commandants de compagnie comptent sur un déchet de 70 à 80 % de soldats en cas d'engagement sérieux. Par contre, les unités d'assaut des régiments Zapp et John, et du bataillon Gren 223 forment un ensemble solide, avec des soldats bien entraînés et encadrés par des officiers expérimentés.

Le 20 août 1944, l'amiral Schirlitz prend le commandement de la poche de La Rochelle, relevant ainsi le colonel Preuser.

La garnison de l'île de Ré, secteur dépendant également de La Rochelle, repose sur 1500 à 2000 soldats allemands, organisés en compagnies de combat, et sur 140 fusiliers marins italiens placés sous les ordres du capitaine Ascani et des lieutenants Dal Fiume et Gallo. Cette compagnie est fragmentée en plusieurs pelotons dispersés sur l'ensemble de l'île. Une partie de ces hommes est composée de marins italiens capturés par les Allemands en Grèce, après la capitulation de l'Italie en septembre 1943. Incorporés dans les troupes d'occupation de l'île de Ré, ces soldats italiens entrent secrètement en contact avec la résistance locale et spécialement avec le capitaine Ascani. L'autre partie de cette troupe est issue des fusiliers marins italiens du bataillon San Marco, unité d'élite installée à Bordeaux en 1941 afin d'assurer la défense de la base sous-marine.

La Milice de La Rochelle, forte d'une section d'assaut, trouve en François Sidos, ancien inspecteur général à la Sécurité nationale, un fanatique de la collaboration. En accord avec les autorités allemandes, il pratique une intense action policière, commettant des perquisitions, des arrestations arbitraires parmi la population rochelaise. Le discours pro-allemand de Sidos inspire d'abord confiance à l'amiral Schirlitz, mais les exactions de la Milice, les positions fanatiques de certains, valent à Sidos une réputation détestable, tant du côté de la population civile que de celui des autorités allemandes. La section d'assaut de la Milice est cependant autorisée à revêtir l'uniforme allemand, lorsqu'elle est en service pour la détection des passages clandestins de résistants français.

La vie à l'intérieur de la forteresse de La Rochelle

La forteresse, profonde de 15 à 20 km, forme un front terrestre large d'une trentaine de kilomètres, incluant divers villages et la cité de La Rochelle. La zone de combat des avant-postes allemands et français, véritable *no man's land*, couvre un front d'une centaine de kilomètres de largeur et de 10 à 20 km de profondeur.

Pour pouvoir résider dans la forteresse, il faut une carte d'identité antérieure au 1er juin 1944, un certificat de travail et un certificat de résidence délivré par l'occupant. Les attroupements de plus de trois civils sont interdits. Le couvre-feu est maintenu. Les nombreuses patrouilles fouillent parfois les maisons, une voiture de détection TSF circule dans l'enceinte fortifiée.

Le 24 septembre 1944, un premier échange de prisonniers a lieu : 19 FFI contre 23 soldats allemands. Le milicien François Sidos forme une « délégation atlantique du gouvernement français » et remplace la Milice de Delestre partie en Allemagne. Le 30, 6 camions de 10 tonnes sont blindés avec des tôles d'acier de 12 mm. Ils sont destinés à la récupération de vivres lors des coups de main.

La base sous-marine continue d'accueillir des sous-marins allemands, malgré le blocus naval des Alliés. Un avion allemand, assurant la liaison Francfort-La Rochelle, passe régulièrement ou parachute des vivres et du matériel de guerre.

Le 13 novembre 1944, un service de censure est assuré sous les ordres du chef nazi Koethe: avec l'aide d'une équipe montée par François Sidos, il passe au crible toutes les lettres reçues dans la forteresse. Le 18, à 14 heures, une patrouille allemande tire sur un motocycliste et son compagnon, rue Saint-Louis. Le motocycliste, René Schivy, interprète à la SNCF, membre de la Résistance, déjà interné et libéré en juin, est mortellement blessé. Celui qui l'accompagnait est arrêté, ainsi que deux autres, au café Baron, rue Gambetta.

Des sentinelles surveillent l'entrée des bâtiments où l'armée allemande a installé ses bureaux administratifs. Devant l'hôtel de ville, un poste de garde reste constamment occupé. On assiste, dans la rue Chaudrier, à hauteur de la cathédrale, à des défilés militaires. Place de Verdun, une section musicale de la Wehrmacht, groupée dans le kiosque à musique, joue des marches du Reich ou des œuvres classiques.

En décembre, un échange de 80 prisonniers est effectué. Parmi les prisonniers allemands remis figurent deux Polonais déserteurs, qui sont passés par les armes par le lieutenant Neumann. Deux hydravions amerrissent dans l'avant-port, afin d'y apporter des armes antichars. Le PC de combat de Schirlitz est fixé à Varaize, alors que l'amiral Kober est rapatrié par avion. Le môle d'escale du port est miné. Un fil de mise à feu va du dépôt des torpilles de Vaugouin à l'usine Jeumont. Le sas est également miné, à l'aide d'une centaine de têtes de torpilles de 425 kg d'explosifs. Le sas en béton armé très solide, ouvert vers l'Est et l'Ouest, fait office de défense. Une explosion serait catastrophique pour l'île de Ré et La Rochelle qui sont situées dans l'axe de ses ouvertures. La surveillance côtière, accomplie par des patrouilleurs de la Kriegsmarine est renforcée: patrouilles de jour et de nuit; pose d'un barrage flottant la nuit, entre la pointe du Plomb et de la Repentie; fouille des bateaux civils. Le colonel Loeblich prend le commandement de l'artillerie de la forteresse. La compagnie d'Alerte, du lieutenant Hans, est cantonnée à Marsilly. Les prisonniers de guerre FFI, en raison de leur attitude correcte, sont internés à Lafond avec un régime de faveur spécial.

En janvier 1945, les soldats polonais incorporés dans l'armée allemande, cantonnés à Angoulins, sont désarmés et transportés dans l'île de Ré par précaution. Le capitaine Koethe, chef de l'Abwehr (service de renseignements de l'armée allemande), demande l'expulsion de deux officiers, et de 39 gradés et gendarmes français des brigades de La Rochelle, Châtelaillon et La Jarrie.

En février, l'effectif du camp de prisonniers FFI de la Sauzaie représente 326 internés. Les Allemands font sauter les ponts de Saint-Jean, sur le canal de la Bache, le pont du Vieil Ormeau à Marans, celui de La Rochelle de la nationale 137 et le pont Vendôme sur la départementale 262. Les services de l'Abwehr font passer en Espagne, par mer, certains Français trop compromis avec l'occupant. Les capitaines allemands Jurgen et Grefe, échangés comme prisonniers des FFI, font une intense propagande sur les mauvais traitements subis dans les camps FFI. Le 19, un avion Heinkel III, arrivé le 10, s'écrase au décollage : 7 morts. Les Allemands ont voulu faire reprendre le travail à 150 ouvriers français sur un site militaire. Comme 146 refusent, ils sont expulsés avec leurs familles et remplacés par du personnel allemand. Le 25, trois avions de la Luftwaffe apportent des pièces de rechange pour des canons de 88 mm, ainsi que des munitions antichars. La propagande près de la troupe s'intensifie à l'aide de tracts et de messages radio : « Mieux vaut tomber en combattant, qu'être fait prisonnier par les FFI ! » Des représailles sont prévues contre les familles des déserteurs. La discipline est renforcée. Trois sous-marins arrivent à la base sous-marine. Ils doivent ensuite repartir pour Saint-Nazaire.

Le 1er mars, à la suite de l'attaque allemande sur Marans, 256 prisonniers FFI sont transférés au camp de Jeumont. Le 3, l'attaque sur Nuaillé se poursuit. La troupe allemande a subi de lourdes pertes sur les deux fronts. L'apparition de chars français l'a complètement démoralisée. Les soldats rejoignent leurs cantonnements, très éprouvés, harassés et déprimés. Le 4, l'amiral Schirlitz lance un ordre du jour pour leur remonter le moral : « Il faut tenir à tout prix. Pensez que nous formons un obstacle sérieux pour l'ennemi, nous fixons des troupes françaises qui ne peuvent être employées sur le Rhin[180]. » Le 7, des miliciens français arrivent d'Allemagne en avion, pour être parachutés en Vendée derrière les lignes FFI. Des mines de 250 kg sont placées à divers endroits du port de La Rochelle. On installe également des lance-flammes à l'entrée du port, entre les deux tours. Le 20, on assiste à une intensification des travaux sur les ouvrages défensifs. Les prisonniers français travaillent la nuit, l'infanterie allemande le jour. Le 21, l'équipe allemande de sondage du moral de la troupe, qui vient de rentrer d'une tournée d'enquête sous les ordres du lieutenant Pauli, rend compte à l'amiral Schirlitz de l'état de moral peu élevé de la garnison. Pour y remédier, des films de propagande sont présentés dans les divers cantonnements. *La Gazette d'Aunis*, journal pro-allemand, publie des articles enflammés du lieutenant allemand Pauli et du milicien François Sidos. Des expositions à la gloire du IIIe Reich sont organisées en divers lieux. À Charron, des soldats allemands recherchent des cartes d'identité civiles pour se fondre dans la nature en cas d'attaque française. Des officiers de la base sous-marine ont pris la précaution de déposer des costumes civils chez leurs petites amies françaises. À la suite de la désertion de 7 soldats polonais, incorporés dans l'armée allemande, la surveillance des barrages est renforcée. Des agents de l'Abwehr, dont l'agent hollandais nazi Dingler, circulent dans les lignes françaises, afin de renseigner le commandement allemand.

Les Allemands impriment un hebdomadaire en français, dont seulement quatre numéros vont sortir. Les imprimeurs français sabotent la diffusion. Pour ne pas être en reste, le chef milicien Sidos fait imprimer le journal *Voix de France* sur les presses réquisitionnées du quotidien *Charente-Maritime*.

Un bateau de pêche monté par cinq Allemands est attaqué par un avion allié : on compte deux tués et trois disparus. Les femmes de maisons closes, faisant de la propagande près de leurs clients allemands en faveur de la désertion, sont dénoncées par un Polonais nazi, Kulpa.

Au mois d'avril 1945, la Wehrmacht fait sauter le pont d'Aigrefeuille de la départementale 112, celui de la nationale 139 à Puydrouard, ceux de Carcaux, du Rocher et d'Angoutte sur la nationale 137, le pont du Both de la nationale 22 sur le canal de Nuaillé et le pont de Fraise de la départementale 107 sur Virson. Le 15, à la suite de l'attaque alliée sur Royan, la garnison allemande de La Rochelle est consignée. Le 20, à l'occasion de l'anniversaire du Führer, l'amiral Schirlitz harangue ses troupes : « Le combat final pour la forteresse est imminent ; je vous rappelle votre serment et vous invite à résister jusqu'au bout[181]. » Le 24, un avion allemand de liaison, venant d'Allemagne, s'écrase dans la baie de l'Aiguillon. Tous les occupants sont tués. Les pêcheurs ramassent les épaves, parmi lesquelles ils trouvent 12 millions en argent français. Le 25, un sous-marin allemand de 750 tonnes, venant de Norvège, fait escale à La Rochelle avec 45 hommes et 3 officiers à bord. Après ravitaillement, il a repris la mer. Le 27, à 22 heures, un attentat est commis contre le milicien Michaud qui meurt peu après des suites de ses blessures. Cette action laisse prévoir des perquisitions par les services de Koethe. Depuis deux mois, neuf cadavres d'hommes et de femmes, indicateurs de Koethe et de Sidos, ont été découverts.

Le 4 mai, l'occupant allemand fait évacuer une partie des habitants de Belle-Croix, Pied-Litzet, La Boulinière, Coutureau, Rehon, Pavillon, Beauséjour, La Présidente, La Tavernière et La Loge. La troupe, placée en état d'alerte, quitte villages et maisons, et prend position dans les champs. Le 5, le sous-marin *Fuchs* appareille dans la nuit avec le colonel Grupe et un chargement de farine pour Saint-Nazaire.

Pourparlers et accords franco-allemands sur le front de La Rochelle

Les deux villes qui abordent la dernière phase de la guerre dans des conditions identiques, Royan et La Rochelle, connaissent cependant des sorts opposés : la première est détruite lors d'un bombardement aérien allié en janvier 1945 ; la seconde est prise intacte par les troupes françaises, en mai de la même année.

Le 18 septembre 1944, le général de Gaulle rencontre à Saintes le colonel Adeline, commandant provisoire des troupes françaises du front de l'Atlantique du Sud-Ouest, en attendant la nomination du général de Larminat. Devant divers officiers, de Gaulle donne alors ses instructions pour les opérations à entreprendre sur les poches allemandes, puis il fait allusion aux pourparlers officieux, qui ont permis au commandant de marine Hubert Meyer d'obtenir l'évacuation sans combat de Rochefort par les Allemands :

« J'approuve, dit-il, en principe, ce que vous avez fait jusqu'ici et je vous félicite des résultats obtenus, notamment pour Rochefort. Toutefois, je désire qu'en aucun cas il ne soit conclu avec l'ennemi d'armistice local de caractère définitif. Les poches allemandes doivent être, et seront, réduites par la force. Une division blindée française sera acheminée ici dans un délai que je ne puis préciser, mais qui sera bref.

« Pour l'instant, j'autorise qu'une action d'intimidation soit poursuivie afin d'inciter l'ennemi à s'abstenir de tous sévices et de toutes destructions dans les poches.

« J'insiste sur le fait que des pourparlers ne devront jamais revêtir le caractère d'une négociation. C'est par une attitude ferme, au besoin par la menace, et dans le sentiment que nous sommes les vainqueurs que l'ennemi devra être amené à composition.

« Sous cette réserve, j'approuve ce qui pourra être fait afin de sauvegarder La Rochelle et les ports occupés, ainsi que pour réduire l'agressivité de l'ennemi.

« Je prendrai toutes les dispositions, aussi vite que possible, afin que les combats de libération dans ce secteur soient menés avec une vigueur telle qu'il en résulte le minimum de dégâts pour les troupes françaises[182]. »

Ces instructions ne préjugent pas de la manière dont seront opérées les libérations de Royan et de La Rochelle. Deux éventualités restent possibles : les deux villes peuvent être reconquises par les armes ou à la suite de pourparlers. Ce sont là deux attitudes qui vont s'incarner en deux officiers français.

Les pourparlers sont conduits par le capitaine de frégate Hubert Meyer, désigné par le gouvernement français comme commandant de la marine à la préfecture maritime de Rochefort. Le général de Gaulle précise que cet officier est l'unique qualifié pour s'entretenir avec l'ennemi au nom du commandement français.

Les opérations militaires sont confiées, à partir de la fin octobre 1944, au général de Larminat, commandant en chef du détachement d'armée de l'Atlantique. Dans les intentions exprimées par le général de Gaulle, il semble qu'il n'y ait pas d'opposition entre les rôles prévus pour les deux hommes. Les pourparlers doivent contribuer à démoraliser l'ennemi et à limiter au strict nécessaire l'emploi des forces armées. Préliminaires négociés et coup de grâce infligé par la force aux garnisons allemandes doivent permettre la libération des deux poches avec des dégâts limités.

Il va en être tout autrement. Le commandant Meyer et le général de Larminat ont des conceptions différentes de leur rôle militaire.

Le capitaine de frégate Hubert Meyer est un enfant de la région : le château de Mons, près de Royan, appartient à sa famille. Non loin de là, près de Jonzac, il possède lui-même un domaine agricole appartenant à ses ascendants depuis le XVIIIe siècle. Aux yeux de cet homme enraciné depuis des générations dans ce terroir, la libération des deux poches présente un aspect qui n'est pas uniquement stratégique, mais humain et familier.

Le général de Larminat, officier de l'armée coloniale né dans le Gard, a participé à tous les combats victorieux de la France libre, en Afrique, en Italie et en Provence. Lorsqu'il reçoit le commandement du front de l'Atlantique, face aux poches allemandes, il n'y a pas de différence stratégique avec les précédentes opérations militaires. C'est le même élan qui continue et touche au but : persévérer sur sa lancée de général victorieux.

Le 13 septembre 1944, le commandant Meyer rencontre pour la première fois l'amiral allemand Schirlitz, qui commande les forces occupantes de La Rochelle. Entre marins de tous pays, il y a des affinités qui les prédisposent à s'entendre, dans une même conception du devoir et de l'honneur. De plus, Schirlitz est un de ces officiers dont l'état d'esprit répugne au fanatisme nazi. Depuis août 1944, après l'attentat manqué contre Hitler et la répression féroce qui a suivi, il ne se sent plus solidaire du Führer qui mène, d'après lui, l'Allemagne à la ruine. Lors de cette première conversation, Meyer obtient des atténuations au régime de l'occupation pour La Rochelle et esquisse un « *gentleman agreement* » entre soldats. Les Français s'engagent à ne pas effectuer de bombardements aériens et renoncent à s'emparer du port par la force. De leur côté, les Allemands s'abstiennent de toute destruction de la ville et de toute offensive massive visant à percer les lignes françaises.

Le 20 septembre 1944, après avoir obtenu l'accord du général de Gaulle, Meyer reprend les pourparlers avec l'amiral Schirlitz :

« Monsieur l'amiral, dit-il, le commandement militaire français m'a autorisé à vous adresser la proposition suivante : ce commandement fixerait une ligne dite de sécurité, légèrement en retrait sur les positions actuelles. Le franchissement de cette ligne par vos troupes serait considéré comme un acte offensif délibéré, qui aurait pour effet de rompre définitivement tout accommodement ultérieur et de déclencher une intervention aérienne immédiate.

« De son côté, le commandement allemand fixerait quelque peu en arrière de ses avant-postes actuels une ligne que nos troupes s'engageraient à ne pas franchir.

« Entre les deux lignes subsisterait une sorte de zone d'opérations dans laquelle se dérouleraient librement des actions sans doute nécessaires au moral de nos troupes respectives.

« Il serait entendu qu'au cours de telles actions, les conventions humanitaires seraient scrupuleusement respectées[183]. »

Ce dernier paragraphe concerne l'échange de prisonniers faits par les deux camps et la reconnaissance par Schirlitz des FFI comme soldats réguliers.

Après des pourparlers d'état-major, longs et ardus, pour fixer les lignes respectives qu'Allemands et Français s'engagent à ne pas dépasser, une convention est signée le 18 octobre 1944 sans limitation de durée, chaque partie se réservant le droit de la dénoncer, après un préavis.

La situation qui s'instaure autour de La Rochelle rappelle la « drôle de guerre » de 1939 dans le Nord-Est de la France. Malgré les risques résultant des combats locaux au sein du *no man's land*, la population cherche à s'en accommoder. Les paysans de la zone neutre ont compris que leur intérêt est de vendre leur bétail à La Rochelle, où les Allemands, ayant pillé la Banque de France, paient en argent français, plutôt que chez les FFI qui les règlent en bons de réquisition.

Le 28 mars 1945, le général de Larminat, sur le point de déclencher l'offensive contre Royan et la Pointe-de-Grave, prévient le commandant Meyer que l'accord intervenu pour La Rochelle ne lui semble plus opportun :

— Auriez-vous, mon général, l'intention d'attaquer La Rochelle ?

— Avouez qu'il serait déplaisant d'arriver à la victoire sans livrer bataille à l'ennemi. Le prestige de l'armée française renaissante nécessite une victoire par les armes et la capitulation sans condition de l'ennemi.

— Je pense, répond Meyer, que ce geste ferait courir à la ville de La Rochelle un risque grave et inutile[184].

Le 10 avril 1945, Larminat charge Meyer de transmettre à Schirlitz une lettre dénonçant l'accord du 18 octobre 1944. Dans ce texte, un paragraphe va être considéré comme insultant par l'amiral allemand :

« Le port et la ville de La Rochelle ne présentent plus aucun intérêt militaire, de sorte que si ces lieux venaient à être endommagés systématiquement, maintenant que la décision de la guerre est intervenue, le gouvernement français estimerait se trouver en présence d'un acte de sabotage délibéré, contraire au droit des peuples, crime qui légitimerait, vis-à-vis de leurs auteurs directs ou indirects, l'application de la juridiction de droit commun[185]. » (185)

Le 12 avril, l'aide de camp de Schirlitz, le lieutenant Grupe, remet à Meyer la réponse de l'amiral. Elle est rédigée en des termes qui permettent de craindre la destruction du port de La Rochelle. En lisant cette lettre, Meyer, de sa propre initiative, demande à rencontrer l'amiral Schirlitz, afin d'obtenir qu'il épargne le port. L'entrevue, il s'en doute, ne sera pas des plus agréables, mais Meyer ne peut imaginer combien elle sera pathétique :

« Je vis, raconte-t-il, s'avancer vers moi un homme voûté, aux traits émaciés et tirés. Il paraissait accablé et faisait de visibles efforts pour se dominer. Lorsqu'il s'approcha de moi, je vis que sa mâchoire tremblait. Était-ce d'émotion ou de colère ? J'eus l'impression que la conversation allait être dure :

« — Comment voulez-vous, dit l'amiral Schirlitz, que j'aie désormais confiance dans un homme qui m'a adressé une insulte aussi déshonorante et qui rompt ses engagements au moment où il se sent le plus fort ? Il ne me reste plus qu'à relever le défi, à me préparer à me battre et à appliquer les plans prévus pour le moment où ma forteresse succombera.

« Sur ces mots, l'amiral fit mine de prendre congé ou du moins il s'écarta pour s'entretenir avec ses compagnons. Le lieutenant Grupe alors vint à moi et me dit à mots entrecoupés :

« — Monsieur le commandant, je voudrais vous dire un mot en particulier.

« Je m'écartai avec l'officier allemand.

« — Il est une chose, me dit-il, qui vous expliquera l'attitude de l'amiral. Cet homme a la mort dans le cœur et il est prêt à faire une chose irréparable… Je ne sais vraiment pas comment il a eu la force, le courage de venir ici. Car il a appris ce matin même qu'au cours d'un bombardement allié sur Kiel, il avait perdu sa femme, ses deux filles et ses six petits-enfants…

« J'allai aussitôt trouver l'amiral et je lui dis non sans une très réelle émotion :

« — Monsieur l'amiral, je viens d'apprendre l'épouvantable malheur qui s'est abattu sur votre personne. Bien que nous soyons ennemis, permettez-moi de vous dire toute l'horreur que je ressens à cette nouvelle, et toute la compassion que j'éprouve pour vous personnellement. Et je vous demande de me laisser vous serrer la main.

« L'amiral Schirlitz me tendit alors une main qui tremblait et je vis ses yeux s'embuer de larmes. Il toussota, puis me dit d'une voix étranglée mais ferme :

« — Monsieur le commandant, aucune des paroles de sympathie que j'ai reçues autour de moi ne m'a touché autant que celles que vous venez de prononcer[186]... »

La conversation reprend. Après des préliminaires difficiles, au cours desquels Schirlitz se plaint d'avoir été traité de « criminel de droit commun » par le général de Larminat, Meyer lui propose, à défaut de convention écrite, un engagement personnel : « La guerre, monsieur l'amiral, est une chose affreuse. Nous avons essayé tous deux de la rendre moins cruelle ici. Alors pourquoi, d'homme à homme, ne tenterions-nous pas encore quelque chose au nom de ceux qui sont morts ? Faisons qu'ils ne soient pas morts en vain[187]... »

Meyer donne sa parole d'honneur que la convention, officiellement dénoncée, sera maintenue en pratique.

Le 13 avril 1945, reçu par le général de Larminat dans sa roulotte de commandement près de Royan, Meyer prend connaissance de la lettre personnelle adressée par le commandement français à l'amiral allemand et rédigée en des termes d'une grande courtoisie et d'une parfaite dignité :

« Monsieur l'amiral,

« Pour des raisons de secret d'opérations, je ne vous ai pas exposé jusqu'ici les motifs pour lesquels j'ai dénoncé la convention du 18 octobre 1944. J'estime devoir les donner au loyal combattant que vous êtes, maintenant que le secret est levé.

« J'attaque Royan. J'ai désiré vous laisser les mains libres afin que vous puissiez agir en cette circonstance selon ce que vous estimerez devoir à la camaraderie de combat vis-à-vis de l'amiral Michahelles. Je veux que le jeu soit complètement franc, ouvert, au grand jour, comme je n'ai jamais cessé personnellement de combattre votre pays depuis 1940.

« Vous admettrez certainement que je n'ai personnellement aucun intérêt à dénoncer une convention à l'abri de laquelle j'aurais pu dégarnir notre front pour renforcer celui de Royan. C'est donc un combat loyal et honorable qui vous est offert. Vous y rencontrerez, si vous l'affrontez, les meilleures troupes de notre armée[188]. »

Au sujet de la destruction du port par les Allemands, Larminat maintient son point de vue, mais en des termes, cette fois, qui n'ont rien d'offensant pour l'amiral Schirlitz :

« Le gouvernement français considère qu'un tel acte ne serait pas couvert par les lois de la guerre. Vous serez alors seul responsable, vis-à-vis de la France, de la conservation ou de la destruction d'un bien français et mon gouvernement estime que vous devez être informé de sa position sur ce point. J'espère, monsieur l'amiral, que la situation tragique dans laquelle vous vous trouvez se résoudra bientôt. Je serai heureux d'être l'artisan de cette conclusion, et l'estime dans laquelle je tiens votre caractère hautement militaire me porte à souhaiter que cette conclusion arrive à temps pour que j'aie le pouvoir d'en atténuer à votre égard le caractère pénible dans la limite de mes devoirs[189]. »

Par cette lettre, Larminat s'efforce d'écarter définitivement la menace que sa dénonciation fait peser sur La Rochelle et que l'entrevue de Meyer avec Schirlitz a déjà, en partie, éloignée.

La Résistance à l'intérieur de la poche de La Rochelle

La Résistance française se montre très active à l'intérieur de la poche de La Rochelle. Renseignement et sabotages représentent les principales actions de ces groupes clandestins. Le réseau Alliance, le réseau F2 et le réseau Eleuthère remplissent scrupuleusement et parfaitement leurs missions. Les blockhaus, les pièces d'artillerie, les nids de mitrailleuses, les secteurs minés, les modifications dans les travaux défensifs sont étroitement surveillés par les agents de ces réseaux. Aucune pièce allemande d'armement ne peut se déplacer, aucun effectif ne peut être changé sans que l'état-major du général de Larminat n'en soit avisé. Les mouvements de troupes, les transports de matériel, les mouvements maritimes et aériens sont signalés avec le même soin.

Lors du bouclage de la poche, le 12 septembre 1944, le réseau Alliance, placé sous les ordres de Lapereau-Fortunet, aligne 117 agents français et 17 agents allemands, dont les résistants Sarrabezolles, Couvy, Hervouet, Diot, Saget, Paul, Tremulot, Panariou, Goubert, Gaudin, Garnier, Morin, Devogelaere, Angot, Marteau, Pigeonnier, Kiener, Le Gaillard, Delpech, Diquelou, Hofer, Morch, Rimbaud, Plisson, Horassius, Morch, de Saint-Affrique…

Dans l'ensemble, le réseau Alliance a envoyé 300 messages radio, 50 courriers terrestres et une dizaine de courriers marins. Dans le secteur d'Yves, Jean Auger, 16 ans, assure le passage clandestin. Il va être l'un des plus jeunes décorés de la croix de guerre.

Une formation de combat, confiée au capitaine Charles Robert, ainsi que le groupe de sabotage du sous-lieutenant Étienne Boussert participent activement à la confection de deux blindés légers, sous la direction de l'ingénieur Seuguin et du chef d'équipe Mialaret.

Les groupes d'action sont rassemblés sous le nom de régiment Jean-Guitton, uniquement dans le but d'assurer une unité de commandement, auquel se sont déjà rattachés les équipes Ampère et les scouts routiers de l'abbé Morice.

Les actions de la Résistance rochelaise sont multiples durant la période allant de septembre 1944 à mai 1945. Le 17 septembre 1944, des employés de la SNCF sabotent sept locomotives en dépôt. Le 22, le groupe Ludo fait sauter à l'explosif le pont de Dompierre. Le 26, des tracts patriotiques sont lancés en ville. L'adjudant de gendarmerie Gaborit fait une intense propagande pour inciter les ouvriers de l'entreprise Lugen, travaillant au fossé antichar de l'enceinte fortifiée, à déserter. Des papillons sont collés sur les manches des pelles et des pioches : « Tu travailles pour la défense allemande contre tes frères. Traître, tu seras fusillé. » Plusieurs ouvriers quittent le chantier.

Le 5 octobre 1944, cinq locomotives forcent le blocus et regagnent Saintes. Le 11, les fonds de la Banque de France (205 millions) sont menacés d'être enlevés par l'occupant nazi. Un embarquement clandestin est monté et s'opère sur le bateau de pêche *Jean Madeleine*, du patron Jean Pêche, au pied de la tour de La Chaîne, en plein jour, sous la surveillance du groupe Jean Augé. L'ensemble est acheminé sur les

Sables-d'Olonne, avec la participation du directeur de la banque, M. Birens, qui retourne ensuite à son poste, afin de continuer à aider la Résistance. Le 20, le groupe Ludo kidnappe deux agents allemands qui sont envoyés à Rochefort par bateau.

Le 2 novembre, le groupe Ludo fait entrer clandestinement un poste émetteur avec son opératrice, Henriette Martineau. En décembre, un comité de secours aux prisonniers de guerre FFI est créé, à l'initiative de Pesché. Des tonnes de marchandises et de denrées sont collectées pendant cinq mois dans les communes des environs, puis distribuées aux prisonniers FFI, assurant ainsi leur subsistance. Pesché est finalement expulsé de La Rochelle le 13 février 1945. Le 21 décembre, le groupe Ludo remet au 2e bureau à Rochefort une série de photographies des positions allemandes de La Rochelle. Le 17, le même groupe effectue un coup de main sur le dépôt militaire et enlève 17 bouteilles d'oxygène et 14 d'air liquide nécessaires à la construction de blindés. Cette opération est répétée le 1er février 1945, où 23 bouteilles d'oxygène et 17 d'air liquide sont subtilisées.

Le 12 janvier 1945, la Résistance locale monte une opération commando contre le dépôt d'essence de Tasdon, afin de récupérer 1400 litres d'essence pour les blindés construits clandestinement dans l'atelier Ludo, 20, rue Saint-François. Le 3, le groupe Ludo fait évader sept prisonniers FFI du camp de Laleu.

Le 27 janvier, malgré la présence de l'ennemi, un service funèbre à la mémoire de Léonce Vieljeux et des martyrs du camp du Struthof en Alsace est célébré à la cathédrale, par l'évêque Mgr Liagre, et au temple, par le pasteur Barraud. De nombreux Rochelais demeurent à l'extérieur des deux édifices religieux, faute de place à l'intérieur. Maurice Schumann, dans son émission de la BBC radiodiffusée le 4 avril 1945, s'adresse aux Rochelais et signale que « l'ennemi n'avait pas osé interdire la commémoration de son crime… ».

En février, une ligne téléphonique clandestine est montée entre La Rochelle et Châtelaillon. Trois membres des FFI (Paul Couzinet, Joseph Martin et Paul Roland), prisonniers à la caserne Renaudin, tentent de s'évader. Ils sont mitraillés par une sentinelle allemande. Dans l'île de Ré, un groupe de la Résistance, sous les ordres de l'officier de marine Gustave, recueille des renseignements, qui sont déposés ensuite chez le résistant Clovis servant de boîte aux lettres.

Des courriers clandestins partent vers la côte vendéenne. L'abbé Jean Picaud, aumônier des bagnards, fait envoyer, à l'aide d'un émetteur radio, des renseignements urgents à la Résistance et aux Alliés.

En mars, grâce à la complicité de résistants locaux, 23 membres des FFI, retenus prisonniers au camp de la Sauzaie, parviennent à s'évader et à regagner les lignes françaises. Le 25, le groupe clandestin « 182 » enlève 14 tubes de lance-flammes au dépôt de matériel de La Pallice, afin d'équiper les blindés français de la rue Saint-François.

« Le ravitaillement de la population civile à l'intérieur de la forteresse devient précaire, écrit Henri Gayot. Les délégués de la Croix-Rouge suédoise, Almonström et Nordling, arrivés à La Rochelle en décembre, organisent, le 8 mars, à Tonnay-Charente, le chargement d'un bateau de vivres, mais la population veut en empêcher le départ, prétextant que ce ravitaillement est destiné aux troupes d'occupation. Juchereau et des membres du Comité Départementale de Libération (CDL) parviennent à convaincre les habitants que le ravitaillement est bien destiné aux civils, mais il faut bien dire que ceux de l'extérieur de la poche ont tendance à trop généraliser et à considérer ceux de l'intérieur comme des collaborateurs[190]. »

L'effectif de la population civile est d'environ 14000 pour la ville de La Rochelle et monte à 52000 pour l'ensemble du secteur fortifié de la poche.

En avril, la publication clandestine *Honneur et Patrie* voit le jour à l'intérieur de la poche. Des affichettes sont collées sur la façade du cinéma Familia : « Radio Sidos est allemand… »

Depuis plusieurs mois, avec l'accord de l'abbé Crampette et de son fidèle compagnon, l'abbé Morice, le groupe Louis Dufour introduit un poste émetteur-récepteur dans le clocher de l'église de Fétilly. Henriette Martineau en est l'opératrice habituelle. Des armes dérobées aux troupes allemandes sont cachées au-dessus du chœur de l'église. La cure sert également de salle de réunion ou de refuge pour les résistants. Le palais de justice devient l'un des dépôts d'armes du régiment Jean-Guitton. C'est dans le cabinet d'instruction que les membres de l'état-major établissent les programmes d'action et donnent les directives. Un armement divers trouve un logement sous l'estrade de la salle d'audience et sous la toiture du palais. Le régiment Jean-Guitton devant occuper les édifices publics lors de la libération de la ville se compose de trois bataillons de quatre compagnies chacun. Il réunit tous les résistants rochelais, sauf certains services publics comme le groupe de défense passive et la police municipale. Les principaux chefs de ce régiment sont le lieutenant-colonel Martinaud, le colonel Jean Christiaen, le commandant Ribeyrol, le commandant Fontaine, Jean Augé…

Les forces françaises du front de La Rochelle

Les troupes françaises tenant le front de La Rochelle dès septembre 1944 reposent principalement sur le Groupement FFI Bir Hakeim, le Groupement FTP Demorny, le Groupement FTP Ricco, le Groupement FFI Foch, la compagnie FTP Brenner, la compagnie FFI France-Saumur, le Groupement FFI Fournier, les Groupements FFI Chaumette et l'Hélias… Ces unités, qui viennent en majorité du Sud-Ouest de la France ou du sud de la Loire, ont participé activement à la libération du pays durant l'été 1944. L'ensemble représente 10700 hommes placés sous le commandement du colonel Chêne. Chaque groupement peut mettre en ligne un effectif de 1500 à 3000 hommes, équipés d'armes légères (pistolets ou revolvers, fusils, mitraillettes, fusils-mitrailleurs et quelques mitrailleuses), mais dépourvus le plus souvent d'armement lourd (artillerie, blindés). Pour tenir un front terrestre d'une centaine de kilomètres, la troupe française met en place des postes de combat avec des abris de fortune, et creuse des tranchées. Mal vêtus, lors d'un hiver particulièrement rude pour la région, les Français luttent avec stoïcisme et bravoure face à des unités allemandes bien entraînées et mieux équipées.

Dès le début du siège, la garnison allemande de La Rochelle, supérieure en nombre (avec 16000 hommes), monte diverses opérations offensives, afin de terroriser la population, ébranler la résistance des troupes françaises, récupérer du bétail, des aliments, divers équipements, et faire des prisonniers.

Le 16 septembre 1944, les Allemands réoccupent Ferrières dans la nuit. À 7h30, ils assassinent le maire, Paul Chatelain, ainsi que Marcel Dangaly, Maurice Ballanger, André Raut, Philippe Bonneau et Marie Jarrion. Le village est mis à sac. Le jeune Barbin, blessé, réussit à s'enfuir. Le hameau de Canteloup est incendié. À 10 heures, les Allemands se replient sur Beauvallon. À 13 heures, les FTP du groupe Ricco prennent position dans le village. Les Allemands contre-attaquent. Les FTP, inférieurs en nombre, doivent se replier, à 16 heures, dans la partie est du bourg. À 18 heures, le combat reprend, marqué notamment par des tirs de mortiers jusqu'à la nuit. L'ennemi compte 30 tués et 4 blessés. Parmi les résistants, on relève 12 tués plusieurs d'entre eux ont été martyrisés : un a la gorge tranchée, deux sont retrouvés les poings liés et le crâne défoncé, un a la verge coupée et placée entre ses dents. Maurice Cousseau, capturé par la soldatesque germanique, est fusillé sur place. Les 4 blessés allemands, capturés, sont transférés à l'hôpital de Niort. Le village de Ferrières est définitivement libéré.

Fin septembre, le Groupement Bir Hakeim repousse plusieurs assauts allemands à Yves, village se trouvant dans le secteur sud du front de La Rochelle. Le 20, une violente attaque allemande est déclenchée avec 500 hommes. Les pertes sont élevées de part et d'autre. Les Français comptent 19 tués, 15 blessés et 23 prisonniers ; les Allemands ont 26 tués et de nombreux blessés. Deux bataillons FFI, arrivés en renfort, réoccupent le village. Lors de cet accrochage, le village est incendié par les Allemands et le civil Maurice Reyez tombe sous les balles de l'ennemi. Dix à douze corps de soldats russes, enrôlés dans la Wehrmacht, puis exécutés par les nazis, sont retrouvés et inhumés provisoirement dans une fosse commune.

À Aigrefeuille se déroule une succession d'attaques allemandes, entre le 22 et le 23 septembre. La résistance française brise tous les assauts. Dans l'île d'Aix, un groupe de 11 FFI séjourne dans l'île avec 2 vedettes à moteur. Le 25 septembre, une des vedettes saute sur une mine à 200 m des remparts. Le matelot-pilote et 5 FFI trouvent la mort. Un coup de main ennemi sur la ferme de Chambon au sud d'Yves fait deux blessés graves dans les rangs français.

Dans le secteur nord, le capitaine Carre et le lieutenant parachutiste FFL Poizat rendent compte au commandant Morin des demandes de renfort des avant-postes, placés devant Longèves et Nuaillé, en raison des nombreuses attaques qu'ils subissent. Le 4e bataillon FFI passe la Sèvre et renforce les commandos FFL et le 5e bataillon FFI. Dans ce secteur, 1 100 hommes, mal équipés, tiendront pendant cinq mois un front de 13 km dans un terrain marécageux, lors d'un terrible hiver marqué par d'abondantes chutes de pluie et de neige.

Dans la nuit du 26 au 27, l'ennemi lance une reconnaissance derrière les lignes françaises, aux Haies de Virson, en passant par Tesson et le nord de Virson. Les Allemands évacuent le village de Saint-Sauveur-de-Nuaillé et attaquent la ferme de M. Joubert, où se trouvent des FFI. M. Joubert tombe sous les balles de l'assaillant.

Le 27, on assiste à une grande activité de patrouilles ennemies à Aigrefeuille et Thairé. À Ballon, la patrouille qui cherchait à s'infiltrer entre le chemin de Chaumes et la ferme de Lagord est repoussée. Les postes FFI sont attaqués par des patrouilles armées de mitrailleuses légères. Le 28, à Ballon, les Français repoussent les assauts de trois colonnes ennemies.

Le 29, la 6e compagnie du Groupement Bir Hakeim, placée aux avant-postes de la ferme de Champon, à l'est d'Yves, subit un violent bombardement d'artillerie et de mortiers. Les meules de paille sont incendiées, le caporal Dumas-Delage est blessé. Au cours de la nuit, le sergent Faure exécute une patrouille sur la ferme de la Guillotière et ramène 2 caisses d'obus de mortier. Un point d'appui est organisé à la ferme de Champon. Des civils volontaires, venus de Rochefort et Fouras, creusent des tranchées et des boyaux de communication. On signale, dans la région de Surgères, des activités de patrouilles dans les deux camps, ainsi qu'à Aigrefeuille et dans les bois du château de Marlonges.

Dans le secteur de Charron, le groupe FTP Brenner, remplacé par le groupe parachuté Pierre, se déplace vers l'Est dans la région de Luché.

Le Groupement Bir Hakeim aligne 4 124 hommes : 1 888 se trouvent en ligne dans le secteur au sud de La Rochelle, 590 à Saintes, 245 à Matha, 150 à Saint-Jean-d'Angély. Les réserves sont à Cognac et Angoulême. Depuis le début des opérations sur le front de La Rochelle, ce groupement compte 130 tués et plus de 300 blessés. Un peloton de perfectionnement des sous-officiers de la subdivision de Saintes est formé par le colonel Chabanne, commandant du Groupement Bir Hakeim, et confié au lieutenant Paxion.

Le 1er octobre 1944, l'ennemi, qui cherche toujours à connaître l'importance et le dispositif des forces FFI qui l'entourent, lance des coups de main contre les postes de la Guillotière et devant Yves. Le 2, le lieutenant Chaulais du commando allié Raymond, débarqué aux Sables-d'Olonne le 28 septembre, est affecté à Niort au 114e régiment d'infanterie, ex-régiment FFI des Deux-Sèvres. Il monte en ligne avec un bataillon et demeure sur le front de La Rochelle, en qualité d'instructeur d'armes lourdes. Il renforce les troupes FFI de deux canons de 47 mm, de mitrailleurs Vickers et de 100 armes portatives prises à la Milice.

Les 5 et 6, les Allemands attaquent Charron et Marans, avec un millier d'hommes soutenus par de l'artillerie. Munis également de lance-flammes, les assaillants tentent de bousculer le 5e bataillon FFI, formé et encadré par des parachutistes de la France libre (FFL). L'attaque est finalement repoussée avec de lourdes pertes pour l'ennemi: environ 100 tués et 200 blessés. Le groupe FFI France-Saumur subit des pertes sensibles à la ferme de Vrillaudes.

Le 9, un nouvel assaut allemand est lancé, avec un millier d'hommes appuyés par de l'artillerie et un train blindé, sur Aigrefeuille-d'Aunis. La localité est prise, puis l'ennemi se retire dans la soirée. On compte une centaine de tués ou blessés dans les rangs allemands et une trentaine chez les Français. D'autre part, toujours dans le secteur de La Rochelle, les Allemands s'emparent de Thore et de Saint-Vivien.

Les attaques allemandes sont menées sur une ligne de front limitée, concentrant une puissance de feu considérable, afin d'anéantir les faibles troupes FFI défendant le secteur. Les canons mitrailleurs allemands de 20 et 37 mm ont facilement raison des fusils-mitrailleurs Bren et Châtellerault de faibles calibres (7,7 ou 7,5 mm) qu'utilisent les FFI.

Le 11, lors d'un accrochage à Fontpatour, Théophile Langlais, FTP, est tué. Le 14, le caporal FFI Charlier et le lieutenant Chaulais du commando FFL Raymond sautent sur une mine au Moulin You de Nuaillé, lors d'une opération de déminage. Le premier est tué, le second fortement commotionné. Le 15 et le 18, l'ennemi, qui tâte les avant-postes FFI de la région de Ballon, est repoussé. Fernand Le Riguier et Armand Thierry, du 114e RI, sont tués.

Fin octobre, les commandos alliés Simon et Franck déploient une grande activité. Le 19, à la suite de renseignements laissant prévoir une action imminente de l'ennemi sur le secteur de Marans, le commandant Fontaine envoie dans ce secteur le capitaine Coomber, accompagné de l'opérateur radio Somers, qui prend contact à la Roche-sur-Yon avec le chef du réseau Alliance, « Antilope ». Le 20, le capitaine Coomber contacte le commandant Savin et envoie, par mer, deux agents porteurs de 5 livres de plastic pour faire sauter les générateurs de l'usine de moteurs de sous-marins. Le 21, l'équipe effectue une reconnaissance sur le canal d'Andilly. Le commandant Savin obtient, le 22, par l'intermédiaire de la Croix-Rouge, l'échange de deux parachutistes, capturés le 5 octobre, contre deux prisonniers allemands. Les deux paras fournissent de précieux renseignements sur le dispositif ennemi. Le 24, l'équipe Simon installe son PC à la ferme de Cloubouhet avec celui de la 3e compagnie du 5e bataillon FFI et entraîne les 4 sections du lieutenant Rousselin, mais le manque de munitions se fait sentir. Dans la nuit du 26 au 27, le lieutenant Rousselin et le capitaine Coomber effectuent une reconnaissance sur le pont d'Esnandes en vue de le faire sauter, afin que l'ennemi ne puisse acheminer du matériel motorisé vers Charron. Le 28, à 5 heures, le pont saute. De son côté, l'équipe Franck quitte Saintes le 22, revient à Sainte-Pezanne, rapportant à la mission Shinoille cartes et renseignements sur la situation de La Rochelle, et demande à Londres un parachutage d'armes et de munitions. Les armes demandées arrivent, le 28, à Niort, apportées par 2 avions : 4 canons Vickers-Boys antichars de 14 mm et 40 000 munitions. Un parachutage ultérieur par trois avions apportera essence, bottes et uniformes. Le tout sera affecté au 114e RI. Le commando Raymond organise un service de renseignements à Saint-Jean-de-Liversay avec les docteurs Fumeron et Hurtaud, ainsi qu'avec le chef de la brigade de gendarmerie de Nuaillé. Ce commando rejoindra Londres fin décembre.

L'ennemi poursuit ses actions de harcèlement. Dans la nuit du 23, aux Tubleries, commune de Ballon, une patrouille allemande s'empare du résistant Caquineau et l'abat à deux cents mètres de chez lui. Des attaques sont repoussées par les FFI dans le secteur de Marin, au Petit Lapin et au Petit Rayon. Une action plus violente, le 25, à Aigrefeuille, fait huit victimes : sept tués dans les rangs français – le sous-lieutenant Maurice Chauvin ; l'adjudant-chef Yaslovesky ; le sergent Jean Boyrie ; les soldats André Durand, Auguste Dreistad, René Lapiteau, Tellier –

et un habitant de la Palomière, M. Feuillet. Le 27, les paras alliés repartent pour le front du Nord-Est. Le 28, en avant de nos lignes à La Loiselière, cinq soldats allemands sautent sur une de nos mines, placées par le lieutenant Chaulais : deux sont tués, les autres blessés.

En novembre 1944, l'ennemi se montre toujours agressif sur le front de La Rochelle. Profitant toujours de sa supériorité matérielle et numérique, il peut engager d'importantes opérations offensives. Les 4 et 5 novembre, à Ballon et à La Gravelle, les Allemands attaquent et occupent les localités. Ils se replient après un pillage en règle, emmenant avec eux deux cents têtes de bétail et des bicyclettes. Les pertes françaises sont lourdes : 9 tués, 15 blessés et 60 prisonniers. Le 5, la famille Planchet, traverse la zone de combat pour évacuer Châtelaillon : un enfant de 7 ans est tué, tandis que la mère et un fils de 13 ans sont blessés. Le 11, le 5e bataillon FFI relève le 4e. Le commandant Morin déplace son PC de Marans à Bourgchapon, procède au minage des avant-postes et à la construction de petits fortins.

Le 12, le colonel Carleton-Smith et le lieutenant Verger, du commando allié Tony, arrivent par mer aux Sables-d'Olonne et rencontrent le major Coxe, arrivé de Paris, afin d'étudier les besoins en armes et en matériel des FFI des poches de l'Atlantique. Le 18, on assiste au repli des avant-postes FFI en raison d'inondations. Ce repli s'effectue jusqu'à la ligne Aigrefeuille-Virson. Le même jour, dans le secteur de Marans, après un bombardement sur Le Pavillon, les Allemands attaquent en direction de La Présidente. Le combat s'engage à la grenade. Une section de renfort FFI refoule l'assaillant en direction de Beauséjour, en lui infligeant de lourdes pertes. Aimé Gauduchon et Martial Pillac, du 114e RI, sont tués. Le 22, dans le secteur de La Ronde, les soldats Pierre Charrier et Roger Descoux, du 114e RI, trouvent la mort lors d'un accrochage.

La journée du 25 est marquée par deux importantes attaques allemandes. Au sud de Marans, la valeur d'un bataillon ennemi s'infiltre à l'aube, à la faveur du brouillard, dans les positions françaises et surprend une section FFI du Groupement Hélias, en lui infligeant des pertes sensibles : 3 tués et 30 prisonniers. Dans le secteur du Groupement Demorny, les groupes Ricco et Soleil subissent un intense bombardement de l'artillerie allemande de 8 h 15 à 9 h 15. Puis, à 9 h 45, 2 000 soldats allemands se lancent à l'assaut du front

Aigrefeuille-Virson. À midi, l'ennemi s'empare des deux localités. À 15 heures, il arrive à 500 mètres à l'ouest de Forges. À 16 heures, les Français contre-attaquent. Le groupe Soleil reprend Virson et l'aviation française bombarde Aigrefeuille. En fin de journée, l'attaque allemande est définitivement enrayée. Les FFI-FTP tiennent le front Virson, Forges, La Cigogne, Piedjoint. Les pertes françaises sont lourdes : 15 tués, 35 blessés et 100 prisonniers. Les Allemands auraient perdu une centaine d'hommes (tués, blessés ou disparus).

Fin novembre, les unités FFI sont réorganisées en régiments ou en brigades et tiennent les secteurs du front de La Rochelle, dont la première ligne passe par Fouras, Liron, Ballon, Aigrefeuille, Nuaillé, Sérigny, Charron :

- régiment Bir Hakeim (lieutenant-colonel Chambre) : de Fouras et Ballon, PC à Rochefort, 2 bataillons en ligne et 2 en réserve. Effectif de 1 699 soldats ;

- brigade Demorny (commandant Bousquet), avec les régiments Soleil (commandant Le Cousteller), Duguesclin (commandant Bonvallet), Ricco (commandant Angelo) : de Ballon et Anaïs, PC à Surgères et Husseau. Effectif de 6 571 soldats ;

- régiment Foch (lieutenant-colonel Bouvron) : d'Anaïs à Nuaillé, PC à Saint-Hilaire-La-Pallud, 1 bataillon en ligne et 1 en réserve. Effectif de 1 561 soldats ;

- régiment Hélias (commandant Hélias) : de Sérigny à Charron, PC à Luçon, 1 bataillon en ligne et 1 en réserve. Effectif de 1 117 soldats ;

- régiment Chaumette, devenu 114e régiment d'infanterie FFI (lieutenant-colonel Proust) : de Courçon à Taugon, PC à Damvix. Effectif de 2 924 soldats ;

- état-major (colonel Chêne) : stationnement à Saint-Jean-d'Angély avec un effectif de 150 soldats.

L'ensemble représente un total de 13 022 soldats français face à environ 16 000 soldats allemands.

Le 27, au sud du front de La Rochelle, au Grand-Agère, un coup de main est effectué par le 1er bataillon du régiment Bir Hakeim, sous la conduite du capitaine Laniser, avec les groupes Moulin, Bertmaud, Mabilleau et Ficot. Une dizaine d'Allemands sont capturés et six autres tués, sans aucune perte du côté français. Le même jour, les activités de patrouilles s'intensifient dans le secteur de Marans. L'ennemi tente de passer entre La Palle et Le Pavillon. Il est finalement repoussé après une lutte farouche au corps à corps. Le 28, le 4e régiment de zouaves arrive en renfort, sous les ordres du colonel Granger, gendre du général Giraud.

Dans le courant du mois de décembre 1944, les régiments FFI du front de La Rochelle s'organisent en unités régulières de l'armée française. Le régiment Hélias devient le 93e régiment d'infanterie (RI), le régiment Chaumette le 114e RI, le régiment Brodhurst le 78e RI, le régiment Demorny le 108e RI, le régiment Foch le 123e RI, le régiment Bir Hakeim le 6e RI. Les régiments de renfort, le 125e RI, le 4e zouaves et le 1er régiment d'artillerie FFI, permettent d'étoffer le dispositif de défense en portant la totalité des effectifs français à 18000 hommes : légère supériorité numérique sur les 16000 soldats allemands.

Durant la première quinzaine de décembre, l'ennemi fait preuve de mordant. Il se manifeste par des actions de patrouilles, des coups de main, des tirs d'artillerie. Puis, après s'être renforcé sur la périphérie de la poche de La Rochelle, il déclenche une série d'attaques dans les régions de Virson et Nuaillé-d'Aunis. Il est finalement bloqué dans ses tentatives par les troupes au sol bénéficiant de l'appui de l'aviation du groupement aérien français.

Le 15 décembre, 2500 soldats allemands, appuyés par une puissante artillerie, attaquent les positions du 123e RI, dans le secteur du Gué-d'Alleré-Bouhet. Les Français se défendent énergiquement : parmi les soldats français, on compte 27 tués, 15 blessés, 98 prisonniers. L'ennemi a eu 57 tués et 120 blessés, ainsi que deux camions blindés détruits. Il récupère, lors de cette opération, 50 tonnes de céréales, 100 têtes de bétail et 11 mitrailleuses. Une contre-attaque française permet de reprendre par la suite la position perdue.

Le 17, le 13e régiment de dragons arrive en réserve sur le front de La Rochelle. Il offre ainsi à l'infanterie française un précieux appui en chars pour contre-attaquer. Formé à Orléans à partir du 16 octobre 1944, il est composé de blindés français de la campagne de 1940 : 15 chars Somua S35 et 31 chars B1 bis. Le char Somua S35 est un excellent engin de 20 tonnes, rapide (40 km/h), correctement armé (1 canon de 47 mm et 1 mitrailleuse de 7,5 mm), solidement blindé (40 à 55 mm maximum en tourelle). Le char Renault B1 bis est un monstre de 32 tonnes, roulant à 28 km/h, puissamment armé avec un 1 canon de

47 mm, 1 canon de 75 mm, 2 mitrailleuses de 7,5 mm. Son solide blindage atteint 60 mm. Il fut la terreur des tankistes allemands en 1940. Lors des combats de Stonne, en mai 1940, le char B1 bis « Eure » du capitaine Billotte détruit à lui seul 13 chars allemands et 2 canons antichars en quelques minutes ! Le char français est lui-même touché à 140 reprises, mais pas un seul projectile ne parvient à percer son blindage !

L'arrivée de ces chars ne compense pas, cependant, sur le front de La Rochelle l'écrasante supériorité en artillerie de l'ennemi qui aligne 150 à 200 canons face à une vingtaine de pièces françaises. Les soldats français peuvent néanmoins compter sur le soutien aérien d'une soixantaine d'appareils français, souvent disparates, parmi lesquels figurent des chasseurs Dewoitine D520 de la campagne de 1940. La Luftwaffe est de son côté quasi inexistante, mis à part quelques avions de transport inaptes au combat aérien.

Au début de l'année 1945, le général de Larminat rend hommage aux FFI sous son commandement. À un correspondant du journal *L'Aube* venu enquêter, il déclare :

« Mal vêtus, mal chaussés, mal armés, nos hommes font preuve de vaillance, de dévouement et d'abnégation comme j'en ai rarement rencontré dans ma carrière. Depuis de longs mois, sans relève, ceux des maquis de l'Ouest se sont dressés pour organiser l'investissement de ces lambeaux du territoire, lors d'un hiver particulièrement rigoureux, dans des marais inondés[191]. »

L'ennemi continue de manifester son agressivité et conserve l'initiative des opérations. Les 15, 20 et 21 janvier 1945, 4 000 soldats allemands attaquent les avant-postes français de Marans, tenus par le 93e RI réduit à ce moment-là à 1 100 hommes. La première attaque coûte cher : près de 350 tués, blessés ou disparus dans le régiment français. Les Allemands repoussent les Français au nord de la Sèvre Niortaise et saisissent à chaque fois de grandes quantités de bétail, d'approvisionnement, et des véhicules. La bataille de Marans des 15-21 janvier est conduite par l'amiral Schirlitz en personne, dont l'état-major en ligne comprend également le colonel Weyrauther, le capitaine Dutting, le commandant Burhmann, le lieutenant Harlan, le lieutenant-colonel Lell, le commandant John, le commandant Arnold, le capitaine Wende et le colonel Loeblich. La méthode d'attaque est identique aux précédentes : forte concentration d'artillerie de campagne, de canons mitrailleurs de DCA, de mortiers et de mitrailleuses sur un secteur limité, puis assaut de l'infanterie disposant d'une nette supériorité numérique. Le commandement français prend les mesures nécessaires à décourager l'adversaire en contre-attaquant avec des réserves bien instruites comme le 4e régiment de zouaves, le 1er régiment de spahis marocains, des éléments du 13e régiment de dragons et surtout le 123e RI, sans oublier le soutien de l'aviation. Les positions perdues sont finalement reprises par les troupes françaises. Marans est définitivement libéré le 22 janvier. Le bilan est néanmoins lourd pour les Français : 377 soldats hors de combat. Les Allemands auraient perdu 300 à 400 hommes (tués, blessés, disparus) durant cette opération. Le butin récupéré par l'assaillant nazi est conséquent : 1428 moutons, 36 chevaux, 864 vaches, 76 porcs, 180 quintaux de céréales, 600 kg de sucre, 60 kg de café, 5 camions, 12 voitures légères, 120 bicyclettes, 5 motos, 236 fusils anglais, 15 fusils-mitrailleurs, 18 mitrailleuses, 360 kg de plastic, 2 caisses de détonateurs.

Lors de cette bataille, le 123e RI (ex-régiment FFI Foch) a fait preuve d'une grande bravoure. Le colonel Chêne, commandant les forces françaises du front de La Rochelle, le souligne dans son ordre du jour n° 1 de janvier 1945 : « Je suis fier de vous. Sous la conduite de votre chef bien aimé, après avoir fait subir à l'ennemi un échec sanglant devant Bouhet et le Gué-d'Alleré, vous venez de lui infliger une nouvelle et dure leçon dans les rues de Marans. Vous avez démontré que des volontaires toujours animés de l'esprit valeureux du maquis, mais disciplinés et conduits par des chefs ardents, manœuvriers et instruits, pouvaient s'égaler aux meilleurs combattants de cette guerre, et malgré l'état misérable de l'armement, porter des coups sévères à l'ennemi. Désormais, l'ennemi y regardera à deux fois quand il saura que « Foch » est devant lui[192]. »

D'autre part, une trêve a lieu du 8 au 9 janvier, dans une zone de 3 km (voie ferroviaire La Rochelle-Surgères), pour l'évacuation des populations de La Rochelle (6000 personnes évacuées) et le passage de vivres (72 tonnes) provenant de la Croix-Rouge suédoise. Il reste encore 42000 civils dans la poche : 12000 d'entre eux sont à La Rochelle.

Le 24 janvier 1945, dans un ordre particulier, le général de Larminat, commandant du front de l'Atlantique, signale à l'intention de tous la belle conduite du régiment Foch, lors des combats du 15 décembre 1944 au Gué-d'Alleré et du 20 janvier 1945 à Marans :

« Au cours de ces deux affaires, le régiment Foch (123e RI) a appliqué avec un plein succès la délicate tactique de défense élastique qui a été décidée en cas d'attaque en force de l'ennemi. Il a réussi à garder à tout moment le contrôle de son combat, sans se laisser désorganiser par les coups de boutoir d'un ennemi très supérieur en moyens, en ne cédant que le terrain indispensable, sans perdre de prisonniers valides et en infligeant à l'ennemi des pertes supérieures à celles qu'il subissait.

« Ces heureux résultats sont dus à la vaillance des combattants du régiment Foch, mais encore plus à la valeur technique et à l'intelligence des cadres et de la troupe, à leur discipline et à leur cohérence.

« Si toutes les unités en ligne font preuve des mêmes qualités, les sorties de l'ennemi lui coûteront cher, affaibliront son moral et hâteront sa chute[193]. »

Le mois de février 1945 est marqué par de vives activités de patrouilles dans les deux camps, ainsi que par des accrochages dans les régions de Ballon et de La Cigogne. Du 11 au 15 février, une nouvelle trêve est conclue pour permettre le ravitaillement de la population civile de La Rochelle. Le train circulant entre Surgères et La Rochelle pourvoit à cette mission humanitaire.

Courant février 1945, les forces françaises du front de La Rochelle alignent les régiments suivants en première ligne :

- 93e RI (3 bataillons), lieutenant-colonel Laroche, PC à Epanne ;
- 114e RI (3 bataillons), colonel Chaumette, PC à Damvix ;
- 78e RI (3 bataillons), lieutenant-colonel Brudhurst, PC à La Laigne ;
- 108e RI (3 bataillons), lieutenant-colonel Bousquet, PC à Surgères ;
- 13e RI (3 bataillons), lieutenant-colonel Mingasson, PC à Saint-Germain-de-Marancennes ;
- 6e RI (3 bataillons), lieutenant-colonel Chambre, PC à Rochefort ;
- 125e RI (2 bataillons), chef de bataillon Desroches, PC au Gué-de-Velluire ;
- réserves sur l'ensemble du front : 4e régiment de zouaves, 131e RI, 15e RI, 1er régiment de spahis marocains, 13e régiment de dragons.

L'ensemble représente près de 25000 hommes sur un front de 100 km, ce qui est peu, quand on sait qu'une division de 15000 hommes doit théoriquement défendre un secteur de 3 à 5 km.

Le 1er mars 1945, après une violente préparation d'artillerie sur l'ensemble du secteur, 5000 soldats allemands attaquent, à 6h30, les positions de Suiré, Saint-Jean-de-Liversay, Nuailles d'Aunis et Saint-Sauver d'Aunis, tenues par le 3e bataillon du 93e RI et des éléments du 114e RI. Vers midi, l'ennemi progresse et menace d'enfoncer les défenses françaises. Dans l'après-midi, une contre-attaque, menée par des éléments du 4e régiment de zouaves, du 1er régiment de spahis marocains et des chars Somua S35 du 13e dragons, et appuyée par le 12e régiment d'artillerie et l'aviation, permet de reprendre la totalité des positions perdues. L'apparition des chars Somua S35 renverse en effet complètement la situation. L'ennemi se replie, très démoralisé, laissant six cents soldats (tués, blessés ou disparus) sans avoir pu récupérer de ravitaillement, but de cette opération, car ses réserves s'épuisent et il n'a plus que huit ou dix jours de vivres d'avance. Les pertes françaises sont également importantes : 362 soldats hors de combat. Lors de cette bataille, un avion français, mitraillant en rase-mottes, percute un arbre. Le pilote meurt carbonisé. L'apparition des chars français sur le front de La Rochelle va modifier très sérieusement le comportement de l'ennemi. Un ordre de l'amiral Schirlitz, en date du 13 mars, montre un souci plus défensif qu'offensif. Les Allemands s'attendent à une offensive des troupes françaises.

L'effectif des prisonniers FFI à l'intérieur de la poche se monte à 740 hommes se répartissant comme suit : 415 au camp de Jeumont à La Pallice, 290 au camp de la Sauzaie et 35 au camp Marine Lazaret. Une quarantaine de ces soldats sont échangés le 8 avril contre des prisonniers allemands, 40 autres le seront le 11.

À la mi-avril 1945, les forces françaises du front du Médoc et du front de Royan passent à l'offensive, libérant les deux poches après de furieux combats. La poche de La Rochelle demeure l'unique centre de résistance des troupes allemandes dans le Sud-Ouest. Sur 483 communes du département de Charente-Maritime, 94 sont encore occupées par l'ennemi.

Opération Mousquetaire : la libération de La Rochelle

À partir du 27 avril 1945, le général d'Anselme prend le commandement des forces françaises du front de La Rochelle aux côtés du colonel Chêne. L'ensemble forme la division de marche Charente, forte de 26613 hommes. La composition des forces est la suivante :

- régiment Afrique-Équatoriale française (A-EF) et Somalie ;
- 114e régiment d'infanterie ;
- 91e régiment d'infanterie ;
- 78e régiment d'infanterie ;
- 125e régiment d'infanterie ;
- 108e régiment d'infanterie ;
- 4e régiment de zouaves ;
- 6e régiment d'infanterie ;
- 13e régiment d'infanterie ;
- corps franc d'aviation de Fouras ;
- bataillon de fusiliers marins de Rochefort ;
- 1er régiment de spahis marocains (chars Destroyer M10) ;
- 13e régiment de dragons (chars Somua S35 et B1 bis) ;
- 12e régiment d'artillerie coloniale (canons de 75 mm) ;
- 12e régiment d'artillerie (canons de 75 et 105 mm) ;
- 10e régiment d'artillerie coloniale (canons de 155 mm).

L'opération Mousquetaire entre dans le cadre d'une action de diversion, à objectifs limités sur le front de La Rochelle, pendant toute la durée de la libération de l'île d'Oléron par les forces françaises du front de Royan (brigade d'Oléron et une partie de la division Gironde). L'opération Mousquetaire doit également resserrer la pression autour de la poche allemande de La Rochelle.

L'offensive débute le 30 avril 1945, à 6 heures, simultanément à la libération de l'île d'Oléron. Le Groupement Mingasson (formé d'éléments des 13e RI, 6e RI et 4e zouaves) attaque le premier. Il doit, tout en fixant les réserves allemandes, rectifier le front en enlevant à l'adversaire la ligne d'observatoire jalonnée par la cote 13 (sud de Thairé), moulin de Dirac, La Gravelle, La Cigogne. Il est appuyé par 4 groupes d'artillerie et 2 escadrons de chars Destroyer M10 du 1er spahis marocains. La progression est rapide, l'ennemi ne réagit que très faiblement par éléments retardateurs. Par contre, son artillerie se manifeste assez vivement. Les pertes françaises sont légères. La ligne atteinte le 30 avril par la division Charente est la suivante : sud d'Yves, Liron, cote 13, Thairé, La Gravelle, Le Thou, Bouhet, Le Gué-d'Alleré.

Le 1er mai, le 6e régiment d'infanterie, aux ordres du colonel Raymond, a pour mission de progresser à son tour, sur la gauche du Groupement Mingasson, pour se porter à hauteur de ce dernier. L'objectif porte sur la ligne Le Marouillet, Voutron, Le Petit-Passage. Cette mission comporte l'investissement et, si possible, la capture de la garnison allemande d'Yves. L'action se développe sans difficulté. L'ennemi, sans doute alerté, s'est replié lors de la nuit du 30 avril au 1er mai, après avoir fait sauter ses organisations défensives. Mais, comme la veille, l'artillerie allemande se manifeste par des tirs violents. La ligne tenue par les troupes françaises est alors la suivante : Le Marouillet, Le Petit-Passage et le reste sans changement.

Le 2 mai, un groupement comprenant le 108e RI et le 125e RI, aux ordres du colonel Chêne, a pour mission de progresser sur la droite du Groupement Mingasson et d'enlever Aigrefeuille ainsi que les rebords nord de la cuvette d'Aigrefeuille. Là encore, l'ennemi s'est retiré avant le déclenchement de l'opération. Les objectifs sont atteints sans difficulté. Simultanément, plus au nord, le 78e RI, le 114e RI et le régiment A-EF et Somalie profitent de l'action du 108e RI et se portent sur la ligne, marais Virson, canal de Nuaillé, Pied-Lizet, Petit-Lapin, canal de la Brune, Sèvre Niortaise.

Le 3 mai, les troupes françaises s'installent sur les positions conquises, tout en maintenant un contact agressif. Deux zones de commandements tactiques sont créées, de part et d'autre de la ligne Croix-Chapeau, croupe de Piquefesse, Le Thou :

- zone sud : aux ordres du colonel Raymond, le 6e RI et le 13e RI ;
- zone nord : aux ordres du colonel Chêne, régiment A-EF et Somalie et 125e RI.

Le 4 mai, une nouvelle attaque est déclenchée par le Groupement Chêne. Elle est menée par le bataillon de marche 2 sur l'axe Virson, Saint-Médard. À 10 heures, tous les objectifs sont atteints, c'est-à-dire la ligne Cugné, Saint-Médard, La Gigonerie. Comme les jours précédents, l'ennemi ne réagit que par des tirs d'artillerie. La ligne tenue par les forces françaises est alors la suivante : Le Marouillet, Voutron, cote

13, Thairé, La Gravelle, Aigrefeuille, Cugné, Saint-Médard-d'Aunis, Nuaillé-d'Aunis, Marans, La Sèvre Niortaise jusqu'à la mer.

Les troupes françaises ont ainsi progressé d'une dizaine de kilomètres dans les défenses ennemies. Les pertes françaises sont minimes : 12 tués, 70 blessés et 1 disparu. Celles de l'ennemi restent indéterminées. L'artillerie française a tiré 5 830 obus de divers calibres.

Le 5 mai, l'amiral Schirlitz prend l'engagement formel de rendre La Rochelle intacte si les forces françaises n'entrent pas dans la ville avant la capitulation générale des armées allemandes. En conséquence, les jours suivants, le gros des troupes françaises restera sur la ligne atteinte le 4 mai. Toujours le 5, à 14 heures, 675 prisonniers FFI sont libérés par la voie ferrée à Saint-Léonard. Trente-deux sont décédés des suites de leurs blessures lors de leur brève captivité.

Le 6 mai, à 16 heures, de nouvelles négociations se déroulent, à Fouras, entre la délégation allemande, dirigée par le capitaine de vaisseau Gunther et le colonel Weireuter, et la délégation française, ayant à sa tête le colonel Franchi et le capitaine de frégate Meyer. L'amiral Dönitz vient de déclarer que « les combats ont perdu toute signification sur le front ouest ». Ces négociations portent sur les conditions techniques de l'entrée des troupes françaises dans la forteresse de La Rochelle, afin d'éviter des troubles entre résistants et soldats allemands. Avant de donner la date effective de la capitulation générale des armées allemandes, il est nécessaire d'organiser un programme d'action accepté par les deux parties adverses.

Le 7 mai, les pourparlers de la capitulation allemande continuent. En début d'après-midi, radio Bir Hakeim, poste radio installé depuis septembre 1944 à Rochefort, annonce la capitulation prochaine du IIIe Reich, qui sera effective le 9 mai à zéro heure. L'amiral Schirlitz n'entend pas signer sa capitulation avant cette date précise. Ne pouvant empêcher les habitants de manifester leur joie, il consigne ses troupes dans leurs cantonnements et remet la ville aux Rochelais, excepté La Pallice, quartier réservé à la Kriegsmarine. Les rues se pavoisent aux couleurs françaises et alliées. Des entretiens se déroulent également entre une délégation allemande et les chefs militaires français du régiment Jean-Guitton. Les résistants du régiment Jean-Guitton circulent et se montrent ouvertement dans la cité, occupent les points névralgiques et désarment même plusieurs groupes de soldats allemands. Sur le bâtiment de la Kommandantur, 2, place de Verdun, flottent simultanément un drapeau nazi et un drapeau français.

Par petits groupes, les FFI rochelaises, les marins-pompiers de La Pallice venus en renfort, assurent une garde armée sur l'esplanade de la gare, devant la Grosse-Horloge, le pont basculant du bassin, le bâtiment de l'Inscription maritime, la tour Saint-Nicolas, les abattoirs... À l'angle du quai Duperré et du quai Maubec, sous l'auvent protecteur d'un bar-restaurant fermé, un groupe de FFI et des marins-pompiers mettent en batterie une mitrailleuse, dirigée dans l'axe du canal Maubec. Sur le pont principal du canal Maubec, à la jonction du quai Valin et du quai Duperré, les Allemands procèdent au déminage de ce secteur stratégique, en sortant de terre une bombe de gros calibre. À La Pallice, toutes les mesures ont été prises pour éviter la mise à feu des dispositifs de destruction des installations portuaires.

Des incidents s'étant produits dans l'après-midi du 7 mai, à l'encontre de soldats allemands désarmés, malmenés par la population, l'amiral Schirlitz donne son accord pour que l'ordre soit maintenu en ville par des unités françaises de l'armée régulière. Le général de Larminat profite de cette occasion pour prendre la situation en main. Une colonne motorisée est formée, sous les ordres du colonel Chêne, avec un bataillon du 4e zouaves, deux escadrons du 13e dragons (chars Somua S35 et Renault B1 bis), plus un escadron de reconnaissance du 1er régiment de spahis marocains. Dès l'aube du 8 mai, alors que les chefs alliés et allemands se rencontrent à Berlin pour mettre fin au conflit en Europe, le colonel Chêne et sa troupe sont bloqués aux avant-postes allemands de la route Rochefort-La Rochelle. De nouveaux pourparlers s'engagent et l'amiral Schirlitz donne son accord pour que la colonne Chêne fasse son entrée dans la ville. Vers 10 heures, les barrages sont franchis. À 10 h 30, les chars B1 bis et Somua S35 paradent quai Valin. La population, non encore prévenue, apparaît peu nombreuse pour accueillir les libérateurs. Les chars français empruntent le quai Duperré pour se rendre sur la place de Verdun. Faisant suite à la colonne de chars, les véhicules de transport de troupe du 4e zouaves empruntent le quai Duperré. Le premier véhicule est équipé d'une mitrailleuse de 12,7 mm, montée sur pivot. Quelques drapeaux tricolores fleurissent aux fenêtres des immeubles, tandis que la population commence à envahir les trottoirs. Acclamés par la population, les chars B1 bis évoluent dans la rue du Palais. Devant le Café Moderne et la Grosse-Horloge, une foule joyeuse accueille les troupes motorisées françaises. Des bouquets de fleurs sont offerts aux libérateurs, des mouchoirs s'agitent, les sourires resplendissent sur les visages. Les jeunes filles embrassent les soldats français. Partout, la population se mêle à la troupe, prodigue des acclamations, partage avec ferveur ces premières heures de liberté retrouvée. Les chars B1 bis et Somua S35 se rangent sur la place de Verdun, offrant aux regards des Rochelais la puissance de leur blindage et de leur armement. Des photographies sont prises, des fleurs offertes.

La capitulation générale des armées allemandes étant effective le 9 mai à zéro heure, La Rochelle est investie par d'autres unités françaises ayant mené une longue guerre de siège depuis septembre 1944. Aux ordres du colonel Granger, une colonne est formée avec des compagnies de toutes les unités combattantes du front de La Rochelle. La colonne, rassemblée place de Verdun, est passée en revue au début de l'après-midi par le colonel Chêne, nommé commandant de la place de La Rochelle. Lors de cette revue, le régiment Jean-Guitton n'est pas oublié. En tête des différents groupes FFI rochelais qui défilent devant la cathédrale, on remarque les principaux chefs de la résistance locale, dont le lieutenant-colonel Martinaud, le colonel Jean Christiaen (chef du régiment Jean-Guitton), le commandant Ribeyrol, le commandant Fontaine, Jean Augé... La section de la défense passive et le groupe FFI Fétilly participent également au défilé de la victoire.

Le commandant français Hubert Meyer a prévu un plan d'occupation du secteur de La Pallice, toujours occupé par la Kriegsmarine. Le débarquement des troupes françaises débute le 9 mai au matin. Le commandant français Meyer raconte dans ses souvenirs que dans la nuit du 8 au 9 mai, à 23 heures, l'amiral Schirlitz l'a prié de le rejoindre dans sa villa qu'il occupe à Lafond, tout près de son quartier général: « le chef vaincu désire être transféré à La Pallice à l'heure même de la capitulation, souhaitant faire ce voyage de nuit en ma compagnie, pour ne pas être exposé à des manifestations. Il désire également dire adieu à ses marins et faire sa reddition au milieu d'eux. En fait, les actes de capitulation à signer n'ont été présentés à l'amiral Schirlitz qu'à 8 heures dans le bureau du port, où il avait passé la nuit. L'amiral se trouve en tenue de marine sans armes, sa dague d'honneur et ses pistolets d'ordonnance disposés sur une petite table[194] ». Les deux officiers de marine se saluent ensuite, après la signature de l'acte de capitulation. Le chef allemand doit être ensuite transféré au quartier général français de Cognac. Le commandant Meyer et quelques officiers allemands et français attendent l'arrivée de la flottille française de débarquement devant occuper La Pallice. Le capitaine de corvette allemand Terra, qui fut le capitaine du port de La Pallice, est présent, vêtu d'une veste claire.

Toujours ce mercredi 9 mai, de bonne heure, la flottille française appareille de Rochefort, afin de se rendre à La Pallice. Les barges de débarquement amènent le bataillon de fusilliers marins de Rochefort, commandé par le lieutenant de vaisseau Dupin de Saint-Cyr. Cette troupe doit occuper les points stratégiques du port de La Pallice et organiser le regroupement des prisonniers allemands. En tête du convoi, un bateau-pilote, épaulé par un marin allemand expérimenté, donne la voie à suivre, pour éviter les zones minées à l'entrée du port. La flottille française passe au large de l'épave du navire *Champlain*, coulé en 1940. Les fusiliers marins du bataillon de Rochefort débarquent à La Pallice sous les regards du capitaine allemand de corvette Terra et du commandant français Meyer. Selon Meyer, « le plan prévu s'exécute dans un ordre parfait, chaque groupe, aussitôt débarqué, se rend au pas de course au point assigné. Certains détachements montent à bord des navires allemands amarrés aux quais du bassin à flot. Ils y sont reçus avec les honneurs réglementaires, les équipages rangés à la bande. Et bientôt montent aux drisses les couleurs françaises, tandis que s'abaissent les drapeaux à croix gammées[195] ». Au pied de la base sous-marine, les officiers de la Kriegsmarine ont préparé leurs bagages et attendent leur transfert dans des camps de prisonniers. Certains cantonnements allemands servent déjà provisoirement de prisons.

Ce même 9 mai 1945, le 3e bataillon du 4e régiment de zouaves, aux ordres du commandant Ardouin, est chargé de libérer l'île de Ré et d'y désarmer les 2600 soldats germano-italiens. L'embarquement de la troupe française et de son matériel motorisé se fait, vers 10 heures, à bord du bac *Les Deux Rives*. Le bac passe à proximité du débarcadère de Sablanceaux. Le débarquement du bataillon français se passe à Saint-Martin-de-Ré, sur le quai Georges-Clemenceau. La population rétaise est nombreuse à attendre ses libérateurs. Parmi les habitants accueillant le commandant Ardouin et ses soldats du 4e zouaves, on remarque le chef de la résistance rétaise, l'officier des équipages Ferdinand Couillaud, ainsi que ses compagnons d'armes, Jean Drillaud, Bernard de La Bigne et Camille Perrain. Dans une villa proche du bourg de La Couarde, au lieu-dit « Le bout du Village », deux officiers français, délégués par le commandant Ardouin, parlementent avec le capitaine de vaisseau Oskar Günther, gouverneur allemand de l'île de Ré. Ce dernier est amené à la mairie de Saint-Martin-de-Ré, où le commandant Ardouin a installé son poste de commandement. Les aspects techniques de la capitulation allemande sont réglés lors de cette rencontre. Peu après, l'île reçoit en renfort des éléments français du 1er régiment de canonniers-marins. Une cérémonie patriotique et un défilé militaire se déroulent près du monument aux morts de La Couarde. La population locale assiste en nombre aux deux manifestations.

François Sidos et quelques miliciens se réfugient dans l'île de Ré dès le 6 mai. Ils tentent de gagner ensuite l'Espagne franquiste à bord d'un chalutier. Arraisonné par la flotte française, le navire est ramené aux Sables-d'Olonne. Sidos est transféré à La Rochelle. Jugé en janvier 1946, il est condamné à mort et fusillé à Chef-de-Baie le 28 mars de la même année.

À partir du 9 mai 1945, les 15 600 prisonniers allemands, dont 200 officiers, sont répartis dans certaines casernes de La Rochelle et dans divers camps de regroupement dans le département ou dans l'île de Ré. Le 10 mai, bien que les Allemands soient théoriquement tous désarmés, le soldat FFI Francis Chagnaud est tué, à 23 h 30, par un sous-officier allemand qui se cachait chez une amie, 84 bis, rue Jean-Godefroy. À la suite de cet incident, une opération d'envergure est décidée, le 15 mai, pour récupérer des soldats allemands qui se cachent dans la ville, dans les souterrains et chez certains particuliers.

Le 10 mai 1945, jeudi de l'Ascension, de nombreuses cérémonies militaires et religieuses sont prévues à La Rochelle. Dès le matin, la ville reçoit les visites du commissaire régional de la République Jean Schuhler et du général d'Anselme, commandant de la division de marche Charente. Après une revue des troupes, une cérémonie religieuse se déroule dans la cathédrale Saint-Louis, dont la façade et le chœur sont ornés d'une immense croix de Lorraine. Mgr Liagre y célèbre un service religieux. Les autorités militaires placées à droite et les autorités civiles à gauche ont pris place dans la nef centrale. Puis la foule quitte l'édifice religieux aux accords de *La Marseillaise* jouée à l'orgue par le chanoine Rudlin. On note la présence de Jean Brumald des Houlières, consul de Belgique et membre du comité rochelais de la Libération, du commandant Hubert Meyer, du chanoine Salaün, du colonel Chêne, de l'abbé Hurst, de l'abbé Chevalier…

Dans l'après-midi, une autre cérémonie religieuse a lieu, en compagnie des autorités civiles et militaires, au temple protestant. L'office est célébré par le pasteur Barraud. En fin de journée, la foule se masse place de Verdun pour entendre les discours officiels, prononcés du haut du balcon des Colonnes par diverses personnalités, dont Mgr Liare, le préfet Pierre Verneuil…

Le 11 mai, les autorités officielles s'installent à la mairie dans la salle Jean-Guitton. Présidant la séance, Jean Schuhler annonce l'arrêté préfectoral relevant de leurs fonctions tous les conseillers municipaux, à l'exception du docteur Bigois et de M. Villetorte. Le nouveau conseil municipal comprend notamment Roger Etié, Mme Grasset, Franck Lapeyre… À 17 heures, le général de Larminat entre à La Rochelle et se rend à l'hôtel de ville, où il est reçu par le nouveau conseil municipal et les autorités civiles. Après cette réception à l'hôtel de ville, le général de Larminat passe en revue des troupes du 4e régiment de zouaves et du 1er régiment de spahis marocains. Le général de Larminat va ensuite saluer les représentants des groupements patriotiques rochelais. Pour terminer cette visite, il se rend sur le parvis de la cathédrale afin de s'entretenir avec les autorités religieuses, dont Mgr Liare, le chanoine Lesterlin et le pasteur Barraud.

Le 23 juillet 1945, des avions atterrissent sur le terrain d'aviation de Laleu. Le général de Gaulle, chef du Gouvernement provisoire de la République, et trois de ses ministres sont accueillis par les autorités militaires et civiles de La Rochelle. À l'esplanade de la gare, le général de Gaulle passe en revue les différentes organisations de la Résistance locale, les délégations de déportés, les veuves de guerre, des éléments du régiment Jean-Guitton. Il prononce un discours patriotique du haut d'une tribune. Refusant sa voiture, il se rend à pied vers le centre-ville, en empruntant l'avenue de Strasbourg, jalonnée de soldats FFI. Il poursuit son chemin jusqu'à l'hôtel de ville, en passant par les quais, la rue du Palais et la rue Dupaty. Sur tout le trajet, la foule immense acclame celui qui a rendu à la France son honneur et sa liberté. À la mairie, un vin d'honneur est servi dans la grande salle de réunion. Après un déjeuner à la préfecture, le général de Gaulle termine sa journée au môle d'escale de La Pallice et au quai nord du bassin, où se trouve le premier cargo américain, le *Liberty-Ship « Allen G. Collins »*, venant d'apporter des vivres pour la population rochelaise. Le chef de la France libre salue l'équipage, sans oublier les dockers de La Pallice.

Trois ans plus tard, le commandant Hubert Meyer est attaché naval au Caire. Il apprend que l'amiral Schirlitz vient d'être condamné à mort par le tribunal militaire de Bordeaux pour des atrocités commises à La Rochelle. Ces crimes sont en vérité le fait d'agents nazis et de miliciens, sur lesquels Schirlitz n'avait à l'époque aucune autorité. Sachant mieux que quiconque que la peine semble imméritée, Meyer envoie un télégramme pour demander la remise de l'exécution. Grâce à une permission, il peut se rendre en France pour témoigner. Il obtient que le jugement soit cassé : Schirlitz, dont le dossier a été transféré au tribunal militaire de Marseille, va s'en tirer, cette fois, avec des années d'emprisonnement. Le commandant Meyer a entre-temps rendu visite à Schirlitz et l'a trouvé en plein hiver enfermé dans une cellule, sans couverture, et couché sur des planches. L'amiral, très digne, n'a pas un mot pour protester, mais il se plaint simplement que, depuis son arrestation, il n'a eu aucune nouvelle de sa famille : il ignore encore si le drame qui lui a été annoncé en 1945 a épargné quelqu'un des siens. Depuis son incarcération, il n'a pu ni recevoir une lettre d'Allemagne ni en expédier.

Le commandant Hubert Meyer intervient à Paris pour obtenir des précisions. Il est éconduit partout. Au cabinet du général de Gaulle, un officier d'ordonnance refuse de lui répondre. En désespoir de cause, il s'adresse à l'attaché militaire de l'ambassade britannique. Immédiatement, celui-ci téléphone à Kiel, en Allemagne, et obtient le renseignement : « Vous pouvez annoncer à l'amiral Schirlitz que sa femme est vivante et que sa fille a survécu. » Le lendemain, jour de Noël, Meyer transmet la nouvelle au prisonnier : « C'est là mon plus beau Noël, dit Schirlitz. Je n'aurai pas trop de toute ma vie pour m'acquitter envers vous[196]. »

Au milieu des atrocités qui assombrissaient cette époque, l'accord de deux officiers aura maintenu, jusqu'au bout, une lueur d'humanité.

Le nombre de soldats allemands morts dans le département s'élève à 1 839. Les forces françaises ont capturé dans les poches de La Rochelle et de Royan près de 22 000 soldats ennemis. La totalité des pertes militaires françaises sur le front de La Rochelle de septembre 1944 à mai 1945 s'élève à 1 144 soldats (tués, blessés, disparus ou prisonniers).

La reddition des poches de Dunkerque, Lorient et Saint-Nazaire

La poche de Dunkerque, qui représente 20 kilomètres de côte et 10 kilomètres de profondeur, abrite dix-sept mille soldats allemands bien équipés, sous les ordres de l'amiral Frisius. Les forces alliées reposent sur deux bataillons FFI (Jean Bart et Dunkerque), portant l'écusson du 110e RI et commandés par le lieutenant-colonel Lehagre, la brigade blindée tchèque du général Liska et des troupes britanniques. Cette guerre de position, marquée par des duels d'artillerie, des patrouilles et des coups de main, se termine par la reddition, sans bataille, de la garnison allemande le 9 mai.

Sur le front de Bretagne, avec les poches de Lorient et Saint-Nazaire, on compte près de cinquante mille soldats du Reich, répartis par moitié entre les deux forteresses. En face d'eux, ce sont toujours les FFI qui supportent, pour l'essentiel, la charge de l'encerclement, même si dans chacune de deux poches figurent des unités de la 66e DI américaine. Sur les 90 kilomètres du front de Lorient, la 19e division d'infanterie FFI fait bonne garde pour contenir de son mieux les attaques allemandes. Le cessez-le-feu, signé à Etel par le général Fehrmacher avec les colonels Keating pour la 66e DI américaine et Joppé pour la 19e DI française, prend effet le 7 mai à 20 h 45. La capitulation se déroule à Caudan le 10 mai entre le général américain Kramer et les généraux français Rollins et Borgnis-Desborches.

« Pour la poche de Saint-Nazaire, écrit Henri Noguères, le cessez-le-feu n'interviendra que le 8 mai à 13 h 30 et la cérémonie officielle de capitulation du général Jung — toujours avec le général Kramer, mais cette fois, du côté français, les généraux Fortser et Chomel — aura lieu le 11 à Bouvron[197]. »

Le front des Alpes occidentales

Sur un front montagneux de quatre cents kilomètres, stabilisé depuis la fin septembre, les forces de l'Axe engagent la 5e division de Gebirgsjägers (chasseurs de montagne allemands) du général Schrank, la 34e division d'infanterie du général Lieb, la division alpine italienne « Monterosa », la division de grenadiers italiens « Littorio » et des éléments du régiment parachutiste italien Folgore. Les Alliés alignent dans un premier temps des unités de la 2e division d'infanterie marocaine, de la 4e division marocaine de montagne, du 1er groupement américain tactique temporaire, sans oublier la 1re division alpine FFI, placée sous les ordres du colonel Vallette d'Osia, ainsi qu'un Groupement FFI qui tient le département des Alpes-Maritimes. À la suite de la visite du général de Gaulle à Grenoble, en novembre 1944, la 1re division alpine FFI devient la 27e division alpine, qui comprend la 5e demi-brigade de chasseurs alpins de Savoie, la 7e demi-brigade du Dauphiné et le 159e régiment d'infanterie alpine (Jura, Ardèche, Drôme). Le 99e régiment d'infanterie alpine n'a pas été endivisionné. Dans les Alpes-Maritimes, le dispositif est également remanié sous la forme de trois bataillons alpins et d'un bataillon étranger. Côté américain, la 44e brigade antiaérienne remplace le 1er Groupement tactique temporaire.

Le colonel Vallette d'Osia exprime ainsi les missions de la jeune division alpine :

« Placer quelques solides bouchons sur les grands axes de pénétration. Surveiller les voies d'accès au moyen de bons observatoires occupés en permanence. Faire véritablement du *no man's land* une zone dangereuse pour l'adversaire où, à chaque instant, il pourra se heurter à des fortes patrouilles susceptibles d'être appuyées par le feu ou l'action d'autres patrouilles. Beaucoup plus économique en effectifs, ce dispositif présente en outre l'avantage capital de constituer la meilleure école où les petites unités d'infanterie viendront s'instruire, s'aguerrir et acquérir la résistance, l'audace et l'initiative qui les rendront redoutables à bref délai.

« Très rapidement ce système portera ses fruits. L'Allemand hésitera à s'aventurer dans nos lignes et n'attaquera plus jamais un de nos points d'appui. En revanche, nos patrouilles se font de plus en plus agressives, de plus en plus mordants[198]. »

Cette guerre nécessite dans les deux camps un effort surhumain pour triompher des difficultés topographiques et climatiques, établir des positions, les ravitailler par des galeries, des sentiers escarpés, les disputer par des assauts acrobatiques, où s'illustrent chasseurs alpins (issus des FFI), Gebirgsjägers et *alpini*. Les vaillantes troupes FFI vont devoir franchir une formidable barrière rocheuse, couronnée de glace et séparée par des vallées qui s'ouvrent entre des murs à pic, sans routes faciles, où la bourrasque éclate souvent à l'improviste. Certains sommets dépassent 3500 mètres d'altitude et la température tombe parfois jusqu'à -40 °C durant les nuits d'hiver. Les Germano-Italiens tiennent, dans les hautes vallées, les crêtes et les observatoires qui garantissent le maintien de leur présence au Petit-Saint-Bernard et au mont Cenis Pendant tout l'hiver 1944-1945, la principale activité dans ces secteurs, en haute Tarentaise comme en haute Maurienne, est déployée par les sections d'éclaireurs-skieurs des deux camps, qui patrouillent sur les crêtes et pratiquent, avec plus ou moins de succès, embuscades et coups de main.

Le 27e bataillon de chasseurs alpins (BCA), engagé face aux défenses du Petit-Saint-Bernard, à plus de 2500 mètres d'altitude, a la tâche la plus difficile. Les Germano-Italiens sont solidement installés de part et d'autre des cols sur les crêtes qui encadrent la vallée du Reclus et sur les môles qui les dominent: pointe du Clapey, Roc Noir, Redoute Ruinée. Il y a là deux solides bataillons dont les hommes sont des montagnards chevronnés (100e Gebirgsjägers et 4e *alpini*). Dans ce secteur de haute Tarentaise, le commandant Godard, du 27e BCA, prend l'initiative des opérations malgré la supériorité numérique de l'adversaire. Cette guérilla en montagne, bien conduite, récolte des résultats positifs pour les Français. La reconnaissance du 21 décembre 1944, à la Redoute Ruinée et au mont Valaisan, permet au groupe du lieutenant Dessertaux de ramener quatorze prisonniers, des armes et du matériel. Le coup de main du 29 décembre, mené par le 13e BCA, contre le poste du col de la Louïe Blanche, force la garnison de dix-huit hommes à capituler. Fin décembre, les chasseurs du 6e BCA tendent une embuscade à une patrouille ennemie, qui laisse trois tués et deux prisonniers, à Lanslebourg.

D'autres opérations se soldent en revanche par des échecs. En octobre 1944, à Lanslebourg, une section FFI opérant à découvert abandonne vingt tués sur le terrain. Durant la même période, à Mermignon, un bataillon FFI de la Drôme, pilonné au mortier, doit céder le terrain aux Allemands. Une attaque de la 1re compagnie du 27e BCA est repoussée. Plus au sud, au col du Mont, l'expédition du 7e BCA, lancée le 4 janvier 1945, ne peut se conclure favorablement. La marche d'approche s'avère si pénible sur les pentes neigeuses que les hommes arriveront à pied d'œuvre totalement épuisés. Ils ne seront plus en état de se lancer à l'assaut d'une position solidement défendue par des armes lourdes.

Les combats se déroulent à une altitude moyenne de 2300-3000 mètres. On se bat sur une couche de deux mètres de neige couvrant les positions: neige dure le matin, parfois plus molle l'après-midi. Les nuits sont glaciales et il neige souvent. Les chasseurs alpins vivent dans de petites cabanes ou des igloos, pénétrés partout par l'humidité. Le ravitaillement se fait le plus souvent à dos d'hommes, après des ascensions épuisantes de plus de six heures. On assiste à des assauts frontaux comme celui mené par le 13e BCA contre la position escarpée du Roc Noir, le 31 mars 1945. Le chasseur alpin Angelini, de la section Pontaut, a participé à cette attaque audacieuse, rappelant les combats dans les Vosges en 1915 ou sur le front italien en 1915-1918 et 1943-1944:

« Nous gagnons notre position de départ sous un déluge d'obus qui ne font que peu de mal, heureusement. Mais c'est impressionnant. Nous arrivons dans les tranchées bouleversées tandis qu'un bombardement copieux s'abat sur les positions ennemies, juste en face de nous. Cela dure une bonne demi-heure et l'ordre arrive: baïonnette au canon! Après avoir fixé l'engin au bout du fusil, je glisse cinq cartouches dans le magasin et une sixième dans la chambre. Et je vérifie le remplissage de mes cartouchières. Un cri retenti: en avant! Tête baisée, nous voilà partis pour la plus grande aventure: une centaine, peut-être un peu plus ou un peu moins, de gars comme moi s'élancent, courent, trébuchent dans les trous de neige, continuent, tandis qu'un essaim de projectiles se disperse dans l'air, autour de nous, au-dessus de nous, à droite, à gauche. De temps à autre, une silhouette s'écroule, ou se couche, ou se relève, et, brusquement, on se retrouve dans une tranchée, la baïonnette piquée au-dessous d'une figure grimaçante, tandis que le doigt appuie machinalement sur la détente pour faire bon poids. Le Fritz s'écoule. Au suivant ! s'il y en a… on balance quelques grenades dans les trous, on tire sur des ombres qui courent… on bute sur des corps étendus… amis ? ennemis ? Pas le temps de réfléchir, il faut occuper ces sacrées tranchées ! Et soudain, on se retrouve sur un parapet, face à une autre position ennemie et noircie de partout, on ramasse les morts et les blessés. On s'aperçoit avec horreur que certains d'entre eux sont des amis. Cela remue les tripes. Le calme revient peu à peu. La lune s'est levée et on se rend compte brusquement qu'il fait froid, très froid[199]… »

Lors de ce combat, les chasseurs alpins du 13e BCA comptent quarante tués et soixante blessés. Les Germano-Italiens ont perdu plus de cent cinquante soldats : quarante-huit d'entre eux sont prisonniers. Cette position du Roc Noir qui domine la vallée et qui a nargué les Français durant plusieurs mois est enfin entre leurs mains. Peu de temps après, le 10 avril 1945, le 7e BCA s'empare par surprise du Roc de Belleface, rocher acéré qui culmine à 2 857 mètres et qui domine tout le vallon du Reclus et le col de Petit-Saint-Bernard. Sans aucune perte côté français, l'adversaire enregistre deux tués, trois blessés et vingt-trois prisonniers.

Ces opérations acrobatiques font l'admiration des soldats allemands, et en particulier celle du colonel Stautner, officier de la 6e division de Gebirgsjägers, qui porte le jugement suivant sur le combattant français des Alpes : « Nous avions une bonne opinion des chasseurs alpins. Dans l'ensemble c'étaient de courageux volontaires à l'esprit combatif, possédant les meilleures expériences en matière d'alpinisme et de ski. Ils étaient qualitativement supérieurs à nos soldats d'origines très diverses, mais ils ne possédaient pas leur expérience du combat, surtout en ce qui concerne les cadres[200]. » (4)

Les troupes françaises engagées sur ce front montagneux prennent le nom de détachement d'armées des Alpes à partir du 1er mars 1945. Le général Doyen, rappelé d'activité, en prend le commandement. En exercice depuis 1913, il a commandé la 27e division alpine en 1939. Il répartit ses unités de la façon suivante :

- le secteur nord, allant de la frontière suisse au Galibier, est tenu par les deux demi-brigades de chasseurs alpins de la 27e division alpine, commandée depuis le 10 janvier 1945 par le général Molle ;

- le secteur centre, du Galibier au pic des Trois Évêchés, est défendu par le 99e régiment d'infanterie alpine, renforcé de deux bataillons FFI et du 5e régiment de dragons ;

- le secteur sud, du pic des Trois Évêchés à la mer, comprend la 44e brigade d'infanterie américaine, le 3e régiment d'infanterie alpine, un bataillon étranger. La 1re division de Français libres (général Garbay) va renforcer ce dispositif à la fin avril 1945. L'ensemble représente près de quarante mille hommes.

En face, on compte toujours les mêmes divisions de l'Axe (deux allemandes et deux italiennes), appuyées par le régiment parachutiste italien Folgore, soit un total de soldats à peu près équivalent à celui des Franco-Américains.

L'offensive française de printemps, qui a débuté dès la fin mars 1945 en Tarentaise, se poursuit tout le mois d'avril en Maurienne, à l'Authion et en Ubaye. Une série d'observatoires et de positions, jugés souvent imprenables par les Germano-Italiens, tombent entre les mains des Français, après des assauts aussi sportifs que spectaculaires. Les contre-attaques ennemies permettent de reprendre certains pitons, dont le mont Froid, après une lutte farouche. Mais, à la fin avril, la retraite des troupes de l'Axe sur le front des Alpes occidentales est générale. Lors de ces opérations, les troupes françaises déplorent une centaine de tués en Tarentaise, autant en Maurienne et près de trois cents pour la prise du massif de l'Authion où se distingue particulièrement la 1re DFL. En Ubaye, les Français, qui comptent quinze tués et trente-huit blessés, tuent trente soldats ennemis et en capturent près de deux cents.

Le 2 mai 1945, les troupes françaises occupent plusieurs vallées italiennes, ainsi que des villes et des localités comme Pont-Saint-Martin, Lanzo, Rivoli près de Turin, Torre, Suse, Sampeyre, Borgo San Dalmazzo, Tende, Vintimille et San Remo. En certains endroits, les Français ont pénétré de plus de soixante kilomètres en territoire italien.

Henri Béraud, caporal-chef au 15e RIA en février 1945, écrit que « mise à part la 1re DFL, les unités du détachement de l'armée des Alpes, mal habillées (à la française comme il se doit), mal équipées, mal armées, insuffisamment approvisionnées, dénuées de services ont suppléé à toutes ces insuffisances par la valeur de leurs combattants, leur enthousiasme, leur allant. Elles ont efficacement aidé l'offensive des troupes alliées en fixant sur leur front le sixième des divisions ennemies d'Italie du Nord, mais au prix de lourds sacrifices : mille trois cents tués et blessés[201] ».

Les combats de l'armée de l'air

Le 1er janvier 1944, deux groupes de chasse français sont basés en Corse (I/3 et II/7 à Ajaccio), un au Liban (III/3) et six en Afrique du Nord (I/7, II/3, I/4, I/5, III/6). En dehors du groupe Ardennes qui termine son entraînement sur Hurricane, les autres unités sont engagées dans de longues et ennuyeuses patrouilles quotidiennes, au large des côtes méditerranéennes, en protection des ports nord-africains et des convois ravitaillant les forces alliées en Italie.

Ces groupes de chasse doivent attendre jusqu'au 15 août, jour du débarquement de Provence, pour connaître un rôle offensif. Quelques rares rencontres opposent chasseurs français et avions allemands. Les pilotes français remportent quinze victoires jusqu'au début du mois d'août. Le groupe I/4 Navarre, équipé de chasseurs P39 Aircobra, se taille la part du lion avec six victoires confirmées, entre le 2 février et le 30 mai 1944. Son commandant, le capitaine de La Martinière, est descendu lors d'une mission et ne sera récupéré que le 10 mars, après deux jours passés en pleine mer, sauvé par son gilet de sauvetage.

En 1944, trois nouveaux groupes sont formés. C'est d'abord le II/6 Travail, situé à Reghaïa le 1er août, équipé de P39. Il est placé sous les ordres du capitaine Lacombe. Le mois suivant, le II/9 Auvergne est mis sur pied à Meknès, grâce également à des P39, sous les ordres du commandant Canel. Enfin, en décembre, le I/9 Limousin, toujours sur P39, est confié au capitaine Lansoy à Meknès. Le chasseur P39 Aircobra peut voler jusqu'à 620 km/h et dispose d'un canon de 37 mm, ainsi que de quatre mitrailleuses de 12,7 mm.

Lors des semaines qui précèdent le débarquement de Provence, les différents groupes participent à diverses missions sur les côtes françaises, le II/5 Lafayette opérant même très fréquemment au-dessus de l'Italie. Durant cette période, les groupes méditerranéens se trouvent en pleine mutation. Ils abandonnent leur vieux matériel démodé (P39 et Hurricane) pour des P47 Thunderbolt, une innovation très appréciée par les pilotes français. Parmi eux, le sergent Alain Massart du groupe Ardennes, se souvient :

« Le Thunderbolt P47 était le meilleur chasseur bombardier de l'époque. Équipé d'un moteur d'une puissance de 2800 CV, sa vitesse atteignait près de 700 km/h. Son autonomie couvrait 700 à 1600 km suivant les réservoirs fixés sous le ventre de l'appareil ou sous les ailes. Son armement se composait de huit mitrailleuses lourdes de 12,7 mm, de deux bombes de 225 ou 450 kg. Son poids maximum au décollage pouvait atteindre 8 tonnes. Il fut la terreur des troupes allemandes au sol sur le front d'Alsace et du Rhin.

« Le groupe de chasse Ardennes participe, avec les autres unités de chasse, au débarquement en Provence en bombardant et mitraillant les défenses allemandes. Servant d'appui-feu à l'armée du général de Lattre, nous occupons les bases de Salon, Lyon, Dôle, Luxueil et Colmar. La DCA allemande nous a causé des pertes sensibles : sept tués, deux blessés, trois prisonniers. Mais nous avons infligé des dégâts considérables au IIIe Reich : destructions de dépôts et installations, coupures de voies de communication, destructions de matériel (wagons, véhicules automobiles, blindés, batteries, avions au sol...). Le groupe Ardennes a accompli, en dix mois d'opération, plus de 3300 sorties.

« Je n'ai pas oublié les « slaloms » entre les éclats multicolores de la Flak (DCA allemande), les sueurs froides, les plongées jamais assez rapides devant les balles traçantes qui montaient à ma rencontre en me donnant l'impression qu'elles m'étaient toutes destinées. Chaque position allemande était truffée de pièces de DCA de tous calibres. Nous avons terminé la guerre en occupation à Andernach[202]. »

Lorsque, le 15 août 1944, les Alliés débarquent en Provence, l'organisation des groupes méditerranéens de la chasse française est la suivante :

- 1re escadre (commandant Monraisse) : groupes I/3 (commandant Duval), I/7 (commandant Dorance) et II/7 (commandant Hugo) ;

- 3e escadre (commandant de La Martinière) : groupes III/3 (capitaine Vinçotte), I/5 (capitaine Marin La Meslée), II/6 (capitaine Lacombe), III/6 (commandant Clausse) ;

- 4e escadre (commandant Arnaud) : II/3 (commandant Barbier), I/4 (capitaine Maurin) et II/5 (commandant de Rival-Mazères).

Le type de matériel perçu par les Français (en majorité des P47) les destine à l'appui tactique en soutien de la 1re armée française, engagée aux côtés de la 7e armée américaine, poursuivant la 19e armée allemande en Provence, dans le sillon rhodanien, puis en Alsace et par-delà le Rhin, jusqu'en Allemagne.

Le 8 septembre 1944, des Spitfire du groupe II/7 mitraillent des convois ennemis aux environs de Dijon. À 17 h 20, le capitaine Valentin reçoit une balle de mitrailleuse de DCA en plein front. Son avion s'écrase avec lui au sol. Valentin était un des as du groupe, titulaire de sept victoires en 1940 et de trois autres ultérieurement. Le 8 octobre, huit Spitfire du même groupe se heurtent à une formation de Messerchmitt 109 près de Gérardmer. Deux avions allemandes sont abattus. Lors de cette même opération, le commandant Monraisse, commandant de l'escadre, mitraille un train en gare d'Halsbach. Touché par la DCA, son avion percute un bâtiment. Monraisse, ancien commandant de groupe en 1940, était l'une des plus belles figures de la chasse française et sa disparition causa une profonde émotion chez les pilotes.

Le 24 décembre 1944, douze Spitfire du groupe II/7, dirigés par le capitaine Gauthier, rentrent d'une escorte de bombardiers B26 au-dessus de Donaueschingen, lorsqu'ils se heurtent à une trentaine de Messerchmitt 109 ou Focke-Wulf 190 à 4 500 mètres à la verticale de Bondorf Deux Messerchmitt et deux Focke-Wulf sont descendus. Malheureusement, le sous-lieutenant Boillot est tué aux environs de Rottweil.

Deux jours plus tard, la chasse française fait encore mieux, en abattant sept Messerchmitt 109 : « Neuf Spitfire, raconte C. J. Ehrengardt, commandés par le lieutenant Rebière effectuèrent, vers 13 h 40, un « swepp » (mission tactique) sur l'axe Gerersheim-Stuttgart. Arrivés à 4 500 mètres d'altitude, au-dessus de Pforzheim, le lieutenant Simard aperçut deux Messerchmitt beaucoup plus bas. Les Français piquèrent sur les intrus. Mais, il s'agissait en fait de deux groupes de huit chasseurs appartenant au II/JG 53 qui venaient de décoller de leur terrain de Malmsheim, sous les ordres de leur kommandeur, le hauptamnn Meimberg. Bénéficiant de l'effet de surprise et de la supériorité de l'altitude, les Français abordèrent le combat tournoyant avec ces deux avantages fondamentaux. Sept Messerchmitt furent envoyés au tapis en quelques minutes sans qu'un seul obus ait atteint un seul Spitfire. Meimberg fut touché et dut sauter en parachute au-dessus de Schaihlof. Les Allemands comptèrent deux tués et un blessé grave dans leurs rangs. Il n'est malheureusement pas possible de déterminer avec exactitude le nom du vainqueur du kommandeur du II/JG 53, détenteur de la Ritterkreuz et titulaire de 153 victoires aériennes, bien qu'il y ait de fortes présomptions en faveur du sous-lieutenant Leroy[203]. »

Le 1er février 1945 est marqué par la création de la 5e escadre de chasse française, confiée au commandant Alexandre et regroupant les groupes II/6 et II/10. Toutefois, le I/9 Limousin ne participe à aucune mission et, le 8 mai 1945, il achève son instruction à Reghaïa, de l'autre côté de la Méditerranée.

Le 4 février, le commandant Edmond Marin La Meslée, l'as français de la campagne de 1940 avec vingt victoires, commandant du groupe de chasse I/5, dirige personnellement une patrouille chargée d'attaquer des ponts de bateaux à Neuf-Brisach. Les appareils P47 sont particulièrement efficaces pour ce type de mission. Tout se passe bien, mais, sur le chemin du retour, Marin La Meslée aperçoit des camions allemands sur la route. Malgré une Flak assez dense, il pique pour les mitrailler. Il décide de refaire une passe pour vérifier les résultats de son attaque. Un obus de 40 mm atteint l'avion derrière la plaque de blindage du pilote. En quelques secondes, le P47 prend feu et explose. Les débris de l'appareil tombent épars aux environs de Ruestenhart, à quelques kilomètres au sud-ouest de Neuf-Brisach.

En avril 1945, quelques combats aériens opposent avions français et allemands. L'ultime duel se déroule le 24, lorsque dix Spitfire du I/3, engagés par le capitaine Le Groignec, après une mission sur l'axe Ulm-Augsbourg-Memmingen, croisent une formation de Messerchmitt 109, au-dessus de Tannhausen. Le sous-lieutenant Denieu remporte la dernière victoire confirmée de l'armée de l'air française lors de cette guerre.

Parallèlement à la chasse, l'aviation française compte le groupe de bombardement Lorraine sur le front ouest, ainsi que trois autres groupes du même type (Gascogne, Bretagne et Maroc) sur le front méditerranéen. Ses unités accomplissent des missions périlleuses jusqu'à la fin de la guerre sur l'Allemagne ou ailleurs.

De 1941 à 1945, les seize groupes de chasse français ont remporté 600 victoires, dont 412 depuis 1943, lors des combats aériens contre l'Axe. Le groupe Normandie-Niémen, engagé sur le front russe, se taille la part du lion avec à son actif 273 victoires. Viennent ensuite le groupe Ile-de-France avec 69 victoires et le groupe Alsace avec 67 victoires. La totalité des pertes des pilotes de chasse français se montent à 360 tués de 1941 à 1945.

Les quinze groupes de chasse français, qui effectuèrent des missions de bombardements de 1943 à 1945, ont détruit 129 locomotives, 11 615 wagons, 5 311 véhicules divers ou blindés, 46 navires de fort tonnage, 420 péniches, 198 batteries d'artillerie, 120 dépôts de munitions, 103 dépôts d'essence et 104 usines d'armement[204].

La fusion des forces navales françaises

Malgré le sabordage d'une partie de la flotte française à Toulon, en novembre 1942, les forces navales françaises alignent encore des moyens considérables. Il reste dans les différentes parties du vaste empire colonial français de nombreux navires de guerre : 130 000 tonnes pour l'Afrique du Nord, 66 000 tonnes pour Alexandrie, 34 000 tonnes pour les Antilles et 16 200 pour l'Indochine. Les Forces navales françaises libres (FNFL) représentent 57 000 tonnes de bâtiments. La fusion intervient en août 1943. Les unités navales en Indochine ne pourront, cependant, se joindre à la nouvelle flotte combattante et devront se saborder lors du coup de force japonais en mars 1945.

Les forces maritimes d'Afrique, d'Alexandrie et des Antilles alignent les bâtiments suivants :

- trois cuirassés : *Richelieu*, *Jean-Bart*, *Lorraine* ;

- un porte-avions : *Béarn* ;

- trois contre-torpilleurs (croiseurs légers) : *Le Fantasque*, *Le Malin*, *Le Terrible* ;

- six torpilleurs : *Simoun*, *Tempête*, *Alcyon*, *Basque*, *Forbin*, *Le Fortune* ;

- quinze sous-marins : *Centaure*, *Archimède*, *Argo*, *Glorieux*, *Casabianca*, *Marsouin*, *Atalante*, *Amazone*, *Antiope*, *Vestale*, *Sultane*, *Aréthuse*, *Orphée*, *Perle*, *Protée*.

Les Forces navales françaises libres, devenues forces navales françaises de Grande-Bretagne, reposent sur les navires suivants :

- un cuirassé : *Courbet* ;
- deux contre-torpilleurs : *Léopard* et *Triomphant* ;
- un destroyer : *La Combattante* ;
- cinq avisos : *Chevreuil*, *Commandant-Dominé*, *Commandant-Duboc*, *La Moqueuse*, *Savorgnan-de-Brazza* ;
- cinq frégates : *La Découverte*, *La Surprise*, *L'Aventure*, *Tonkinois*, *Croix-de-Lorraine* ;
- sept corvettes : *Aconit*, *Lobélia*, *Renoncule*, *Roselys*, *Commandant-d'Estienne-d'Orves*, *Commandant-Détroyat*, *Commandant-Drogou* ;
- cinq sous-marins : *Curie*, *Doris*, *Junon*, *Minerve*, *Rubis*.

À ces éléments principaux s'ajoutent deux ou trois patrouilleurs, un croiseur auxiliaire (*Cap-des-Palmes*), deux flottilles de chasseurs, la 23e flottille de vedettes lance-torpilles.

En outre, les Anglo-Américains cèdent à la France combattante six destroyers d'escorte, trente-deux escorteurs, cinquante chasseurs de sous-marins, trente et un dragueurs, une quarantaine de remorqueurs et bâtiments de servitude, ainsi que cinquante chalands de débarquement.

Avec un effectif de 50 000 hommes, dont 2 000 officiers, la marine retrouve en 1943 la moitié de ses effectifs de 1939.

L'Aéronavale fait également l'objet d'un effort de modernisation avec une flottille de bombardement et une autre d'exploration basées à Dakar, une flottille de bombardement à Agadir, une flottille de chasse et deux escadrilles de surveillance en Méditerranée.

Le commandement de l'ensemble de la flotte française est assuré par l'amiral Lemonnier, secondé par l'amiral Auboyneau (issu des FNFL). Le nouveau chef d'état-major prend ses fonctions le 4 août 1943. Durant l'automne 1943, M. Louis Jacquinot se charge de la direction du ministère de la Marine.

« Avec les points névralgiques de ses ports stratégiques bien situés tant sur l'Atlantique (Dakar, Abidjan, Casablanca) que la Méditerranée (Oran, Alger, Bizerte), écrit Michel Bertrand, l'Empire français et sa marine constituaient pour les Alliés un atout important et une force offensive sur laquelle on pouvait compter. La participation déterminante de nos navires aux débarquements de Corse, de l'île d'Elbe, de Provence, devait en apporter un éclatant témoignage[205]. »

Les croiseurs et escorteurs français prennent une part importante à l'escorte des convois alliés et à la bataille de l'Atlantique contre les sous-marins, soulageant d'autant les marines britanniques et américaines. En Méditerranée orientale, la division navale du Levant (navires *La Moqueuse*, *Commandant-Duboc*, *Commandant-Dominé* ; patrouilleur *Reine-des-Flots*) intervient lors de l'occupation allemande du Dodécanèse. Le bâtiment *Reine-des-Flots* se distingue particulièrement le 24 octobre 1943 en repoussant deux attaques de Stukas et, le 28, en descendant avec sa DCA deux bombardiers Junker 88.

Durant la seule période de l'année 1943, les bâtiments légers français assurent plus de 700 missions d'escorte, tandis que l'Aéronavale accomplit plus de 9000 heures de vol pour la seule protection des convois. Durant les sept premiers mois de 1944, les forces navales françaises escortent près de 200 convois, dont 70 exclusivement sous la protection de la flotte française, sur les routes maritimes reliant l'A-OF au Maroc et à l'Algérie.

Le 4 mai 1944, le torpilleur *Sénégalais* contribue à la destruction du sous-marin allemand U-371. L'amiral Fewitt remet en personne la légion américaine du Mérite à son commandant, le capitaine de corvette Poncet.

Les sous-marins *Casabianca*, *Protée*, *Archimède*, *Perle*, *Aréthuse*, *Orphée, Sultane* et *Curie*, opérant en Méditerranée, accomplissent une cinquantaine de patrouilles, coulent une dizaine de navires de l'Axe. Le *Rubis*, issu des FNFL, en activité depuis 1940, fête au début de l'année 1944 l'immersion de sa 500e mine dans les eaux ennemies. Des missions spéciales sont accomplies sur les côtes occupées de Provence, de l'Atlantique et jusqu'en Espagne.

Missions de guerre de la marine sur les côtes corses

En septembre 1943, la marine française accomplit à elle seule le transport d'importantes troupes françaises devant participer à la libération de la Corse. Les Alliés anglo-américains, engagés à fond dans les opérations sur les côtes italiennes, ne peuvent lui fournir un quelconque soutien maritime ou aérien. La marine française d'Afrique du Nord et des Antilles fait rallier à grande vitesse divers navires pour les aiguiller sur ce qu'on appela par la suite le « rail » Alger-Ajaccio. Le sous-marin *Casabianca*, du capitaine de corvette L'Herminier, est le premier à transporter, le 13 septembre, un commando d'une centaine de soldats français. Les croiseurs *Jeanne d'Arc*, *Montcalm*, les croiseurs légers *Le Fantasque*, *Le Terrible*, les torpilleurs *Tempête*, *L'Alcyon*, *Le Fortune*, *Forbin*, d'autres navires, ainsi que les sous-marins *Casabianca*, *Perle* et *Arthuse*, effectuent plusieurs voyages. Près de 10 000 hommes sont ainsi débarqués en un temps record, au cours d'une dizaine de traversées. L'amiral Lemonnier demande au général Bouscat le concours de l'armée de l'air française, qui lui adresse une escadrille de Spitfire français, commandée par le capitaine Hugo. Les appareils français descendent, en deux journées, 38 avions allemands en n'en perdant que 2 de leur côté.

En dix mois, la flotte française effectue le transport en Corse, sans aucune perte, de 60 000 hommes, 5 500 véhicules ou canons, 9 000 animaux divers, chevaux, mulets et moutons, ainsi que 120 000 tonnes d'approvisionnements pour la population civile et l'armée.

Les croiseurs légers en Méditerranée

Les croiseurs légers *Le Fantasque*, *Le Terrible* et *Le Malin*, fiertés de la marine française, se trouvent à la pointe des combats en Méditerranée. Appartenant à la classe des contre-torpilleurs de 3 000 tonnes, ils ont été conçus pour conduire des opérations éclair contre les convois et des installations portuaires. « Ces navires, écrit Michel Bertrand, étaient les plus rapides de leur époque puisque filant à près de quarante nœuds[206]. »

L'armement de chaque bâtiment repose sur cinq canons de 138 mm, huit à onze de 40 mm, dix de 20 mm, 6 lance-torpilles de 550 mm, ainsi que des grenadeurs. L'équipage peut atteindre trois cents hommes.

Intégrés au sein de la 10e division navale, basée en Égypte, à la fin de l'été 1943, les trois navires français sont chargés de mener des attaques rapides contre les convois germano-italiens dans l'Adriatique et au large de la Grèce. Leurs succès foudroyants leur vaudront le surnom de « lévriers de la mer ».

Le 14 novembre 1943, *Le Fantasque* et *Le Terrible* intègrent la force H de l'amiral sir Algergon Willis. Destination Leros, une petite île, où un commando de résistants grecs doit être débarqué pour y mener des sabotages. Les Britanniques seront également présents avec un détachement de « Bérets verts ». Le 19, *Le Fantasque* (commandant Perso), *Le Terrible* (commandant Lancelot) et le croiseur antiaérien anglais *Phoebe* accomplissent avec succès cette mission. Les deux croiseurs légers français effectuent, dans la même journée, une reconnaissance en mer Égée, autour de l'île d'Amorgos. La couverture antiaérienne est assurée par le croiseur *Phoebe* qui, dérouté vers la Crète, quittera la patrouille à 17 heures. La Luftwaffe est fort active dans le secteur, comme peuvent en témoigner les nombreuses carcasses de navires calcinés. À 16 heures, des avions de l'Axe sont détectés par le *Phoebe* à 60 milles. Vingt minutes plus tard, dix-huit bombardiers Junker 88 apparaissent à l'horizon, en formation de combat. Le *Phoebe* déclenche un tir de barrage avec ses diverses pièces. Un chapelet de bombes encadrent *Le Fantasque*. *Le Terrible* n'est pas non plus épargné, mais la chance est du côté des Français : les bombes manquent leurs cibles. La DCA du *Fantasque* abat un avion. Deux autres appareils ennemis sont descendus lors du combat. Tout semble terminé à 17 heures. Mais des Junker 88 apparaissent de nouveau dans le ciel, à 17 h 30, lâchant leurs bombes. *Le Fantasque* parvient à abattre deux appareils ennemis. À 19 h 15, les deux « lévriers de la mer » pénètrent dans le chenal d'accès à la mer Égée, lorsqu'un télégramme ordonne d'effectuer une mission dans le canal de Mykoni. *Le Terrible*, handicapé par un ennui de moteur, ne peut suivre. Il faut filer à 36 nœuds et il n'en peut donner que 32. Les deux croiseurs légers se séparent.

« *Le Terrible*, raconte Paul Carré, aborde Anorges par sa pointe sud-ouest. Il s'approche jusqu'à deux milles du cap Kalotari, contourne l'île par l'ouest, puis explore les baies nombreuses et découpées de la côte nord. Les radars sont en marche et donnent tous les détails du rivage : rien ! L'ennemi a dû être alerté par les avions et a caché ses bâtiments. Le commandant Lancelot décide de poursuivre sa route en passant au sud des petites îles de Kinare et de Lévitah, après quoi il vient cap au sud pour rejoindre le *Phoebe*[207]. »

Le Fantasque a de son côté mis le cap sur Mykoni qu'il atteint peu après minuit, puis il fait demi-tour et défile devant les îles grecques comme Denisa, Naxos, Amorgos, Stampalia… vides de navires ennemis. *Le Terrible* rejoint le *Phoebe* à 6 h 45, le 20 novembre. À 7 heures, *Le Fantasque* rallie à son tour et c'est le retour vers Alexandrie, en Égypte.

Le 27 novembre 1943, le capitaine de vaisseau Sala prend le commandement du *Fantasque*. Puis le même navire navigue vers les côtes méridionales de la Crète, afin d'y dénicher d'éventuels bâtiments ennemis. Durant la même période, *Le Terrible* effectue une mission devant Rhodes que les Allemands fortifient.

Le 5 décembre, les deux croiseurs légers subissent quelques réparations. Le 23, ils sont chargés de mettre fin à l'activité des forceurs de blocus allemands, navires pirates souvent camouflés en neutres. La proie recherchée est un vapeur de près de 5 000 tonnes, surnommé *Saint-Félix*, qui, parti de Valence en Espagne, se prépare à appareiller pour Marseille avec un chargement de métaux rares : tungstène et mercure.

Le Fantasque, sorti des passes à 23 h 25, aborde la mer à 32 nœuds. Peu après, il est attaqué par un sous-marin allemand, qui le manque de peu avec deux torpilles. La poursuite du cargo allemand reprend. On sait désormais qu'il a appareillé de Valence à 23 h 25. Compte tenu de sa route et de sa vitesse, le commandant du *Fantasque* pense pouvoir l'intercepter aux environs de Barcelone. Le croiseur navigue près des eaux territoriales espagnoles, essuyant au passage le tir de semonce d'une batterie côtière. Soudain, vers 11 heures, le 24 décembre, les marins du *Fantasque* aperçoivent un point gris, au sud-ouest de Tortosa, au large de l'embouchure de l'Ebre. Le radio du *Fantasque* ordonne au navire sans pavillon de stopper. Il n'en fait rien. Un coup de 138 mm est alors tiré, à titre de dissuasion. L'équipage de prise français se prépare à prendre possession du raider, tandis qu'un second coup de semonce est tiré. Le commandant allemand du cargo cherche à gagner du temps. Fonçant à toute vapeur, le raider se trouve à nouveau dans les eaux territoriales espagnoles. C'est là qu'il se saborde, après avoir hissé le pavillon du IIIe Reich. *Le Fantasque* s'éloigne et retourne vers Alger.

Le Malin et *Le Fantasque* se retrouvent le 15 janvier 1944 dans le port d'Oran. Le 20, *Le Fantasque* se trouve à Malte, où il fait équipe avec le croiseur britannique *Dido*. Il doit participer à un simulacre de débarquement vers Civita-Vecchi, situé à 60 km au nord-ouest de Rome, détournant ainsi l'attention du commandement allemand de l'action principale, qui va se dérouler plus au sud, à Anzio.

Rejoints par le destroyer anglais *Inglefield*, les deux croiseurs défilent devant Messine et croisent le 22 janvier, dans la nuit, les côtes de Civita-Vecchi. Sept vedettes lance-torpilles et cinq canonnières participent à l'opération. Des commandos sont débarqués, afin de faire diversion sur des points sensibles de la côte italienne et créer la confusion par des sabotages spectaculaires. Des vedettes mitraillent la plage à toute vitesse pour faire croire à une attaque massive. Les deux croiseurs et le destroyer effectuent une préparation d'artillerie courte et intense. La mission est complétée par le bombardement naval de Terracina, auquel prennent part *Le Fantasque* et *Le Malin*. Plus de trois cents coups sont tirés en direction des batteries de Gaëte et du carrefour stratégique de Formia. Les croiseurs légers français sont ensuite affectés à des missions d'escortes de convois et de transports de troupes britanniques sur le front italien en février 1944.

Le 19 février, les croiseurs *Le Malin* et *Le Terrible* appareillent d'Oran dans la nuit, en direction de Brindisi, afin de rejoindre la flotte alliée du secteur de Tarente, dont la mission est de chasser les convois allemands qui s'infiltrent le long des côtes yougoslaves. Chaque nuit, les navires alliés vont s'embusquer dans les parages de Pola et de Trieste, au fond de l'Adriatique, à la recherche de leurs proies.

Pour s'opposer à ces « intrus », la Kriegsmarine aligne une flotte assez nombreuse, composée d'une dizaine de torpilleurs, de quatre ou cinq corvettes, de dragueurs, d'une douzaine de vedettes lance-torpilles, d'un ou deux sous-marins, de chalands siebel ferrys ayant servi au ravitaillement de l'Afrikakorps du maréchal Rommel en Tunisie.

Les croiseurs *Le Malin*, *Le Terrible* et *Le Fantasque*, désormais réunis, surveillent étroitement la côte dalmate, croisant dans les rades bien protégées de Zara, Pola et Fiume. Mais l'ennemi semble vouloir éviter l'affrontement. Le commandant Lancelot, à la tête du *Terrible*, payant d'audace, décide de se poster à l'entrée du canal des Sept-Bouches de Cattaro, qui commande l'accès au port de Zara, bien abrité au fond de ses chenaux, derrière un lacis d'îlots rocheux.

Le 28 février 1944, la patience et l'audace du *Terrible* finissent par payer. Se glissant le long du littoral dalmate, un important convoi allemand, parvenu à la hauteur de Premuda, se fait repérer alors qu'il tente de s'échapper du piège de l'Adriatique. Il se compose des torpilleurs de 600 tonnes TA36 et TA37, des deux corvettes de 565 tonnes UJ201 et UJ205, ainsi que du grand vapeur *Kapitän Diedrischen*. Les torpilleurs sont armés chacun de quatre canons de 100 mm et de pièces de 20 mm ; les corvettes portent un seul tube de 100 mm, deux de 37 et deux de 20. Les torpilleurs TA36 et l'UJ201 sont des navires neufs.

La lune qui éclaire la mer et découpe les navires en ombres chinoises attire l'attention du *Terrible* et du *Malin*. Les bâtiments français s'approchent du convoi ennemi. Le commandant Hourcade fait ouvrir le feu sur le cargo. Il est 21 h 04. *Le Malin* prend de son côté pour cible le torpilleur TA37. Aussitôt tirées les premières salves françaises de 138 mm, un feu nourri arrose *Le Malin*, dont les pointeurs sont un instant aveuglés. Mais l'avantage de sa vitesse lui permet de se dérober en forçant l'allure. Bientôt, sous l'impact d'un tir précis, le *Kapitän Diedrichsen* est secoué par une terrible explosion et atteint de plein fouet par les obus du *Terrible*. Dans le même temps, le TA37, également touché, perd le contrôle de sa manœuvre. Accablé par le feu concentré des deux croiseurs français, il se couche bientôt sur tribord. *Le Malin* retourne ses pièces contre la corvette UJ205.

« Abattant sur la gauche pour rendre toutes ses pièces battantes, écrit Michel Bertrand, Lancelot décoche au passage une torpille au gros cargo tout en surveillant d'un œil l'UJ201 qu'il prend pour une vedette lance-torpilles. Abandonnant l'UJ205 qui flambe de part en part, *Le Terrible* lance une autre torpille en direction de la corvette ennemie ; elle fait mouche dans une terrible explosion qui provoque un énorme panache de fumée, l'UJ201 disparaît sous les flots, emportant dans ses flancs les 97 hommes et les 2 officiers de son équipage.

« Évitant de justesse une torpille lancée par un torpilleur que l'on a vu surgir de nulle part, dans le fracas et les fumées des combats, *Le Terrible* poursuit le TA36, rescapé de la bataille alors que la corvette UJ205 s'approche courageusement du *Kapitän Diedrichsen* immobilisé et désemparé pour évacuer son équipage. Son aiguille lâchée, le TA36 fuit à 30 nœuds, poursuivi par *Le Terrible* qui en donne 33 et le rattrape bientôt. Pendant ce temps *Le Malin* tire alternativement sur le gros cargo et sur le torpilleur. Ce dernier se mâte à 45 degrés et coule peu après sous le feu des obus qui criblent sa coque. Il est 22 h 25. Le commandant Lancelot ordonne de cesser le feu. Plus rien ne flotte à la surface sinon quelques épaves. Il est grand temps de repartir avant de donner l'alerte au gros des forces de surface. En tout, le combat a duré moins de trois quarts d'heure. Et dans ce laps de temps, les cinq bâtiments ennemis rencontrés ont été envoyés par le fond. Aucun dommage du côté français. Pas de survivants. Un beau succès[208]. »

Pendant que *Le Terrible* met le cap sur Manfredonia, *Le Malin* poursuit sa route vers Brindisi. Les deux navires français reçoivent les félicitations admiratives et humoristiques de l'amirauté britannique : « Beau travail ! Mais rappelez-vous que ce n'est pas votre propre guerre privée. Veuillez laisser quelque chose aux autres à couler. Si vous continuez ainsi, nous serons obligés d'introduire un système de rationnement avec coupons[209] ! »

Le 4 mars 1944, *Le Fantasque* et *Le Terrible* opèrent sur les côtes de l'Istrie. Les 7 et 8 mars, ils effectuent un raid sur l'île de Zante, dans la mer Ionienne, puis à nouveau des patrouilles sur les côtes dalmates les 15 et 16. Le 19, les deux croiseurs français tombent sur un convoi allemand, composé de trois siebel ferrys (SF270, 273 et 274) de 130 tonnes chacun, armés d'un canon de 37 mm et de deux pièces de 20, d'un bateau à moteur ferry de 160 tonnes portant un canon de 75 mm et deux autres de 20, sans oublier le remorqueur *Titanic*, aménagé en navire-atelier. Le convoi transporte un important matériel de guerre : quatre canons de 150, des canons légers, des radars, des munitions et plusieurs fûts d'essence. L'ensemble doit se rendre de Katakalo à Navarin, soit franchir une distance d'à peine cinquante milles. Dans la nuit, le convoi est donc surpris par les deux croiseurs français qui tirent à obus éclairants. Les chalands sont la proie des flammes et le F124, le plus gros des navires allemands, est touché à son tour par le tir nourri du *Terrible*. La hausse des canons est à zéro, tellement les objectifs sont proches. Le SF270 se transforme en épave fumante, puis les croiseurs coulent les SF273 et SF274. Les marins allemands ont cependant eu le temps d'ouvrir le feu, causant de très légers dégâts au *Fantasque* et au *Terrible*.

Après cette nouvelle victoire, les deux navires français retournent en Méditerranée orientale, avec Alexandrie pour base. Fin avril 1944, les trois bâtiments de nouveau regroupés (*Le Fantasque*, *Le Terrible* et *Le Malin*) accomplissent cinq missions sur la route de la Crête. Dans la nuit du 2 au 3 mai, le Fantasque et le Malin bombardent l'île de Kos. En juin, les croiseurs sont de retour dans l'Adriatique. Le 9, le capitaine de frégate Géli prend le commandement du *Fantasque*. Dans la nuit du 16 au 17, *Le Fantasque* et *Le Terrible* coulent un pétrolier allemand de 350 tonnes dans le golfe de Quarnero. Les batteries côtières ennemies ont bien ouvert le feu, mais la vitesse a joué une fois de plus en faveur des croiseurs qui s'en sont sortis sans dommage. Le 24 juin, les trois navires quittent définitivement l'Adriatique. Ils doivent rejoindre la flotte française préparant le débarquement de Provence prévu le 15 août 1944.

L'apport de la marine française au débarquement de Provence

La force navale représente une armada de 880 navires de guerre alliés. Parmi les 130 bâtiments principalement engagés, on compte une trentaine de français :

- cuirassé *Lorraine*, capitaine de vaisseau Rue ;
- 3e division de croiseurs (contre-amiral Auboyneau) : croiseur *Émile-Bertin* (capitaine de vaisseau Ortoli), *Jeanne d'Arc* (capitaine de vaisseau Hourcade), *Duguay-Trouin* (capitaine de vaisseau Toussaint de Quévrecourt) ;
- 4e division de croiseurs (contre-amiral Jaujard) : *Montcalm* (capitaine de vaisseau Sénès), *Gloire* (capitaine de vaisseau Périès), *Georges-Leygues* (capitaine de vaisseau Laurin) ;

- 10e division de croiseurs légers : *Le Terrible* (capitaine de vaisseau Lancelot), *Le Fantasque* (capitaine de frégate Géli), *Le Malin* (capitaine de frégate Ballande) ;

- 3e division de torpilleurs : *Le Fortune* (capitaine de frégate Bosvieux), *Forbin* (capitaine de corvette Latourette) ;

- 6e division de torpilleurs : *Tempête* (capitaine de frégate Morazzini), *Simoun* (capitaine de corvette Spitz), *Alcyon* (capitaine de corvette Marchal) ;

- 2e division de destroyers d'escorte : *Marocain* (capitaine de frégate Monick), *Tunisien* (capitaine de corvette Burin des Roziers) ;

- 5e division de destroyers d'escorte : *Hova* (capitaine de frégate Lamorte), *Algérien* (capitaine de corvette Pinel), *Somali* (capitaine de corvette Delaire) ;

- 6e division d'avisos : *La Gracieuse* (capitaine de frégate Mestre), *La Boudeuse* (capitaine de corvette Cordiliani), *Commandant Lesage* (capitaine de corvette Beau), *Commandant Bory* (capitaine de corvette Rémusat) ;

- 10e division d'avisos : *Commandant Dominé* (capitaine de corvette Cornuault), *La Moqueuse* (capitaine de corvette Ploix).

Le succès de l'opération est foudroyant : sans aucune perte de bâtiments, la huitième flotte alliée assure le débarquement des troupes qui doivent libérer Marseille et tout le littoral de la Provence et, avec l'aide de l'artillerie des navires de guerre, réduire la défense allemande du port de Toulon.

Le plan d'attaque préparé à Alger, durant des mois, joue à la perfection. Sur les bateaux français, ce matin glorieux du 15 août, les marins sont transfigurés par l'apparition des côtes. À 6 heures, on distingue Port-Cros, Porquerolles, Cavalaire, Saint-Tropez, Sainte-Maxime, Saint-Raphaël. Le bombardement naval commence à 7 heures. À 8 heures, des centaines de navires de débarquement touchent terre, en huit endroits différents, sous la protection de l'artillerie de marine. La réaction allemande est faible. Partout où elle se manifeste, elle est écrasée par les tirs des navires.

Les jours suivants, la marine française soutient avec une grande efficacité la progression des troupes alliées, par son artillerie à des portées extrêmes. La batterie allemande de 340 mm de Cépet reçoit du 13 au 28 août plus de 1 500 obus de très gros calibres. Six cents avions et quatre cuirassés (dont le *Lorraine*) se rallient sans arrêt pendant une semaine pour bombarder la batterie, et de nombreux croiseurs (dont trois français) vont la prendre à partie avec leurs pièces principales.

Un document de la marine française raconte les effets des tirs de la flotte sur la batterie allemande du cap Cépet, près de Toulon :

« Le sol fut tellement remué, qu'il a été très difficile de savoir où étaient tombés les obus, mais on a pu établir que trois projectiles avaient touché les tourelles : deux avaient légèrement enfoncé ou défoncé le blindage, sans le percer, ne causant aucun dégât à l'intérieur ; le troisième atteignit un canon de la tourelle Est dont le récupérateur était en démontage, détériorant les rayures de la pièce près de la volée. Les experts américains venus examiner les résultats des tirs, avaient conclu que cette érosion avait été causée par un coup direct qui aurait en même temps fait reculer la pièce. Les ingénieurs français pensent que les rayures furent détériorées par un gros éclat dû à un projectile ayant éclaté devant la tourelle, et qui aurait pénétré dans l'âme de la pièce. Quelle que fût la cause de l'avarie, le canon était hors d'usage ; mais il était déjà indisponible, les Allemands n'ayant pas réussi à remonter pendant les attaques le récupérateur en visite.

« Le résultat de 800 bombes et des 1 400 obus (chiffre minimum) fut de mettre une tourelle et un canon hors de combat. Le jour de la reddition, il restait encore une tourelle avec une pièce en état de tirer. Mais l'avalanche des projectiles qui s'abattit tout autour eut aussi pour effet de souffler littéralement toutes les installations au-dessus du sol (elles n'étaient pas indispensables au combat) et de hacher les canalisations électriques installées sous terre, qui, elles, étaient nécessaires pour tirer parti des postes d'observation : du fait de leur rupture, le tir dut être conduit par des procédés de fortune. Enfin, la tourelle en état fut immobilisée à de nombreuses reprises par des accumulations de cailloux et de terre projetés par des explosions voisines, et cela explique pourquoi les navires eurent parfois l'impression qu'elle ne pouvait battre certains secteurs[210]. »

Les équipages de la flotte française sont anxieux de rentrer dans la rade de Toulon, mais, celle-ci étant minée, il faut de nombreux jours pour la déblayer. C'est seulement le 13 septembre 1944 que l'escadre française, accompagnée par les navires amiraux alliés, franchit le créneau ménagé dans les épaves qui encombrent la passe. À 11 heures, le croiseur *Georges-Leygues*, premier bâtiment de ligne, s'installe au milieu d'une rade déserte qui va soudain s'animer. Tour à tour, les navires prennent leur mouillage, admirés par une foule venue en masse au Morillon pour revoir le spectacle si longtemps attendu et tant espéré. Trois mille permissionnaires sont mis à terre. La vie reprend dans la ville. Toulon est en fête.

« Le lendemain, raconte un témoin, devant M. Jacquinot, ministre de la Marine, entouré des amiraux et commandants français et alliés, les marins de l'escadre défilent. En tête, une compagnie de marins américains précédés de leur « *band* » ; derrière, un détachement de la Royal Navy, avec une musique jouant des airs traditionnels de la marine britannique : tous acclamés. Mais lorsque la clique de tous les clairons de l'escadre française apparaît, alerte, suivie de 800 hommes des unités de débarquement, dans leur uniforme coloré, la population de Toulon s'enflamme et, tandis que les hurlements de joie couvrent le bruit de la musique des équipages, bien des yeux, même sur les visages les plus durs, sont humides. Le pays a retrouvé sa Marine, une Marine vivante, ardente, fière de se battre[211]. »

La poursuite de la guerre navale en Méditerranée

Alors qu'en Provence les opérations terrestres se terminent, les Allemands et les forces italiennes fascistes tiennent toute la côte de la Riviera italienne et de la mer Ligurienne jusqu'à Vareglio. Entre leurs mains, les ports de Gênes et de la Spezia représentent une menace pour les communications alliées.

Les marines françaises et alliées sont engagées dans diverses opérations, portant aussi bien sur la défense du littoral français en Méditerranée, la protection des convois, la surveillance des ports et l'attaque des bâtiments et des bases navales de l'Axe. Une Flank Force, commandée par le contre-amiral français Jaujard, aligne des croiseurs, contre-torpilleurs, escorteurs, destroyers, torpilleurs, chasseurs, dragueurs et autres vedettes lance-torpilles français, britanniques, américains et autres… Le 5 novembre 1944, la composition initiale est la suivante : quatre croiseurs français (*Montcalm*, *Georges-Leygues*, *Jeanne d'Arc* et *Gloire*), six destroyers dont quatre américains et deux franco-britanniques, douze dragueurs alliés, un groupe de vedettes lance-torpilles américaines.

Au total, en raison des fréquentes relèves des bâtiments, le commandement de la Flank Force eut à coordonner l'action de plus de sept croiseurs dont six français, vingt-neuf destroyers dont sept français, six britanniques et seize américains, sept escorteurs français, huit dragueurs français, sept dragueurs américains, seize chasseurs français, douze vedettes lance-torpilles américaines.

Les navires alliés effectuent de nombreuses missions de bombardement des défenses germano-italiennes. Les cibles sont généralement les batteries repérées, les nœuds de communication (pont, gares), des entrepôts de munitions ou d'approvisionnements, des casernes, des postes de commandement ou des observatoires, des concentrations de navires. Cependant, l'ennemi s'est bien organisé. Ses batteries côtières prennent fréquemment à partie les bâtiments alliés.

Le 15 janvier 1945, les croiseurs *Montcalm* et *Georges-Leygues* pilonnent les flottilles germano-italiennes de San Remo et de Porto Maurizio. Lors de ces deux actions simultanées, trois vedettes rapides et plus de trente canots explosifs ennemis sont détruits.

Entre le 14 février et le 24 avril 1945, les croiseurs effectuent plus de douze bombardements sur des ports ou des édifices de la côte italienne. Les destroyers poursuivent chaque jour leurs missions de soutien à l'armée française des Alpes, tirant deux cents obus par jour sur les défenses ennemies. Le groupe de surveillance alliée triomphe durant la nuit du 23 au 24 avril en coulant six vedettes de l'Axe.

Pertes et victoires de la marine française

La marine de guerre française a subi de lourdes pertes de 1939 à 1945 : une centaine de navires coulés ou sabordés, dont huit bâtiments de ligne de 10 000 à 35 000 tonnes et une cinquantaine de torpilleurs de 650 à 1 500 tonnes. Les pertes infligées aux marines de l'Axe sont également importantes : cent trente navires de tous types coulés (civils réquisitionnés ou militaires). Le sous-marin français *Rubis* revendique à lui seul la destruction de seize bâtiments ennemis.

De Lattre signe à Berlin

Le 7 mai 1945, à 2 h 41, dans la salle de l'école professionnelle de Reims, où se trouve le grand quartier général avancé du général Eisenhower, l'Allemagne capitule sans conditions. Le document qui consacre l'effondrement du IIIe Reich est signé, d'une part, par le général Jodl, chef d'état-major de la Wehrmacht, et par l'amiral Friedeburg, commandant en chef de la Kriegsmarine ; d'autre part, par le général Eisenhower, l'amiral britannique sir Harold Burrough, chef d'état-major de la marine alliée, le général soviétique Sousloparov, représentant de l'Armée rouge, et le général français Sevez, chef d'état-major adjoint de la Défense nationale.

Staline estime que la capitulation allemande à Reims ne rend pas suffisamment hommage à l'immense sacrifice consenti par l'armée soviétique (13 600 000 soldats tués). Il désire une autre capitulation allemande, cette fois à Berlin, capitale du IIIe Reich, destinée celle-ci à entrer dans l'Histoire. Ce sera le symbole de la victoire, la récompense des souffrances des Soviétiques, l'image forte de la maîtrise de l'Armée rouge sur la moitié de l'Europe.

Le 7 mai 1945, le général de Lattre de Tassigny, commandant de la 1re armée française, est également mécontent. Il vient d'apprendre que le général Sevez a signé pour la France l'acte de capitulation de toutes les forces du Reich, dans une école de Reims. Cet honneur ne devait-il pas lui revenir à lui, le général de Lattre qui, depuis le débarquement de Provence, a conduit, de victoire en victoire, jusqu'en Allemagne une armée franco-africaine de 400 000 hommes. Mais le 8 mai 1945, à 5 h 35, le voilà rassuré. Un télégramme urgent lui apprend qu'il est désigné par le général de Gaulle « pour participer à la signature officielle et définitive, acte solennel de capitulation du IIIe Reich, à Berlin ». Le général de Gaulle précise qu'il doit exiger des conditions équivalentes à celles faites au représentant britannique.

« Sans doute de Lattre n'avait-il pas besoin de ces mots pour défendre la place de la France, écrit Henri Amouroux, mais ils témoignent de la volonté du général de Gaulle – une volonté qui le guidait depuis le 18 juin 1940 – de faire que la France retrouve son « rang » parmi les grandes nations [...]. Cette journée du 8 mai et cette matinée du 9 mai seront, en tout cas, pour de Lattre des journées de « combat » au cours desquelles il devra jouer de fermeté et de séduction pour que la place de la France soit autre chose qu'un simple strapontin[211]. »

Le 8 mai, les Américains du 6e groupe d'armées alliées, dont dépend la 1re armée française, l'informent qu'un avion Dakota le prendra à 9 heures sur le terrain allemand de Mengen, afin de le transporter à Berlin. De Lattre amène avec lui son chef d'état-major, le colonel Demetz, ainsi que le capitaine Bondoux, son chef de cabinet. D'un des hublots de l'avion survolant Berlin, de Lattre découvre avec stupéfaction que la capitale du IIIe Reich est en grande partie détruite.

Les déceptions commencent sur le terrain d'aviation de Berlin. Personne n'attend les trois officiers français et, lorsqu'ils sont enfin dans la banlieue de Berlin, ils doivent aller à la recherche des chefs alliés : le maréchal Joukov, le maréchal de l'air Tedder, l'amiral Burrough, le général américain Spaatz. Les ayant enfin trouvés à la banale commune de Karlshorst, dans la banlieue est de Berlin, où le maréchal Joukov a pu installer son quartier général dans une école de sous-officiers à peu près intacte, le général de Lattre doit les convaincre, en leur montrant le télégramme du général de Gaulle, qu'il doit signer au nom de la France l'acte de capitulation de l'Allemagne. Joukov accepte volontiers que la France signe. Tedder donne également son accord. De Lattre, Demetz et Bondoux reconnaissent ensuite la salle où doit se dérouler la cérémonie. Stupéfaction et colère : aucun drapeau français ne se trouve dans la pièce, alors que les drapeaux américain, soviétique et britannique figurent en bonne place. Il faut en fabriquer un à la hâte, avec, pour le bleu, un morceau de serge découpé dans la combinaison d'un mécanicien, le blanc étant pris dans un drap, le rouge dans un pavillon hitlérien. Le drapeau tricolore est donc présent à côté du drapeau rouge, de l'Union Jack et de la bannière étoilée.

Le général de Lattre nous raconte la suite de cet événement historique :

« Il fait froid et humide et la fatigue se fait sentir. Enfin, un jeune officier russe se présente et nous prie de nous rendre à la villa du maréchal Joukov. Quand nous y entrons, le spectacle est éblouissant. Tout est éclairé. Le maréchal a revêtu la grande tenue et mis toutes ses décorations. Il est entouré d'une foule de généraux et d'officiers. Auprès de leurs uniformes somptueux, nos *battle-dress* semblent bien ternes…

« Nous sortons en cortège. Devant la porte stationne une sorte de grand break automobile, découvert. Joukov monte à côté du chauffeur – un colonel – Tedder, Spaatz et moi nous nous serrons sur la banquette arrière. Sur les strapontins, face à nous, s'installent l'amiral Burrough et l'ambassadeur soviétique.

« La distance est assez courte. Sur tout le parcours, des bataillons massifs rendent les honneurs dans la nuit. Dans le bâtiment-école, les groupes électrogènes ont été mis en marche. Quand nous y pénétrons, nous sommes littéralement aveuglés par la lumière des *sunlights*, braqués sur la porte d'entrée. La chaleur est étouffante.

« Nous prenons place à la table du fond, Joukov au centre ayant à sa droite Tedder et Vichinski, à sa gauche Spaatz et moi. Primitivement, il avait été prévu que je prendrais place à la droite de l'Air Marshal Tedder, mais l'arrivée de M. Vinchinski avait entraîné ce décalage. Je devais par la suite me réjouir de ce changement qui allait me rendre le voisin immédiat de Keitel à l'instant où il signerait l'acte de la capitulation de l'Allemagne. Les officiers des délégations s'installent aux tables de droite et de gauche, les « Occidentaux » n'occupent que la moitié de cette dernière, le dos tourné à la porte.

« Le long du mur de droite, cinéastes, photographes, journalistes sont massés aux aguets.

« À minuit six exactement – donc le 9 mai – le maréchal Joukov ouvre la séance solennelle par quelques mots de bienvenue adressés aux représentants alliés. Puis il donne l'ordre d'introduire la délégation ennemie.

« Minuit dix. Keitel s'avance et cille sous le feu des projecteurs. Il se redresse dans sa grande tenue à parements rouges où brillent deux croix de fer. Terriblement prussien d'allure, il claque des talons et salue, hautain, de son bâton de maréchal. Personne ne se lève. Keitel regarde d'abord droit devant lui, et tourne les yeux de gauche à droite, lentement, jusqu'au moment où sa vue s'arrête sur le drapeau tricolore. Poursuivant son regard circulaire, il m'aperçoit : « *Ach* ! grommelle-t-il, il y a aussi les Français ! Il ne manquait plus que cela ! »

« Il jette alors son bâton et sa casquette sur la table et s'assied.

« À sa droite, prend place le général de la Luftwaffe Stumpf, successeur de Goering, et, à sa gauche, l'amiral de la flotte von Freudenburg, cadavérique. Six officiers allemands restent debout, au garde-à-vous, derrière leurs chefs assis. Je les examine attentivement : ce sont des hommes magnifiques, qui portent tous la croix de fer avec glaives et diamants [...].

« Le maréchal Joukov se lève et pose la question sacramentelle à Keitel :

« — Avez-vous pris connaissance du protocole de capitulation ?

« Keitel reste assis. Il saisit le dossier posé devant lui et répond brièvement :

« — *Ja.*

« — Avez-vous les pouvoirs pour signer ?

« — *Ja.*

« — Montrez-nous vos pouvoirs.

« Keitel les exhibe.

« — Avez-vous des observations à formuler sur l'exécution de l'acte de capitulation que vous allez signer ?

« Keitel réclame un délai de vingt-quatre heures pour faire cesser le feu sur tout le front.

« Joukov nous consulte du regard, hausse les épaules et répond : — Cette demande a déjà été rejetée. Pas de modifications. Avez-vous d'autres observations à présenter ?

« — *Nein.*

« — Alors, signez.

« Il est 0 h 16, Keitel se lève, ajuste son monocle et se dirige vers l'extrémité gauche de notre table où les protocoles de capitulation ont été placés dans une chemise bleue.

« Il s'assied près de moi, sur une chaise placée au bout de la table, et pose sa casquette et son bâton devant moi. Comme je lui fais signe de les mettre ailleurs, le maréchal du Reich ramène à côté de lui les insignes de sa dignité, puis, sous mon regard, il signe. Stumpf et Freudenburg signent après lui.

« À 0 h 28, les Allemands ont paraphé tous les textes et regagnent leur table.

« Les documents sont alors présentés à la signature du maréchal Joukov, puis de l'Air Marshal Tedder. Quand arrive notre tour, au général Spaatz et à moi-même, nous nous apercevons que nous n'avons ni l'un ni l'autre notre stylo. Nous avons recours à celui du colonel Demetz – qui, depuis ce jour, conserve jalousement cet objet historique.

« C'est fini. Keitel se lève, salue de son bâton et sort avec sa suite. Il est 0h45.

« Alors le brouhaha turbulent des reporters et des photographes, qui avait eu peine à se calmer à l'entrée des Allemands, reprend de plus belle. Les poignées de main et les congratulations que les chefs alliés échangent entre eux sont photographiées et cinématographiées par une pyramide humaine de correspondants de guerre, désireux de prendre les meilleures vues de ces grandes minutes.

« Pour être moins expansive peut-être que celle de nos alliés, notre joie, à nous français, est sans doute la plus profonde. Demetz, Bondoux et moi, nous nous serrons longuement, gravement la main. Nous sentons que le moment que nous venons de vivre à Berlin, dans cette pièce banale, a une signification exceptionnelle : plus encore qu'une revanche, il doit consacrer le dernier acte d'une longue tragédie qui a ensanglanté pendant des générations l'histoire de notre pays[213]. »

De la déclaration de la guerre en septembre 1939 à la capitulation de l'Allemagne en mai 1945, l'armée française et les unités de la Résistance comptent 255 200 tués : près de 60 000 d'entre eux sont issus de l'armée d'Afrique, des Forces françaises libres et des troupes coloniales. Les pertes militaires françaises de la Seconde Guerre mondiale sont presque aussi lourdes que celles des États-Unis (300 000 militaires tués) et de la Grande-Bretagne (326 000 militaires tués). L'armée française et les forces combattantes de la Résistance peuvent revendiquer la mise hors de combat de 900 000 soldats de l'Axe (Allemands ou Italiens). La place de la France aux côtés des trois autres grandes puissances victorieuses n'est donc pas usurpée, comme les chiffres en témoignent eux-mêmes.

Entre 1943 et 1945, la participation des troupes africaines au sein de l'armée française (qui va atteindre un million d'hommes en 1945) s'élève à 325 000 hommes : 134 000 Algériens, 73 000 Marocains, 26 000 Tunisiens et 92 000 originaires de l'Afrique noire (42 000 viennent de l'Afrique de l'Ouest, 23 000 de l'Afrique centrale et 27 000 de Madagascar).

Antoine Béthouart

Antoine Béthouart est né le 17 décembre 1889 à Dôle dans le Jura, d'un père conservateur des hypothèques. Il est reçu à Saint-Cyr en 1909 dans la même promotion (Fez) qu'Alphonse Juin et Charles de Gaulle. Il en sort sous-lieutenant en octobre 1912.

Affecté au 152e RI dans les Vosges, il sert ensuite successivement comme chef de section, commandant de compagnie et commandant de bataillon dans plusieurs unités durant la Première Guerre mondiale sur le front français : Alsace, Verdun, Somme, Chemin de Dames, mont Kemmel (Belgique). Blessé trois fois, il termine la guerre avec trois citations, la Légion d'honneur et le grade de capitaine. En 1919, après plusieurs mois de convalescence, il est envoyé en mission auprès de l'armée finlandaise.

Il intègre l'École de guerre (1920-1922), d'où il sort breveté, avant de passer les deux années suivantes à l'état-major du 12e corps d'armée. Affecté au 6e bataillon de chasseurs alpins (BCA) en 1924, il est promu chef de bataillon en mars 1928. Après avoir exercé plusieurs commandements comme chef de bataillon, il est nommé adjoint de l'attaché militaire français en Yougoslavie (1931-1933). Il est promu lieutenant-colonel l'année suivante et nommé attaché militaire français à Belgrade (1934-1938). Colonel en 1937, Antoine Béthouart prend, en avril 1938, le commandement de la 5e demi-brigade de chasseurs alpins de Chambéry, avec laquelle il commence la Seconde Guerre mondiale dans les Alpes, puis en Moselle sur la ligne Maginot.

En février 1940, il reçoit le commandement de la brigade de haute montagne, qui doit participer au combat dans les pays scandinaves. Le 12 avril, il embarque pour la Norvège à la tête du corps expéditionnaire français et reçoit ses étoiles de général de brigade trois jours plus tard. Blessé légèrement le 20 avril à Namsos, il remporte d'importants succès à Bjervik le 13 mai et à Narvik, qu'il enlève le 28 mai, repoussant les Allemands à la frontière suédoise, permettant au corps expéditionnaire allié de rembarquer sans pertes, à l'insu de l'ennemi, le 7 juin.

De retour en France, devant l'avancée de la Wehrmacht, le corps expéditionnaire français est évacué sur l'Angleterre le 15 juin 1940. Si Béthouart approuve l'initiative du général de Gaulle de poursuivre le combat, il ne peut se résoudre à abandonner la majorité de ses hommes qui souhaitent retourner en France. Rapatrié au Maroc en juillet, le général Béthouart prend le commandement de la subdivision de Rabat, puis préside également à la commission française d'armistice au Maroc. En janvier 1942, il est nommé commandant de la division de Casablanca. Prévenu du débarquement en Afrique du Nord, il organise le 8 novembre 1942 l'aide aux Alliés, s'efforce vainement d'obtenir le ralliement du résident général du Maroc Noguès qui le fait arrêter et traduire en cour martiale, le 10 novembre à Meknès. Libéré quatre jours plus tard par les Alliés, il est promu général de division et désigné par le général Giraud, en décembre, comme chef de la mission militaire à Washington, où il parvient en janvier 1943. Il négocie notamment avec le gouvernement américain les livraisons de matériel devant permettre d'équiper l'armée française. Il œuvre également au rapprochement entre les Forces françaises libres et l'armée d'Afrique.

En novembre 1943, il est nommé chef d'état-major de la Défense nationale à Alger et promu général de corps d'armée. Il accompagne à ce titre le général de Gaulle dans ses voyages à Rome, Londres, et débarque avec lui à Courseulles, en Normandie, le 14 juin 1944. Nommé commandant du 1er corps d'armée en août 1944, il participe à la libération de la France au sein de la 1re armée française du général de Lattre de Tassigny.

Après la campagne des Vosges, en septembre 1944, où il fait preuve de grandes qualités tactiques, le général Béthouart est chargé de l'attaque de la trouée de Belfort le 14 novembre : il enlève Héricourt, Montbéliard et Belfort, puis, après avoir atteint le Rhin le 19 novembre, il libère Mulhouse le lendemain. En janvier 1945, il est l'un des artisans de la victoire en Alsace. Il franchit le Rhin le 16 avril, traverse la Forêt-Noire en liaison avec le 2e corps d'armée, atteint le Danube avec la 1re division blindée le 21 avril et termine la guerre au col de l'Arlberg en Autriche le 6 mai 1945.

Nommé commandant en chef français en Autriche le 8 juillet 1945, puis haut-commissaire (1946-1950), il met rapidement en œuvre une politique de réconciliation et reçoit ses étoiles de général d'armée en 1948. Il quitte le service actif en octobre 1950. Sénateur des Français résidant hors de France et membre de la commission des affaires étrangères et des forces armées du Sénat de 1955 à 1971, collaborateur régulier du journal *Le Figaro*, le général Béthouart est président de la Fédération européenne des associations de combattants. Il décède le 17 octobre 1982 à Fréjus. Il a été inhumé à Rue dans la Somme.

Michel de Camaret

Michel de Camaret est né le 18 janvier 1915 à Vienne dans l'Isère. Après le baccalauréat, il est incorporé en septembre 1938 au 17e régiment de dragons de Reims. En 1940, il suit les cours de l'école de cavalerie de Saumur et en sort aspirant en avril. Nommé sous-lieutenant, affecté au 12e Groupement de cavalerie motorisée, il lutte avec courage sur le front de l'Aisne et de la Marne, comme commandant d'un peloton de chars. Blessé le 8 juin à Montmort, il est hospitalisé. Dès sa démobilisation, fin juillet, il s'efforce de rejoindre la France libre. En septembre, avec son camarade Pierre de Bénouville, comme lui militant de l'Action française, il se rend à Vichy et y rencontre le colonel Groussard, inspecteur général des services de la sûreté nationale. Ce dernier, sous le couvert de ses fonctions officielles, fédère des groupes résistants destinés à combattre l'occupant. Lors de l'une de ces réunions, Michel de Camaret fait la connaissance de Roger de La Grandière avec lequel il recherche rapidement une filière pour passer en Afrique du Nord.

En décembre 1940, les hommes des groupes de protection du colonel Groussard, qui, quelques jours plus tôt, ont participé à l'arrestation de Pierre Laval et de ses collaborateurs, sont recherchés par la police, après le retour au pouvoir de ce dernier sous la pression allemande. Caché à Paris durant quelque temps, Michel de Camaret, avec Pierre de Bénouville, passe en zone libre et s'installe à Nice, puis à Marseille en janvier 1941. Le 9 février, il passe clandestinement en Algérie dans une cheminée de bateau. À Oran, il se met à la recherche d'un navire pour Gibraltar, mais il est arrêté, le 15 mars, par la police de Vichy. D'autres camarades, arrêtés également, sont placés avec lui en résidence surveillée. Après une évasion qui les conduit au Maroc, les membres du groupe sont de nouveau interpellés et incarcérés à Rabat, puis à Casablanca. Condamnés à un an de prison, ils sont transférés en septembre à la prison d'Alger.

En mai 1942, Michel de Camaret et ses camarades parviennent à s'évader à nouveau et à rejoindre le Maroc. Grâce à des complicités, il embarque à Tanger sur un petit navire portugais qui le conduit à Gibraltar le 8 juillet. De là, il gagne Londres où il s'engage, en août, dans les Forces aériennes françaises libres (FAFL). En septembre 1942, il obtient son affectation dans l'infanterie de l'air à Camberley. Incorporé chez les parachutistes, il commence l'entraînement, puis est breveté parachutiste en janvier 1943. En juillet, son unité devient le 1er bataillon d'infanterie de l'air, puis, en novembre, le 4e bataillon d'infanterie de l'air, placé sous les ordres du commandant Bourgouin.

Michel de Camaret saute sur la France dans la nuit du 7 au 8 juin 1944, en Bretagne, dans le secteur de Redon, en Ille-et-Vilaine. Chef de mission, il parvient à accomplir, avec quatre hommes, un sabotage délicat, en faisant dérailler un train de DCA dans un tunnel gardé par les soldats allemands, sur la voie Rennes-Redon. Il rejoint ensuite la base du maquis de Saint-Marcel, dans le Morbihan, et se bat avec une bravoure extraordinaire, lorsque le camp est attaqué. Blessé deux fois par balle lors de l'affrontement, il a un bras cassé, mais refuse de cesser le combat. Il se révèle comme un entraîneur d'hommes de premier ordre.

Remis de ses blessures, il organise, entraîne et galvanise un bataillon FFI du Morbihan qui, sous ses ordres, accomplit de nombreux sabotages et de multiples embuscades. Dans le Nivernais, en septembre 1944, il est un des éléments les plus actifs et son action amène la reddition de plusieurs milliers d'Allemands. Ensuite, Michel de Camaret est parachuté en Hollande avec son unité devenue le 2e régiment de chasseurs parachutistes (RCP) et ne cesse, pendant cinq jours, de harceler les garnisons et convois ennemis. Des documents trouvés sur les Allemands établissent qu'ils estimaient à 800 le groupe de 20 hommes du lieutenant de Camaret. En liaison avec des unités canadiennes, il effectue une série d'attaques et d'actions de nettoyage. Le 13 avril 1945, il prend part à l'attaque du bois de Borgen et du village de Stadskanaal. Le lendemain, en patrouille sur Noordbroek, il capture trois prisonniers et obtient des renseignements capitaux. Il reçoit pour son action les félicitations enthousiastes du commandement canadien.

Démobilisé, il se lance dans une carrière diplomatique. En 1945, il est le deuxième secrétaire d'ambassade à Rio de Janeiro. En 1947, il fait partie du corps expéditionnaire en Indochine. Il est affecté à la brigade parachutiste SAS et promu au grade de capitaine. En 1950, il devient conseiller diplomatique du haut-commissaire à Madagascar. En 1955, il est secrétaire, puis conseiller d'ambassade à la mission française auprès de l'ONU. En 1963, Michel de Camaret est consul général de Tanger, puis, en 1966, conseiller politique de l'OTAN. De 1968 à 1972, il est représentant permanent de la France du Conseil de l'Europe, avec rang d'ambassade. En 1971, il est ministre plénipotentiaire et, de 1972 à 1978, consul général à Sao Paulo. Il termine sa carrière de diplomate comme ambassadeur en Birmanie (1979). Le 17 juin 1984, il est élu représentant à l'Assemblée européenne sur la liste du Front national de Jean-Marie Le Pen. Michel de Camaret est décédé le 24 juin 1987 à Neuilly-sur-Seine. Il a été inhumé au cimetière de Passy à Paris.

Pierre Château-Jobert

Pierre Château-Jobert est né le 3 février 1912 à Morlaix dans le Finistère. Pupille de la nation – son père est décédé au champ d'honneur en 1915 –, il suit des études à Morlaix, puis au collège Stanislas de Paris et enfin à l'institut polytechnique de l'Ouest. Après son service militaire en 1934-1935, il entre, comme sous-lieutenant de réserve, à l'école d'application d'artillerie de Fontainebleau. Il est affecté au 154e RA à Tournoux, puis détaché à l'école d'observateurs en avion de Dinard.

Blessé le 13 juin 1940 lors du repli de l'école, il est soigné à l'hôpital de Vannes, d'où il s'évade pour embarquer, le 21 juin, à Saint-Jean-de-Luz sur un bateau polonais à destination de l'Angleterre. Il s'engage dans les Forces françaises libres (FFL) le 1er juillet à Liverpool. Affecté comme lieutenant à la 13e demi-brigade de la Légion étrangère (DBLE), il participe à la campagne d'Érythrée en 1941. Il prend part ensuite aux campagnes de Syrie et de Libye, au sein du 1er régiment d'artillerie FFL, et il est blessé le 11 février 1942. Promu capitaine en septembre 1942, il demande à servir dans les parachutistes.

En Angleterre, il prend, le 7 novembre 1943, le commandement du 3e bataillon d'infanterie de l'air (BIA), récemment formé en Afrique du Nord et qui, fin juillet 1944, devient le 3e régiment de chasseurs parachutistes (RCP). Le 3e RCP opère en petites unités dans divers endroits de France encore occupés : en Bretagne, dans le Centre et en région lyonnaise pour des opérations de commandos et de guérilla, au bénéfice des maquis (80 embuscades, 46 sabotages et 45 coups de main). Ces opérations contribuent largement au succès des armées alliées. Le 3e RCP reçoit une citation à l'ordre de l'armée. En décembre 1944, Château-Jobert est promu chef de bataillon et remet le commandement du 3e RCP au lieutenant-colonel de Bollardière. Le 1er avril 1945, il fonde le centre école de parachutisme militaire à Lannion, puis, en mars 1946, celui de Pau-Idron.

À la tête de la demi-brigade coloniale de commandos parachutistes (DBCCP) en Indochine, il dirige de nombreuses opérations aéroportées de décembre 1947 à juillet 1948. Promu lieutenant-colonel en 1950, il participe à diverses opérations militaires en Indochine de 1950 à 1952, puis est désigné comme auditeur à l'Institut des hautes études d'administration musulmane. Il sert ensuite à l'état-major des forces terrestres, maritimes et aériennes d'Afrique du Nord à Alger (1953-1955), avant de commander avec le grade de colonel, à Constantine, le 2e RCP qui est parachuté en Égypte, lors de l'expédition franco-britannique de Suez, en novembre 1956. En 1957, il commande à Bayonne la brigade de parachutistes coloniaux (BPC), qui devient en décembre 1958 la brigade parachutiste d'outre-mer. En mai 1958, il soutient le mouvement en faveur du maintien de l'Algérie française. Auditeur à l'Institut des hautes études de la défense nationale et au Centre des hautes études militaires (1959-1960), il est affecté ensuite comme commandant de troupes au Niger en mars 1961.

Le 22 avril 1961, à l'occasion du putsch déclenché à Alger, il affirme son appui au maintien de l'Algérie française. En octobre, il est affecté à l'état-major du préfet maritime de Cherbourg. En janvier 1962, il part clandestinement en Algérie pour y prendre le commandement de l'OAS de l'Est algérien. Il vit, depuis l'indépendance de l'Algérie, sept années de clandestinité en France et à l'étranger et est condamné à mort par contumace en 1965 par la Cour de sûreté de l'État. Profitant du décret d'amnistie de 1968, il rentre en France. Pierre Château-Jobert est décédé le 29 décembre 2005 à Chaumont-l'Eventé dans le Calvados. Il est inhumé à Morlaix.

Joseph de Goislard de Monsabert

Fils d'officier, Joseph de Goislard de Monsabert est né le 30 septembre 1887 à Libourne. Témoignant d'une solide vocation militaire, il est admis à l'École militaire de Saint-Cyr en octobre 1907. Sorti sous-lieutenant au 44e RI, il est promu lieutenant en 1911 et reçoit le baptême du feu au Maroc l'année suivante, avec le 3e régiment de tirailleurs. Dès septembre 1914, il rejoint en France le 1er régiment mixte de tirailleurs et de zouaves, au sein de la 1re division marocaine. Il reçoit ses galons de capitaine en mai 1915, puis est affecté au 9e régiment de marche de zouaves. Il termine la guerre comme chef de bataillon avec la Légion d'honneur et sept citations.

Après la guerre, il est affecté successivement en métropole, où il suit les cours de l'École supérieure de guerre (1920-1922), et en Afrique du Nord, ce qui lui permet de devenir un spécialiste des troupes indigènes. Lieutenant-colonel en décembre 1932, il est promu colonel en juin 1937. En septembre 1939, il commande, à Miliana, le 9e régiment de tirailleurs algériens (RTA), puis est désigné en décembre pour prendre le commandement de la 81e brigade d'infanterie à Blida. Il reçoit ses étoiles de général de brigade en août 1941 et se donne pour mission de préparer l'armée d'Afrique à reprendre le combat contre l'Axe. Lors du débarquement des Alliés en Afrique du Nord, le 8 novembre 1942, il prépare l'arrivée du général Giraud et son atterrissage à Blida.

Déchu de la nationalité française par Vichy, le général de Monsabert commande le corps franc d'Afrique, puis les éléments de réserve du 19e corps d'armée durant la campagne de Tunisie. Le 31 mars 1943, nommé général de division, il prend le commandement de la 3e division d'infanterie algérienne (DIA), qu'il mène pendant la fin des opérations de Tunisie, puis qu'il entraîne en Algérie durant tout l'été 1943.

En décembre 1943, au sein du corps expéditionnaire français du général Juin, le général de Monsabert débarque en Italie à la tête de la 3e DIA. Fin décembre, la 3e DIA relève la 43e DI américaine et prend position dans les Abruzzes, où elle est rapidement engagée dans les durs combats de l'hiver. La 3e DIA remporte ses premiers succès à Monna Casale, Acquafondata et au Belvédère en janvier 1944. Au printemps, bloqués devant Monte Cassino, les Américains acceptent la manœuvre enveloppante proposée par le général Juin et, le 12 mai 1944, sur le Garigliano, la 3e DIA emporte Castelforte, ouvrant la porte de Rome aux Alliés. Le 3 juillet, Sienne tombe à son tour entre les mains de la 3e DIA.

Rassemblée à Tarente, au sein de l'armée française du général de Lattre de Tassigny, la 3e DIA embarque le 16 août pour la France. Elle débarque à Toulon qu'elle libère le 21 août, avant Marseille le 28, faisant 10000 prisonniers allemands. Le général de Monsabert devient citoyen d'honneur de la cité phocéenne.

Nommé commandant du 2e corps d'arnée de la 1re armée française le 31 août 1944, avec le grade de général de corps d'armée, il quitte la 3e DIA et participe activement à la libération de Saint-Étienne, Lyon, Mâcon, Chalon, Autun et Dijon, avant de prendre part aux campagnes des Vosges et d'Alsace et à la défense de Strasbourg. Franchissant le Rhin, le général de Monsabert termine la guerre en vainqueur à Stuttgart, en Allemagne.

Nommé commandant des forces françaises en Allemagne en juillet 1945, il est élevé à la dignité de grand-croix de la Légion d'honneur et décoré de la médaille militaire. Atteint par la limite d'âge, il quitte l'armée en 1946 avec le grade de général d'armée. Il est élu député des Pyrénées-Atlantiques (1951-1955). Il est décédé le 13 juin 1981 à Dax. Il a été inhumé à Bordeaux.

Alphonse Juin

Fils de gendarme, Alphonse Juin est né le 16 décembre 1888, à Bône, en Algérie. Après des études à Constantine, puis à Alger, il est reçu à Saint-Cyr en 1909. Sorti major de sa promotion, la même que celle de Charles de Gaulle, en 1912, il opte pour les tirailleurs algériens. Affecté au Maroc fin 1912, le sous-lieutenant Juin prend part aux opérations de pacification du pays. En août 1914, le lieutenant Juin monte au front avec les troupes marocaines débarquées en France. En septembre, il participe à la bataille de la Marne. Grièvement blessé en Champagne en mars 1915, il perd en partie l'usage du bras droit. Capitaine en 1916, il rejoint le 5e bataillon de tirailleurs marocains au Chemin des Dames. En février 1918, il suit les cours d'état-major à Melun avant d'être détaché en octobre à la mission française auprès de l'armée américaine.

Breveté de l'École supérieure de guerre en 1921, il sert en Tunisie avant de rejoindre, à la fin de l'année 1923, le Maroc, où il participe à la campagne du Rif. À l'automne 1925, il rentre en France avec le maréchal Lyautey et travaille sous ses ordres au Conseil supérieur de la guerre. Promu chef de bataillon en 1926, il part l'année suivante rejoindre le 7e régiment de tirailleurs algériens à Constantine.

En 1929, il est chef du cabinet militaire du résident général au Maroc, Lucien Saint, et prend une part active à la réalisation de la dernière phase de pacification de l'Atlas. Lieutenant-colonel en mars 1932, il devient professeur de tactique générale à l'École supérieure de guerre en 1933, avant d'être affecté comme commandant en second au 3e régiment de zouaves à Constantine. Il prend le commandement de ce régiment le 6 mars 1935. En juin, il est promu colonel. En 1937, il est affecté auprès du résident général du Maroc, le général Noguès, et suit parallèlement les cours du Centre des hautes études militaires.

Nommé général de brigade le 26 décembre 1938, il est affecté à la mobilisation de l'état-major du théâtre d'opérations d'Afrique du Nord. Alors que la situation se durcit en Europe, il prépare à Alger les mesures relatives à la levée de divisions en Algérie et en Tunisie. Au moment de la déclaration de la guerre, en septembre 1939, il demande à servir en France métropolitaine. Le 4 décembre suivant, il prend le commandement de la 15e division d'infanterie motorisée. Sa division s'illustre à Gembloux en Belgique, les 14 et 15 mai 1940, en parvenant à stopper l'offensive allemande à cet endroit du front. Juin défend ensuite Valenciennes, puis les faubourgs de Lille, couvrant la retraite de la 1re armée française vers Dunkerque. Il est fait prisonnier à Lille le 30 mai 1940 et incarcéré à la forteresse de Königstein. Nommé général de division durant sa captivité, il est libéré en juin 1941 à la demande du maréchal Pétain, au titre de spécialiste de l'Afrique du Nord. Nommé adjoint au général commandant supérieur des troupes du Maroc le 16 juillet 1941, il est promu général de corps d'armée et remplace le général Weygand à la tête des forces d'Afrique du Nord le 20 novembre suivant. Il prépare l'armée française d'Afrique à reprendre le combat contre l'Axe.

Le 8 novembre 1942, les Anglo-Américains débarquent en Algérie et au Maroc. Juin, qui n'a pas été informé de l'opération, est arrêté à

Alger par des membres de la Résistance locale. Les autorités reprennent toutefois rapidement le contrôle de la ville. Libéré, Juin intervient pour obtenir le cessez-le-feu entre les forces alliées et les troupes françaises. L'armée d'Afrique reprend officiellement le combat contre l'Axe. Durant la campagne de Tunisie (novembre 1942 – mai 1943), le général Juin commande en partie les troupes françaises. Il est nommé général d'armée le 25 décembre 1942. Il occupe le poste de résident général de France en Tunisie, par intérim, à partir du 8 mai 1943. Au cours de l'été, il met sur pied le corps expéditionnaire français (CEF) à la tête duquel il participe à la campagne d'Italie. Après plusieurs combats menés avec succès, sur le Pantano en décembre 1943, sur le Rapido et au Belvédère en janvier 1944, il remporte la victoire du Garigliano le 13 mai, ouvrant les portes de Rome aux Alliés, puis remonte sur Sienne et le nord de la Toscane. Juin quitte le CEF et l'Italie en août.

Nommé chef d'état-major général de la Défense nationale auprès du général de Gaulle, chef du gouvernement provisoire, Juin entre le 25 août 1944 à ses côtés dans Paris libéré. Tandis que la libération de la France se poursuit, il se consacre à la réorganisation des forces armées françaises. Il est également amené, en qualité d'expert militaire, à effectuer de nombreuses missions qui le conduisent, en décembre 1944, à Moscou, où il prend part aux négociations relatives au futur pacte franco-soviétique, et, en avril 1945, aux États-Unis pour la création de l'Organisation des Nations unies. En avril 1946, il est envoyé en Extrême-Orient, pour négocier le retrait des troupes chinoises qui occupent le nord de l'Indochine.

En 1947, Juin rejoint l'Afrique du Nord où il occupe le poste de résident général de France à Rabat, au Maroc. En octobre 1950, il effectue une nouvelle mission en Indochine. Inspecteur général des forces armées françaises en janvier 1951, il prend, le mois suivant, le commandement en chef des forces alliées du secteur Centre-Europe dans le cadre de l'Alliance atlantique. Dans le même temps, il est élevé à la dignité de maréchal de France le 7 mai 1952 et reçu à l'Académie française le 26 juin. En février 1957, il fait paraître son premier livre sur le Maghreb, puis se consacre à la rédaction de ses Mémoires et de divers ouvrages. Il s'éteint le 27 janvier 1967. Des funérailles nationales lui sont rendues.

Philippe Kieffer

Philippe Kieffer est né le 24 octobre 1899 à Port-au-Prince (Haïti). Il est diplômé de l'École des hautes études commerciales. La guerre le trouve en Amérique, où il est directeur de banque. Quartier-maître de réserve pour avoir suivi les cours des élèves officiers de réserve de Navale en 1918, il se présente en France, le 2 septembre 1939, comme volontaire dans l'armée de terre, alors que son âge (40 ans) aurait pu servir de prétexte parfaitement acceptable pour demeurer à New York. Il passe ensuite dans la marine le 10 septembre 1939.

L'attaque allemande de mai 1940 le trouve à Dunkerque, à l'état-major de l'amiral Nord ; après quoi, il passe en Angleterre, à Londres, en juin. Il s'engage dans les Forces navales françaises libres, le jour de leur création, le 1er juillet 1940. Sa connaissance de l'anglais le fait rapidement nommer officier interprète. Préférant l'action, il obtient de l'amiral Muselier de constituer, en mai 1941, les commandos fusiliers marins.

Pierre Kieffer est alors enseigne de vaisseau de 1re classe et sera nommé lieutenant de vaisseau le 1er juillet 1942. Des hommes de la 1re compagnie du bataillon de fusiliers marins commandos prennent part au raid du 19 août 1942 sur Dieppe. En 1943, la troupe française, portée à l'effectif de deux compagnies, est affectée à l'exécution de quelques raids nocturnes sur les côtes françaises occupées, en petits groupes, dans le cadre de la préparation du débarquement.

En 1944, les efforts de Kieffer sont récompensés. Le 1er bataillon de fusiliers marins commandos est rattaché à l'un des plus glorieux commandos anglais, le N° 4 (lieutenant-colonel Dawson), au sein de la 1re brigade (brigadier général Lord Lovat). Les 177 hommes, que Kieffer avait réunis et entraînés, allaient être les premiers Français à débarquer pour libérer la France.

Le 6 juin, les Bérets verts prennent pied à Ouistreham, puis à Bénouville, Amfreville et Bavant. Blessé le 6 juin, refusant de se laisser évacuer pendant deux jours, Kieffer retrouve son unité le 13 juillet, au moment où elle allait percer vers la Seine et Honfleur. Décidé à entrer à Paris avec les premiers, il prend une Jeep, deux hommes, et fonce vers la capitale, à travers la Normandie à peine libérée. Il est le premier à entrer à Paris par Saint-Cloud. Quelques jours plus tard, il avait la fierté d'y faire défiler son unité. À côté de tant de joie, ce père de famille de trois enfants est frappé d'une douleur profonde : son fils de 18 ans, qui avait rejoint un maquis, vient d'être tué par les Allemands en Ile-de-France. Il ne l'avait pas revu depuis quatre ans.

En octobre 1944, le capitaine de corvette Kieffer, avec son bataillon, porté à l'effectif des trois compagnies, conduit son unité à l'attaque de Flessingue et de Walcheren, clé du port d'Anvers. Puis il participe à des raids sur les îles hollandaises occupées, toujours avec le commando britannique n° 4.

Nommé à l'Assemblée consultative en 1945, il a travaillé depuis la guerre à l'état-major des forces interalliées. En 1954, il est nommé capitaine de frégate. Philippe Kieffer est décédé le 20 novembre 1962 à Cormeilles-en-Parisis. Il a été inhumé à Grandcamp dans le Calvados.

Jean de Lattre de Tassigny

Issu d'une vieille famille de la noblesse des Flandres françaises, Jean de Lattre de Tassigny est né le 2 février 1889, à Mouilleron-en-Pareds (Vendée), d'un père poitevin, maire de Mouilleron-en-Pareds, et d'une mère vendéenne. Il accomplit ses études au collège Saint-Joseph à Poitiers et à Paris. Il est reçu quatrième à Saint-Cyr, où il entre en 1909 (promotion Mauritanie), après avoir effectué, comme c'est l'usage, une année de service militaire comme simple soldat, puis comme brigadier au 22e régiment de dragons. Ayant choisi la cavalerie à la sortie de Saint-Cyr, il fait un stage d'un an à Saumur, avant d'être affecté comme sous-lieutenant au 12e régiment de dragons à Pont-à-Mousson en 1912.

Le 11 août 1914, il est blessé au genou et, un mois plus tard, reçoit un coup de lance à la poitrine lors d'une mission de reconnaissance. Il sert ensuite dans l'infanterie en 1915, au sein du 93e RI, puis prend part aux combats de Verdun en 1916 et à ceux du Chemin des Dames en 1917. Il est de nouveau blessé à trois reprises. Officier de la Légion d'honneur à la fin de la guerre, il est également titulaire de huit citations et de la Military Cross.

Après la guerre, le capitaine de Lattre de Tassigny est affecté à la section franco-américaine de Bordeaux, puis au 49e RI à Bayonne, avant de se porter volontaire, en 1921, pour le Maroc (1921-1926), où il est chef d'état-major de la région de Taza durant la campagne du Rif.

Deux fois blessé lors de ces opérations, il reçoit trois nouvelles citations et est promu au grade de chef de bataillon à titre exceptionnel. En 1927, il entre premier à l'École de guerre. De 1929 à 1931, il sert au 5e RI à Coulommiers. Il est ensuite affecté au 4e bureau de l'état-major de l'armée, puis promu lieutenant-colonel, à l'état-major du général Weygand de 1932 à 1935. Il commande ensuite le 151e RI à Metz, avec le grade de colonel, jusqu'en 1937. En 1938, il passe une année au Centre des hautes études militaires, puis est nommé chef d'état-major du gouverneur militaire de Strasbourg. Promu général de brigade en 1939, à Strasbourg, il est alors le plus jeune général de France.

Chef d'état-major de la 5e armée, il prend, en janvier 1940, le commandement de la 14e division d'infanterie (DI). En mai-juin 1940, la 14e DI repousse tous les assauts ennemis sur le front de Rethel, malgré la supériorité numérique allemande de trois contre un. La 14e DI fait 2000 prisonniers et continue à se battre à Mourmelon, Nevers et devant Clermont-Ferrand, où elle se replie. Après l'armistice de juin 1940, nommé adjoint au commandement de la 13e division militaire à Clermont-Ferrand, il se consacre à la formation des cadres à Opme dans le Puy-de-Dôme. En septembre 1941, il est nommé commandant supérieur des troupes de Tunis et fonde une nouvelle école des cadres à Salammbô. Rappelé en France en janvier 1942, il est nommé commandant de la 16e division militaire à Montpellier et promu général de corps d'armée. En novembre 1942, à l'arrivée des forces allemandes en zone sud, il donne l'ordre à ses troupes de résister. Trahi, arrêté, il est interné à Toulouse, puis au fort Montluc à Lyon. Condamné à dix ans de prison en janvier 1943, il est transféré à Riom, d'où il s'évade, grâce à la Résistance française, dans la nuit du 2 au 3 septembre 1943, pour rejoindre Londres en octobre de la même année. Le 11 novembre 1943, il est promu général d'armée par le général de Gaulle, qu'il rejoint à Alger cinq semaines plus tard.

Il est chargé de la formation et du commandement de la future 1re armée française. Ayant libéré l'île d'Elbe en juin 1944, l'armée de Lattre débarque en Provence, le 15 août, aux côtés des Alliés. Après la libération de Toulon et de Marseille commence la remontée de la vallée du Rhône avec les durs combats de Chalon-sur-Saône, Beaune et Autun. Le 24 septembre 1944, le général de Gaulle lui remet la croix de la Libération au château de Bournel (Doubs). Le général de Lattre de Tassigny met alors au point l'offensive qui mènera la 1re armée française jusqu'au Rhin. La 1re armée française fait tomber en novembre 1944 les villes de Montbéliard et Gérardmer, et atteint le Rhin, première de toutes les armées alliées. La 1re armée française libère Colmar le 2 février 1945, passe le Rhin de vive force le 30 mars, pénètre en Autriche et pousse jusqu'à Arlberg : c'est la célèbre campagne Rhin et Danube, où sont capturés près de 300000 soldats allemands. Le 9 mai 1945, le général de Lattre de Tassigny signe à Berlin, au nom de la France, aux côtés des Alliés, l'acte de capitulation de l'Allemagne nazie.

Chef d'état-major général de la Défense nationale et inspecteur général de l'armée de terre en mars 1947, il est nommé en 1948 inspecteur général des forces armées alliées en Allemagne de l'Ouest, aux côtés du maréchal britannique Montgomery. Nommé haut-commissaire en Indochine et commandant en chef en Extrême-Orient en décembre 1950, il rétablit la situation au Tonkin par les victoires de Vinh Yen et de Mao Khé. Son fils unique, Bernard, est tué à Ninh Binh, le 30 mai 1951, à la tête d'un escadron vietnamien du 1er régiment de chasseurs. Après plusieurs missions à Washington, Londres et Rome, Jean de Lattre de Tassigny repart pour le Vietnam. Il rentre en France pour la conférence des États associés et meurt le 11 janvier 1952 à Paris. Quatre jours plus tard, ses obsèques sont célébrées en la cathédrale Notre-Dame. Le jour même, il est élevé à la dignité de maréchal de France. Il est inhumé dans son village de Mouilleron-en-Pareds.

Roger Mompezat

Roger Mompezat est né le 3 avril 1899 à Bordeaux, où son père est fonctionnaire des finances. Il suit des études au collège de Libourne. Mobilisé à 19 ans, en 1918, il demande à servir dans un bataillon de tirailleurs sénégalais, où son frère a été incorporé en 1916. Il est sur le point de monter au front lorsque l'armistice est signé. Au sein du 1er régiment d'infanterie coloniale, il participe à l'occupation en Allemagne et devient secrétaire interprète à la mission interalliée des territoires rhénans. Il est démobilisé en mars 1921.

Il termine ses études et passe le concours de fonctionnaire colonial, afin d'effectuer ensuite un séjour de dix ans à Madagascar comme payeur du Trésor. De retour en France, il fonde un cabinet d'expert-comptable. Entré dans la Résistance dès l'été 1940, il participe en 1941 aux réseaux Alliance et Pat. En février 1942, il est membre du comité directeur du mouvement zone sud Libération. À ce titre, il est chargé de missions de prospection et de la diffusion du journal du même nom dans les départements du Lot, du Lot-et-Garonne, des Pyrénées-Orientales, des Basses et Hautes-Pyrénées. Arrêté en juillet 1942 par la police de Vichy, il est libéré grâce à la complicité de policiers résistants. Il prend contact, en janvier 1943, avec des officiers français du War Office rentrant en Angleterre et, au mois d'avril, il fonde une ligne de passage en Espagne à l'usage des officiers de l'état-major interallié. Au mois de mai, il est correspondant régional du War Office.

En septembre 1943, Roger Mompezat reçoit, par parachutage, le renfort du chef de bataillon Sevenet, accompagné du commandant anglais, opérateur radio, Despaigne, alias Richardson. Dès cette époque, il a des activités multiples et incessantes : recherche de terrains de parachutage, constitution d'équipes spéciales pour les sabotages dans l'Ariège, l'Aude et le Tarn. Sous sa direction, 29 parachutages sont effectués dans ces départements, sans une seule arrestation.

En avril 1944, il constitue le corps franc de la Montagne noire (CFMN), unité de guérilla agréée par l'état-major interallié, composée de maquisards et de volontaires de l'Aude et du Tarn, réunissant des représentants de toute la France, qu'il rassemble, le 6 juin 1944, au pic de Nore (Montagne noire). Roger Mompezat dirige personnellement les opérations. Le 7 juin, le CFMN fait sauter en plusieurs endroits la voie ferrée Carcassonne-Toulouse. Le lendemain, il occupe Montlieu avant d'attaquer un convoi ennemi sur la route des Martyrs. Le 12 juin, un détachement de 150 hommes du CFMN attaque une colonne allemande de 3 000 soldats. Dès la fin du mois, le CFMN comprend plus de 900 hommes en uniforme, armés, équipés, encadrés par des officiers ou des sous-officiers de l'armée régulière. Le 20 août, Roger Mompezat est blessé par un éclat d'obus au combat de Saint-Pons (Hérault). Deux jours plus tard, il est de nouveau sur le terrain. Battu par le feu d'un ennemi supérieur en nombre et sur le point d'être totalement encerclé, il se replie le dernier et réunit ses dernières forces pour sauver sa voiture et ramener des blessés en dépit de l'épuisement de ses forces physiques. Tout au long de l'été 1944, le CFMN commandé par Roger Mompezat ne cesse de se distinguer par ses attaques courageuses, faisant de la portion centrale de la Montagne noire une véritable zone de la France libre, dans laquelle l'ennemi n'ose pas s'aventurer. Le 16 septembre 1944, il est nommé commandant du bataillon Aude-Montagne noire, bataillon qui part rejoindre le front des Vosges. Le 1er novembre, il est rappelé à Toulouse par le commissariat de la République.

Après la guerre, Roger Mompezat exerce à nouveau son métier d'expert-comptable à Toulouse. Il est président d'honneur du conseil départemental de la Résistance de la Haute-Garonne et président de Libération-Sud jusqu'à sa mort, survenue le 21 mars 1958 à Toulouse. Il est inhumé dans cette ville, au cimetière de Terre Cabade dit cimetière de Salonique.

Théodose Morel

Issu, par son père, d'une vieille famille lyonnaise d'industriels de la soierie et, par sa mère, d'une famille d'officiers et de juristes savoyards, Théodose Morel voit le jour le 1er août 1915 à Lyon. Après des études primaires et secondaires chez les pères jésuites, il choisit le métier des armes et prépare, de 1933 à 1935, le concours de l'École militaire de Saint-Cyr à l'école Sainte-Geneviève de Versailles. Il est admis à Saint-Cyr en 1935 (promotion Lyautey) ; son rang de sortie, deux ans plus tard, lui permet de choisir son affectation : ce sera le 27e bataillon de chasseurs alpins (27e BCA) à Annecy, où il arrive le 1er octobre 1937, jour de sa nomination au grade de sous-lieutenant. Formé comme éclaireur skieur à Chamonix, Théodose Morel devient officier adjoint au commandant de la section d'éclaireurs skieurs à Abondance avant d'en prendre lui-même la tête. En mai 1939, sa section gagne la Savoie et la frontière italienne. Elle est en poste au-dessus de Val-d'Isère.

Le 21 septembre 1939, il est promu lieutenant et, alors que le 27e BCA part pour le front de l'Est, sa section, à son grand regret, reste sur place pour la garde de la frontière, face à l'Italie. Ce qui ne l'empêche pas de se distinguer, du 12 au 20 juin 1940, face aux troupes alpines italiennes ; par une manœuvre habile, mais risquée, avec un de ses chasseurs, il parvient lors d'une reconnaissance à faire quatre prisonniers. Blessé par balle au bras droit le 18 juin, il continue cependant le combat avec ses chasseurs et reçoit la croix de guerre. Les 21 et 22 juin 1940, appelé en renfort avec sa section près du col du Petit-Saint-Bernard, il réussit à localiser les forces adverses, permettant à l'artillerie d'effectuer un tir d'arrêt qui oblige l'ennemi à se replier. Le lieutenant Morel reçoit une seconde citation et la croix de la Légion d'honneur.

Il part ensuite dans l'armée d'armistice à Annecy où le commandant Vallette d'Osia a pris le commandement du 27e BCA, tout en préparant son unité à la revanche. Le lieutenant Morel participe activement au camouflage du matériel (CDM) sous les ordres de son commandant. En août 1941, il est nommé instructeur à l'école de Saint-Cyr repliée à Aix-en-Provence, et c'est dans l'esprit de la reprise du combat qu'il oriente et instruit ses élèves. Après l'invasion de la zone sud par les Allemands, en novembre 1942, et la démobilisation de l'armée d'armistice, il entre dans la Résistance de Haute-Savoie et dans la clandestinité sous le couvert d'une entreprise de tissage.

Retrouvant Vallette d'Osia, qui commande l'Armée secrète (AS) du département, et le capitaine Anjot du 27e BCA, il s'attache à mettre sur pied l'AS de Haute-Savoie, que l'instauration du Service du travail obligatoire (STO), en février 1943, va contribuer involontairement à alimenter. En septembre 1943, après l'arrestation de Vallette d'Osia par les Allemands, qui ont remplacé les Italiens, puis son évasion pour l'Angleterre, l'AS de Haute-Savoie perd son chef. Il est remplacé par Henri Romans-Petit, chef de l'AS de l'Ain. Morel redouble d'activité sa famille échappe de peu à l'arrestation.

À la fin du mois de janvier 1944, le lieutenant Théodose Morel reçoit de Henri Romans-Petit le commandement des maquis de Haute-Savoie et la mission de réceptionner les parachutages sur le plateau des Glières, à 1 500 mètres d'altitude et à une quinzaine de kilomètres d'Annecy. Les actions de résistance et de sabotage se multiplient, la loi martiale est décrétée dans le département. Morel décide alors le regroupement de 120 maquisards aux Glières. Deux compagnies sont constituées. À partir de février 1944, et durant six semaines, les accrochages se multiplient avec les gardes mobiles de réserve (GMR) de Vichy qui ceinturent le plateau, sur lequel se trouvent plus de 300 maquisards formant trois compagnies. Morel organise énergiquement, avec les moyens dont il dispose, la défense du site des Glières et instruit son bataillon pour en faire une unité forte et homogène, en vue des combats de la Libération. Sous son impulsion, le bataillon, qui a adopté la devise « Vivre libre ou mourir », regroupe des membres de l'AS, mais aussi des FTP et plusieurs dizaines de républicains espagnols, réussissant l'amalgame entre les différentes branches armées de la Résistance savoyarde. Un premier parachutage de 54 containers permet de les équiper en armes légères.

Le 2 mars 1944, il décide une opération contre l'hôtel Beau Séjour à Saint-Jean-de-Sixt, où sont cantonnés les GMR. Trente d'entre eux sont faits prisonniers, monnaie d'échange en contrepartie de la libération de Michel Fournier, un étudiant en médecine, infirmier du maquis, arrêté au Grand-Bornand quelques jours auparavant. Mais, malgré l'accord sur l'honneur de l'intendant de police Lelong, d'Annecy, le résistant reste détenu. Le 5 mars, les Glières connaissent leur second parachutage de 30 containers. Pour obliger Lelong à respecter sa promesse et sur des renseignements précis, Morel décide alors de mener, dans la nuit du 9 mars, contre le PC des GMR à Entremont, une opération importante dans laquelle il engage une centaine d'hommes. Il se réserve l'objectif principal : l'attaque de l'hôtel de France, siège de l'état-major des forces de l'ordre. La section des éclaireurs skieurs parvient à pénétrer à l'intérieur, au prix d'un combat acharné. Au moment où les maquisards désarment leurs prisonniers, le commandant Lefèvre, chef des GMR, sort de sa poche une arme restée cachée et tire lâchement à bout portant sur Morel qui s'effondre, touché au cœur, avant d'être lui-même abattu.

Le lieutenant Théodose Morel est enterré par ses camarades, sur le plateau des Glières, le 13 mars. Le 2 mai 1944, son corps est descendu dans la vallée. Il est désormais inhumé au cimetière militaire de Morette, aujourd'hui nécropole nationale des Glières, en Haute-Savoie.

Henri Rol-Tanguy

Henri Rol-Tanguy est né le 12 juin 1908 à Morlaix dans le Finistère, d'un père officier marinier et d'une mère blanchisseuse. Il fait ses études primaires à Toulon, Brest et Cherbourg. Ouvrier métallurgiste dans la région parisienne en 1922 dès l'âge de 14 ans, il accomplit son service militaire en 1929 au 8e régiment de zouaves à

Oran. Militant communiste, il devient, en octobre 1936, secrétaire du syndicat des travailleurs de la métallurgie CGT de la région parisienne. Il sert en Espagne dès février 1937 dans les rangs des Brigades internationales de l'armée républicaine espagnole. Il est officier et occupe le poste de commissaire politique dans la 14e brigade (La Marseillaise). Le 18 juin 1938, il est atteint d'une balle dans la poitrine sur le front de l'Ebre.

De retour en France en novembre 1938, il est mobilisé en septembre 1939 et affecté comme soldat de 1re classe au 57e régiment d'infanterie coloniale en Lorraine. En mai 1940, il est armurier au 28e régiment d'infanterie coloniale mixte sénégalais. Promu lieutenant, il prend part aux combats de la 28e division du 5 au 24 juin 1940 et est cité à l'ordre du régiment.

Démobilisé en août 1940, il refuse la défaite et, par antifascisme et patriotisme, il rejoint immédiatement les rangs de la Résistance parisienne avec son épouse Cécile et ses camarades du syndicat des métaux. Il prend la tête des comités populaires de la région parisienne qui doivent remplacer clandestinement les syndicats désormais contrôlés par le gouvernement de Vichy. Dès le début du mois d'octobre 1940, à la suite d'une vague d'arrestations et alors qu'il est recherché par la police de Vichy, il entre avec son épouse dans la clandestinité. Dans les mois qui suivent, il participe à la mise sur pied de l'Organisation spéciale, mouvement communiste chargé de l'action directe et du sabotage, et exerce des responsabilités au sein du PCF parisien. Dès juillet 1941, il met en place, peu à peu, avec Raymond Losserand et Gaston Carré, une direction militaire de la Résistance dans la région parisienne, créant de petits groupes armés. Début 1942, il est nommé chef des Francs-tireurs et partisans (FTP) de la région parisienne. Peu de temps après, en mai 1942, Raymond Losserand et Gaston Carré sont arrêtés, puis fusillés, alors que Henri Rol-Tanguy échappe de peu à l'arrestation à son domicile.

Pour des raisons de sécurité, il est nommé en septembre 1942, par le comité national FTP, chef des FTP de la région Poitou-Anjou, puis de la région atlantique. En mai 1943, à la suite d'une nouvelle vague d'arrestations à Paris, il est de nouveau nommé chef des FTP de la région parisienne avec pour mission de réorganiser le mouvement. Il rédige également avec sa femme un journal clandestin, *Le Franc-tireur parisien.* En septembre 1943, il est nommé représentant des FTP au Comité d'action contre la déportation, que dirige Yves Farges et qui a pour mission d'empêcher le départ en Allemagne des requis du STO, notamment par la fabrication de faux papiers. Il participe au titre des FTP, dans le dernier trimestre de l'année 1943, à la mise en place de l'état-major des Forces françaises de l'intérieur (FFI) de la région parisienne (région P1), qui comprend onze départements. Il prend donc part à la création des FFI et est nommé en janvier 1944 chef du 3e bureau (opérations) et sous-chef d'état-major. Le 1er juin 1944, il devient chef régional des FFI pour les quatre départements de la région Ile-de-France (Seine, Seine-et-Marne, Seine-et-Oise, Oise) en remplacement de Pierre Pène, arrêté. Il est en même temps promu lieutenant-colonel.

Il se consacre entièrement à la préparation de la libération de la capitale en liaison étroite avec le Comité d'action militaire (COMAC) du Conseil national de la Résistance (CNR), le délégué militaire national Jacques Chaban-Delmas et les membres du Comité parisien de la Libération (CPL). L'avance des Alliés en Normandie donne bientôt le signal de l'insurrection. Le 8 août 1944, les FTP et le COMAC se mettent à la disposition de Rol-Tanguy. Du 10 au 15 août, des grèves éclatent dans les administrations parisiennes (cheminots, gendarmes et policiers) et, le 15 août, Rol-Tanguy lance un appel aux forces de l'ordre pour qu'elles se rangent aux côtés des FFI. Le 18 août au matin commencent la grève générale et les premières occupations d'usines. Le même jour, Rol-Tanguy envoie une première mission chargée d'établir une liaison avec les Américains et, parallèlement, dans la soirée, décrète la mobilisation générale des Parisiens : une affiche est apposée sur les murs, donnant aux Parisiens l'ordre de rejoindre les FFI. Dès le lendemain, la préfecture de police est occupée par des policiers insurgés auxquels Rol-Tanguy rend visite pour les soutenir. Le 20 août, l'état-major FFI est installé dans son poste de commandement souterrain de la place Denfert-Rochereau, sous le Lion de Belfort. Le même jour, l'Hôtel de Ville est pris et les escarmouches entre les FFI et les troupes allemandes se multiplient en banlieue et dans plusieurs arrondissements, qui sont conquis par les insurgés. Le 21 août en début de soirée, Rol-Tanguy fait afficher l'ordre de dresser les barricades et renouvelle son appel le lendemain. Six cents barricades couvrent rapidement la capitale. Rol-Tanguy fait même appel au secrétaire du syndicat des terrassiers.

Rol-Tanguy réalise dans les journées du 20 au 24 août, avec 100 000 hommes placés sous ses ordres, une manœuvre générale libérant les neuf dixièmes de la capitale, aboutissant à l'isolement, puis à l'investissement de l'ennemi dans quelques points d'appui qui sont réduits le 25 août, en étroite collaboration avec la 2e division blindée du général Leclerc. Rol-Tanguy assiste, à la préfecture de police, à la signature de l'acte de reddition sans condition des forces allemandes du général von Choltitz et contresigne lui-même un des exemplaires.

Il est ensuite affecté à la 1re armée française du général de Lattre de Tassigny et rejoint, après le passage de Rhin, le 151e régiment d'infanterie au sein de la 2e division d'infanterie marocaine (DIM). Dès lors, il participe, à partir du 1er avril 1945, comme adjoint du commandant, à tous les combats du régiment, du Rhin au Danube. Le 13 avril, lors d'une reconnaissance pour laquelle il s'était porté volontaire, il tombe sur un détachement ennemi ; il se jette résolument sur lui, aidé seulement par un lieutenant et un sous-officier, le met en fuite et fait trois prisonniers. Le sous-officier ayant été tué au cours de l'action, il ramène son corps, parcourant plusieurs kilomètres en pleine Forêt-Noire pour rejoindre le PC, sous la menace des infiltrations allemandes.

Le 18 juin 1945, il est décoré de la croix de la Libération par le général de Gaulle, place de la Concorde à Paris, avant d'être nommé adjoint au commandant de l'infanterie divisionnaire de la 2e DIM. En décembre 1945, il est intégré dans l'armée d'active avec le grade de chef de bataillon et bientôt nommé chef de corps du 27e régiment d'infanterie, puis de la 7e demi-brigade à Dijon. En avril 1947, il est affecté au cabinet militaire du ministre de la Défense nationale. De 1948 à 1951, il est chef du 3e bureau à l'état-major de la subdivision du Mans. Il part à la retraite en 1962.

Membre du comité central du PCF (1962-1987), Henri Rol-Tanguy est également président de l'Association nationale des anciens combattants de la Résistance (ANACR) et président de l'amicale des anciens volontaires français en Espagne républicaine. Il est décédé le 8 septembre 2002 à Paris. Il est inhumé au cimetière de Monteaux dans le Loir-et-Cher.

1. et 2. Archives militaires britanniques, Londres.
3. Archives militaires françaises, Vincennes.
4. Archives militaires allemandes, Fribourg-en-Brisgau.
5. et 6. Archives militaires britanniques, Londres.
7. Archives militaires françaises, Vincennes.
8. Philippe Masson, *Histoire de l'armée française de 1914 à nos jours*, éditions Perrin, 1999.
9. Archives du Centre national Jean-Moulin, Bordeaux.
10. *39/45* Magazine, n° 133/134, *Corse 1940-1944* juillet-août 1997.
11. Général de Gaulle, *Mémoires de guerre*, éditions Plon, 1989.
12. Général Giraud, *Un seul but, la victoire*, éditions Julliard, 1945.
13. Philippe Masson, *op. cit.*
14. Paul Gaujac, *L'Armée de la victoire, de Naples à l'île d'Elbe 1943-1944*, éditions Lavauzelle, 1985.
15. Archives militaires allemandes, Fribourg-en-Brisgau.
16. à19. Archives militaires françaises, Vincennes.
20. John Ellis, *Cassino, une amère victoire janvier-juin 1944*, éditions Albin Michel, 1987.
21. Archives militaires allemandes, Fribourg-en-Brisgau.
22. Ringel : Hurra die Gams, éditions Leopold Stocker, 1953.
23. et 24. Archives militaires allemandes, Fribourg-en-Brisgau.
25. et 26. Archives militaires françaises, Vincennes.
27. John Ellis, *op. cit.*
28. Archives militaires britanniques, Vincennes.
29. Böhmler, *Monte Cassino*, éditions Rupert Verlag, 1955.
30. Archives militaires britanniques, Londres.
31. *Miroir de l'Histoire,* n° 318, *La France debout 1942-1944*, juillet-août 1980.
32. Général Louis Berteil, *Baroud pour Rome, Italie 1944*, éditions Flammarion, 1953.
33. Général Beaufre, *La Revanche de 1945*, éditions Plon, 1966.
34. *Miroir de l'Histoire,* n° 318, *op. cit.*
35. *Miroir de l'Histoire* n° 318, *op. cit.*
36. Général Louis Berteil, *op. cit.*

37. Archives militaires allemandes, Fribourg-en-Brisgau.
38. Archives militaires allemandes, *idem.*
39. *Miroir de l'Histoire* n° 318, *op. cit.*
40. Général René Chambe, *Bataille du Garigliano*, éditions Flammarion, 1963.
41. Général Beaufre, *op. cit.*
42. Archives militaires françaises, Vincennes.
43. *Miroir de l'Histoire,* n° 318, *op. cit.*
44. Jean-Christophe Notin, *La Campagne d'Italie, les victoires oubliées de la France 1943-1945*, éditions Perrin, 2002.
45. Paul Gaujac, *op. cit.*
46. Général de Lattre de Tassigny, *Histoire de la première armée française*, éditions Plon, 1950.
47. Henri Noguères, *Histoire de la Résistance en France*, éditions Robert Laffont, 1981.
48. et 49. Archives militaires françaises, Vincennes.
50. Archives du Centre national Jean-Moulin, Bordeaux.
51. et 52. Archives militaires allemandes, Fribourg-en-Brisgau.
53. Archives militaires françaises, Vincennes.
54. à 58. Archives du Centre national Jean-Moulin, Bordeaux.
59. Archives militaires allemandes, Fribourg-en-Brisgau.
60. Archives du Centre national Jean-Moulin, Bordeaux.
61. Archives du musée de l'Ordre de la Libération, Paris.
62. et 63. Archives du Centre national Jean-Moulin, Bordeaux.
64. et 65. Archives militaires allemandes, Fribourg-en-Brisgau.
66. Archives du Centre national Jean-Moulin, Bordeaux.
67. à 72. Georges Guingouin, *op. cit.*
73. à 79. Archives du Centre national Jean-Moulin, Bordeaux.
80. Henri Noguères, *op. cit.*
81. à 96. Archives du Centre national Jean-Moulin, Bordeaux.
97. et 98. Archives militaires françaises, Vincennes.
99. Paul Gaujac, *op. cit.*
100. Philippe Masson, *op. cit.*
101. Archives militaires françaises, Vincennes.
102. Michel Marmin, *Leclerc*, éditions Chronique, 1997.
103. Archives du Centre national Jean-Moulin, Bordeaux.
104. Philippe Masson, *op. cit.*
105. et 106. Archives du Centre national Jean-Moulin, Bordeaux.

107. et 108. Archives militaires françaises, Vincennes.
109. Archives du Centre national Jean-Moulin, Bordeaux.
110. Henri Noguères, *op. cit.*
111. Archives du Centre national Jean-Moulin, Bordeaux.
112. Henri Noguères, *op. cit.*
113. à 120. Archives militaires françaises, Vincennes.
121. Archives du Centre national Jean-Moulin, Bordeaux.
122. Archives militaires allemandes, Fribourg-en-Brisgau.
123. Archives du Centre national Jean-Moulin, Bordeaux.
124. Archives militaires françaises, Vincennes.
125 Archives de la brigade Carnot, Bordeaux.
126. à 130. Archives du Centre national Jean-Moulin, Bordeaux.
131. à 133. Archives de la brigade Carnot, Bordeaux.
134. Archives militaires françaises, Vincennes.
135. et 136. Archives de la brigade Carnot, Bordeaux.
137. Archives militaires allemandes, Fribourg-en-Brisgau.
138. Archives de la brigade Carnot, Bordeaux.
139. Archives du Centre national Jean-Moulin, Bordeaux.
140. Archives de la brigade Carnot, Bordeaux.
141. Archives militaires françaises, Vincennes.
142. et 143. Archives de la brigade Carnot, Bordeaux.
144. Archives militaires françaises, Vincennes.
145. à 147. Archives de la brigade Carnot, Bordeaux.
148. Henri Noguères, *op. cit.*
149. à 156. Archives de la brigade Carnot, Bordeaux.
157. Archives militaires françaises, Vincennes.
158. à 165. Archives de la brigade Carnot, Bordeaux.
166. et 167. Archives militaires françaises, Vincennes.
168. Archives militaires allemandes, Fribourg-en-Brisgau.
169. Archives militaires françaises, Vincennes.
170. Archives de la brigade Carnot, Bordeaux.
171. et 172. Archives militaires françaises, Vincennes.
173. Archives de la brigade Carnot, Bordeaux.
174. Archives du Centre national Jean-Moulin, Bordeaux.
175. Archives militaires françaises, Vincennes.
176. Alain Chazette et Fabien Reberac, *La Forteresse de Royan-Pointe-de-Grave*, éditions Heimdal, 1995.

177. Peter Krause, *Bordeaux, les bombardements*, éditions CMD, 1999.
178. Archives du Centre national Jean-Moulin, Bordeaux.
179. Archives militaires françaises, Vincennes.
180. et 181. Archives militaires allemandes, Fribourg-en-Brisgau.
182. à 189. Archives militaires françaises, Vincennes.
190. Archives du Centre national Jean-Moulin, Bordeaux.
191. à 196. Archives militaires françaises, Vincennes.
197. Henri Noguères, *op. cit.*
198. et 199. Archives militaires françaises, Vincennes.
200. Archives militaires allemandes, Fribourg-en-Brisgau.
201. à 213. Archives militaires françaises, Vincennes.

SOURCES PRINCIPALES

Archives militaires françaises, Vincennes.
Archives de la Fondation de la France libre, Paris.
Archives de la Fondation Charles-de-Gaulle, Paris.
Archives du musée de l'Ordre de la Libération, Paris.
Archives du Centre national Jean-Moulin, Bordeaux.
Archives militaires allemandes, Fribourg-en-Brisgau.
Archives militaires britanniques, Londres.
Archives militaires italiennes, Rome.

Général Beaufre, *La Revanche de 1945*, éditions Plon, 1966.

Général Louis Berteil, *Baroud pour Rome, Italie 1944*, éditions Flammarion, 1953.

Michel Bertrand, *Les FNFL*, éditions La Gazette des Armes, 1980.

Rudolf Böhmler, *Monte Cassino*, éditions Rupert Verlag, 1955.

Général René Chambe, *La Bataille du Garigliano*, éditions Flammarion, 1963.

Alain Chazette et Fabien Reberac, *La Forteresse de Royan-Pointe-de-Grave*, éditions Heimdal, 1995.

Winston Churchill, *Mémoires sur la Deuxième Guerre mondiale*, éditions La Palatine, 1953.

Jean-Louis Crémieux-Brilhac, La France libre, éditions Gallimard 1996.

Dictionnaire de la Résistance, sous la direction de François Marcot, avec la collaboration de Bruno Leroux et Christine Levisse-Touzé, éditions Robert Laffont, 2006.

Dictionnaire de la France Libre, sous la direction de François Broche, de Georges Caïtucoli et de Jean-François Muracciole, éditions Robert Laffont, 2010.

John Ellis, *Cassino, une amère victoire janvier-juin 1944*, éditions Albin Michel, 1987.

Raymond Forgeat, *Hommes et femmes de la France libre*, éditions Atlante, 2006.

Paul Gaujac, *L'Armée de la victoire, de Naples à l'île d'Elbe 1943-1944*, éditions Lavauzelle, 1985.

Charles de Gaulle, *Mémoires de Guerre*, éditions Plon, 1954.

Général Giraud, *Un seul but, la victoire*, éditions Julliard, 1945.

Jean Gisclon, *Les Grandes Aventures de la chasse française de 1939 à 1945*, éditions France-Empire, 1983.

Daniel Grandclément, *L'Énigme Grandclément, le chef de réseau qui voulait un pacte entre la Résistance et les SS*, éditions Balland, 2003.

Georges Guingouin, *Quatre ans de lutte sur le sol limousin*, éditions Lucien Souny, 1991.

Lutz Koch, *Rommel*, éditions Plon, 1950.

Général Kœnig, *Bir Hakeim*, éditions Robert Laffont, 1971.

Peter Krause, *Bordeaux, les bombardements*, éditions CMD, 1999.

Général de Lattre de Tassigny, *Histoire de la première armée française*, éditions Plon, 1950.

Sir Basil Liddel Hart, *Histoire de la Seconde Guerre mondiale*, éditions Fayard, 1973.

Michel Marmin, *Leclerc*, éditions Chronique, 1997.

Philippe Masson, *Histoire de l'armée française de 1914 à nos jours*, éditions Perrin, 1999.

Henri Michel, *Histoire de la France libre*, éditions PUF, 1980.

Jean-François Muracciole, *Histoire de la Résistance en France*, éditions des Presses universitaires de France, 1993.

Henri Noguères, *Histoire de la Résistance en France*, éditions Robert Laffont, 1981.

Jean-Christophe Notin, *La Campagne d'Italie, les victoires oubliées de la France 1943-1945*, éditions Perrin, 2002.

Général Platt, La Guerre en *Afrique orientale*, éditions Payot, 1956.

Ringel : Hurra die Gams, éditions Leopold Stocker, 1953.

René Terrisse, *Grandclément, traître ou bouc émissaire ? Ombres et lumières sur un dossier brûlant de la Résistance à Bordeaux*, éditions Aubéron, 1996.

Jean-Noël Vincent, *Les Forces françaises libres en Afrique 1940-1943*, éditions du Service historique de l'armée de terre, 1983.

TABLES DES MATIÈRES

Cet ouvrage a été imprimé en France par

CPI
BUSSIÈRE

à Saint-Amand-Montrond (Cher)
en septembre 2012

N° d'impression : 123489/4
Dépôt légal : septembre 2012
ISBN : 978-2-84886-383-2